SEGREDOS DA ALMA

Eli Zaretsky

SEGREDOS DA ALMA

UMA HISTÓRIA SOCIOCULTURAL DA PSICANÁLISE

Tradução
MARTA ROSAS

EDITORA CULTRIX
São Paulo

Título original: *Secrets of the Soul.*

Copyright © 2004 Eli Zaretsky.

Publicado mediante acordo com a Lennart Sane Agency.

Todos os direitos reservados. Nenhuma parte deste livro pode ser reproduzida ou usada de qualquer forma ou por qualquer meio, eletrônico ou mecânico, inclusive fotocópias, gravações ou sistema de armazenamento em banco de dados, sem permissão por escrito, exceto nos casos de trechos curtos citados em resenhas críticas ou artigos de revistas.

A Editora Pensamento-Cultrix Ltda. não se responsabiliza por eventuais mudanças ocorridas nos endereços convencionais ou eletrônicos citados neste livro.

Dados Internacionais de Catalogação na Publicação (CIP)
(Câmara Brasileira do Livro, SP, Brasil)

Zaretsky, Eli
 Segredos da alma : uma história sociocultural da psicanálise / Eli Zaretsky ; tradução Marta Rosas. — São Paulo : Cultrix, 2006.

 Título original: Secrets of the soul.
 ISBN 85-316-0943-7

 1. Psicanálise — Aspectos sociais — História 2. Psicanálise — História 3. Psicanálise e cultura I. Título.

06-4258   CDD-150.19509

Índices para catálogo sistemático:
1. Psicanálise : História sociocultural
150.19509

O primeiro número à esquerda indica a edição, ou reedição, desta obra. A primeira dezena à direita indica o ano em que esta edição, ou reedição, foi publicada.

Edição   Ano
1-2-3-4-5-6-7-8-9-10-11   06-07-08-09-10-11-12

Direitos de tradução para a língua portuguesa
adquiridos com exclusividade pela
EDITORA PENSAMENTO-CULTRIX LTDA.
Rua Dr. Mário Vicente, 368 — 04270-000 — São Paulo, SP
Fone: 6166-9000 — Fax: 6166-9008
E-mail: pensamento@cultrix.com.br
http://www.pensamento-cultrix.com.br
que se reserva a propriedade literária desta tradução.

Impresso em nossas oficinas gráficas.

*Para Nancy,
em quem a elegância e
a beleza se unem
ao intelecto*

Muito longe da racionalidade imediata do discurso político, a família parece constituir o outro pólo de nossas sociedades, seu lado mais escuro, uma figura enigmática que atrai oráculos desejosos de perscrutar as profundezas em que ela se desenvolve e de ler as inflexões de nosso inconsciente coletivo — a mensagem cifrada de nossa civilização.

— Jacques Donzelot

Sumário

Lista de ilustrações 9
Agradecimentos 11

Introdução: O ambíguo legado da psicanálise 13

Parte Um
ORIGENS CARISMÁTICAS: A DERROCADA
DO SISTEMA FAMILIAR VITORIANO

Capítulo Um: O inconsciente pessoal 23
Capítulo Dois: Gênero, sexualidade e vida pessoal 46
Capítulo Três: Absorção e marginalidade 67
Capítulo Quatro: Da autoridade paterna ao narcisismo 92

Parte Dois
O FORDISMO, O FREUDISMO E A TRIPLA
PROMESSA DA MODERNIDADE

Capítulo Cinco: A Grande Guerra e a Revolução Bolchevique 115
Capítulo Seis: Fordismo, freudismo e modernidade 134
Capítulo Sete: Autonomia e resistência 157
Capítulo Oito: A virada em direção à mãe 184
Capítulo Nove: O fascismo e a destruição da análise européia clássica 206

Parte Três
DA PSICOLOGIA DA AUTORIDADE
À POLÍTICA DA IDENTIDADE

Capítulo Dez: A relação mãe-bebê e o estado de bem-estar do pós-guerra 235

Capítulo Onze: Carisma ou racionalização? A psicanálise norte-americana no período da guerra fria 260

Capítulo Doze: Os anos de 1960, o pós-fordismo e a cultura do narcisismo 289

Epílogo: A psicanálise no nosso tempo 312

Notas 324

Ilustrações

32 Jean-Martin Charcot. (National Library of Medicine, Washington D.C.)
34 Local de nascimento de Sigmund Freud, na região rural da Morávia. (*Copyrights* de Sigmund Freud/Mary Evans Picture Library)
37 Cartão de visitas de Sigmund Freud — 1885. (Seção de impressos e fotografias, Biblioteca do Congresso, Washington, D.C.)
39 Emma Eckstein, 1895. (Seção de impressos e fotografias, Biblioteca do Congresso, Washington, D.C.)
40 Primeira tentativa de Freud de conceitualizar o inconsciente. (Publicada com permissão de A. W. Freud et al./Paterson Marsh Ltd., Londres)
48 Emma Goldman, 1910. (Livros raros e coleções especiais, Biblioteca do Congresso, Washington, D.C.)
49 Edward Carpenter, *circa* 1910. (Seção de impressos e fotografias, Biblioteca do Congresso, Washington, D.C.)
74 Carl Gustav Jung, *circa* 1910. (Seção de impressos e fotografias, Biblioteca do Congresso, Washington, D.C.)
95 Alfred Adler, *circa* 1911. (Publicada com permissão de A. W. Freud et al./Paterson Marsh Ltd., Londres)
106 O *Männerbund*, ou "Comitê", em 1922. (Publicada com permissão de A. W. Freud et al./Paterson Marsh Ltd., Londres)
109 Lou Andreas-Salomé, *circa* 1914. (*Copyrights* de Sigmund Freud/Mary Evans Picture Library)
112 Estúdio de Freud. (© Edmund Engelman)
116 Trincheira da Grande Guerra. (Seção de fotogramas, National Archives, Londres)
119 A neurose de guerra e seu tratamento. (Wellcome Library, Londres)
126 Sándor Ferenczi e Sigmund Freud, 1918. (*Copyrights* de Sigmund Freud/Mary Evans Picture Library)
135 O fordismo e a linha de montagem, *circa* 1940. (Seção de impressos e fotografias, Biblioteca do Congresso, Washington, D.C.)
141 Fotogramas de *Segredos de uma alma* (1926). (Direitos: Friedrich-Wilhelm-Murnau-Stiftung. Distribuidor: Transit Film GmbH)

155 Max Ernst, *The Robing of the Bride*/O vestuário da noiva (1939). (© 2003 Artists Rights Society [ARS] Nova York/ADAGP, Paris. Crédito da foto: Cameraphoto Arte, Veneza/Art Resource, Nova York)

156 Túmulo de Antonio Gramsci. (Cortesia International Gramsci Society)

160 Teoria estrutural de Freud, retirada de sua obra *Novas conferências introdutórias sobre a psicanálise e outros trabalhos*/New Introductory Lectures. (Publicada com permissão de A. W. Freud et al./Paterson Marsh Ltd., Londres)

170 Carta de Sigmund Freud à mãe de um homossexual, 1936. (The Kinsey Institute for Research in Sex, Gender, and Reproduction, Inc.)

182 Tradução japonesa de Freud impressa sobre uma carta sua a Kenji Otsuki. (Iwasaki Shoten Publishing Co., Tóquio)

190 Edith Jackson, Melanie Klein e Anna Freud, *circa* 1935. (Wellcome Library, Londres)

199 Karen Horney, 1952. (© Bettmann/CORBIS)

216 Foto do grupo de membros mais importantes do Instituto Göring, 1941. (Reimpressa de *Here Life Goes On in a Most Peculiar Way*/Aqui a vida continua de uma forma estranhíssima. (Copyright © da edição inglesa da Kellner Verlag, Hamburgo. Todos os direitos reservados.)

221 Anúncio da abertura do Instituto Palestino de Psicanálise, 1934. (Coleções gerais, Biblioteca do Congresso, Washington, D.C.)

228 Freud, 1938. (Seção de impressos e fotografias, Biblioteca do Congresso, Washington, D.C.)

240 Melanie Klein, 1902. (Wellcome Library, Londres)

250 Sheffield, Inglaterra, 1941. (Seção de fotogramas, National Archives, Londres)

251 Londrinos dormindo numa estação de metrô durante a Blitz, 1940. (Seção de impressos e fotografias, Biblioteca do Congresso, Washington, D.C.)

271 A psicanálise permeia a cultura de massa, 1955. (© William M. Gaines, Agent, Inc. ® A logomarca EC Comics é uma marca comercial registrada pertencente a William M. Gaines, Agent)

279 Psicanálise, mulheres e consumo de massa, 1953. (Tietgens/*Mademoiselle* © Conde Nast Publications, Inc.)

285 Freud entra na contracultura através da música folk de Tom Lehrer, 1961. (Este álbum pode ser encomendado a Vickers Music, 7135 Hollywood Blvd. Suite 109, Hollywood, Calif., 90046. Música de Leon Pober [ASCAP] e letra de Bud Freeman [ASCAP].)

288 Charge de Donald Reilly. (© 2003 Donald Reilly, de cartoonbank.com. Todos os direitos reservados.)

300 Herbert Marcuse em palestra a alunos da Universidade Livre de Berlim, 1968. (AP/Wide World Photos)

302 Jacques Lacan na década de 1960. (© Coleção Corbis Kipa)

309 Liberação das mulheres, 1970. (Seção de impressos e fotografias, Biblioteca do Congresso, Washington, D.C.)

311 Charge de William Steig. (© Coleção The New Yorker Collection 1995, William Steig, de cartoonbank.com. Todos os direitos reservados.)

316 Anúncio de droga de uso psiquiátrico, 1952. (Cortesia Smith Kline Beecham)

317 Freud esmagado sob o peso da política identitária, 1998. (*Der Spiegel*, Das Deutsche Nachrichten-Magazin)

322 Capa da revista *Time*, 1993. (Matt Mahurin/Time Life Pictures/Getty Images)

Agradecimentos

Este livro tem suas origens nas grandes transformações iniciadas em nossa sociedade no fim da década de 1960. Para as pessoas da minha geração — eu nasci em 1940 —, o fascínio que Freud exerceu sobre a imaginação foi comparável ao das figuras sobre as quais ele escreveu: Leonardo da Vinci, Goethe, Dostoievski. Ao longo da década de 60, meu envolvimento com a New Left, ou Nova Esquerda, e minha convivência com o movimento de liberação da mulher inicialmente me levaram a pensar sobre a relação entre o capitalismo e a família. Enquanto escrevia *Capitalism, the Family, and Personal Life* [O capitalismo, a família e a vida pessoal], percebi que seria impossível investigar esse tema em alguma profundidade sem estudar Freud. Quando a New Left se desintegrou, voltei-me mais uma vez para a psicanálise, ensinando em programas de treinamento clínico. Como historiador e como indivíduo político, não apenas aprendi com a psicanálise: eu também lutei com e contra ela. Este livro sintetiza um encontro prolongado e, apesar de todos os seus conflitos, extremamente produtivo, no qual acumulei mais dívidas do que jamais poderia mencionar.

A maior dessas dívidas é para com Nancy Fraser. Embora eu tenha começado a pensar sobre o problema da psicanálise desde a década de 1960, só depois de conhecê-la é que o projeto ganhou forma. Enquanto eu escrevia este livro, ela não mediu esforços para me ajudar, oferecendo-me inestimável apoio moral, assessoramento editorial e orientação intelectual, por vezes deixando de lado o seu próprio trabalho. Entre outras contribuições, ela cunhou o termo "tripla promessa da modernidade", numa das muitas ocasiões em que deu contornos claros ao que antes era apenas intuição.

Muitas das pessoas que leram o manuscrito são também familiares ou amigos muito chegados, entre os quais incluem-se Richard Bernstein, Alexander Etkind, Martin Fleischer, Jim Gilbert, John Judis, Leonard Helfgott, Doreen Rappaport, Jonathan Wiesen e Natasha Zaretsky (também editora de uma das versões preliminares). O entusiasmo da minha agente, Charlotte Sheedy, diante deste projeto foi inquebrantável desde o início. Minha experiência com a Knopf desmente o clichê segundo o qual as casas editoriais visam apenas ao lucro. Victoria Wilson, minha editora, leu e releu paciente e incisivamente as muitas versões preliminares deste livro.

Nenhuma obra desta envergadura pode basear-se exclusivamente em fontes guardadas em arquivos. Espero que minha dívida para com os muitos grandes estudiosos da história da psicanálise que me precederam esteja suficientemente indicada nas notas. Contudo, não estou certo de haver manifestado com a devida justiça a minha dívida igualmente grande para com os historiadores — sejam eles historiadores culturais, sociais ou historiadores das mulheres e minorias raciais — meus contemporâneos. Este livro deve muito à revolução no pensamento histórico que se processou ao longo de minha vida.

Enquanto escrevia este livro, fiz novas amizades e renovei antigos laços. Stuart Hall foi quem primeiro me chamou a atenção para as observações de Antonio Gramsci sobre a psicanálise. Paul Roazen e Robert Wallerstein ajudaram-me a evitar muitos erros, não detendo, por outro lado, nenhuma responsabilidade pelos que porventura possam ter permanecido. Mari Jo Buhle, Barbara Epstein, Jeff Escoffier, Rainer Forst, Mary Gluck, Ted Koditschek, Laura Kipnis, Rebecca Plant e Lynne Segal ajudaram-me em capítulos específicos. Aonde quer que eu tenha ido, entrevistei psicanalistas, entre os quais Werner Bohleber, Helmut Dahmer e Lutz Rosenkutter, na Alemanha; Ernst Federn, em Viena; Marcello Viñar, em Montevidéu; e Carlos Aslan, José Fischbein e Susana Fischbein, em Buenos Aires. Carmen Ilizarbe e Hanako Koyama foram excelentes assistentes de pesquisa. Athena Angelos localizou fotos. Meu sogro, Ed Shapiro, prestou-me valioso apoio moral (embora, no fim, eu tenha resolvido não adotar o título que ele sugeriu: *Impact*/Impacto).

Ao longo dos anos, contei com auxílio à pesquisa da Newberry Library (Chicago), do American Council of Learned Societies, da University of Missouri at Columbia e da pós-graduação da New School University, na cidade de Nova York (da qual também recebi muita inspiração e uma bem-vinda licença de um ano). Usufruí da hospitalidade e das excelentes instalações para pesquisa do Institut für die Wissenschaften vom Menschen/Instituto de Ciências Humanas, em Viena, do Institut für Sozialforschung/Instituto de Pesquisa Social, em Frankfurt, da Wellcome Library for the History and Understanding of Medicine, em Londres, da Columbia University Oral History Collection, da Freud Collection at the Library of Congress/Coleção Freud da Biblioteca do Congresso, da New York Public Library, da Bobst Library at New York University, dos arquivos e bibliotecas das Sociedades Psicanalíticas de Nova York, Chicago, São Francisco, Londres, Berlim, Frankfurt e Buenos Aires, dos Museus de Freud em Londres e Viena e do Wright Institute em Berkeley, Califórnia.

Por fim, na qualidade de alguém que tende a pensar analiticamente, eu gostaria de agradecer a meus pais, David Zaretsky e Pauline Silverman Zaretsky, sem dúvida as maiores influências sobre o meu pensamento. Eles teriam sentido orgulho deste livro — embora tivessem orgulho de seu filho mesmo sem ele. Recebi também muito apoio de meus irmãos, Allen e Aaron Zaretsky, bem como de suas famílias. E, apesar de ainda não poder agradecer a meu neto, Daniel Zaretsky Wiesen, ele certamente trouxe alegria à conclusão deste livro.

Introdução

O AMBÍGUO LEGADO DA PSICANÁLISE

> Freud sempre frisa quão grandes são as forças presentes na mente, quão grandes são os preconceitos que atuam contra a idéia da psicanálise. Mas nunca diz como é grande o encanto que essa idéia tem para as pessoas, assim como para ele próprio.
>
> — Ludwig Wittgenstein

Um século depois de sua fundação, a psicanálise nos coloca diante de um paradoxo. Reconhecida quase que instantaneamente como uma grande força da emancipação humana, ela teve papel central no modernismo da década de 1920, nos estados de bem-estar inglês e norte-americano dos anos 40 e 50, nas convulsões radicais dos anos 60 e nos movimentos de liberação das mulheres e dos homossexuais dos anos 70. No entanto, ela ao mesmo tempo tornou-se uma fonte de preconceitos antipolíticos, antifeministas e homofóbicos, uma profissão degradada, uma pseudociência cuja sobrevivência é hoje muito questionada. Este livro investiga esse paradoxo; ele visa identificar e afirmar a dimensão emancipadora do pensamento analítico sem negar a validade das críticas nem a necessidade de repensar seu legado.

A explicação aqui fornecida é social e histórica. A psicanálise mudou irreversivelmente a maneira como os homens e mulheres comuns se entendem, a si mesmos e uns aos outros, pelo mundo afora. Entretanto, apesar de incontáveis estudos — para não falar em ataques tendenciosos e defesas especiais —, nós ainda não historicizamos a psicanálise; nós aparentemente ainda carecemos dos parâmetros sociais, culturais e intelectuais mais amplos necessários à compreensão da nossa *própria* autoconstituição. Para situar historicamente a psicanálise, não basta conhecer a biografia de Freud ou a história da psiquiatria ou de Viena, embora estas certamente sejam necessárias. Qualquer história terá de explicar, antes de mais nada, a força do seu apelo e a vastidão da sua influência. Porém, é justamente essa influência que dificulta a obtenção de perspectiva histórica. Perspectiva requer distanciamento. Recentemente, graças em especial ao declínio das fortunas médicas da psicanálise, esse distanciamento começou a surgir.

Já houve uma grande tentativa de apreender historicamente a psicanálise: *Viena fin-de-siècle/Fin-de-siècle Vienna*, de Carl Schorske.[1] Publicado em 1980, quando a influência da análise começava a entrar em declínio, o livro de Schorske começa por evocar a estátua de Atena erguida em frente ao Parlamento de Viena na metade do século XIX. Para o autor, a estátua simbolizava o Iluminismo, com seus ideais de racionalidade e autonomia disseminados na então recente classe média e seu interesse na coragem e na formação (*Bildung*) psicológica interior exigida pelo autogoverno. Desse ponto de partida heróico, Schorske atribuiu o colapso dos valores iluministas à política de massas, ao esteticismo e à preocupação com o irracional. Argumentando que Freud reagira à disseminação maciça do anti-semitismo na década de 1890 abandonando suas anteriores ambições legais e políticas, Schorske concluiu que a psicanálise era um fenômeno "contrapolítico", que refletia a fuga finissecular da razão e da vida pública. Embora Schorske tenha deixado em aberto as implicações da sua interpretação, Philip Rieff, Christopher Lasch, representantes da Escola de Frankfurt e outros trouxeram à baila uma questão afim, a da "sociedade psicológica" do século XX, argumentando que, graças em parte à influência da psicanálise, o ideal iluminista de autonomia havia degringolado em uma cultura psicologista, a "cultura do narcisismo".

A interpretação de Schorske continua sendo tão indispensável quanto inadequada. Por um lado, ele acertadamente compreendeu até que ponto a psicanálise provinha da transformação, ocorrida no fim do século XIX, da classe burguesa e em particular — embora ele próprio não o tenha afirmado — das experiências de suas mulheres e de seus membros mais jovens. O declínio da empresa familiar, o afrouxamento das estruturas da família burguesa e a nova ênfase no consumo, em detrimento da disciplina, da acumulação e do autocontrole, criaram o clima propício a essa nova forma de pensar. Mas Schorske deixou de apreender o caráter dúplice da psicanálise. Reduzindo o freudismo a uma fuga contrapolítica da razão e da vida pública, ele ignorou os aspectos emancipadores da exploração da psique humana que ele promovia, em particular aqueles que tinham relevância especial para as classes marginais e exploradas e para as mulheres.

Hoje, no entanto, é possível ver a psicanálise em sua totalidade, reconhecendo tanto seus aspectos repressivos quanto os liberatórios. O segredo é vê-la como a *primeira grande teoria e prática da "vida pessoal"*. Com a expressão "vida pessoal", refiro-me à experiência de ter uma identidade distinta do meu lugar na família, na sociedade e na divisão social do trabalho. Em certo sentido, a possibilidade de ter uma vida pessoal é um aspecto universal da experiência humana, mas não é esse o sentido que tenho em mente. Em vez dele, refiro-me a uma experiência historicamente específica de singularidade e interioridade, a uma experiência sociologicamente baseada nos processos modernos de industrialização e urbanização e na história da família.

Antes, a família era o principal *locus* de produção e reprodução.[2] Por isso, o senso de identidade do indivíduo tinha origem em seu lugar na família. Porém, no século XIX, a separação (tanto física quanto emocional) entre o trabalho remunerado e o lar — isto é, a ascensão do capitalismo industrial — deu origem a novas formas de privacidade, domesticidade e intimidade. A princípio, estas eram vivenciadas como se fossem os equivalentes familiares do mundo impessoal do mercado. Posteriormente, essas novas formas foram associadas à possibilidade e à meta de uma vida pessoal distinta da família e até mesmo fora dela. Essa meta encontrou expressão social em fenômenos como a "nova" mulher (a mulher independente), a emergência de identidades homossexuais públicas e o abandono da preocupação com o trabalho pelas camadas jovens, acompanhado de um interesse pela experimentação sexual, pela boêmia e pelo modernismo artístico. No período que deu início ao que os historiadores denominaram "segunda revolução industrial", o qual se estende basicamente de 1880 à década de 1920, novos espaços urbanos e nova mídia — o teatro popular, o *music hall*, o cinema — propiciaram pontos de referência a partir dos quais as pessoas podiam elaborar imaginativamente identidades extrafamiliares. Por conseguinte, a identidade pessoal tornou-se um problema e um projeto, e não algo que as pessoas recebiam em decorrência de seu lugar na família ou na economia. A psicanálise constituía uma teoria e uma prática dessa nova aspiração de uma vida pessoal. Seu télos histórico foi a *desfamiliarização*, a libertação de imagens de autoridade inconscientes originalmente baseadas na família.

A idéia fundadora da psicanálise, a idéia de um *inconsciente pessoal* ou dinâmico, refletia essa nova experiência de vida pessoal. Segundo essa idéia, os estímulos da sociedade ou da cultura que atingiam o indivíduo não eram diretamente registrados, mas precisavam ser primeiro dissolvidos e internamente reconstituídos, de forma a ganharem sentidos pessoais e até mesmo idiossincráticos. Assim, não havia nenhuma relação direta ou necessária entre a condição social e a subjetividade de cada um. Igualmente importante, a idéia que Freud tinha do inconsciente sinalizava a ausência, em condições modernas, de qualquer harmonia preestabelecida entre os padrões mais amplos, públicos, de simbolismo cultural e os mundos interiores simbólicos, privados, dos indivíduos.[3] A idéia do inconsciente marcou a sensação vivida da disjunção entre o público e o privado, entre o exterior e o interior, entre o sociocultural e o pessoal. Evidentemente, a psicanálise também desenvolveu sua abordagem geral da cultura, da moral e da história. Com noções como o complexo de Édipo, ela sugeriu a existência de padrões universais aos quais a vida humana necessariamente se conformava. Contudo, ela sempre retornou aos modos contingentes e particulares segundo os quais os indivíduos viviam esses padrões. Assim, em última análise, a disjunção entre o indivíduo e a sociedade foi o terreno em que a psicanálise ergueu suas teorias e praticou sua terapia.

A idéia de um inconsciente *pessoal* era nova. Nas sociedades tradicionais, os curandeiros eram eficientes na medida em que mobilizavam símbolos que eram ao mesmo tempo interiores *e* comunitários. Se um sacerdote conseguia levar a cabo um exorcismo, era porque a pessoa possuída e a comunidade em que esta vivia acreditavam igualmente no diabo.[4] Da mesma forma, para o rei francês curar a escrófula com as mãos, era preciso que seus súditos acreditassem que ele tinha poder para tal.[5] Ao contrário de tais correspondências diretas entre interior e exterior, entre público e privado, as primeiras formas modernas de autoconsciência frisavam a privacidade da consciência individual.[6] Mas a consciência era uma noção restritiva e baseada na moral da individualidade, e a prioridade que lhe foi atribuída repousava em geral no pressuposto de que havia apenas uma forma certa de viver. A disjunção entre a cultura e a psique individual, que se destacou socialmente no fim do século XIX, por sua vez, promoveu uma gama de experiências pessoais sem precedentes nas esferas do amor, da amizade e da vida cotidiana. Ela trazia consigo, além disso, um novo senso de profundidade humana que influiria por fim nas artes, na filosofia e na política.

A principal contribuição de Freud foi teorizar essa disjunção. Ao definir o tema da psicanálise como "aquilo que há de mais íntimo na vida mental; tudo que uma pessoa socialmente independente precisa esconder", ele deu a entender que não havia nenhuma relação direta ou necessária entre o privado e o público.[7] Seu *insight* fundamental — que essencialmente diferia das noções românticas e vitorianas da individualidade — foi que a vida interior dos homens e mulheres da modernidade organizava-se através de símbolos e narrativas idiossincráticos e aparentemente destituídos de significado socialmente compartilhado. Daí a sua insistência na impossibilidade de reintegrar os mundos interiores dos indivíduos em um todo previamente existente, embora fosse possível interpretá-los e compreendê-los. Em vez de buscar devolver o indivíduo perturbado a uma ordem preexistente, como faziam o xamã, o curandeiro e o sacerdote, ele formulou o projeto analítico como uma hermenêutica pessoal e provisória de autodescoberta, algo cuja promoção o psicanalista poderia facilitar, mas não controlar. Desse modo, ele deu expressão a possibilidades de individualidade, autenticidade e liberdade que mal acabavam de emergir e abriu caminho para uma nova compreensão da vida social.

O resultado teve dois lados. Como argumentou Schorske, a psicanálise podia, de fato, solapar a promessa emancipadora do Iluminismo na medida em que servia para mistificar a base da vida pessoal e, assim, mascarar as precondições políticas, econômicas e culturais necessárias a seu florescimento. Mas essa tendência era contingente, e não uma tendência necessária. Além disso, o mais importante era que o Iluminismo não era o ponto alto, algo a ser emulado, mas um projeto incompleto que ainda precisava ser desenvolvido. A estátua de Atena evocada por Schorske simbolizava a "revolução copernicana" da modernidade do século XVIII, que colocou um novo princípio de liberdade subjetiva no centro de todas as buscas modernas, como a arte, a moral, a política e até mesmo a ciência (o que liberou o sujeito humano ao tempo em que objetificou a natureza). Mas as implicações mais amplas desse princípio ainda ficaram por desvelar-se numa "segunda modernidade". Ao contrário do que propõe Schorske em sua narrativa do declínio, a era do *fin de siècle* inaugurou a segunda modernidade, que estava associada à produção em massa, à democracia de massas e à ascensão das mulheres, homossexuais e minorias raciais e nacionais. Enquanto a primeira modernidade — o Iluminismo — via o sujeito como o *locus* da razão no sentido de verdades universais e necessárias, a segunda — que poderíamos chamar de "modernismo" — via o sujeito como uma pessoa concreta, situada em um tempo e um espaço determinados, sujeita à contingência histórica e dotada de individualidade própria. Enquanto a filosofia foi o marco da primeira modernidade, a psicanálise, juntamente com a arte e a literatura modernistas, foi o marco da segunda.

Visto desse modo, o liberalismo clássico louvado por Schorske baseava-se em três idéias historicamente limitadas. A primeira: para os liberais de meados do século XIX, a autonomia correspondia ao autocontrole. A segunda: apesar das subcorrentes feministas, para a maioria, a psicologia e o caráter femininos diferiam fundamentalmente dos masculinos. A terceira: para os liberais, mesmo a democrática sociedade moderna exigia hierarquia natural ou social para poder funcionar. Todas essas três crenças foram colocadas em questão na era do *fin de siècle*. A importância de que se revestia o autocontrole foi questionada pelas ideologias de "liberação" e "relaxamento" que se desenvolveram colateralmente ao consumo de massa. A crença na diferença absoluta de gêneros foi questionada pela entrada das mulheres na vida pública e por uma nova abertura em relação à sexualidade. A hierarquia foi questionada pela democracia de massas, pelo sindicalismo e pelo socialismo. Todos esses acontecimentos aprofundaram e radicalizaram os ideais do Iluminismo; eles não foram simplesmente sua negação. Como primeira grande teoria e prática da vida pessoal moderna, a psicanálise compartilhava com eles do potencial de ampliar e aprofundar a promessa emancipadora da modernidade. Como veremos, ela ficou presa nos significados alterados de autonomia, igualdade feminina e democracia.

Em geral, portanto, a psicanálise pairava entre possibilidades simétricas: de um lado, a mistificação e, do outro, o aprofundamento do sentido da modernidade. O que determinou o equilíbrio foi o papel que a psicanálise passou a desempenhar em relação a forças históricas mais amplas. Para resumir a questão: a psicanálise funcionou como o "calvinismo" da segunda revolução industrial. Seu papel foi análogo ao que desempenhou o calvinismo para o primeiro capitalismo e o metodismo, para a industrialização. Permita-me explicar.

Segundo Max Weber, o primeiro calvinismo contribuiu para instilar em seus adeptos as transformações pessoais que possibilitaram o capitalismo. Enquanto o cristianismo começou com Jesus exortando seus seguidores a deixar suas famílias por uma comunidade espiritual autêntica, os "santos" protestantes do século XVII redefiniram a família como um *locus* de sentido carismático, santificando suas atividades econômicas cotidianas e dando-lhes um caráter ético: aquele de uma "vocação" ou *Beruf*. Vários séculos depois, o metodismo serviria a fins similares: abraçado pelas classes operárias inglesas e norte-americanas, ele tornou-se um veículo de transformação pessoal, promovendo a abstinência, o uso disciplinado do tempo e a economia. Com isso, ele possibilitou a primeira revolução industrial. Em ambos os casos, um movimento religioso forneceu as motivações interiores para uma transformação socioeconômica que por si só não poderia ter cooptado seguidores devotados.[8] A psicanálise desempenhou papel semelhante para a segunda revolução industrial.

A primeira revolução industrial começou na Inglaterra e criou o sistema das fábricas. A segunda começou nos Estados Unidos e criou a corporação verticalmente integrada, uma corporação que organizava não apenas as matérias-primas e a produção, mas também a publicidade, a comercialização e o consumo. A primeira revolução extraiu um superávit do trabalho manual; a segunda valeu-se da educação superior, da ciência e do trabalho mental. Na primeira, o trabalho e a vida estavam em grande medida superpostos: as fábricas eram pequenas e não estavam longe dos lares, e a agricultura ainda constituía o principal meio de subsistência. Na segunda, havia uma separação nítida entre o trabalho e a vida, já que o lazer e o consumo ganharam vida própria. Durante a primeira revolução industrial, as pessoas ainda tendiam a atrelar o próprio destino ao de uma comunidade. A segunda, pelo contrário, foi marcada pela noção de uma vida pessoal singular e por mudanças revolucionárias na natureza da família.[9] Este livro é organizado conforme a trajetória da segunda revolução industrial: a parte um (1890–1914) aborda suas origens; a parte dois (1919–1939), seu apogeu fordista; e a parte três (1945–1976), sua transformação no estado keynesiano de bem-estar e seu declínio.

Assim como homens e mulheres não embarcaram na transição do agrarianismo para o capitalismo industrial por razões meramente instrumentais ou econômicas, no século XX eles não se tornaram consumidores para prover mercados. Pelo contrário — eles se afastaram da moral familiar tradicional, desistiram da obsessão pelo autocontrole e pela economia e entraram nos sexualizados "mundos oníricos" do consumo de massa em nome de uma nova orientação para a vida pessoal. A psicanálise foi o calvinismo dessa mudança. Nos primeiros anos do século XX, ela sancionou as extraordinárias mudanças na personalidade e na subjetividade que acompanharam a segunda revolução industrial. Assim como Jesus reuniu os primeiros cristãos e Cromwell os "santos" protestantes, Freud reuniu seus seguidores numa seita carismática. Porém, em vez de santificar a família, Freud os exortou a deixar suas "famílias" — as imagens arcaicas da primeira infância — não para pregar, mas sim para desenvolver relações mais genuínas, isto é, mais pessoais. Com o tempo, os discípulos de Freud passaram pelo conhecido ciclo weberiano de idealização, rebelião, disseminação, institucionalização e rotinização. Por fim, o carisma analítico foi adaptado a uma cultura conformista e às ideologias centradas na mãe do estado keynesiano de bem-estar. Mas, em seu apogeu, homens e mulheres o usaram para problematizar, aprofundar e radicalizar as três promessas emancipadoras da modernidade.

Alguns recorreram inicialmente à psicanálise para reestruturar a promessa de autonomia individual. A autonomia representava a liberdade de pensamento e de decisão quanto ao que fazer da própria vida, em vez de seguir o caminho ditado pelo nascimento, pelos costumes ou pelo *status* econômico. Embora prefigurado nas grandes tradições filosóficas e religiosas de toda civilização, o projeto de autonomia individual foi inicialmente articulado de maneira universalizável e secular durante o Iluminismo europeu e norte-americano, como acertadamente sugeriu Schorske. Porém as mudanças associadas à segunda revolução industrial, ampliaram seu sentido. Deixando de restringir-se à esfera da moral, a autonomia passou a aplicar-se também a experiências extramorais como a criatividade, o amor e a felicidade. A psicanálise associava-se a essa idéia nova e modernista de autonomia pessoal, que se contrapunha à autonomia moral. Em seu esforço para compreender por que essa autonomia era tão difícil de atingir, os analistas criaram conceitos como os de ambivalência, resistência e defesas, além de desenvolverem a teoria do ego. Ao mesmo tempo, eles se arriscaram a sancionar ideologias — como a do "homem psicológico" — que fomentavam a idéia enganosa de que a autonomia era simplesmente uma condição individual, em vez de uma possibilidade que se baseava em uma determinada sociedade e em determinadas relações sociais.

Da mesma forma, a psicanálise contribuiu para reestruturar a segunda grande promessa do Iluminismo: a emancipação da mulher. Para as feministas do século XVIII, essa emancipação significava igualdade de direitos, que elas defendiam com base no pressuposto de que homens e mulheres tinham uma natureza comum enquanto seres racionais. Entretanto, na metade do século XIX, a maioria dos defensores das mulheres frisava a diferença entre os sexos, invocando virtudes femininas distintivas em respaldo às demandas por reforma social. Colocando em primeiro plano a individualidade na esfera do amor sexual, a aspiração finissecular a uma vida pessoal superou ambas essas abordagens. A psicanálise aprofundou essa aspiração e injetou-lhe conteúdo. Ela dissipou a idéia oitocentista da diferença absoluta de gêneros, redefiniu o gênero como escolha de objeto sexual e, finalmente, contribuiu para a descoberta das profundezas psicológicas da dependência humana, em especial no que se refere ao atributo feminino da maternidade. Nesse sentido, assim como com relação à autonomia, seu legado é ambivalente.

A análise promoveu compreensões culturais da sexualidade feminina e da homossexualidade, mesmo quando por vezes se tornava uma inimiga implacável e temível de feministas e homossexuais.

Finalmente, como expressão da vida pessoal, a psicanálise problematizou e radicalizou a terceira grande promessa da modernidade: a democracia. A autoridade tradicional era paterna, centrípeta, hierárquica e centrada na família. Em seu lugar, os liberais tentaram instituir uma autoridade política responsável e limitada através da distinção entre as esferas pública e privada. Os liberais oitocentistas tornaram essa distinção mais nítida ao estendê-la à divisão entre a família e a economia. Porém, a segunda revolução industrial complicou a divisão entre o público e o privado. Com a entrada das mulheres na vida pública e a ascensão de uma cultura de massa sexualizada, as questões privadas começaram a tornar-se públicas. Ao mesmo tempo, a autoridade familiar, supostamente banida da esfera pública, persistiu no mundo psíquico dos indivíduos. Essas complicações potencialmente aprofundavam a idéia de democracia, em parte por sugerirem a possibilidade de relações novas, mais reflexivas, com a autoridade. A psicanálise fomentou a investigação dessas relações. Seu principal objeto era a "transferência", que Freud concebeu como a relação pessoal com a autoridade, moldada finalmente pela experiência do bebê com os pais. A análise da transferência ocupava o centro de toda análise individual. Também na cultura mais ampla, o pensamento freudiano contribuiu para pôr a descoberto a interação entre o público e o privado quando destacou as transferências ocultas que consolidavam os movimentos sociais e os grupos sociais. Ao mesmo tempo, à medida que a sociedade democrática e o estado de bem-estar exerciam novas formas de coerção e controle, a psicanálise forneceu-lhes boa parte de sua teoria.

As mesmas ironias repetiam-se de forma diferente em diferentes contextos. No seu próprio berço, na Europa central, o pensamento freudiano colocou em questão uma ordem mais antiga, patriarcal. Algumas vezes em incômoda aliança e outras em conflito com o modernismo estético, o surrealismo, a emancipação da mulher e o socialismo, ele acelerou o desaparecimento de certas ideologias vitorianas de caráter, gênero e sexo já desgastadas. Nas democracias conservadoras da Inglaterra e dos Estados Unidos do pós-guerra, por sua vez, a análise desempenhou papel diferente, contribuindo para a medicalização da psicoterapia e a psicologização da autoridade. No primeiro caso, ela foi uma força de democratização; no segundo, tendeu a tornar-se um agente de controle social.

Em geral, então, a segunda revolução industrial gerou novas experiências de vida pessoal que complicaram e radicalizaram as promessas emancipadoras da modernidade. Mas ela também incentivou a psicologização, o consumismo vazio e a refamiliarização. Enquanto calvinismo da segunda revolução industrial, a psicanálise estava no cerne dessa ambivalência. Por um lado, ela libertou as pessoas para uma vida mais plena e reflexiva, enriqueceu as artes, as humanidades e as ciências e aprofundou a compreensão da confiança e da solidariedade de que depende o progresso político. Por outro, ela foi absorvida, transfigurada e, por fim, consumida pela sociologia e pela cultura da vida pessoal à qual originalmente dera expressão crítica.

Este livro é um relato dessa trajetória ambivalente. Inserindo a história da psicanálise no contexto da segunda revolução industrial, ele cobre o que poderia ser chamado de era de ouro da psicanálise, sua época clássica, e termina com uma explicação do declínio da análise, que teve início nos anos 60. As décadas de 1960 e 1970 presenciaram a transição da produção em massa para uma economia globalizada, baseada nos serviços e na informação. Acompanhada por tentativas de repudiar sumariamente o Iluminismo, que tiveram importantes conseqüências, essa "terceira revolução industrial" mudou a maneira como a vida pessoal era entendida. Seu caráter intrapsíquico — privado, interior e idiossincrático — perdeu importância à medida que ela se tornou politizada e cada vez mais sujeita à manipulação cultural. Surgiram novas concepções do eu, mais estreitamente racionais e mais expressivas. Muito do carisma da psicanálise penetrou em formações culturais novas como a política identitária, a crítica cultural lacaniana e a segunda onda do feminismo. A psicanálise sobreviveu, mas deixou de ser uma força carismática. Em seu apogeu, ela manteve pelo menos três diferentes projetos que acabariam por fragmentar-se: uma prática médica quase terapêutica, uma teoria da hermenêutica cultural e uma ética de auto-exploração pessoal imbuída da devoção de uma vocação. A era de Freud chegou a um fim, porém, como todas as grandes comoções, continuou a moldar não apenas a vida cotidiana como também a paisagem das intuições, sonhos e obscuras lembranças em que todos nós vivemos.

Parte Um

ORIGENS CARISMÁTICAS: A DERROCADA DO SISTEMA FAMILIAR VITORIANO

Capítulo Um

O INCONSCIENTE PESSOAL

O sujo segredo da análise é que, para a colaboração ter sucesso, o médico deve ter talento. [...] O que o analista sente é tão crucial quanto as tristezas do analisando. Por isso, segue-se que existe uma falha fatal em todos os históricos de casos cientificamente apresentados, pois eles só se interessam pela vida e caráter do paciente. Para entender por que o tratamento foi como foi, é preciso também saber sobre o médico — seus brilhantismos, seus erros e sua própria psicologia. A verdadeira história de um intercâmbio terapêutico começa, não com o atual problema do paciente, mas com o passado do terapeuta.

— Rafael Yglesias, *A cura do Dr. Neruda para o mal* [*Dr. Neruda's Cure for Evil*]

No Ocidente moderno, houve dois episódios de introspecção genuína e generalizada: o calvinismo e o freudismo. Em ambos os casos, a virada para dentro seguiu uma grande revolução social: a ascensão do capitalismo, no primeiro, e sua transformação em um motor do consumo de massa, no segundo. Em ambos os casos, também, os resultados foram irônicos. O calvinismo exortava as pessoas a olharem para dentro de si mesmas a fim de saberem se estavam salvas, mas acabou contribuindo para uma nova disciplina de trabalho, economia e vida familiar. A introspecção freudiana visava fomentar no indivíduo a capacidade para viver uma vida autenticamente pessoal, mas acabou ajudando a consolidar a sociedade de consumo. Em ambos os casos, finalmente, a virada para o auto-exame gerou uma nova linguagem. No caso do calvinismo, a linguagem centrava-se na idéia protestante da alma, uma idéia que contribuiu para formar conceitos posteriores, como os de caráter, integridade e autonomia. O novo léxico freudiano, por sua vez, centrava-se na idéia do inconsciente, a inconfundível contribuição analítica para a vida pessoal no século XX.

Evidentemente, a idéia de inconsciente era bem conhecida antes de Freud ter publicado *A interpretação dos sonhos* em 1899. Os alquimistas medievais, os filósofos idealistas alemães e os poetas românticos já haviam mostrado que a suprema realidade era inconsciente. O filósofo Schopenhauer, que influenciou profundamente Theodor Meynert, professor de

Freud, afirmava que os seres humanos eram os joguetes de uma vontade cega, anônima. Perto do fim do século XIX, a idéia do *sub*consciente generalizou-se de maneira mais marcante. Muitas vezes chamado de "eu secundário", maior que o ego e acessível através da hipnose ou da meditação, o subconsciente implicava a capacidade de transcender a realidade cotidiana. Seja como força cósmica, vontade impessoal ou subconsciente, antes de Freud o inconsciente era tido como anônimo e transpessoal. Freqüentemente comparado ao oceano, ele visava deixar para trás os "mesquinhos" interesses do ego.

Também Freud via o inconsciente como impessoal, anônimo e radicalmente alheio ao indivíduo. Porém, refugiado nele, geralmente próximo ao consciente, Freud discerniu algo novo: uma fonte interna, idiossincrática, de motivações, peculiar ao indivíduo. Em sua concepção, as circunstâncias contingentes — em especial as da infância — forjavam vínculos entre desejos e pulsões, de um lado, e experiências e lembranças, do outro. O resultado era um *inconsciente pessoal*, único, idiossincrático e contingente. Além disso, para Freud não havia como fugir para uma realidade maior ou transpessoal. Em vez disso, a meta do indivíduo seria compreender e aceitar sua própria natureza idiossincrática — tarefa que, por princípio, jamais poderia ser concluída. Embora tivesse proposto padrões mentais universais, como as supostas fases de desenvolvimento sexual (oral, anal, genital) e o complexo de Édipo, ele sempre se concentrou nas formas concretas e específicas com as quais cada pessoa vivia esses padrões.

Conforme sugeriu Schorske, Freud formulou o conceito do inconsciente pessoal em reação a uma crise da visão de mundo liberal do século XIX. Essa crise começou com a industrialização. Associada ao sistema fabril inicial, a *primeira* revolução industrial aparentemente reduzia os indivíduos a simples peças de uma engrenagem cruel e inexorável. Os vitorianos criaram o famoso "refúgio num mundo impiedoso" — a família de classe média oitocentista — como defesa contra o que viam como "o mesquinho ressentimento e a brutal tirania" do local de trabalho. Em certo sentido, a visão de mundo vitoriana, profundamente calcada na distinção de sexos, era protofreudiana: ela situava o "verdadeiro eu" num contexto privado ou familiar.[1] Apesar disso, via esse contexto como contrapartida ou compensação da economia — não como uma esfera em separado e genuinamente pessoal. Esse último sentido só emergiu com a derrocada do ideal vitoriano de família, durante a *segunda* revolução industrial, em meio aos primórdios da produção em massa e do consumo de massa da década de 1890.

Por certo, a produção em massa acirrou a crise da visão de mundo liberal com a introdução, por exemplo, da linha de montagem. Mas ela também revelou o potencial emancipador do capitalismo na cultura de massa, no lazer e na vida pessoal. Em meados do século XIX, a modernidade cultural — prenunciada por Baudelaire em Paris, Whitman no Brooklyn e Dostoievski em São Petersburgo — já havia debilitado a ideologia vitoriana das esferas separadas e promovido o interesse pela histeria, pela decadência, pelo modernismo artístico, pela "nova mulher" e pelo homossexual. A cultura finissecular exacerbou a crise. Quando as mulheres começaram a entrar na vida pública, surgiram espaços urbanos poliglotas e novas formas de entretenimento (sensacionalista) de massas, como os parques de diversões, os salões de dança e o cinema. O resultado foi um conflito por causa da herança do Iluminismo. De repente, para muitas pessoas, a concepção liberal do sujeito humano, assim como seu mais alto valor: a autonomia individual, tornaram-se problemáticos.

Para o Iluminismo, a autonomia significava a capacidade de erguer-se acima das propensões "meramente" privadas, sensoriais, passivas ou receptivas da mente, a fim de chegar a conclusões racionais universalmente válidas. Convencidos de que a cultura finissecular minava essa capacidade, muitos observadores lamentaram as novas forças da "degeneração", do "narcisismo" e da "decadência". Um conterrâneo de Freud, Otto Weininger, por exemplo, advertiu acerca da ameaça à autonomia que provinha do que chamou de fator "W" — passividade ou dependência —, o qual tendia a concentrar-se em mulheres, homossexuais e judeus. Com isso, juntou-se a um forte coro que pedia o retorno ao autocontrole, vinculado ao trabalho árduo, à abstinência e à economia. Ao mesmo tempo, os alvores do consumo de massa também deram origem a um grupo defensor da "liberação". Especialmente entre as classes médias, muitos acharam que o esforço consciente que haviam dedicado ao trabalho árduo e à economia só os havia tornado (nas palavras de William James) "duas vezes mais filhos do inferno". Alegando que a modernidade exigia "um método antimoralista", James e outros recomendaram a "cura pela mente" e a hipnose como método para os que buscavam relaxar os esforços de autocontrole.[2]

Foi no contexto dessa divisão que Freud desenvolveu sua idéia de inconsciente pessoal. Especificamente, ele estava reagindo à alternância entre "controle" e "liberação" que caracterizou a psiquiatria do fim do século XIX. Por um lado, descendente do Iluminismo, a tradição da psiquiatria buscou restabelecer o controle reforçando a vontade e ordenando os processos de raciocínio de indivíduos transtornados ("desordenados"). Por outro, uma geração posterior de psiquiatras e neurologistas "dinâmicos" tentou facilitar a "liberação" através do hipnotismo e da meditação. A idéia freudiana do inconsciente pessoal representava uma alternativa a ambas as posturas. Não tomando nem o autocontrole nem a liberação como valor primário, ela incentivava uma atitude nova, não sentenciosa e "analítica" diante do eu. O resultado foi uma modificação muito importante da idéia iluminista do sujeito humano. Não mais o *locus* da moral e da razão universal, o indivíduo moderno dali em diante passaria a ser uma pessoa contingente, idiossincrática e singular; uma pessoa cuja interioridade dinâmica e altamente carregada seria o objeto do pensamento e da prática psicanalítica.

Para perceber melhor a inovação de Freud, precisamos rever rapidamente as psicologias que a precederam. Desde o início, a sociedade burguesa havia promovido uma nova ênfase na psicologia individual. As sociedades que a precederam tinham como premissa o modelo de uma grande cadeia da existência: a questão importante era o lugar do indivíduo numa hierarquia objetiva. Entretanto, com a ascensão do capitalismo, os sistemas de linhagem se desvaneceram e as identidades atribuídas entraram em baixa. Em vez de qual era o lugar que ele ocupava, a questão importante para o indivíduo passou a ser cada vez mais quem ele era. Com o Iluminismo e as revoluções democráticas que o acompanharam, a concepção do sujeito humano passou a ocupar o centro de tudo, inclusive do governo, da educação e da reforma social.

Não obstante, a idéia iluminista de sujeito tinha pouco que ver com a individualidade no sentido que a palavra ganhou no século XX. Em vez disso, ela estava vinculada ao projeto iluminista de um mundo planejado e organizado, um mundo feito de indivíduos racionais. A descoberta-chave do Iluminismo foi que os grilhões que escravizavam a humanidade eram, como disse William Blake, "forjados pela mente". O progresso não era simplesmente uma questão de enfrentar obstáculos exteriores, como déspotas, sacerdotes e instituições antiquadas; tratava-se de superar também obstáculos interiores. Caso se quisesse atingir um mundo racional, seria necessário ordenar o mundo interior ou mental do indivíduo.

O associacionismo foi a psicologia do Iluminismo que descreveu como a ordem racional poderia prevalecer. Derivado do pensamento de John Locke e estreitamente relacionado à revolução seiscentista na física, o associacionismo presumia que a mente se compunha de sensações ou representações provenientes do ambiente externo e "associadas" conforme a semelhança que tivessem umas com as outras ou conforme a simultaneidade de sua entrada na mente. Na Grã-Bretanha, França e Estados Unidos, o associacionismo informou todo o projeto iluminista. Em primeiro lugar, ele explicava a importância da tenra infância: nos primeiros anos, o cérebro era maleável, "quase líquido", de maneira que as marcas ali impressas poderiam durar a vida inteira.[3] O associacionismo inspirou ainda a construção de escolas, prisões e hospitais psiquiátricos. Calcadas na "família bem administrada", essas novas instituições manipulavam a arquitetura, os horários e os regimes de trabalho para reordenar as associações mentais dos alunos, criminosos e lunáticos que abrigavam. Até mesmo profissões voltadas para a vida cotidiana, como as das áreas da construção e saúde pública, baseavam-se em princípios associacionistas. Tão onipresente era sua influência que um filósofo chamou o associacionismo de "centro de onde o pensador se projeta para a circunferência do conhecimento humano".[4]

A psiquiatria moderna, da qual a psicanálise fazia parte originalmente, nasceu do associacionismo iluminista. Inicialmente denominada tratamento psicológico.ou "moral", tinha como premissa a idéia de que a razão era universal e, portanto, apenas uma *parte* da mente do louco era inacessível. Por conseguinte, os defensores do tratamento moral buscavam atingir a parte acessível. Rejeitando o isolamento dos insanos e o uso de técnicas coercitivas como o acorrentamento, eles defendiam métodos psicológicos ou "morais" que visavam promover o restabelecimento da razão de cada indivíduo. Não é de surpreender que os fundadores da psiquiatria moderna tenham todos participado de revoluções democráticas. Assim, Philippe Pinel, fundador da psiquiatria francesa, ajudou a desacorrentar os doentes mentais durante a Revolução Francesa, e Benjamin Rush, fundador da psiquiatria norte-americana, assinou a Declaração de Independência.[5]

Os psiquiatras do Iluminismo pretendiam curar a "loucura", que entendiam como um transtorno do processo de raciocínio. Por conseguinte, eles definiram a meta da psiquiatria como o reordenamento das associações. A princípio, eles realizaram experimentos com hospitais psiquiátricos e regimes de externato na esperança de que a ordem interior mimetizasse a exterior. Contudo, logo perceberam que a dinâmica do controle exigia mais do que simplesmente tratá-lo como função de um ambiente ordenado. A grande descoberta dos psiquiatras do século XIX — uma descoberta que começou a debilitar o prestígio do tratamento moral — foi a de que a autoridade era pessoal: o principal instrumento disponível para induzir a ordem na mente do indivíduo perturbado era a pessoa do próprio médico.[6] Assim, Benjamin Rush apresentou uma série de regras ao médico que quisesse entrar no quarto do "transtornado": "olhe-o no OLHO até desconcertá-lo; [...] há chaves no olho. [...] Um segundo meio de fazê-lo [...] obedecer [...] é através da VOZ. [Em seguida,] o SEMBLANTE [...] deve ajustar-se ao estado da mente e conduta do paciente".[7]

A despeito de haverem descoberto o caráter psicológico da autoridade, os psiquiatras do Iluminismo não concebiam o inconsciente como esfera de individualidade idiossincrática. Sua única meta era restabelecer no indivíduo os processos "normais" de raciocínio, comuns a todos os membros da comunidade humana. Na primeira metade do século XIX, porém, dois novos acontecimentos deram início à transformação do associacionismo iluminista: o romantismo e o "modelo somático", calcado na hereditariedade. Ambos ressaltavam a idéia — que estava ausente no associacionismo — de que a mente era em si uma força modeladora, em vez de ser meramente o registro de influências ambientais.

A idéia romântica da imaginação foi precursora da idéia de subconsciente surgida no fim do século XIX. Ela entrou na psicologia como uma espécie de reproche ou suplemento ao associacionismo, já que os românticos desprezavam a concepção "passiva" que Locke tinha da mente. Inspirando-se na tradição alemã da *Naturphilosophie*, segundo a qual todo o universo consistia em um organismo vivo e unitário, e no idealismo alemão em geral, os românticos definiram a imaginação como um depósito interno de imagens e pulsões criadoras. Para eles, o artista era "luminar" mais que "espelho", uma fonte original de valores mais que simples cronista de eventos.[8] Com a crítica romântica do associacionismo, a psicologia do Iluminismo aprofundou-se. Apesar disso, os românticos viam a imaginação como transcendental e impessoal; comparando-a ao céu ou ao oceano, eles a consideravam como tudo aquilo que não era o eu.

A influência romântica na psiquiatria se fez sentir especialmente através da descoberta do "magnetismo" (hipnotismo) em 1775 e do rápido desenvolvimento de uma tradição popular de terapeutas magnéticos. Apelando para algo que ficaria conhecido como subconsciente, esses terapeutas romperam com o associacionismo. Enquanto este se havia voltado para a manipulação de idéias, o magnetismo se transmitia através de sentimento e sensação. Puysegur, um dos primeiros a sistematizar a teoria magnética, recomendava que a primeira pergunta feita ao paciente que saía de um transe fosse: *"Como você se sente?"*, seguida de: *"Você acha que lhe estou fazendo o bem?"* Além disso, eles ressaltavam a importância do *"rapport"* entre *cada* magnetista e seu paciente.[9] Por fim, o magnetismo tornou explícita a distinção de sexos associada ao autocontrole. Segundo E. T. A. Hoffman, romancista romântico alemão, durante o sonambulismo "o magnetizado (a parte feminina passiva) entra em harmonia com o magnetizador (a parte masculina ativa)".[10]

O segundo acontecimento que transformou o tratamento moral foi um novo modelo "somático" do impacto da hereditariedade sobre a mente. Mesmo antes da publicação de *A origem das espécies/Origin of Species*, de Charles Darwin, em 1859, a maioria dos psiquiatras havia chegado à conclusão de que a hereditariedade determinava o cérebro, o qual, por sua vez, determinava a mente. Assim como o magnetismo foi a porta de entrada das idéias românticas, a frenologia de Franz-Joseph Gall, que teve grande influência entre as décadas de 1820 e 1850, foi a porta de entrada da biologia. Alegando que o cérebro se dividia em regiões, cada uma das quais correspondente a uma determinada faculdade mental, como a inteligência ou "amatividade", os frenologistas foram os primeiros a tentar fundamentar a psicologia numa teoria do organismo biológico. Logo a atenção voltou-se para a dissecação do cérebro e do sistema nervoso. Na época de Freud, o modelo somático — segundo o qual a histeria e outras "neuroses" eram causadas por lesões cerebrais — era a teoria dominante entre os psiquiatras.

Apesar de todo o impacto do romantismo e da frenologia, a psiquiatria da metade do século XIX manteve a meta iluminista original do tratamento moral: adaptar o indivíduo às leis universais que regiam a associação de idéias. As qualidades específicas da psique de um determinado indivíduo tinham pouco interesse para os psiquiatras, que seguiram o precedente iluminista ao preferir o universal ao particular, o racional ao emocional, o comunitário ao privado e o permanente ao transitório. As experiências momentâneas, transitórias e fugazes que em 1859 Baudelaire considerou centrais à modernidade, tinham pouco ou nenhum lugar nas psicologias que se desenvolveram na esteira do Iluminismo. Nem mesmo o magnetismo colocou em questão essa orientação. Ao contrário: reduzindo os indivíduos a objetos a fim de sujeitá-los, ele reteve o ideal de ordem da psicologia do Iluminismo, mesmo quando revelou as tensões que este escondia.

As origens da segunda revolução industrial encontram-se nas décadas de 1860 e 1870, os anos de infância e juventude de Freud. Foram essas as décadas que viram o surgimento da ciência e da tecnologia que a caracterizaram (o dínamo, o aço e os produtos químicos), além de suas formas características de organização econômica (as transações bancárias em larga escala, a corporação, o comércio internacional). O crescimento econômico se fez acompanhar de reforma política, por exemplo, na Inglaterra, Áustria, Estados Unidos, Alemanha e Japão. A Inglaterra começou seu longo declínio e os Estados Unidos, sua ainda mais longa ascensão. A emergência de uma rede mundial de ferrovias e navios a vapor promoveu a padronização de pesos, medidas, tempo e moedas. A alfabetização, a escolarização e as instituições de pesquisa, em especial as universidades, cresceram drasticamente, desencadeando o aumento de produtividade subjacente à virada finissecular em direção ao consumo de massa.

Desde o início, a segunda revolução industrial testemunhou um tremendo florescer das ciências e práticas psicológicas. Enquanto o Iluminismo conhecera apenas a psiquiatria, a segunda metade do século XIX viu surgirem a neurologia (profissão original de Freud), a psicologia de laboratório ou acadêmica e a investigação da inteligência, da psicopatologia e do crime. Verificou-se também o crescimento dos grandes hospitais associados ao ensino e à pesquisa, como a Salpêtrière, de Paris, o Burghölzli, de Zurique, e o Bellevue, de Nova York, em parte pela necessidade de fazer frente a novos "problemas sociais", como o crime, o alcoolismo e a prostituição. Enquanto a psiquiatria do Iluminismo se definira a partir do problema da "loucura", os psicólogos da segunda revolução industrial inventaram toda a nomenclatura da psicopatologia do século XX, como "neurose", "obsessão", "histeria" e "anormal". A "cura mental" dos indivíduos que permaneciam em casa passou das mãos de homeopatas, magnetistas e curandeiros populares para a de cientistas, pesquisadores e profissionais.

A obra *A origem das espécies*, publicada por Charles Darwin em 1859 — doze anos antes da publicação de *A origem do homem/The Descent of Man* —, foi a principal influência das psicologias científicas emergentes na época. Nessas obras, Darwin argumentava que as atividades mentais, como o pensamento, a emoção e o juízo moral, provinham da luta do organismo pela sobrevivência. Graças a sua influência, o sensacionalismo passivo do associacionismo deu lugar a psicologias pragmáticas que viam o pensamento como ação suspensa e experimental em meios ambientais específicos. Floresceram modalidades como a psicologia comparada, do desenvolvimento (do bebê e do adolescente) e animal. Na virada da década de 1880, conceitos de inflexão darwiniana como reflexo, instinto e emoção decretaram o fim do associacionismo, tornando a psicologia uma ciência dinâmica, uma ciência da motivação. Em 1890, quando escreveu uma das primeiras obras modernas sobre psicologia, William James comparou a psicologia mais antiga ao *Hamlet* sem o príncipe da Dinamarca.[11]

Sob o impacto dessa revolução no pensamento psicológico, a idéia do subconsciente entrou na medicina. Nela, passou a referir-se às áreas "inferiores" ou mais primitivas do sistema nervoso, ou seja, aquelas que haviam evoluído primeiro e estavam, portanto, mais perto dos reflexos e mais longe da consciência. O crime, a embriaguez e a impulsividade supostamente provinham do subconsciente, assim como a catalepsia, a noctambulação, os transes hipnóticos, a escrita automática e as ausências ou estados de fuga. Como tentativa protopsicológica de apreender o pensamento não-lógico ou "primitivo", a idéia médica estava intrinsecamente ligada não só à noção popular do subconsciente como esfera transpessoal, à qual o ego tinha acesso através da meditação ou da hipnose, como também ao modelo somático, que na década de 1860 já havia demonstrado que certos distúrbios psíquicos — especialmente a afasia — eram resultantes de lesões localizadas no cérebro ou no sistema nervoso e causadas por trauma ou hereditariedade.

A aplicação do modelo somático às neuroses e ao problema da "inversão" ou homossexualidade, a elas estreitamente relacionado, foi o terreno onde brotou a psicanálise. Embora cunhado pelos neurologistas no século XVIII para referência ao sistema nervoso excessivamente sensível ou irritável, o termo "neurose" fora pouco usado. Porém, entre 1869 e 1873, seu uso explodiu. A neurastenia, a anorexia nervosa e a agorafobia foram todas nomeadas nesses anos, ocupando seu lugar ao lado de males ainda mais estranhos, como a nostalgia, a "neurose do viajante" (inspirada pelo judeu errante), o bovarismo (a propensão ao devaneio nas mulheres) e o enfuriamento (em escravos que, transtornados, aparentemente "enlouqueciam").[12] De todas as "neuroses", a histeria foi a mais importante, não apenas pela sua prevalência, mas também por sua manifestação em sintomas físicos como paralisias e desmaios que não tinham correlação com nenhuma lesão anatômica ou neurológica conhecida. Lançando dúvidas sobre o modelo somático, a histeria parecia exigir uma explicação psicológica.[13]

A irrupção das neuroses refletia as mudanças na família trazidas pela segunda revolução industrial. Quando, no período precedente, funcionara como unidade de produção, a família fundamentara a identidade em papéis socialmente estabelecidos e reconhecidos, inclusive o trabalho complementar dos homens e das mulheres. Mas a transferência da produção do lar para o escritório e a corporação psicologizou e individualizou a vida familiar. A infância passou a ser entendida como um estágio da vida inteiramente à parte. Ao mesmo tempo, homens e mulheres tentavam desenvolver novas formas de relacionamento, já não mediadas pela produção de base familiar. A emergência das neuroses refletiu essas mudanças. Os "neuróticos", "histéricos" e "invertidos" que figuram nos estudos de casos do fim do século XIX fugiam todos das abruptas oposições binárias — masculino/feminino, ativo/passivo, racional/irracional — que caracterizavam a família vitoriana. Mas eles viveram numa época em que as palavras disponíveis para a articulação dessa fuga eram escassas.

O "nervosismo" era a rubrica na qual essa fuga mais se inseria. George Beard, que propôs em 1869 a primeira teoria médicopsicológica do nervosismo, o apresentou como uma reação à superestimulação da vida moderna, refletida nas ferrovias, na eletricidade, na educação para as mulheres e nas sensações das ruas das grandes cidades. Paul Valéry o explicou como um sintoma do crescimento das "profissões delirantes", termo que usou para referência às profissões — a exemplo do magistério, direito ou literatura — nas quais o principal recurso de que se dispõe é "a opinião que os outros têm de nós". Baudelaire elogiou o "nervosismo" da escrita de Poe, e Josef Breuer, mentor de Freud, comentou "a produtividade transbordante" da mente histérica.[14]

A histeria, a mais freqüente expressão do nervosismo, ilustrava as contradições presentes na maneira como o vitorianismo compreendia a autonomia ou autodomínio. Em vez de gozarem dos benefícios do autodomínio, os histéricos sentiam-se subjugados pelas próprias tentativas de autocontrole. Alice James, por exemplo, descreveu sua histeria como a luta de uma vida inteira para conseguir ter cinco minutos de sossego. Só com a hipnose foi que ela aprendeu a suspender — ao menos por breves intervalos — "o guardião individual, exausto pela vigília incessante para manter a sanidade do complicado mecanismo moderno".[15] Em sua associação com a superexcitação e a teatralidade, por um lado, e a passividade, por outro, a histeria convergia com a "feminilidade", que a era vitoriana opunha à autonomia. Os sintomas "femininos" também se manifestavam em outros fenômenos nervosos, como a anorexia (obsessão pela imagem do corpo), a agorafobia (medo de sair só) e a neurastenia (debilidade). Mas as neuroses refletiam também a importância crescente da psicologia para a medicina. Desse modo, a anorexia surgiu quando as queixas de dores no estômago transformaram-se em inapetência. A hipocondria, antes considerada uma doença respeitável do ponto de vista médico, adquiriu na década de 1870 a conotação de doença imaginária.[16]

Embora não fosse a única "neurose" que apontava para a psicologia, a histeria condensava as tensões culturais do fim do século. Os que eram rotulados como histéricos tendiam a ser suscetíveis à sugestão e, assim, a reagir às correntes culturais pré-conscientes e inconscientes que os cercavam. Em seu recurso ao gesto e à comunicação inconsciente, em sua teatralidade e expressão do desejo de amor, eles registravam as preocupações nucleares da esfera então emergente da vida pessoal, especialmente a sexualidade e a "feminilidade". Por conseguinte, a histeria articulou as novas possibilidades da vida pessoal, embora de maneiras inconscientes, distorcidas e associais.

O principal centro europeu de estudo da histeria foi a Salpêtrière, de Paris. Grandemente ampliado para lidar com os problemas sociais da segunda revolução industrial, como a imigração, o crime e o controle social, esse imenso hospital psiquiátrico foi dirigido por Jean-Martin Charcot. Conforme relembraria Freud, "Charcot costumava dizer que, de modo geral, o trabalho da anatomia havia acabado e que se poderia considerar concluída a teoria das doenças orgânicas do sistema nervoso: o que precisava ser abordado em seguida eram as neuroses" e, acima de tudo, a histeria.[17] O objetivo de Charcot era explicar a histeria em termos fisiológicos ou "dinâmico-funcionais", e não em termos anatômicos. Nesse aspecto, ele tirou proveito da prática francesa de observar pacientes vivos, ao contrário dos neurologistas alemães e austríacos, que apenas realizavam autópsias do cérebro.[18]

Charcot era um descendente direto da tradição iluminista; portanto, seu método de estudo da histeria recaiu na criação de uma espécie de grade. Para começar, ele organizou os cinco mil pacientes da

Salpêtrière por classes de doenças, a fim de criar "um imenso museu de patologia viva". Charcot ressuscitou o hipnotismo, que havia caído em descrédito, e o usou para induzir transes histéricos com o intuito de compilar uma "cartografia das zonas histerogênicas". Ele desenhou e fotografou pacientes, publicando os resultados numa *Iconographie photographique de la Salpêtrière*/Iconografia fotográfica da Salpêtrière para mostrar que as posturas histéricas eram análogas às dos "possuídos". Desse modo, ele tentou colocar os manicômios e hospitais de Paris sob controle secular, não sem advertir que "entre os pacientes hoje trancados na Salpêtrière há muitos que em outros tempos teriam sido condenados à fogueira".[19]

Charcot tinha do sistema nervoso uma concepção simultaneamente espacial, visual e hierárquica. Os níveis elementares — ou mais antigos — da psique eram os reflexos; em seguida, vinham os instintos; depois, as sensações, percepções e, finalmente, no alto, a mente consciente ou ego. A histeria era causada por uma parte "rebelde" da mente "inferior" que não entrara em contato com a parte superior, o consciente. A seu ver, o objetivo do hipnotismo era chegar às partes "inferiores" ou "femininas" da mente, as quais estavam fora do consciente e tornavam-se disponíveis quando o controle consciente se perdia. Charcot também partilhava a opinião muito difundida de que a "debilidade" dos "níveis superiores" da mente era hereditária e associava-se a diferenças raciais. Em *Traité des dégénérescences*/Tratado das degenerescências, obra publicada por B. H. Morel em 1857, ele aprendera que os histéricos "estavam presos a complexas redes de herança patológica".[20] Como Morel, Charcot associava o nervosismo a outros problemas supostamente determinados pela hereditariedade, como o crime e o suicídio.

Charcot foi um exemplo do pensamento neurológico que caracterizou os primeiros anos da segunda revolução industrial. Em sua obra, o *locus* da investigação psicológica passara da razão ao sistema nervoso e da loucura ao subconsciente. Usando a hipnose, Charcot estimulou a transição do autocontrole para a liberação. Entretanto, ele não estava mais interessado na psicologia do indivíduo que os proponentes do tratamento moral: seu objeto eram tipos, e não sujeitos singularmente pessoais; o ordenamento visual e o mapeamento — e não a linguagem e a compreensão interpessoal — eram seu método.

Não obstante, a Salpêtrière constituiu na década de 1880 uma espécie de janela para a vida pessoal moderna; um espaço

Jean-Martin Charcot
estudando o cérebro, não a mente

em que dramas de rebeldia adolescente, sexualidade frustrada e raiva e ressentimento femininos foram encenados sem ser compreendidos. Como tais, eles atraíram o interesse de diversos artistas e intelectuais. Na platéia, havia não apenas pensadores sociais, como Émile Durkheim e Gustave Le Bon, o psicólogo policial que escreveu *Psicologia das multidões/Psychology of Crowds*, mas também criadores culturais, como Henri Bergson, Guy de Maupassant, Edmond de Goncourt, Sarah Bernhardt e Jane Avril (retratada no pôster de Toulouse-Lautrec), e neurologistas, como Pierre Janet, Morton Prince e Sigmund Freud.[21] Foram esses últimos que transformaram as idéias de Charcot numa dinâmica teoria do subconsciente que, mesmo assim, ainda era pré-psicanalítica.

Freud nasceu em 1856 e atingiu a maioridade a certa distância dos grandes centros urbanos da segunda revolução industrial. Ele era judeu de segunda geração do leste europeu, cujos ancestrais se haviam mudado de terras dominadas pelo czar para refugiar-se sob a proteção do imperador austríaco. O pai, Jacob, era um vendedor de lã que deixara a Galícia, no sul da Polônia, região onde se concentravam os judeus mais pobres da Europa, para estabelecer-se em Freiberg, cidade de cerca de cinco mil habitantes situada entre os prados e florestas da Morávia. A mãe, Amalie Nathansohn, terceira mulher de Jacob, também emigrara da Galícia. Em 1859, quando Freud tinha três anos de idade, reveses comerciais obrigaram a família a mudar-se para Viena. Assim, os Freud juntaram-se às ondas de migrantes — boêmios, morávios, húngaros, rutenos e croatas — que estavam transformando Viena não só na cidade mais multinacional e poliglota da Europa, mas também no assentamento que detinha a maior população judia depois de Varsóvia.

Cidade de cruzamentos ferroviários, moradias insalubres e congestionadas, semanas de setenta horas e florescente indústria meretrícia, Viena ostentava também instituições iluministas exemplares, como o Parlamento, a Prefeitura e a Universidade. Para esta, Freud entrou em 1873, num momento em que se verificava uma enorme afluência de estudantes e professores judeus.[22] Embora originalmente planejasse doutorar-se em zoologia e filosofia, desde o início ele interessou-se profundamente pela psicologia. Freud fez cinco cursos com Franz Brentano, padre católico que, tendo deixado a batina e sido um dos fundadores da fenomenologia, chegara a Viena em 1874 propondo uma ciência empírica da consciência. Freud manteve a amizade com Brentano fora da Universidade e dependia dele para arranjar trabalho como tradutor, mas não partilhava dos objetivos religiosos do filósofo e, por fim, rompeu com ele.[23]

A educação de Freud foi também moldada por professores-cientistas como Ernst Brücke, que posteriormente supervisionou sua pesquisa de laboratório, e Theodor Meynert, seu supervisor no Hospital Geral de Viena. Influenciados ambos por Hermann von Helmholtz, esses homens estavam envolvidos na investigação empírica dos processos pelos quais obtemos conhecimento do mundo exterior. Porém, ao contrário de muitos neurologistas, eles não pretendiam explicar a mente em termos fisioquímicos (esforço que veio a ser

Casa na qual em 1856 nasceu
Sigmund Freud, na rural Morávia

conhecido como psicofísica, parte da psicologia acadêmica). Em vez disso, eram neokantistas que estavam redefinindo as "formas da intuição" e as categorias inatas ou *a priori* de Kant como produtos evolucionários, resultantes de adaptação e luta na natureza.[24]

Em 1876, Freud abandonou a idéia do duplo doutorado e entrou para o laboratório fisiológico de Ernst Brücke, onde foi pesquisador por seis anos e encontrou, segundo suas próprias palavras, "descanso e plena satisfação".[25] Devido à escassez de meios em que vivia Freud, Brücke o instou a abandonar a pesquisa e tornar-se médico. Após o serviço militar, prestado entre 1879 e 1880, Freud concluiu o curso de medicina e começou a trabalhar no Hospital Geral de Viena. Só após obter esse diploma foi que ele saiu da casa paterna. Enquanto trabalhava no laboratório de Brücke, conheceu Josef Breuer, fisiologista e médico clínico muito admirado, mais velho, que havia descoberto a função dos canais semicirculares do ouvido. Breuer tornou-se mentor de Freud e emprestou-lhe dinheiro. Em 1885, Freud começou a ensinar neuropatologia na universidade (como *Dozent*) e ganhou uma bolsa para estudar com Charcot na Salpêtrière. Lá, mergulhou no mundo novo das "doenças nervosas", especialmente a histeria.

A princípio, Freud deixou-se prender pelo carisma de Charcot. Em novembro de 1885, escreveu à noiva, Martha Bernays: "Meu cérebro está saciado como após uma noite no teatro. [...] Nenhum outro ser humano jamais me afetou da mesma maneira."[26] Depois de voltar de Paris, Freud começou a trabalhar como médico particular no tratamento de doenças nervosas. Sua clientela era formada basicamente por judeus e imigrantes, e ele ainda dependia de Breuer para indicação de pacientes e empréstimos. Abrindo — não sem intuito provocador — o primeiro consultório num domingo de Páscoa, Freud apresentou-se como converso à escola francesa. Na Associação de Medicina de Viena, apresentou um trabalho, intitulado "Sobre a histeria masculina", no qual usava as teorias de Charcot para criticar a medicina praticada na Alemanha e na Áustria. Em 1887, disse a Wilhelm Fliess — especialista em otorrinolaringologia de Berlim que, sucessivamente, se tornaria seu mentor e rival — que considerava o hipnotismo "verdadeiramente sedutor".[27] O violinista Fritz Kreisler, filho de um médico amigo de Freud, posteriormente se lembraria dele como "um homem que não era de modo algum famoso [...], mas sim um *magnétiseur* praticante".[28]

Mesmo no fim da década de 1880, quando as pesquisas começavam a colocar o hipnotismo em descrédito, Freud recusou-se a abandonar a prática, a cujas formas atenuadas recorria havia tanto tempo.[29] Além disso, ele permaneceu com o modelo somático, mesmo quando criticou suas versões-padrão. Seu primeiro livro, *On Aphasia/Sobre a afasia* (1891), colocava em questão a idéia então vigente de que a afasia era causada por lesões em centros identificáveis do cérebro, argumentando que não era possível determinar se um problema provinha de um centro da fala ou dos caminhos da associação entre centros. Em lugar de uma relação causal entre o cérebro e a fala, ele postulou uma hipotética "zona da linguagem".[30] Mas isso não era novidade. A busca de explicações psicológicas caracterizou a maior parte da neurologia séria na década de 1890.

Em 1895, Freud e Breuer publicaram cinco estudos de casos sob o título *Studies in Hysteria/Casos clínicos*. Embora boa parte do que hoje se considera psicanálise — lembranças recalcadas, cura pela palavra — se encontre no livro, ele também ilustra a psiquiatria dinâmica vigente na época, segundo a qual o inconsciente era uma *idée fixe* ou idéia cindida, situada em algum ponto dos reinos inferiores ou subconscientes da psique, separada do ego consciente e acessível apenas pela hipnose. William James resumiu: nas "maravilhosas investigações da consciência subliminar de pacientes de histeria empreendidas por Binet, Janet, Breuer, Freud, Mason, Prince e outros, foram-nos revelados sistemas inteiros de vida subterrânea, na forma de recordações penosas que têm existência parasítica enterradas fora dos campos primários da consciência. [...] Alterando-se ou abolindo-se por sugestão essas recordações inconscientes, o paciente imediatamente se recupera".[31]

Entretanto, o livro continha uma idéia que era realmente nova: a de *defesa* (*Abwehr*), uma idéia ligada à ênfase da psiquiatria dinâmica no *trauma*. Conformes ao pensamento neurológico então vigente, Breuer e Freud viam a histeria como uma divisão do consciente, uma liberação de tensão, um fracasso da síntese.[32] A hipótese de trabalho de *Studies in Hysteria/Casos clínicos* era que essa divisão provinha do excesso de estímulos, ou seja, de mais estímulos do que o volume com que o consciente poderia lidar. O evento que não podia ser integrado ao consciente, eles chamaram de trauma. Porém, enquanto concordavam em que o trauma causava a histeria, os autores discordavam quanto ao que tornava alguém *suscetível* à divisão do consciente ou colapso da síntese que acompanhava o trauma. Breuer achava que, se um evento não atingia o consciente, era porque o histérico se encontrava em estado suscetível ou hipnóide (um estado de fuga) quando esse evento se processara. Para ele, a predisposição a um estado de menor tensão psicológica era hereditária. Freud, por sua vez, achava que a divisão ocorria porque o histérico *se defendia* da percepção do evento traumático; ele acreditava, em outras palavras, que a divisão era motivada.[33]

A ênfase de Freud na defesa é que foi o fio condutor para a idéia do inconsciente pessoal. Dependente de Breuer por muito tempo, Freud foi ficando cada vez mais insatisfeito com o que julgava serem as tentativas do mais velho de desanimá-lo e de perdoar-lhe as dívidas financeiras. Outra fonte de tensão era a convicção de Freud de que as causas da histeria eram sempre sexuais, idéia que mal é mencionada em *Studies in Hysteria/Casos clínicos*, mas que estava por trás de sua insistência na defesa. Porém, o que facilitou o rompimento foi a amizade crescente entre Freud e Fliess. A princípio, embora fosse dois anos mais jovem que Freud, Fliess era a figura dominante na nova dupla. Ele não só tolerou como incentivou as ambições de grandeza de Freud, além de ter sido seu médico quando este foi acometido de medo da morte e na ocasião em que tentou parar de fumar. Freud — que chamava Fliess de "professor", "o único outro, o *alter*" — declarou: "não posso escrever nada se não tiver platéia, mas estou inteiramente satisfeito em escrever apenas para você".[34]

Mas Fliess teve também uma profunda influência intelectual sobre Freud, especialmente por sua visão do sistema nervoso como conduto de energia sexual. A maioria dos neurologistas da época via a pulsão sexual em termos exclusivamente genitais. Fliess, por sua vez, achava que a sexualidade infantil estava causalmente implicada na neurose, opinião que Freud logo adotou. A mudança nas lealdades de Freud pode ser vista através de um incidente ocorrido em 1895. Breuer deu uma palestra científica dizendo-se "convertido" às teorias sexuais de Freud. Contudo, quando este depois o procurou para agradecer-lhe em particular, Breuer disse: "Mesmo assim, não creio nisso!" Freud contou o incidente a Fliess numa carta, comentando: "Você entende isso? Eu não".[35]

Até 1895 Freud se havia dedicado a uma carreira bastante eclética, tendo trabalhado com a anatomia do cérebro, tendo realizado estudos sobre cocaína, hipnose, afasia e paralisias cerebrais infantis, tendo traduzido profissionalmente do inglês e do francês e praticado psicoterapia catártica. Porém, depois de terminar *Studies in Hysteria/Casos clínicos*, a noção de defesa "forçou caminho para o primeiro plano" do seu pensamento.[36] Comentando uma primeira tentativa de esboçar uma teoria da psique, ele escreveu a Fliess: "Eu só estava tentando explicar a defesa, mas experimente explicar algo desde o próprio âmago da natureza! Tive de abordar o problema da qualidade, do sono, da memória — em resumo, toda a psicologia."[37] A tentativa de estudar detidamente o sentido da defesa o fez concentrar as energias. Numa carta de 1895, ele informou a Fliess que seu caráter era tal que não conseguiria viver sem "uma paixão que me consuma, [...] uma tirana". "E a encontrei", continuou ele, "minha tirana é a psicologia."[38]

Em julho de 1895, Freud interpretou pela primeira vez um sonho seu. Dizendo em carta a Fliess que algum dia o fato poderia ser comemorado com uma placa, ele bem pode tê-lo sonhado com o intuito de interpretá-lo. Nos 18 meses que se seguiram, ele escreveu um rascunho de *A interpretação dos sonhos*.[39] No entanto, só viria a terminar o livro três anos depois. Posteriormente, Freud atribuiu a demora à sua "auto-análise", à introspecção e luto precipitados pela morte do pai em outubro de 1896. Quaisquer que tenham sido as razões, essa morte o desarraigou, despertando-lhe o passado e levando-o a conjeturar que a morte do pai era invariavelmente o fato mais significativo da vida de um homem.[40] Os processos de escrita de *A interpretação dos sonhos* e assimilação da morte do pai ocorreram simultaneamente. O livro contém uma teoria da mente e registra a gênese dessa teoria na forma de fragmentos dos sonhos de Freud. Cada fragmento ilustra tanto a teoria quanto as dificuldades que Freud teve em formulá-la, as quais giravam em torno de sua relação com o pai. As partes do livro que ele teve dificuldade em terminar foram a revisão da literatura, que narrava suas dívidas para com outros autores, e o capítulo final, em que apresentou suas idéias mais originais. Para concluir o livro, Freud dependia da receptividade de Fliess às suas idéias. Ao terminá-lo, ele terminou também a relação com Fliess.[41]

A maior inovação de *A interpretação dos sonhos* estava no tema: o indivíduo que dormia. Ao contrário do sujeito ativo e racional do Iluminismo, seu sujeito não tem acesso algum ao mundo exterior; todos os estímulos vêm de dentro. O ego está na escuridão. Só ocasionalmente é que os estímulos perceptuais — luz, cor, figuras, sons, fragmentos representacionais — a interrompem. A tese do livro, herdeira da anterior ênfase na defesa e só formulada

Cartão de visitas de
Sigmund Freud (1885)

depois de 1898, era que os sonhos ocorrem quando os desejos ou preocupações remanescentes das experiências da vigília se associam a recordações da infância, contundentes o bastante para perturbar o sono. Um único desejo (*Wunsch*) preponderante, biologicamente determinado, está por trás de todo sonho: o desejo de permanecer dormindo. O sonho protege o sono retratando o desejo do sonhador como satisfeito, mas de forma disfarçada. Assim, a obra seminal que anunciou a emergência da vida pessoal moderna girava em torno do sonhar, estado caracterizado por uma suspensão da realidade, pela onipotência do pensamento e por processos profundamente introvertidos e intrincados de realização de desejos.

Freud oferece o sonho da injeção de Irma — por ele sonhado em julho de 1895

— como principal atração do livro. Na noite em que teve esse sonho, Freud estava veraneando com a família em Berchtesgaden, no sul da Alemanha. Ele pretendia dar uma festa de aniversário para a mulher, Martha, que estava grávida de Anna, a sexta dos filhos do casal. Vários amigos médicos haviam sido convidados, junto com alguns pacientes. Nesse mesmo ano, Freud havia recomendado a Emma Eckstein (Irma), uma de suas pacientes, que procurasse Fliess para fazer uma operação que, apesar de rotineira, era desnecessária. Fliess quase matou Eckstein deixando gaze em sua cavidade nasal. Freud então agravou o problema, pois insistiu em dizer à paciente que os incessantes sintomas que tinha eram psicológicos. Posteriormente, uma segunda operação revelou a verdade. Na noite do sonho, um médico amigo de Freud informou-lhe que Eckstein continuava sem reagir ao tratamento. Embora precipitado pela culpa e ansiedade de Freud, o sonho decorria também de seu desejo de triunfar sobre inúmeras adversidades.

Esse sonho começava em "um grande *hall* — muitos convidados, que estamos recebendo". Entre eles, estava Irma. Freud a levou até um canto e censurou-a: "Se você ainda tem dor, é realmente culpa sua." Ela respondeu: "Se você soubesse que dores sinto." Freud então pensou que estava negligenciando um problema orgânico. Examinou-lhe a garganta — seu "inconsciente" —, onde viu "estruturas espiraladas [...]; crostas cinza-esbranquiçadas que praticamente a recobriam". Chamou colegas médicos para examiná-la. Um deles disse: "Não há dúvida de que é uma infecção." Não muito antes, ela havia tomado uma injeção. A fórmula de uma substância química — a trimetilamina — que Fliess acreditava ser a base da sexualidade, pairou diante das vistas do sonhador. Freud pensou: "Não se deve dar esse tipo de injeção tão irrefletidamente; provavelmente, a seringa não estava limpa."

O sonho exemplifica o funcionamento do inconsciente pessoal. Ele mostra como Freud transformou fatos anteriores e contemporâneos de sua vida numa estrutura psíquica coerente, no intuito de satisfazer desejos inconscientes enquanto dormia. No nível mais imediato, ele é motivado pela culpa de Freud. Primeiro, ele culpa Irma pelo desastre, depois os médicos e, finalmente, a trimetilamina. Todos são responsáveis, exceto ele mesmo. As conexões do pensamento são frouxas, dinâmicas e imprevisíveis. Assim, o sonhador teme que sua "injeção irrefletida" seja a causa da gravidez indesejada de Martha e dos seus experimentos insensatos com a cocaína dez anos antes. Num nível mais profundo, o sonho reflete as ambições infantis de Freud, sua necessidade de estar sempre certo. As figuras médicas são todas incompetentes. Fliess pusera a perder a operação de Eckstein e depois se enredara em teorias sexuais absurdas. Em contraposição a tanta incompetência, o sonho reflete os esforços então contínuos de Freud para formular sua teoria do inconsciente. Ele tem uma estrutura tripartite — o vestíbulo, a boca de Irma, a trimetilamina — que antecipa seu primeiro modelo da mente: pré-consciente, inconsciente, orgânico. O desejo de Freud — acreditar que a sexualidade estava na origem das neuroses — talvez tenha sido o desejo mais profundo do sonho.[42]

A interpretação que Freud dá ao sonho demonstra a maneira como ele já havia

Emma Eckstein:
a "Irma" do sonho de Irma (1895)

transformado o espaço aparentemente ordenado, hiper-racional, visual, da Salpêtrière no espaço interior, dinâmico, psicológico e lingüístico da psicanálise. Não obstante, o caminho entre a interpretação de um sonho e o desenvolvimento de uma teoria ainda se estendia à sua frente. Para seguir por esse caminho, Freud precisava abandonar a idéia, intrínseca a *Studies in Hysteria/Casos clínicos* e, de fato, a toda a psiquiatria do fim do século XIX, de que um determinado evento causava uma determinada "cisão do consciente". Os primórdios dessa mudança estão em sua renúncia ao que se viria a conhecer como teoria da sedução.

Em 1896, Freud alegou que, "sem exceção", a histeria resultava de abuso sexual na infância.[43] Todavia, mesmo então, ele ressaltou o efeito transformador do pensamento inconsciente. Independentemente do efeito sobre a vítima na época do incidente, a *lembrança* do abuso sexual na infância ganhava nova importância com a chegada da puberdade.[44] Isso, porém, não foi o suficiente para salvar a teoria da sedução. Em vez disso, Freud começou a modificar a teoria quase que na formulação, concluindo finalmente que "não há nenhum indício de realidade no inconsciente, de modo que não se pode distinguir entre a verdade e a ficção que foi catexizada com o afeto".[45] Ao abandonar a teoria, Freud não rejeitou a importância dos eventos exteriores, mas sim a idéia de que um sintoma *específico* fosse *sempre* o resultado de um trauma *específico*.

A psiquiatria dinâmica de que Freud nesse momento se estava desengajando ainda via as idéias inconscientes como "*idées fixes*" ou lembranças recalcadas, isoladas e desligadas do "consciente em si, isto é, do Ego".[46] Freud, no entanto, estava começando a pensar o inconsciente como um campo infinito de caminhos, ramos e conexões associacionais que divergiam em todas as direções possíveis. Entre as analogias estão as línguas, com suas sublínguas labirínticas e discordantes, dialetos e vocabulários especializados; cidades que se ramificam em bairros, subúrbios e favelas diversos; estratos arqueológicos desconectados; os campos proliferativos da matemática; processos químicos; rios, prados e florestas; o próprio universo; os espaços algoritmicamente gerados do pensamento do século XXI. O inconsciente, na visão emergente de Freud, era uma espécie de sistema classificatório ou arquivo infinito;

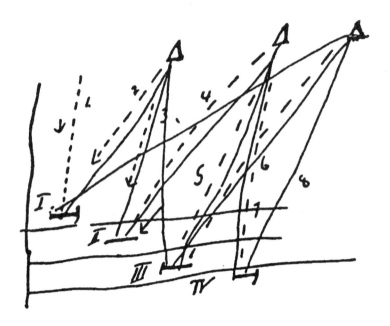

Tentativa inicial de Freud de conceitualizar
o inconsciente (1897)

a consciência só poderia enfocar, através da percepção, algumas de suas partes e, ainda assim, apenas momentaneamente.[47]

As cartas que Freud enviou a Fliess entre 1896 e 1898 mostram a concepção que ele então desenvolvia do funcionamento geral do inconsciente. Em dezembro de 1896, ele informou a Fliess que partia do pressuposto de que a memória se desenvolvia por um processo de estratificação. As marcas da memória — que Freud chamou tanto de marcas (*Spuren*) quanto de pistas (*Bahnungen*), sinais (*Zeichen*) e transcrições (*Umschriften*) — estavam sujeitas à "rearrumação de acordo com novas circunstâncias [...], [sendo] por assim dizer, transcritas". O que distinguia sua teoria da de seus predecessores, explicou ele, era "a tese de que a memória está presente não uma, mas várias vezes".[48] Em outras palavras, as recordações obtinham seus significados através da associação a outras recordações, e não dos eventos dos quais provinham.

Em 1897, Freud enviou a Fliess um desenho que ilustrava a arquitetura da mente; uma carta acompanhava e explicava o diagrama. O consciente, indicado pelos pequenos triângulos, era a percepção. Os numerais romanos indicavam "cenas". Algumas eram acessíveis diretamente; outras, "só por meio de fantasias colocadas diante delas". Quanto mais alto o número romano, menor o nível de acessibilidade. As cenas menos "recalcadas" vinham à tona primeiro, "mas só de forma incompleta, devido à sua associação com as mais recalcadas". A análise tinha de prosseguir em "*loops*" (indicados pelos numeros arábicos). "As fantasias se formam por amálgama e distorção análogos à decomposição de um corpo químico que se compõe na fusão com outro." Um fragmento de uma cena visual combinava-se a um fragmento de uma cena auditiva. O fragmento que se formava "ligava-se a outra coisa. Desse modo" — e aqui está uma observação-chave — "torna-se impossível localizar a origem da conexão original".[49]

Portanto, aqui estava um passo rumo a uma nova teoria do inconsciente; uma teoria que não o via como uma perturbação da razão nem como uma idéia desgarrada que se ligava aos recônditos inferiores do sistema nervoso. Ao dar esse passo, Freud encontrou algo que permaneceria no centro da psicanálise ao longo de toda a sua história, a saber, a idéia de resistência. O sonho, começou ele a teorizar, era um acordo entre os desejos e a *resistência* em revelá-los. Já que escrever o livro era para ele uma tentativa profundamente pessoal de emancipação, muitos de seus sonhos voltavam-se para suas próprias resistências, conforme exemplificadas em suas relações com o pai ou substitutos deste. Um deles o mostra lançando a um amigo já falecido um olhar tão penetrante que esse amigo se dissolve. Esse sonho invertia uma experiência na qual Freud chegara atrasado ao trabalho e fora humilhado pela mirada acusatória do supervisor, Brücke. Em outro sonho, ele via o pai como uma figura política entre os magiares; este o fez recordar o quanto o pai se parecia a Garibaldi em seu leito de morte. Um antigo sonho em que Brücke lhe dava a tarefa "de dissecar meu próprio corpo, minha pelve e minhas pernas" sugere que mesmo o seu projeto de auto-análise era um ato de devoção. Outros sonhos refletem preocupações maiores, políticas. Em um, provocado por uma peça sionista de Theodor Herzl à qual havia assistido, Freud viu-se deprimido quase até as lágrimas: "uma figura feminina — uma atendente ou freira — trazia dois garotos para fora e entregava-os ao pai, que não era eu".[50] O sonho dizia respeito "ao problema judeu, à preocupação com o futuro dos filhos, aos quais não podemos dar um país que seja seu, à preocupação em educá-los de modo que possam cruzar fronteiras livremente".[51] A conclusão do livro e o esgotamento da própria resistência foram processos simultâneos. Um estado receptivo, não determinado nem crítico, que deixasse a atenção fluir livremente era o pré-requisito da livre associação necessária para recordar e, mais ainda, interpretar um sonho. Segundo o próprio Freud, para atingir esse estado, era preciso desviar a energia psíquica normalmente dedicada à autocrítica para a auto-observação.[52]

Entre 8 e 10 de março de 1898, Freud teve um sonho que prenunciou sua capacidade de concluir o livro formulando a teoria do inconsciente: ele havia escrito uma monografia sobre botânica, que viu aberta diante de si. O sonho girava em torno de um incidente da infância em que o pai o repreendera por comprar livros caros. Logo em seguida, escreveu o capítulo final, teórico, de *A interpretação dos sonhos*. Ele conseguiu terminar o livro quando concebeu o inconsciente como o *locus* das motivações dinâmicas pessoais surgidas na infância, seu principal *insight* sobre a vida pessoal moderna.

Ao contrário do pensamento préconsciente — aquele ao qual o consciente tem acesso direto —, Freud passou a descrever o campo do inconsciente em termos do que chamou de "pensamento de processo primário". Conforme o entendia, o processo primário era solto e desorganizado, suas energias fluindo livremente por diferentes caminhos. Seu movimento era governado não pela lógica, mas por mecanismos como a condensação, que juntava resquícios afins da memória, e o deslocamento, que transferia a emoção associada a um dos resquícios para outro. O estudo dos sonhos propiciou a Freud uma janela para o pensamento de processo primário. O pensamento de processo primário que estava por trás de um sonho só podia penetrar no consciente quando assumia um caráter visual ou auditivo, atraindo desse modo um certo grau de intensidade para si. Mesmo assim, ele tinha de passar por uma revisão antes de o sonho tornar-se consciente, como no caso do pensamento: "Isto é só um sonho."

Ao chamar o pensamento inconsciente de "primário", Freud levava em conta o fato de que este precedia o pensamento de processo secundário ou consciente no contexto evolucionário. Mas ele o via como primário também em outro sentido: começando na infância, ele se associava ao núcleo motivacional do indivíduo. De acordo com a formulação de Freud, a dinâmica do inconsciente pessoal ganhava forma quando experiências anteriores transmudavam as necessidades não satisfeitas e instintuais da infância em *desejos*. Os desejos da infância, além disso, eram imortais: a força do tapa sofrido por uma criança de três anos permanecia intacta no inconsciente cinqüenta anos depois. Os desejos inconscientes eram "o âmago de nosso ser". Eles eram a fonte da criatividade que irrompe no discurso normal e de toda intensidade mental, ou seja, o afeto "extra" que acrescenta tanta estranheza e imprevisibilidade à vida cotidiana. Enquanto as preocupações "empreendedoras" do dia-a-dia provocavam pensamentos oníricos, só os desejos infantis poderiam aportar o "capital" que esses pensamentos precisam para criar um sonho. O sonho de Irma, por exemplo, ganhou forma quando as preocupações diárias com Eckstein associaram-se a desejos infantis de onipotência e vingança.

Sem dúvida, muitos pensadores do fim do século XIX reconheciam que a mente não reflete simplesmente a realidade, mas organiza e reorganiza criativamente signos que ganham significado em sua relação com outros signos. Isso aplicava-se especialmente aos pensadores que normalmente se agrupam sob a rubrica da "virada lingüística", como Stéphane Mallarmé e Ferdinand de Saussure. Porém eles careciam de qualquer concepção de motivação. Freud estava praticamente só ao fornecer uma concepção assim. Seu argumento: eram desejos e recordações singulares, formados na relação mais estreita com os pais e irmãos do indivíduo, que moviam a reconstituição da experiência, dando-lhe seu caráter pessoal.

A princípio, Freud não se deu conta de todas as implicações dessa idéia. Quando informou a Fliess que pretendia intitular o capítulo teórico final de seu livro "Sonhos e neuroses", ele observou explicitamente pela primeira vez que o mesmo mecanismo — desejos infantis guiados pelo pensamento de processo primário — subjazia a ambos os fenômenos.[53] Posteriormente ele estendeu a idéia do inconsciente à explicação de lapsos de língua, chistes, devaneios e obras de arte, passando a crer que todos os produtos humanos surgiam no inconsciente e eram sutilmente revisados, recebendo forma representável ao tornarem-se conscientes.

Mesmo assim, a conclusão do livro não deu a Freud nenhuma alegria imediata. "Por dentro", escreveu a Fliess, "estou profundamente empobrecido; tive de demolir todos os meus castelos no ar".[54] Apesar disso, a conclusão desse livro trouxe para Freud uma mudança drástica. Antes, ele sonhara tornar-se uma figura excepcional; agora, alegava ver em si mesmo um homem como outros homens.[55] A conclusão do livro transformou também seu estilo de escrever: abandonando a *persona* do anonimato profissional, ele começou a dirigir-se ao leitor diretamente.[56] A conclusão o levou a rejeitar seu anterior positivismo, embora não seu amor à ciência. Ao contrário de boa parte do que depois se tornou psicanálise (que ele sempre entendeu como tentativa e às vezes especulativa), *A interpretação dos sonhos* deu-lhe o que sempre buscara na ciência: certeza. Depois de chegar aos setenta anos, ele diria: "Sempre que eu começava a duvidar da correção de minhas vacilantes conclusões, a transformação de um sonho confuso e sem sentido em um processo mental lógico e inteligível no sonhador renovava minha segurança de estar no caminho certo."[57]

Freud publicou A interpretação dos sonhos em 1899, mas datou-o de 1900. O livro prenunciava uma nova forma de ser humano, uma forma psicológica, interpessoal e não sentenciosa. Todas as novas tendências do final do século — a separação psíquica entre indivíduo e tempo e lugar concretos, o novo estímulo dado à liberação instintual, a explosiva força da sexualidade, a construção de complexos mundos interiores que de modo algum reproduziam uma realidade exterior — estavam visíveis em suas páginas. Essa nova forma de ser humano, que logo seria chamada de "modernismo", transformaria a tradição liberal do século XIX.

Sem dúvida, a psicologia havia ocupado lugar de destaque na visão de mundo burguesa ou liberal, em especial desde o Iluminismo. Assim, a psicanálise era a culminação de uma longa história. Porém, ao argumentar que os instintos ou pulsões, que existem no limiar entre o corpo e a mente, dão origem a desejos psíquicos que constituem o núcleo idiossincrático e particular de nosso ser, Freud refez essa história. A ênfase iluminista no sujeito autônomo, racional, cedeu lugar à idéia modernista de um indivíduo singular, produto de uma história extremamente específica e localizada, movido por um complexo conjunto de motivações que não poderia ser entendido senão no contexto de um mundo interior genuinamente pessoal, irreproduzível.

Ao colocar os desejos pessoais inconscientes no centro da psicologia, Freud também se estava engajando tacitamente com uma segunda corrente de pensamento, cuja influência era pelo menos tão forte quanto a do Iluminismo. Essa segunda vertente era o calvinismo, que dera à psicologia oitocentista seu núcleo moral. Não apenas a psiquiatria, mas toda a identificação iluminista da autonomia com o autocontrole, a injunção de direcionar as próprias energias, de conter as próprias tendências passivas, manter a própria vontade como um arco sempre retesado: tudo isso descendia da idéia calvinista da vocação. Como o calvinismo, a psicanálise voltava a introspecção para fins não instrumentais. Mas enquanto o calvinismo, a filosofia secreta da primeira revolução industrial, voltava-se para a detecção de qualquer indício do Demônio no indivíduo, a psicanálise, a filosofia secreta da segunda, buscava transmudar a autocrítica em auto-observação.

Em sua relação tanto com o Iluminismo quanto com a ética protestante, *A interpretação dos sonhos* refletia o otimismo que acompanhava a segunda revolução industrial. A vida pessoal era o desfecho de um avanço da época: a socialização da produção no século XIX, que eximiu a família de suas funções econômicas mais visíveis. Condensando as possibilidades de existência além da necessidade, a vida pessoal era o lugar de desejos profundos e fantasias utópicas, inclusive a promessa de libertação das mulheres, jovens e homossexuais dos limites da família. Refletindo sua conexão interna e profunda com tais promessas, a psicanálise seria perseguida ao longo de boa parte de sua história por sua estreita relação com o pensamento utópico. Não obstante, ao contrário do que afirmou Schorske, a idéia de Freud de um inconsciente pessoal dinâmico não representou um abandono dos valores nucleares do Iluminismo. Conforme veremos, nas novas condições da realidade do fim do século, só uma nova concepção de autonomia *pessoal* — em contraposição à *moral* — poderia validar as lutas individuais pela liberdade e a felicidade.

Entretanto, o que a perspectiva de Schorske reflete com precisão é que as esperanças finisseculares de vida pessoal ainda eram prematuras. Para homens e mulheres, na esmagadora maioria dos casos, a tarefa histórica não era aprofundar a autocompreensão, mas sim estabilizar a comunidade e a família de classe operária. Como possibilidade *social*, a vida pessoal dependia de condições políticas e econômicas, inclusive de um *ethos* democrático e uma base material segura para a infância. Essas condições só *começaram* a existir na época fordista, ou de consumo de massa, que se seguiu à Primeira Guerra Mundial — e, mesmo assim, só em uma pequena parte do mundo. Até então, a psicanálise só tivera existência como seita carismática, restrita a um pequeno segmento da população: as classes médias cultas, os artistas, os boêmios e outros que tinham a liberdade de fazer experimentos com a vida pessoal. Nesse sentido, a psicanálise exemplificou o *pathos* de uma nova compreensão, basicamente disponível a poucos privilegiados.

Avatar daquilo que H. Stuart Hughes chamou de "descoberta do consciente" e tentativa dos primeiros anos da segunda revolução industrial de formular uma concepção do sujeito ativo, mas não meramente racional, que suplantasse a da psicologia associacionista, *A interpretação dos sonhos* trazia consigo algo de único: a moldagem da motivação pelas contingências da tenra infância e até mesmo da vida adulta; daí seu caráter intrinsecamente pessoal.[58] Devido a esse caráter, aquilo a que os freudianos logo chamariam de "vida intrapsíquica" constituía uma espécie de segundo mundo, colocado ao lado da subjetividade moderna e exercendo sobre esta uma ação complicadora. O inconsciente freudiano representava a *não-redutibilidade* do indivíduo àquilo que o cercava, não-redutibilidade ou *superavit* que era em si um produto social. Porém, sozinha, essa idéia não haveria transformado a psicanálise numa força carismática. O freudismo tornou-se historicamente poderoso porque a idéia do inconsciente pessoal era inseparável de uma nova compreensão da sexualidade. E a sexualidade, como afirmou Max Weber, era entrevista na época da produção em massa como a "porta para o núcleo mais irracional e, por conseguinte, real da vida, [...] eternamente inacessível a todo empenho racional".[59]

Capítulo Dois

GÊNERO, SEXUALIDADE E VIDA PESSOAL

Os futuristas perceberam com toda a clareza e nitidez que nossa época, a era da grande indústria, da grande cidade proletária e da vida intensa e tumultuada, necessitava de novas formas de arte, filosofia, comportamento e linguagem. Essa idéia tão revolucionária quanto marxista ocorreu-lhes quando os socialistas não estavam nem vagamente interessados na questão, quando os socialistas certamente não tinham uma idéia tão precisa da política e da economia. [...] Provavelmente, as classes operárias não conseguirão fazer algo mais criativo tão cedo.

— Antonio Gramsci, "Marinetti the Revolutionary"/Marinetti, o revolucionário (1921)

O sujeito centrado na razão que os pensadores iluministas louvavam estava carregado de pressupostos quanto aos gêneros: o sujeito racional, autônomo e ativo era masculino; a pessoa passiva, sensual e privada era feminina. No curso da formulação de sua idéia do inconsciente, Freud também colocou em questão esses pressupostos. Assim como achou necessário rejeitar o esquema herdado que opunha o autocontrole à liberação, ele como que achou necessário rejeitar a base legada para a distinção entre os sexos. Livrando-se da visão do século XIX de que os desejos sexuais correspondiam diretamente à diferença de gêneros, Freud ressaltou a individualidade na vida sexual. O resultado foi uma nova concepção de sexualidade, que enfatizava "a individualidade especial de cada pessoa no exercício da capacidade de amar".[1] Essa concepção, além disso, entrou em profunda ressonância com as novas correntes da vida pessoal.

Anteriormente, embora cada qual com suas tarefas, as mulheres e os homens haviam labutado dentro de uma empresa familiar comum. Porém, nas classes médias do século XIX eles passaram a ocupar mundos diferentes: o público e o privado, a economia e a família. Apesar de essencial ao autoconhecimento na era vitoriana, essa divisão era instável e contraditória. As mulheres eram vistas como dependentes dos homens e, no entanto, seu trabalho como esposas e mães lançou as bases para a autonomia dos homens. A diferença de gêneros permeava também a ordem cultural. Os "fracassos" da autonomia, como as greves trabalhistas, eram codificados como femininos. Quando o globo foi representado pelos imperialistas como habitado por uma família de raças e povos, "a família" assumiu proporções míticas, ao passo que a família genuína foi esvaziada da história.[2] Nas Américas e na Europa do fim do século, contudo, todo esse modo de ver o mundo começou a ruir.

A principal fonte de pressão sobre a ordem do gênero foi a mudança da sociedade comercial para uma sociedade baseada na massificação da produção e do consumo. A primeira revolução industrial havia inaugurado uma luta de um século pelos pré-requisitos materiais da vida familiar: horas de trabalho mais curtas, habitação, saneamento básico e seguridade social. Ela deslocou a mãe para o centro da vida da família operária, ao tempo em que promoveu o que um observador chamou de "declínio da monarquia doméstica".[3] Com efeito, as classes operárias foram as primeiras a aplicar praticamente todas as inovações na esfera da vida pessoal: controle de natalidade, sexualização da vida dos cafés e das ruas e expressão aberta do interesse sexual feminino.[4] Porém, com a segunda revolução industrial, surgiu uma nova classe média. O *superavit* econômico trouxe o prolongamento da tenra infância, a exaltação da infância e a elaboração da adolescência como um novo estágio do ciclo de vida. Surgiram novas ocupações para mulheres em lojas, escritórios, escolas e nas profissões liberais. Enquanto os conservadores criticavam a crescente independência da mulher, as famílias pequenas e as crianças "mimadas",

surgiu também uma crítica progressista da família. Na peça *Casa de bonecas/A Doll's House,* de Ibsen (1879), o marido de Nora a repreendia dizendo-lhe: "Você é, antes de mais nada, uma esposa e uma mãe", ao que Nora respondia: "Não acredito mais nisso."[5]

Como as mudanças no significado da autonomia, as mudanças trazidas pelo fim do século às relações entre os gêneros produziram uma reação dividida. Algumas mulheres lamentaram os efeitos do progresso econômico. Em 1895, Marianne Nigg, uma feminista vienense, escrevendo no recém-criado periódico *Frauen-Werke*, queixou-se do que via como o declínio do poder feminino promovido pela industrialização. Na sua opinião, na sociedade pré-industrial a mulher era um "gênio universal", responsável pela cozinha e pelo porão, pelos campos e pelo jardim, pelos linhos e pelos bordados, pela vida pública e privada. Por isso, seguia em frente "passo a passo" com os homens: "Assim foi na era de ouro."[6] Muitas outras, porém, receberam a "modernidade", conforme personificada na segunda revolução industrial, de braços abertos. Elas acharam que as inovações tecnológicas, as oportunidades ganhas pelas mulheres para trabalhar fora do lar e a liberalização cultural beneficiariam as mulheres, especialmente ao libertá-las da família.

Os debates sobre as implicações da modernidade para as relações de gênero giravam em torno dos papéis culturais das duas novas *dramatis personae*: a "nova mulher" e o homossexual masculino publicamente assumido. Ambos foram pioneiros da vida pessoal no sentido de uma vida fora da família — ou, pelo menos, não definida por ela. Embora os números fossem relativamente pequenos, ambos eram figuras altamente visíveis que tinham significância especial para a psicanálise. Conforme veremos, a intervenção de Freud transformou esses debates, promovendo uma nova compreensão não só da igualdade das mulheres, mas também da homossexualidade.

Os historiadores geralmente restringem o significado do termo "nova mulher" à mulher solteira de classe média que entrou no espaço público na virada do século. Entre as que se enquadravam nesse tipo estavam reformistas sociais como Florence Kelley, viajantes como Jane Dieulafoy, escritoras como Natalie Barney, fotógrafas como Julia Margaret Cameron e radicais como Emma Goldman. Apesar de suas diferenças, elas eram todas mulheres independentes, seguras de si, economicamente independentes; algumas eram abertamente sexualizadas. "Toda mulher que se mostra, se desonra", dissera Rousseau no século XVIII.[7] Um século mais tarde, a entrada da mulher de classe média no espaço público redefiniu a paisagem urbana.

A nova mulher pressagiava uma nova tendência em termos de consciência de gênero cuja norma era a *individualidade*. As mulheres originalmente expressaram essa norma como o desejo de ter uma vida além da família. Assim, em pronunciamento feito à Comissão do Senado dos Estados Unidos sobre o sufrágio feminino em 1892, Elizabeth Cady Stanton manifestou o desejo das mulheres de ir além das "relações incidentais da vida, como a de mãe, esposa, irmã, filha", para voltar-se para aquilo que chamou de "individualida-

Emma Goldman:
radical sexual, nova mulher, anarquista (1910)

de de cada alma humana".[8] Estreitamente ligada à sexualidade, a individualidade era incompatível com o movimento feminino organizado, que exaltava a domesticidade e a virtude femininas. Vinte e dois anos após o pronunciamento de Stanton, a feminista Edna Kenton escreveu: "Nestes anos, viemos nos acostumando ao que ficou conhecido como movimento da Mulher. Ele soa antigo — e o é. [...] O passo novo, maravilhoso e decisivo que a mulher deve empreender é dedicar-se ao livre cultivo de sua personalidade como um fim em si mesmo."[9]

Ainda mais que a nova mulher, o homossexual masculino promoveu a vida pessoal no sentido de vida fora da — ou não definida pela — família. Além disso, ele explicitou suas dimensões sexuais. O *dandy*, o *flâneur*, o *bon vivant*, o janota, o homem sensível prefiguraram o homossexual, antecipando ao mesmo tempo a reorientação finissecular para o lazer, a receptividade e o consumo.¹⁰ Deixando de lado algumas poucas exceções de alta visibilidade, a figura da lésbica tendeu a fundir-se à da nova mulher, porém surgiu uma identidade homossexual masculina explícita na década de 1890. Nesse aspecto, os três julgamentos de Oscar Wilde em 1895 foram um marco. Mesmo depois de vários jovens haverem testemunhado ter mantido relações sexuais com ele, seus defensores achavam a acusação inconcebível. "Você fala com ardor e convicção, como se eu fosse inocente", disse Wilde ao jornalista Frank Harris. "Mas você *é* inocente!", replicou Harris espantado. "Não; pensei que você soubesse disso desde o início." "Eu não sabia", afirmou Harris, "e não acreditei na acusação. Não acreditei nela nem por um segundo."¹¹

Assim como a nova mulher rejeitava uma dicotomia muito definida entre o homem e a mulher, o novo homossexual rejeitava a dicotomia sexual. Edward Carpenter, autor de *Love's Coming of Age*/A maioridade do amor (1896), descreveu sua alegria ao ler Whitman e lá encontrar uma atitude aberta diante da vida que se coadunava com a sua. Rejeitando a defesa de Havelock Ellis da homossexualidade como "esporte", Carpenter via a homossexualidade como "perfeitamente natural, parte da infinita variedade da Natureza, cuja riqueza e diversidade desafiam as rudimentares classificações morais e sexuais da sociedade". Eros era o grande nivelador; a homossexualidade existia em todas as classes. Influenciado pelo *Bhagavad Gita*, Carpenter citava Krishna: "Apenas

Edward Carpenter, pioneiro da liberação do homossexual (*circa* 1910)

através do amor podem os homens ver-me, conhecer-me e vir a mim."¹²

A nova mulher e o homossexual masculino apenas eram as figuras mais visíveis no novo horizonte da vida pessoal. Eles estabeleceram normas de individualidade explícitas, cujos seguidores foram mais numerosos. O resultado foi um aprofundamento do significado da emancipação feminina que abriu caminho para a redefinição ocorrida na década de 1920. Girando em torno da igualdade de direitos, o feminismo do Iluminismo via uma natureza comum a homens e mulheres com base no fato de serem ambos seres racionais. As classes médias do século XIX rejeitaram essa visão, insistindo em que homens e mulheres eram fundamentalmente diferentes. Ambas as visões partiam de pressuposições quanto à natureza feminina. A nova mulher e o homossexual masculino, por sua vez, pressagiavam o cultivo da vida pessoal. Eles aspiravam a relações regidas por uma norma que não era nem a igualdade nem a diferença, mas sim a individualidade. A psicanálise deu expressão a essa norma.

Porém, essa norma era duplamente utópica. Primeiro, a individualidade dependia de uma infância segura, da ausência de necessidades, de instituições culturais compartilhadas e da igualdade social aproximada. No entanto, as mesmas forças históricas que produziram a aspiração da individualidade minavam seus pré-requisitos sociais. Além disso, a individualidade no amor não poderia florescer plenamente numa época em que as mulheres não tinham acesso à educação superior nem a muitas profissões, além de verem-se impedidas de exercer seu direito ao voto. Assim como as classes médias emergentes tinham oportunidades limitadas de autonomia, a liberdade sexual que acompanhava a vida genuinamente pessoal ainda era uma opção perigosa para as mulheres. A conscientização disso subjaz ao desejo formulado de maneira cautelosa por Mary Wollstonecraft de que a diferença entre os sexos se restringisse à esfera do amor sexual; na ausência de igualdade social, ela mesma havia tentado o suicídio por um amor e morreria de complicações pós-parto por causa de outro. Assim, a promessa de individualidade na vida sexual e amorosa era prematura. Por conseguinte, a segunda contribuição de Freud à vida pessoal moderna — sua concepção de uma sexualidade pessoal — deixou um legado ambíguo.

Como jovem médico e pesquisador em ascensão, Freud nutria idéias tipicamente vitorianas com relação ao gênero. Em 1883, ele escreveu à noiva: "A turba dá vazão a seus apetites, e nós nos privamos. Nós nos privamos a fim de manter nossa integridade; nós economizamos na nossa saúde, na nossa capacidade de desfrutar, nas nossas emoções; nós nos poupamos para alguma coisa que não sabemos o que seja. E esse hábito da repressão constante dos instintos naturais dota-nos de refinamento." O refinamento, continuou ele, pressupunha o lugar da mulher no lar. Zombando de um artigo de Harriet Taylor ("The Enfranchisement of Women"/A concessão às mulheres do direito ao voto), que acabara de traduzir para o alemão, Freud admitia que "as leis e os costumes têm muito que dar às mulheres que antes lhes foi negado, mas a posição das mulheres certamente será aquilo que é: na juventude, queridinhas adoradas e, na maturidade, esposas amadas".[13]

Entretanto, apesar de suas atitudes convencionais, Freud sem querer precipitou o desmoronamento da ordem de gênero vigente no século XIX. Ao invalidar uma de suas características centrais, ele desfez o nó que atava os instintos sexuais à diferença entre os sexos. Do ponto de vista da biologia da época, o "instinto" sexual do homem voltava-se para as mulheres e o da mulher, para os homens. Ressaltar a sexualidade era ressaltar a atração "natural" de homens e mulheres uns pelos outros e, ao mesmo tempo, presumir a atividade dos homens e a passividade das mulheres. Essas dicotomias haviam permeado as discussões sobre a histeria. No ambiente de Freud, contudo, o vínculo entre os instintos e a heterossexualidade estava sendo colocado em questão.

Foram os sexólogos, expoentes de um novo campo de estudo que se baseava na aplicação do darwinismo à sexualidade, os pioneiros desse questionamento. Havelock Ellis, Iwan Bloch, Albert Moll e Richard von Krafft-Ebing, colega de Freud na Universidade de Viena, eram os pesquisadores mais conhecidos da área.[14] Nas décadas de 1870 e 1880, eles desenvolveram três novas linhas de pensamento que enfraqueceram o pressuposto da heterossexualidade inata.

Em primeiro lugar, a descoberta da sexualidade infantil afrouxou os laços entre a sexualidade e os genitais, atenuando assim a idéia de que a atração heterossexual era inerente aos instintos. Na década de 1880, o interesse da sexologia pelos impulsos não genitais havia dado origem a termos como "libido", "instintos componentes", "zonas erotógenas", "auto-erotismo", "oralidade", "analidade" e "narcisismo". Chupar o polegar era considerado um ato de expressão sexual. O livro que Fliess publicou em 1897 (*The Relations Between the Nose and Women's Sex Organs/ As relações entre o nariz e os órgãos sexuais das mulheres*), apresentava os soluços, a diarréia e também as ereções dos bebês do sexo masculino como atos sexuais. Como vimos, Fliess ensinou a Freud que a sexualidade infantil mantinha com as neuroses uma relação causal.[15]

Em segundo lugar, novas investigações sobre a sexualidade feminina, das quais o pioneiro foi Havelock Ellis, apontaram para um afrouxamento dos laços entre esta e a reprodução. Rejeitando teorias anteriores de um suposto instinto reprodutor — as quais, na sua opinião, eram "inconscientemente dominadas por uma repulsa ao sexo" —, Ellis tentou identificar as características distintivas da sexualidade da mulher. Em *Man and Woman: A Study in Human Secondary Sexual Characters/O homem e a mulher: estudo sobre os caracteres sexuais secundários humanos*, publicado em 1894, ele afirmou que, enquanto a sexualidade masculina era predominantemente ostensiva e agressiva, a feminina era esquiva. O impulso sexual nas mulheres era ao mesmo tempo maior e mais difuso, envolvendo mais tanto o corpo quanto a mente, ao passo que a sexualidade masculina se concentrava numa única meta: a ejaculação do sêmen na vagina.[16] Essas teorias ainda permeavam os pressupostos oitocentistas quanto à natureza específica de homens e mulheres. Contudo, elas deram ensejo a uma compreensão da sexualidade feminina que não a reduzia ao complemento do desejo masculino.

Finalmente, novas investigações sobre a homossexualidade e as "perversões" colocaram em questão o pressuposto do caráter natural da heterossexualidade. Nisso os sexólogos haviam sido precedidos por helenistas ingleses, que usaram Platão para redefinir os papéis masculinos, e por escritores franceses que associavam a homossexualidade à modernidade. Porém, a sexologia levou a percepção da homossexualidade a um nível inédito. À criação do termo "homossexual" em 1869 seguiu-se a de outros neologismos, como "uranista", "tríbade", "safista", "arcadista", "terceiro sexo". A palavra "invertido" (usada originalmente por Freud) foi introduzida em substituição ao termo legal "sodomita".[17] A *Psychopathia Sexualis*, publicada em 1886 por Krafft-Ebing, que a princípio era apenas um breve estudo escrito em latim, cresceu rapidamente até atingir 238 estudos de caso e 437 páginas na décima segunda edição, publicada em 1903, em boa parte graças às cartas confessionais recebidas pelo autor.[18] Só na Alemanha, 320 volumes sobre a homossexualidade vieram a lume entre 1895 e 1905.[19] Muitos atribuíram a recém-adquirida importância da homossexualidade ao crescimento das cidades. Em "Berlins Drittes Geschlecht"/ O terceiro sexo em Berlim (1904), publicado em *Documents of Life in the Big City/ Documentos da vida na cidade grande*, o sexólogo Magnus Hirschfeld catalogou os clubes, restaurantes, hotéis e saunas freqüentados por homossexuais masculinos. Em *Das Sexualleben unserer Zeit/A vida sexual de nosso tempo* (1906), Iwan Bloch estudou as "vibrações" homossexuais que emanavam dos salões, casas de dança, cabarés e ruas das cidades.[20]

A percepção emergente da homossexualidade poderia ter colocado em cheque a pressuposta norma da heterossexualidade. Mas o significado que a homossexualidade adquiriu no século XX ainda não existia, pois ela ainda era subsumida pela estrutura geral da diferença de gêneros. A distinção relevante entre os homens, que provinha da antigüidade, era a adoção do papel sexual ativo ou passivo, e não o fato de eles dormirem com homens ou mulheres. O parceiro receptivo era estigmatizado — referido como "baitola", "sacana", "mariquinhas", "mulherzinha", "adelaide", dentre muitas outras denominações pejorativas —, enquanto o que penetrava outro homem era simplesmente um homem. E às lésbicas mal se fazia menção. A mulher que assumisse outro papel que não o atribuído ao seu gênero poderia ser chamada de nova mulher, travesti ou amiga íntima, mas sua sexualidade dificilmente seria comentada. Assim, foi com base no gênero que se estruturou todo o campo de sentidos dentro do qual a sexualidade era entendida. A sexualidade era uma função do gênero.

Também os sexólogos presumiram que o binômio dos gêneros era o arcabouço certo para a análise da sexualidade. Esse pressuposto estruturou a *bissexualidade*, conceito mestre em sua explicação da homossexualidade. No fim do século XIX, a bissexualidade não tinha o atual sentido de adoção de parceiros de ambos os sexos. Em vez disso, ela significava androginia, condição do indivíduo que tem características de ambos os sexos. A idéia vem do *Simpósio* de Platão. Na década de 1890, artistas e escritores a reviveram para descrever tudo que configurava um desvio da ordem de gênero estabelecida. Para alguns, a androginia representava um novo ideal, diferente do hermafroditismo, que era considerado uma aberração da natureza. Para Oscar Wilde, por exemplo, o andrógino aliava a graça de Adônis à beleza de Helena.[21] Para Otto Weininger, porém, a junção dos fatores "H" e "M" implicava degeneração; a presença do fator "M" corrompia a autonomia, encontrada na sua forma não adulterada apenas em Platão, em Cristo e em Immanuel Kant.[22]

A bissexualidade era essencial ao pensamento dos sexólogos.[23] Eles viam todos os seres humanos como internamente divididos entre o masculino e o feminino. Numa época em que o sistema endócrino não era conhecido, Havelock Ellis afirmou que todo indivíduo trazia em si "germes" masculinos e femininos. Krafft-Ebing analisou o sadismo e o masoquismo em termos da atividade masculina e da passividade feminina, respectivamente; para ele, ambas as vertentes eram encontradas em todas as pessoas.[24] James G. Kiernan descreveu os primatas como bissexuais.[25] Outros investigadores ressaltaram a feminização ou masculinização do sexo oposto: homens com seios e mulheres com pêlos no rosto.

Os sexólogos também usaram a idéia da bissexualidade para analisar a homossexualidade. Karl Ulrichs descreveu o homossexual masculino como alguém que tinha um cérebro feminino num corpo masculino. Kiernan escreveu a respeito do "cérebro que funciona de maneira feminina" no homossexual masculino. Todos concordavam em que a homossexualidade era uma "enteada", um sexo intermediário ou terceiro sexo, que possuía elementos masculinos e femininos. As imagens do terceiro sexo permeiam o Comitê Científico Humanitário de Magnus Hirschfeld em seus primeiros anos, bem como os seis volumes de *Studies in the Psychology of Sex/Estudos sobre a psicologia do sexo*, de Havelock Ellis. Ambos as utilizaram para desestigmatizar a homossexualidade e defender sua descriminalização numa época em que tanto a Alemanha quanto a Inglaterra tinham leis anti-homossexuais muito rígidas.

Apesar de seus usos progressistas, o conceito de bissexualidade não representou um desafio ao princípio do binarismo dos gêneros. Descrevendo o indivíduo como composto de correntes masculinas e femininas, os sexólogos antes o *afirmaram*, mesmo quando tentavam fomentar a tolerância diante do "desvio" sexual. Assim, conforme foi usada pelos sexólogos, a bissexualidade foi um conceito transicional. Ela representou um acordo instável entre a antiga ênfase na fixidez das diferenças entre os gêneros e a percepção incipiente da natureza idiossincrática do amor e da sexualidade.

Na década de 1890, Freud retomou a idéia de bissexualidade dos sexólogos. Sua inovação foi tentar aplicá-la não à homossexualidade, mas às neuroses, em especial à histeria. A psicanálise nasceu quando essa tentativa de aplicação fracassou.

Foi por volta de 1895 que o interesse de Freud pela bissexualidade cresceu. Parte da emoção que caracterizava sua relação com Fliess vinha do fato de ambos compartilharem o que julgavam ser o segredo do conceito. "Eu ainda estava na cama", lembraria Fliess a Freud, quando "você me falou do caso de uma mulher que sonhava com cobras gigantescas." Fliess lembrava-se do quanto Freud ficara impressionado "com a idéia de que certas influências misteriosas numa mulher possam ser explicadas pelas partes masculinas de sua psique".[26] Há alusões jocosas à bissexualidade espalhadas por toda a correspondência dos dois. Às vezes, Freud escrevia como se fosse uma jovem. Com a proximidade de um "congresso" — que é como ambos chamavam seus raros encontros — com Fliess, Freud diz quanto o seu "lobo temporal está lubrificado para a recepção" e quanto antevia a "introdução de um fluxo fertilizador". Em outras cartas, ele afirmou estar à espera de "empurrões e estocadas" do próprio inconsciente: "Só

Deus sabe quando será a próxima estocada", queixou-se certa vez.[27]

O interesse de Fliess pela bissexualidade concentrava-se na sua relação com a periodicidade, o caráter intermitente do desenvolvimento orgânico. Ele achava que a vida era regulada por substâncias masculinas e femininas, às quais correspondiam, respectivamente, ciclos temporais de vinte e três e vinte e oito dias. As combinações entre esses ciclos determinavam o ciclo da vida, inclusive o momento da morte. Desse modo, Fliess via a bissexualidade como um fato orgânico.

A princípio, Freud concordava com essa concepção e tentou usá-la para explicar a histeria. Conforme disse a Fliess em 1897, sua hipótese de trabalho era a de que havia substâncias masculinas e femininas em ambos os sexos e que a substância masculina "produz prazer".[28] Porém, como seu pensamento se foi tornando cada vez mais psicológico, ele gradualmente abandonou a linguagem das substâncias. No início de 1898, os dois brigaram quando Freud rejeitou a relação estabelecida por Fliess entre a bissexualidade e a ambidesteridade. Repudiando essa relação, ele estava questionando a identificação entre a sexualidade orgânica e a psicológica.[29] Não obstante, mesmo ao adotar uma concepção cada vez mais psicológica, Freud a princípio continuou a pensar na masculinidade e na feminilidade como influências psicológicas individualmente distintas.

Ao procurar explicar a histeria em termos de masculinidade e feminilidade, Freud levou os pressupostos que a cultura vitoriana nutria quanto ao gênero a um novo nível de explicitude. A idéia que o norteava era a de que a libido era masculina e o elemento recalcado em ambos os sexos era feminino. O maior grau de masculinidade dos homens contribuía para a explicação não só de sua natureza intelectual, mas também de sua maior propensão à perversão. As mulheres tendiam mais ao recalque. Sua "natural passividade sexual", segundo ele, explicava "o fato de serem elas mais inclinadas à histeria".[30] Sua identificação da libido à masculinidade aparentemente explicava também por que as mulheres tinham mais facilidade em admitir experiências homossexuais que os homens. Para elas, a experiência com outra mulher era masculina e, portanto, tendia menos a ser recalcada. A experiência de um homem com outro, por sua vez, estava ligada à feminilidade, sendo assim provavelmente mais sujeita ao recalque. "Essencialmente, o que os homens recalcam", observou Freud, "é o elemento pederástico."[31]

Mas Freud considerava suas tentativas de explicar a histeria em termos da dicotomia entre os sexos cada vez menos satisfatórias e, dois meses depois de rejeitar a teoria da sedução, informou a Fliess que havia abandonado "a idéia de explicar a libido como o fator masculino e o recalque, como o feminino".[32] Em vez disso, voltou-se para a idéia de que cada sexo recalcava em si o sexo oposto. Em seguida, sugeriu que ambos os sexos recalcavam a masculinidade, no sentido de libido.[33] Em 1899, surge uma formulação transicional em uma carta a Fliess: "Bissexualidade! Você certamente tem razão com relação a ela. Estou me acostumando a ver cada ato sexual como um processo no qual estão envolvidos quatro indivíduos."[34]

Podem-se encontrar formulações superficialmente semelhantes às do fim da década de 1890 em todos os escritos posteriores de Freud, mas depois de 1899 elas perderam sua força explanatória. A razão disso é que, enquanto terminava de escrever *A interpretação dos sonhos*, Freud formulou uma idéia que tornou irrelevantes tanto o conceito oitocentista de bissexualidade quanto o pressuposto das diferenças fixas entre os gêneros no qual ele se baseava: a idéia do inconsciente pessoal.

Depois de formular sua teoria do inconsciente pessoal, Freud parou de tentar explicar a histeria em termos de um conflito entre os lados masculino e feminino do indivíduo. Embora depois ele continuasse a referir-se à bissexualidade, ele alterou o sentido do termo. A masculinidade e a feminilidade deixaram de ser para ele influências ou correntes psicológicas. Além disso, Freud jamais voltou a usar a dicotomia entre elas como explicação. Sua redefinição da bissexualidade começou quando ele começou a separar a sexualidade do gênero.

Durante a maior parte da década de 1890, Freud tendeu a respeitar as opiniões de Fliess no tocante à sexualidade. Mas em 1898, quando estava terminando *A interpretação dos sonhos*, Freud informou-lhe que não pretendia deixar a psicologia descrita no livro "solta no ar, sem uma base orgânica".[35] Um ano depois, afirmou que "uma teoria da sexualidade pode ser a sucessora imediata do livro sobre os sonhos".[36] Quando começou a trabalhar nessa teoria, as implicações da idéia do inconsciente pessoal não estavam para ele muito claras. Em 1901, ele informou a Fliess que sua obra seguinte se intitularia "A bissexualidade humana". Este seria seu último livro e também o mais profundo, pois o recalque, "o problema nuclear, só é possível através da reação entre duas correntes sexuais", ou seja, entre a masculinidade e a feminilidade.[37] Um mês depois, pediu a Fliess que colaborasse com ele na obra, pois admitia dever-lhe tudo que sabia sobre o assunto. E reiterou: "O recalque e as neuroses — e, por conseguinte, a independência do inconsciente — pressupõem a bissexualidade."[38]

Três ensaios sobre a sexualidade/Three Essays on Sexuality é a obra que Freud pretendia inicialmente intitular como "A bissexualidade humana".[39] No entanto, nela a bissexualidade mal é mencionada. A suposta razão é que Freud estaria protegendo o direito de Fliess publicar sobre o tema primeiro. Em 1903, com *Sex and Character/Sexo e caráter*, Otto Weininger havia apresentado a idéia da bissexualidade ao grande público. Fliess achava que Weininger havia roubado suas idéias e acusou Freud de haver sido o informante, pois este havia não só comentado uma versão preliminar de *Sex and Character*, mas também explicado o conceito de bissexualidade a Hermann Swoboda, paciente seu que, além disso, era amigo de Weininger.[40] Para apaziguar Fliess, Freud prometeu-lhe não discutir o assunto a não ser quando inevitável — por exemplo, "quando eu mencionar a corrente homossexual nos neuróticos".[41] Na verdade, qualquer coisa que se assemelhasse à concepção que Fliess e Weininger tinham da bissexualidade — concepção essa um dia partilhada por Freud — teria entrado em contradição com as idéias básicas de *Três ensaios*.

Em *Três ensaios*, o gênero já não integra a base biológica nem a base psicológica do indivíduo. Em vez disso, ele é o resultado de um processo psíquico complexo, precário e idiossincrático. Em lugar do conceito oitocentista de instinto sexual, que presumia um tropismo inato voltado para os genitais do sexo oposto, Freud distinguiu três coisas: primeiro, a fonte sexual, ou zona corporal de onde emanava o desejo; segundo, o objetivo sexual, a necessidade ou impulso que busca satisfação; e terceiro, o objeto sexual para o qual essa necessidade se volta. O objetivo poderia surgir em conexão com diferentes fontes corporais; poderia ser ativo ou passivo; poderia voltar-se para um homem, uma mulher, um animal ou um objeto inanimado. Com essa distinção tripla, aparentemente tão simples, a pluralidade do sexo entrou em foco. A sexualidade de um indivíduo era movida pela história variável de suas necessidades, lembranças e constelações afetivas. Não era o desenrolar de um processo predeterminado; era, em vez disso, pessoal — no novo sentido descentrado que lhe deu Freud.

No lugar da noção vitoriana de instintos dependentes do gênero, surgiu então uma nova idéia: a de *escolha do objeto*, no sentido de escolher-se amar um homem ou uma mulher. Sem dúvida, aquilo a que Freud chamou de "o grande enigma da [...] dualidade entre os sexos" continuou sendo essencial à psicanálise, mas não no sentido que lhe davam os sexólogos, de um conflito entre os lados masculino e feminino do indivíduo.[42] Em vez disso, a antítese entre os sexos tornou-se uma dicotomia sociocultural com a qual todo bebê teria de lidar; ela não era a fonte de suas inclinações sexuais. Com efeito, os termos "masculinidade" e "feminilidade", tão importantes nos escritos anteriores de Freud, foram abandonados até 1915, quando ele acrescentou uma nota de rodapé a uma revisão de *Três ensaios*, observando o quanto esses termos eram problemáticos. Freud tampouco, nas muitas revisões por que passou *Três ensaios*, voltou atrás e enxertou o material sobre bissexualidade que supostamente teria retirado do manuscrito para proteger os sentimentos de Fliess.

Ao transformar o sentido de bissexualidade, tornando-a um conflito entre a escolha de um objeto masculino ou feminino, em vez de um conflito entre masculinidade e feminilidade, Freud entrou em terreno complexo, instável e, acima de tudo, psicológico. Nos escritos posteriores a 1900, a ambivalência e o conflito suplantam a dicotomia entre homens e mulheres ou masculinidade e feminilidade. O indivíduo poderia ser ambivalente quanto a desejos ativos e passivos, ou amor e ódio, ou escolhas de objetos heterossexuais ou homossexuais. Além disso, o mais importante é que essas várias dicotomias já não encontravam correlação um a um. Em *Três ensaios*, por exemplo, Freud observou que os conflitos entre objetivos sádicos e masoquistas, de um lado, e os conflitos entre escolhas de objetos masculinos e femininos, de outro, poderiam estar *relacionados* uns com os outros.[43] Mas não *coincidiam*, como teria de ser segundo o pensamento do século XIX.

Porém, quando começou a perder seu caráter fundador, a dicotomia de gênero foi substituída por uma nova dicotomia: a dicotomia da escolha entre um objeto heterossexual ou um objeto homossexual. Assim, como designação de alguém que escolhe um parceiro sexual do mesmo sexo, "homossexual" é um conceito *pós-*

freudiano. Embora, conforme veremos, as conseqüências dessa mudança tenham sido ambíguas, *Três ensaios* constituíram um momento extraordinário. Com sua redefinição da bissexualidade, Freud de fato reformulou o desejo de Wollstonecraft. Por um lado, ele restringiu a relevância do gênero à esfera da sexualidade, conforme o apelo que ela havia lançado. Ao mesmo tempo, a sexualidade — em seu sentido novo, mais amplo, que por fim desembocou na escolha de objeto — forneceu boa parte da forma e da força motriz do inconsciente e, assim, das relações entre homens e mulheres. As conseqüências tornaram-se manifestas em "Fragmento da análise de um caso de histeria", no caso de "Dora", no qual Freud formulou sua solução para o problema da histeria.

Ida Bauer ("Dora") era uma nova mulher. Estudante judia de 18 anos, descrita por Freud como "dotada de julgamento muito independente", ela visitava regularmente as exposições secessionistas de Klimt e Hoffmann. Excetuando os estudos, seu principal interesse eram as leituras feministas. Influenciada pelos conselhos da Associação Geral das Mulheres Austríacas, ela havia jurado não se casar enquanto não estivesse mais velha. Aos oito anos, Ida havia tido uma grave depressão (fato que muitas das atuais leituras políticas do caso tendem a ignorar). O fato se repetira na adolescência, quando fora tratada com eletroterapia. O pai, industrial que emigrara da Boêmia, se havia tratado de tuberculose e sífilis com Freud. Em 1900, levou a filha a ele, descrevendo-a como temperamental, hostil e portadora de uma tosse sintomática.

O resto da história é bem conhecido. Quando ela era adolescente, o pai veladamente a incentivou a relacionar-se com um homem mais velho, *Herr* K., a fim de poder continuar ele mesmo um caso que tinha com a mulher desse homem. Ida ficou horrorizada quando *Herr* K. tentou seduzi-la dizendo: "Minha mulher não me dá nada", mesmas palavras que, sem querer, ela o escutara dizer antes a uma criada. Freud por fim disse a Ida que esta se sentira atraída por *Herr* K., mas no estudo de caso publicado afirmou que ela estava mais apaixonada por *Frau* K., que era com quem seu pai mantinha um romance ilícito. Se chegou a discutir a significação disso com Ida, não fica claro. Depois de 11 semanas de sessões, ela abandonou o tratamento.

O caso demonstra o grande impacto que a idéia de inconsciente pessoal teve sobre a concepção oitocentista do gênero. O principal interesse de Freud estava nos desejos sexuais infantis ou não genitais de Ida Bauer. Ele analisou detalhadamente as vicissitudes desses desejos como se fossem elementos de um sonho. Por exemplo, ciente da importância da felação na relação entre *Frau* K. e o pai impotente, a "Dora" de Freud deslocou a excitação genital para a boca; seu recalque provocara a tosse.[44] Freud tratou Ida como uma pessoa plenamente sexualizada — algo que não era comum naquela época e que foi muito criticado desde então. Mas seu principal argumento era o de que ela não era capaz de consolidar a própria sexualidade. Dividida entre *Frau* K. *e Herr* K., ela não conseguia decidir-se entre eles. Para Freud, o conflito entre a escolha de um objeto masculino ou feminino era o conflito predominante na histeria. *Essa* ambivalência é que ele passou a chamar de bissexualidade.

Em "Dora", por sua vez, não há correntes masculinas e femininas preexistentes. Em vez disso, Freud retratou uma mulher lutando para consolidar uma pluralidade de objetivos, impulsos e objetos sexuais. O conflito de Ida não era entre a masculinidade e a feminilidade, mas sim entre a escolha de um homem e a escolha de uma mulher. Sua histeria estava na incapacidade de resolver esse conflito; não no fato de ter inclinação para ambas as direções. Para Freud, abandonando o tratamento, ela esperava resolver o conflito. Já que associava Freud ao pai e aos homens em geral, o significado disso era: "Os homens são tão detestáveis que eu prefiro não me casar. Essa é a minha vingança."[45] Mas essa atitude não resolveu seu conflito, pois ela não se tornou lésbica nem se decidiu pelos homens.

Depois de "Dora", Freud atribuiu à histeria o sentido de incapacidade de escolher entre objetos masculinos e femininos, já que o histérico se identificava com ambos. Portanto, ele igualou o histérico a um homem que se masturba e hesita entre imaginar-se um homem dominador ou uma mulher submissa ou à mulher que, com uma mão, puxa a roupa para cobrir o corpo e, com a outra, a rasga. Além disso, Freud ligou a ambivalência histérica à resistência na transferência; o paciente mudava constantemente de associações "como se passasse a uma trilha adjacente para entrar no campo do sentido contrário".[46] Porém, em última análise, as raízes da bissexualidade jaziam na estrutura da família. Como Freud escreveu posteriormente, a hesitação entre masculino e feminino "caracteriza a escolha de objeto de amor de todos nós. A atenção da criança é originalmente chamada para ela pela tradicional pergunta: 'De quem você mais gosta: do papai ou da mamãe?'"[47]

Assim, por volta de 1900, Freud já havia rompido com o paradigma conceitual da sexologia oitocentista. Os instintos sexuais já não estavam presos a dois gêneros concebidos como opostos. A idéia de que a masculinidade e a feminilidade eram correntes psicológicas independentes havia dado lugar à idéia de uma organização psíquica individual da sexualidade. Da mesma forma, a distinção entre objetivo e objeto minou todas as caracterizações do homossexual em termos de um conjunto de traços comportamentais.[48] Ao colocar em questão a noção de que os homens homossexuais eram efeminados ou as mulheres homossexuais, masculinizadas, Freud foi muito além dos sexólogos.[49] Sua recusa em acreditar que uma escolha de objeto, como a homossexualidade, implicasse qualquer traço psicológico específico ilustrava a tendência geral do pensamento analítico de romper com as correlações entre indivíduos e "tipos", como homem e mulher, heterossexual e homossexual, cristão e judeu. Com isso, essa tendência manifestava aspirações socioculturais de individualidade que começavam a tornar-se perceptíveis.

Contudo, apesar dessas implicações potencialmente emancipadoras, Ida Bauer abandonou Freud. Aparentemente, ela não gostou de escutar que o problema se devia ao fato de não conseguir resolver sua hesitação sexual. E, na verdade, interpretar suas dificuldades exclusivamente nesses termos poderia induzir a erro e ser nocivo num lugar e numa época em que as mulheres como Bauer eram sistematicamente intimidadas e exploradas pelos homens. Nessa situação, tendo em vista que as mulheres não tinham direito a votar nem a trabalhar para manter-se, a insistência exclusiva de Freud na emancipação intrapsíquica não deixava de ser tendenciosa. Isso explica em grande parte a recepção inamistosa que ele teve não apenas por parte de Bauer, mas também das ativistas vienenses com quem ela se dava.

Porém, não se deve exagerar essa questão. Desde o início, as mulheres eram a maioria não só dos leitores de Freud, como também dos pacientes da análise. A razão de sua atração pela psicanálise era a mesma dos homens: quando não representava uma concepção radicalmente nova e profunda da sexualidade e da individualidade, era, no mínimo, uma promessa de fim do sofrimento. Emma Goldman — que assistiu a uma palestra de Freud pela primeira vez em meados da década de 1890 em Viena e também esteve presente nas conferências que ele fez na Clark University em 1909 — é um bom exemplo. Associando a emancipação sexual das operárias mais jovens à revolução, Goldman achava que a "emancipação meramente exterior" patrocinada pelas feministas tornava a mulher moderna um ser artificial, um "autômato profissional". Porém, ao mesmo tempo, muitas outras "novas mulheres" rejeitaram aquilo que Charlotte Perkins Gilman chamou de "sexomania filosófica de Sigmund Freud, que agora envenena o mundo".[50] Assim, Phyllis Blanchard, psicóloga norte-americana que lera Freud em meados da década de 1910 na faculdade, espantou-se ao descobrir que "a necessidade de uma vida sexual normal para as mulheres era um fato científico". Na sua opinião, acrescentou ela, uma das mais perturbadoras inovações da modernidade era "o surgimento do elemento sexual no casamento".[51]

O receio das mulheres diante da sexualidade refletia sua dependência econômica dos homens e seus laços com a família. Por conseguinte, a maioria das ativistas da época estava preocupada com o apoio à maternidade. Certamente, essa era uma questão de alta prioridade para as organizações de mulheres católicas e socialistas que rejeitavam a psicanálise. Mas mesmo as ativistas que tinham simpatia pela causa psicanalítica tentaram atrelar a emancipação social a novas condições para a maternidade. Um exemplo paradigmático está em Grete Meisel-Hess, a seguidora feminista mais importante que Freud teve em Viena. O livro que ela publicou em 1909, *Die Sexuelle Krise/A crise sexual*, usava idéias freudianas para argumentar que o patriarcado se baseava no recalque sexual.[52] Porém, ao contrário de Freud, Meisel-Hess achava que a emancipação sexual deveria basear-se na independência econômica das mulheres e no apoio econômico à maternidade. Da mesma forma, Auguste Flickert foi a representante vienense de Ellen Key, educadora sueca que propunha um "novo amor", baseado exclusivamente na "atração natural entre o homem e a mulher".[53] Em 1893, Flickert ajudou a fundar a Associação Geral das Mulheres Austríacas, que inspirou Ida Bauer a não se casar. Flickert também liderou a criação do Bund für Mutterschutz, uma sociedade que exigia proteção e apoio social incondicionais ao direito das mulheres à maternidade. Apesar de ter sido membro dessa sociedade, Freud pouco deixou entrever em seus escritos alguma coisa relacionada com seus interesses políticos e materialistas específicos.

A recepção da psicanálise também refletia conflitos sexuais mais concretos. Rosa Mayreder, co-fundadora da Associação Geral das Mulheres Austríacas e autora de um livro que reapresentou em termos não sexualizados as teorias edipianas de Freud, considerava Freud "um grande dialético", mas também um "monomaníaco". Por muitos anos, Karl, marido que lhe dava todo apoio, trabalhou a seu lado no movimento das mulheres de classe média.[54] Entretanto, a partir de 1912, Karl começou a sofrer graves crises de depressão e perturbação mental. Juntos, marido e mulher consultaram 59 médicos até por fim chegarem a Freud. Segundo Harriet Anderson, a principal historiadora do feminismo vienense, "Freud sugeriu que as depressões de Karl eram expressão de uma sensação de inferioridade por encontrar-se diante de uma mulher forte e intelectualizada que o dominava". Não muito tempo depois, quando tomavam café da manhã, o marido disse: "Escrevi meu obituário. O título é: Morre o marido de Rosa Mayreder". Em seu diário, Rosa escreveu: "A princípio, eu ri, mas depois vi que aquilo confirmava a opinião de Freud, segundo a qual a minha personalidade o faz sofrer porque eu reprimo sua prerrogativa masculina. [...] Ter de admitir isso seria para mim o supremo martírio, a perda total de tudo aquilo que tornou preciosa a nossa vida em comum." Anderson interpreta a frase "prerrogativa masculina" de Mayreder como "a necessidade que têm os homens de sentir-se superiores às mulheres".[55] Seja como for, apesar de certa concordância em termos de conteúdo intelectual, a convivência entre o feminismo de Mayreder e a psicanálise de Freud era impossível.

Freud por vezes era retrógrado em suas atitudes com relação às mulheres. Mas a fonte mais profunda de sua reticência diante do feminismo estava no fato de as implicações de seu trabalho estarem alhures: no estabelecimento da autonomia da vida intrapsíquica e no caráter irredutivelmente pessoal do amor. Porém, para o movimento feminista, os laços que prendiam as mulheres às relações familiares tinham de ser afrouxados e reformados *para que* os desejos femininos em toda a sua plenitude — inclusive em toda a sua bissexualidade — pudessem florescer. Assim, o feminismo e a psicanálise não estavam em sincronia. A ênfase sociologicamente prematura de Freud na individualidade ao amor era ao mesmo tempo atraente e problemática. No entanto, foi precisamente a "descontextualização" da psicanálise — a separação entre o sexual e psíquico e o social — o que lhe conferiu tanta autoridade.

Dado que o feminismo e a psicanálise não estavam em sincronia, quais foram as implicações da psicanálise para o gênero? Para responder a essa pergunta, voltemos à nossa analogia com o calvinismo. Como mostrou Max Weber, o nascimento do capitalismo estava ligado a uma reavaliação revolucionária do papel das mulheres, baseada em um maior respeito por seu trabalho no seio da família. A segunda revolução industrial, por sua vez, promoveu a *desfamiliarização* ou o surgimento de uma vida pessoal além dos limites da família. Sem dúvida, só depois da entrada das mulheres nas fileiras da análise e sua conseqüente reorientação para o papel da mãe é que a psicanálise tornou-se especialmente significativa para as massas femininas. Mas a desfamiliarização teve sentido imediato para os homens. Ela implicou, antes de mais nada, uma nova conscientização quanto à sua relação com seus pais e com outros homens.

Depois de publicar *A interpretação dos sonhos*, Freud criou um pequeno grupo, composto apenas por homens, que chamou de Sociedade Psicológica das Quartas-feiras. Esse grupo, que se reuniu em sua casa até transformar-se por fim na Sociedade Psicanalítica de Viena, era inicialmente formado por médicos judeus de classe média baixa. Aos poucos, a sociedade expandiu-se, passando a incluir estudantes de fora de Viena. Ela era de fato um *Männerbund*, um círculo de homens mais jovens atraídos por uma figura paterna, e funcionava como uma alternativa à domesticidade convencional. Como muitas vezes acontece com esse tipo de grupo, o *Männerbund* psicanalítico mobilizou os sentimentos de passividade, dependência e homoerotismo de seus participantes. Nesse contexto, Freud continuou a pensar sobre as implicações de sua rejeição da psicologia baseada no gênero que se fazia no século XIX. O resultado foi uma série de novos estudos de caso cujos sujeitos eram homens. Destinados a elucidar processos psíquicos gerais, mas tomando inadvertidamente o masculino como norma, esses estudos podem ser vistos como reinterpretações da masculinidade no contexto da aurora da vida pessoal.

O liberalismo burguês clássico do tipo que Schorske valorizava havia definido seu ideal de masculinidade em oposição ao da aristocracia. Enquanto esta apreciava a habilidade física e as virtudes marciais, os liberais associavam a masculinidade à razão, à lealdade à família e ao autocontrole. Porém, no fim do século XIX, o surgimento da corporação e o declínio da propriedade produtiva privada abalaram o sentido da masculinidade, enfraquecendo o vínculo entre pai e filho. Muitos viram nisso uma perda. Em *The Bostonians/Os bostonianos*, de Henry James, Basil Ransom queixa-se de que "o tom masculino está sendo varrido da face da terra".[56] Quando se deparou pela primeira vez com um caso de histeria *masculina*, Charcot observou que o paciente se comportava "exatamente como uma mulher", acrescentando que aquilo era algo "que muita gente jamais poderia ter imaginado".[57] Alguns neurologistas comentaram a "fraqueza" dos rapazes, que eles atribuíram à sua incapacidade de abster-se da masturbação, sintoma que revelava a neurastenia.[58] Neologismos como os surgidos na década de 1890 — "tremelica", "mulherico" e "mariquinhas" — refletiam a noção difundida de que a masculinidade estava em baixa. Entre os antídotos propostos encontravam-se o escotismo, os jogos olímpicos e a prática do atletismo na universidade.[59]

Ultimamente, vários autores têm incluído Freud entre os que defendem um ideal masculino combatido e decadente. Sander Gilman sugeriu que Freud tinha tanto medo de ser visto como judeu que projetou nas mulheres as marcas distintivas (a circuncisão) e os traços negativos (a insinceridade e a instabilidade emocional) que a literatura anti-semita da época atribuía aos judeus.⁶⁰ O resultado, para Eric Santner, ex-colega de Gilman, foi "uma teoria psicanalítica agressivamente heterossexual", uma "explicação detalhadamente compulsiva [...] do assim chamado complexo positivo de Édipo".⁶¹ Embora haja certa verdade nessas caracterizações, essa verdade é escassa. O maior objetivo dos estudos de caso de Freud era a rejeição da idéia de que, para ser homem, era preciso estar no controle. É verdade que os sujeitos de Freud repudiavam os próprios desejos de passividade e submissão. Mas esse foi o problema que Freud analisou; não a conduta que ele recomendou.

Longe de promoverem agressivamente a heterossexualidade, os estudos de caso de Freud foram investigações iniciais da *bi*ssexualidade masculina, voltadas não só para a ambivalência quanto à escolha de objeto, mas também para a identificação dos garotos com as mães, sua passividade e sua sensibilidade narcísica. Por trás desses estudos estava uma nova percepção da vulnerabilidade masculina na era da mecanização. Os estudos de caso que Freud fez depois do de "Dora" deveriam ser lidos ao lado de obras como a pintura de 1898 de Gustave Caillebotte, na qual um homem nu é retratado de costas, o ânus revelando abertura e fragilidade enquanto sua postura reflete força, e "O julgamento" (1912), de Kafka, cujo herói é levado à morte quando o pai imita a noiva do filho: "'Porque ela levantou a saia', caçoou o pai [...] e, imitando-a, levantou a barra do camisolão a ponto de poder-se ver a cicatriz de um ferimento de guerra que tinha na coxa, 'porque ela levantou a saia assim e assim foi que você se aproveitou'".⁶² Essas e outras obras do início do século XX tratavam da vulnerabilidade masculina, mas não da homossexualidade conforme o termo hoje é entendido.

Freud dificilmente desconhecia a vulnerabilidade dos homens em relação a outros homens, conforme pudemos ver. Depois de concluir *A interpretação dos sonhos*, ele escreveu a Fliess: "Para mim, nada substitui o relacionamento com o amigo que um lado especial — possivelmente feminino — exige." Mas em 1910 ele informou ao discípulo Sándor Ferenczi que já não tinha "nenhuma necessidade de revelar por completo [sua] personalidade. [...] Desde o caso de Fliess [...] essa necessidade se extinguiu. Parte do investimento homossexual foi retirado e utilizado para ampliar o meu próprio ego".⁶³ Como nesse trecho, Freud muitas vezes usava o termo "homossexual" para descrever os desejos passivos dos homens em relação a outros homens e, especialmente, com relação ao que viria a ser conhecido como "figuras paternas". Mas ele não se referia a uma escolha *adulta* de objeto do mesmo sexo, a não ser quando explicitava esse como no caso do estudo sobre Leonardo da Vinci. Em vez disso, estava se referindo a um desejo *infantil*, o desejo passivo, narcísico, bissexual que o garoto tem de ser o objeto do amor do pai.

Esses desejos, junto com o aprofundamento da individualidade que pode processar-se quando os homens os entendem em si, foram enfocados nos estudos "Homem dos ratos" (1909), "Pequeno Hans" (1909), Schreber (1911) e "Homem dos lobos" (1915). Em todos eles, Freud analisou o que por fim denominou "complexo negativo de Édipo": a identificação do garoto com a mãe, que o leva a tentar conquistar o amor do pai através de submissão, em vez de rivalidade e realização.

O "Homem dos ratos", escrito em 1907, foi o primeiro estudo de caso de Freud depois de "Dora" e também sua primeira investigação dessa dimensão "homossexual" da psicologia masculina. Ernst Lanzer, o paciente, era um jovem advogado que achava haver desperdiçado anos lutando contra as próprias idéias. Cheio de dúvidas e confusão, não conseguia sequer contar a simples história de sua incapacidade de devolver um par de óculos que lhe fora enviado por engano. Sua maior vergonha era a excitação provocada pela leitura do relato de uma tortura, na qual ratos roíam o reto de um prisioneiro. Enquanto o paciente falava, Freud teve a impressão de que ele demonstrava "horror diante de um prazer seu de que não se havia dado conta".[64]

Para Freud, o discurso exasperante e contraditório de Lanzer se tornaria compreensível a partir do instante em que fosse entendido como o resultado de dois conflitos. O primeiro era o conflito de Lanzer entre o amor a uma mulher e o amor ao pai. Esse conflito era histérico ou bissexual exatamente no mesmo sentido que o de Ida Bauer: correspondia a uma hesitação entre objetos masculino e feminino. Porém, num estrato mais profundo, estava um segundo conflito, verificado entre os desejos passivos do paciente em relação ao pai e sua rebeldia contra eles. Freud argumentou que um conflito entre objetivos passivo e ativo como o de Lanzer "não pode ser descrito como 'masculino' nem 'feminino'", mas "pode persistir por toda a vida e [...] atrair permanentemente para si boa porção da atividade sexual".[65] Portanto, o problema de Lanzer não era ter desejos passivos, mas sim o fato de que, para ele, esses desejos significavam "castração". Não haviam sido os desejos em si, mas sim a tentativa de repudiá-los o que provocara a sua neurose.

O relato do caso do juiz Daniel Schreber, publicado em 1911, dava continuidade a essa lógica. Em 1902, Schreber publicara uma autobiografia enquanto tentava obter alta de um hospital psiquiátrico. A obra provocara muito interesse entre os psiquiatras, inclusive em Freud. Segundo a autobiografia, Schreber ficara mudo durante os primeiros anos de internação. E então começara a pensar em si mesmo como uma mulher voluptuosa, escolhida por Deus para ser fecundada por Ele. Ao longo dos anos, ele verificou a retração dos órgãos masculinos, o desaparecimento da barba e do bigode e a diminuição da altura. Além disso, acreditava estar sendo sexualmente usado pelo psiquiatra que tratava dele. Por fim, adotou "como bandeira o cultivo incondicional da feminilidade", admitindo ser volúpia "da cabeça aos pés, como só acontece no corpo feminino adulto".[66]

Em 1911, Freud publicou sua análise do caso de Schreber. Como no do homem dos ratos, ele não explicou o problema de Schreber em termos de "feminilidade" nem o considerou homossexual no sentido que Leonardo da Vinci, por exemplo, o fora. Em vez disso, Freud explicou a experiência de Schreber em termos do narcisismo do juiz, conforme este adquirira forma em sua relação inicial com o pai.

Schreber havia sofrido dois colapsos, dos quais só o segundo acarretara hospitalização. Ambos haviam sido provocados por golpes à sua auto-estima: o primeiro fora a humilhante derrota numa eleição (os jornais perguntaram: "Quem é Schreber?") e o segundo, a incapacidade de gerar filhos. Na interpretação de Freud, as tentativas de compensar esses golpes haviam levado Schreber de volta às relações infantis, narcísicas, com o pai, o qual ele identificava com o psiquiatra. Sua paranóia era uma defesa contra a constatação de que à pretensão inicial — pensar: "Um homem me ama" — sobreviera: "Um homem me odeia." Segundo Freud, a convicção de ser uma mulher não era uma piora do quadro de Schreber, mas sim um passo rumo à recuperação, pois com ela ele estava tentando recuperar a época em que tinha sido o objeto do amor do pai.

O último dos estudos de Freud sobre o "complexo negativo de Édipo" está no seu relato do caso de Sergei Pankejeff, o "Homem dos lobos" (1914). Pankejeff, aristocrata russo nascido em 1886, sofreu um colapso nervoso depois de um ataque de gonorréia. A família consultara vários psiquiatras antes de chegar a Freud em 1910. Na infância, Pankejeff humilhava a irmã mais velha por ressentir-se de sua superioridade intelectual. Na vida adulta, escolhia mulheres cuja cultura e inteligência estavam abaixo das suas. Não obstante, Freud rejeitou a idéia de que Pankejeff estivesse impondo a sua "masculinidade". Em vez disso, considerou passivos e masoquistas os desejos básicos do paciente, decorrentes de haver visto ou imaginado relações sexuais entre a mãe e o pai, um sujeito violento e intimidador. Como Lanzer e Schreber, Pankejeff não podia tolerar esses desejos porque, para ele, significavam castração. Segundo Freud, num homem, o desejo de sofrer ou ser humilhado podia muito bem ser tão forte quanto o desejo de dominar. Além disso, tinha maior probabilidade de ser inconsciente.[67]

Com essas formulações, Freud conseguiu romper o código de gênero da cultura liberal oitocentista. Os estudos de caso mostraram que ter desejos "passivos" e "submissos" não transformavam um homem numa mulher, como sugeria a psicologia do século XIX. Tampouco alimentar esse tipo de desejo em relação a outro homem tornava um homem homossexual. Especificamente, seu trabalho implicava que os "problemas" — histeria, passividade, dependência — que os vitorianos haviam atribuído às mulheres, à classe operária ou a povos "inferiores" ou "incivilizados" eram universais. E, na verdade, não eram problemas de modo algum, mas características universais da psicologia humana. Assim, a lógica da distinção entre os que detinham o poder (profissionais, industriais e comerciantes brancos) e os que precisavam dele (mulheres, negros, homossexuais e judeus) começou a ruir. De certa forma, pode-se dizer que Freud foi o responsável por expor os desejos passivos e dependentes dos profissionais brancos.

Aqui vemos a força da ênfase de Carl Schorske nas raízes introspectivas da psicanálise. A análise nasceu da reflexão sobre experiências de derrota, perda, luto e retraimento. Não era uma ética heróica. O que nela havia de novo, conforme revelam as cartas trocadas entre Freud e seus seguidores, era a emergência de uma linguagem centrada no *reconhecimento* da universalidade não só das necessidades de dependência, mas também do medo e da vulnerabilidade. "Isso eu não lhe confesso sem sofrimento", escreveu Jung a Freud em 1907, "a veneração que tenho pelo senhor é repugnante e ridícula por causa de suas inegáveis conotações eróticas".[68] "[Eu gostaria que você] abandonasse seu papel infantil e se colocasse ao meu lado como companheiro em pé de igualdade", escreveu Freud a Ferenczi alguns anos mais tarde, "preferia tê-lo como amigo independente, mas se você colocar tantas dificuldades, terei de aceitá-lo como filho."[69]

A mais profunda contribuição da psicanálise não estava em suas idéias, mas sim no leque de experiências que ela possibilitou. Seus primeiros estudos da masculinidade apontaram a universalidade de experiências como a passividade, a vulnerabilidade e, inclusive, o pavor da castração. Essas experiências, em vez de alternativas à razão e ao controle, eram antes o seu complemento sombrio e esquecido. Portanto, longe de ser especialmente adequada às classes médias, a longo prazo a psicanálise teve mais importância para os que eram marginalizados ou excluídos das fontes de poder dominantes, nos quais essas experiências haviam sido projetadas: os que se confinavam na família, os que viviam na subcultura homossexual, o gueto judeu e o contingente urbano proveniente da escravidão; enfim, os que viviam o exílio, a diáspora e o desabrigo. É parte da ironia da história da psicanálise que esses grupos tenham sido os que com ela menos se beneficiaram. No entanto, conforme se verá, a longo prazo o destino da análise dependeria dos desvalidos e dos excluídos, entre os quais algumas vezes se incluíam os próprios analistas.

Como na sua abordagem da autonomia, a abordagem psicanalítica do gênero foi parte de uma sensibilidade e um ponto de vista mais amplos, que com o tempo levaram a uma reformulação do sentido da igualdade feminina. Esse ponto de vista — o modernismo do início do século XX — era extremamente desenvolvido na Viena de Freud. Apesar de só ter adquirido toda a sua magnitude depois da Primeira Guerra Mundial, a insistência na lucidez, na franqueza e na honestidade caracterizou os movimentos anteriores à guerra que levaram à mudança no vestir, na arquitetura, no trabalho filosófico e na estética, bem como às novas formas de vida coletiva e pessoal. Como lembrou o filósofo Rudolf Carnap, o modernismo exigia lucidez em tudo, mas percebia "que a estrutura da vida jamais pode ser inteiramente compreendida". Ele dava muita atenção ao detalhe, mas buscava identificar "as grandes linhas que atravessavam o todo".[70]

Ao descrever a sexualidade como a expressão idiossincrática dos desejos inconscientes do indivíduo, Freud tomou parte nessa emergente sensibilidade modernista, mas também distinguiu dela a psicanálise. Conforme veremos, não era tanto a sexualidade quanto a *transferência* — as primeiras relações da criança com a autoridade representada pelo pai e pela mãe — o que Freud colocou no centro da análise. Essa, como também veremos, foi a razão da insistência na angústia da castração. Contudo, a transferência era também a chave do método analítico porque só através da criação da transferência era que o analista poderia discernir a "individualidade especial [do paciente] no exercício de sua capacidade de amar — isto é, nas condições que ele estabelece para amar, nos impulsos que gratifica através do amor e nos objetivos que nele tenta atingir".[71]

A idéia que Freud tinha do inconsciente pessoal e de uma constelação caracteristicamente individual de desejos sexuais, que ganhava forma inicialmente em relação aos pais, estava em sintonia com correntes ainda mais amplas. O inconsciente freudiano surgiu no mesmo momento que invenções como a máquina de datilografia, o filme, a câmara filmográfica e os primeiros jornais diários de grande tiragem, lidos indistintamente por homens e mulheres. Os novos meios de comunicação tinham, além do crime, dois temas principais: guerras, como a Guerra Hispano-americana, a Guerra dos Bôeres e a crise no Marrocos, e escândalos sexuais, como o de Eulenberg em 1907 na Alemanha, que revelou que o *kaiser* estava cercado de homossexuais, e o de Cleveland Street em 1889 na Inglaterra, que consistiu na descoberta de um bordel homossexual supostamente administrado por vários lordes. *O homem sem qualidades/ The Man Without Qualities*, de Robert Musil, retratou esse mundo emergente através da descrição do fascínio da Viena do fim do século por Moosbrugger, um carpinteiro julgado por esquartejar uma jovem. "Que qualidades de Moosbrugger teriam provocado a excitação e o *frisson* que, para os dois milhões e meio de habitantes dessa cidade, equivaliam praticamente a uma briga de família?", perguntava-se o herói. "Em último caso, todos esses casos são como a ponta de um fio solto que, se puxado, começa a desfazer toda a espessa trama da sociedade."[72]

Capítulo Três

ABSORÇÃO E MARGINALIDADE

[Em 1911] Walter Lippmann apresentou-nos [pela primeira vez] a idéia de que as mentes dos homens eram distorcidas por recalques inconscientes. [...] Não havia conversas mais cordiais, tranqüilas e cheias de reflexão [no salão de Mabel Dodge] do que as que versavam sobre Freud e suas implicações.

— Lincoln Steffens, *Autobiography/Autobiografia*

Como provinha da família tradicional, a vida pessoal mantinha uma relação ambígua com o resto da sociedade. Como produto do superávit do trabalho — trabalho que excedia o necessário à simples reprodução da sociedade —, a vida pessoal apontava para além da necessidade político-econômica. Enquanto a economia exigia lutas ativas e cooperativas, a vida pessoal era o lugar de desejos passivos e regressivos: relaxar, descansar, ser cuidadoso, ser amado "pelo que se era". Por mais idiossincrática que fosse, a vida pessoal tinha um sentido social. Ela apontava para uma possibilidade utópica, mas cada vez mais realista, de uma sociedade que subordinasse as considerações econômicas aos desejos humanos — uma sociedade pós-econômica.

O caráter utópico da vida pessoal criou um dilema para os que lutavam para concretizar seu potencial: eles poderiam continuar fiéis ao impulso utópico e arriscar-se a tornar-se marginais, elitistas e sectários ou adotar uma postura pragmática, voltada para fora, e arriscar-se a ser absorvidos num regime funcionalista e rotinizado. A marginalidade e a absorção aparentemente constituíam os pólos mutuamente excludentes de uma escolha inescapável. A psicanálise não era a única a enfrentar essa opção. O modernismo artístico, a outra força carismática da segunda revolução industrial, também se deparou com ela. Desde o romantismo, o artista havia simbolizado o indivíduo livre que brindava a sociedade não com o cumprimento de uma função previamente atribuída, mas sim seu próprio eu expressivo e emocional. Porém, durante a segunda revolução industrial, as indústrias da cultura começaram a integrar os artistas a fábricas de entretenimento baseadas na produção em massa. Os artistas de vanguarda resistiram a essa absorção declarando-se indivíduos singulares, "gênios", fomentando assim o elitismo e o obscurantismo. Desse modo, os artistas viram-se presos entre a absorção e a marginalidade.

Esse dilema apresentou-se à psicanálise de uma forma muito mais aguda. Por um lado, havia pressão para conformidade às normas das profissões estabelecidas, em especial a medicina, e para aceitação de uma noção restrita de ciência. (A psicologia do ego da década de 1950 nos Estados Unidos foi um dos resultados dessa pressão.) Por outro lado, resistir à absorção implicava enfatizar o inconsciente, a sexualidade e os instintos, as dimensões da psique que mais se distanciavam da realidade cotidiana. Como no caso da arte, absorção e marginalidade eram dois aspectos do mesmo dilema impossível. Qualquer que fosse a alternativa, a dimensão crítica da psicanálise perderia seu gume.

Nos primeiros anos da psicanálise, Freud e seus seguidores tinham uma certa percepção desse dilema. Enquanto produtos de uma explosão carismática, as idéias de Freud, para eles, pressupunham algo mais que a prática terapêutica ou diferente dela, mas não havia consenso no que se refere a isso. A psicanálise deveria tornar-se parte de um ramo da medicina (psiquiatria, neurologia), uma disciplina do âmbito da universidade (psicologia), uma organização reformista, um elemento adjunto à política revolucionária ou à cultura vanguardista, uma nova profissão ou uma combinação de tudo isso? A atração da absorção refletia-se na tentativa dos analistas de obter respeitabilidade e aceitação científica. A atração da marginalidade, por sua vez, refletia-se nos termos que os analistas por fim usariam para descrever a empresa analítica: *Bewegung*, "movimento", e *die Sache*, "a causa".

O dilema absorção *versus* marginalidade ampliou-se pelo fato de que as duas principais instituições que poderiam dar legitimidade à psicanálise — as novas profissões terapêuticas e a universidade voltada para a pesquisa — estavam estreitamente ligadas à reorganização corporativa que acompanhou a segunda revolução industrial. Em reação à imigração e à urbanização, desenvolveram-se novas teorias e disciplinas de reprodução social, como a eugenia, a higiene, a saúde mental, a psicoterapia, a testagem psicológica e a assistência social. Tipicamente preocupadas com a "degeneração", a estereotipagem racial, a prevenção do crime e da loucura e a manutenção das normas de gênero, essas disciplinas visavam incorporar as massas à nova ordem industrial. Ao sobrevir a Primeira Guerra Mundial, elas haviam assumido tarefas de classificação e tipificação nos sistemas militar, educacional e industrial. Para conseguir incluir-se nessa nova gama de disciplinas e profissões, a psicanálise teria de abrir mão de seu interesse característico pela autonomia pessoal e reorientar seus objetivos para o controle social.

A outra forma pela qual a psicanálise poderia haver-se tornado uma disciplina reconhecida seria através da universidade voltada para a pesquisa, particularmente da faculdade de medicina. Mas isso também criava enormes problemas. Como as novas disciplinas de reorganização social, a universidade investigadora surgiu em resposta à segunda revolução industrial. Sua meta não era simplesmente aprofundar o conhecimento, mas organizá-lo de uma forma prática e sistemática que se adaptasse à reorganização corporativa da sociedade. Ela possuía, em particular, a autoridade para certificar o *status* científico da psicanálise. De maneira geral, o empirismo era a base de todas as pesquisas científicas, mas a universidade investigadora do início do século XX tendia a definir a ciência de modo estritamente positivista. Buscando separar o conhecimento em fatos observáveis e quantificáveis e formular relações válidas entre eles, a concepção positivista da ciência tinha dificuldade em lidar com muitos aspectos do estudo da natureza humana, como o lugar da motivação, da linguagem e da experiência. Além disso, ela não dava espaço à especulação, que é intrínseca a todas as descobertas científicas. Mesmo os mais rigorosos filósofos do iluminismo tinham uma noção mais aberta e flexível da razão e uma compreensão mais empática de sua relação com a "sensibilidade" e as "paixões" do que os positivistas da época de Freud.[1] Por conseguinte, a psicologia freudiana — de base empírica, apesar de interpretativa e por vezes especulativa — foi em boa parte excluída da universidade e da ciência dominante na época. O efeito foi o recrudescimento de suas tendências à grandeza, à paranóia e à defensiva.

A dialética da absorção-marginalidade refletia também o desenvolvimento descompassado entre a Europa e os Estados Unidos. A Europa do fim do século XIX ainda era basicamente um continente de senhores de terra e camponeses agrupados em assentamentos, aldeias e povoados rurais. Uma ordem mais antiga dominava a igreja, as forças militares e os primeiros escalões do Estado, boa parte do sistema bancário e comercial, as universidades, academias e instâncias mais altas do direito e da medicina. Na maioria dos países, os reis e imperadores continuavam sendo os eixos da autoridade.[2] Portanto, por sua atitude crítica, na Europa a psicanálise foi um fenômeno mais ou menos natural. Como tudo o que era "moderno", ela surgiu *contra* uma ordem mais antiga, tradicional e patriarcal que persistiu até o fim da Segunda Guerra Mundial.

Nos Estados Unidos, porém, a autoridade tradicional, com suas origens feudais e católicas, era fraca. O interesse na psicanálise refletia os ideais de autogerenciamento e "emancipação" característicos das sociedades democráticas massificadas. Portanto, a análise nos Estados Unidos tornou-se mais um método de cura e uma forma de auto-aperfeiçoamento que uma postura crítica. Por isso, a história geral da psicanálise ganhou um viés geográfico: nos Estados Unidos, absorção; na Europa, marginalidade. Contudo, não devemos exagerar essa generalização: houve correntes marginais e críticas nos Estados Unidos, e a psicanálise ganhou legitimidade em certas partes da Europa antes da década de 1960. Porém, na Europa, a análise tendeu a encontrar mais apoio entre os intelectuais e as elites, ao passo que, nos Estados Unidos, ela se tornou um fenômeno de massa, mas um fenômeno que carece de dimensão crítica.

As diferenças entre os Estados Unidos e a Europa também influíram nas profissões ligadas à psiquiatria. Na Europa, os hospitais psiquiátricos originalmente eram ligados a igrejas, e só aos poucos os psiquiatras abriram mão de suas relações com a autoridade tradicional.[3] Mesmo com a profissionalização, eles mantiveram um viés profundamente conservador. Influenciados pela tradição da cura psicológica iniciada com o tratamento moral e, ao mesmo tempo, atraídos por explicações somáticas da "degeneração", eles em geral não se deixaram impressionar por Freud. Emil Kraepelin, professor de psiquiatria de Heidelberg e Munique e o maior expoente da área na época de Freud, é um exemplo. A fama de Kraepelin decorria de sua distinção entre a demência precoce — que considerava resultante de causas externas (traumas) e talvez tratável com técnicas psicológicas —, de um lado, e os distúrbios hereditários e incuráveis do cérebro, do outro. Já que estava muito longe de qualquer protocolo de pesquisa de base biológica, a psicanálise permaneceu à margem da psiquiatria corrente na Europa, apesar de dispor de uma abordagem psicológica.

Nos Estados Unidos prevaleceram circunstâncias diferentes. Lá a psicanálise não teve de enfrentar a psiquiatria enquanto profissão estabelecida. Em vez disso, as escolas de medicina ainda lutavam para instaurar seu monopólio diante de formas populares de cura e auto-ajuda como o mesmerismo, a "cura pela mente" e a homeopatia. Como na Inglaterra, os profissionais tentavam afastar-se do "emocionalismo feminino" das terapias populares. Assim, a Comissão Flexner insistiu, em 1910, na prioridade da profissionalização e do credenciamento. Abertos a idéias européias, os psiquiatras norte-americanos viram na psicanálise uma alternativa científica às formas populares de cura pela mente. Para eles, a questão central era a exigência de que qualquer técnica nova fosse aplicada por médicos, em vez de "amadores" não credenciados. Por conseguinte, nos Estados Unidos a psicanálise acompanhou a onda da profissionalização, do cientismo e do crescimento da cultura de massa que caracterizaram a segunda revolução industrial.

Onde teve aceitação institucional, como nos Estados Unidos, a análise tendeu a alhear-se em espírito e conteúdo a seus *insights* originais. Onde permaneceu marginal, como na Europa, ela tornou-se grandiloqüente e cismática, objeto de culto. Assim, a psicanálise viu-se entre a cruz e a espada. Como no caso dos conflitos que cercavam a autonomia e o dualismo de gênero, uma saída criativa tinha de ser encontrada. Já que a absorção teria destruído a identidade da psicanálise, a marginalidade representou para muitos o melhor ponto de partida.

De qualquer modo, na Primeira Guerra Mundial o núcleo da análise era um grupo pequeno e marginal que girava em torno de Freud. Longe de destruir a psicanálise, o caráter intimista da disciplina moldou-lhe a preocupação com a autoridade, a consciência da própria identidade, a tolerância pela especulação e a coragem intelectual. Ao mesmo tempo, a marginalidade deu ensejo à fatuidade, à busca de bodes expiatórios e à divisão. Porém, o próprio Freud nunca aceitou o *status* marginal da análise, tendo sistematicamente buscado articular as dimensões científicas da empresa analítica.

Boa parte das reações à primeira revolução industrial havia sido pessimista e reacionária, baseada na idealização da ordem pré-industrial. Já as reações à segunda revolução industrial tenderam, por sua vez, ao otimismo em relação ao futuro. Os anos entre a virada do século e a Primeira Guerra Mundial viram um drástico contraste entre a ordem mais antiga, segundo a qual os imperadores ainda fingiam governar, e uma ordem mais nova, na qual o automóvel e o aeroplano eram parte do dia-a-dia. O resultado foi uma tremenda rejeição do passado e a proliferação de idéias proféticas e utópicas, de "arenas e agitação pela revolução anunciada",[4] de expressionistas e futuristas, bolcheviques e *narodniks*, comunitaristas e experimentadores sexuais, vanguardas, manifestos e seitas. Nesse ambiente foi que nasceu a psicanálise.

Como vimos, sua primeira expressão, a Sociedade Psicológica das Quartas-feiras, era um *Männerbund*, uma alternativa contracultural à família convencional, organizada em torno de um homem carismático. Enquanto tal, a psicanálise lembrava outros círculos carismáticos que também gravitavam em torno de personagens masculinos em Viena, entre os quais a Secessão (Gustav Klimt), a música dodecafônica (Arnold Schoenberg), o modernismo literário (Arthur Schnitzler), o sionismo (Theodor Herzl) e o grupo que se formara em torno do jornal satírico de Karl Kraus, *Die Fackel*. Nas palavras de Edward Timms, esses círculos eram um "sistema condensado de microcircuitos". Os circuitos se sobrepunham: muitos dos primeiros colegas de Freud escreviam para *Die Fackel* e Hugo Heller, seu editor, organizou a primeira exposição de pinturas de Schoenberg.[5] A maioria dos círculos desse tipo reunia-se na universidade ou em cafés. Porém o de Freud reunia-se na casa dele, o que sugere a antiga associação entre a psicanálise e a esfera privada.

O círculo analítico teve início em 1902, quando Freud enviou cartões com convites para quatro colegas médicos. As reuniões aconteciam semanalmente na residência da família Freud — uma casa sem nada de especial, abarrotada de gente e de aspecto ligeiramente classe média. Estava situada em Berggasse 19, uma rua sem graça que começava no Tandelmarkt, um mercado de pulgas judaico, e terminava na Universidade de Viena, no alto de um morro.[6] Em 1906 havia 17 participantes, todos do sexo masculino, entre os quais Paul Federn, Isidor Sadger, Max Graf, Viktor Tausk, David Bach, Eduard Hitschmann, Hugo Heller e Fritz Wittels.[7] Além de Freud, as principais figuras eram Alfred Adler, um oftalmologista nascido em 1870, Wilhelm Stekel, um publicista e médico, originário de Chernovitz, capital da Bucovina (hoje Romênia), e Otto Rank.[8] Nascido Otto Rosenfeld em 1884, Rank operava máquinas durante o dia e escrevia à noite quando seu médico, Alfred Adler, falou-lhe a respeito de Freud. Rank conheceu Freud em 1905 e tornou-se secretário do grupo, recebendo por essa função um salário. Por insistência de Freud e custeado por ele, Rank concluiu os estudos secundários e cursou a universidade.

A composição do círculo de Freud refletia a mudança na feição das classes médias, cujos representantes haviam deixado de ser funcionários civis, dependentes do Estado, e se tornado profissionais autônomos. Ao contrário dos intelectuais tradicionais, que se identificavam com centros de autoridade como a igreja, a corte e a universidade, esses homens eram médicos e escritores. Seu prestígio provinha de seu intelecto e de sua competência, não de sua posição social. Em grande parte sem filiação a nenhuma instituição, eles viam com ressentimento os centros tradicionais de autoridade e a riqueza a eles associada. Assim, Paul Federn, o primeiro secretário de Freud, descreveu os médicos como um "proletariado intelectual".[9] Os judeus de Viena estavam na vanguarda dessa mudança do intelectual tradicional ao que Antonio Gramsci denominou intelectuais orgânicos: intelectuais que eram parte do sistema emergente de produção corporativa. No início da década de 1890, o número de judeus estava perto da maioria no direito, na medicina e no jornalismo. Desproporcionalmente representados no comércio, na manufatura e na indústria e sub-representados na agricultura e na produção de bens primários, eles mantinham uma estreita relação com as novas arenas da vida pessoal: o desenvolvimento urbano, as artes e as profissões liberais.

Schorske afirmou, com provável acerto, que a traumática desintegração da tradição liberal oitocentista, diante da segunda revolução industrial, foi uma precondição para o surgimento da psicanálise. Na Áustria, depois de uma depressão econômica em 1873, o liberalismo sofreu um ataque. Enquanto os nacionalismos tchecos e húngaros colocavam em questão os princípios liberais, cresciam sentimentos anticapitalistas e anti-semitas. Sendo minoria num estado multinacional, os liberais dependiam da estrutura tradicional de poder. Só o imperador impediu que o anti-semita populista Karl Lueger se tornasse prefeito de Viena, e isso até 1897 apenas.[10] Freud reagiu à ascensão de Lueger e ao caso Dreyfus filiando-se à B'nai Brith. Ele desceu na escada social, da *intelligentsia* médica e acadêmica para um estrato formado de médicos e comerciantes judeus comuns que, "se não podiam ajudar nem favorecer seus interesses científicos, tampouco o ameaçavam ou desestimulavam".[11] Foi nesse estrato que ele recrutou participantes para a Sociedade Psicológica das Quartas-feiras.

O fato de *todos* os primeiros colegas de Freud serem judeus garantiu a manutenção da marginalidade da psicanálise. Os judeus eram o "outro" racial da vida européia na época. Como provam as pesquisas de Sander Gilman e outros, o nariz judeu, o pé judeu, a sexualidade judia, a língua hebraica, a "ganância" e o "desrespeito" dos judeus pelos valores da comunidade eram objeto de interesse obsessivo de médicos e cientistas sociais europeus. Até mesmo Charcot, que estava rompendo com teorias neurológicas de base racial, associava os judeus às neuroses. Henry Meige, um de seus alunos, atribuiu a "errância" dos judeus a sua exigência incessante de atenção.[12] O homem judeu era também muitas vezes feminizado, como na atribuição de Weininger do fator "M" às mulheres, homossexuais e judeus. Excluídos das correlações idealizadas entre masculinidade e bravura e supostamente aprisionados pela "hipertrofia da família judia", os homens judeus tinham maior probabilidade de ter conhecimento dos traços passivos, vulneráveis e "homossexuais" que estavam por trás do ideal masculino. Nessas condições, a composição judia da psicanálise garantia que todos os psicanalistas vissem a cultura dominante como hipócrita, pressuposto de que compartilhavam, por motivos óbvios, todos os grupos oprimidos ou marginalizados. A seu ver, boa parte da política austríaca era uma fachada por detrás da qual o imperador e a aristocracia exerciam seu domínio.

A social-democracia representava uma possível solução para o problemático lugar social da psicanálise. O socialismo austríaco opunha-se ao anti-semitismo e voltava-se menos para a economia e mais para as questões culturais que a maioria das tradições socialistas.[13] Muitas das figuras que participaram da formação do círculo de Freud eram social-democratas. O primeiro livro de Alfred Adler, *Health Book for the Tailor Trade/Compêndio de saúde para a arte da alfaiataria* (1898), atacava a medicina por ignorar "males sociais". Wittels conheceu Freud graças ao compromisso que ambos tinham na defesa da legalização do aborto, tendo construído seu nome ao criticar a ambição econômica dos cristãos-novos.[14] Outro membro, David Bach, organizou sinfonias com operários de Viena, foi crítico de música do *Arbeiter Zeitung*, jornal socialista, e defendeu um teatro wagneriano comunitário.[15] Muitos pacientes da análise também eram socialistas. Bertha Pappenheim (Anna O.) traduziu *Vindication of the Rights of Woman/ Reivindicação dos direitos da mulher* para o alemão e fundou a Liga das Mulheres Judias (*Jüdischer Frauenbund*).[16] Emma Eckstein (Irma) era amiga de Karl Kautsky, líder dos social-democratas alemães, e irmã de Therese Schlesinger, social-democrata que foi uma das primeiras mulheres a fazer parte do Parlamento.[17] Esses laços entre a social-democracia e a psicanálise refletiam não apenas a política de classes, mas também um interesse pelo feminismo maternalista. Porém, a longo prazo, o socialismo centro-europeu estava demasiado ligado à defesa da comunidade e da família operária tradicionais para dar apoio ao foco analítico, voltado para a vida pessoal.

Com efeito, em seus primórdios, a psicanálise aliava o autodidatismo e os interesses contraculturais à sensibilidade socialista. As discussões nas reuniões das quartas-feiras versavam sobre temas como *Ecce Homo*, de Nietzsche, a questão da mulher, a psicologia do marxismo e o despertar sexual das crianças.[18] Como em seu curso na universidade, Freud fazia todos participarem das discussões, sendo a ordem determinada pelo sorteio de papeizinhos colocados em uma urna. As idéias eram consideradas propriedade comum, para serem usadas sem citação. Isso eles chamavam de "comunismo intelectual".[19]

A marginalidade analítica era não apenas socioeconômica, mas também cultural. Viena era um dos centros da psiquiatria na Europa. Tanto a descriminalização e o estudo científico das "perversões" quanto os primeiros tratamentos químicos para o tratamento da doença mental surgiram lá.[20] Mas Freud estava fora do *establishment* psiquiátrico, e seu único contato com a universidade era através de um curso que ele dava sem receber pagamento. Ele não tinha nem empregos que oferecer nem pacientes que encaminhar. A marginalidade da análise coadunava-se com a *persona* oposicionista de Freud e suas eternas preocupações financeiras. Em 1899, ele disse em carta a Fliess: "Dinheiro, para mim, é gás hilariante. Sei, desde a juventude, que, quando laçados, os cavalos selvagens dos pampas mantêm uma certa ânsia de vida. Assim, conheci o desamparo da pobreza e passei a receá-lo continuamente."[21] Nos últimos oito meses de 1899, ele conseguiu um novo paciente apenas. Em maio de 1900, tinha em média três horas e meia de trabalho pago por dia.[22] Nesse mesmo ano, no dia seguinte ao seu quadragésimo quarto aniversário e alguns meses depois da publicação de *A interpretação dos sonhos*, ele se descreveria como "um judeu velho e um tanto mal vestido".[23]

Embora em Viena fossem marginais, as idéias de Freud foram estudadas a fundo no Burghölzli, o prestigioso hospital psiquiátrico da Universidade de Zurique. Fundado na década de 1860, ele teve entre seus primeiros diretores psiquiatras do quilate de Auguste Forel e Wilhelm Griesinger. Eugene Bleuler assumiu a direção do Burghölzli em 1898 e, em poucos anos, o transformou no mais importante hospital-escola do mundo, deixando para trás a prestigiosa clínica de Kraepelin na Universidade de Munique.[24] Bleuler compartilhava da opinião de Kraepelin, acreditando que a demência precoce era de origem psicológica.[25] Seu interesse por Freud provinha dessa convicção.

Em 1904, Freud soube através de Bleuler que sua equipe, influenciada por Carl Jung, assistente de Bleuler, vinha estudando seus escritos havia já muitos anos. Filho de uma família da elite, Jung era um jovem brilhante e atraente, dotado de uma personalidade particularmente forte. Embora uma geração mais novo que Freud, ele lhe era superior social e profissionalmente, tendo em 1902 atingido fama precoce com uma série de experimentos que demonstravam a existência de "complexos" ideacionais inconscientes. Em 1905, era já não apenas diretor do Burghölzli, mas também *privat Dozent* da

Carl Gustav Jung: aluno e rival de Freud, fundador da psicologia analítica (*circa* 1910)

Universidade de Zurique. Em 1908, tinha ganho dinheiro suficiente para construir um casarão com projeto de sua própria autoria.[26] Além disso, Jung tinha um lado místico que o impelia à psicanálise. O pai era um pastor que a princípio teria influenciado o filho a tornar-se hebraísta. A mãe era uma espiritualista que ficava de pé atrás do marido, enquanto ele escrevia seus sermões, a fim de impedir que o Demônio o visitasse.[27] Em 1906, Freud e Jung começaram a corresponder-se e, no ano seguinte, Jung lhe fez uma visita. A atração entre ambos foi recíproca.

Em 1905, Freud publicou *Psicopatologia da vida cotidiana*, *O chiste e sua relação com o inconsciente*, "Dora" e *Três ensaios sobre a sexualidade*. Em reação a essa prolificidade, outros profissionais da área o procuraram. Ernest Jones, um médico galês de origens proletárias rural e religiosa, leu o caso de Dora e espantou-se ao descobrir um médico que "escutava atentamente cada palavra dita pelo paciente".[28] Conforme diria posteriormente, sentira-se atraído por Freud devido à conscientização que este demonstrava ter das "injustiças, estupidezes e irracionalidades de nossa organização social".[29] Em 1906, Jones criou um grupo de discussão analítica em Londres, cidade onde se estabelecera, mas, devido a conflitos com o *establishment* médico e acusações de envolvimento sexual com uma paciente, acabou por exilar-se no Canadá.[30] A primeira impressão que Freud teve de Jones foi a de um fanático. "Ele nega qualquer possibilidade de hereditariedade", disse Freud em carta a Jung; "em sua opinião, até eu sou reacionário".[31]

Com exceção de Jones, todos os médicos de fora de Viena que procuraram contato com Freud provinham do Burghölzli. Karl Abraham, um judeu empertigado e formal de Berlim, Max Eitingon, um russo retraído, e Sándor Ferenczi, um húngaro simpático, leram os escritos de Freud quando eram alunos de lá. Posteriormente, Eitingon e Abraham juntaram-se a Magnus Hirschfeld, principal defensor da descriminalização da homossexualidade na Europa, e Iwan Bloch, autor de um exaustivo estudo de costumes sexuais publicado em 1905, num grupo de discussão analítica em Berlim.[32] "Se minha fama na Alemanha crescer", disse Freud a Abraham em carta de 1907, "será útil para você, e se você permitir que eu o apresente como meu discípulo — não creio que você se envergonhe disso — poderei dar-lhe todo meu apoio [profissional]."[33] Em 1910, a psicanálise era conhecida em Berlim o suficiente para que a cidade tivesse mais assinaturas de publicações psicanalíticas que a própria Viena — tanto que um eminente neurologista chegou a sugerir um boicote contra ela.[34]

Em 1900, na Hungria, Ferenczi recusara-se a escrever uma resenha de *A interpretação dos sonhos* para uma publicação médica local, com a seguinte observação: "Não vale a pena." Jung o convenceu a levar Freud a sério. Ferenczi era dois anos mais velho que Jung, filho de uma família culta de Budapeste e, além de médico, prolífico autor de ensaios e poemas.[35] O pai, dono de uma livraria, era um emigrante polonês que havia "magiarizado" o sobrenome de ressonâncias iídiches (Fraenkel) devido ao entusiasmo que sentira pela revolução húngara de 1848. A mãe era presidente da União de Mulheres Judias. Membro do círculo *Nyugat* (Ocidente) — que incluía, entre outros, Georg Lukacs, o poeta húngaro Endre Ady e os compositores Béla Bartók e Zoltán Kodály —, Ferenczi sempre tivera interesse pelo hipnotismo, pela auto-sugestão e pela homossexualidade masculina e feminina. Antes de ler Freud, tinha sido representante do Comitê Internacional Humanitário para Defesa dos Homossexuais, criado por Hirschfeld. Bilíngüe e, posteriormente, membro da Sociedade Psicanalítica de Viena, ele censurou-se em 1910 por fazer "propaganda, [...] mas sem o menor sinal de uma organização" em Budapeste.[36]

No Burghölzli, os escritos de Freud foram amplamente lidos. A. A. Brill, figura-chave do início da psicanálise nos Estados Unidos, os conheceu lá, em 1908.

Imigrante judeu austríaco que aos 15 anos chegara, sem um centavo, a Nova York, Brill conseguira custear seu curso de medicina jogando xadrez a dinheiro. Clínico brilhante, ele amava a medicina, trabalhou com o psiquiatra norte-americano Adolf Meyer e traduziu Kraepelin para o inglês. Ludwig Binswanger, sobrinho do psiquiatra de Nietzsche e fundador da análise existencial, também conheceu os escritos de Freud no Burghölzli. Ao ler Freud, Oskar Pfister, ministro protestante e colega de Jung em Zurique, sentiu "como se antigas premonições se houvessem concretizado". Freud, por sua vez, garantiu-lhe que "nosso erotismo abarca o que você chama de 'amor' em seu trabalho pastoral".[37] Até mesmo o mais radical dos primeiros discípulos de Freud, Otto Gross, chegou a ele através do Burghölzli, onde Jung o tratara de um vício em drogas.

As seitas carismáticas são marcadas pelos momentos de instituição e reviravoltas históricas que as ajudam a consolidar sua identidade e atingir reconhecimento. Para a psicanálise, os primeiros anos do século XX foram um desses momentos. Por um lado, Freud reuniu em torno de si um grupo de seguidores que viram no seu pensamento um avanço importantíssimo rumo a um novo nível de civilização. Por outro lado, a sensação regressiva de uma ferida traumática, de derrota e exclusão foi igualmente essencial à consolidação da identidade analítica. Ambas as coisas baseavam-se na identificação com Freud e foram mantidas pelo caráter de *Männerbund* intrínseco à psicanálise.

O que cimentava o círculo era a visão compartilhada de Freud como "pai". Max Graf escreveu, a respeito da Sociedade Psicológica das Quartas-feiras, que havia uma "atmosfera de instituição de uma religião naquela sala. [...] Os alunos de Freud eram os seus apóstolos".[38] Mas essa afirmação é equívoca. Embora Freud fosse claramente a figura central, as atas sugerem que o ambiente era carregado, devido à presença de tantas personalidades fortes. Como vimos, o que era historicamente novo no círculo analítico não era o papel paterno de Freud, mas sim a tentativa de seus membros de conscientizar-se de sua relação com esse papel. Na verdade, o contato pessoal com um mestre era historicamente necessário a qualquer educação que envolvesse o desenvolvimento e a formação (*Bildung*). A identificação com Freud era um meio de aprender a pensar de uma nova forma, "analiticamente" ou auto-reflexivamente. Muito da teoria analítica provém das filiações sem dúvida falhas entre pais e filhos, entre mestres e alunos. O que também refletia a identificação com Freud era o fato de serem idéias o que impulsionava o movimento. Hanns Sachs, advogado vienense que se juntou à sociedade em 1910, escreveu que, ao ler *A interpretação dos sonhos*, encontrara "a única coisa para a qual, para mim, valia a pena viver; muitos anos depois, descobri que também era a única coisa pela qual eu poderia viver".[39] Jung reportou-se "ao tempo que precedeu a reforma do meu pensamento psicológico. [...] O meu pensamento dessa época [...] agora parece uma imensa desonestidade comigo mesmo".[40] A identificação com Freud também animava uma das mais profundas e persistentes paixões do movimento analítico: a paixão pela escrita.

Freud muitas vezes sentiu-se pouco à vontade no seu papel de pai. Ele tinha simpatia por Ferenczi, mas era-lhe difícil aceitar a relação infantil que este estabelecia com ele. Em 1909, Ferenczi se queixou: "Prefiro ser como sou. [...] Pelo menos, sou feliz, uma criança feliz. Mas é claro que o senhor (Prof. Freud) é intelectualmente *tão velho*, explicando tudo, resolvendo pelo pensamento todas as suas paixões, que não pode ser feliz."[41] No verão seguinte, os dois viajaram juntos em férias. Freud escreveu a Jung: "Meu companheiro de viagem é um bom amigo, mas sonhador até um ponto perigoso e sua atitude em relação a mim é infantil. Ele não pára de me admirar, o que me desagrada, e provavelmente me critica com dureza no seu inconsciente quando me permito relaxar." Depois da viagem, Freud escreveu que não era "esse super-homem [psicanalítico] que nós criamos. [...] Não superei a contratransferência. Não poderia fazê-lo, assim como não o posso com meus três filhos porque gosto deles e, por isso, o lamento".[42]

Na qualidade de homem mais velho e carismático, Freud tentou representar o papel do pai bom. Nas cartas a seus discípulos, ele discute suas ambições, rivalidades e competitividade de uma forma franca que, para eles, deve ter sido confortadora. Quando Abraham usou o termo "neurotização", Freud comentou: "Todos nós temos esses complexos e precisamos ter cuidado para não chamar todo mundo de neurótico."[43] Jones via Freud como "um homem que, apesar de sua autoridade e de seu *status*, compreendia sem culpar". A seu melhor amigo, disse que Freud era o único homem importante que conhecia "que sabia como era ser jovem de coração, pois tinha o dom de compreender os sofrimentos e dificuldades da juventude".[44]

Os vínculos que uniam o grupo também promoveram seus conflitos. Adler disse a Freud que não tinha nenhum prazer em ficar à sua sombra.[45] Jung, que na infância sofrera abuso, referia-se a um sentimento de inferioridade que muitas vezes o invadia. Ele chamou de "quase ridículo" o pedido de uma fotografia de Freud e, concordando com este em que tinha um "complexo de autopreservação", escreveu: "Na verdade — e isto eu não lhe confesso sem sofrimento — tenho-lhe uma admiração sem limites tanto como homem quanto como pesquisador; [...] minha veneração pelo senhor tem algo de fixação 'religiosa'. [Eu] a considero repugnante e ridícula por causa de suas inegáveis conotações eróticas".[46] Sándor Ferenczi, o oitavo entre dez filhos, costumava aludir a seu "complexo fraterno", e Jones certa vez perguntou a Freud quem entendia melhor suas teorias. Como observou Hanns Sachs, a rivalidade pela aprovação e aplauso de Freud era o móvel principal das rixas do movimento.[47]

Às vezes, Freud beirava as raias da sedução na exposição de sua solidão e vulnerabilidade. Quando Abraham o visitou em Viena, Freud não apenas deu presentes ao jovem, mas também pagou-lhe o quarto de hotel. Em 1914, ressentido, como veremos, do rompimento com Jung, Freud escreveu com gratidão a Abraham: "Toda a minha vida procurei amigos que não me explorassem e depois me traíssem. E agora, não estando essa vida longe de seu fim natural, espero havê-los encontrado."[48] Parte da atração exercida por Freud vinha de sua capacidade de expor aspectos de sua fragilidade seletivamente. "Meu estado de espírito mais contumaz", escreveu em carta a Abraham durante a Primeira Guerra Mundial, "é a amargura impotente ou amargura pela minha impotência." Freqüentemente, suas cartas mostravam preocupação com o dinheiro ou a idade. "Não respondi sua última carta", disse ele em outra ocasião, porque "tinha raiva e fome demais".[49] Em seu qüinquagésimo aniversário, os admiradores mais chegados deram-lhe de presente um medalhão onde se lia uma citação de Édipo-Rei: "Ele decifrou o famoso enigma e tornou-se um homem poderosíssimo." Chamavam-no "Professor", embora seu verdadeiro título acadêmico — professor extraordinário — equivalesse apenas a "instrutor adjunto". A sensação tácita de que Freud era como um pai fraco, envelhecido ou ferido — sensação impulsionada pela própria autopercepção de Freud — permeava seu círculo mais íntimo e deflagrava o desejo de protegê-lo, o que reforçou a busca fatal de reconhecimento e legitimação pelo grupo.

Se os círculos criados em torno de Freud eram um pólo na história da psicanálise, a aceitação profissional e a popularidade constituíam o outro. Devido às circunstâncias, o destino do segundo pólo seria decidido a cinco mil milhas de distância do berço da disciplina. A psicanálise permaneceu marginal em relação à psiquiatria na Europa até depois da Segunda Guerra Mundial, quando os norte-americanos a levaram de volta ao velho continente, mas tornou-se central à cultura norte-americana quase que imediatamente. A causa disso foi a debilidade da autoridade tradicional nos Estados Unidos e a crença amplamente difundida na força individual da mente para superar as dificuldades "exteriores". Nesse contexto, a psicanálise norte-americana tornou-se extremamente popular. Por conseguinte, viu-se presa a um processo que enfatizava a emancipação pessoal, o autogoverno e o carisma individual. Conforme veremos, a prática real da análise foi menos importante que seu impacto cultural. Por fim, a análise norte-americana passou a significar quase o oposto da investigação auto-reflexiva das limitações naturais que caracterizava sua contraparte européia.

Uma visão expansiva e antinômica da individualidade havia muito ocupava um lugar de destaque na cultura norte-americana. Ralph Waldo Emerson evocou seu espírito ao dizer que "pisando o chão nu, cabeça banhada pelo vento risonho, elevado ao espaço infinito, todo mesquinho egotismo desaparece".[50] As fronteiras e a democracia de massas mantinham essa sensação de ilimitabilidade que coexistia com o auto-aperfeiçoamento, o pudor sexual e o comercialismo. Em meados do século XIX, a receptividade demonstrada pelos Estados Unidos à idéia da cura pela mente não encontrou paralelo em nenhuma outra parte do mundo. Em 1869, a primeira teoria puramente psicológica de uma neurose, a neurastenia, foi proposta lá.

Embora muitos fatores tenham convergido na preparação do terreno para a psicanálise, a fé norte-americana na cura pela mente ganhou seu maior impulso no segundo Grande Despertar, as grandes tentativas evangélicas protestantes de renovação espiritual do século XIX que visavam à revitalização das raízes calvinistas ou puritanas dos Estados Unidos. Embora voltadas para a temperança e o fortalecimento da ética do trabalho, essas renovações fizeram-se acompanhar do desenvolvimento de seitas como as criadas por Franz Anton Mesmer e Emanuel Swedenborg e do pensamento de excêntricos influentes, como Phineas Quimby, que pregava o poder de cura das palavras, independentemente de seu conteúdo. O resultado foi a difundida crença nacional no "subconsciente", a mente impessoal ou suprapessoal, a qual, como vimos, coadunava-se com a psiquiatria dinâmica pré-freudiana. Essa crença era tendenciosamente otimista. Na década de 1890, enquanto muitos europeus voltavam-se para dentro, para o pessimismo, a subjetividade e o mundo onírico, os norte-americanos, inspirados pelas levas de imigrantes, o aumento do consumo de massa e os primórdios da hegemonia global do país, reafirmaram sua fé na força da mente transcendental.

Quando os escritos de Freud surgiram, a crença no poder do subconsciente para a cura da depressão e de doenças somáticas varreu a sociedade norte-americana sob a forma da Ciência Cristã e, de modo mais amplo, da "cura pela mente". Em consonância com a religiosidade norte-americana, a cura pela mente tinha apelo especial entre as mulheres. Com efeito, a fundadora da Ciência Cristã foi uma mulher: Mary Baker Eddy. Como Clara Barton (pioneira da enfermagem como profissão nos Estados Unidos), Dorothea Dix (defensora da reforma dos hospitais psiquiátricos) e Jane Addams (pioneira da assistência social como profissão nos Estados Unidos), Eddy caíra doente quando jovem, mas, após descobrir sua vocação, vivera uma vida saudável, produtiva e rica em experiências. Na década de 1890, portanto, a paisagem do país estava coalhada de "ciências mentais" e curas pela fé, todas pregando o poder da entrega através da meditação baseada em *slogans* como "Eu não sou o corpo". A meta era tornar-se "inteiramente passivo" para facilitar "a descoberta e o uso dos inexauríveis poderes subconscientes que provêm do Infinito".[51] O que unia essas correntes, afirmou um doutorando da Clark University em 1899, era a idéia de sugestão, "a lei segundo a qual toda idéia que se apossa da mente tende a materializar-se no corpo".[52]

A atitude da cura pela mente ia muito além da cura em si. O movimento do "Novo Pensamento", popular entre 1895 e 1915, ensinava que a recompensa financeira dependia basicamente do "Magnetismo Pessoal daquele que busca o sucesso".[53] As mesmas necessidades que determinaram o crescimento da cura pela mente impulsionaram também a nova cultura de massa. Assim como a cura pela mente pregava a capacidade mental de superar os males do corpo, a nova cultura idealizava a capacidade individual de ir além das circunstâncias através do pensamento positivo, geralmente induzido por uma experiência de conversão. Os romances de bolso, os parques de diversões, o cinema e os esportes refletiam tradições dos imigrantes e do operariado que continham em si importantes elementos democratizadores. Mas refletiam também a ênfase nas soluções mentais que acompanhou a revolução na produção em massa.[54]

Por outro lado, seria errado exagerar o contraste entre a Europa e os Estados Unidos. A cultura de massa desse país, como também seus métodos de trabalho, já estavam começando a infiltrar-se pelas cidades européias, sob a forma de histórias de *cowboys* e detetives, publicações periódicas baratas, ginástica, ciclismo e lojas de departamento, tradições essas todas importadas dos Estados Unidos. Não obstante, ao contrário da férrea autoridade paterna que ainda prevalecia no imaginário europeu, o indivíduo — em geral na forma do homem de negócios bem-sucedido, do herói esportivo ou outra celebridade — estava no centro do imaginário democrático. Com sua ênfase no poder psíquico, a cura pela mente adequou-se com perfeição à democracia. Enquanto a psiquiatria do século XIX excluíra e isolara os que eram considerados "loucos", a cura pela mente ressaltou a universalidade do "subconsciente". Desse modo, sua linguagem, seus códigos e esquemas explanatórios contribuíram para criar um mercado consumidor, um público e um corpo de espectadores.

A disseminação da crença na cura pela mente não passou despercebida aos médicos e a outros profissionais. A imigração em larga escala e o conseqüente desenraizamento criaram a necessidade de novas formas de classificação e ordenamento, além da necessidade de adaptação do indivíduo a contextos que transcendiam os das relações imediatas, frente a frente. No século XIX, as pessoas discutiam seus problemas pessoais não apenas com médicos, advogados e religiosos, mas também com amigos e familiares. Os psiquiatras dirigiam os hospitais psiquiátricos. O crescimento da neurologia incentivou-os a reinventar-se. Deixando de lado a direção dos hospitais, eles voltaram-se mais para a prevenção, a adaptação social e o tratamento dos males decorrentes do alcoolismo e da dependência de outras drogas com novas técnicas terapêuticas. Advertindo que o nervosismo era uma das estações no caminho da loucura, eles reivindicaram o uso de técnicas especializadas no tratamento da delinqüência juvenil. Em todas essas esferas, eles trabalharam sistematicamente para cooptar a cura pela mente enquanto atacavam seus praticantes. Conforme declarou em 1898 um médico nova-iorquino, não havia razão para deixar que "um exército de irregulares roube da nossa especialidade os melhores pacientes".[55]

A difusão da psiquiatria foi ainda mais instigada pelo clero nessa época, quando o índice de freqüência à igreja estava caindo. Assim como o movimento social do evangelho tentou dar relevância à religião na questão da pobreza, do crime e do alcoolismo, os ministros aprenderam a nova terminologia médica e a inseriram na pregação religiosa. Os dois anos que precederam as conferências que Freud fez na Clark foram também o ponto alto do quase religioso movimento Emmanuel. Sediado em Boston, ele congregava médicos e ministros na busca comum de uma nova terapêutica.[56] Os médicos de cabeceira também começaram a defender a aplicação da "psicoterapia", como em breve seria chamada a técnica, aos problemas da vida cotidiana.

Em Boston, um pequeno grupo de neurologistas, psiquiatras e psicólogos havia começado a estudar a cura da mente desde a década de 1880. Entre seus participantes estavam nomes que influiriam na psicanálise norte-americana, como James Jackson Putnam e G. Stanley Hall, líderes da psiquiatria não freudiana, como Morton Prince e Boris Sidis, e futuros críticos da psicanálise, como o psiquiatra Adolf Meyer. William James, outro membro, foi de certo modo a figura mais importante a abrir caminho para a recepção de Freud no país. James condenou a tentativa dos médicos de obter o monopólio da cura mental, criticando os pressupostos positivistas de seus colegas de profissão (a seu ver, "a emboloração" aparentemente começava aos 25 anos de idade) e argumentando que o futuro da cura mental dependia dos movimentos populares, em especial dos movimentos feministas.[57] Seus *Principles of Psychology/Princípios da psicologia* (1890) colocaram em questão o dualismo mente-corpo, legitimando assim ainda mais a cura mental. Como vimos, *Varieties of Religious Experience/As variedades da experiência religiosa*, que James publicou em 1901, tinha em boa conta a cura pela mente. Descrevendo-a como uma ruptura com o vitorianismo, James argumentava que o relaxamento deveria suplantar a resolução.[58]

Com o apoio desses luminares, a psiquiatria absorveu rapidamente a cura mental. Morton Prince e Boris Sidis, primeiros defensores da psicoterapia nos Estados Unidos, eram seguidores de Pierre Janet, o mais importante discípulo francês de Charcot.[59] Em 1906, Prince fundou o *Journal of Abnormal Psychology*; nesse mesmo ano, a palavra "psicoterapia" apareceu pela primeira vez no *Index Medicus*. Richard Cabot, neurologista de Boston, escreveu: "Por mais espantosa que seja a palavra psicoterapia, somos forçados a usá-la porque não há nenhuma outra que sirva para distinguir-nos dos seguidores da Ciência Cristã, do Novo Pensamento, da cura pela fé e dos adeptos das mil e uma outras escolas que têm em comum a desconsideração pela ciência médica e pelo conhecimento acumulado no passado."[60] Em 1909, surgiu o primeiro número de *Psychotherapy*, publicação cuja bandeira era a defesa de uma "psicologia, medicina e religião sólidas".[61] No mesmo ano, o *Psychique traitment des troubles nerveux/Tratamento psíquico dos distúrbios nervosos*, onde Paul Dubois fundamentava sua acusação de que a hipnose era degradante para a dignidade dos pacientes, foi traduzido para o inglês, o que também contribuiu para a absorção de Freud pelo movimento psicoterapêutico.

Enquanto lutavam para distinguir o trabalho que faziam das formas populares de cura mental, os profissionais norte-americanos traíam a afinidade subjacente que existia entre eles. O livro que Hugo Munsterberg publicou em 1909, *Psychotherapy/Psicoterapia*, é um exemplo. Munsterberg, professor de filosofia em Harvard, escreveu o livro para combater o amadorismo da cura pela mente. Afirmando que o "grande mercado da civilização" havia enfraquecido os laços comunitários, ele exigia "um programa social consciente de construção simbólica e reintegração comunitária liderado por profissionais". Munsterberg referia-se às novas formas de controle social voltadas para a classe operária imigrante. Ao mesmo tempo, ele definia o propósito da psicoterapia como a inibição da dor, a supressão da emoção e a promoção de idéias agradáveis "até que o equilíbrio normal fosse restaurado".[62] Do mesmo modo, Boris Sidis acreditava que em cada indivíduo havia um "estado hipnóide" ou "eu secundário" sugestionável. Quando esse estado era atingido, o indivíduo sentia o fluir de novas energias como uma maravilhosa transformação, uma "nova luz", uma "nova vida".[63] Aquilo que Max Weber chamou de "jaula de ferro" do controle instrumental coexistia facilmente com o estímulo ao sonho. Esse foi o contexto que envolveu a recepção de Freud nos Estados Unidos.

Como os primeiros arranha-céus, os filmes de Charlie Chaplin e a lâmpada elétrica de Thomas Edison, as conferências que Freud proferiu em 1909 na Clark University merecem ser incluídas entre os momentos que prenunciaram o advento da segunda revolução industrial. Como os exemplos acima citados, essas conferências marcaram um acontecimento que era qualitativamente novo e transformador. Não obstante, Freud não sabia bem o que pensar quando recebeu o convite do reitor da Clark, G. Stanley Hall. Referindo-se a Hall como "uma espécie de manda-chuva", ele queixou-se de que a viagem lhe custaria tempo e o obrigaria a interromper o trabalho, acrescentando: "A América deveria fazer-nos ganhar, e não perder, dinheiro".[64] Freud não sabia que a primeira opção de Hall fora Wilhelm Wundt, o fundador da psicologia experimental, e que, por insistência de Jung, Hall só o procurara depois que Wundt recusara o convite. Depois Jung aconselhou Freud a aceitar o convite, ressaltando que o prestígio compensaria o sacrifício. Talvez conseguisse dar-se tão bem quanto Kraepelin, que acabara de ganhar cinquenta mil marcos por uma única consulta na Califórnia.[65]

Freud sentia pelos Estados Unidos atração e repulsa ao mesmo tempo. Refletindo sobre o convite, ele escreveu a Jung: "Quando abri o meu consultório [em 1886], queria apenas fazer uma experiência de dois meses em Viena; se as coisas não dessem certo, eu pensava em ir para os Estados Unidos e buscar um meio de vida que me permitisse depois mandar buscar minha noiva em Hamburgo. [...] [A]gora, 22 anos depois, afinal irei para lá — evidentemente, não para ganhar dinheiro, mas para atender a um convite honroso!"[66] Porém, após a aceitação do convite e a marcação das datas, Freud disse a Jung: "Há muito a dizer sobre os Estados Unidos, [mas] depois que descobrirem o núcleo sexual de nossas teorias psicológicas, eles vão nos abandonar. Seu pudor e sua dependência material da opinião pública são grandes demais".[67] Com Ferenczi, ele foi mais direto. Depois que os norte-americanos perceberem a base sexual de nossas idéias, "estaremos em um mato sem cachorro".[68]

As conferências da Clark foram o momento decisivo na irrupção do carisma de Freud. A platéia era um reflexo do estreito vínculo que havia entre o profissionalismo e a cultura popular. Entre os presentes, encontrava-se uma amostra representativa da elite médica e acadêmica do país: William James (filosofia), Edward Titchener (psicologia), Franz Boas (antropologia), Adolf Meyer (psiquiatria) e James Jackson Putnam (neurologia).[69] Jones recomendou a Freud: "Volte-se primeiro para os famosos e procure não se tornar popular antes da hora. Por aqui, há em tudo tanta vulgarização e exploração que insistir no lado estritamente científico não deixa de ser uma boa arma." Mas, prosseguiu Jones, a análise enfrentava problemas "característicos da raça anglo-saxônica". É preciso conhecer "as próprias tendências e preconceitos para poder combatê-los melhor. [...] [O] homem que escreve sempre sobre o mesmo assunto arrisca-se a ser considerado [nos Estados Unidos] esquisito. [...] [S]e o assunto tem fundo sexual, ele simplesmente é tratado como pária; [...] por isso, procuro diluir meus artigos sobre sexo com artigos sobre outros temas".[70]

No navio para os Estados Unidos, Freud pegou o comissário de bordo lendo *Psicopatologia da vida cotidiana*. Ocorreu-lhe então que estava prestes a tornar-se uma figura de projeção mundial. Ele havia dedicado a segunda edição de *A interpretação dos sonhos* a um "círculo mais amplo de leitores cultos e curiosos".[71] E, ao contrário do que aconselhara Jones, visou, nas conferências, ao grande público mesmo, ressaltando "o caráter prático, o otimismo, a relativa simplicidade da psicanálise" e por vezes levando a condensação de suas teorias às raias do caricato.[72]

As conferências não constituíram apenas a reivindicação de Freud à legitimidade científica; elas colocaram a análise freudiana e o mundo do consumo de massa na sua justaposição fatal. Dentro de poucos anos, a difusão da análise viria a suplantar a de todas as demais terapias nas revistas populares, especialmente as voltadas para o público feminino.[73] Apesar da ambivalência de Freud diante dos Estados Unidos, a recepção que ali obteve satisfez seus mais profundos desejos. Tempos depois, ele a descreveria como "a realização de um sonho incrível": "Na Europa, eu me sentia como alguém excomungado; aqui eu me vi recebido pelos melhores como um igual." As conferências, acrescentou ele, foram "a primeira vez que me foi permitido falar publicamente sobre a psicanálise".[74]

Dentre os primeiros analistas, Jones foi quem melhor compreendeu as oportunidades que a psicanálise tinha no mundo de fala inglesa. Embora tivesse tido uma certa desconfiança de Freud quando se conheceram inicialmente, as conferências aparentemente dissiparam suas dúvidas. Freud também as lembrava como um momento de virada. "Quando você saiu de Worcester [Massachusetts] depois de uma época de sombrias contradições de sua parte, [...] tive de aceitar a idéia de que a sua partida o tornaria um estranho para nós", disse Freud em carta a Jones. "Mas então pensei que não deveria ser assim e não poderia mostrá-lo de outra forma que não acompanhando-o até o trem e dando-lhe um aperto de mão antes da sua partida."[75] Antes disso, Jones havia comentado: "O complexo da originalidade não é forte em mim; minha ambição é mais saber, estar 'por trás do palco' e 'informado', do que *descobrir*[76]".

Num encontro da American Therapeutic Society organizado por Morton Prince no verão de 1909, Jones descreveu a associação livre como "em quase todos os aspectos o oposto do tratamento pela sugestão" ou cura pela mente.[77] Na sua opinião, todas as terapias podiam ser alinhadas conforme "o ponto até o qual o próprio paciente é incentivado a promover mudanças no seu funcionamento mental".[78] A versão freudiana, evidentemente, era o auge. Sob a influência de Jones, em 1911 formaram-se duas sociedades analíticas: a

New York Psychoanalytic Society, encabeçada por A. A. Brill, e a American Psychoanalytic Society, encabeçada por Adolf Meyer e James Jackson Putnam. Desde o início, as sociedades norte-americanas diferiam das européias. Centradas na técnica e muito pouco interessadas na teoria psicanalítica, ambas eram compostas exclusivamente por médicos e exigiam, para admissão de novos membros, o diploma de medicina.[79]

Junto com as primeiras sociedades, surgiu a primeira geração freudiana de psiquiatras de hospital. Seus líderes eram médicos mais jovens, como Smith Ely Jelliffe e William Alanson White, que estavam insatisfeitos com as interpretações somáticas das doenças mentais. White e Jelliffe fundaram *The Psychoanalytic Review* em 1912, a primeira publicação especializada em psicanálise dos Estados Unidos. Eles viam a teoria das neuroses como o "caminho indispensável para o [tratamento das] psicoses".[80] As diversas edições de *Outlines of Psychiatry*, de White, um dos textos mais populares da história da psiquiatria nos Estados Unidos, testemunham o impacto de Freud. Em 1907, White descreveu a histeria como um estreitamento do campo da consciência. Em 1911, ele denunciou a terapia da sugestão e introduziu a teoria de Freud juntamente com a de Janet. Em 1915, quando o livro foi substituído por *Diseases of the Nervous System/Doenças do sistema nervoso*, escrito em parceria com Jelliffe, White recomendou a análise como tratamento preferencial a "níveis psicológicos superiores". Ela não curava pacientes psicóticos, admitiu ele, mas podia aliviar-lhes os sintomas.[81]

Os psiquiatras apreciavam particularmente o que pensaram ser a abordagem ambiental de Freud.[82] Comparando a análise à eugenia, White e Jelliffe chamaram a atenção para a forma como a psicanálise poderia ajudar na prevenção da delinquência e das dependências.[83] Em grande medida reescrita com a terminologia do behaviorismo após a publicação em 1914 de *Behaviorism/Behaviorismo*, de J. B. Watson, a versão norte-americana de Freud mostrava-se como uma psicologia científica dura. Conforme explicou Watson, quando ensinava psicologia freudiana, omitia "a terminologia vitalista e psicológica tosca" e atinha-se aos fatores biológicos; "o próprio Freud admite essa possibilidade".[84] No entanto, mesmo quando o pensamento de Freud foi incorporado à psiquiatria norte-americana, os psiquiatras permaneceram céticos diante de tudo que transcendesse o behaviorismo. Conforme observou Adolf Meyer: "[O] principal é que seu ponto de referência seja sempre a própria vida, e não a fossa imaginária do inconsciente."[85]

Embora a análise nos Estados Unidos tenha permanecido marginal em relação à que se praticava na Europa, Freud e seus colegas nunca a perderam de vista. Quando estourou a Primeira Guerra Mundial, o número de analistas nos Estados Unidos já era o maior do mundo. Freud às vezes tentava esquecer isso, coisa que Jones jamais fez. Em 1908, os dois se encontraram com Brill para discutir a tradução das obras de Freud para o inglês. Em 1909 Brill traduziu partes de *Estudos sobre a histeria*, em 1913 *A interpretação dos sonhos* e, em 1918, *Três ensaios*.[86] Embora fosse displicente com relação a direitos autorais, Freud supervisionou as traduções, sugeriu termos ingleses (como "*repression*") e encarregou-se de todas as decisões importantes.[87] Compreendendo que a aprovação profissional seria a chave da popularização, os tradutores guiaram-se pela idéia de que o inglês, como o alemão, era uma língua vernácula que não promovia distância afetiva. Portanto, usaram uma terminologia psiquiátrica derivada do latim e do grego. Enquanto o alemão de Freud era quase coloquial, eles lançaram mão de neologismos e termos técnicos como "*anaclitic*" (anaclítico), "*fixation*" (fixação), "*epistemophilia*" (epistemofilia) e "*parapraxis*" (parapráxis). O corriqueiro alemão *Lust* (prazer) foi traduzido como "*libido*" (libido). O termo *Trieb*, pulsão, foi traduzido como "*instinct*" (instinto), e *Schaulust*, prazer de ver, como "*scopophilia*" (escopofilia).[88] *Angst*, outra palavra corriqueira, tornou-se a clínica "*anxiety*" (ansiedade). *Ich* (eu) passou a ser "ego". *Besetzt*, "tomado" ou "ocupado", tornou-se "*cathected*" (catexizado). Para frisar a legitimidade profissional da análise, a tradução de Brill de *A interpretação dos sonhos* foi publicada com a advertência de que as vendas estavam "limitadas a profissionais das áreas médica, escolástica, legal e clerical". À medida que as traduções iam saindo, Jones criou glossários que padronizaram um conjunto de termos utilizados por todos os tradutores subseqüentes, entre os quais James Strachey.[89] O papel dessas traduções foi afinal tão importante quanto o de qualquer outro fator que possa ter contribuído para estabelecer o posterior domínio anglo-americano sobre a psicanálise.

Depois das conferências da Clark, o conflito entre a identidade marginal da psicanálise e a inflação de sua presença no imaginário popular intensificou-se. O orgulho público sobrepunha-se às dúvidas particulares. Freud, em geral realista, começou a escrever coisas como: "Precisamos conquistar todo o campo da mitologia [...] e tomar também o da biografia".[90] Ao mesmo tempo, ele reconhecia o problema urgente de encontrar uma forma institucional para a análise e insistiu em sua discussão num congresso analítico ocorrido em Nuremberg em 1910.

A solução óbvia seria a análise tornar-se parte da medicina. Freud chamava a medicina de pátria da psicanálise, "irmã" que informava todas as ciências sobre o organismo humano.[91] Quando Ferenczi indagou-lhe como poderia estimular o interesse na psicanálise, Freud o aconselhou a oferecer um curso para médicos e outros profissionais.[92] Porém, ao mesmo tempo, Freud achava que a análise deveria manter-se independente da psiquiatria. Nesse ponto, ele era mais radical que seus colegas. Ao editar em 1909 o prefácio de Freud à edição húngara de seus ensaios, Ferenczi alterou a descrição do público-alvo, colocando "médicos e homens de cultura" no lugar de "homens de cultura". "Não quero que digam que o livro é 'ciência popular'", explicou ele.[93] Depois da fundação em 1910 da International Psychoanalytic Association, Jung tentou estender a norma vigente em Zurique — "só portadores de diplomas acadêmicos podem ser [...] membros" — a todas as sociedades analíticas. Mas Freud foi contra: "[O]s estatutos [da associação internacional] dão-nos essa liberdade", replicou ele, "embora seu espírito não tenda a tal exclusivismo. [...] Além de desagradar-me pessoalmente, uma medida [tão] retrógrada jamais seria aceita em Viena."[94]

Na verdade, os horizontes abertos pelo pensamento de Freud estendiam-se muito além da medicina. Conforme veremos, Freud e seus colegas haviam subordinado as categorias psiquiátricas a uma seqüência de desenvolvimento que ia da mais tenra infância durante o que passou a ser cada vez mais chamado de "complexo de Édipo". Essas obras situavam as neuroses numa concepção fundamentalmente filosófica, evolucionária e antropológica que se baseava na relação do indivíduo com a autoridade. Freud muitas vezes aludiu a suas vastas implicações sociais, mas tinha cautela ao detalhá-las. Em 1907, ele disse à Sociedade Psicanalítica de Viena que dos estudos de casos analíticos se podia depreender "o que de fato está ocorrendo no mundo. [...] [A]s análises são documentos culturais históricos de tremenda importância".[95] Alguns anos mais tarde, ele caracterizou as neuroses como estruturas "associais" que tentam "atingir por meios particulares o que na sociedade é logrado por esforço coletivo".[96] Entretanto, por mais instigantes que fossem esses *insights*, o problema da institucionalização permanecia.

Refletindo o forte impulso rumo à reorganização social que acompanhou a segunda revolução industrial, muitos dos colegas de Freud — principalmente Alfred Adler — buscaram estreitar a relação entre a psicanálise e a social-democracia. No período que antecedeu o congresso de Nuremberg, Freud pediu a Adler que falasse à Sociedade Psicanalítica de Viena sobre a questão de ser a psicanálise compatível com qualquer visão de mundo ou de implicar ela a adesão a um ponto de vista político específico.[97] Ferenczi também insistiu na inclusão da discussão da "importância *sociológica* de nossas análises"[98] entre as atividades do congresso. Nos Estado Unidos, James Jackson Putnam tentou unir a análise à reforma social e moral. Na Suíça, Auguste-Henri Forel tentou obter o apoio de Freud para uma associação reformista dedicada à erradicação da sífilis, do alcoolismo e de outros problemas sociais.[99]

A princípio, Freud reagiu com entusiasmo à proposta de Forel, tendo escrito a Jung que tinha simpatia pela disposição de Forel em "combater a autoridade do Estado e da Igreja justamente onde eles cometem injustiça palpável".[100] Porém, antes do congresso, Freud já havia abandonado essa opção. Sua intenção era supostamente proteger a análise. Na verdade, o pensamento freudiano ia de encontro à política da época, fosse conservadora ou esquerdista. Os partidos conservadores baseavam-se na defesa das tradições patriarcais, monárquicas e religiosas descritas como "complexo paterno". No entanto, as mais importantes alternativas populistas ao conservadorismo eram xenofóbicas e anti-semitas. A política pessoal de Freud era liberal no sentido europeu, ressaltando o secularismo e a liberdade de expressão, mas sua experiência em Viena o levou a ser cético em relação a essa tradição. Entretanto, a social-democracia valorizava os princípios comunitários e tendia a reduzir a injustiça na questão da reorganização econômica.

A oposição de Freud às propostas de atrelar a psicanálise a uma visão política específica decorria do papel de teoria e prática da vida pessoal que ele lhe atribuía. Na sua opinião, o analista que aprovasse ou questionasse a postura moral ou política de um paciente estaria não apenas abusando injustificadamente de sua autoridade, mas também criando um obstáculo à análise das razões e do sentido da postura desse paciente. Quando disse à Sociedade Psicanalítica de Viena que os estudos de casos analíticos nos ensinam o que de fato acontece no mundo, Freud referia-se a isso no nível das razões e do sentido, e não no da política. Em sua opinião, a análise visava estimular a auto-reflexão individual e cultural; ela não implicava nenhuma prática política específica.[101] Na verdade, uma nova interpretação do ideal de autonomia pessoal estava implícita na idéia de inconsciente pessoal. A fidelidade a essa idéia colocava a análise num nível antes distante dos compromissos políticos comuns. Em vez de concentrar-se diretamente nas formas de dominação política e social da sociedade moderna, a análise debruçava-se sobre as precondições internas, psíquicas, da dominação. Nesse sentido, ela tentou ser metapolítica ou "transcendental", termo kantiano então em voga entre os analistas.[102] Porém, a longo prazo, como veremos, a postura apolítica da análise mostrou-se insustentável.

Ao lado dos que queriam que a análise se juntasse aos social-democratas no seu intuito reformista, havia tendências compensatórias vanguardistas, especialmente nos países que ainda não haviam estabelecido democracias massificadas e estáveis: a Alemanha e a Rússia. Uma dessas tendências foi encabeçada por Otto Gross no bairro do Schwabing, em Munique, um centro de cultura vanguardista que também abrigava Thomas Mann, Frank Wedekind, Stefan George e Richard Strauss. Analista autoproclamado, Gross era um boêmio carismático que propunha uma filosofia de liberação sexual, oposição ao patriarcado e revolução. Precursor de Wilhelm Reich e Marcuse, ele afirmava que "o imenso futuro da psicanálise deve ser entendido como a alma do movimento revolucionário de amanhã".[103]

Em 1907, Gross enviou um artigo sobre psicanálise a uma publicação erudita da Alemanha. Max Weber, um de seus editores, o rejeitou numa carta que revela a ruptura categórica que se havia processado entre a psicanálise e a tradição de revolução utópica. Weber começou distinguindo Freud de Gross. Diante de uma teoria, Gross perguntava apenas: "Pode-se absorvê-la? — isto é, pode-se construir uma 'visão de mundo' prática a partir dela?" Isso não se aplicava a Freud, a quem Weber considerava um cientista, ainda que suas formulações ainda não tivessem sido postas à prova pelo tempo. Além disso, segundo Gross, "*toda* repressão de pulsões e desejos carregados de afeto produz 'recalque'" e, por isso, exige revolução. Porém, para Weber, a vida ética invariavelmente acarretava recalque. O verdadeiro problema, que Gross ignorava, era a distinção entre o recalque ético e o aético. Gross essencialmente abraçava uma "ética psiquiátrica": "admita para si mesmo aquilo que é e o que deseja". Esse, segundo Weber, era o ideal do "*esnobe dos nervos*". Por trás do "jargão *especialista*", acrescentou ele, "o artigo está absolutamente repleto de ruidosos juízos de valor".[104]

Na Rússia, também houve muito empenho para integrar a psicanálise a uma visão de mundo vanguardista. As traduções de Dostoievski, a estréia parisiense de Vaslav Nijinsky nos *Ballets Russes* e *On the Spiritual in Art/Sobre o espiritual na arte*, de Wassily Kandinsky, haviam colocado a Rússia na linha de frente do modernismo do início do século XX. Os intelectuais russos, por sua vez, voltaram-se para o Ocidente com fervor. Interrogando avidamente Hegel, Schopenhauer e Nietzsche, eles traduziram praticamente tudo que Freud escreveu entre 1909 e 1914, no que em geral anteciparam-se a todos os demais países.[105] Baseando-se nesse interesse, Moshe Wulff, em Odessa (onde Freud detectou uma "epidemia local de psicanálise"), Tatania Rosenthal, em São Petersburgo, e Nikolai Osipov, em Moscou, fundaram grupos ou sociedades de cunho analítico.

Junto com esses grupos, os filósofos e poetas simbolistas foram os principais defensores da psicanálise na Rússia. Supostamente como a psicanálise, o simbolismo distinguia dois planos do real: o visível e o invisível. Além disso, havia muitos outros pontos de aparente interseção. Devotados à idéia de que a Rússia tinha uma missão especial, os simbolistas buscavam a dissolução do ego — e em particular da distinção de gênero — naquilo que o filósofo Vladimir Solovyov descreveu como uma unidade universal "feminina", e o poeta Vyacheslav denominou "o reino de Dioniso, bissexual e masculino-feminino". Na mesma veia, Nikolai Berdyaev descreveu a sexualidade como a dolorosa busca de uma androginia perdida, evidente em Adão e Cristo, enquanto outros simbolistas abraçaram uma transcendência dionisíaca do ego por meio de práticas sexuais. A cristandade, segundo disse a Alexander Blok o poeta Sergei Solovyov, "está, no fundo, além do sexo", e só pode ser atingida através da liberação sexual. Na verdade, esses ideais eram tão incompatíveis com a psicanálise quanto a revolução política, mas por algum tempo ambos os movimentos ocuparam um terreno comum.[106]

Abstendo-se de reinterpretações sectárias, fossem políticas ou estéticas, da psicanálise, Freud tentou tranqüilizar os analistas que lutavam por aceitação profissional quanto ao fato de estarem cumprindo seu dever com a sociedade: eles não só estavam ajudando seus pacientes, mas também contribuindo com sua "parte para o esclarecimento da comunidade, da qual esperamos obter a mais radical profilaxia contra os distúrbios neuróticos".[107] Contudo, o desejo de alinhar a psicanálise à reforma social persistia. Já em fevereiro de 1913 Freud sugeriu a Ferenczi que a rodada seguinte de discussões analíticas em encontros internacionais se baseasse no "papel social das neuroses".[108] Mas quando James Jackson Putnam argumentou que os analistas precisavam unir-se a outras forças sociais, Freud respondeu: "Sua queixa de que não podemos compensar nossos pacientes neuróticos por abandonarem seu mal é muito justificada. Mas […] isso não é culpa da terapia, mas das instituições sociais. […] [O] reconhecimento de nossas limitações terapêuticas reforça-nos a determinação de mudar outros fatores sociais para que homens e mulheres deixem de ser forçados a situações impossíveis. De nossa impotência terapêutica deve surgir a profilaxia das neuroses."[109]

O fato de a análise estar colocada entre uma integração institucional que destruiria sua contribuição excepcional e uma marginalidade que poderia destruir sua eficácia veio à baila no congresso de Nuremberg. Enquanto o primeiro congresso analítico, ocorrido em 1908 em Salzburgo, tinha sido uma reunião informal, uma *Zusammenkunft*, este deu origem a uma organização independente, a International Psychoanalytic Association. Embora o objetivo fosse ganhar legitimidade profissional, o resultado foi uma duradoura marginalidade.

As esperanças de Freud para uma organização permanente concentravam-se em Jung. Embora ainda tivesse apenas cinqüenta e tantos anos, Freud estava obcecado com a idéia de encontrar um sucessor. Em cartas, Freud e Ferenczi concordavam em que "a visão de mundo [psicanalítica] não leva à igualdade democrática": deveria haver uma elite conforme as linhas do regime dos filósofos de Platão.[110] No congresso, eles lutaram para eleger Jung presidente vitalício, dando-lhe poder para aprovar todos os artigos e discursos antes da publicação ou apresentação, e para transferir a sede da associação para Zurique. Quando os vienenses reagiram a Freud e Ferenczi com a ameaça de sair, Freud propôs um acordo: Jung dirigiria a associação, Freud editaria o *Anuário*, Adler sucederia a Freud na presidência da Sociedade Psicanalítica de Viena e editaria, juntamente com Stekel, um novo periódico, o *Zentralblatt*.

Mesmo no momento em que se aproximava da conquista da aceitação profissional, Freud foi obrigado a reconhecer a marginalidade da análise. Durante o congresso, ele foi ao quarto de hotel em que os vienenses estavam conduzindo uma reunião sem sua presença. Dirigindo-se em particular a seus primeiros seguidores, explicou o que via como dilema: "Vocês são, na maioria, judeus e, portanto, estão incapacitados para conquistar amigos para o novo ensinamento. Os judeus devem contentar-se com o modesto papel de preparar o terreno. É absolutamente essencial que eu crie laços com o mundo da grande ciência."[111] Com amargura, relembrou: "Quando garanti a meus pacientes que sabia como aliviá-los de seus sofrimentos, eles olharam meu humilde lar, refletiram sobre a minha falta de fama e títulos e viram-me como um desses que se apresentam como descobridores de um sistema infalível num cassino, daquele tipo que faz as pessoas dizerem: 'Se ele fizesse tudo que diz, não teria essa cara'. Tampouco foi agradável levar a cabo uma operação psíquica enquanto os colegas cujo dever seria ajudar entregavam-se ao prazer de cuspir no campo operatório".[112] Vestindo dramaticamente o casaco, declarou: "Meus inimigos de bom grado me veriam morrer de fome; até mesmo me arrancariam o casaco das costas".[113]

Preso entre o isolamento sectário e a autocompaixão que este suscita, de um lado, e a popularidade massificada e sua ameaça de perda de identidade, do outro, o caráter sectário — e judeu — do movimento intensificou-se. No ano anterior ao congresso de Nuremberg, durante a visita aos Estados Unidos para as conferências da Clark, Jung havia criado a teoria de um "complexo negro" norte-americano. E a apresentou em Nuremberg. O exemplo do negro, a seu ver, trazia uma ameaça aos "instintos laboriosamente subjugados das raças brancas".[114] Por mais problemático que pudesse ser, isso logo foi adaptado para outro fim. "A perseguição dos negros nos Estados Unidos" — disse Ferenczi a Freud — acontece porque "eles representam o 'inconsciente' dos norte-americanos. Daí o ódio, a formação reativa contra os próprios vícios. Juntamente com o complexo de circuncisão/castração, esse mecanismo também poderia ser a base do *anti-semitismo*. O comportamento livre, 'impertinente' do judeu, seu alarde despudorado do próprio interesse pelo dinheiro, provocam o ódio como formação reativa nos cristãos, que são éticos não por motivos lógicos, mas por recalque. Foi só depois da minha análise que entendi o difundido ditado húngaro que diz: '*Eu o odeio como a meus pecados.*'"[115] Freud não precisava ser convencido. Depois do congresso de Nuremberg, explodiu com Ferenczi por causa do ataque de uma publicação que citou sua teoria do erotismo anal como exemplo da decadência vienense: "A sensualidade vienense não pode encontrar-se em outro lugar!" Lendo nas entrelinhas, Freud acrescentou: "Nós vienenses não somos só porcos, somos também judeus. Mas isso não foi impresso".[116]

O recuo para o caráter predominantemente judeu do grupo analítico inicial também afetou o *Männerbund*. Abraham e Jung nunca haviam gostado um do outro e, depois do congresso de Nuremberg, a ruptura se tornou aparente.[117] Freud escreveu ao "consangüíneo" Abraham: "Os vínculos raciais o tornam mais próximo da minha constituição intelectual, ao passo que ele, sendo cristão e filho de pastor, só pode chegar a mim vencendo grandes resistências interiores. Sua adesão é, portanto, ainda mais valiosa." Em outra carta, ele instou Abraham a "cultivar um pouco de masoquismo e preparar-se para um tanto de injustiça [...]. Pode ter certeza de que, se o meu nome fosse Oberhüber, minhas novas idéias teriam [...] encontrado muito menos resistência".[118]

A formação de uma organização internacional, a indicação de Jung para sua presidência e a de Adler para a chefia do ramo vienense foram encaradas por Freud basicamente como êxitos vãos. Ao voltar do congresso, ele estava deprimido. "Sem dúvida, foi um sucesso extraordinário", disse em carta a Ferenczi, mas no fundo havia algo de errado. "E a culpa é um pouco de nós dois." Conforme observou Freud, a aversão que ele próprio tinha ao círculo vienense e ao "complexo fraterno" de Ferenczi "teve como efeito cumulativo a nossa miopia".[119] Alguns meses depois, escreveu a Jung: "Quando vejo a situação com objetividade, acho que me precipitei. Superestimei a compreensão do público quanto à importância da ΨA [psicanálise]. Eu não devia ter tido tanta pressa em fundar a A.I. Minha impaciência em vê-lo no lugar certo [...] também teve algo que ver com isso. Para dizer a verdade, não deveríamos ter feito absolutamente nada".[120]

Com o congresso, Freud perdeu sua última chance de integração à psiquiatria européia. Em Nuremberg, ele entrou em choque com um assistente da clínica de Kraepelin, Max Isserlin.[121] Por causa disso, Kraepelin depois atacou Bleuler por sua associação a Freud. Bleuler, que havia hesitado por vários anos, finalmente disse a Jung que não se filiaria à sociedade. Ela era por demais estreita, por demais exclusiva, as pessoas não podiam "sentar-se com todo mundo". Em cartas subseqüentes a Freud, Bleuler entrou em detalhes, afirmando que estava "menos tentado que você a sacrificar a minha personalidade pelo bem da causa". E reiterou: "Esse 'quem não está conosco está contra nós', esse 'tudo ou nada' é, na minha opinião, necessário para as comunidades religiosas e útil para os partidos políticos, [...] mas para a ciência considero-o pernicioso".[122] Jung, como Freud, também estava abatido. "Não saí ileso do rompimento com Bleuler", escreveu ele a Freud. "Mais uma vez subestimei meu complexo paterno."[123]

Na verdade, a International Psychoanalytic Association começou a ruir mal acabou de ser fundada. Jung nunca quis representar o papel que Freud lhe havia destinado, e as dificuldades entre os dois começaram logo após o congresso. Em 1910, a marginalidade se inscrevera na psicanálise, que jamais perdeu os traços de seus primeiros anos. Seu período clássico seria dominado por três grandes cismas: um entre Freud, Jung e Adler na década de 1910, outro entre Ferenczi e Rank na de 1920 e um terceiro entre Anna Freud e Melanie Klein nas de 1930 e 1940. Depois disso, nos anos seguintes à Segunda Grande Guerra, sua grande popularidade preparou o cenário para sua mais intensa rejeição.

Capítulo Quatro

DA AUTORIDADE PATERNA AO NARCISISMO

O fervor carismático tem sua origem na tentativa de entrar em contato com a própria essência do ser, de ir até as próprias raízes da existência, da ordem cósmica, social e cultural, àquilo que é visto como sagrado e fundamental.

— Shmuel Eisenstadt, *Max Weber on Charisma and Institution Building: Selected Papers/Artigos selecionados de Max Weber sobre o carisma e a construção de instituições*

Por visarem à formulação de princípios morais e leis universais, os pensadores iluministas jamais quiseram desenvolver uma psicologia que explicasse as particularidades da vida do indivíduo. Em vez disso, tomando como modelo a teoria corpuscular de Newton, eles buscaram isolar os componentes básicos da mente em geral, aspirando a tornar-se os "analistas da alma" como os físicos e químicos eram os analistas do mundo inorgânico.[1] A modernidade do século XX, por sua vez, voltou-se desde o início para a interioridade e a subjetividade. Rejeitando a idéia de que a mente se compunha de idéias associadas provenientes de sensações elementares, os pensadores modernistas da filosofia e das ciências sociais, assim como os artistas e escritores modernistas, buscaram evocar estruturas interiores profundas, às quais o indivíduo só poderia ter acesso partindo de dentro de si mesmo.

Nos anos que antecederam a Primeira Guerra Mundial, a psicanálise já estava começando a servir de referência a essa reorientação modernista para a subjetividade, inclusive entre os intelectuais que a rejeitavam. Exemplo perfeito da mudança do indivíduo racional do Iluminismo para a singularidade e a contingência da experiência pessoal moderna, o freudismo sugeria a existência de um *inconsciente dinâmico e individual* por trás das estruturas *pré*-conscientes da experiência, da mitologia e das representações coletivas que os pensadores modernistas descreviam. Além disso, a psicanálise tinha apelo inigualável sobre as massas. Como a eletricidade, o cinema e o automóvel, inovações características da segunda revolução industrial, o inconsciente freudiano simbolizava a liberdade do ser humano diante dos limites do espaço e do tempo. Não obstante, até a década de 1920, a psicanálise não dispunha de uma alternativa real à idéia iluminista do indivíduo racional. De fato, ela não tinha absolutamente nenhum conceito detalhado de psicologia individual.

Para a produção de um conceito assim, foi necessária uma série de cismas violentos nos anos que se seguiram às conferências da Clark. Em parte, esses cismas giravam em torno da posição de Freud no movimento analítico e do possível lugar que teriam no movimento as alternativas à visão dele. Mas os cismas também tinham um importante conteúdo intelectual: qual era a atitude apropriada em relação ao ego ou "eu" (*das Ich*), o *locus* da subjetividade, arena da experiência pessoal e único meio de acesso ao mundo interior? Em decorrência dos cismas, a questão do ego ou "eu" passou ao centro da análise, abrindo caminho para o engajamento à tripla promessa da modernidade, incluindo agora a terceira dessas promessas: a democracia.

Para o primeiro crítico de Freud, o médico vienense Alfred Adler, o ego ou "eu" era toda a psicologia. Suas principais preocupações eram o *status*, a comparação social e a competição. Ao contrário de Freud, que enfatizara a sexualidade, Adler frisou a importância da agressividade, o desejo que o indivíduo tem de melhorar seu lugar no mundo. A seu ver, o ego era menos atormentado por desejos sexuais que pela ansiedade de ser substituído por um rival ou humilhado por um suposto igual. Adler, que era social-democrata e feminista, insistia nas raízes sociais da agressividade, do ressentimento e da insegurança do ego. Partindo do princípio de que as pessoas tinham um senso inato de dignidade e amor-próprio, ele propôs que as "neuroses" provinham de alguma ofensa ou afronta, inclusive a afronta da pobreza e da discriminação. Como muitos dos pensadores norte-americanos que receberam seus ensinamentos de braços abertos, ele via a modernidade como o desdobramento de um longo processo de democratização e queria integrar a psicanálise ao reformismo, à política social-democrata e a uma psicoterapia voltada para os resultados.

Ao passo que, para Carl Jung, o ego não era nada. Ele desprezava suas mágoas mesquinhas, sua "excessiva suscetibilidade", seus melindres, sua obsessão com a própria posição no mundo — traços que culpou o caráter judeu da psicanálise por tolerar. Homem de temperamento aristocrático, Jung achava que a vida aceitável era a vida vivida nos sombreados vales do que viria a chamar de inconsciente coletivo, as grandes formações cósmicas que abrigam os arquétipos, estruturas trans-históricas como a Grande Mãe, a *Anima* e a Sombra. Vendo a modernidade pelo prisma da perda e do declínio, ele buscava interromper seu empobrecimento de sentido restabelecendo o contato com o sagrado. Por conseguinte, visava integrar a psicanálise ao mito e à religião, embora não a nenhuma das religiões organizadas da época.

Freud rejeitou ambas essas abordagens. Como Adler, Freud levava a sério a agressividade, as mágoas e os ressentimentos do ego, mas não via o que chamava de "racionalizações" ou "revisões secundárias" do ego como a psicanálise em si. Como Jung, Freud acreditava que o ego estaria nas sombras de uma vastidão acessível apenas através de obscura introspecção, mas chamou essa vastidão de *id*, e não cosmo. Enquanto Adler afirmava criticamente os esforços do ego e Jung desdenhosamente desprezava-lhe as fraquezas, Freud com suma sensibilidade apreendeu sua vulnerabilidade, atribuindo-a à dependência do bebê num objeto primal. Ao contrário dos animais, que nascem com instintos predeterminados que os levam aos objetos de que necessitam, os seres humanos dependem do cuidado de outros seres humanos por um longo período para poder sobreviver. Segundo Freud, devido a esse longo período em que é biologicamente incapaz de defender-se, "o valor do único objeto que pode proteger [o bebê] ganha um enorme destaque".[2] Portanto, ao contrário de ambos os seus críticos, Freud colocou uma carência extremamente pessoal de "objetos" no centro de sua concepção do ego.[3]

Obrigado a reagir a Adler e a Jung, Freud voltou atrás e repensou as bases da psicanálise, transformando as hipóteses do inconsciente, dos desejos infantis e do pensamento de processo primário numa teoria sistemática, dinâmica e evolucionária. Só em 1912 foi que ele concluiu que o complexo de Édipo era o "núcleo das neuroses". Em 1913, divulgou seu primeiro modelo de estágios pré-genitais (oral e anal) de desenvolvimento sexual. Em 1914, ele tentou pela primeira vez elaborar uma teoria do "eu" no ensaio sobre o narcisismo, precursor de sua teoria do ego, que em breve suplantaria o inconsciente como conceito mais importante da psicanálise. Em última análise, como veremos, essa tentativa de Freud de formular uma teoria do ego ou "eu" era indissociável da tentativa de transformar a psicanálise numa teoria baseada na existência de dois sexos, tentativa essa que começou a ocupar os analistas durante a Primeira Guerra Mundial.

Mas os conflitos com Adler e Jung foram além de simples estímulos a inovações teóricas. Eles transformaram o movimento psicanalítico. Até os cismas, a psicanálise de fato foi um *Männerbund*. Objeto de idealizações e projeções globais, Freud estava na interseção de um dilema impossível: ele personificava a autoridade que alegava analisar. Os cismas colocaram em foco esse dilema, levando Freud a escrever *Totem e tabu/Totem and Taboo*, com seu surpreendente retrato do pai primal e seu assassinato. Obviamente influenciado pelos conflitos entre pais e filhos e irmãos e irmãos do *Männerbund*, *Totem e tabu* coincidiu com um estreitamento ainda maior da seita analítica: a formação de um "Comitê" secreto e a expulsão de Jung. Porém, vistos em retrocesso, os cismas desencadearam uma trajetória diferente. Como deflagrou tentativas de compreender a diferença sexual, a teoria do narcisismo teve como efeito abrir a psicanálise para as mulheres. Assim, os cismas não apenas pressagiaram a teoria do ego, mas precipitaram a transformação do sectário *Männerbund* analítico no movimento relativamente democrático e aberto a ambos os sexos que encontramos após a Primeira Guerra Mundial.

Nascido numa família judia de classe média, Alfred Adler vinha do mesmo meio que Freud, tendo inclusive freqüentado a mesma escola que ele. Oftalmologista, convertido ao cristianismo e membro da Sociedade Psicológica das Quartas-feiras desde 1902, ele inicialmente formulou suas idéias como uma teoria da "inferioridade orgânica". Na medicina, a "inferioridade orgânica" é a debilidade de um determinado órgão, evidenciada em problemas como a miopia ou a gagueira. Segundo Adler, a sensibilidade à debilidade levava o indivíduo a concentrar-se nela, o que produziria uma atividade cerebral "excessiva", uma "superestrutura psíquica". O "complexo de Napoleão" do homem de baixa estatura é um exemplo.

Adler era casado com uma socialista russa, Raissa Epstein. Conhecido de Leon Trotsky, então exilado em Viena, e terapeuta de outro importante bolchevique, Adolf Ioffe, Adler era colaborador regular do jornal diário socialista de Viena, o *Arbeiter-Zeitung*. Seu primeiro livro, como vimos, relacionava-se com as causas sociais e econômicas das enfermidades físicas. Portanto, sem dúvida, a ênfase de Adler na luta do ego para conquistar amor-próprio era uma declaração política. Em 1909, ele afirmou que a psicanálise fornecia ao marxismo seu complemento instintivo. A sensibilidade ao desprezo, em sua argumentação, era a verdadeira base da consciência de classes.[4]

Adler também atrelou a psicologia da inferioridade à luta pelos direitos da mulher. Influenciado pela esposa e pelos vínculos estreitos entre a social-democracia e o movimento feminista, Adler reformulou sua idéia anterior da inferioridade orgânica em termos da concepção de bissexualidade dos sexólogos, escrevendo que "por feminino" o neurótico "entende quase qualquer coisa que seja má e certamente qualquer coisa inferior". Tentando "evitar o que [percebe como] patológico", ou seja, passivo ou "feminino", o neurótico adotava formas compensatórias de incisividade que, segundo Adler, constituíam o "protesto masculino". Para ele, todo médico poderia observar o protesto masculino na transferência. Quando o neurótico ama ou precisa de alguma coisa, pensa: "Sou um escravo." Por conseguinte, o paciente neurótico está em revolta constante contra o médico de quem depende. Todas as neuroses "decorrem da batalha entre a base feminina e o protesto masculino, dela obtendo sua força". Além disso, "deve-se presumir a presença de um protesto masculino em todas as mulheres sem exceção", já que a desvalorização da mulher é "a força motriz da nossa civilização". Em junho de 1911, Adler reafirmou sua visão: "Não há nenhum princípio de validade mais geral nas relações humanas que o estar 'por cima' ou 'por baixo'."[5]

Como Freud gostou da teoria original da inferioridade orgânica e, parti-

Alfred Adler:
teórico do "protesto masculino" (*circa* 1911)

cularmente, de sua ênfase nos esforços compensatórios, a princípio houve muita concordância com Adler. A ruptura ocorreu por causa da insistência de Adler na necessidade de proteção contra os sentimentos de inferioridade como razão *invariável* do recalque. No nível mais importante, Freud rejeitava o pressuposto de que a força motriz da vida humana fosse o desejo de repudiar as posições passivas ou subordinadas. Num ensaio de 1914, ele se valeu de um gráfico para desenvolver um contra-argumento, pedindo aos leitores que pensassem numa das principais situações em que o desejo é sentido na infância: um garoto pequeno observando o ato sexual entre os pais. Ele vai querer colocar-se no lugar do que imagina ser o homem ativo *e* no lugar do que imagina ser a mulher passiva. "Entre eles, esses dois impulsos, esgotam-se as possibilidades prazerosas da situação", disse Freud. Contudo, o "protesto masculino" de Adler descrevia apenas o primeiro.[6] No entanto, o desejo de submissão, de passividade ou de estar "por baixo", era no mínimo uma fonte de motivação tão grande quanto o desejo do garoto de estar "por cima". Além disso, era provavelmente também um desejo mais fácil de ser inconsciente.

Freud também criticou Adler por "sexualizar o recalque". Com isso, Freud referia-se ao fato de Adler haver mostrado a força recalcadora como masculina e a recalcada como feminina. Sem dúvida, essa havia sido a forma de pensar de Freud na década de 1890, mas agora ele censurava Adler. "Os conceitos 'masculino' e 'feminino' não têm utilidade na psicologia", afirmou ele, já que "não sabemos a que se deve chamar masculino ou feminino". A dicotomia em si "não era entre masculino e feminino, mas entre libido e recalque". Prosseguindo, Freud afirmou que, num homem, a neurose era às vezes o resultado do desejo de renegar ou vencer correntes percebidas como "femininas", mas nem sempre. Como contra-exemplo, citou um caso que foi o precursor de sua teoria do narcisismo. Nesse caso, um "jovem estava convencido do seu poder de atração (do qual havia sido convencido na infância) e agora achava que todos fariam qualquer coisa para agradá-lo". Ele não era um megalomaníaco compensando sentimentos de inferioridade. Pelo contrário, não havia o menor indício de um sentimento de inferioridade.[7]

Freud levou mais de trinta anos para retomar a idéia de que o protesto masculino tinha relevância especial para as mulheres. Além disso, não percebeu o valor da orientação interpessoal de Adler. Não obstante, Freud reconheceu que as críticas de Adler eram um estímulo direto para o desenvolvimento da psicanálise. Em carta de 1909 a Jung, ele admitia que até então havia apenas descrito o recalcado, que chamava de "novo e desconhecido". Adler, por sua vez, merecia crédito por haver chamado a atenção para a existência de uma instância recalcadora. Mas, para Freud, Adler havia tomado o desejo de "dignidade" e "independência" dessa instância recalcadora ao pé da letra, quando na verdade o ego estava muitas vezes transformando a carência em virtude, cedendo a desejos infantis enquanto assumia ares de controle e auto-suficiência.[8]

Em termos ideais, a psicanálise deveria ter sido capaz de incluir ambos os homens. Mas as intensas fantasias e processos grupais deflagrados pelas conferências da Clark, ao lado das inseguranças de Freud e das ambições de Adler, levaram a uma cisão. Em janeiro de 1911, a Sociedade Psicanalítica de Viena — sucessora da Sociedade Psicológica das Quartas-feiras, nesse momento já grande o bastante para reunir-se num auditório — debateu as visões de ambos. Em junho, Adler apresentou sua renúncia à sociedade e fundou um novo grupo, chamado Sociedade para a Psicanálise Livre, que se reuniria nas *quintas-feiras* à noite.[9] Segundo a mulher de Hanns Sachs, "a rixa acabou com amizades de muito tempo. As mulheres deixaram de se falar".[10] Freud continuou tão ressentido que em 1912, quando Lou Andreas-Salomé começou a freqüentar as reuniões de Adler, ele a fez prometer que não discutiria o trabalho de um nas reuniões do outro.

Embora contribuísse para isolar ainda mais a psicanálise da comunidade médico-científica, a cisão também ajudou a consolidar sua identidade. Em carta, Freud explicou: pode-se ver que Adler está tentando "forçar a maravilhosa diversidade da psicologia no leito estreito de uma única corrente egóica 'masculina' agressiva", como se a criança "só pensasse em 'ficar por cima' e bancar o homem".[11] Afirmando que o de Adler era "um belo caso de paranóia", acrescentou: "Até agora não ocorreu a ele que, com uma teoria assim, não pode haver nenhuma explicação para os verdadeiros sofrimentos dos neuróticos, seus sentimentos de infelicidade e conflito."[12]

Não é preciso dizer que os comentários *ad hominem* de Freud — a maioria dos quais confidenciais — não constituem um argumento. Entretanto, eles lançam luz sobre o seu pensamento e o do seu círculo. Para os freudianos, Adler não havia conseguido aceitar a relação de subordinação que tinha com Freud. A queixa de Freud era que, mesmo nas reuniões públicas, só o que se ouvia de Adler era "querer ficar por cima", "salvaguardar" e "cobrir a retaguarda".[13] Ferenczi desenvolveu a visão de Freud: "Agora [...] eu entendo as teorias do ódio de Adler; ele não quer amar e, por isso, tem de odiar e acha que está sendo odiado; ao fazê-lo, projeta tudo isso em suas teorias. É estranho — e, certamente, não é nenhuma coincidência — que tanto Fliess quanto Adler afirmem a *bissexualidade* dessa forma; a origem homossexual [não analisada] do seu caráter está expressa nisso".[14] Nessas formulações, prefigurava-se o ambivalente legado da psicanálise. Enquanto questionava as marcantes dicotomias de gênero da cultura oitocentista, o círculo freudiano sem querer contribuiu para lançar a base de uma nova dicotomia heterossexual/homossexual.

Depois do rompimento com Freud, Adler ganhou fama internacional. Quando ele morreu, em 1938, Freud escreveu a Stefan Zweig: "O mundo de fato o recompensou regiamente por ter-se oposto à psicanálise".[15] Mas o comentário rancoroso de Freud era demasiado pessoal para fazer alguma justiça aos motivos do mundo. A concepção de Adler de um ego que luta agressivamente por *status* e reconhecimento, considerando sinais de inferioridade todas as formas de dependência e todas as expressões de fraqueza, articulava correntes profundas que então ganhavam forma nas novas democracias de massa: desejos tendenciosos de poder e controle.

Desse modo, quando tentou descrever a tônica do fordismo e da cultura de massa nos Estados Unidos das décadas de 1920 e 1930, o historiador Warren Susman não encontrou melhor título que "The age of Adler"/A era de Adler.[16] Por outro lado, a própria psicanálise incorporou muitas das idéias de Adler, especialmente o foco na agressividade, que levou à descoberta daquilo que chamou de "funções de defesa do ego".

Quando o conflito com Adler chegou ao fim, o conflito com Jung irrompeu. Desde o início desse relacionamento essencialmente epistolar, Freud idealizou Jung. Jung, por sua vez, representou o papel de um "filho predileto [...] por vezes indisciplinado" que se referia às suas diferenças com Freud como "ingratidão neurótica".[17] Depois das conferências da Clark, Jung entabulou relação com médicos norte-americanos que eram críticos de Freud, como Trigant Burrow, da University of Virginia.[18] Ele ganhou um bom dinheiro nos Estados Unidos e voltou ao país regularmente. Na véspera do congresso de Nuremberg, Freud entrou em pânico com a possibilidade de Jung não voltar a tempo dos Estados Unidos: "O que acontecerá se os meus zuriquenhos me desertarem?", perguntou a Pfister.[19] Quando o congresso terminou, como vimos, Jung imediatamente começou a frustrar as esperanças de Freud.

Enquanto Adler tentou ligar a psicanálise à social-democracia, Jung quis ligá-la à mitologia, em especial aos grandes sistemas simbólicos subjacentes às religiões organizadas. Seu principal interesse sempre havia estado nas explicações dadas por Freud sobre mecanismos de criação de sentidos como a condensação e o deslocamento. Ele achava que, enquanto a mente consciente funcionava através de categorias como espaço, tempo e causalidade, o inconsciente funcionava simbolicamente, através de analogias, similitudes e semelhanças formais. A seu ver, a contribuição de Freud era a descoberta de um método simbólico ou "analógico" de organizar os signos mentais.

O interesse pelo caráter criador de símbolos da psicologia humana era intrínseco ao modernismo e comum entre os analistas. James Jackson Putnam, que compartilhava com Jung a ênfase no simbolismo, deu-lhe todo o destaque no discurso com que abriu um congresso psicanalítico em Weimar em março de 1911. Em sua opinião, os conflitos psicossexuais exprimiam a contradição entre a participação humana no infinito e seu confinamento no temporal e no transitório. Assim, a análise precisava do lastro de uma filosofia idealista. Freud referiu-se ao discurso de Putnam como uma "peça de decoração que todo mundo admira, mas que ninguém toca", mas estava enganado.[20] Muitos compartilhavam as idéias de Putnam, entre os quais alguns psicopatologistas que concordavam com uma teoria do inconsciente: Frederic Myers e seus seguidores, na London Society for Psychical Research, o psicólogo de Genebra Théodore Flournoy, antigo herói de Jung, e o primo de Flournoy, Édouard Claparède. Em *The Nervous Character*/O caráter nervoso (1912), Adler também destacava a função simbólica — a "tendência prospectiva" — dos sintomas neuróticos. O mesmo fez Herbert Silberer em *Problems of Mysticism*/Problemas do *misticismo*, propondo uma linha de interpretação dupla: psicanalítica e "anagógica", querendo dizer prospectiva ou espiritual.[21]

Como achava que o objetivo da psicanálise era devolver ao "homem" o seu lugar no cosmo, Jung nunca aceitou a idéia de sexualidade que Freud defendia. Tentando regularmente "arrancar" de Freud uma definição de libido, ele queixou-se por "até agora não [ter conseguido] nada satisfatório".[22] Sua própria visão, que comunicou a Freud já em 1906, era de que "na natureza [...] só vemos uma perene ânsia de vida, uma vontade de viver".[23]

Em 1912, Jung publicou no *Jahrbuch* um longo ensaio dividido em duas partes, "Transformations and Symbols of the Libido"/Transformações e símbolos da libido, no qual juntava as idéias de uma força vital unitária e não sexual e o caráter simbolizador da psicologia humana a uma nova ênfase na importância da mãe. Recorrendo à antropologia dos mitos solares arianos, ele propôs uma era matriarcal primeva reproduzida no desenvolvimento através do apego inicial entre o bebê e a mãe. O incesto, informou em carta a Freud, caracterizava "o período primordial, sem cultura, do matriarcado", quando o papel do pai era "puramente fortuito".[24] Por trás dos desejos incestuosos estão intenções "mais nobres", voltadas para a mãe, entre as quais a de voltar a ser criança, conforme expressa o mito do renascimento. A ênfase de Freud na sexualidade desvia a atenção do mundo simbólico no qual os seres humanos na verdade vivem.[25]

Como Adler, Jung baseou-se em distinções de gênero muito definidas, e não na dinâmica do inconsciente pessoal. Porém, ao contrário de Adler, Jung mostrava-se chocado com as tendências modernas de defesa dos direitos das mulheres. Após as conferências da Clark, informou a Freud que "a cultura norte-americana realmente é um abismo sem fundo. Os homens tornaram-se um rebanho de carneirinhos, e as mulheres bancam os lobos vorazes — dentro do círculo familiar, é claro. Eu me pergunto se essas condições já existiram alguma vez no mundo. Realmente, eu acho que não".[26]

Seja como for, Jung encontrou muito apoio para suas idéias nos Estados Unidos. A visita que fez ao país em 1912 precipitou seu rompimento com Freud. Smith Ely Jelliffe o convidou a dar uma série de palestras na Fordham University. "Essa intimação para Jung ir aos Estados Unidos não deve ser boa coisa", escreveu Freud a Ferenczi. "Uma universidade *católica* pequena e desconhecida, administrada por jesuítas, já recusada por Jones."[27] Nas palestras, Jung falou mais a respeito do ensaio. "A obtenção de prazer não é, de modo algum, o mesmo que sexualidade", afirmou ele.[28] O valor do conceito de libido estava, "não na sua definição sexual, mas na sua visão energética".[29]

Assim como Adler achava que a psicologia devia vincular-se às culturas da social-democracia e do feminismo, Jung achava que ela devia basear-se nas profundas correntes éticas que constituem um *Volk*, ou povo. Quando Auguste Forel pediu a Jung que o ajudasse a angariar apoio analítico para a "Fraternidade Internacional para a Ética e a Cultura", uma organização reformista dedicada a diversas questões, Jung disse a Freud que julgava a reforma social "artificial". Para uma coalizão ter "significância ética", prosseguiu ele, "é preciso que ela se alimente dos instintos profundos da raça. [...] Uma fraternidade ética, com seu Nada mítico, sem estar permeada por nenhuma força motriz arcaico-infantil, é puro vácuo. [...] Imagino uma tarefa bem mais ampla e refinada para a ΨA que unir-se a uma fraternidade ética. [...] Precisamos dar-lhe tempo para revivificar entre os intelectuais uma sensibilidade ao símbolo e ao mito, a fim de transformar Cristo delicadamente no anunciado deus da vinha, que ele era". Por sua vez, "um sindicato de interesses" como o de Forel "morre antes de passados dez anos". Freud respondeu: "Você não precisa me ver como fundador de uma religião".[30]

Com a intensificação das diferenças entre os dois ao longo de 1912, Freud e seus seguidores as entenderam do mesmo modo que haviam entendido o conflito com Adler: ambos os antagonistas de Freud negavam a sexualidade infantil e o inconsciente pessoal, além de recorrerem a pressupostos oitocentistas quanto aos gêneros e, no caso de Adler, à noção pré-freudiana de bissexualidade. Além disso, havia uma segunda semelhança que o círculo não percebeu: embora ambos enfatizassem a base social do ego, nenhum dos dois apreendera a descontinuidade entre a psique individual e *todas* as formações de grupo, descontinuidade essa que era em si um produto histórico. Em ambos os casos, os dois homens rejeitaram as características que definiam o pensamento freudiano.

A resposta que Freud deu a seus críticos estendeu-se ao longo de muitos anos. A Jung, ele começou a responder com *Totem e tabu/Totem and Taboo* (1912), um livro que reconhecia tacitamente o acerto da insistência de Jung em que a psicologia se baseasse na antropologia do mito e do ritual, e não apenas numa teoria da evolução biológica do tipo que Freud herdara da sexologia. Mas, enquanto a concepção junguiana do mito era holística e conservadora, *Totem e tabu* punha em primeiro plano o caráter contingente e fragmentado da vida pessoal moderna. Se *Totem e tabu* oferecia uma alternativa à ênfase que Jung dava ao mito, "Sobre o narcisismo"/"On Narcissism" (1914) propiciava uma alternativa ao interesse de Adler pelo *status*. Iniciando a trajetória teórica por meio da qual a análise viria a incorporar a exigência de reconhecimento do ego, "Sobre o narcisismo" descrevia o "eu" como elemento de uma complexa constelação de forças inconscientes. Em ambos os casos, Freud tentou refutar seus oponentes ao tempo em que incorporava elementos-chave de suas críticas. O resultado foi uma significativa expansão do escopo do pensamento analítico. Como disse Jones, agora a análise finalmente veria o reconhecimento: ela seria "não uma mera medida terapêutica substitutiva do hipnotismo, mas sim [...] uma chave para os mais profundos problemas da civilização".[31]

Freud havia pensado em termos de um "complexo paterno" pelo menos desde a década de 1890. Em 1897 ele comprou o famoso *Malleus maleficarum*, um manual medieval de bruxaria, pois acreditava haver identificado uma semelhança entre bruxos e histéricos: ambos tinham obsessão pelo "*pater*".[32] Seu interesse pela arqueologia também estava ligado à convicção de que a autoridade possuía uma história profunda e complexa. Ele vinha usando o termo "complexo de Édipo" de maneira descontínua desde a publicação de *A interpretação dos sonhos*. Porém, durante os conflitos com Jung e Adler, essas preocupações passaram a ocupar o centro da atenção de Freud. Em 1908, numa carta a Jung, afirmou que suspeitava que havia "um núcleo comum ao mito e à neurose".[33] Logo depois, ele se disse "obcecado pela idéia de um complexo nuclear".[34] Finalmente, em *Totem e tabu*, anunciou "uma descoberta extremamente surpreendente", a de que a questão da psicologia social, não menos que a individual, "deveria ser solucionável com base em um só ponto em concreto: a relação do homem com o pai".[35] Alguns anos depois, ele abandonou a noção de um só pai em favor da idéia de que teria havido uma época histórica, em algum momento da era glacial, na qual as regras eram ditadas por "pais primais tiranos". Segundo ele, esses pais de fato roubavam aos filhos os "órgãos genitais se esses filhos se colocassem como rivais em relação a uma mulher".[36] Em reação, os filhos reuniram-se e mataram os pais. Foi o remorso por esses parricídios, na opinião de Freud, o que levou ao estabelecimento do tabu do incesto e da família patricêntrica.

O foco de Freud na autoridade paterna não era original. A evolução inicial da sociedade burguesa dera-se a partir da crítica da sociedade patriarcal e da tentativa de estabelecer a igualdade (masculina) nos domínios da política e dos contratos. Talvez a mais famosa afirmação dessa idéia seja a réplica dada por Locke no século XVII a *Sir* Robert Filmer. Filmer, que apoiava o direito divino dos reis, argumentou que o poder paterno era absoluto e sempre incluía expressamente o poder de castrar. Locke, ao contrário, defendia a "autoridade natural" das mães e pais dentro da família, mas rejeitava a idéia que Filmer tinha de "poder paterno", referindo-se a ela como "esse estranho tipo de fantasma dominador [...] esse *Novo Nada*".[37] Porém, em que pese a argumentação de Locke, a sombra da autoridade paterna ainda era visível em toda parte na época de Freud. Ela estava implícita na associação da autonomia à masculinidade; ela pairava sobre as relações mais íntimas entre homens e mulheres, nas quais a feminilidade era confundida com submissão; ela respaldava a "moderna" autoridade econômica e política. Assim, patrões intimidavam subordinados, brancos ameaçavam alforriados e colonizadores subjugavam colonizados, como se o pai jamais tivesse sido morto pelo liberalismo de mercado e as revoluções democráticas.

Contudo, o conceito freudiano de autoridade divergia tanto do de Filmer quanto do de Locke. Conforme a concepção tradicional, a autoridade decorria de momentos de fundação, contratos sociais ou revelações divinas. Freud atribuiu as origens da autoridade a eventos traumáticos: ocorrências de importância capital que excediam a capacidade de memória das pessoas e que eram repetidamente retrabalhadas por processos inconscientes ao longo do tempo. O mito do assassinato primal era um desses eventos. Freud o evocou para explicar a dimensão irracional da autoridade — por exemplo, o comportamento bizarro de figuras como Lanzer, Schreber e Pankejeff. À falta de uma explicação mais completa de como essa dimensão se transmitira desde suas origens pré-históricas, Freud apontou para a dinâmica da família. Todo filho revivia o irrecuperável assassinato primal no complexo de Édipo, pois todo filho *queria* cometer incesto e matar o pai. Todo filho também recapitulava a resolução do complexo de Édipo, a aceitação do tabu do incesto, no período de latência. O que os analistas observavam no inconsciente do neurótico — o horror à passividade, a angústia da castração, a culpa — eram os efeitos posteriores patogênicos, as repetições e retornos que ocorriam quando essa resolução não se completava.

Para Filmer e Locke, além disso, o pai era o representante da autoridade simplesmente. Enquanto para Freud, o pai era também o objeto primal do qual todos os bebês dependem. Por trás da autoridade, portanto, estava a dependência. Estreitamente relacionado com o seu *insight* quanto às bases traumáticas da autoridade, o foco de Freud no temor, na necessidade de proteção e no amor que permeiam a relação com o pai modificou muito a tradição de pensamento político — e de reforma social — que tivera início com Locke. Posteriormente, Freud tornou-se cada vez mais consciente do papel da mãe, percebendo por fim sua importância. No entanto, ele jamais abandonou sua visão contra-intuitiva do pai como protetor da primeira infância. Só essa visão torna compreensíveis a ambivalência e os conflitos internos de Lanzer, Schreber e Pankejeff. Eles não só temiam o pai, mas o amavam, e seu amor tornava o temor ainda mais profundo e complexo. É verdade que, com seu mito fantástico e especulativo do assassinato primal, Freud explicou a questão. Mas o que fez a sua "história em boa ordem"*, como a chamou Alfred Koebler, digna de ser ouvida foram os estudos de caso dos indivíduos acima citados, cujas vidas haviam sido profundamente distorcidas pelo seu amor e temor aos pais. Além disso, no relato de Freud, se os filhos primais também não tivessem "amado" o pai, jamais teriam sido capazes de transformar o assassínio num ato criador e civilizador.

Totem e tabu serviu também para esclarecer as divergências entre Freud e Jung com relação à psicologia do mito e da religião. Jung não era de modo algum um cristão carola. Na época dos cismas, ele estava interessado na mitologia teutônica; logo depois ampliou sua perspectiva e estudou símbolos religiosos e mitológicos não ocidentais, como a mandala. Porém, cristão ou não, ele certamente era anti-semita. O judeu, escreveu em 1912, graças a sua "extraordinária fixação na família", estava preso no nível do "sentimento incestuoso descontrolado [...], desgovernado e entregue às emoções", ao passo que "o Redentor e Médico daquela época era aquele que se empenhava em educar o homem para sublimar a libido incestuosa".[38] É compreensível, portanto, que Freud visse *Totem e tabu* como uma repreensão a Jung, tendo escrito a Abraham que "o trabalho com o totem [...] vai servir para separar-nos de uma vez por todas da religiosidade ariana".[39]

---

* Alusão ao livro infantil *Just So Stories/Histórias em boa ordem*, de Rudyard Kipling, publicado em 1902, no qual o autor explica de maneira jocosa como o camelo ganhou as corcovas, o rinoceronte, a couraça, etc. (N. da T.)

O que estava em jogo ia além da sensibilidade étnico-religiosa. Ferenczi percebeu a importância do conflito ao escrever uma resenha dos artigos de Jung publicados no *Jahrbuch*. Conforme disse a Freud, o principal interesse de Jung nesses artigos era restabelecer o lugar do indivíduo na comunidade. Em sua opinião, Jung "associa a psicanálise à confissão e evidentemente não sabe que a confissão de pecados é a menor das tarefas da terapia da ΨA: a maior é a demolição da imago do pai, algo inteiramente ausente da confissão". Ferenczi achava ainda que a concepção do analista em Jung e Freud diferiam. Jung não quer deixar-se analisar, escreveu ele, preferindo continuar a ser para os pacientes "o *salvador* que se apresenta em sua natureza divina!" A análise promoveria a exposição de "sua homossexualidade oculta", explicou Ferenczi, que transparecia nos seus escritos como a "fraternidade" ou "comunidade cristã". Em vez de esclarecer para si mesmo a própria homossexualidade, prosseguiu Ferenczi, Jung preferiria "'menosprezar' a sexualidade" e louvar "a função progressiva do [inconsciente]".[40] Alguns meses depois, Ferenczi reiterou: "O *pai* não tem quase papel algum; [...] a *comunidade cristã de irmãos* ganha ainda mais espaço".[41]

Freud respondeu lembrando a Ferenczi a importância do secularismo e universalismo iluministas: "Sobre a questão do semitismo: certamente há grandes diferenças em relação ao espírito ariano. A cada dia nos convencemos mais disso. Portanto, seguramente haverá diferentes visões de mundo aqui e ali. Mas não deverá haver uma ciência particular ariana ou judia. Os resultados devem ser idênticos, podendo apenas a sua apresentação variar. [...] Se essas diferenças se apresentarem na conceitualização de relações objetais na ciência, então algo está errado." Mas então Freud sugeriu que a pulsão do cristianismo era integradora, enquanto a do judaísmo era analítica. "Era nosso [dos judeus] desejo", escreveu ele, "não interferir na sua [dos cristãos] religião e visão de mundo mais distantes, mas julgamos a nossa bastante favorável à condução da ciência. Você viu que Jung declarou nos Estados Unidos que a ΨA não era uma ciência, mas uma religião. Isso sem dúvida esclareceria toda a diferença. Mas aí o espírito judeu lamenta não poder concordar".[42] Em outras palavras, Freud afirmou que as conclusões científicas eram culturalmente neutras, mas que as culturas que produzem ciência e interpretam seu sentido variavam. A ciência psicológica implicava autoconsciência. Fazer essa ciência era mais difícil para o cristão — que parte de uma posição ("sentimento comunitário" e fraternidade universal) que reprime e atua a relação infantil com o pai — que para o judeu, mais consciente de sua dependência.

Ao intensificar as características regressivas, sectárias e incestuosas do círculo analítico, a ruptura com Jung também revelou os aspectos ligados ao fato de ser esse círculo um *Männerbund*, ou seja, uma associação masculina. A observação mais sensata com relação a essa ruptura partiu de Emma Jung, que, por ser mulher, era uma intrusa. No final de 1911, ela escreveu a Freud pedindo sigilo e revelando-se "atormentada pela idéia" de que a relação de Freud com seu marido "não era bem como deveria ser": "O senhor pode imaginar a alegria e a honra que sinto pela confiança que deposita em Carl, mas tenho a impressão de que, às vezes, o senhor está dando demais — será que não está vendo nele o seguidor e realizador de sua obra mais que o necessário? Será que não damos demais porque queremos receber demais? Por que o senhor já está pensando em renunciar, em vez de desfrutar de sua merecida fama e sucesso? [...] O senhor não é tão velho". Freud tinha 55 anos. "O senhor deveria regozijar-se e brindar à plena felicidade da vitória, depois de ter lutado tanto tempo. E não pense em Carl como num filho; ele vai crescer [...] — pense nele como um ser humano pensa em outro." Antes de assinar, acrescentou: "Não se zangue comigo".[43]

Freud ignorou o conselho de Emma Jung. À medida que Jung se afastava, Freud e seus colegas decidiram formar um círculo íntimo secreto. Desde as conferências da Clark, as relações entre Freud e Jones se haviam aprofundado. Em 1911, Freud o parabenizou pela conquista da "América em menos de dois anos".[44] No ano seguinte, Jones disse a Freud que estava "um tanto pessimista" quanto ao futuro da análise: Jung se havia retirado definitivamente, Stekel era impossível, Rank estava esgotado e Ferenczi era impetuoso.[45] O que precisavam, sugeriu a Freud, era de um pequeno grupo de homens analisados pessoalmente por Freud que "representasse a teoria pura, sem adulteração de complexos pessoais, para criar assim um círculo íntimo extra-oficial". Freud ficou radiante com a idéia: "um conselho secreto, composto pelos melhores e mais confiáveis dentre os nossos", entusiasmou-se ele, "para defender a causa contra personalidades e acidentes quando eu já não existir".[46] Criado no ano seguinte, o "Comitê" — como essa seita dentro da seita foi chamada — tinha como participantes Jones, Rank, Ferenczi, Abraham, Max Eitingon e Hanns Sachs. Para marcar a fundação, Freud deu a cada um deles um camafeu grego, pertencente à sua coleção, montado num anel.

Jung ainda era o presidente da International Psychoanalytic Association. Por isso, em maio de 1913, Freud disse a Abraham que se sentia politicamente aleijado. Em agosto, a associação reuniu-se em Munique e quase foi dissolvida por causa dos conflitos. Entretanto, a partir daí, Freud absteve-se de agir para não "perder nenhum terreno por razões afetivas". Declarando-se disposto a aconselhar-se com os quatro ou cinco analistas que lhe eram mais chegados, Freud observou: "Desde que fui iludido por Jung, minha confiança no meu julgamento político diminuiu muito".[47] Quando Jung apresentou sua renúncia ao *Jahrbuch* em outubro, Freud suspeitou de um estratagema e pensou em retirar as sociedades que controlava da International Psychoanalytic Association. Jones o dissuadiu, observando que os norte-americanos não entenderiam a razão disso. Finalmente, em abril de 1914, Jung inesperadamente retirou-se da associação internacional, no que foi acompanhado pela maioria dos analistas suíços.[48] Embora Freud não o soubesse, Jung havia sofrido um colapso mental durante o desenrolar do conflito. Só no começo da Primeira Guerra foi que ele começou a se recuperar, interpretando-o como uma visão da catástrofe mundial iminente. Quanto a Freud, revelou-se exultante a Abraham: "Então, finalmente, nos livramos deles, do brutal santo Jung e seus devotos papagaios".[49]

O Comitê, em suas várias manifestações, foi o ícone da autoridade carismática no movimento analítico até o fim da década de 1920. A partir daí, foi sucedido por uma série de instituições e grupos informais centrados em Freud. A mais importante delas foi a instituição da análise de treinamento, o *rito de passagem* de todo analista. Toda a literatura analítica relacionava (e ainda relaciona) com reverência as caminhadas de Freud e Max Eitingon em 1909 como o primeiro treinamento analítico.[50] Através das análises de treinamento subseqüentes, cada nova geração reviveu a transferência da geração fundadora em relação a Freud. No curso de todas as suas mudanças, a análise permaneceu dividida entre a fachada profissional e um amor secreto, fantasiado e ambivalente dirigido a Freud.

Por ironia, no exato momento em que Freud articulava a idéia do complexo de Édipo (1912), a autoridade paterna estava cedendo lugar a um novo sistema de organização social, que se refletia na lei, nas relações econômicas e no governo. Na época se disse que a administração dos homens estava sendo substituída pela administração das coisas; porém, é mais exato dizer que o *locus* do controle se estava transferindo para a ciência, a tecnologia e a burocracia. Até mesmo o contexto dos estudos de caso que se seguiram ao de "Dora" sugere a importância da nova ordem administrativa e empresarial. O "Homem dos ratos" era um oficial do exército. Schreber estava tentando sair de um hospital psiquiátrico. Se Dora estava fugindo da família vitoriana, Lanzer e Schreber estavam fugindo das organizações massificadas, burocráticas, que se baseavam, não na coerção externa, mas no autocontrole internalizado.

Essa mudança explica tanto a força quanto as limitações dos trabalhos que Freud escreveu antes da guerra. Sua imagem espectral de um pai castrador desempenhou para as democracias de massa um papel análogo ao representado pela caverna de Platão na antigüidade ou pelo inferno de Dante no fim da Idade Média. Referindo-se ao passado — embora um passado que de algum modo ainda era presente —, ela permeava o imaginário das pessoas. Nas palavras de Raymond Williams, o "pai castrador" era uma "imago residual" proveniente de uma época histórica anterior. Freud a descobrira no momento em que ela começava a perder sua base na organização social. Nessas condições, a análise teria de adaptar suas teorias a um novo contexto democrático. Nesse esforço, nenhuma questão foi tão crucial quanto a do gênero.

Enquanto a psicanálise nascera num meio em que a autoridade ainda era transmitida dos pais para os filhos, o mundo emergente da produção e do consumo em massa era um mundo misto: nele ambos os sexos tinham representação. A modernidade, como veremos, fomentaria entre homens e mulheres relações de companheirismo nas profissões liberais e de intimidade na família. Novos hábitos na criação dos filhos visavam propiciar a meninos e meninas ampla e precoce familiaridade com o outro sexo. A co-educação seria a norma. Os códigos da indumentária se aproximariam de um meio-termo andró-

O *Männerbund*, ou "Comitê", em 1922; *da esquerda para a direita, em pé:* Rank, Abraham, Eitingon, Jones; *sentados:* Freud, Ferenczi e Sachs

gino. À medida que o local de trabalho se expandia para inclusão de um ajuste de recursos humanos, sociais e psicológicos, as mulheres assumiam a dianteira no desenvolvimento de abordagens terapêuticas que promoviam uma maior compreensão do sexo oposto. Acima de tudo, como demonstrava o trabalho de Freud, ninguém era apenas homem ou mulher; o autoconhecimento demandava a compreensão de ambos os sexos. Quanto à psicanálise, conceitos como castração, homossexualidade e diferença sexual dificilmente poderiam ser abordados se discutidos apenas por homens.[51] Enquanto permanecesse um *Männerbund*, a psicanálise jamais poderia apreender a transformação da família que lhe deu sua força. Por conseguinte, a entrada das mulheres em suas fileiras foi realmente a mudança mais decisiva em sua história.

O começo, porém, não foi auspicioso. Em 1907, dez anos depois que as mulheres haviam sido admitidas na escola de medicina da Universidade de Viena, a Sociedade Psicanalítica de Viena ainda estava debatendo se elas tinham ou não capacidade para exercer a profissão de médicas. As reações provocadas pelo artigo "Mulheres médicas"/Female Physicians, em que Fritz Wittels sugeria que o recalque da sexualidade era o motivo que estava por trás do desejo das mulheres de ingressar na universidade, sugerem o caráter conflituoso do meio analítico. Paul Federn argumentava que "a importância do trabalho e o conceito de dar sentido à vida através do trabalho devem ser levados em consideração na avaliação do desejo feminino de estudar". Contudo, concordava com Wittels em que "não é permissível que as mulheres [médicas] manuseiem publicamente os genitais masculinos". Para Max Graf, as médicas eram desprovidas "da grande influência pessoal, do poder de sugestão [...] que são indispensáveis ao médico competente". Nenhum médico poderia prescindir dessa parte do sacerdócio. Freud assumiu uma postura irônica diante do às vezes bobo Wittels, observando que seu artigo "carecia de senso de justiça" e não distinguia entre sexualidade recalcada e sublimação. Mas Freud também tinha dúvidas quanto às vantagens obtidas pelas mulheres com o aumento do número de oportunidades de educação.[52]

Contudo, dentro de poucos anos as mulheres começariam a praticar a análise. A primeira foi Margarete Hilferding, mulher de Rudolph Hilferding (autor de *Finance Capital/O capital financeiro*, livro do qual Lenin discordou em seu *Imperialism/Imperialismo*). Margarete Hilferding pediu para ser admitida na Sociedade Psicanalítica de Viena em 1910. A questão foi debatida antes de lhe darem permissão para associar-se. Freud e Alfred Adler pronunciaram-se a favor de sua entrada e, no final, o total de votos foi de doze a favor e dois contra. Ela teve papel ativo até retirar-se em 1911, por ocasião do conflito entre Freud e Adler. Durante a discussão sobre uma criança e seu medo psíquico da cor azul-esverdeada, ela ressaltou que esse medo poderia ter uma causa real, social (isto é, não psicogênica), já que os utensílios de cobre eram freqüentemente usados nos lares proletários. Sua segunda intervenção deve incluir-se entre as primeiras discussões públicas da masturbação feminina. E a terceira foi uma palestra sobre a ambivalência das mães em relação aos filhos.[53]

Apesar de Hilferding, as mulheres ainda figuravam na análise em grande medida como objetos da atenção sexual masculina. Em boa parte, o objetivo das primeiras análises de Freud da submissão masculina inconsciente à autoridade paterna era examinar inibições nas relações sexuais dos homens. Assim, foi especialmente no estudo da transferência que a diferença sexual veio à baila. Na verdade, muitos dos primeiros analistas se haviam envolvido com pacientes do sexo feminino. Gross e Stekel estavam envolvidos com várias. Jones, acusado de abusar sexualmente das pacientes (uma das quais, uma criança) tanto na Inglaterra quanto no Canadá, estava sendo chantageado. Jung havia tido um caso com Sabina Spielrein, na época esquizofrênica, quando tratava dela no Burghölzli. Ferenczi estava envolvido havia anos com duas pacientes: Gizella Pálos, com quem por fim se casou, e Elma, filha desta. Em carta a Freud, ele observou que "me ocorreu que não está certo usar o mesmo divã para trabalhar e fazer amor; [...] uma pessoa de olfato aguçado poderia perceber que algo havia acontecido ali".[54]

A princípio, essas relações pareciam uma situação clássica de troca de mulheres. Assim, a pedido de Ferenczi, Freud analisou Elma Pálos. Ferenczi, por sugestão de Freud, analisou Jones. A pedido de Jones, Freud analisou Loe Kann, amante de Jones. Primeiro, este escreveu a Freud com gratidão: "Tenho muito menos tendência a rebaixar-me diante dela que antes e, afinal de contas, nenhuma mulher pode, no fundo, exigir isso de um homem, apesar do amigo Adler".[55] Porém, ao contrário do que ocorria no *Männerbund* clássico, formavam-se alianças entre homens e mulheres. Assim, a análise que Loe Kann fez com Freud a levou a separar-se de Jones e, por causa disso, as relações deste com Freud na verdade se estreitaram. Freud conseguiu também estabelecer uma relação boa, paternal, com Spielrein e, ao mesmo tempo, tranqüilizar Jung, que estivera apavorado com a possível reação de Freud. Não obstante, Freud aconselhou Jung: essas experiências "contribuem para que fiquemos calejados, como é necessário, e consigamos dominar a 'contratransferência', a qual afinal é para nós um problema permanente. [...] A forma como essas mulheres conseguem encantar-nos com toda sorte de perfeição psíquica concebível, até atingirem seu objetivo, é um dos maiores espetáculos da natureza".[56]

Com a falta de uma comunidade analítica autenticamente mista, o pensamento analítico continuou parcial. Entretanto, mesmo antes da admissão de mulheres em larga escala, a comunidade praticamente masculina de analistas estava lutando para redefinir a teoria psicanalítica de modo a incorporar as diferenças entre os sexos. Assim, em 1909 Karl Abraham perguntou a Freud se este tinha certeza de que o pai era sempre a influência predominante no desenvolvimento psicológico. Em algumas de suas análises, disse Abraham, a mãe tinha o papel principal; em outras, o pai. Aparentemente, a coisa dependia de circunstâncias individuais. Freud concordou: "Antes eu havia pensado que o genitor do mesmo sexo era mais importante para a pessoa em questão, mas posso aceitar variações individuais maiores."[57]

Os primórdios da transição para uma visão de mundo que abrangia ambos os sexos, assim como os primórdios da teoria do ego, encontram-se na formulação da teoria do narcisismo. A partir de 1909, Freud começara a usar o conceito de narcisismo praticamente como sinônimo de homossexualidade. Porém, quando a intensidade de seus conflitos com Adler e Jung diminuiu, ele começou a aplicá-lo também à sexualidade feminina. Duas novas relações com mulheres promoveram o elemento catalisador. Uma foi com a já mencionada Elma Pálos, que Freud analisou em 1912 e sobre quem (aeticamente) conversou com Ferenczi. Numa carta que escreveu a este, a qual contém seu primeiro esquema preliminar do desenvolvimento sexual feminino, Freud afirma que havia trazido à tona a decepção de Elma com o pai, sua identificação com ele e seu "esforço para impingir aos outros o que havia sofrido com ele". Só que agora ele havia percebido outra "corrente superficial" (*Oberströmung*) que mobilizara "o recalque sem, contudo, atingir nada". Ligada à imagem da mãe e "genuinamente feminina" — ou seja, dirigida aos homens —, essa corrente mostrava-se resistente à análise. Duas semanas depois, Freud voltou a escrever a Ferenczi: "As coisas pararam totalmente [com Elma], e eu acho que sei onde: no narcisismo".[58]

Não muito depois, Freud começaria a defender a existência de uma relação entre o narcisismo e a psicologia feminina. Lou Andreas-Salomé, escritora russa na faixa dos cinqüenta anos que freqüentou as reuniões da Sociedade Psicanalítica de Viena entre outubro de 1912 e abril de 1913, foi a outra fonte dessa idéia. Andreas-Salomé colocou a análise freudiana em contato com o círculo feminista vienense de Helene Stöcker, mas era também "uma das principais *femmes fatales* da Europa", famosa tanto pelo tratado *Die Erotik* (*O erotismo*),[59] que publicara em 1910, quanto pelos casos que tivera com Nietzsche e Rilke. Vinda de uma família em que era a caçula entre cinco irmãos, todos homens, Andreas-Salomé diria em suas memórias que "a sensação de abertura e confiança, de estar ligada aos homens por laços fraternais era tão evidente para mim no círculo familiar que se irradiava para todos os homens do mundo".[60] Andreas-Salomé não só escreveu sobre o narcisismo; afirma-se que ela teria sido um dos modelos para o retrato que Freud criou do tema em "Sobre o narcisismo"/"On Narcissism", escrito em "17 dias deliciosos" de uma viagem feita em 1913 a Roma.[61]

Numa carta a Ferenczi, Freud disse que o ensaio era "o ajuste de contas científico com Adler".[62] A visão de vida que se refletia no sistema adleriano, prosseguiu ele, "baseava-se exclusivamente no impulso agressivo; nele não havia lugar algum para o amor". A teoria do narcisismo, por sua vez, descrevia o inconsciente pessoal em termos libidinais e afetivos. Se antes Freud retratara a mente em termos de um conflito entre a autopreservação e a sexualidade, agora afirmava que "o narcisismo e o egoísmo [...] coincidem; a palavra 'narcisismo' destina-se apenas a frisar o fato de que o egoísmo é também um fenômeno libidinal".[63] Para Freud, o narcisismo, ou amor a si mesmo, era um estágio no desenvolvimento da sexualidade. Se os primeiros objetivos sexuais eram fragmentários e descoordenados, o narcisismo — no qual o bebê toma o "eu" como objeto de seu próprio amor — representava uma síntese inicial, mas transicional, que prenunciava a escolha do objeto. Para provar que esse estágio existia, Freud deu muitos exemplos, entre os quais o auto-erotismo, a paranóia, a megalomania, a hipocondria, o sono e a dor, além da aparente auto-suficiência de atores, criminosos, humoristas, gatos, mulheres bonitas e, especialmente, "sua majestade, o bebê". Quaisquer que fossem as diferenças entre esses fenômenos, juntos eles sugeriam um estágio da evolução do amor no qual o ser humano é o seu próprio objeto.[64]

Lou Andreas-Salomé: um dos protótipos da teoria do narcisismo feminino (*circa* 1914)

"Sobre o narcisismo" deu início ao processo que estaria no centro da psicanálise no mundo do pós-guerra: a problematização e a radicalização da tripla promessa da modernidade, a começar pela primeira e mais elementar delas, a autonomia. Relembremos por um instante que, para o

Iluminismo, a autonomia equivalia à libertação da autoridade externa através da razão universal. Já na época dos cismas, a autonomia estava adquirindo uma feição mais pessoal e psicológica. Enquanto Jung via essa mudança como um sinal da superficialidade da modernidade e Adler via a autonomia exclusivamente em termos da ansiedade de *status*, com sua teoria do narcisismo, Freud destacou na sua teoria do narcisismo as constelações passivas, regressivas e utópicas em que a vida pessoal inicialmente surgiu. Com sua forte ênfase na necessidade de ser amado, ela reconhecia a importância dos esforços passivos e, assim, os expunha à reflexão crítica. Problematizando o "eu" ao situá-lo num campo psicológico maior, inconsciente, a teoria do narcisismo abriu caminho para a nova concepção de autonomia *pessoal* defendida pela psicanálise na década de 1920.

Além disso, a teoria do narcisismo levou Freud a fundamentar melhor sua recusa em basear a psicologia em correntes "masculina" e "feminina". Antes, quando examinamos o último estudo de caso de um homem que Freud publicou, o do "Homem dos lobos", vimos que, embora Pankejeff tivesse passado a maior parte da vida menosprezando as mulheres, Freud achava que seus verdadeiros sentimentos eram passivos e masoquistas. Mas Freud então não havia conseguido explicar por que a "masculinidade", ou o protesto masculino, era tão importante para o paciente. O ensaio sobre o narcisismo aventava uma explicação. Não apenas a angústia da castração, mas também o desejo de preservar o próprio narcisismo motivaram a insistência de Pankejeff na sua masculinidade. O ego, concluiu Freud, "não possui nenhuma corrente sexual, mas apenas o interesse de se proteger e de preservar o seu narcisismo".[65] "A masculinidade", acrescentou posteriormente, era um ideal cultural "empírico e convencional"; de modo algum uma força libidinal.[66] Na década de 20, como veremos, a psicanálise convergiu para uma nova abordagem da igualdade de gêneros, a qual subordinava a diferença entre os gêneros à individualidade pessoal.

Finalmente, a teoria do narcisismo contribuiu para a abordagem crítica da sociedade democrática moderna. Segundo Freud, durante o estágio do narcisismo nós desenvolvemos uma auto-imagem idealizada. Mas essa imagem também "tem um lado social; ela é o ideal comum de uma família, classe ou nação". Aquilo que o indivíduo "projeta como ideal é simplesmente o substituto que encontra para [...] o tempo em que ele era seu próprio ideal".[67] Assim como o conceito de transferência implicava uma crítica da autoridade hierárquica, o de narcisismo implicava uma crítica às formas de identidade grupal que se desenvolvem nas sociedades democráticas: grupos baseados numa identificação idealizada com outros — isto é, grupos formados por pessoas que seguem o mesmo líder, pertencem à mesma nação ou religião, têm o mesmo gênero ou orientação sexual ou até mesmo, no contexto da cultura de massa, atêm-se às mesmas paixões. Em tais grupos, todo membro se presume igual. A exclusão suplanta a subordinação como método de controle. Assim, a teoria do narcisismo também preparou o terreno para as críticas psicanalíticas do anti-semitismo, da cultura de massa e do fascismo, que floresceram depois da Primeira Guerra Mundial.

Alguns meses depois de escrever o ensaio, Freud escreveu uma carta a Andreas-Salomé e disse-lhe que sua descrição do narcisismo algum dia seria considerada metapsicológica, a mesma palavra que depois usaria para a descrição da psique em termos de instâncias (id, ego e superego), em vez de regiões.[68] Na verdade, o ensaio deu início ao raciocínio que levou à teoria revisada ou estrutural. A transferência e o narcisismo podem parecer fenômenos distintos, um "interpessoal" e o outro, "intrapsíquico". Mas na visão de Freud eles estavam internamente relacionados. A transferência era o apego inconsciente a uma figura parental; o narcisismo, a "catexia libidinal do eu". Mas o narcisismo também se desenvolvia através da *identificação* com os pais, em especial, como escreveu Freud posteriormente, com as próprias auto-imagens idealizadas dos pais. Por conseguinte, se, por um lado, a teoria do narcisismo levou à percepção de que a identificação era o mecanismo básico através do qual o ego se desenvolvia, por outro, ela incentivou um ponto de vista mais próximo das relações objetais. Um ano depois de escrever o ensaio, Freud criticou um manuscrito de Abraham por enfatizar os instintos (sadismo e erotismo anal) sem abordar a "catexia inconsciente do objeto".[69] Em "Mourning and Melancholia"/ Luto e Melancolia (1915), ele descreveu o luto com a frase "a sombra do objeto caiu sobre o ego", sugerindo o processo pelo qual o ego era construído a partir de objetos de amor perdidos ou abandonados. Essas formulações pressagiam as posteriores revisões de Freud.

Freud ficou radiante ao escrever "Sobre o narcisismo", mas logo sobreveio a Primeira Guerra Mundial. Acompanhando os reveses militares alemães diariamente pelos jornais, Freud a princípio ficou tão absorto na guerra como ficara, quando garoto, durante a Guerra Franco-Prussiana. Porém em dezembro de 1914, em carta a Ferenczi, ele descreveu sua situação como viver numa "trincheira primitiva".[70] "O que Jung e Adler deixaram intacto no movimento agora perece na luta entre nações", escreveu ele a Jones.[71] No mesmo mês, escreveu a Andreas-Salomé: "Meus contemporâneos e eu jamais voltaremos a ver um mundo alegre. [...] E o mais triste disso é que aconteceu exatamente como as nossas expectativas psicanalíticas nos deveriam ter levado a imaginar".[72] Num sonho, Freud viu o filho no *front*: "Ele tinha o rosto ou a testa envolto em bandagem".[73] Em 1917, declarou-se neutro na luta entre a Entente e a Quádrupla Aliança. A única coisa que lhe dava algum prazer era "a tomada de Jerusalém e o experimento britânico com o povo eleito".[74] Além de escrever "Mourning and Melancholia"/Luto e Melancolia, Freud usou o ócio forçado da Primeira Guerra Mundial para escrever um conjunto de ensaios metapsicológicos, a maioria dos quais destruiu posteriormente. Em anotações esparsas intituladas "Thoughts for the Times on War and Death"/Pensamentos sobre a guerra e a morte para a nossa época, expressou perplexidade diante da irracionalidade mundial. A guerra, admitiu, exigia mais explicações do que a análise poderia dar.

A Grande Guerra, como então foi chamada, anunciou o fim do sonho liberal oitocentista de razão, *Bildung*, e o desenvolvimento interior que Schorske evocou por meio da estátua de Atena. Ela convenceu todos os ocidentais de que havia elementos inconscientes patogênicos não só no indivíduo, mas também na civilização, sendo necessária uma nova concepção da psique humana. Na véspera da guerra, *Os ritos de primavera*, de Stravinsky, haviam provocado tumultos em Paris. Em 1916, quando a devastação da guerra já durava dois anos, deu-se a primeira *performance* dadaísta no Café Voltaire, em Zurique. Tratava-se de um recitativo no qual três vozes falavam, cantavam e assoviavam ao mesmo tempo, com ruídos de fundo, batidas e sirenes. Hugo Ball observou posteriormente que "a voz humana representa a alma, a individualidade na sua jornada errante acompanhada de guias demoníacos. Os ruídos propiciam o fundo — o inarticulado, o fatal, o determinante; [....] um mundo que ameaça, asfixia e destrói, cuja velocidade e ruído são inevitáveis".[75] No mesmo ano, a aparentemente infindável batalha do Somme veio a simbolizar a destrutividade e a paralisia da civilização ocidental. Entretanto, uma ruptura genuinamente cultural começava a ganhar forma, e nela a psicanálise ocuparia lugar central.

O estúdio de Freud

Parte Dois

O FORDISMO, O FREUDISMO E A TRIPLA PROMESSA DA MODERNIDADE

Capítulo Cinco

A GRANDE GUERRA E A REVOLUÇÃO BOLCHEVIQUE

> A geração que havia ido à escola em carruagens, agora via-se sob o vasto céu numa paisagem rural em que nada permanecera igual, a não ser as nuvens. E sob essas nuvens, campo de força de torrentes e explosões destrutivas, estava o minúsculo, frágil corpo humano.
>
> — Walter Benjamin, *Reflections/Reflexões*

A Grande Guerra foi a primeira guerra total. Apesar de centrar-se na Europa, seu âmbito foi global. As batalhas foram travadas nos campos e nas ruas das cidades; civis morreram ao lado de soldados de infantaria; as mulheres participaram lado a lado com os homens; colonizados lutaram ao lado de seus governantes. O mar, a atmosfera e a terra ficaram poluídos. Precipitados por choques imperialistas em torno de colônias e mercados e da desintegração dos impérios mais antigos, os conflitos da guerra persistiram ao longo do período entre guerras, com implicações fatais para a psicanálise.

No curso da guerra, a civilização ocidental morreu e renasceu. Não era possível duvidar das fúrias que a ela subjaziam. Dez milhões de pessoas morreram ou ficaram mutiladas durante cinco anos de combates: dois milhões de baixas por ano; seis mil por dia. Em 1916, a batalha do Somme dizimou meio milhão de vidas em quatro meses; os dez meses da batalha de Verdun, setecentas mil. Para uma era ainda não habituada à carnificina em massa, a destruição era impossível de se apreender. O que deixou os contemporâneos perplexos não foi tanto a escala sem precedentes do desastre quanto o impasse defensivo simbolizado pelas trincheiras. Disso resultava uma nova paisagem, não só geográfica, mas também psíquica: cavernas, minas explodindo, o medo de ser enterrado vivo, vibração e barulho ensurdecedores; o gás insidioso, a desorientação, a fragmentação, a falta de pistas visuais; o desaparecimento da distinção entre dia e noite; a identificação com o inimigo, o estreitamento da consciência. O impasse também conjurou novas imagens de fuga: o aviador, a associação entre feridas e flores, a obsessão pelo céu.

Trincheira da Grande Guerra

A guerra não apenas estilhaçou a visão de mundo liberal do século XIX; ela transformou a identidade dos que lhe sobreviveram. "Ninguém sairá desta guerra sem se haver tornado uma pessoa diferente", escreveu um soldado. Quem quer que retorne, "se terá tornado diferente em todos os aspectos".[1] Depois que viu Braque sair para lutar em 1914, Picasso comentou: "Jamais voltamos a nos ver", referindo-se ao fato de que ambos depois se tornaram pessoas inteiramente diferentes. Para Camille Mauclair, crítica de arte francesa, a guerra "cavou uma trincheira entre as idéias de ontem e as de hoje. [...] Fomos todos atirados para fora de nós mesmos por um tremendo choque".[2] Peter McGregor, soldado britânico, escreveu à mulher: "Estou bem — sou o mesmo de sempre — mas não — isso jamais poderá ser." Marc Boasson, soldado da infantaria francesa, admitiu à mulher: "Mudei terrivelmente. Eu não queria falar-lhe do tremendo desânimo que a guerra produziu em mim, mas você me obriga a isso. Sinto-me arrasado, diminuído."[3]

A guerra transformou também a identidade das mulheres. Nas cidades que os homens deixaram para trás, descrições detalhadas, vívidas, de violação e estupro enchiam regularmente as páginas dos jornais. O sufrágio feminino tornou-se um objetivo de guerra.[4] Quando começou a trabalhar como enfermeira no *front* em 1915, Vera Brittain "jamais havia visto o corpo nu de um homem adulto". Mas com o manuseio constante de seus corpos delgados e musculosos", ela não só se viu à vontade diante do amor físico como também passou "a pensar no macho da espécie, não como numa criatura bárbara e destrutiva que não conseguia controlar seus mais violentos instintos, mas como um ser machucado, patético, vulnerável, paciente e infantil — uma vítima de circunstâncias que estavam muito além do seu controle".[5] A guerra, como resumiu Ernst Jünger, foi "o pai de todos nós". Quando ela chegou ao fim, ele comentou: "Nunca uma geração saiu para a luz por uma porta tão escura e imensa quanto a desta guerra."[6]

A guerra deu origem à demanda pela psicanálise que caracterizou a década de 1920, mas o terreno já havia sido preparado para a segunda revolução industrial. Na Europa do século XIX, o sentimento de identidade pessoal se baseara na participação em uma classe. Para a aristocracia, a classe e as relações familiares coincidiam. Para a burguesia, a identidade correspondia a um ideal ético: "esforço individual (cultura, senso moral), esforço familiar (lucro, patrimônio), esforço social (propriedade, mérito pessoal), esforço político (autoridade, competência)", nas palavras de um francês.[7] E para a classe operária, a identidade provinha do local de trabalho e do partido social-democrata e suas atividades de lazer, para a família e a comunidade. Em todos os casos, a classe conotava mais um estilo de vida que um conjunto de interesses. Tudo isso mudou com a Grande Guerra. Ela levou os estados europeus a racionalizar suas economias, adotar o planejamento e procurar ver com equilíbrio as reivindicações do empresariado e do operariado. O *laissez-faire* deu lugar ao corporativismo. Cada vez mais, homens e mulheres viam-se como detentores de interesses e não como membros de classes com identidades morais. Mas o interesse não podia amarrar a identidade como antes fizera a classe. Por isso, novas formas de identidade pessoal substituíram aquelas que se baseavam na classe.

A guerra ressaltou também a sensação de vulnerabilidade que, com suas origens na tenra infância, estava no cerne da análise e a ligava à contingência da vida pessoal. Ela chamou a atenção para os riscos que Freud atribuía às fontes mais sombrias, privadas e primevas da vida familiar: os instintos. A violência da guerra e o sentimento de crise total a que a violência se relacionava também deram origem a duas correntes políticas profundamente irracionais, cuja história entrelaçou-se à da psicanálise. A primeira foi o bolchevismo, que insistia na prioridade da história e da prática social, assim como a psicanálise insistia na prioridade do indivíduo. E a segunda foi o fascismo, que teve mais apelo para as pessoas como consumidoras, como donas de contas de poupança ou membros de um público nacional que como trabalhadoras. O fascismo não apenas serviu de lembrete do papel que a violência tem na sociedade moderna, mas, quando se aliou ao anti-semitismo generalizado, levou à destruição da análise no continente europeu.

Quando a guerra terminou, a análise entrelaçou-se decididamente à "modernidade", à "luz" para a qual a geração mais nova saíra agora. O termo "modernidade", ubíquo no início da década de 1920, abrangia bem mais que o modernismo artístico. Indissociável de uma vasta expansão da vida pessoal, a modernidade dos anos 20 implicou uma aceitação radicalmente nova da contingência e uma nova percepção da subjetividade, uma percepção ética, especialmente entre os mais jovens. A coragem e a honestidade de enfrentar a si mesmo eram altamente valorizadas. Poucas coisas eram mais desprezíveis que a hipocrisia. Essa atitude às vezes parecia apolítica: o que contava era o indivíduo, não sua classe, raça ou gênero. Mas ela podia afetar profundamente a política, como na censura de W. E. B. Du Bois a Booker T. Washington: "O caminho para a verdade e a correção está na honestidade direta, e não na adulação indiscriminada". A tônica, analítica em espírito, era anti-romântica. Desde a guerra, termos como "honra" e "glória" haviam-se tornado obscenos, como observou Ernest

Hemingway; dali em diante, os temas adequados ao artista seriam "os nomes concretos das vilas, os números das ruas, os nomes dos rios".[8] Contudo, o artista continuou sendo um exemplo de vida pessoal. Quando reescreveu *Jean Santeuil*, romance que considerava excessivamente sociológico, Proust anotou em seu diário: "Eu sabia perfeitamente que meu cérebro era uma bacia rica para a mineração, onde jaziam, vastos e extraordinariamente diversos, veios preciosos. Mas será que eu teria tempo para explorá-los? Eu era a única pessoa que poderia fazê-lo".[9]

Para muitos, o freudismo simbolizava a nova ética modernista da vida pessoal. Certamente, Freud parecia encarnar o ideal do *Zeitgeist* com declarações como: "Todos aqueles que conseguirem superar a própria resistência interior à verdade desejarão incluir-se entre meus seguidores e porão fim ao último resquício de pusilanimidade em seu modo de pensar".[10] Libertando-se da parafernália sectarista, a análise tornou-se uma profissão influente e um dos esteios da organização social, afetando a psiquiatria, a publicidade e o cinema. Ao mesmo tempo, sua vida íntima — a prática da análise — também mudou. Da quase exultante descoberta do inconsciente, a atenção voltou-se para a resistência, a pulsão de morte e a sensação de culpa. Assim, a dialética da absorção e da marginalidade sofreu uma reviravolta.

A Grande Guerra foi a primeira revelação dos potenciais catastróficos inerentes à modernidade. Preparar-se para enfrentar seus riscos implicava o processo de repensar profundamente a psicologia humana, nas artes, na política e na opinião pública. A importância da psicanálise nesse movimento de reflexão evidenciou-se inicialmente quando as "neuroses da guerra" estouraram na cena, sinalizando o declínio de uma ética guerreira mais antiga, uma revolução nos papéis de sexo e gênero e uma mudança maciça para o pensamento psicológico.

A "neurose provocada por choque auditivo" (*Granatcshock*)* — a experiência de homens tão abalados pela guerra que não conseguiam mais agir — passou a ocupar o centro das atenções do público em 1915.[11] Em poucos meses, contaram-se centenas de milhares de afetados em ambos os lados. Como o termo alemão sugere, o fenômeno foi originalmente explicado como o dano ao sistema nervoso decorrente de uma explosão, mas com a multiplicação dos casos, essa hipótese começou a ruir.[12] Num congresso de medicina em 1915 em Hamburgo, os sintomas do choque auditivo foram eliminados por hipnose. Antes do fim desse ano, a origem de 40% dos danos sofridos em combate por soldados britânicos estava sendo diagnosticada como psicológica.[13] Mesmo assim, muitos dos psiquiatras do exército rejeitaram o recurso à psicologia. Tratando a neurose de guerra como seus predecessores haviam tratado a histeria, eles a descreveram como uma debilidade ou enfer-

---

* Embora os termos *Granatcshock* e *shell shock* sejam mais específicos, pois referem-se exclusivamente às perturbações psíquicas decorrentes dos choques auditivos provocados pelas granadas usadas na guerra, à falta de equivalente mais preciso, usaremos doravante o termo genérico "neurose de guerra". (N. da T.)

midade da vontade, introduzindo termos como "neurose da ganância" e "neurose da luta pela pensão" a fim de solapar sua legitimidade. O tratamento com base no choque elétrico e na nudez, prometiam eles, aumentaria "a atividade do indivíduo de maneira inaudita".[14]

A neurose de guerra foi um indício da devastação psicológica precipitada pela guerra, uma devastação que a antiga psiquiatria não tinha condições de entender. Como escreveu um soldado, "quem quer que tenha permanecido nessas trincheiras tanto quanto a nossa infantaria [...] deve, no mínimo, ter perdido a vontade para muitas coisas. Tanto horror, tanta coisa inacreditável viveram nossos pobres companheiros. [...] O nosso pobre cérebro simplesmente não consegue processar tudo isso".[15] Ernst Simmel, jovem aluno alemão de Freud, exprimiu-se assim: "Não é só a maldita guerra que deixa tantos rastros devastadores; [...] é também o difícil conflito que vive a personalidade. [...] Tudo o que, na experiência de uma pessoa, é forte ou terrível demais para que seu consciente possa apreender e processar é filtrado para níveis inconscientes da psique. Lá, isso fica como uma mina, à espera do momento de explodir."[16] Em algum ponto da linha Maginot, um estudante de medicina francês chamado André Breton teve um *insight* ainda mais fértil. Tratando de um soldado que achava que a guerra era uma farsa, que os feridos estavam maquiados e que os cadáveres eram alugados das escolas de medicina, ele começou a formular o que chamou de surrealismo.[17]

A situação vinha a calhar para a psicanálise. Por aceitar plenamente a dimensão psicológica, ela podia apresentar-se como alternativa humana e não coerciva à antiga psiquiatria. Todos os colegas próximos de Freud trabalharam com vítimas da neurose de guerra. Abraham chefiou uma central de casos psiquiátricos no *front* do leste. Ferenczi organizou a ala de psiquiatria de um hospital militar de Budapeste. Ernst Simmel foi encarregado de um hospital psiquiátrico de campo em Posen. Viktor Tausk trabalhou como especialista em psiquiatria numa corte militar em

A neurose de guerra e seu tratamento: "Antes" e "Depois" (1919)

Lublin e como representante na defesa de soldados levados à corte marcial por deserção.[18] Abraham forneceu um exemplo da abordagem por eles adotada: "Não levo em consideração nenhuma terapia violenta nem a hipnose", preferindo uma "espécie de psicanálise simplificada".[19] Simmel, por sua vez, queixou-se de que os psiquiatras não analíticos "transformavam o tratamento em tortura".[20] "Ao que parece, o destino nos apresentou [...] uma oportunidade sem precedentes de pôr à prova a veracidade da teoria do inconsciente" de Freud, resumiu o médico britânico W. H. R. Rivers.[21]

A psicanálise foi recebida de braços abertos não só por suas teorias psicológicas, mas também por sua exclusiva abordagem do gênero. Por volta de 1916, a explicação favorita dos psiquiatras para a neurose de guerra era a "passividade" forçada dos soldados. Segundo Rivers, ela devia-se ao fato de "os homens permanecerem muitas vezes passivos e desamparados nas trincheiras por longos períodos".[22] Para W. M. Maxwell, um "alto grau de tensão nervosa é mais comum entre homens que têm [...] de permanecer inativos enquanto são bombardeados. Para o homem dotado de um nível normal de autocontrole, isso logo se torna uma questão de forçar a atenção a cada granada que se aproxima e especular a que distância ela vai explodir. [...] A maioria dos homens não pode suportar mais que [...] uma ou duas horas".[23] O British War Office também concluiu que a principal causa da neurose de guerra era "o perigo prolongado em posição estática". Tais explicações revelaram-se aparentemente justificadas quando a incidência de neuroses caiu bruscamente após as ofensivas alemãs de 1918.[24]

"Passividade", claro, era uma senha para feminilidade. Os psiquiatras militares contemporâneos viam a neurose de guerra como a falência da masculinidade, assim como seus predecessores viam a histeria como a falência da feminilidade. Garfield Powell, correspondente de guerra britânico, enfurecido com as conversações antibélicas durante a ofensiva do Somme, escreveu: "Neurose de guerra! Eles lá sabem o que é isso? Os homens tornam-se crianças indefesas, chorando e acenando como loucos, agarrando-se ao mais próximo e implorando para não serem deixados sozinhos."[25] O Capitão McKechnie, personagem de *Parade's End/O fim do desfile*, de Ford Madox Ford, suplicava: "Por que não ser uma maldita mulher de uma vez por todas e ter o privilégio de gritar?" Embora Freud tivesse abandonado a idéia de que a masculinidade era um fator psicológico independente, o mesmo tipo de expressão era corrente entre analistas. No congresso psicanalítico de Budapeste em 1918, Abraham observou que os soldados do *front* eram forçados a suportar os perigos com "desempenho puramente passivo". Por conseguinte, eles "demonstram traços de completa passividade feminina na maneira como se entregam ao sofrimento. Nos sintomas, revivem eternamente a situação que causou o surto de sua neurose e tentam provocar a comiseração alheia".[26]

A guerra só tinha sido possível porque uma ética anterior, aristocrática e guerreira, centrada na honra, na abnegação e na força física masculinas ainda parecia viável em 1914. Quando a guerra afinal demonstrou ser uma questão de violência massificada e insensata — e não uma questão de heroísmo individual — a ética antiga começou a esgarçar-se. A neurose de guerra foi o sintoma desse desgaste.²⁷ Apesar dos termos usados por Abraham, a psicanálise colocou-se à frente na ruptura da espinha dorsal dessa ética anterior, que prezava o autocontrole e a manutenção da diferença estrita entre os sexos. A magnitude da mudança foi bem apreendida pela escritora Pat Barker, em sua reconstrução das reflexões de W. H. R. Rivers, quando este começou a aplicar métodos analíticos:

> Ao fazer os pacientes entenderem que não havia por que envergonhar-se do colapso, que o medo e o horror eram reações inevitáveis ao trauma da guerra e que era muito melhor reconhecê-los que recalcá-los, que a ternura por outros homens era natural e correta, que as lágrimas eram uma parte aceitável e útil do luto, [Rivers] estava colocando-se contra toda a moral com que eles haviam sido criados. Aqueles homens haviam sido treinados para identificar a repressão emocional como a essência da masculinidade. Os homens que perdiam o controle, choravam ou admitiam ter medo eram efeminados, mulherzinhas, fracassados. Não eram *homens*. E, no entanto, ele próprio era produto do mesmo sistema. [...] Ao aconselhar seus jovens pacientes a abandonar a repressão e permitir-se *sentir* a pena e o terror que sua experiência da guerra inevitavelmente evocava, ele estava escavando o próprio chão em que pisava.²⁸

Muitas vezes já se disse que a teoria freudiana da pulsão de morte era uma reação à Grande Guerra. Essa afirmação possui uma certa verdade, mas não a verdade simples e reflexiva à qual geralmente as pessoas se referem. No fundo, a neurose de guerra colocava vários problemas para a antiga teoria, e isso provocou sua completa reformulação.

Um desses problemas era a óbvia prioridade de um fator externo, ambiental, na precipitação da neurose. O problema estava na experiência presente do soldado, e não em um passado infantil e recalcado. Como isso poderia ser explicado à luz da teoria do inconsciente? Além disso, as neuroses de guerra não poderiam ser explicadas com base no antigo modelo de recalque. As vítimas da neurose de guerra não recalcavam suas experiências; pelo contrário, as repetiam compulsivamente, no sonho, por exemplo. Como a repetição de uma experiência penosa poderia compatibilizar-se com o princípio do prazer que Freud postulara, o qual presumia que a psique fazia qualquer coisa — inclusive desviar-se da realidade — para descarregar tensão?

Assim como havia possibilitado a descoberta do inconsciente, a reformulação do significado do gênero possibilitou também a teoria revisada. Na tentativa de explicar a neurose de guerra, Freud desenvolveu o seguinte raciocínio: todas as suas vítimas, independentemente do sexo, repetiam as experiências traumáticas porque estavam tentando dominá-las. No caso da neurose de guerra, os soldados atingidos voltavam repetidamente ao momento anterior à explosão da granada porque estavam tentando preparar-se para uma nova explosão. Mas essa "preferência pelo papel ativo" tinha uma relevância mais geral. Na tenra infância, quando o ego ainda era fraco, mesmo pequenas perturbações poderiam ser traumáticas. Assim, o neto de Freud repetiu compulsivamente a experiência de ser abandonado pela mãe inventando um jogo no qual escondia e achava uma bola, repetindo *da/fort*, aqui/sumiu. O motivo da repetição era o desejo infantil de dominar o sofrimento. "No início", observou Freud, o neto "estava numa situação *passiva* — ele estava subjugado pela experiência. Porém, por mais desagradável que fosse, ao repeti-la como brincadeira, ele assumia um papel *ativo*."[29]

A sensibilidade de Freud à repetição provinha das dificuldades da situação analítica. Os pacientes temiam ficar colocados numa situação passiva, vulnerável, baseada num protótipo infantil traumático. Eles expressavam sua "resistência" à análise através da recusa em *lembrar* as experiências infantis. Em vez disso, a *repetiam*. A repetição era uma tentativa equivocada de dominar o trauma original, destinada a evitar um evento que já havia ocorrido. A mesma compulsão de repetição poderia ser observada na vida adulta. Freud citou uma mulher que se havia casado com três homens, e os três haviam morrido logo em seguida. A compulsão de repetição tinha em si algo de "demoníaco". Não obstante, era também tão generalizada — podemos vê-la nas brincadeiras infantis, por exemplo — a ponto de sugerir organicidade.

A compulsão de repetição, escreveu Freud mais tarde, o "colocou na trilha da pulsão da morte".[30] Com isso, referia-se à sua convicção de que a compulsão de repetir experiências desagradáveis — e a dificuldade de lembrar o protótipo inconsciente de tais experiências — não poderia ser inteiramente explicada por um conflito dinâmico. Em vez disso, ela refletia algo da natureza da vida instintiva em si, a saber, seu caráter "conservador": sua tendência a desfazer aquilo que o ego lutava por realizar. A hipótese da pulsão da morte foi uma tentativa de explicar essa tendência. O que Freud antes havia descrito como princípio do prazer — a tentativa de liberar a mente da tensão —, agora descrevia como pulsão da morte, termo que conotava decomposição, entropia e retorno ao estado inorgânico. O que antes havia entendido como instintos sexuais e de autopreservação, agora ele subsumia no termo "instintos de vida" ou *eros*. Graças à sua relação interior com a morte, esses instintos também continham um impulso regressivo para a decomposição.

A tentativa de refletir sobre as implicações do trauma e da repetição levou Freud à teoria revisada ou estrutural. No lugar da distinção entre consciente e inconsciente, ele propôs a divisão entre id, ego e superego. O ego (*das Ich*), quando Freud começou a concebê-lo durante a guerra, ainda era o "eu" do narcisismo, um objeto de amor para os instintos. Mas ele começou a pensar nele cada vez mais também como uma instância mental que mediava entre os instintos e o mundo exterior. Em ambos os sentidos, o ego era ameaçado por "choques" a ele exteriores. Esses choques poderiam provir do mundo exterior ou de dentro, embora esse "interior" fosse exterior ao ego. Se na guerra o principal perigo era um "choque" externo, na paz o inimigo do qual o ego se defendia era normalmente a libido ou *eros*, "cujas exigências lhe parecem ameaçadoras".[31] Freud agora via a ansiedade (*Angst*) — que antes descrevera como sexualidade recalcada — como sinal da iminência de um choque. O trauma acontecia quando o sinal da ansiedade falhava.[32] Segundo sua previsão, no fim o foco no trauma contribuiria para explicar as neuroses graves e as psicoses de construção interpessoal, em especial a paranóia.

Assim, a guerra colocou a psicanálise num novo caminho. Ela pôs fim à visão vitoriana da família como "refúgio num mundo impiedoso" ao situar o trauma e a repetição no âmago da vida sexual e emocional. A importância da autopreservação — que havia desaparecido com a teoria do narcisismo — logo seria restabelecida, porém com uma inflexão diferente, defensiva. A prática da análise estava prestes a passar da interpretação do inconsciente à descoberta da resistência. Como o pavor da passividade parecia tão forte, os elementos passivos, "femininos", do amor nas mulheres pareciam difíceis de compreender. A psicanálise estava evoluindo de uma corrente de pensamento que coexistia facilmente com a social-democracia e a reforma social para uma teoria que encontrava suas mais profundas aplicações na tentativa de entender o fascismo.

Dois anos depois do fim da guerra, ao ler num jornal a resenha de *Além do princípio do prazer/Beyond the Pleasure Principle*, de Freud, Thomas Mann escreveu em seu diário que o livro assinalava o "fim do romantismo [...] e a morte do simbolismo sexual que lhe é praticamente idêntico".[33] A anotação de Mann atingiu o cerne da questão. O romantismo, em especial sua variante alemã, de fato era exemplo de uma exaltação mais antiga do eu. O simbolismo sexual a que Mann se referia era a meta da transcendência, da fusão do eu com um evento de abrangência irrestrita como a guerra. Embora nesse momento ainda estivesse ambivalente quanto ao pensamento de Freud, ao longo da década de 1920 Mann passou a vê-lo como um baluarte contra o que considerava o renascimento do romantismo na Alemanha do século XX, a saber, o nacional-socialismo, ele próprio mais um produto da guerra.

A Grande Guerra foi uma comoção catastrófica em meio à qual fluíram correntes utópicas. A revolução bolchevique, por sua vez, foi uma comoção utópica que continha uma catástrofe. Ironicamente, a guerra e a revolução implicavam uma à outra. Durante anos, homens e mulheres europeus haviam mandado seus filhos para as trincheiras, para enfrentar-se com o único objetivo de matar-se uns aos outros, sem nenhuma esperança de vitória ou retirada.[34] Durante anos, eles os viram cair em chamas do céu ou afogar-se nos "escuros recônditos do oceano"[35]. O apelo original da Revolução Russa estava não só na compreensão que Lenin tinha da profundidade da crise, mas também em sua suposta solução contra ela. Por mais destrutivos que fossem os bolcheviques, Robert Musil segredou a seu diário: "É preciso admitir uma coisa: eles olharam para dentro do abismo."[36]

Os caminhos do marxismo e da psicanálise já se haviam cruzado antes — por exemplo, no período que antecedeu o congresso de Nuremberg —, mas a revolução bolchevique inspirou um novo campo de relações. A razão era uma oculta afinidade. Como a psicanálise, o bolchevismo era um produto da segunda revolução industrial, cujas realizações tecnológicas pareciam respaldar o salto para o comunismo. Assim como inspirara as esperanças com relação ao comunismo, a guerra inspirou a fé na psicanálise. O momento em que o abismo tornou-se mais profundo foi também o momento em que as duas correntes primeiro se tocaram. Depois da tomada do Palácio de Inverno em Moscou pelos bolcheviques em 1917, seguiram-se tumultos em Viena, em Praga, na Alemanha e na Bulgária. Na Hungria, os comunistas tomaram abruptamente o poder. Por conseguinte, reuniu-se por convite do regime comunista de Béla Kun em setembro de 1918, o primeiro congresso analítico desde 1913. Inspirado pelas neuroses de guerra — o novo governo húngaro tinha planos de construir uma clínica para seu tratamento —, o regime reservou um hotel novo e elegante para os analistas visitantes e providenciou um vapor especial para passeios pelo Danúbio.[37]

O congresso de Budapeste tomou duas resoluções que viriam a influir imensamente na história da psicanálise no pós-guerra: primeiramente, preparar-se para a terapia de "massa", isto é, financiada pelo Estado e, em segundo lugar, exigir que todos os analistas fossem analisados.[38] Ambas as resoluções provinham da crise decorrente da guerra. A primeira baseava-se na idéia de que a psicoterapia deveria ser considerada um direito. Na Hungria, o governo comunista estatizou hospitais, sanatórios e empresas farmacêuticas, subsidiou o atendimento médico gratuito para as crianças, melhorou os salários e as condições de trabalho dos professores e introduziu a educação sexual nas escolas públicas, removendo crucifixos e proibindo as orações escolares.[39] E garantiu a Freud apoio estatal para as clínicas psicológicas. Com a aprovação do congresso analítico para a terapia financiada pelo governo, Freud explicou: "A assistência mental deveria ser um direito tão vital do pobre quanto a cirurgia. [...] As neuroses não ameaçam menos a saúde pública que a tuberculose".[40] Ao mesmo tempo, fundaram-se clínicas ambulatoriais de orientação analítica destinadas a pacientes sem recursos para tratamento particular, como a Tavistock, em Londres, e a Bellevue, em Nova York.[41]

Refletindo a resolução referente à massificação, a análise na Europa revestiu-se de um caráter social ao longo das décadas de 1920 e 1930. Em fevereiro de 1920, foi inaugurada em Berlim a Policlínica de Potsdamerstrasse, financiada por Eitingon e instalada num edifício reformado por Ernst, filho de Freud, a qual destinava-se a propiciar psicoterapia de baixo custo, com subsídio do governo.[42] Simmel, presidente do sindicato dos médicos socialistas de Berlim, comentou que a sociedade "faz os pobres se tornarem neuróticos e deixa seus neuróticos permanecerem pobres".[43] Três anos depois, Freud acrescentou que a análise a baixo custo era uma necessidade social, já que os estratos intelectuais, "especialmente sujeitos à neurose, estão afundando irremediavelmente na pobreza".[44] Em Berlim, durante a década de 1920, 14% dos pacientes eram operários. Em Viena, esse percentual era de 24 e em Budapeste, antes do fim dessa década, qualquer pessoa "que estivesse doente tinha direito a tratamento".[45]

A massificação da análise implicava também o papel pedagógico dos analistas na cultura social-democrata da época. Em Berlim, a Policlínica oferecia cursos como "A teoria psicanalítica do crime" e "Aspectos psicanalíticos da interação interpessoal".[46] Em Viena, os psicanalistas distribuíram uma cartilha psicanalítica (*Das Psychoanalytische Volksbuch*) para as classes trabalhadoras. A prefeitura da cidade, em sinal de reconhecimento, ofereceu-lhes um terreno para a construção de um instituto.[47] Siegfried Bernfeld, eminente analista vienense, deixou a direção do Lar dos Órfãos da Guerra para dedicar-se à organização do Hashomer Hatzair, movimento da juventude sionista e socialista na Palestina.[48] Na Inglaterra e na Áustria, criou-se o termo "análise aplicada" para referência ao trabalho analítico na pré-escola, nas clínicas de orientação infantil e juvenil e na assistência social.[49] Os analistas pronunciaram-se contra a punição física, concitando aqueles que lidavam com crianças no trabalho "a refletir, em vez de encolerizar-se", e publicaram obras progressistas de grande difusão, como *Wayward Youth/Juventude rebelde*, de August Aichhorn, e *From the Unconscious Life of Our School Youth/Sobre a vida inconsciente de nossos escolares*, de Hans Zulliger.[50]

Além do endosso às clínicas públicas, o congresso de Budapeste apoiou também a exigência da análise de treinamento para todos os analistas.[51] O propósito de tal resolução era garantir a independência da análise através do controle do treinamento e do credenciamento. Ela visava distinguir a análise tanto das técnicas populares, que não exigiam nenhum treinamento, quanto da psiquiatria, que exigia um diploma em medicina. Os requisitos para alguém se tornar analista eram, segundo Freud, "a instrução psicológica e uma perspectiva humana livre".[52] É verdade que, em 1918, os analistas europeus eram em sua maioria médicos, mas na Europa os médicos não gozavam do *status* que tinham conseguido nos Estados Unidos. Muitos analistas não tinham diploma de medicina, entre os quais Oskar Pfister (ministro), Hermine Hug-Hellmuth, Anna Freud e Barbara Low (professoras), Lou Andreas-Salomé e Otto Rank (escritores), Hanns Sachs (advogado), Ella Freeman Sharpe (professora universitária de literatura), August Aichhorn e Siegfried Bernfeld (assistentes sociais) e Ernst Kris (historiador da arte). Na Sociedade Analítica de Moscou, prestes a ser fundada, apenas três dos oito membros eram médicos.[53] Embora a pressão para a exigência do diploma em medicina tenha começado logo após a Grande Guerra, os analistas europeus tinham educação extremamente vasta, numa época em que Freud, com precisão, atribuiu a própria existência do movimento psicanalítico "à exclusão da psicanálise das universidades".[54]

As resoluções relativas à análise em massa e ao treinamento eram tentativas de estabelecer um lugar para a análise no mundo do pós-guerra. Ao mesmo tempo, o congresso reafirmou a concepção austera porém exaltada da vida pessoal inerente à psicanálise. Em seu discurso de abertura, Freud abordou o desejo de James Jackson Putnam de colocar a psicanálise "a serviço de uma determinada visão filosófica de mundo [e] incentivá-la no paciente com o fito de enobrecer-lhe a mente. Em minha opinião", afirmou Freud, isso "não é senão usar de violência, ainda que a recobrindo

Sándor Ferenczi e Sigmund Freud, 1918

das mais louváveis intenções". Dedicando o discurso a refutar, mais uma vez, as idéias defendidas por Jung e Adler antes da guerra, ele declarou ser a "psicossíntese" "um termo vazio". E gabou-se: "Recusamo-nos a transformar em propriedade privada nossa o paciente que, buscando ajuda, se coloca em nossas mãos, a decidir seu destino por ele, a impingir-lhe nossos próprios ideais e a recriá-lo, com o orgulho do Criador, à nossa própria imagem e semelhança, cuidando para que a obra saia perfeita", acrescentando em seguida: "Tenho sido capaz de ajudar pessoas com as quais nada tenho em comum — nem raça nem formação, posição social ou visão geral da vida — sem afetar sua individualidade."[55]

O *ethos* revolucionário que cercava a análise era um estímulo para as tentativas de estabelecer comunicação em larga escala, mas o conteúdo dessa comunicação era o respeito pela autonomia individual. Em artigo escrito para uma revista de Budapeste, Freud tentou explicar o apelo popular da análise. Segundo escreveu, suas proposições essenciais não lhe eram exclusivas: a "vontade" de Schopenhauer era "equivalente aos instintos mentais da psicanálise", por exemplo. O que, na sua opinião, distinguia a psicanálise não era a afirmação *abstrata* de suas proposições, mas sim sua insistência para que elas tocassem "pessoalmente cada indivíduo, forçando-o a tomar alguma atitude diante desses problemas".[56] O fato de que os conceitos, escritos e *insights* freudianos derivassem da prática concreta da análise de casos individuais era a suprema fonte de seu apelo.

A psicanálise seguiu rumos diferentes nas regiões bolchevique e social-democrata do mundo do pós-guerra. Seu destino na União Soviética refletiu não só os pressupostos totalitários do comunismo, mas também o caráter predominantemente camponês da família na Rússia e em todo o leste europeu. A psicanálise e a social-democracia ocidentais, por sua vez, evoluíram conjuntamente, convergindo para a criação do estado keynesiano de bem-estar durante a Segunda Guerra Mundial.

Durante a revolução bolchevique, a família patriarcal foi vista como o "bastião conservador de todas as misérias do antigo regime", mas a Nova Política Econômica, que teve início em 1921, foi acompanhada por tentativas de liberalizar a vida da família de classe média. O resultado foi o renascimento da psicanálise na Rússia. Surgiram grupos analíticos em Moscou, Petrogrado, Kiev, Odessa, Kazan e Rostov.[57] Em Kazan, a sociedade analítica publicou um periódico que tratava da "psicologia do trabalho". Em Moscou, ela patrocinou um lar experimental para crianças.[58] Em 1922, os analistas soviéticos fundaram o segundo instituto analítico do mundo, com aprovação tanto da International Psychoanalytic Association quanto do governo soviético.[59] No mesmo ano, 12,5% dos membros da associação internacional estavam na União Soviética. A Biblioteca Psicológica e Psicanalítica, administrada pelo governo, traduziu, publicou e promoveu a distribuição maciça de obras analíticas em edições de baixo custo. Lenin queixou-se de que o freudismo se havia tornado uma mania.[60]

Esse entusiasmo era reflexo da esperança bolchevique de anexar a psicanálise ao comunismo. Assim, temos produtos exemplares da revolução — como as memórias de Nadezhda Mandelstam, a "terapia teatral" de base freudiana de Nikolai Yevreinov e *The Master and Margarita/O mestre e Margarita*, de Mikhail Bulgakov — comparando a psicanálise ao hipnotismo, resquício do despotismo associado ao antigo regime simbolizado pelo poder de Rasputin sobre a família do czar. Segundo Fiodor Stepun, "entrávamos em cada escritório como se fosse um instituto psicanalítico", com isso aludindo a um novo mundo de palavras e gestos que precisavam ser decodificados, não controlados de cima. Mikhail Bakhtin e Sergei Eisenstein estabeleceram com o pensamento freudiano um diálogo que durou a vida inteira.[61] Em 1923, Bernard Bykhovskii defendeu um "marxismo freudista", deflagrando assim um amplo debate. Os neuropsicólogos mais jovens, como Alexander Luria e Lev Vygotsky, afirmaram que "a psicanálise rompe decisivamente com a metafísica e o idealismo da antiga psicologia, propiciando uma nova perspectiva, [...] a de um processo orgânico que se desenrola no organismo humano visto como um todo".[62]

Não obstante, mesmo no apogeu da Nova Política Econômica, havia uma contradição fundamental entre o bolchevismo e a psicanálise. A diferença não era apenas uma questão de liberdade de expressão; os bolcheviques não tinham um conceito de vida pessoal. Leon Trotsky é um exemplo do problema. Em toda a história da análise, não houve nenhuma outra figura política de estatura comparável cujo envolvimento com a psicanálise tenha sido tão sério. Ele visitou Alfred Adler e outros analistas em Viena entre 1909 e 1911, participou de reuniões analíticas e estudou textos de psicanálise com Adolf Ioffe, um paciente russo e bolchevique de Adler. Apesar da crescente inimizade de Stalin, ele deu apoio velado às sociedades analíticas, canalizando recursos para elas e eludindo ataques. No entanto, Trotsky rejeitava a própria idéia de autonomia pessoal.[63] Depois do golpe bolchevique, ele jactou-se de que "a revolução lidou com os nervos [de Ioffe] muito melhor que a psicanálise. [...] [Ela] o reanimou [e] esclareceu". O interesse de Trotsky pela análise intensificou-se quando se deparou com um problema inesperado: a resistência do povo russo ao bolchevismo. Então raciocinou da seguinte forma: o marxismo havia subordinado apenas o inconsciente *social*; ele precisava da psicanálise para subordinar o inconsciente *psicológico*.[64] Assim, para Trotsky, o inconsciente precisava ser socializado e submetido a controle.

No Ocidente, a experiência dos conselhos revolucionários inspirou uma linha de raciocínio distinta diferente, que visava usar a psicanálise para aumentar a complexidade da visão de mundo socialista. Assim, Otto Gross, citando o sentimento comunitário promovido pelos conselhos, afirmou que, numa sociedade baseada no amor materno, a agressividade desapareceria.[65] "A sociedade sem pai" (*Die Vaterlose Gesellschaft*), de Paul Federn — apresentada em palestra à Sociedade Psicanalítica de Viena em 1919 —, analisava as lutas políticas de Viena em termos do relacionamento com o pai. A maioria dos social-democratas, "extremamente presos à atitude do filho", aliava-se a militaristas burgueses na esperança de ganhar projeção, enquanto os espartacistas transformavam o "vínculo original com o pai [...] em [...] ódio instintual".[66] Na Inglaterra, onde as repercussões da guerra haviam diminuído gradativamente sem conselhos revolucionários, M. David Eder — psicanalista, sionista e ativista do Partido dos Trabalhadores britânico — descreveu a Liga das Nações como uma tentativa de criar autoridade co-igual. Observando que "a horda de filhos não existe facilmente sem um pai", ele insistia na reinterpretação das questões relativas à autoridade à luz da crescente atividade política das mulheres, que estava trazendo a mãe para o domínio político. O tempo mostrou que a palestra de Eder era profética. Quando o fantasma da guerra ressurgiu, a Liga das Nações promoveu uma correspondência entre Albert Einstein e Sigmund Freud acerca das causas da guerra e convidou analistas como Edward Glover para falar sobre as raízes instintuais da guerra.[67] Durante a Segunda Guerra Mundial, a análise passou a ocupar o centro da conscientização democrática, antifascista.

Por fim, as estreitas relações entre marxismo e psicanálise refletiam suas origens comuns: o desejo utópico. Porém seu utopismo era diferente. Para os marxistas, a vida pessoal era uma ilusão, um mero desvio do sonho de uma sociedade comunal em que nada seria privado e tudo seria compartilhado. O apelo da psicanálise, por sua vez, refletia sua inédita compreensão da profundidade e do valor da vida pessoal. Embora a psicanálise bebesse de fontes utópicas, seu caráter íntimo era profundamente antiutópico, sempre lutando por incutir uma pitada de realidade nos sonhos da vida pessoal. O fato de nas sociedades desenvolvidas, em que a família já não era uma unidade de produção, a vida pessoal ser ela mesma um produto social não foi apreendido por nenhuma das duas correntes. Os marxistas não perceberam que, sem respeito à autonomia individual, jamais conseguiriam desenvolver uma concepção convincente de socialismo, e os analistas não conseguiram ver a rapidez com que o domínio político, "meramente exterior", afetaria seu projeto — e, na verdade, o destruiria.

Freud lidou com os impulsos duais em jogo na psicanálise — o utopismo e o realismo, o respeito ao poder dos instintos e a crença nas possibilidades da razão — passando livremente de um a outro. Sua sensação de ser um estranho — coisa que jamais perdeu — foi sua mais forte aliada. Certamente, sua simpatia pelo que em 1926 denominou "o grande experimento da civilização, [...] agora em andamento no vasto país situado entre a Europa e a Ásia"[68] era comedida. Ao ouvir de um comunista que a sete anos de guerra, fome e miséria se seguiriam sete anos de paz, prosperidade e harmonia, ele disse acreditar na primeira parte da profecia. Mas tinha pouca simpatia também pela invasão norte-americana da Europa, iniciada em 1917. "América, a boa samaritana, curando as feridas da Europa devastada pela guerra", diz o personagem J. Ward Moorehouse, especialista em publicidade, em *1919*, de John Dos Passos — e acrescenta, com um risinho de censura: "E a piada da história é que isso é verdade."[69]

A alienação política de Freud aumentou com a Conferência da Paz em Paris. Embora Woodrow Wilson entendesse que a guerra exigia uma nova compreensão da psicologia, além de novas formas de comunicação e conhecimento, Freud o considerava um tolo e concordou em que seu nome fosse usado por William Bullitt numa biografia psicológica em que este expunha constrangedores deslizes do presidente. Aparentemente Bullitt, paciente de Freud, retirou-se da delegação norte-americana em Versailles quando Wilson recusou-se a avaliar a oferta de Lenin de restringir o governo comunista a Moscou e São Petersburgo em troca de um lugar à mesa de negociações.[70]

A análise era a única pátria de Freud. Enquanto o mundo todo celebrava o armistício, ele escreveu a Ferenczi, referindo-se ao episódio da neurose de guerra: "Que azar, mal [a análise] começa a interessar o mundo, [...] a guerra acaba." Ferenczi respondeu com estoicismo: "Nossa posição como excluídos continuará por enquanto."[71] Evidentemente, havia outras razões para pessimismo. Freud, como muitos austríacos, estava em péssima situação financeira; aceitava que os honorários fossem pagos com batatas e contratou um professor de inglês para o caso de ter de emigrar para evitar a ruína financeira.[72] A epidemia de gripe, que matou sua filha Sophie em 1920, a morte de câncer de seu mecenas e amigo Anton von Freund, além de eventos ligados a pessoas mais distantes, como o suicídio de Viktor Tausk, o levaram a perguntar a Jones: "Você tem lembrança de alguma outra época tão cheia de morte?"[73]

Quando a guerra acabou, Freud tentou reunir o Comitê — Abraham, Ferenczi, Rank, Jones, Eitingon e Sachs —, mas o encontrou minado por rivalidades. Rank se havia mudado para Cracóvia, havia assumido a editoria da publicação oficial do exército austríaco e se casado. Tudo isso fortaleceu sua independência de Freud. Depois da guerra, passou a administrar a editora Internationaler Psychoanalytischer Verlag, considerada por Freud a mais importante instituição analítica.[74] Em maio de 1919, durante o interregno comunista, Ferenczi finalmente obteve um cargo de professor na universidade e tornou-se diretor do sanatório Batizfalvy. Três meses depois, os comunistas foram depostos, Ferenczi foi acusado de "colaboração" e seu diploma de medicina foi cassado.[75] Até o final da década de 1920, ele havia levado a vida numa espécie de nuvem. Freud queria que Ferenczi se estabelecesse em Viena e pensava que ele poderia substituir Jones como representante internacional da análise, mas nenhuma dessas esperanças se concretizou. Enquanto isso, Jones e Rank disputavam a direção da Verlag pulando nas jugulares um do outro.

Abalado por essas e por outras tensões e decidido a evitar uma repetição dos cismas anteriores à guerra, o *Männerbund* concordou em se comunicar por meio de *Rundbriefe*, circulares internas.[76] Todos juraram não deixar o Comitê sem a concordância dos demais. O último encontro ocorreu em setembro de 1921, quando por uma semana, sem as famílias, os sete homens percorreram as montanhas Harz, no leste da Alemanha, hospedando-se em hotéis confortáveis e visitando coleções de antiguidades. Freud leu-lhes em voz alta um trabalho que havia escrito sobre a telepatia. Como estudantes de ocultismo, disse ele, os analistas haviam sido "tratados com desprezo e arrogância pela ciência oficial". Isso não era de surpreender, já que a análise "se coloca contra tudo o que é convencionalmente delimitado, bem estabelecido e aceito de modo geral".[77] Seus seguidores o avisaram de que o artigo era por demais controverso para publicação; ele seguiu o conselho e o destruiu.[78]

Apesar do pessimismo analítico, por volta de 1921 uma onda de otimismo, causada em grande parte pela recuperação econômica, varreu todas as capitais do Ocidente. Reflexo ao mesmo tempo do fim dos horrores da guerra e das novas possibilidades decorrentes da produção em massa, esse foi o momento em que o termo "modernidade" se tornou ubíquo. O surgimento do Partido dos Trabalhadores na Inglaterra, o começo de uma coalizão de centro-esquerda na França e o crescimento dos social-democratas na Alemanha estimularam o novo espírito. Enquanto isso, uma nova geração, nascida nas décadas de 1880 e 1890, se havia constituído pela oposição à guerra: os dadaístas, na neutra Zurique e, em seguida, em Paris, Nova York e Munique; os socialistas, na Rússia, na Alemanha, na Europa central e nos Estados Unidos; os defensores da reforma sexual e da objeção consciensiosa em Londres e Berlim; as sufragistas pacifistas em Londres e Nova York. Entre os representantes dessa geração, o entusiasmo pela psicanálise explodiu em todas as partes.

Entre os que se voltaram para a psicanálise no início da década de 1920, havia alguns veteranos. Entre estes, estava a maioria dos colegas com quem Freud lidou diretamente e artistas como André Breton e Max Ernst, que haviam voltado da guerra convencidos de que era preciso criar uma nova literatura e uma nova pintura baseadas no inconsciente. Blaise Cendrars, que perdeu um braço, e John Dos Passos, que serviu numa ambulância, começaram a escrever sobre psicologia profunda. Siegfried Sassoon deu início ao relato de suas memórias, que culminava no tratamento para a neurose de guerra, ao qual fora submetido por W. H. R. Rivers. Suicida, ferido, perturbado, ele lembrava a entrada de Rivers no seu quarto de hospital: "Sem uma palavra, ele sentou-se ao lado da cabeceira; seu sorriso era mais que uma bênção para tudo por que eu havia passado. 'Oh, Rivers, tenho me divertido tanto desde que o vi pela última vez!' E compreendi que era por isso que eu estivera esperando."[79]

Outros haviam sido estudantes durante a guerra. Adrian Stephen, o irmão caçula de Virginia Woolf, que estava estudando direito medieval em Cambridge, "de repente [jogou] a Idade Média [...] pela janela". Ele e a mulher, Karin, se mudaram para Viena a fim de tornar-se analistas.[80] Jean-Paul Sartre, que tinha 17 anos e estudava o "penso, logo existo" cartesiano para concluir o curso secundário, topou com a *Psicopatologia da vida cotidiana*, "suas substituições, junções e deslocamentos". "O livro me fez perder o fôlego", escreveu ele posteriormente.[81] Outro estudante de filosofia, Theodor Adorno, em Frankfurt, começou a escrever uma dissertação que tentava integrar Kant e Freud.[82] Wilhelm Reich e Helene Deutsch, psiquiatras recém-formados, apresentaram-se à Sociedade Psicanalítica de Viena para treinamento. Jane Harrison, estudante de clássicos em Cambridge que inicialmente tivera "nojo" da "lama sexual" de Freud, de repente viu que "a luz se fez", o que provocou uma "sensação de liberação. Ali estava uma imaginação ampla e construtiva; ali estava um simples médico expondo a nu as origens do drama grego como nenhum teórico clássico conseguira".[83]

Para muitos, o fim da guerra abriu novas portas à emancipação. André Gide escreveu em seu diário: "Freud. Freudismo. [...] Nos últimos dez ou quinze anos me tenho entregue a ele sem o conhecer." E então, algumas linhas depois, a publicação de *Corydon* — onde Gide expõe a própria homossexualidade ao grande público — é "finalmente conhecido".[84] Kurt Tucholsky, editor de *Die Weltbühne*, principal periódico esquerdista de Weimar, via na hipocrisia o problema essencial da Alemanha de Weimar. As reformas, escreveu ele, "não terão nenhuma serventia se não houver um pouco de honestidade (*Redlichkeit*) no país". Em seu estúdio, pendurara uma foto de Freud.[85] Em sua reação à proibição de *O arco-íris/The Rainbow*, de D. H. Lawrence, durante a guerra, George Bernard Shaw chamou Freud de o líder da defesa da liberdade de expressão.[86] Romain Rolland via na guerra um indício do "começo de uma era de grandes catástrofes, na qual grande parte da nossa antiga civilização 'branca' desaparecerá". Enquanto traduzia e biografava Rabindranath Tagore, Swami Vivekananda, Swami Ramakrishna e Mahatma Gandhi, Rolland começou a corresponder-se com Freud para discutir o problema da não-violência. Suas profecias sobre o fim da dominação branca, por sua vez, foram traduzidas e publicadas em *The Crisis*, o jornal da NAACP (National Association for the Advancement of Colored People, Associação Norte-americana para o Progresso das Pessoas de Cor).[87]

Caso se precisasse apontar o livro mais emblemático do novo fascínio da análise no pós-guerra, esse livro seria *Eminent Victorians/Vitorianos eminentes* (1918), de Lytton Strachey. Segundo Cyrill Connolly, *Eminent Victorians* foi "o primeiro livro dos 'anos 20'". Articulando a revolta do pós-guerra contra o "vitorianismo", "ele acertou na nota de ridículo que toda a geração cansada da guerra queria ouvir. [...] Usando a arma de Bayle, Voltaire e Gibbon" contra os criadores da Cruz Vermelha e do sistema escolar público, o livro pareceu aos jovens do pós-guerra "uma luz no fim do túnel".[88] Como observou posteriormente Leon Edel, ele fora escrito com "uma nova espécie de tinta — a tinta de Viena, de Sigmund Freud".[89] Alguns anos mais tarde, Lewis Namier, imigrante polonês na Inglaterra, fez suas próprias traduções de Freud e inventou uma nova abordagem da história política demonstrando que as ideologias políticas, como a liberdade, eram racionalizações de paixões e interesses mais profundos.[90] Os círculos literários de Londres também descobriram Freud por volta de 1920. Segundo a poeta Bryher (Annie Ellerman), "as pessoas nem sempre concordavam, mas ele sempre era levado muito a sério".[91]

Finalmente, havia os Estados Unidos, país que, apesar de alheio em espírito à análise freudiana, já abrigava o maior número de analistas em todo o mundo. Assim como muitos norte-americanos foram para Paris para pintar ou escrever após a guerra, outros tantos foram para Viena e Berlim para tornar-se analistas, entre os quais Abram Kardiner, Clarence Oberndorf, Joseph Wortis, Roy Grinker e Ruth Mack Brunswick. À medida que surgia uma verdadeira vanguarda norte-americana, o interesse por Freud ganhava o centro das atenções. Max Eastman "leu todos os livros de Freud e todos os livros sobre Freud disponíveis em inglês, repassando" os pontos da doutrina até tornar-se "uma espécie de especialista amador".[92] Floyd Dell considerava-se "uma espécie de missionário do tema".[93] Susan Glaspell queixou-se: "Não se podia mais comprar [...] um pão sem ouvir falar nos complexos de alguém." Sherwood Anderson relatou que "os intelectuais jovens não faziam outra coisa senão analisar-se uns aos outros. [...] Eles me analisaram. Eles analisavam quem estivesse passando na rua".[94] E, conforme observado, Lincoln Steffens recordou a discussão numa noite de 1911, no salão de Mabel Dodge Luhan em Greenwich Village, na qual "Walter Lippmann apresentou-nos a idéia de que as mentes dos homens eram distorcidas por recalques inconscientes. [...] Não havia conversas mais cordiais, tranqüilas e cheias de reflexão [...] do que as que versavam sobre Freud e suas implicações".[95]

Paul Johnson, deixando entrever a desilusão de uma geração posterior com a psicanálise, descreveu assim a explosão de interesse do pós-guerra: "Não foi a primeira vez que um profeta de seus cinqüenta anos, há muito no deserto, [...] de repente encontrou na juventude dourada uma platéia absorta."[96] Mas "juventude dourada" nos diz mais sobre Johnson que sobre os leitores que Freud encontrou no pós-guerra. O interesse deles deve ser compreendido no contexto da guerra. Aquela catástrofe de obscenidade inimaginável havia também lançado uma luz nas profundezas em que a ordem global estava sendo refeita. Se, por um lado, a guerra sinalizou um nível de perigo inteiramente novo, por outro, abriu caminho para possibilidades sem precedentes. A psicanálise apreendeu ambos os impulsos e foi, por sua vez, apreendida por eles. À medida que as fantásticas capacidades produtivas da segunda revolução abriam-se para uma nova terra prometida, a guerra foi entrando em segundo plano na mente das pessoas. As recordações de Carl Jung ilustram isso. Em 1926, ele sonhou que estava "voltando do *front* com um homenzinho, um camponês, em sua carroça. À nossa volta, em toda parte explodiam granadas, e eu sabia que tínhamos de seguir em frente, [...] pois era muito perigoso". Mais tarde, ele analisou esse sonho: "As granadas que caíam do céu eram [...] mísseis vindos do 'outro lado'. Portanto, eram efeitos que emanavam do inconsciente, do lado-sombra da mente." Ao despertar, ele anotou o seguinte: "A guerra, que no mundo exterior havia acontecido alguns anos antes, ainda não chegara ao fim, pois continuava a ser vivida na psique."[97]

Capítulo Seis

FORDISMO, FREUDISMO E MODERNIDADE

Nosso Ford ou nosso Freud* — que é como, por alguma razão inescrutável, ele resolveu chamar a si mesmo sempre que fala sobre questões psicológicas.

— Aldous Huxley, *Admirável mundo novo/ Brave New World*

Foi Henry Ford — e não Woodrow Wilson ou Vladimir Lenin — quem se revelou o grande símbolo do pós-guerra. Graças às suas inovações, a irracionalidade do capitalismo parecia domada; seu grande maquinário já não se voltava obsessivamente apenas para dentro a fim de extrair *superávit* dos operários das fábricas, mas também para fora, a fim de criar poder de aquisição em massa. Os norte-americanos, conforme observou um comentarista britânico, haviam "resolvido o problema que [...] ainda abala a Europa": eles haviam criado uma economia baseada na produção em massa e, ao mesmo tempo, minorado o conflito de classes.[1] Devido a esse impulso rumo ao planejamento e à racionalização, muitos associaram o fordismo à conformidade, à padronização e ao reinado da máquina. Contudo, paradoxalmente, ele também transformou a vida pessoal num fenômeno de massa. O resultado foi uma convergência fatal entre o fordismo e o freudismo.

É irônico que Henry Ford tenha dado nome a essa época, já que era um perfeito representante de um impulso mais antigo rumo à sistematização, à ordem e ao planejamento. Obcecado com a contenção dos custos, Ford começou em 1914 a monitorar a vida familiar de seus operários, na esperança de reduzir os atrasos, o absenteísmo, a rotatividade e o desleixo no trabalho. Como disse John R. Lee, seu consultor para assuntos trabalhistas: "O Sr. Ford acredita, e eu também, que se continuarmos a trabalhar repetidamente no seio da família, no lar [...] vamos criar homens melhores para as futuras gerações

---

* Aldous Huxley faz aqui um trocadilho — *our Ford* (nosso Ford) por *our Lord* (nosso Senhor) — que diviniza tanto a figura do empresário, senhor da produção, quanto a do analista. (N. da T.)

O fordismo e a linha de montagem, *circa* 1940

do que se simplesmente nos concentrássemos nos indivíduos em seu trabalho".[2] Mas o fordismo não poderia ser reduzido ao planejamento e à sistematização. Uma das razões é o novo nível de atenção pessoal que os gerentes fordistas dedicaram aos operários, criticando severamente o anterior sistema taylorista, de administração científica, que visava reduzir os trabalhadores a peças de uma engrenagem.[3] Além disso, o punho de ferro da racionalização usava a luva de pelica do consumo em massa. A política salarial fordista conhecida como *"five-dollar day"** — a qual possibilitou aos empregados comprar os carros que construíam — simbolizou o novo regime.

O consumo em massa refletia o amadurecimento da segunda revolução industrial. Na primeira, os requisitos da produção determinavam o nível de consumo. Assim, os bens de consumo só eram criados para reproduzir o poder da mão-de-obra que produzia matérias-primas, máquinas e fábricas. A segunda revolução industrial reverteu essa relação: a demanda do consumo passou a dirigir a economia. A partir daí, a meta do sistema passou a ser a expansão, e não a restrição, do consumo. A expansão do consumo coincidiu com o aumento da importância da classe administrativa, dos técnicos e da mão-de-obra especializada.

O resultado foi um novo foco na psicologia. No trabalho, exigia-se dos gerentes e administradores que descobrissem "o que o empregado pensa; [...] quais são as suas alegrias e aspirações?"[4] No mercado,

---

* Cinco dólares fixos por dia de trabalho foi a contraproposta de Ford aos operários após uma greve em 1913, na qual eles exigiram a redução das horas de trabalho para oito por dia. No dia seguinte ao anúncio, houve tumulto nos portões da fábrica, em Detroit: dez mil homens queriam candidatar-se a trabalhar na Ford. (N. da T.)

esforços conjuntos para seduzir os consumidores deram origem a novas indústrias, como a da publicidade, a do cinema e a da pesquisa de opinião. O rádio transformou o lar numa sala de concertos, num teatro e num *outdoor* falado. É bem verdade que muitas das técnicas que informavam a nova economia de consumo não vinham da psicanálise em si, mas sim de áreas como a psicologia, o behaviorismo e a testagem. Apesar disso, o freudismo alimentou o impulso geral rumo ao pensamento psicológico e forneceu a principal — se bem que, às vezes, implícita — concepção da mente.

O consumo de massa desencadeou também uma avalanche de fantasias utópicas. As vanguardas anteriores à guerra já haviam divisado no horizonte uma sociedade não mais determinada pela escassez. Os futuristas haviam associado o automóvel — a inovação tecnológica que caracterizou a segunda revolução industrial — à modernidade porque ele implicava libertação das restrições do espaço e do tempo.[5] Após a guerra, a celebração utópica do dinamismo assumiu novas formas. A publicidade, o financiamento a crédito e a comercialização explodiram. "Sensações" sem fim materializaram-se: *jazz*, nudismo, aviação, esportes profissionais, crime organizado. Artistas como Picasso e *performers* como Josephine Baker atingiram uma celebridade que não tinha precedentes. Mesmo na prisão, o comunista italiano Antonio Gramsci ficou espantado com a "fanfarra fordista, [...] a exaltação das grandes cidades, o planejamento geral para a conurbação de Milão, [...] a afirmação de que o capitalismo está apenas no começo e que é preciso preparar-se para seus grandiosos padrões de desenvolvimento".[6] Às vésperas da revolução bolchevique, os pintores cubo-futuristas Mikhail Larionov e Natalya Goncharova haviam escrito: "Exclamamos: todo o brilhante estilo dos tempos modernos — nossas calças, jaquetas, sapatos, bondes, carros, aeroplanos, ferrovias, vapores grandiosos — é fascinante; é uma grande época, uma época que ainda não viu igual em toda a história do mundo".[7]

Assim, o fordismo deu origem a um paradoxo: tendo começado como uma tentativa de sistematizar tanto o trabalho quanto a família, ele ensejou a idéia utópica de que a vida humana já não precisava subordinar-se aos imperativos da produção. Escrevendo na cela de uma prisão fascista em 1928, Gramsci captou com brilhantismo a relação entre a psicanálise e esse paradoxo. Como todas as tentativas de planificação da sociedade — Gramsci citou *A cidade do sol/City of the Sun*, de Campanella —, o fordismo colocava a questão sexual no centro do seu projeto. No intuito de produzir "um novo tipo de trabalhador", um trabalhador que submetesse os "instintos naturais (isto é, animais e primitivos) a normas e hábitos novos, mais rígidos e complexos", a indústria "fordizada" recorreu ao "aumento da coerção moral exercida pelo aparelho do Estado". Porém, só a coerção não daria resultado. O fordismo precisava do freudismo porque este articulava os anseios íntimos do trabalhador. Ao recapitular o papel desempenhado pelas fantasias primitivas durante o Iluminismo, Freud criara "um novo mito do [nobre] 'selvagem' sobre uma base sexual (incluindo-se aí as relações entre pais e filhos)", um mito apropriado à sociedade de consumo.

De acordo com Gramsci, o afrouxamento das restrições sexuais durante a guerra foi o que forneceu o solo em que esse mito germinou. Depois da guerra, o consumo de massa estimulou um relaxamento maior. Os conservadores atacavam o fordismo pela sua vida doméstica "fria" e "sem alma"; as mulheres norte-americanas, lamentaram eles, já não consideravam o trabalho doméstico um *Beruf*, uma vocação. Gramsci, por sua vez, via com desdém o antiamericanismo e elogiava o fordismo por produzir "um novo tipo de união sexual", livre da boêmia e dos "ouropéis românticos", e "uma nova personalidade feminina", que abraçava tanto o trabalho quanto os homens. Entretanto, Gramsci insistia, o capitalismo bloqueava seu próprio potencial de emancipação. E aí estava a importância do freudismo. O freudismo inspirava homens e mulheres a ir além da membrana capitalista do fordismo, mas apenas no reino do pensamento.[8]

O fordismo, portanto, abrigava um paradoxo. Movido por uma paixão de padronização, ele inspirou a individualidade; materialista na forma, era animado por uma visão de liberdade. Filmes como *A turba* (1928), de King Vidor, tornaram esse paradoxo aparente. O protagonista, John Sims, nascido em 4 de julho de 1900, nutrira a vida inteira o sonho de tornar-se "especial", um "grande homem", sonho que ele exprimia através do desprezo pelos "perdedores" que encontrava no trabalho e nas ruas. Depois de vários reveses, ele abandona esse sonho e aceita o seu lugar como membro da multidão. Na cena final, ele leva a família a um espetáculo de *vaudeville*, enquanto a câmara entra em fusão para mostrar os rostos indistintos da platéia. O brilhantismo do filme está na complexidade com que questiona o sonho de Sims. Aceitar seu lugar na multidão *é*, para ele, uma espécie de triunfo e, ao mesmo tempo, uma amarga derrota.

Depois da guerra, a psicanálise viu-se enredada nesse paradoxo. Sendo, afinal, uma tentativa de transformar a sociedade numa fábrica, o fordismo funcionou graças a um artifício que levou as pessoas a situar sua verdadeira identidade fora do trabalho. A psicanálise foi o artifício do fordismo. Força marginal, carismática e extra-econômica, a psicanálise ao mesmo tempo defraudou e aprofundou a lógica da racionalização. Longe de ser, como muitas vezes se afirma, um agente de adaptação ou conformidade, a psicanálise tornou-se tão importante exatamente porque promovia a individualidade. Por um lado, ela abriu caminho para um mundo interior e liberou o pensamento de processo primário sem o qual a racionalização teria permanecido externa. Por outro, ela tornou-se parte estável de uma organização social, contribuindo para a incorporação da vida pessoal e da sexualidade na própria estrutura do planejamento e da ordem.

A relação entre psicanálise e família estava no âmago desse paradoxo. Com o advento do consumo de massa, a família continuou a perder sua identidade nuclear como unidade produtiva baseada na propriedade privada. Ao mesmo tempo, ela ganhou novo significado como domínio da vida pessoal, esfera da sociedade em que se esperava compreensão e valorização "por aquilo que se é". À medida que as pessoas foram perdendo o medo de pertencer a um sistema integrado de trabalho social, o freudismo lhes foi dando um novo significado, de acordo com o qual a individualidade estava baseada no inconsciente, nos desejos e, acima de tudo, na infância de cada um. Assim, as coordenadas econômicas e sociológicas do casamento tradicional abriram-se diante de um novo horizonte, um horizonte envolto em paixão, mistério e amor. Originalmente um agente de desfamiliarização, a psicanálise começou a adquirir sutilmente um papel refamiliarizador.

Diga-se, a bem da verdade, que a integração da psicanálise à estrutura da organização social capitalista não aconteceu de maneira regular. Na classe operária industrial, as inovações do consumo das quais se esperaria que pudessem romper com as solidariedades intracomunitárias — como o cinema, as cadeias de lojas e o rádio — foram na verdade adaptadas por famílias e comunidades a fim de manter vivas as culturas locais. A vida pessoal da classe operária germinou, como afirmou Lizabeth Cohen, "na intimidade da comunidade".[9] Como contraponto, o freudismo tinha apelo direto para as vastas novas classes médias do fordismo, cujos membros muitas vezes trabalhavam em profissões influenciadas por ele.

Entre esses novos profissionais estavam os "especialistas em relações humanas", como os assistentes sociais, os conselheiros sentimentais, os especialistas em educação sexual, os consultores dos juizados de menores e os psicoterapeutas, de um lado, e aqueles que trabalhavam na nova cultura de massa, do outro. O freudismo foi tão importante para a autodefinição desses novos profissionais quanto o calvinismo havia sido para os primeiros pioneiros do capitalismo. Informando a autocompreensão desses indivíduos como "geração perdida" em vez de nova classe social, o freudismo sancionou sua visão da família como a arena da realização pessoal. Ele instilou-se nas suas idéias sobre a criação dos filhos e a educação progressista, que celebravam a criatividade e a diversidade. Ele permeou sua cultura comercial, que tendia a igualar o *jingle* imaginativo ao impulso dos bosques verdejantes. Ele subscreveu seus modelos grupais de autoridade e organização, que descreviam governos e corporações em termos de auto-regulação homeostática, e não de controle de cima para baixo. Ele incentivou seu desprezo pelo racismo biologístico, ao mesmo tempo em que inspirou o culto ao primitivismo em que se baseavam suas novas noções de etnicidade e cultura. Devido às suas características "desmascaradoras", ele informou até mesmo seu desdém menckenesco pela cultura e democracia de massas — um desdém que, paradoxalmente, era ubíquo.

O impulso de controle social da segunda revolução industrial estava por trás das profissões ligadas às relações humanas. A Salpêtrière forneceu o modelo. Freqüentemente voltadas para a classe operária e os pobres, as técnicas de ordenamento psicológico destinavam-se a pré-selecionar e pré-tratar os doentes mentais, os delinqüentes escolares e os incapazes para o serviço militar. As antigas técnicas de gerenciamento de conflitos, como a lei e a religião, passaram a ser consideradas opressivas e coercitivas. Os analistas, por sua vez, não impunham nada, apenas reagiam ao desejo do cliente, como muitas vezes eles mesmos se jactaram. Isso, evidentemente, tornava as técnicas analíticas infinitamente mais eficazes. Promovendo "uma maior flexibilidade nas estruturas relacionais, um afrouxamento das garras da família", a psicanálise contribuiu para transformar muitas profissões em conduítes de normas relacionais.[10]

A psicanálise também propiciou o arranque para a moderna psicoterapia do escritório, com base na premissa então inovadora de que a vida pessoal era uma esfera autônoma que precisava de seus próprios especialistas. Nos Estados Unidos, Morton Prince disse que a terapia freudiana do pós-guerra, como a inundação provocada por uma maré grande, deixara as outras abordagens "submersas como mariscos enterrados na areia da maré vazia".[11] Na Inglaterra, o episódio da neurose de guerra tornara o Tavistock Institute uma vanguarda do sociofreudismo. Na França, a Ligue Nationale Française d'Hygiène Mentale do governo começou a substituir as técnicas de detecção de marcadores hereditários, "externos", por psicologias de base freudiana. Os terapeutas de orientação analítica, por sua vez, se orgulharam de seu "ecletismo". Freud queixou-se dos "muitos psiquiatras e psicoterapeutas que aquecem sua panela de sopa em nosso fogo" mas "não se mostram muito gratos pela nossa hospitalidade".[12]

Se a influência da psicanálise sobre as profissões terapêuticas contribuiu para a diminuição do alcance do Estado, também serviu à difusão de um modo de pensar que apenas recentemente se tornara psicológico. Tornando-se cada vez mais o termo preferencial para designação do pensamento psicológico, o freudismo não apenas refletiu, mas ajudou a construir um novo objeto: a experiência pessoal. Inventando uma nova linguagem de autodescrição, ele introduziu ou redefiniu palavras como "oral", "anal", "fálico", "genital", "inconsciente", "psique", "pulsão", "conflito", "neurose", "histérico", "complexo paterno", "complexo de inferioridade", "ideal do ego", "narcisista", "exibicionista", "inibição", "ego", "id" e "superego". Com isso, ele estimulou as pessoas a verem boa parte do que viviam como proveniente de dentro de si mesmas e, assim, contribuiu para o processo de desenvolvimento interior que é a única base sólida para o progresso.

Se as profissões da área das relações humanas refletiam o impulso do controle, a cultura de massa refletia o impulso utópico que o acompanhava: o de fugir ao controle. Mas embora a psicanálise tenha sido diretamente incorporada a essas profissões, suas contribuições para a cultura de massa foram indiretas. Duas delas se destacam. Primeiro, ela retratou os indivíduos como infinitamente desejantes, em vez de passíveis de satisfação, imagem que era indispensável ao crescimento do consumo de massa. Segundo, ela forneceu à cultura um estoque de personagens e situações mitológicas, como a cena primal e o complexo de Édipo, que retratavam o indivíduo em guerra contra a natureza, e não contra a história.

A idéia de que o inconsciente constituía um poço insaciável, mas também manipulável, de desejos foi crucial para o desenvolvimento da cultura do consumo. Depois da publicação, em 1908, de *The Psychology of Advertising/A psicologia da publicidade*, de Walter Dill Scott, seguiu-se uma avalanche de livros sobre publicidade que usavam a linguagem analítica de maneira corrompida: "instinto da horda", "mesmerização", "sugestão". O consumidor, resumiu um diretor de agência, "quase sempre compra obedecendo inconscientemente ao que acredita serem os ditames de uma autoridade ansiosamente consultada e respeitada".[13] Os anúncios eficazes rompiam com as "resistências" do consumidor, acrescentou Edward Bernays, sobrinho de Freud e autoproclamado "pai das relações públicas nos Estados Unidos".[14] Quando *Printer's Ink*, o jornal da indústria da publicidade, quis resumir a história da profissão em 1938, descreveu assim sua relação com a nova psicologia: "O primeiro anúncio vendia o nome do produto. Na segunda fase, mencionavam-se as especificações do produto. Por fim, veio a ênfase nos usos do produto. A cada etapa, a publicidade se afastou mais do ponto de vista da fábrica para aproximar-se dos processos mentais do consumidor."[15]

A função mitogenética da psicanálise — função que levou Nathanael West a declarar Freud o novo Bulfinch* — prestou sua maior contribuição ao cinema.[16] A primeira das formas de arte de base tecnológica surgidas da segunda revolução industrial — o cinema — passou a ocupar lugar central na sociedade de consumo depois da Primeira Guerra Mundial.[17] Enquanto os filmes narrativos anteriores à guerra haviam sido moralistas, o cinema de entretenimento de massa que floresceu na década de 1920 foi permeado pelo freudismo. Os filmes extremamente populares de Cecil B. DeMille, nos quais um parceiro se cansa do vitorianismo do outro e brinca com a idéia de ter um caso extraconjugal, são um exemplo. Em 1923, em *Flaming Youth*/Juventude ardente — "o filme que 'vendeu' a 'mocinha irreverente' para o grande público" —, a estrela Colleen Moore aparecia lendo um livro de Freud. Fora das telas, seus agentes incumbiram-se de frisar que ela de fato lia Freud. John Barrymore preparou-se para uma apaixonada montagem teatral de *Hamlet* consultando-se com um analista, Smith Ely Jelliffe.[18] Na Europa, o freudismo deu contundência a filmes surrealistas e expressionistas, como *O anjo azul*, que retratava de modo crítico a autoridade patriarcal. Mas no filme hollywoodiano clássico, a análise foi domesticada e ironizada. Em *Carefree*/Sem preocupações (1938), Fred Astaire diz a sua relutante paciente, Ginger Rogers: "Eu só estou tentando ajudá-la a se encontrar". "Se eu me perder, eu procuro você", responde ela.[19]

Reconhecendo o entrelaçamento do cinema com a psicanálise, muitos diretores tentaram filmá-la. *The Criminal Hypnotist*/O hipnotista criminoso (1908), de D. W. Griffith, retratou o primeiro psiquiatra do cinema. *Le mystère des roches de Kador*/O mistério das rochas de Kador (1912), de Léonce Perret, apresentava a "aplicação do cinematógrafo à psicoterapia" como forma de "remédio mental" que agia através de imagens. *O Dr. Mabuse* (1922), de Fritz Lang, girava em torno de um psicanalista que usava seus poderes extraordinários para manipular a bolsa de valores, as mesas dos cassinos e uma vasta rede subter-

---

* Thomas Bulfinch, mitólogo norte-americano e autor, entre outros, de *The Age of Fable*/A era da fábula (1855). De tão popular nos Estados Unidos, a obra passou a ser chamada simplesmente *Bulfinch's Mythology* (Mitologia de Bulfinch). (N. da T.)

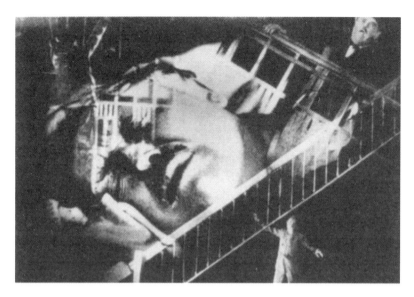

Fotogramas de *Segredos de Uma Alma*

rânea de falsificadores cegos, além de levar um paciente ao suicídio. O filme fez Paul Federn pedir à Sociedade Psicanalítica de Viena que tomasse alguma providência para evitar as distorções que vinham sendo impostas à análise, mas seus pares não viram nenhum perigo. Em 1924, Sam Goldwyn zarpou para a Europa anunciando que ofereceria a Freud cem mil dólares para que este o ajudasse a compor "uma verdadeira história de amor". Caso Freud se recusasse, ele o convidaria a "vir para os Estados Unidos e colaborar numa viagem de carro pelo coração deste país". Ninguém melhor que Freud, segundo Goldwyn, para perceber as "motivações emocionais e os desejos reprimidos". No ano seguinte, Karl Abrahams, Hanns Sachs e Siegfried Bernfeld foram abordados por Goldwyn e pela produtora alemã UFA para fornecer consultoria para um filme psicanalítico.

Freud desaconselhou a participação, advertindo a Abraham que "a representação plástica de nossas abstrações não é possível. Não devemos consentir em nada que seja desinteressante".[20] Apesar disso, num contexto em que Lou Andreas-Salomé dizia que o filme era a única "técnica [...] que permite a rápida sucessão de imagens, assemelhando-se a nossa própria atividade imaginativa, até mesmo imitando seus caprichos", Otto Rank elogiava o filme por usar a "linguagem clara e sensória das imagens" para descrever fenômenos que o falante "não consegue exprimir em palavras", e Hanns Sachs insistia em que "seria monstruoso ignorar esse meio", o conselho de Freud foi rejeitado. O filme, *Segredos de uma alma*, foi realizado por G. W. Pabst com financiamento de Goldwyn e "consultoria científica" de Abraham e Sachs.[21] "Cremos ter conseguido, em princípio, apresentar até mesmo os mais abstratos conceitos", afirmou Abraham.[22] Apesar de sua recusa em participar, Freud elogiou Goldwyn pela intenção de se ater "ao aspecto da nossa matéria que pode ser muito bem representado plasticamente, isto é, o amor".[23] Enquanto isso, a Jones ele disse: "Talvez sejamos todos demasiado conservadores nessa questão."[24]

Talvez Freud *fosse* conservador, mas a psicanálise, não. Embora os juízes do bom gosto ainda exigissem que a cultura elevasse o espírito e incentivasse as qualidades exteriores, éticas e sociais, em vez das interiores, concretas e privadas, a psicanálise negava a possibilidade tanto de entender a mente em separado do corpo quanto a de que o senso moral constituísse o mecanismo direcionador da psique como um todo. Fornecendo, como Gramsci percebeu, um novo mito do nobre selvagem, a psicanálise facilitou a democratização maciça da cultura que germinou na década de 1920. Ao mesmo tempo, a análise em si sofreu uma degradação. Em 1917, a gráfica de Hearst já havia publicado em folhetim uma análise, a de Mabel Dodge Luhan, em cujo salão de Greenwich Village haviam ocorrido as primeiras discussões analíticas dos Estados Unidos.[25] Dez anos mais tarde, William Randolph Hearst tentou levar Freud a Chicago "a qualquer preço" para "analisar" os jovens assassinos Leopold e Loeb.[26]

Freud jamais voltou aos Estados Unidos depois das conferências da Clark, mas não faltou movimento na direção oposta. Assim como no século XIX a hegemonia britânica sobre o sistema capitalista mundial assentava-se nos sistemas dos bancos, do direito internacional e dos seguros, no século XX a hegemonia norte-americana assentava-se nos filmes, carros e produtos baratos, padronizados, para o lar. Como permeava tão profundamente a estrutura mítica da cultura fordista, o freudismo mesclou-se irremediavelmente ao consumismo. A análise parecia ilustrar a idéia de que, como colocou uma jovem egressa de uma universidade mista, "o jovem típico de hoje [década de 1920] não está preso pelas rígidas convenções" das gerações anteriores.[27] O freudismo entremeou a americanização à modernidade. Ele se tornou um dos muitos fenômenos

— como a ciência social, a filosofia analítica e a pizza — inventados na Europa, transformados nos Estados Unidos e depois reimportados.

A psicanálise, então, conferiu ao fordismo uma indispensável dimensão utópica, facilitando uma onda de racionalização que, sem ela, teria sido muito mais difícil de atingir e muito diferente em caráter. Porém, a psicanálise não era a única corrente utópica da década de 20. Pelo contrário: a cultura, como um todo, estava presa à agitação da "modernidade" que marcou a época, à redefinição daquilo que o liberalismo iluminista havia chamado de "sujeito", que passou do *locus* da razão universal a um indivíduo contingente, situado em um tempo e espaço concretos e caracterizado por uma consciência profundamente individualizada. Ajudado pelo freudismo, o fordismo transformou sua concepção do indivíduo num fenômeno de massa, especialmente nos Estados Unidos. Ao fazer isso, ele o vulgarizou, mas também o politizou, perguntando efetivamente que diferença faria se o sujeito do Iluminismo fosse uma mulher, um imigrante ou um ex-escravo. À medida que foram irrompendo novos movimentos sociais — a "nova mulher", o "novo homossexual", o "novo negro" —, a relação destes com a psicanálise ganhou importância. Dois lugares tiveram aqui especial relevância.

O primeiro foi a família no momento em que se transformava numa esfera discreta de tensões sexuais e intimidade pessoal. O segundo foi a nova cultura de massa, que então estava assumindo características demóticas, globais e multiculturais e fazendo um profundo investimento no "primitivo". Ambos os lugares testemunharam um envolvimento maciço com a psicanálise. Por certo, o envolvimento desta com os recônditos mais íntimos da família e da cultura reforçou seu carisma e facilitou sua transformação numa visão de massa utópica. Ao mesmo tempo, os novos movimentos sociais dos anos 20 fordistas eram muitas vezes ambivalentes no que se refere à psicanálise. Afinal, as mocinhas irreverentes, os homossexuais, os intelectuais radicais e os modernistas raciais bebiam todos das mesmas fontes subterrâneas não produtivistas e carismáticas que Freud. Acreditando que a psicanálise trazia em si uma autêntica descoberta — o inconsciente, descoberta tão significativa quanto a descoberta calvinista da alma individual —, eles também muitas vezes acharam que compreendiam a mensagem de Freud melhor que o próprio.

Considere-se, primeiramente, a relação de amor e ódio, decorrente da transformação da família, das mulheres com a análise. Como vimos, mesmo antes da Primeira Guerra Mundial, muitas mulheres viveram uma diminuição de seu papel e importância em relação aos de suas mães e avós, as quais trabalhavam no seio da família, protegidas pela propriedade produtiva privada. Assim, em carta a Jane Addams, Charlotte Gilman descreveu a sensação, presente na mulher moderna, de ter da vida uma experiência de segunda mão, de ter a vida em tradução, de não estar pronta para enfrentar a "face da experiência" e, por isso, temê-la. A socióloga Mary Roberts Coolidge toca uma nota semelhante ao lamentar o desaparecimento da "avó artesã", que tinha a seu dispor "um vasto e estimulante campo de ação" na época em que a família era uma "fábrica em miniatura". As feministas que compartilhavam dessa idéia buscaram a solução para a questão da mulher no trabalho social, e não na sexualidade. Por conseguinte, elas constituíram uma imensa reserva de antifreudismo. Charlotte Gilman, que foi a mais antifreudiana das feministas do início do século XX, por exemplo, achava que a exclusão das mulheres do trabalho social era a causa da histeria e caracterizou como "supersexualizada" a dona de casa "não produtiva" e "parasita".[28]

Após a guerra, uma nova geração feminina viu na disseminação da psicanálise mais um fator de diminuição. Como donas de casa e, principalmente, como mães, elas tornaram-se o foco da aspiração fordista à felicidade pessoal, responsáveis pela sexualidade, pela tônica afetiva da vida familiar e pela criação dos filhos. Longe de ser um refúgio, a família era para as mulheres um lugar de trabalho. No entanto, o freudismo estimulou a ilusão de que as mulheres estavam fora das relações de classe e dos processos materiais dominantes de sua época. Disfarçada de retorno aos afetos "naturais", a responsabilidade da mulher pela vida pessoal baseava-se na identificação ancestral entre as mulheres, a intuição e a sensualidade, identificação aparentemente corroborada pela psicanálise. A "nova mãe", conforme afirmou Havelock Ellis em 1922, "vê a maternidade como uma relação de intimidade amorosa e natural". Tendo deixado de guiar-se "pela obediência a tradições desgastadas, ela aprendeu a tornar-se amiga de seus filhos".[29]

Contudo, muitas mulheres foram atraídas pela análise depois da Primeira Guerra Mundial, e por razões que tinham uma relação específica com sua condição feminina. Em parte, isso era reflexo do profundo interesse das mulheres na transferência da produção para fora do lar. A psicanálise surgiu ao lado de inovações como o refrigerador, o aspirador de pó, o rádio, a máquina de lavar, o linóleo e a água encanada. As mulheres foram atraídas pela psicanálise pela mesma razão que foram atraídas pelo cabelo curto, pelos absorventes íntimos descartáveis (inventados em 1920 pela Kotex) e pela aviação: ela prometia uma liberação do peso substancial da família. Porém, ao mesmo tempo, a psicanálise abordava um problema específico que as mulheres do pós-guerra enfrentaram: o da "diferença das mulheres", que na década de 20 se reduzia à questão da sexualidade feminina.

Na superfície, o movimento das mulheres do pré-guerra, voltado para o sufrágio, havia deixado de lado a "diferença das mulheres". Por dentro, havia uma obsessão com a sexualidade, mas ela era entendida apenas como exploração sexual. As sufragistas inglesas e norte-americanas falavam freqüentemente na "guerra dos sexos", chamavam o casamento de "prostituição legalizada" e argumentavam que as mulheres, "privadas do direito de ganhar a própria vida, eram obrigadas a conter a própria personalidade para obter apoio econômico, ao passo que os homens, livres de tais restrições, aproveitavam-se de um padrão duplo". Cicely Hamilton, militante inglesa, tornou-se sufragista quando tomou conhecimento da história de Lucrécia, a romana que se suicidou após ter sido estuprada, e percebeu que "sua 'honra' não era uma qualidade moral, e sim física", que lhe poderia ser roubada por qualquer homem dotado de brutalidade suficiente. Atormentadas pelo padrão duplo, as sufragistas do período anterior à guerra mantiveram a premissa novecentista de que as mulheres eram responsáveis pela moral. Por conseguinte, tanto na Inglaterra quanto nos Estados Unidos, a luta pelo voto sobrepôs-se a campanhas femininas contra a prostituição e a favor da proibição e da censura de filmes e da restrição do direito ao voto nas classes inferiores.[30]

A guerra estilhaçou esse movimento feminista, em parte devido às novas experiências que promoveu entre as mulheres e em parte porque as vitórias sufragistas demonstraram que já não era possível unir reivindicações tão díspares na luta pelo voto. Embora muitos historiadores das mulheres descrevam a voga da psicanálise no pós-guerra como uma "contra-revolução", a verdade é que a guerra e as mudanças econômicas que a acompanharam colocaram em pauta desejos femininos que haviam sido eclipsados pelo movimento anterior.[31] As conquistas das sufragistas, especialmente sua ênfase na entrada da mulher no mercado de trabalho, não foram esquecidas, mas muitas das "novas mulheres" da década de 1920 rejeitaram a caracterização das relações entre homem e mulher como uma "guerra dos sexos". Em particular, enquanto as sufragistas haviam insistido em que "a maioria dos atributos humanos não é sexual", muitas mulheres da nova geração aceitaram a idéia de que o alcance da sexualidade na vida humana era tão amplo quanto Freud afirmava.

Elas o fizeram porque, tanto quanto os homens, eram atraídas pelo novo ideal da família, segundo o qual o casamento implicava uma relação sexual genuinamente pessoal e vivida em profundidade. O tamanho da família diminuiu e o uso de meios contraceptivos aumentou na medida em que o trabalho da mulher fora do lar se expandiu. Casais como Neith Boyce e Hutchins Hapgood ou Louise Bryant e John Reed, observados de perto pela mídia, foram pioneiros da "invenção da heterossexualidade". A psicanálise cristalizou esse novo ideal. Mais que os bem-documentados conflitos que acompanharam a nova heterossexualidade, o inédito era a conscientização inspirada pelo freudismo no que respeita às raízes psicossexuais desses conflitos e à expectativa feminina de realização sexual.[32]

A atração das mulheres pelos novos ideais de vida pessoal e liberdade sexual as colocou em conflito com a geração de suas mães e, acima de tudo, com o papel de guardiãs da moral dessas mães. O controle da natalidade — que as feministas do pré-guerra evitaram por recear que, com ele, os homens forçassem as mulheres a manter relações sexuais — tornou-se uma reivindicação-chave.[33] O filme *Stella Dallas*, muito popular na década de 20, retratava a mãe amarga vivendo vicariamente através da filha emancipada. A mocinha irreverente, segundo um entusiasmado redator do *New York Times*, podia "adotar a visão masculina de uma forma que sua mãe jamais poderia".[34] Por fim, a ressonância entre a nova mulher e o freudismo foi tão intensa que transformou a análise. Não obstante, o impacto de Freud foi ambíguo. Como veremos, o caráter abstrato e utópico do freudismo popular facilitou sua convergência com ideologias sexuais mais concretas.

Como argumentou Susan Kent, "ao abraçar visões radicalmente novas — e aparentemente liberadoras — das mulheres como seres humanos dotados de identidades sexuais, muitas feministas [...] aceitaram teorias da diferença sexual que contribuíram para estabelecer a idéia de esferas separadas para homens e mulheres".[35]

A psicanálise também tinha apelo para o "novo homossexual". No Harlem e em Greenwich Village — para não falar em Paris, no Schwabing e em Chelsea — subculturas, cafés e *performances* homossexuais coexistiam naturalmente com a cultura freudiana. Na Berlim de Weimar, a cidade em que os escritos de Freud foram mais detalhadamente estudados pela *intelligentsia*, o Instituto de Ciência Sexual de Magnus Hirschfeld e o Instituto Psicanalítico de Berlim patrocinaram seminários conjuntos. *Além do princípio do prazer/Beyond the Pleasure Principle* era lido junto com clássicos da sexologia, como *La Question Sexuelle/A questão sexual*, de Auguste Forel, e *Das Sexualleben unserer Zeit/A vida sexual do nosso tempo*, de Iwan Bloch, e filmes como *Anders als die Andern* (Diferente dos diferentes, 1919) e *Mädchen in Uniform* (Garotas de uniforme, 1931), que difundiam imagens positivas dos homossexuais, eram exibidos no mesmo programa que *Segredos de uma alma*. "Venha para Berlim. Berlim é rapazes", dizia o telegrama enviado por Christopher Isherwood a W. H. Auden em Londres, ainda que em Bloomsbury — que era um centro da psicanálise — os "*ménages à trois, à quatre, à cinq*" regularmente fizessem parte do círculo familiar.[36]

A psicanálise tinha apelo para os homossexuais pela mesma razão que para as mulheres: era a favor de emancipar a sexualidade da reprodução. Ao mesmo tempo, os homossexuais eram atraídos pelo ideal da comunidade do mesmo sexo, e não pelo que Judith Butler posteriormente chamou de "*pathos da heterossexualidade*". Em *Os sete pilares da sabedoria/Seven Pillars of Wisdom*, suas recordações da Primeira Guerra Mundial, T. E. Lawrence descreveu "o frêmito conjunto de seus amigos, braços e pernas num supremo abraço de ardente intimidade sobre a areia", acrescentando que essas experiências lhe ensinaram "a verdade por trás de Freud".[37] Com isso, Lawrence queria dizer que Freud via homossexualidade latente em toda parte, coisa que Freud certamente não fazia. Seguindo essa mesma rota, Hans Blüher, um dos editores do periódico homossexual *Der Eigene*, de Weimar, afirmou que as teorias de Freud implicavam que "além do princípio socializador da família que alimenta o Eros do homem e da mulher, [...] está em ação na humanidade um segundo princípio, o da sociedade masculina [*die männliche Gesellschaft*], que [...] encontra sua expressão na formação de vínculos afetivos entre homens [*Männerbunden*]". Entretanto, no fim Blüher rejeitou Freud, alegando que este era demasiado tolerante para com a "hipertrofia da família" e a resultante "debilidade na formação de vínculos afetivos entre homens", que Blüher associava ao judaísmo.[38]

Pela mesma razão — seu compromisso com a comunidade do mesmo sexo —, muitas mulheres homossexuais da década de 1920 também rejeitaram a psicanálise. Gertrude Stein rompeu com o irmão, Leo, porque ele havia resolvido submeter-se à análise. Visando a um século XXI não freudiano, "quando todo mundo esquecer que é ou tem pai", ela desdenhou os afetados anos 20, insistindo em que "se você escreve a respeito de si mesmo para alguém, fica parecendo que você é infeliz, mas em geral todo mundo [...] tem uma relativa alegria em viver".[39] Embora tenha sofrido uma profunda influência de Freud, a classicista de Cambridge, Jane Harrison, comparou a moda freudiana da década de 1920 à invasão dórica da Grécia pré-homérica ao citar evidências arqueológicas da existência de deusas-mãe e *The Golden Bough/O ramo de ouro*, de James Frazer. Em ambos os casos, um "burguês arquipatriarcal" — Zeus e Freud — impusera a família heterossexual a uma ordem matriarcal ctônica.[40]

A ambivalência das novas mulheres e dos homossexuais era reflexo das antinomias fundamentais da época fordista. A psicanálise era bissexual de uma forma que a homossexualidade não era: ela admitia identificações e relações objetais com ambos os sexos. No entanto, como profissão, a psicanálise não era inteiramente "bissexual": embora bem mais progressista que a maioria das demais profissões, era predominantemente masculina e não aceitava homossexuais. Por conseguinte, as mulheres e os homossexuais permaneceram em conflito no que se refere a esse novo mito do nobre selvagem.

Além de transformar a família numa esfera da vida pessoal, o fordismo transformou o significado da cultura. Em 1934, o editor norte-americano Henry Seidel Canby relembrou sua criação no interior dizendo que, apesar de sua cidadezinha não ser Atenas, sua vida fora "rica e profunda". Ao atingir os 14 anos, ele havia adquirido "aquilo que os antropólogos chamam de uma certa cultura, que é algo bem diferente de cultura, tornando-se, através de uma experiência fácil e natural, parte de uma sociedade consciente, organizada e unificada".[41] O uso que Canby fazia da palavra "cultura" baseava-se no seu sentido oitocentista, segundo o qual ela era todo um estilo de vida. Na década de 1920, porém, em meio à "heteroglossia" polívoca e cosmopolita das grandes metrópoles, o termo havia adquirido um matiz nostálgico. Assim como as mulheres eram associadas à natureza, à intuição e à sensualidade, a cidadezinha, a comunidade étnica ou o lugar de origem eram associados a raízes, profundidade e autenticidade. Às vezes, a nostalgia se convertia em primitivismo, à medida que os norte-americanos passaram a interessar-se pela arte escultórica africana, pelo teatro irlandês e pela Revolução Mexicana, bem como por domínios primários ou "primitivos" como os da criança, dos sonhos e do subconsciente.

A psicanálise serviu de veículo para investigação não apenas da vida familiar moderna, mas também da cultura moderna. Alguns compararam a análise ao primitivismo, reforçando o mito do nobre selvagem, mas muitas inovações — como os experimentos etnográficos dos surrealistas, a reescritura da teoria analítica em um mundo em processo de descolonização e o crescimento da escola da "cultura e da personalidade" nas ciências sociais — atestam a seriedade dessas investigações. Antes do movimento no sentido da reflexão, deflagrado pelo nacional-socialismo e associado à teoria crítica da Escola de

Frankfurt, o engajamento mais importante entre a psicanálise e a cultura moderna ocorreu em Nova York. De um cosmopolitismo sem par por sua localização, pelo número e variedade de seus imigrantes e por seu papel como centro das novas indústrias culturais globalmente organizadas — como, por exemplo, a da distribuição de filmes, música e livros —, Nova York era também a capital da América Negra, filão mestre da música, sexualidade e estética "primitivas". Abrigando as *intelligentsias* fusionadas de Greenwich Village e da Harlem Renaissance*, Nova York tornou-se a cidade em que havia mais analistas no mundo. O freudismo foi — e continuou sendo — fundamental à sua identidade.

A meta geral dos intelectuais nova-iorquinos da década de 1920 era desenvolver uma cultura genuinamente norte-americana, emancipada não só da Europa, mas também da Nova Inglaterra. Assim, esses intelectuais usavam a psicanálise inicialmente para compensar o calvinismo — ou puritanismo, como era chamada sua variante anglo-americana — conforme o simbolizavam não apenas os árbitros protestantes brancos neo-ingleses da cultura, mas também seus descendentes diretos no sul e no oeste do país. Na década de 1950, o antipuritanismo caiu em descrédito, graças, em boa medida, à demonstração da profundidade e complexidade do pensamento religioso puritano dada pela erudição de Perry Miller. Porém o que estava em jogo na década de 20 não era a religião, e sim a cultura — especificamente, a cultura solidificada pela experiência dos inícios do capitalismo, que aparentemente se havia estabelecido no país à custa da extinção de seu espírito. Para muitos, o fordismo havia possibilitado uma cultura nova, mais expressiva, mas os modos e costumes tradicionais persistiam, em especial no nível da família.

Usando o freudismo para contestar esses modos e costumes, esses intelectuais inicialmente viram a psicanálise como uma espécie de crítica imanente do puritanismo, preservando a ênfase calvinista na renúncia aos instintos, mas livrando-se do caráter ascético, compulsivo e hipócrita do calvinismo. Afinal, na situação psicanalítica, só estava presente um "Deus" analítico distante, inacessível e incompreensível, cujos ditames poderiam ser apreendidos apenas internamente, na melhor das hipóteses. A palavra-chave da análise, segundo repetiu Freud diversas vezes, era "abstinência". Nada de conselhos, nada de "maternação", nada de tentar a compreensão intersubjetiva. Só uma coisa importava: não era o sucesso material, a satisfação dos sentidos nem a "auto-estima", mas sim, da mesma forma que para os calvinistas, o estado anímico.

Além disso, os intelectuais redefiniram a anteriormente mencionada "descoberta da heterossexualidade" para revelar sua base histórica e cultural. Segundo Floyd Dell, o pensador nova-iorquino mais engajado à análise, a resistência do puritanismo poderia ser atribuída à família mais antiga, auto-suficiente e baseada na economia. Enquanto as mulheres e os jovens fossem economicamente dependentes da família, a autoridade paterna persistiria.

---

* Movimento cultural afro-americano, ocorrido nas décadas de 1920 e 1930, que estava concentrado no Harlem e celebrava as tradições, a voz e o estilo de vida dos negros. (N. da T.)

Quando a produção em massa eliminou a base familiar do puritanismo, "modos e costumes socialmente aceitáveis" transformaram-se em neuroses.[42] Contra a "antiga instituição familiar patriarcal", Dell defendia um "casamento baseado no amor [...], verificado quando e onde se removiam as considerações relativas a propriedades". A seu ver, esse "casamento baseado no amor" estava associado à boêmia, inovação fordista que a polícia condenava como reunião de "radicais, freudianos, andróginos [e] narcisos", mas que ele via como um espaço em que a autoridade paterna fora suspensa e a vida econômica fora reduzida a proporções apropriadamente mínimas. É importante observar que Dell não apoiava o "amor livre"; seu objetivo era inserir a reforma do casamento na reforma da cultura.[43]

Os intelectuais nova-iorquinos valeram-se da psicanálise também para estimular a integridade e a profundidade da nova cultura de massa. Em meio à proliferação de pequenas revistas e editores sérios, Van Wick Brooks reacendeu o interesse em Herman Melville e Mark Twain, vítimas do puritanismo cuja visão sombria prenunciava a de Freud. Outros introduziram a tragédia no teatro norte-americano, que até então conhecia apenas o melodrama, a comédia musical e a farsa. Aclamando as peças protofreudianas de Eugene O'Neill, eles comparavam o raso proscênio ao consciente, enquanto o poscênio, muito mais vasto, era comparado ao inconsciente, no qual se desenrolavam fantasias insuportáveis de incesto, parricídio e torturas raciais.[44] Dando início ao teatro experimental com a companhia Provincetown Players, eles lançaram a "era psicanalítica" da Broadway com *Suppressed Desire*/Desejo reprimido, de Susan Glaspell, em 1916.

Embora boa parte das críticas da década de 1920 ao puritanismo tivessem o intuito de dar espaço a judeus, italianos e a outros imigrantes, os intelectuais, tanto os brancos quanto os negros, da Harlem Renaissance viam a experiência dos negros norte-americanos de origem africana como crucial.[45] Uma das razões era a ausência, nos Estados Unidos, de um "povo", de algum "solo camponês" em que plantar uma cultura genuína. Como afirmava W. E. B. Du Bois, a América Negra era o único oásis do espírito "em um deserto poeirento de dólares e espertezas".[46] Além disso, na medida em que o puritanismo representava o passado sombrio e inconsciente dos Estados Unidos, não havia correntes mais sombrias que as produzidas pela escravidão. Mas, no entanto, que importância poderia a psicanálise ter — principalmente se levarmos em conta a sua lógica de desfamiliarização — para um povo tão direta e ostensivamente oprimido, se o esforço mais deliberado que esse povo havia empreendido era justamente no sentido de preservar a família?[47]

Não obstante, havia duas razões para a psicanálise ter importância na Harlem Renaissance. Uma delas era o fato de os intelectuais do Harlem também estarem lutando com o puritanismo conforme o representava a ideologia da auto-ajuda e da respeitabilidade de Booker T. Washington. Como queixou-se Jean Toomer, o mais importante modernista afro-americano, "nós que temos sangue negro nas veias, que estamos cultural e emocionalmente mais distantes da tradição puritana, somos seus mais ferrenhos defensores".[48]

Além disso, o profundo enraizamento da família afro-americana na sociedade afro-americana estimulou a tentativa de unir a psicanálise a uma teoria da cultura. Zora Neale Hurston oferece um exemplo.

Nascida em 1891 no Alabama, filha de uma professora primária e um agricultor que pagava o arrendamento das terras que lavrava com parte da colheita, Hurston inicialmente leu Freud em um curso sobre psicanálise dado por Franz Boas na Columbia University em 1925. Boas apresentava a psicanálise como uma oposição à ciência racial do século XIX. Porém, além disso, Hurston foi influenciada pelo método etnográfico, o qual, apesar de ser dialógico e interpretativo, aspirava ao *status* de ciência e, assim, era comparável à psicanálise. Ela foi influenciada também por Edward Sapir, colega de Boas, que acreditava ser a análise o "núcleo inestimável" da antropologia e definia a cultura como um recurso inconsciente que "personifica a índole nacional".[49]

Depois de sair de Columbia, Hurston viajou pelo sul afro-americano na condição de etnógrafa analítica. De acordo com ela, o dialeto, as histórias, o humor e os costumes populares do Sul Negro norte-americano constituíam um "inconsciente racial", no sentido de formarem um catálogo coletivo oral do passado, passado esse que insistia em fazer-se presente. O inconsciente racial tinha a sua própria linguagem. Assim, "o branco pensa através de uma linguagem escrita, e o negro pensa através de hieroglifos". Sua obra mais conhecida, *Seus olhos viam Deus/Their Eyes Were Watching God*, descrevia o esforço de uma mulher negra para superar seus traumas valendo-se da linguagem, de motivos folclóricos e lembranças coletivas dos confins do sul norte-americano. Em 1939, Hurston reagiu às complicações introduzidas por Freud ao descrever Moisés como egípcio, recontando a história do êxodo hebreu como o êxodo afro-americano da escravidão imposta pelos brancos. Como Freud, ela não só contestou o essencialismo racial, mas também ampliou a visão dele de que a liberdade trazia desafios ainda maiores para o povo afro-americano que a escravidão. A liberdade, diz muitas vezes seu Moisés ao povo depois da fuga do Egito, é um estado de espírito, "não um churrasco".[50]

Jean Toomer, contemporâneo de Hurston, também usou o conceito de inconsciente racial. Herdeiro de uma família aristocrática de afro-americanos "amarelos" de Nova Orleans e Washington, D.C., Toomer opunha-se a qualquer definição de si mesmo como negro, pois para ele isso implicava ignorar as fontes americanas de sua identidade. Contudo, em uma resenha da peça *The Emperor Jones/O imperador Jones* (1920), de Eugene O'Neill, ele escreveu: "O conteúdo do inconsciente não apenas varia conforme o indivíduo; ele se diferencia devido à raça. [...] Jones viveu partes de um inconsciente que é peculiar ao negro. Navios negreiros, pelourinhos, etc. [...] Seu medo torna-se o medo de um negro, perceptivelmente distinto de uma emoção semelhante, modificada por outra experiência racial". *The Emperor Jones*, concluiu Toomer, é "uma parte da psicologia do negro apresentada em forma dramática significativa".[51]

A Harlem Renaissance chegou ao fim com a Grande Depressão dos anos 30, mas não o envolvimento dos intelectuais negros com a psicanálise. O sociólogo Horace Cayton, co-autor (com St. Clair Drake) de *Black Metropolis/Metrópole negra*, lutou a vida inteira com a contradição entre individualidade e raça. Por fim, submeteu-se por cinco anos a uma análise com Helen V. McLean, psicanalista de Chicago cujo braço atrofiado e sexo feminino o levaram a pensar que poderia compreender a sua "desvantagem". Nas fases iniciais da análise, Cayton concluiu que a raça era uma espécie de "panacéia conveniente", uma racionalização da inadequação pessoal, um "meio de evitar sondagens mais profundas". Só depois foi que ele percebeu que a raça "atingia o âmago da [sua] personalidade, [...] formando o foco central da [sua] insegurança": "Devo tê-la bebido junto com o leite materno", afirmou ele. A psicanálise alterou suas teorias sociológicas, levando-o a compreender a importância capital do ódio racial e do ódio de si mesmo para a sociedade moderna.[52]

Richard Wright, que trabalhou com o psiquiatra Frederic Wertham na fundação da Laforgue Mental Health Clinic no Harlem, foi outro modernista negro que usou a psicanálise para problematizar a significação da raça. Segundo Wright, as culturas eram "filtros" usados pelas pessoas para separar "a parte de si mesmas que elas temem [da] parte [...] que elas querem preservar". Relacionando a bissexualidade e a ambivalência à agressividade, os romances escritos por Wright levaram James Baldwin a afirmar que, na literatura negra, o lugar geralmente reservado à sexualidade tendia a ser ocupado pela violência. Diante da vítima de um linchamento, mutilada pela castração, um personagem de *The Long Dream/O longo sonho*, de Wright, comenta com um amigo: "É preciso ter uma atração louca por alguém, quase paixão, para fazer uma coisa dessas. Eles nos odeiam, Tyree, mas também nos amam; de um jeito perverso, eles nos amam".[53] Diante de um *insight* tão terrível, até mesmo W. E. B. Du Bois, que inicialmente atribuíra o "preconceito racial [à] ignorância generalizada", teve de admitir por fim que não havia sido "suficientemente freudiano para entender como os atos humanos se baseiam tão pouco na razão".[54]

Os experimentos culturais da década de 1920 foram abortados depois da Grande Depressão. Contudo, a idéia de cultura no sentido moderno da palavra havia nascido. Essa idéia, conforme diria posteriormente Lionel Trilling, "desenvolveu-se paralelamente a certas novas formas de conceber o eu". Ela fazia referência ao "estilo" da sociedade, estilo que transparece nas "atividades conscientes, intencionais [da sociedade], na sua arquitetura, na sua filosofia e assim por diante, mas também em suas atividades inconscientes, [...] em seus pressupostos tácitos". Evoluindo em meio a uma grande transformação social, a psicanálise foi crucial à criação dessa noção de cultura. Ela ensinou que, mesmo quando se estabeleciam substitutos da cultura na mente, a própria mente ia além deles.

Finalmente, além do envolvimento com a "nova mulher", o "novo homossexual" e o "novo negro", a psicanálise da Era do Jazz enredou-se no modernismo artístico. Esse encontro foi de todos o mais conflituoso, essencialmente pelo fato de a análise e o modernismo artístico europeu terem surgido tão claramente de uma fonte comum e possuírem tantas histórias comuns para contar.

No século XIX, o artista romântico, recém-liberado do mecenato para colocar seus talentos à venda no mercado, personificou a então nova idéia de experiências e sentimentos pessoais irrestritos, livres de um lugar fixo na divisão do trabalho.[55] Na década de 1890, diversas vanguardas haviam chegado à definição de uma meta comum: "a revelação isenta de culpa do inconsciente, [...] a liberdade radical no uso de materiais que revelem a força do sentimento inconsciente". Como os primeiros analistas, as primeiras vanguardas viam o próprio trabalho como não econômico ou pós-econômico. Como observou o pintor Paul Gauguin, "a auto-estima que se adquire [com a criação artística é] o único consolo. [...] Afinal, renda é coisa que qualquer grosso tem". O artista de vanguarda e o psicanalista compartilhavam também o recurso ao "primitivo" como fonte de identidade. "Minhas mãos ficaram cobertas de sangue", disse Gauguin a respeito de sua pintura, "resquício de minhas emoções civilizadas, totalmente destruídas."[56] A visão analítica de que a revelação do inconsciente implicava uma retração do mundo dos objetos encontrou paralelo em uma série de inovações artísticas que culminaram na descoberta da abstração. Assim, em 1913, o pintor suprematista Kazemir Malevich descreveu sua "luta desesperada para libertar a arte do jugo do mundo objetivo": "O que eu havia mostrado não era um quadrado vazio, mas a experiência da ausência de objeto".[57] Cada um desses passos refletia as novas possibilidades desencadeadas pelas novas forças de produção — possibilidades de formas de pensamento já não confinadas nos limites newtonianos nem coibidas pela necessidade material.

A "segunda modernidade" dos anos 20 aprofundou a ressonância entre a arte moderna e a psicanálise. Entre as grandes obras literárias publicadas entre 1921 e 1924 incluem-se *Seis personagens em busca de um autor/Six characters in search of an author*, de Pirandello (ambigüidade, identidade); *Em busca do tempo perdido/Remembrance of things past*, de Proust (a identificação do eu com a memória); *A montanha mágica/Der Zauber Berg*, de Mann (doença, colapso da civilização); *Mrs. Dalloway*, de Woolf (interioridade, fluxo da consciência); e *Ulisses/Ulysses*, de Joyce (o subconsciente lingüístico, a interação entre o mítico e o cotidiano, o excluído cultural). O poema *The Waste Land/Terra desolada*, de T. S. Eliot, descrevia a modernidade como "um monte de imagens estilhaçadas, onde o sol castiga, e a árvore morta não dá abrigo". Escondida sob muitos disfarces, *alguma* concepção do inconsciente estava no centro de cada inovação modernista.

Ao mesmo tempo, embora psicanálise e arte moderna tivessem nascido no mesmo terreno e compartilhassem muitas preocupações, o fordismo as colocou em conflito. A produção em massa não apenas exaltava o artista, mas o transformava num empregado, assim como o rádio, o cinema, os clubes de livros, as artes das massas, o jornalismo e o *design* tiveram de sujeitar-se às exigências técnicas da reprodutibilidade em massa. Como vimos, os artistas muitas vezes reagiam mistificando a criatividade e insistindo na idéia do "gênio". Todavia, tanto os psicanalistas quanto os artistas modernos, filhos dos mesmos pais, preferiram considerar-se uma autocriação. Quando os analistas foram adiante e pretenderam *explicar* a arte, os artistas naturalmente se rebelaram. O início da década de 1920 foi o momento dessa rebelião.

O primeiro romance sobre a psicanálise, *As confissões de Zeno/The confessions of Zeno* (1923), de Italo Svevo, retratava a relação entre a análise e a literatura como a tentativa da ciência de subordinar a arte.[58] "Freudian Fiction"/Ficção freudiana, de Virginia Woolf, criticava não só a transformação de "personagens" em "casos" que Freud promovera, como também sua "chave" doutrinal, que "simplifica em vez de complicar".[59] Em *Finnegan's Wake*, de Joyce, uma acusação de incesto é chamada de *"freudful mistake"*, Freud aparece como *"traumconductor"*, e outro personagem é descrito como *"jung and easily freudened"**.[60] Thomas Mann ainda não havia lido Freud quando escreveu *A montanha mágica*, mas fez o protagonista Hans Castorp ter um frouxo de riso ao ouvir falar da psicanálise no Berghof Sanatorium. Embora depois atribuísse a Freud os créditos por sua coragem para escrever o homo-erótico *Morte em Veneza/Death in Venice*, Mann observou também que a análise fazia os artistas sentirem-se "reduzidos e inquietos": "As idéias de Freud radiografam o artista a ponto de violarem o segredo de sua arte criadora".[61] A afirmação clássica da suspeita do artista está em "The Artist and Psychoanalysis"/O artista e a psicanálise (1924), ensaio em que Roger Fry caracterizou o componente distintivo da arte como "a contemplação desinteressada [...] das relações formais separadas das emoções evocadas pela representação".[62] Freud, por sua vez, achava que as relações formais forneciam uma espécie de "antegozo", facilitando a realização de desejos propiciada pelo conteúdo da arte. De seu ponto de vista, a postura de Fry parecia uma espécie de recalque.[63]

D. H. Lawrence constitui o paradigma do artista profundamente envolvido com a psicanálise que, ao mesmo tempo, sentia por ela repulsa. Em *Mulheres apaixonadas/Women in Love*, escrito durante a guerra, Lawrence descreveu o terrível impacto da produção em massa trazida pelo fordismo: "Para cada departamento, chegavam especialistas em engenharia. [...] Novas

---

* Geniais neologismos joyceanos criados a partir de intrincados trocadilhos que passam pelas relações morfológicas, fonéticas, sintáticas e semânticas das palavras: *freudful mistake*, "erro em que há Freud" (observe-se a grafia do palavra inglesa *freudful*, com minúscula, como se fosse derivada de "freud", substantivo comum) soa de forma parecida (principalmente no inglês falado na Irlanda, país de origem do autor) a *frightful mistake*/"erro tremendo"; *traumconductor* — que se assemelha ao termo *tram conductor*, "condutor ou cobrador de bonde" — pode ser a um só tempo "condutor/maestro/cobrador/fiscal de sonhos" (ou de "traumas", conforme se leia o antepositivo *traum-* como proveniente do alemão *Traum*, "sonho", ou *Trauma*, palavra que também faz parte da nossa língua com o mesmo sentido que tem em inglês e alemão); *jung and easily freudened*, gozação com Jung (que, além de nome próprio, em alemão também significa "jovem". Note-se que sua pronúncia se aproxima à do adjetivo que, em inglês, corresponde a "jovem": *young*) e, mais uma vez Freud, no hipotético verbo *freuden* (mediante fusão do verbo alemão *freuen*, "alegrar-se", e do substantivo, também alemão, *Freude*, que significa "alegria, prazer"), o qual, no contexto, pode ser decodificado como "alegrar", "contentar" ou "agradar". Assim, *jung and easily freudened*: "Jung/jovem e fácil de contentar/freudizar". (N. da T.)

máquinas foram trazidas da América. [...] Os mineiros foram reduzidos a meros instrumentos mecânicos".[64] A produção em massa, para Lawrence, havia tornado o antigo romance realista, baseado no "velho ego estável do caráter", obsoleto. Apesar de tentar descrever "outro ego, cuja ação torna o indivíduo irreconhecível", Lawrence identificava a psicanálise com a administração científica. Em 1924, ele disse a Mabel Luhan: "Eu sei o que está por trás" do fascínio da psicanálise — o mesmo desejo indecente de colocar tudo na *vontade* e na *cabeça*. A vida em si vem de outro lugar". "Detesto tudo o que tem que ver com terapia", acrescentou ele em outra ocasião. Os neuróticos assumem "controle consciente automático e perfeito quando se curam. [...] Por mim, os neuróticos que morressem todos".[65] Prosseguindo, ele afirmou: "Finalmente, começo a entender o abuso que fazem os meus críticos da minha exaltação do sexo. Eles só conhecem uma forma de sexo: o sexo nervoso, pessoal, desintegrador, 'reacionário'. [...] A atual espécie de sexo é justamente aquela a que eu *não* viso".[66]

O horror que Lawrence tinha à análise não refletia apenas a sua defesa da autonomia da arte. Em vez disso, ele tinha uma concepção profundamente diferente de vida pessoal. Para Lawrence, a sexualidade era a base do ser; a racionalidade era invariavelmente defensiva, uma forma de intelectualização. No fundo, por trás de sua rejeição da psicanálise, estava a sua dificuldade em reconhecer uma mulher pensante como um ser sexualizado. Wyndham Lewis foi outro escritor que identificou Freud com uma emancipação feminina que destruiria as virtudes masculinas. Ridicularizando Sherwood Anderson por ser este um "pobre [homem] Branco dominado, atarantado, enfreudizado, com um complexo de 'inferioridade' novo em folha", como Lawrence, Lewis buscou compaixão para o desamparado filho do sexo masculino. "Colocado contra papai pela mamãe feminista", escreveu ele, o garoto conjetura se não "deveria matá-lo e comê-lo".[67]

A mais produtiva aliança entre os artistas modernos e a psicanálise deu-se entre os surrealistas. A razão é que, para os surrealistas, a sociedade moderna se organizava através da liberação singularmente ilimitada e pseudo-individualizada do desejo.[68] Essa percepção levou-os a minimizar a importância do papel especial da obra de arte, que eles viam como uma instituição voltada para a contenção e a canalização do desejo. Afinal, haviam visto os futuristas descortinarem o maravilhoso mundo da eletricidade e do rádio, os cubistas problematizarem a divisão entre a arte e a cultura de massa e as vanguardas russas explorarem a contribuição da arte para um povo em transição para a democracia e a industrialização. No entanto, já na década de 20, as obras vanguardistas estavam penduradas em museus, privadas da força de suas transgressões. Admitindo que as "pinturas despertam a emoção", Breton insistia em que "nesta época, o que está em questão é a própria realidade". Em vez de obras de arte, ele queria criar a sensação de que a realidade em si estava carregada de conteúdos inconscientes.[69]

Como os analistas, os surrealistas adotaram uma postura predominantemente intelectual, porém não intelectualizante. *Apesar* do que costuma afirmar a opinião corrente, seu principal interesse não se res-

Max Ernst, *The Robing of the Bride*/
O vestuário da noiva (1939)

tringia à sexualidade, mas incluía também o inconsciente: seus estranhos princípios lógicos e associativos; sua absoluta falta de gramática; sua aceitação da contradição; sua ignorância do tempo, da morte ou da negação; e sua preferência por um vocabulário imagístico. Os dadaístas (que os precederam na rejeição da obra de arte) consideravam o acaso um procedimento mágico que transcendia a causalidade, mas os surrealistas chamavam o acaso de "o 'inconsciente' de Freud".[70] Eles viram na análise que Freud fez do trabalho onírico "a realidade superior de certas formas de associação até aqui negligenciadas". A escrita automática, os objetos encontrados, a preferência por meios "indexadores" como a fotografia, que parecia evadir os processos de significação, a associação de imagens aparentemente destituídas de relação (guarda-chuvas, máquinas de costura, mesas de operação) eram tentativas de descrever a lógica não-racional ou supra-racional do inconsciente.[71] Evidentemente, a guerra foi a sua inspiração. Para Max Ernst, o surrealista que mais foi influenciado por Freud, sua autobiografia era: "Morto em 1º de agosto de 1914; ressuscitado em 11 de novembro de 1918 (o armistício)." Ernst produziu pinturas oníricas cujos elementos resistiam à interpretação ou harmonização, articulando assim uma permanente "crise de identidade".[72]

Livres das limitações da medicina profissional, os surrealistas por vezes aperfeiçoaram a psicanálise. Numa época em que os analistas estavam debatendo a inveja do pênis, eles zombavam da família burguesa e exaltavam as mulheres parricidas, místicas e prostitutas, mesmo que a subcultura por eles criada continuasse sendo bem mais homofóbica e sexista que a da análise.[73] De forma semelhante, André Breton atacou "o preconceito cego e intolerante que enfrentam as obras de arte produzidas nos hospitais psiquiátricos".[74]

Porém, havia uma grande diferença entre psicanálise e surrealismo. Para Freud, as palavras e imagens exigiam interpretação, ao passo que os surrealistas as viam como conjuros dotados de poderes mágicos.[75] Freud tentou traduzir os sonhos na linguagem da vigília; os surrealistas o criticaram por distinguir entre sonho e realidade, em vez de uni-los numa realidade absoluta ou surrealidade. Em 1928, Louis Aragon e Breton comemoraram um dos casos de Charcot festejando o "cinqüentenário da histeria, a maior descoberta poética da segunda metade do século [XIX]".[76] Tratava-se de celebrar, não de analisar, a histeria.

O túmulo de Antonio Gramsci, fundador do Partido Comunista italiano e criador da idéia de que a psicanálise era uma nova teoria do nobre selvagem

Como os freudianos, os surrealistas não podiam fugir à dialética absorção-marginalidade. Quanto mais atacaram a instituição da arte, prendendo a arte ao gesto e à experiência do dia-a-dia, mais vulneráveis os surrealistas se tornaram à integração à cultura de massa, à publicidade, ao cinema. Quanto mais tentaram expor as ruas e lojas das cidades como paisagens surreais do recalque, mais eles inspiraram anúncios de garrafas dançantes de Coca-Cola, chapéus em forma de banana e, não tardaria muito, psicodramas televisivos. Sua influência foi tão grande que, para entender a cultura moderna, não se deve falar nos surrealistas, mas num impulso surrealista. Entretanto, embora tivesse conhecido pessoalmente Breton e Dalí, Freud entendia muito pouco o projeto deles, chamando-os numa carta pessoal de "idiotas completos" — ou "digamos, 95%, como no caso do álcool".[77]

O encontro entre psicanálise e arte moderna foi o mais revelador de todos os encontros da década de 20. Desde o Iluminismo, os artistas haviam sido considerados detentores de uma via de acesso exclusiva à realidade, acesso esse que além de estar em pé de igualdade com o do conhecimento científico, não era redutível a este. A insistência de Freud em analisar a arte revelou uma importante limitação da análise: a dificuldade de saber quando desistir. Ao mesmo tempo, a atitude defensiva dos artistas sugeriu uma fragilidade insuspeita na *persona* modernista, o tempo iria revelar cada vez mais.

Então, as mocinhas irreverentes, os homossexuais e os artistas — como havia feito Gramsci na prisão — captaram a verdade profunda do fordismo: ele dependia dos desejos cotidianos das massas, mesmo ao mobilizá-los, distorcê-los, desviá-los e traí-los. Tendo apreendido essa verdade, eles inevitavelmente reagiram com ambivalência diante da análise. No fim da década de 60, como veremos, essa ambivalência se resolveu tomando um rumo negativo. O feminismo suplantou a análise como teoria e prática da vida pessoal; a análise foi redefinida como arte, não como ciência; e a política radical, após abraçar o freudismo sob o *slogan* "O pessoal é político" entrou em declínio terminal. Contudo, enquanto duraram, esses movimentos deram à profissão analítica muito da sua aura, afetando sua prática mesmo que de modo inconsciente. Por conseguinte, eles contribuíram para sua reformulação da tripla promessa da modernidade.

Capítulo Sete

AUTONOMIA E RESISTÊNCIA

> A grandeza da nossa época reside no fato de a liberdade, essa curiosa posse da mente que lhe permite estar à vontade consigo mesma, ser reconhecida.
>
> — G. W. F. Hegel, *Philosophy of History/Filosofia da história* (1837)

Em 1783, Immanuel Kant respondeu à pergunta "O que é Iluminismo?" dizendo "autonomia" ou "emancipação da imaturidade auto-imposta". Com "autonomia", Kant queria dizer autonomia *intelectual* e *moral*. Por um lado, ele queria que as pessoas deixassem a tutela de sacerdotes e senhores para pensar por si mesmas. Por outro, ele queria que elas transcendessem os próprios desejos e agissem conforme normas morais próprias, formuladas pelo exercício da razão. Para Kant, além disso, as normas assim formuladas seriam universalmente aplicáveis. Assim, do ponto de vista kantiano, a raça, o sexo e a situação social de uma pessoa — para não falarmos das particularidades de sua vida pessoal — eram irrelevantes. A aplicação de tal especificidade às decisões morais só poderia levar a busca da autonomia ao fracasso.

Porém, no século XIX, pensadores como John Stuart Mill divisaram um conceito alternativo: o da autonomia *pessoal*. De seu ponto de vista, o indivíduo autônomo era aquele que vivia uma vida concebida por ele mesmo, assumia responsabilidade por ela e a via como digna de viver. O ideal da autonomia pessoal, que foi essencial à modernidade, foi também freqüentemente associado à idéia de que a vida de uma pessoa podia ser vista como uma obra de arte ou narrativa autoral. As questões morais não desapareceram dessa perspectiva, mas restringiram-se a circunstâncias apropriadamente regidas por normas universais. Para além delas, estava o reino das escolhas pessoais. Essas escolhas não podiam ser ditadas pela reflexão moral, mas exigiam escrutínio de outra espécie, mais pessoal.

A gigantesca mudança operada pela segunda revolução industrial tornou a autonomia pessoal algo mais que uma questão filosófica. A autonomia moral estava estreitamente ligada ao sistema de propriedade oitocentista e ao pressuposto liberal de que certos indivíduos (homens, brancos, ocidentais, donos de propriedades) poderiam deixar seus próprios interesses de lado para pensar em termos do bem comum. A Primeira Guerra Mundial levou ao fim a antiga ordem liberal. O modernismo foi, no fundo, a busca de um novo ideal de civilização que pudesse substituir o do liberalismo oitocentista. No curso dessa busca, a autonomia foi redefinida de modo a deixar de basear-se na posição familiar e na propriedade. Assim, ela passou a ser entendida como uma nova relação, de foro íntimo, estabelecida pelo indivíduo com referência a si mesmo. O resultado foi um profundo questionamento do sentido de autonomia durante os anos entre as duas grandes guerras, no qual a psicanálise teve papel decisivo.

Esse questionamento se desenrolou em três áreas. Primeiro, a autonomia foi considerada um dos pré-requisitos psicológicos da democracia. Como tivemos oportunidade de ver, o enfraquecimento da ordem liberal não promoveu o surgimento de regimes democráticos estáveis. Pelo contrário, o liberalismo oitocentista foi sucedido por tentativas fordistas e comunistas de moldar a natureza humana; por regimes autoritários baseados em valores conservadores tradicionais, como o da Hungria, por exemplo; por modelos orgânicos e corporativistas de sociedade, como os da igreja católica patrocinados em Portugal, Espanha e Áustria; e pelo fascismo, que usou as técnicas da democracia de massa para fins autoritários. Nesse contexto, muitos acreditaram que o futuro da democracia dependia de cidadãos autônomos socializados que pudessem opor resistência ao autoritarismo. Os escritos de Freud trataram dessa preocupação. Enquanto a Segunda Guerra Mundial não chegava, surgiu uma vasta literatura sobre a família, a educação, a cultura e a política, sempre visando à especificação dos pré-requisitos psicológicos da cidadania democrática.

Segundo, a psicanálise mostrou-se importante à compreensão do novo tipo de sociedade que acompanhava a democracia de massa. A sociedade de consumo — ou, como então estava começando a ser chamada, sociedade de massa — identificava a autonomia pessoal com a escolha de mercado. A psicanálise, por sua vez, perscrutou sob o nível da escolha, indo às suas raízes nos desejos e instintos inconscientes. Grande parte do interesse pela análise deveu-se a teóricos que, como Walter Lippmann e os pensadores da Escola de Frankfurt, se recusaram a aceitar o consumismo e a cultura de massa como base da civilização moderna, buscando seja uma volta às idéias oitocentistas de autonomia, seja uma redefinição dessas idéias no contexto da democracia de massa.

Finalmente, a análise influiu nos esforços de estender a prática da auto-reflexão a todo o domínio das escolhas individuais não ditadas pela moral. À medida que os vínculos geográficos, sangüíneos e rituais se enfraqueceram; à medida que começaram a proliferar universos de vida extrafamiliar livremente eleitos; à medida que as pessoas ganharam um acesso novo, secular, a suas vidas íntimas, surgiu a necessidade de instituições, práticas e idéias que ajudassem o indivíduo não só a refletir sobre suas vontades e impulsos imediatos à luz de valores mais profundos e objetivos, de longo prazo, mas também a avaliá-los. O crescimento da psicoterapia foi um reflexo da percepção da necessidade de tais práticas. Mas a psicoterapia poderia tornar-se escrava da sociedade de consumo, que é sistematicamente organizada para exercer apelo sobre as vontades irrefletidas. A psicanálise, por sua vez, aparentemente oferecia uma espécie de reflexão que não podia ser tão facilmente recuperada.

A teoria revisada ou teoria estrutural de Freud, mais ainda que a sua teoria do inconsciente, estava no centro do interesse pela autonomia. Freud expôs a sua teoria numa série de textos curtos — *Além do princípio do prazer/Beyond the pleasure principle* (1921), *Psicologia de grupo e análise do ego/Group Psychology and the Analysis of the Ego* (1921) e *O ego e o id/The Ego and the Id* (1923) — e ainda investigou suas implicações em ensaios subseqüentes sobre a sexualidade feminina. Escritos nos anos explosivos que se seguiram à Primeira Guerra Mundial, essas obras descreviam a psique em termos de instâncias (id, ego e superego), em vez de regiões (consciente, pré-consciente, inconsciente). Além disso, elas detalhavam a nova teoria dos instintos, que girava em torno do conflito entre o impulso de reduzir a tensão — a "pulsão da morte" — e o impulso de sintetizar ou criar níveis superiores, mais complexos, de organização — o "instinto da vida" ou *eros*. Dirigidas não apenas a analistas, mas também ao "círculo mais amplo de leitores cultos [...] capazes de apreciar a ciência da mente humana", essas obras refletiam o novo interesse despertado pela autonomia pessoal.[1]

No centro da teoria revisada, estava a teoria do ego ou "eu", sucessora da teoria do narcisismo. O ego, segundo Freud o concebia, surgia no encontro dos instintos com o mundo exterior. Associado à percepção ou consciência, bem como à memória e ao pensamento pré-consciente, seu principal esforço consistia em acalmar ou regular as tensões. Em consonância com as origens da teoria, que remontavam ao episódio da neurose de guerra, Freud sustentava que o maior risco que o ego enfrentava era "a experiência do desamparo [...] diante do acúmulo de excitação".[2]

O ego cultivava a capacidade de suportar a tensão e, assim, promover a autonomia de diversas maneiras. No nível mais primitivo, ele se defendia da excitação excessiva através da projeção, lidando com os impulsos e outras mensagens provenientes do interior como se viessem do exterior. Posteriormente, ele recorria a processos somáticos — como a ingestão e a expulsão — a fim de dominar esses processos. Em seguida induzia o id a renunciar a seu inicial apego aos pais e irmãos identificando-se com eles. Através da identificação, o ego ampliava sua influência sobre o id, aprofundando suas relações com ele ao tempo em que o tranqüilizava: "Veja, você pode amar-me também — sou tão parecido com o objeto".[3] Por fim, o ego valia-se do mundo exterior, a começar pelos pais, para obter influência sobre exigências internas peremptórias.

O momento crucial do desenvolvimento do ego era a crise edipiana, encontro intrinsecamente humano com a autoridade. Na tenra infância, o comportamento era motivado pelo medo da perda do amor ou da proteção. Porém, durante a crise edipiana, o indivíduo adquiria controle sobre os próprios desejos, desviando-os, através da identificação com os superegos dos pais, para uma instância interna que supervisionava o ego, um superego ou

Über-Ich. O superego tinha o caráter do id. Ao contrário do ego, ele não era nem moldado por influências externas nem reativo a intervenções vindas de fora, sendo resultante de um movimento de instigação dos desejos sádicos da infância contra o ego, processo que Freud retratou de forma penetrante em "A Child is Being Beaten"/ Uma criança está sendo espancada (1919). A teoria do superego refletia a disjunção entre as realidades intrapsíquica e sociocultural. Após a crise edipiana, não apenas os atos, mas também os pensamentos e desejos eram censurados; a renúncia a atos proibidos não diminuía a culpa, tendendo, pelo contrário, a aumentá-la.

Esse retrato do ego teve implicações profundas para a autonomia pessoal. Para Kant, como vimos, a autonomia consistia no distanciamento das próprias inclinações e do contexto social a fim de agir com base apenas no dever. Porém, para Freud, o ego era não só a instância do pensamento racional, mas também o produto de inclinações, pulsões, objetos de amor e identificações. Assim, a razão não podia finalmente ser separada das experiências contingentes, pois era uma espécie de voz "baixa" mas "persistente" que se podia ouvir em meio a elas. Da mesma forma, o distanciamento crítico dos desejos, identificações e catexias de objeto não implicava um ponto de vista universal. Em vez disso, ele implicava um processo hermenêutico de introspecção que, em princípio, jamais poderia ser concluído.

Além disso, o tipo de raciocínio defendido por Kant para obtenção de autonomia moral era formal e lógico: a prova de uma máxima moral era a sua capacidade de ser universalizada sem contradições.

Para Freud, pelo contrário, a introspecção exigia auto-reflexão concreta. Para atingir autonomia na vida pessoal era preciso que o indivíduo lutasse com as características contingentes específicas, idiossincráticas, de sua história de vida e de sua identidade narrativamente construída. Mostrando que o ego desaparece no id e dele se nutre, a teoria de Freud refletia o muito difundido questionamento modernista da racionalização, planejamento e controle. Como afirmou R. P. Blackmur, "A razão teve, acima de tudo, [...] o trabalho de associar os elementos de uma sensibilidade tida como empiricamente dissociável". O projeto modernista envolvia "razão na loucura, agir a partir da loucura e valer-se dela; era a razão controlando a loucura".[4]

A distinção entre ego e superego proposta por Freud, e seus argumentos com relação às origens irracionais do superego, enquadravam-se também, com precisão, no afrouxamento geral da moral que acompanhou o consumo de massa. Ligando o superego ao id, Freud destacou

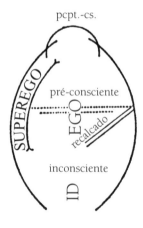

Teoria estrutural de Freud, retirada da obra *Novas conferências introdutórias sobre a psicanálise e outros trabalhos/New Introductory Lectures*

o caráter rígido, compulsivo e punitivo de muito do que então se fazia passar por moral. Weber já havia atribuído não só o utilitarismo de Benjamin Franklin como também o carolismo de Kant a suas origens calvinistas. Agora Freud, teorizando que o superego era o herdeiro do complexo da castração, comparou o "imperativo categórico" de Kant — seu princípio universal moral — ao superego: "o que nos parece tão grandioso na ética, tão misterioso e, de uma forma mítica, evidente por si mesmo, deve tais características a sua relação com a religião, a suas origens na vontade do pai".[5] A moral proveniente do superego, na opinião de Freud, precisava ser moderada pelas identificações que residem em torno do id e pelo realismo, capacidade consultiva e propensão ao julgamento do ego.

A teoria revisada de Freud foi um reflexo da emergência de um novo terreno social para além tanto da comunidade tradicional — que não tinha lugar para a autonomia — quanto do liberalismo clássico e sua idéia descontextualizada e impessoal de autonomia moral. Nesse novo terreno, as pessoas tinham diferentes tipos e níveis de obrigação. A autonomia já não significava o autocontrole, como queria Kant, mas sim o equilíbrio reflexivo entre exigências distintas e conflitantes. Evidentemente, algumas dessas exigências poderiam ser universais e morais e, assim, colocavam-se acima das demais. Não obstante, a vida autônoma era aquela que olhava em muitas direções ao mesmo tempo: na direção da vida pessoal, a esfera da autonomia pessoal *per se*, e também da família, da comunidade, da religião e da ciência. A tarefa do ego era mediar entre diferentes ambientes psíquicos, lidando ao mesmo tempo com anseios e exigências internas, autocríticas e representações do mundo social. Esses ambientes não eram só diferentes; eram irreconciliáveis porque diferiam em tipo. Alguns estavam próximos dos reflexos, outros eram interpessoais e outros ainda eram produtos da cultura e da ação coletiva.

Alinhado a essa concepção, Freud começou a formular uma teoria de crescente complexidade. Ele descreveu a mente como "uma hierarquia de instâncias superordenadas e subordinadas, um labirinto de pulsões que lutam por ação independentemente umas das outras, correspondendo à multiplicidade de instintos e relações com o mundo exterior, muitas das quais se antagonizam e incompatibilizam". E comparou as regiões da psique às áreas coloridas da pintura moderna, que não têm contornos, mas "fundem-se umas nas outras".[6] A nova concepção não era familiar, e talvez fosse ainda menos familiar que a do inconsciente. Como disse Anna Freud, custou-lhe muito tempo pensar na psique em termos de "objetivos e funções, id, ego e superego, cada um perseguindo seu objetivo na vida da melhor forma que podia", mas finalmente isso lhe deu "uma boa percepção do propósito da vida ou, melhor dizendo, dos propósitos conflitantes que há na vida humana e que são inevitáveis a partir do instante em que se busca e se atinge um desenvolvimento superior da personalidade". Uma teoria como essa era necessária, prosseguiu ela, se quiséssemos explicar por que "as partes da mente" tantas vezes entravam em "tal confusão — como se não apenas estivessem em oposição umas às outras, mas também falassem línguas diferentes e atuassem suas intenções num meio totalmente diferente".[7]

Antes da guerra, a psicanálise fora confundida com várias outras formas de terapia, como a cura pela mente, o junguianismo, o adlerianismo e a higiene mental — que é como cada vez mais se chamava a psiquiatria. A teoria revisada de Freud levou a uma brusca distinção entre a psicanálise e o resto. Apesar de haver várias maneiras de caracterizar essa distinção, Freud traçou o limite ao afirmar que *o ego era o lugar da resistência*. Essa idéia, que tinha profundas raízes em seu pensamento, foi de importância capital para a redefinição modernista da autonomia, bem como para a prática da própria psicanálise.

O ponto de partida de Freud havia sido a charada representada pela neurose, uma força que ele via como "inconveniente, contrária ao fluxo da vida". Desde o início, Freud se convencera de que os pacientes não procuravam a análise para curar-se; em vez disso, eles o faziam para atender a fins neuróticos. Por isso é que insistia na "abstinência". Com a recusa do analista em paliar a situação do paciente, a necessidade neurótica seria frustrada, intensificada e enfocada com mais nitidez. A frustração colocava em foco mais nitidamente a transferência, mas era especialmente na transferência *negativa* que a neurose subjacente vinha à tona. Em 1915, Freud perguntou-se por que isso era assim. Sua resposta foi que, à medida que o conflito neurótico entrava mais em foco, um imperativo dúplice se intensificava: o paciente buscava satisfazer simultaneamente tanto o desejo subjacente quanto a *resistência* contra esse desejo. As terapias não analíticas recorriam à transferência positiva, que lhes servia de veículo de cura. Mas só a psicanálise trouxe à luz a transferência negativa ou resistência — o obstáculo à cura. A transferência negativa tinha de ser transformada em *insight* ou autocompreensão para que se pudesse falar em análise propriamente dita.

A observação das neuroses de guerra aprofundou essa linha de raciocínio. O fato preponderante nessas neuroses era a repetição de comportamentos frustrantes ou insatisfatórios. Mas era exatamente isso que acontecia na situação analítica quando os pacientes repetiam as situações infantis frustrantes que, com a análise, supostamente estavam buscando acabar. Freud tentou explicar esse fenômeno recorrendo à pulsão de morte. Aliada ao superego, a pulsão de morte criava um círculo vicioso para defender a neurose. Quando o paciente melhorava, o superego atacava o seu progresso porque as satisfações infantis — e não o desejo de absolvição da culpa — é que moviam a análise.[8] A visão que Freud adotara antes, de que o conflito básico da mente se dava entre o consciente e o inconsciente recalcado, havia deixado implícito que o recalcado "temia ser descoberto". Mas a repetição sugeria que o recalcado estava constantemente tentando atingir o consciente. Não era o próprio recalcado, mas sim o *ego* que o impedia de fazê-lo. O resultado era um paradoxo: a resistência a conhecer o inconsciente provinha do ego e, no entanto, o ego era também o lugar da razão e da auto-reflexão, o "único farol na escuridão da psicologia profunda".[9]

Hoje em dia, se diz muitas vezes que a psicanálise é "pluralista" ou "policêntrica";

que nela não há consenso quanto a uma teoria nuclear. Talvez. Mas até a década de 1960 ela teve, sim, uma teoria nuclear: a análise da resistência. Todas as teorias clássicas, como a das relações objetais, a psicologia norte-americana do ego e a teoria lacaniana do narcisismo dedicavam-se a essa meta. Com o tempo, as linguagens teóricas mudaram, mas na prática todos os analistas continuaram voltados para a análise da transferência negativa ou resistência. Nenhuma outra terapia o fez, ao menos não sistematicamente. É por isso que a psicanálise é psicanálise, e não apenas psicoterapia.

Freud tentou distinguir desse modo a psicanálise numa época em que o mundo analítico fervilhava. O número de analistas havia aumentado drasticamente, assim como o número e a extensão das análises, a demanda de guias e procedimentos técnicos e a percepção crescente de que muitas análises não chegavam a nenhum tipo de resolução.[10] Rejeitando a idéia anterior, segundo a qual a tarefa do analista era interpretar o inconsciente, Freud argumentou que essa tarefa seria a de analisar a resistência. Numa reação contemporânea típica, Max Eitingon escreveu a Melanie Klein: "Isso é colocar dinamite na casa."[11] Apesar disso, o efeito da teoria estrutural de Freud foi a abertura de um sem-número de novas possibilidades clínicas, expressas através de uma série de novos termos: "análise da resistência", "análise do caráter", abordagem "metapsicológica", "análise da defesa" e "psicologia do ego".

A psicologia do ego, com seu foco na resistência, foi a conseqüência da controvérsia anterior de Freud e Adler e da formulação da teoria do narcisismo. Karl Abraham percebeu isso em 1929, quando observou a "inacessibilidade narcísica" dos pacientes que se atolavam em análises longas, frustrantes e improdutivas. A "aquiescência fingida" desses pacientes era uma defesa, segundo Abraham, porque a análise era "um ataque ao seu narcisismo [...], a força instintual que com maior facilidade arruína nossos esforços terapêuticos".[12] Ao separar a psicologia do ego de outras terapias da época, a psicanálise deu um nome às suas alternativas: "cura pela mente". Cura pela mente era qualquer terapia que reprimisse a transferência negativa e, nesse sentido, negasse o conflito interno. Em seu sentido mais básico, a cura pela mente era o pensamento positivo, conforme exemplifica Annie Payson Call em *Nerves and the War/Os nervos e a guerra* (1918), no qual definiu a neurose de guerra como "produto do pensamento negativo", pedindo aos soldados que não "deixassem a guerra entrar na mente" e que "tentassem, através da vontade, dirigir o cérebro para canais sadios".[13]

Em 1924, Abraham citou as idéias de Émile Coué, radioterapeuta francês cujo *Self Mastery Through Conscious Auto-Suggestion/O autodomínio pela auto-sugestão consciente* tornou-se sucesso absoluto de vendas nos Estados Unidos, como exemplo da cura pela mente. Coué havia dado a seus seguidores uma fórmula que deveria ser tratada como um mantra: "Todo dia, em todos os aspectos, melhoro mais e mais". Para Abraham, Coué havia conseguido a comercialização em massa do protesto masculino de Adler. O segredo do sucesso de Coué, segundo Abraham, era a crença que seus seguidores tinham de haver recebido dele o mesmo "dom", a fórmula ritual. Em outras palavras, Coué era um pai bom: ele não favorecia nenhum de seus filhos; tratava-os todos da mesma maneira. Isso estimulava sua identificação uns com os outros e gratificava seu narcisismo — ou "autodomínio", como Coué o chamava — com uma "negação otimista [...] da inferioridade, real ou imaginária".[14] A psicanálise, ao contrário, não gratificava os pacientes, mas tornava ainda mais agudo seu senso de inferioridade, colocava em questão seu narcisismo e os conscientizava de sua inveja e ressentimento.

A mais tormentosa de todas as idéias psicanalíticas, a idéia de que o ego auto-reflexivo era também a sede da resistência, transformou tanto a autocompreensão quanto a percepção pública do analista. Com ela, o analista deixou de ser aquele que "ajudava" para tornar-se alguém que funcionava como alvo da mais profunda paranóia, defesa e ira em seu mister cotidiano. Algumas análises degringolavam em dilemas sadomasoquistas, dando ensejo a demandas de volta ao tempo em que o analista era simplesmente um médico. Freud inclusive admitiu, na década de 30, que a análise poderia precipitar uma psicose.[15] O foco na resistência também sancionou a postura de "sabe-tudo" dos analistas e sua "depreciação das autopercepções dos pacientes", o que fez com que a análise passasse a ser popularmente retratada com uma face hostil.[16] Com o tempo, os efeitos desencadeados pela questão da resistência revelaram-se no mínimo tão importantes na determinação da posição definitiva da psicanálise quanto seu *status* epistemológico ou a personalidade de Freud. Entretanto, não restou dúvida quanto ao fato de o foco na resistência estar no cerne da contribuição analítica à modernidade.

A sutileza da concepção de Freud estava na idéia de que o ego, a parte da mente que se dedicava à auto-reflexão, era também o lugar da resistência. Quase imediatamente, surgiram duas abordagens alternativas. Uma, proposta por Wilhelm Reich, via o ego exclusivamente como esfera da resistência e visava, confrontando o paciente, transformar o ego em um "sintoma" para analisá-lo continuamente. A outra abordagem, associada a Otto Rank e Sándor Ferenczi, buscava evitar as "intelectualizações" do ego e dirigir-se à pessoa "real" — o id — diretamente. Embora ambas abandonassem a ênfase caracteristicamente freudiana na duplicidade do ego, essas abordagens levavam a rumos diferentes: a de Reich foi revisada e tornou-se a principal corrente da psicologia do ego, enquanto a de Rank e Ferenczi tornou-se uma persistente alternativa à psicanálise clássica, chegando, por fim, em boa medida, a suplantá-la.

Wilhelm Reich, fundador da "análise do caráter", nasceu na Galícia em 1897 numa família judia aculturada. No início da década de 1920, tornou-se o mais jovem instrutor do Instituto de Viena, apesar da antipatia que Freud pessoalmente lhe tinha.[17] A experiência de Reich na Policlínica Psicanalítica de Viena, cuja clientela era predominantemente operária, o convenceu de que as neuroses provinham da pobreza e da falta de privacidade, assistência médica e controle de natalidade que a acompanhavam. Elas, portanto, tinham de ser tratadas pela mudança política, e não apenas pela terapia individual.

Como alguém poderia justificar a terapia individual, perguntou ele, quando "uma cidade como Berlim tem milhões de habitantes neuroticamente arruinados em sua estrutura psíquica?"[18]

Reich via a análise como o método que iria "romper" com as repressões impostas pela sociedade. Para descrever como, em suas palestras no Instituto de Viena — inicialmente publicadas como *The Impulsive Character/O caráter impulsivo* em 1923 e depois republicadas em versão ampliada em *Análise do caráter/Character Analysis* —, ele distinguiu entre sintomas e "caráter". A seu ver, os sintomas — como um tique ou pigarro nervoso — emanavam do id. Os pacientes os viam como alheios e recebiam de braços abertos qualquer ajuda contra eles. Por sua vez, os traços de caráter — como a ironia, a rigidez ou a atitude de superioridade — faziam parte do ego. Os pacientes os viam como parte de si mesmos e, por isso, resistiam a que fossem analisados.[19] O problema da resistência — a "reação terapêutica negativa" — era, para Reich, o problema de analisar o caráter, isto é, de transformá-lo num "sintoma". Ao ler o manuscrito de Reich, Freud ficou entusiasmado: seu livro, disse-lhe, reforçava a idéia de que "as relações entre o ego e o superego serão uma área de pesquisa para nós semelhante à que foi até agora estudada [...] entre a pessoa (ego e superego) e o objeto".[20]

A idéia que Reich tinha do caráter foi um prenúncio de suas posteriores tentativas de associar a psicanálise ao marxismo, mas foi também, em si mesma, uma contribuição à psicanálise. Ao ver o caráter como um sistema de salvaguardas contra a irrupção de pulsões instintuais, Reich descreveu a "armadura" ou "resistência do caráter", na qual o conflito subjacente era "congelado".[21] *A análise do caráter* forneceu a primeira regra técnica do procedimento que, inicialmente, se tornaria conhecido como análise da defesa ou análise do caráter e, depois, psicologia do ego: "Aborde primeiramente todo material da parte do ego. [...] Em outras palavras, a defesa ou resistência deve ser tratada antes de o paciente ser informado do conteúdo inconsciente."[22]

As formulações de Reich constituíram uma importante descoberta para a compreensão da resistência. Porém, vistas da perspectiva freudiana, elas pareciam unilaterais. Na perspectiva de Freud, o ego era a fonte não apenas da resistência, mas também da razão, do autoconhecimento e da modificação dos instintos. Para Reich, porém, o ego era unicamente o *locus* da resistência; os instintos, por sua vez, eram inteiramente benéficos. Contudo, depois de algumas revisões, a análise do caráter tornou-se a base da primeira teoria analítica sistemática, de base clínica. Desenvolvida e revisada no Berlin Kinderseminar, essa teoria foi codificada através da associação das formas de resistência aos estágios da sexualidade infantil.[23] Além disso, a análise do caráter foi o tema do primeiro "simpósio internacional sobre a teoria da técnica e da terapia", ocorrido em Salzburgo em 1924. Posteriormente, Hanns Sachs procurou integrá-la a uma abordagem "metapsicológica", enfatizando a contribuição das três instâncias psíquicas para a resistência.[24] Que Freud não estava inteiramente à vontade diante dessas mudanças transparece numa carta sua a Abraham em 1922, na qual ele afirmou considerar "a análise do caráter [...] mais difícil" que as técnicas mais antigas.[25]

A outra alternativa à teoria estrutural de Freud surgiu em Budapeste e Viena, de onde Ferenczi e Rank protestaram contra o que viam como as teorias "frias" e "intelectuais" vindas de Berlim. Sua posição contrária baseava-se em dois pontos. Primeiro, em *Development of Psychoanalysis/O desenvolvimento da psicanálise*, que escreveram juntos em 1923, eles argumentaram que a resistência poderia ser evitada através de uma "terapia ativa", na qual o analista facilitasse a repetição de um trauma através de uma "linguagem do gesto".[26] Afinal, como afirmaram eles, por definição, o trauma não poderia ser vivido conscientemente e, portanto, jamais poderia ser rememorado. Como explicou Ferenczi, em vez disso o analista teria de assumir um papel *ativo*, seja proibindo aos pacientes atividades como a masturbação e o devaneio, seja impondo-lhes o fantasiar, nisso podendo chegar até mesmo a sugerir-lhes o conteúdo de suas fantasias.[27] A "terapia ativa", baseada na cooperação entre paciente e analista, diferia do *insight* obtido através da rememoração. Além disso, acrescentou Rank, ela promoveria curas rápidas: "Vemos o processo de sublimação, que normalmente exige anos de educação, acontecer diante de nossos olhos."[28]

Os proponentes da "terapia ativa" frisaram também a significação da mãe no início do desenvolvimento. Numa observação de 1918 que prenunciava sua posterior orientação no sentido do tocar e do abraçar, Ferenczi explicou o reflexo de Moro, ou abraçamento, dos bebês de menos de três meses de idade como resultado evolucionário da "pequena neurose de choque (ou traumática)" que tinha origem quando o bebê-macaco era "obrigado [...] a agarrar-se ao pêlo da mãe com os dedos enquanto esta [subia] nas árvores".[29] Em 1919, sob o impacto da gravidez da mulher, Rank comentou com Jones que "os homens não tinham nenhuma importância. [...] A essência da vida [é] a relação entre mãe e filho".[30] Em 1923, *The Trauma of Birth/O trauma do nascimento*, de Rank, associava a mãe à resistência ou, mais especificamente, à única experiência traumática da infância da qual provinha toda resistência, a saber, o nascimento. Para Rank, todas as neuroses eram tentativas de dominar a "castração primal", protótipo de todas as ansiedades posteriores. Além disso, Rank via apenas um ponto de fixação: o corpo materno. Por conseguinte, "não há [...] necessidade de determinar os 'traumas patogênicos' [...] por meio de longa investigação analítica. [...] A análise agora pode libertar-se em boa medida do trabalho de investigação, já que conhecemos desde o início [...] todo o conteúdo do Inconsciente".[31]

A teoria revisada de Freud buscava dar ao indivíduo alguma liberdade dos impulsos, pressões sociais e representações impessoais da autoridade internalizada. Seus críticos ao mesmo tempo dificultaram e promoveram o progresso desse programa. Por um lado, eles desencadearam avanços de longo alcance: no caso de Reich, a teoria das defesas; no de Rank e Ferenczi, a visão de que era a relação terapêutica — e não o *insight* — o fator determinante na cura analítica. Ao mesmo tempo, a visão meramente defensiva do ego que Reich propunha constituía uma ameaça à auto-reflexão, enquanto Rank e Ferenczi corriam o risco de contornar a transferência negativa e transformar a análise numa variante da cura pela mente.

Em abril de 1923, Freud teve um diagnóstico de câncer. Embora tenha sobrevivido 16 anos, o receio da iminência de sua morte contribuiu para precipitar a desintegração do círculo anterior. Num processo que um analista descreveu como carregado de "erupções de forças do id e formações de reações a elas contrárias", a transição da psicanálise de *Männerbund* a profissão enredou-se em debates sobre o ego.[32]

Assim que tomou conhecimento das idéias de Rank acerca do trauma do nascimento, Freud as qualificou de o "avanço mais importante desde a descoberta da psicanálise". "Qualquer um teria usado essa descoberta para tornar-se independente", disse ele a Jones.[33] Mas em fevereiro de 1924, reagindo a críticas de Berlim, Freud escreveu uma longa circular na qual explicou suas concordâncias e discordâncias. Apesar de elogiar Rank por frisar a força dos anseios passivos ou "regressivos" e trazer à baila a questão do "fundo biológico do complexo de Édipo", Freud voltou a afirmar que este não havia explicado como a ambivalência dirigida à mãe era transferida para o pai e outros objetos. A ênfase de Rank no nascimento, queixou-se ele, tornava a sexualidade "*a priori* — isto é, biologicamente — ambivalente". Para Freud, as principais causas da ambivalência estavam nas condições da tenra infância, especialmente no tabu do incesto. Embora as origens desse tabu estivessem "nos primórdios da história da humanidade", ele tinha de ser recriado mais uma vez em cada indivíduo. Assim, para Freud, "o pai real [é] o verdadeiro obstáculo que recria a barreira do incesto em cada novo indivíduo".[34]

Na mesma circular, Freud questionava as inovações destinadas a agilizar a análise. Tendo visto, depois da doença, que sua barba demorava seis semanas para crescer de novo, ele duvidava que as "camadas mais profundas do inconsciente" pudessem mudar em seis meses. Não podia entender, conforme escreveu a Rank, "como a fórmula mágica de reconduzir toda a libido à mãe poderia produzir um efeito terapêutico".[35] Posteriormente, ele diria que *The Trauma of Birth* e *The Development of Psychoanalysis* eram filhos de sua época, "concebidos sob a tensão do contraste entre a desgraça da Europa no pós-guerra e a 'prosperidade' dos Estados Unidos e destinados a adaptar o tempo da terapia analítica à pressa da vida norte-americana".[36] Tendo concitado os analistas a "renunciar a qualquer ambição terapêutica imprevidente", Freud imaginou um sujeito analítico capaz de tolerar a frustração e adiar a gratificação.[37] Rank e Ferenczi, por sua vez, estavam começando a imaginar o paciente típico da terapia no mundo emergente do consumo de massa.

A reação cada vez mais crítica de Freud ao trabalho de Ferenczi e a insatisfação cada vez maior deste com o que considerava a falência da análise que Freud fizera dele, o levaram a retirar-se. Por algum tempo, Ferenczi pensou em emigrar para os Estados Unidos, ao menos pelo tempo que lhe permitisse juntar algum dinheiro. Nas palestras que deu na New School em 1926, Harry Stack Sullivan o apresentou como o "gênio do movimento psicanalítico".[38] Porém, no fim, Ferenczi decidiu permanecer em Budapeste, de onde passou a criticar Freud cada vez mais.

Como Ferenczi, Rank também teve uma tremenda dificuldade para romper com o círculo encantado do carisma de Freud. Ao longo de muitos anos, depois da publicação de *The Trauma of Birth/O trauma do nascimento*, ele circulou entre Paris e Nova York, oscilando entre a ruptura com Freud e a volta ao rebanho. Animado pelas lisonjas de que foi objeto numa viagem aos Estados Unidos em 1924, exclamou: "*Im Gegenteil, die Mutter!* Pelo contrárria, o mãe!"[39] No entanto, em 1926 ele já pedia perdão a Freud: "De repente, de um estado que agora reconheço como neurótico, voltei a mim."[40] Nesse meio tempo, Abraham faleceu inesperadamente em 1925, Eitingon aos poucos voltou-se para a Palestina, para onde por fim emigrou, e Sachs tornou-se cada vez mais marginal.

Ao longo de todo o tempo, Freud havia esperado que o Comitê o substituísse. "Basta vocês tentarem", disse em carta a Abraham em 1920, e "verão que podem arranjar-se sem mim."[41] Após a descoberta do câncer, ele propôs que o Comitê "aprend[esse] a atingir a harmonia sem mim", declarando-se "inapto a agir como um censor despótico, sempre alerta". Que seis homens de diferentes caracteres concordassem nos detalhes de todas as questões era não apenas impossível, mas também indesejável, havia dito em suas *Rundbriefe*. E como para ele, Freud, era tão difícil aventurar-se em novas linhas de pensamento, se esperassem pela sua aprovação, "correriam o risco de acabar ficando muito velhos antes".[42]

Apesar desses apelos, o *Männerbund* desintegrou-se. Desde a guerra, Jones e Rank haviam lutado pelo controle da *Verlag*. Rank receava que Jones estivesse tentando "unir o mundo anglo-saxão sob o domínio do [seu] cetro". Jones queixou-se a Abraham que Freud perdia toda a objetividade quando o assunto era Rank.[43] Em 1924, após a controvérsia do trauma do nascimento, Anna Freud disse em carta a Eitingon "que a questão da possibilidade de restringir Rank é a questão de decidir se a editora e as revistas devem continuar a existir". Rank, por sua vez, chamou o movimento analista de "ficção".[44] Em 1924, o Comitê foi dissolvido e reconstituído. Os novos membros, em consonância com a tentativa de transcender o *Männerbund*, eram todos mulheres: Anna Freud, Lou Andreas-Salomé, Marie Bonaparte (sobrinha-bisneta de Napoleão e líder da recém-fundada Sociedade Psicanalítica Francesa) e Loe Kann (ex-companheira de Ernest Jones). Em 1926, o Comitê reconstituído também foi dissolvido.[45] Freud disse a Ferenczi: "Sobrevivi ao comitê que deveria suceder-me. Talvez ainda sobreviva à Associação Internacional. Só espero que a psicanálise sobreviva a mim."[46]

O que substituiu o *Männerbund* foi o "movimento psicanalítico", um grupo formado por sociedades nacionais diversas, todas buscando transformar o círculo em torno de Freud em uma disciplina ou profissão. Pode-se ter idéia da amplitude e da diversidade do movimento pelo primeiro congresso feito após a guerra, que teve lugar em Haia em setembro de 1920. Esse congresso reuniu 112 participantes: 62 da Áustria e da Hungria, 16 da Holanda, 15 da

Grã-Bretanha, 11 da Alemanha, sete da Suíça e um da Polônia.[47] Quatro anos depois, a International Psychoanalytic Association contava 263 membros. Até a Segunda Guerra Mundial, o número de associados era tão pequeno que permitia que seus respectivos endereços também fossem impressos junto com seus nomes na última página do *International Journal of Psychoanalysis*. Embora não houvesse norte-americanos presentes no congresso de 1920, o centro de gravidade da psicanálise já começara a transferir-se para a Inglaterra e os Estados Unidos. Em 1919, a maior sociedade analítica (mais de quarenta membros) tinha sede em Londres e a nacionalidade do maior número de associados era a norte-americana. Citando sarcasticamente o chanceler da Alemanha derrotada, Freud falou de "nossa nova orientação para o Ocidente".[48]

A tarefa que o movimento analítico tinha diante de si era rotinizar o carisma de Freud, ou seja, promover a transição da autoridade pessoal de Freud para formas abertas, racionais e igualitárias de autogoverno. Nos anos entre as guerras, muitos tentaram atingir isso através do estabelecimento da psicanálise como disciplina nas universidades, entre os quais Sándor Ferenczi na Universidade de Budapeste, Karl Abraham na Universidade de Berlim, Franz Alexander na University of Chicago e Max Eitingon na Universidade Hebraica de Jerusalém. Freud deu apoio a esses esforços, mas buscou resguardar a autonomia da psicanálise, a qual, insistia ele, estava sujeita aos protocolos gerais da ciência, porém não era redutível a paradigmas existentes, como a psiquiatria orgânica ou a psicologia experimental. Ele não precisava ter-se preocupado. Todas as tentativas de criar uma base na universidade fracassaram.[49]

Frustrados nos esforços de ganhar legitimidade acadêmica e capitalizando a popularidade da prática analítica, os analistas criaram uma profissão à parte, desenvolvendo um currículo nuclear, formas padronizadas de prática e mecanismos regularizados de sucessão para preencher o lugar que antes ocupara o Comitê. Para isso, estabeleceram "institutos", centros em que havia de tudo: uma sociedade, uma clínica, cursos de treinamento formal, supervisão de prática clínica e análises didáticas ou "estágios". Pelo fato de prestar-se à sistematização e ao ensino, a psicologia do ego ocupou lugar central no processo de profissionalização.

Depois da desintegração do *Männerbund*, ainda persistiu um círculo centrado em Viena, Berlim e Londres — ou seja, em Freud —, mas esse círculo se tornou cada vez mais periférico em relação ao impulso principal no sentido da profissionalização. Parte substancial do controle exercido por esse círculo passou às mãos de uma nova geração, que se distinguia do *Männerbund* em termos de idade, gênero, sexualidade e orientação política.

A diferença de idade era drástica: enquanto Freud havia nascido em 1856, Melanie Klein nascera em 1882; Otto Rank e Helene Deutsch, em 1884; Karen Horney, em 1885; Franz Alexander, em 1891; e Wilhelm Reich, um prodígio, em 1897. Todos eles ainda eram jovens na década de 1920 e caracteristicamente "modernos" em seus valores e sensibilidades. Freud, por sua vez, via com maus olhos os produtos exemplares da modernidade, como o rádio, o telefone, o filme, o feminismo,

Carta de Sigmund Freud à mãe de um homossexual (1936),
posteriormente doada ao Kinsey Institute

a arte abstrata e a cultura norte-americana. Quando viu a publicidade de *Segredos de uma alma* mostrá-lo como "um filme da psicanálise [...] a ser rodado em breve em Viena, com a supervisão do Professor Freud e explicação do seu sistema", Freud disse a Ferenczi que, da mesma forma que não podia evitar o corte de cabelo *à la garçonne*, não poderia evitar o filme — mas que, em nenhum dos casos, se esperasse a sua participação.[50] A distinção entre velho e novo permeou muitos dos debates da época, inclusive os que versavam sobre a terapia breve, a sexualidade feminina e o lugar dos Estados Unidos no movimento analítico.

A representatividade em termos de gênero também mudou drasticamente. O número de mulheres analistas passou de dois, antes da Primeira Guerra, a cerca de cinqüenta no período imediatamente após a guerra. Antes do fim da década de 20, a maioria das estagiárias era composta por mulheres. Muitas haviam sido professoras e muitas eram mães. Como veremos, a mudança da composição no que se refere ao gênero dentro do movimento fomentou uma mudança drástica em suas preocupações, levando a uma maior concentração na relação mãe/bebê, na relação mãe/filha e na sexualidade feminina.

A mudança com relação à sexualidade é mais difícil de apreender, mas dois incidentes ocorridos no período imediatamente depois da guerra são reveladores. Em 1920, um médico abertamente homossexual apresentou-se como candidato a membro da Associação Psicanalítica Holandesa. Os associados pediram orientação a Jones, que se posicionou contra a aceitação. De Berlim, Sachs, Abraham e Eitingon manifestaram-se no sentido de que essa era uma questão que devia ser deliberada no foro de cada associação — embora, acrescentaram eles, se devesse partir do pressuposto de que todo homossexual era neurótico até prova analítica em contrário.[51] Até mesmo Ferenczi, por tanto tempo defensor da legalização da homossexualidade, afirmou que "essa gente é anormal demais" para ser analista.[52] Freud, por sua vez, recomendou a aceitação, mas admitiu que a questão deveria ser resolvida pela associação analítica local. Em outro incidente, em 1921, Ernest Jones escreveu a Freud para informá-lo de que havia recusado um homossexual para treinamento analítico. Freud, mais uma vez, discordou: "Não podemos excluir essas pessoas sem outras razões suficientes, da mesma forma que não podemos concordar com sua perseguição legal. [...] A decisão, nesses casos, deve se basear no exame minucioso das outras qualidades do candidato."[53]

Politicamente, o *ethos* do movimento analítico tornou-se mais democrático. Enquanto em 1910 Freud defendera uma elite "na linha da república de Platão", na década de 20 ele advogou a autonomia local, como acabamos de observar. Quando Eitingon entrou para o Comitê em 1919, Ferenczi disse-lhe que a idéia era "manter *inalteradas* as idéias de Freud o máximo possível. [...] Tudo deve ser tratado com uma espécie de dogmatismo. [...] A capacidade de renunciar a uma idéia própria em favor de uma idéia central [é o] principal requisito para a associação".[54] Mas essa postura, que não foi adotada pelos analistas mais novos, logo foi abandonada até pelo próprio Ferenczi. Além disso, depois da Primeira Guerra Mundial, os desacordos já não provocavam cismas. Rank e Ferenczi deixaram o movimento analítico voluntariamente; apesar de haverem provocado uma certa agitação, eles não foram expulsos. Em 1927, quando a Comissão Internacional de Treinamento tentou impor a análise leiga à New York Psychoanalytic Society, Anna Freud encabeçou a oposição, tachando-a de uma clara injustiça.

Entretanto, no período que se seguiu à guerra, houve importantes exceções antidemocráticas. Uma foi a trágica tentativa de Freud de impor Horace Frink à análise norte-americana, que ele via como "desprovida de liderança". Frink era um paciente bem-apessoado e não-judeu de Freud. No decorrer da análise, Freud incitou Frink a deixar a mulher e os filhos e desposar uma mulher rica e casada pela qual Frink acreditava estar apaixonado. Em 1921, ele disse a Frink: "Sua queixa de não conseguir entender a sua homossexualidade implica que você ainda não está consciente da sua fantasia de tornar-me um homem rico. Se as coisas correrem bem, transformemos esse presente imaginário em uma contribuição real aos Fundos da Psicanálise." Embora o que Freud quisesse dizer possa não ter ficado inteiramente claro, certamente ele estava explorando a vulnerabilidade do paciente. Frink teve episódios de insanidade pelo resto da vida e culpou Freud por não perceber que a análise tinha de restringir-se às neuroses.[55] Foi esse o caso que levou Freud a admitir perante Abraham Kardiner que a análise poderia precipitar uma psicose. Todos os analistas norte-americanos souberam dessa história, o que intensificou o seu afastamento do homem a quem às vezes chamavam "o Papa de Viena". Outro incidente antidemocrático, descrito em capítulo posterior, foi a expulsão de Wilhelm Reich do movimento analítico em 1934, evento que mostra o quanto o anticomunismo pode corromper valores liberais.

A tarefa que as sociedades analíticas tinham diante de si na década de 1920 era estabelecer instituições profissionais estáveis e legítimas. As resoluções de 1918 em Budapeste especificaram os meios: terapia em massa e análise didática ou de treinamento. A psicologia do ego — a análise da resistência — forneceu uma teoria voltada para a prática que facilitou o treinamento e o credenciamento. O primeiro instituto analítico a implementar as resoluções de Budapeste foi também o centro da teorização no pós-guerra: o Instituto de Berlim.

Mantido com verba governamental e reconhecido pela comunidade médica, o Instituto Psicanalítico de Berlim tornou-se a bandeira de todo o movimento. Dirigido por Karl Abraham, Max Eitingon e Ernst Simmel, beneficiado tanto pela proximidade quanto pela distância de Viena e patrocinador do influente *Kinderseminar* — grupo de discussão dos analistas mais jovens, como Otto Fenichel, Käthe Friedländer, Edith Jacobson e George Gerö —, o instituto foi o pioneiro da psicologia do ego.[56] Entre outros que ali foram treinados incluem-se Erich Fromm, Franz Alexander, Karen Horney, Sándor Rádo, Melanie Klein, Theodor Reik, Therese Benedek, Helene Deutsch e Edward e James Strachey. No fim de 1928, 66 analistas haviam sido formados e outros 34 estavam em treinamento.[57] Em Berlim estavam também a *Verlag* e a *Internationale Zeitschrift*, editada por Rádo. Estimuladas por esse exemplo, Dresden, Hamburgo, Frankfurt, Heidelberg — e também o sudeste alemão — começavam a criar suas sociedades quando a ascensão dos nazistas ao poder destruiu inteiramente a psicanálise alemã.

A política analítica internacional moldou-se em torno das sociedades de Londres, Viena e Berlim. A London Psychoanalytic Association, que tinha 55 membros, contava entre eles Ernest Jones, figura central na International Psychoanalytic Association que mantinha relações estreitas não só com Sigmund e Anna Freud, mas também com as partes mais remotas do antigo Império Britânico, em especial os Estados Unidos. Ela gozava de um ambiente relativamente democrático e aberto à participação feminina, além de estar associada a uma iniciativa editorial de vulto: a Hogarth Press, de Leonard e Virginia Woolf, que publicava a edição inglesa do *International Journal of Psychoanalysis*, as traduções inglesas de Freud e a coleção International Psychoanalytical Library.[58] Como as sociedades de Berlim e Londres, a de Viena era um dos eixos em que se assentava o treinamento. No começo da década de 1930, o número de candidatos chegara a 35. Freud assinou os diplomas até que outras sociedades protestaram.[59]

Refletindo seu papel inaugural na história da psicanálise, Viena foi responsável também pela formulação oficial da psicologia do ego. Destinado a ser o presente de oitenta anos ao pai, *O ego e os mecanismos de defesa/The Ego and the Mechanisms of Defense*, que Anna Freud publicou em 1936, reapresentou a idéia reichiana do caráter como uma teoria das defesas. Enquanto a concentração unilateral no id caracterizou "a agora obsoleta situação da hipnose", concluiu Anna Freud, só quando os analistas oscilam entre as defesas do ego e as associações livres que provêm do id é "que podemos falar de *psicanálise*".[60] Após a ascensão dos nazistas, essa versão modificada da psicologia do ego disseminou-se na Inglaterra e, em especial, nos Estados Unidos.

Ao lado da versão dominante da psicologia do ego, surgiram três importantes variantes em Londres, Paris e Budapeste. Em todos esses casos, a idéia de autonomia pessoal sofreu uma revisão. A primeira variante estava associada a Melanie Klein, que propôs uma visão do ego baseada nas *relações objetais*. Segundo Klein, o indivíduo contraía obrigações não por ser humano, em sentido geral, como queriam Kant ou Freud, mas por estar indissoluvelmente associado a outros pelas circunstâncias peculiares de sua própria vida. A mais importante dessas associações era com a mãe, a qual moldava todas as demais relações futuras. Desenvolvendo mais uma ética da responsabilidade que uma ética da justiça e constituindo aquilo que alguns consideraram uma alternativa feminina a Freud, o pensamento de Klein entrava em consonância com uma nova orientação, de classe média, quanto ao problema de construir e manter relações pessoais, e não ao problema da autonomia, implícito na teoria do complexo de Édipo. Klein emigrou para Londres em 1926 e deu sua primeira palestra na casa do irmão de Virginia Woolf. Seu pensamento reflete a influência do filósofo G. E.

Moore, para quem as relações da situação imediata — por exemplo, com os amigos, a família e a comunidade — tinham precedência sobre os ideais abstratos.

Em 1936, Jacques Lacan propôs uma segunda alternativa à psicologia do ego em seu famoso artigo do "estágio do espelho". Segundo Lacan, o ego ou "eu" era uma reação de defesa à descoberta traumática do vazio, uma imaginária "cristalização ou sedimentação de imagens do próprio corpo do indivíduo e de auto-imagens refletidas para ele pelos outros".[61] Não tendo nenhuma base naquilo que Freud havia chamado de "instintos", o ego era melhor concebido como objeto que como agente. Segundo Freud, a afirmação "Onde estava o id é onde agora está o ego" definia a análise, mas para Lacan o objetivo da análise não era fortalecer o ego, e sim relaxá-lo, desgastar-lhe as defesas e incentivá-lo a adotar o distanciamento diante do próprio narcisismo. Se Klein contrapunha a responsabilidade à autonomia, Lacan fomentava a aceitação irônica da própria natureza dividida, aceitação essa que, em muitos aspectos, era uma volta à idéia original de inconsciente. Proveniente da Société Psychanalytique de Paris, fundada em 1926, com vinte membros e duas publicações (*L'Evolution psychiatrique* e *Revue française de psychanalyse*), a alternativa de Lacan refletia a distinção que caracterizava a psicanálise francesa, que bebia nas fontes das antigas tradições do pensamento moralista francês, da filosofia heideggeriana e do surrealismo.

Finalmente, em Budapeste, Ferenczi tornou-se médico preferido e figura central num certo círculo intelectual, independente e freqüentador de cafés. Contrariando a ênfase de Freud na dificuldade de obtenção da autonomia, ele argumentava que o estado original do recém-nascido era o de esperar receber sem ter de dar nada em troca.[62] A receptividade passiva — não a atividade — era a força motriz do desenvolvimento. Qualquer que seja o estado psicológico original dos seres humanos, eles *merecem* começar a vida com suas necessidades fundamentais satisfeitas. Como quase todos os analistas húngaros acabaram emigrando, a profunda rejeição de Ferenczi à insistência de Freud na abstinência teve efeitos que se fizeram sentir por muito tempo. Entre os que foram inspirados por Ferenczi incluem-se Istvan Hollós e Imre Hermann, que recorreram à primatologia para teorizar a necessidade do apego, e Alice e Michael Balint, dois dos primeiros a pesquisar a relação mãe/filho.[63] E, por fim, essencialmente é o pensamento de Ferenczi que está por trás da teoria do narcisismo de Heinz Kohut. Os que sofreram influência de Ferenczi acreditavam que a análise deveria propiciar a "experiência emocional corretiva", e não o *insight per se*.[64]

Ao enfatizar a vulnerabilidade do ego, a maneira como o ego se formava a partir de suas próprias relações de amor e, acima de tudo, ao ver o ego como o lugar da resistência, a teoria estrutural de Freud estava no centro da reavaliação da autonomia ocorrida na década de 1920. As variantes que se desenvolveram — relações objetais, estágio do espelho e amor passivo do objeto —, às quais retornaremos em capítulos subseqüentes, contribuíram para fomentar ainda mais essa redefinição modernista. Klein problematizou o ideal da autonomia ligando-o à responsabilidade perante outros cuja existência era concreta. Lacan questionou se o desejo de autonomia não era simplesmente uma defesa contra o inconsciente. Ferenczi insistiu em que a autonomia, a responsabilidade e a subjetividade repousavam todas numa exigência fundamental, quase inata, de algo que em breve seria chamado de reconhecimento. O resultado foi a profunda interrogação de um dos ideais capitais da modernidade.

Enquanto isso, o movimento analítico crescia. Em 1935, Freud gabou-se de sua penetração: "Além dos antigos grupos locais (em Viena, Berlim, Budapeste, Londres, Holanda, Suíça e Rússia), vêm-se formando desde então sociedades em Paris e Calcutá, duas no Japão, várias nos Estados Unidos e, recentemente, uma em Jerusalém, uma na África do Sul e duas na Escandinávia."[65] No entanto, à medida que se disseminava, a psicanálise encontrava novas dificuldades. A "resistência" era um conceito psicológico: descrevia uma coisa que estava "dentro" dos indivíduos. Mas a resistência também se encarnava em instituições sociais, nos preconceitos culturais e na organização do conhecimento. Durante os anos entre as guerras, a psicanálise sofreu ataques de conservadores, fascistas e bolcheviques, mas também de defensores liberais da ortodoxia científica.

A oposição sem trégua da Igreja Católica — que, com efeito, conseguiu adiar para depois da Segunda Guerra Mundial a entrada em larga escala da psicanálise na França, na Itália, na Espanha, em Portugal, na América Latina e parte do leste europeu — foi um fator de especial importância. Mesmo em Viena, os analistas viviam com medo da igreja. Altos dignitários da igreja, como o padre Agostino Gemelli, o milanês que arquitetou a cooperação entre o catolicismo e o fascismo, e o padre Wilhelm Schmidt, diretor do Museu Etnológico Lateranense em Roma, eram antifreudianos ferrenhos. Schmidt tinha projeção na vida acadêmica vienense.[66] Boa parte da virulenta oposição a Wilhelm Reich provinha da certeza de que, ao entrar na política, ele incorreria na ira da igreja. Freud adiou a publicação de *Moisés e o monoteísmo/Moses and Monotheism* justamente por causa desse medo. A sombra da igreja ajuda a explicar a aura "hierárquica, correta e cortês" da Sociedade Psicanalítica de Viena.[67] O antagonismo francês a uma teoria "aplicável apenas a judeus, irmãos raciais [de Freud], predispostos ao pansexualismo libidinal", tinha, em parte, a mesma origem.[68] O catolicismo e o anti-semitismo também atrasaram a iniciativa de Ludwig Jekels de estabelecer uma sociedade na Polônia.[69] Na Irlanda, a igreja proibiu a psicanálise.[70]

Porém, por outro lado, a oposição da Igreja Católica deu à análise uma certa contundência. A primeira tradução e publicação das obras completas de Freud teve início em Madri em 1922, por iniciativa de José Ortega y Gasset.[71] As pinturas, filmes e instalações de Salvador Dalí e Luis Buñuel constituem um reflexo da influência de Freud na Espanha. No fim dos anos 20, surgiram grupos de leitura de textos analíticos no México, no Brasil e no Peru. Angel Garma, que fez treinamento em Berlim e emigrou para a Argentina, deflagrou uma tardia porém explosiva expansão depois da Segunda Guerra Mundial.[72] Após a publicação das conferências de Edoardo Weiss em Trieste em 1931, a análise começou a decolar também na Itália.[73] Enquanto isso, na Inglaterra, Samuel Beckett recorria à metafísica jesuítica para influenciar seu analista, Wilfred Bion. Contudo, de um modo geral, a oposição da igreja ao projeto da autonomia pessoal, bem como à sexualidade não marital, retardou a análise.

O marxismo institucionalizado constituiu um segundo centro de resistência à psicanálise. Como vimos, mesmo os bolcheviques que abraçaram a análise rejeitavam a idéia da autonomia pessoal. A derrota de Trotsky por Stalin no fim da década de 20 pôs fim ao apoio clandestino que Trotsky havia dado a Vera Schmidt e a outros analistas. O stalinismo se apresentava como uma alternativa à psicologia "burguesa": "Para Freud, o homem existe inteiramente no passado. [...] Para Freud, o consciente está subordinado ao inconsciente. Para Freud, o homem é refém de forças internas, elementais".[74] A última tradução de Freud para o russo foi feita em 1930.[75] Freud disse a Nikolai Osipov, seu tradutor russo radicado em Praga: "Não sei de onde os bolcheviques tiraram a idéia de que a psicanálise é hostil ao seu sistema. Você sabe a verdade: que a nossa ciência não pode ser colocada a serviço de nenhum partido, pois precisa de uma certa liberalidade mental [*Freiheitlichkeit*]".[76]

Uma terceira fonte de resistência foi a crescente racionalização da ciência e da medicina. Antes da Primeira Guerra Mundial, havia alternativas às idéias newtonianas de causalidade, quantificação e predição. A física se havia destruído e reconstruído para incorporar a relatividade, a incerteza, o subatômico e o cosmológico. A biologia havia atingido o *status* de ciência de fato e de direito com a incorporação da contingência e da particularidade. O positivismo estava em baixa, apesar das tentativas de reconstrução verificadas em Viena e Cambridge. Nesse contexto, a insistência de Freud no caráter científico da psicanálise foi amplamente aceita. O próprio Albert Einstein havia mantido uma correspondência muito divulgada com o fundador da psicanálise.

Porém, a segunda revolução industrial estimulou a ascensão da "grande ciência". Patrocinada por fundações, essa ciência premiava a previsão e o controle. O behaviorismo varreu as ciências sociais, inclusive a psicologia. A Rockefeller Foundation financiou pesquisas behavioristas sobre o desenvolvimento infantil em várias capitais européias, entre as quais Londres e Viena. A princípio, a psicanálise lucrou com o novo *boom* da pesquisa empírica. Charlotte Bühler, por exemplo, dirigiu um centro de pesquisa patrocinado por Rockefeller na Universidade de Viena.[77] Embora Bühler desprezasse a psicanálise e abolisse a discussão do tema em suas aulas, vários analistas de destaque — entre os quais, René Spitz, Else Fraenkel, Marie Jahoda, Rudolf Ekstein, Bruno Bettelheim e Edith Weisskopf — começaram a carreira estudando com ela. Os analistas beneficiaram-se também do estudo empírico das crianças em Genebra, onde fundaram duas sociedades analíticas, uma das quais no Institut Rousseau da Universidade de Genebra, um dos mais importantes laboratórios pedagógicos do mundo.[78] Jean Piaget, membro de uma dessas sociedades, tentou inserir uma teoria cognitiva na psicanálise, mas esses dois mundos também estavam em tensão. No curso de uma análise didática com Sabina Spielrein, Piaget inopinadamente percebeu o que era a transferência, disse *"J'ai compris"** e foi embora.[79]

A "grande ciência" implicava a tradução da psicanálise em variáveis mensuráveis e hipóteses testáveis. Para Richard von Mises, positivista lógico originário de Viena, embora a análise se baseasse em "observações incontestáveis", suas regularidades poderiam ser descritas de melhor maneira se apresentadas em termos estatísticos.[80] Nos Estados Unidos, John Dollard, autor de *Frustration and Aggression/Frustração e agressividade* (1939), baseou-se em experimentos com ratos para demonstrar que "a agressividade sempre é conseqüência da frustração".[81] Nem mesmo os behavioristas simpatizantes da análise conseguiam esconder sua condescendência. Clark Hull cansou de dizer que "havia algo importante na teoria [psicanalítica]". Lewis Madison Terman considerava os conceitos freudianos, "mesmo descontados [...] em 90% [...], uma das duas mais importantes contribuições à psicologia moderna, sendo os testes mentais a outra".[82] A reação dos analistas a esses "elogios" foi ambivalente. Quando Saul Rosenzweig enviou a Freud dados que supostamente confirmavam suas teorias, Freud respondeu-lhe que a análise não se prestava à testagem experimental, mas acrescentou: "Apesar disso, mal não fará."[83] Conforme veremos a seguir, Freud estava errado.

Também a medicina se transformou após a Primeira Guerra Mundial, tendo-se profissionalizado e se tornado mais dependente de laboratórios e hospitais, além de muito mais prestigiosa. O tratamento holístico, baseado na teoria, entrou em declínio, ao passo que a alteração demonstrável e mensurável do curso estatisticamente provável de uma determinada doença entrou em ascensão. A bacteriologia forneceu o modelo. A intervenção familiar, a política sexual e o pró-natalismo (incentivo à maternidade/paternidade) proliferaram nos novos "ministérios da saúde", voltados para a *Volksgemeinschaft*, comunidade nacional ou racial. Essas mudanças pressionaram cada vez mais os analistas a se tornarem médicos e a alinharem suas teorias com as das ciências de laboratório.

Por isso, a psicanálise européia tornou-se cada vez mais medicalizada. A Sociedade Psicanalítica Holandesa, fundada com 12 membros em 1917 por Johann H. W. van Ophuijsen e Westerman Holstijn, era formada apenas por médicos.[84] O maior obstáculo enfrentado pelos soviéticos na tentativa de aceitação pela International Psychoanalytic Association estava no fato de poucos de seus líderes serem médicos. Para os analistas da International Psychoanalytic Association foi muito difícil aceitar que Otto Schmidt, vice-presidente da Sociedade Psicanalítica de Moscou, fosse matemático.[85] Evidentemente, o domínio médico foi contestado. Os conflitos em torno da análise leiga culminaram na fundação de uma segunda sociedade holandesa em Leyden, além de uma divisão na sociedade belga.[86] Mas a tendência à medicalização era constante e foi imensamente intensificada pelo peso que os Estados Unidos tinham no mundo analítico.

Em nenhuma outra parte os médicos haviam conseguido o *status* e as vantagens

---

* "Entendi". (N. da T.)

financeiras de que gozavam nos Estados Unidos. Usando o credenciamento para restringir a oferta de médicos, conforme recomendava o Relatório Flexner, eles conseguiram revolucionar sua posição. Os psicanalistas norte-americanos os seguiram. Em 1925, a American Psychoanalytic Association aprovou a exigência do diploma em medicina para os analistas.[87] Freud protestou imediatamente, afirmando que a medicalização era "a última máscara da resistência contra a psicanálise, e a mais perigosa de todas", e predizendo um "futuro sombrio [para] a análise, se esta não conseguir criar um lugar para si fora da medicina".[88]

Os efeitos da medicalização foram exacerbados pela dependência financeira que a análise européia tinha dos Estados Unidos. Em 1919, 60% dos casos de que Freud tratava pessoalmente eram constituídos por norte-americanos, e ele muitas vezes conduzia essas análises em inglês.[89] Mantendo um cofre no consultório para guardar os dólares, ele aconselhou Rank a cobrar caro dos "selvagens".[90] Em 1920, insistiu para que Abraham concordasse com a recusa dos norte-americanos em fazer um congresso analítico em Berlim, observando que, sem esse apoio, "não conseguiremos manter as publicações alemãs por mais de um ano".[91] Ainda em 1932, a *Verlag* era tão dependente das assinaturas dos norte-americanos que seus dirigentes foram contra a criação do *Psychoanalytic Quarterly*, em língua inglesa.[92] Comentando a insistência norte-americana na medicalização, o analista Hermann Nunberg observou: "Em nossas fileiras, como em outras partes, a luta econômica encontra sua ideologia."[93]

A despeito da oposição de Freud, a análise passou inexoravelmente a exigir um diploma em medicina. Em 1927, quando o *International Journal of Psychoanalysis* publicou um simpósio de cem páginas sobre a análise leiga, a maioria dos analistas colocou-se contra Freud. Ferenczi, o mais fiel aliado de Freud, organizou um grupo de analistas leigos nos Estados Unidos e submeteu sua candidatura à International Association para ver o que aconteceria, mas o grupo se desfez.[94] Em 1929, Jones conseguiu que a British Medical Association decretasse a legitimidade exclusiva da versão freudiana da psicanálise, sancionando assim ainda mais o princípio da regulamentação médica. Freud afirmou ser um "comandante-em-chefe sem exército" e fez votos de que o conflito em torno da análise leiga promovesse aquilo que chamou de "separação amigável dos norte-americanos".[95]

Na verdade, aconteceu o oposto. Em 1930, uma falange de analistas mais jovens, que haviam nascido nos Estados Unidos e buscavam uma abordagem mais "profissional", liderou uma rebelião contra a geração anterior, formada por judeus do leste europeu e especialmente representada por Brill.[96] Tomando como modelo o Instituto Psicanalítico de Berlim, essa "dura elite norte-americana" cortejou Franz Alexander, conhecido como revisor da psicologia do ego a partir de um ponto de vista "moderno".[97] No ano seguinte, Hanns Sachs mudou-se para Boston e Hermann Nunberg, para Filadélfia. Em 1932, quando Alexander tornou-se o líder da Chicago Psychoanalytic Society, Karen Horney passou a ser sua assistente. Sándor Rádo foi para Nova York com a incumbência de organizar um instituto nos moldes do de Berlim. O montante levantado por Rádo para essa empresa — quarenta mil dólares — não tinha precedentes nos círculos analíticos europeus.[98] Mesmo antes do triunfo dos nazistas, então, o lar da segunda revolução industrial começou a recuperar seus filhos pródigos.

Observando o crescimento do poderio norte-americano no mundo da psicanálise, Freud deu vazão a algumas tensões antiamericanas comuns. Embora fossem intensificadas em seu caso pelo medo neurótico da pobreza, elas continham também um elemento de verdade. Desdenhando o "país do dólar", a "dolaria" e "essa louca *Adlerei* anal", disse a Rank que a análise "cai tão bem aos norte-americanos quanto uma camisa branca a um corvo".[99] Sua discussão mais completa da relação entre a análise e a cultura norte-americana foi retirada de *A análise leiga/The Question of Lay Analysis*, que escreveu em 1925 para defender sua posição, porque Jones e Sachs receavam que ela levasse os norte-americanos a saírem da associação internacional. Publicados há pouco tempo, os trechos extirpados equiparam os Estados Unidos ao calvinismo, à cura pela mente e — embora a palavra não seja usada — ao fordismo.

Segundo afirma no ensaio, Freud reagia com ceticismo diante de uma nação cujo ideal supremo era a "eficiência, a adequação à vida", em especial quando ela deixava de "tomar precauções ao designar quem lhe mitigasse os problemas psíquicos". "O tempo de fato é dinheiro", prosseguia ele, "mas não está inteiramente claro por que ele deve ser transformado em dinheiro com tamanha pressa. [...] Em nossas terras alpinas, uma saudação comum quando dois conhecidos se encontram ou despedem é: 'Vá com calma.' Temos desprezado muito essa fórmula, mas, diante da pressa americana, passamos a perceber quanta sabedoria ela contém. Apesar disso, o norte-americano não tem tempo. Ele adora os números grandes, a ampliação de todas as dimensões, mas também a redução do investimento do tempo ao mínimo absoluto. Creio que a palavra para isso é 'recorde'". No fim, Freud acrescentou: "Aparentemente, o superego norte-americano mitiga imensamente sua austeridade perante o ego no que se refere aos interesses pecuniários. Mas talvez meus leitores achem que agora já basta das coisas más que tenho a dizer sobre esse país, diante do qual aprendemos a curvar-nos na última década."[100]

Depois da entrada das mulheres, o evento mais significativo da história da psicanálise foi o debate sobre a medicalização, debate esse que por fim envolveu o *status* científico da psicanálise. Embora hoje muito se afirme que as pretensões científicas da psicanálise foram refutadas, a questão mais profunda é a do significado de "ciência". Demonstrando sua afinidade com o pensamento de Kant no que este se opunha ao de Bacon, Freud não via a ciência como uma tentativa de resolução de problemas destinada a atender aos desejos humanos. Em vez disso, acreditava que o desenvolvimento da ciência promoveria uma mudança na própria natureza humana, a saber, a modificação do desejo pela razão. Nesse sentido, a redução da ciência a parâmetros behavioristas e da psicanálise à psiquiatria implicava a redução da autonomia à opção, com perda do elemento da auto-reflexão. Constatando esse processo em sua própria época, Freud lamentou que as pessoas estivessem "prontas a aceitar os resultados do pensamento científico sem que a mudança que o pensamento científico promove nas pessoas se tivesse processado nelas".[101]

Finalmente, à medida que a psicanálise se disseminava, muita gente a rejeitou com base no fato de ser uma teoria ocidental de pouca relevância para as grandes massas da África, da Ásia e do Oriente Médio. Essa resistência provinha do fato de a psicanálise, como o Cristianismo, inicialmente ter sido exportada do Ocidente em associação com o imperialismo. Nas Filipinas, os médicos coloniais de influência analítica ensinaram aos soldados e administradores que antes haviam sido "enervados" pela "neurastenia tropical", pela "filipinite" e pela "hipocondria de base cultural" que "a ansiedade indicava, não uma membrana externa excessivamente permeável, mas sim um núcleo corrompido".[102] Em "Psychology of Revolutionary Tendencies"/ Psicologia das tendências revolucionárias, o psicanalista neozelandês Claud Dangar Daly orientou os administradores coloniais quanto ao fato de a motivação do movimento antibritânico estar em emoções infantis, como no caso das rebeliões irlandesas e sufragistas.[103] As expedições etnográficas de Géza Róheim, que introduziram a psicanálise na Austrália, também foram possibilitadas pelo imperialismo. Por conseguinte, não é de estranhar que os colonizados que se responsabilizaram pela introdução da psicanálise no mundo não ocidental se mostrassem um tanto ambivalentes quanto a ela.

T. Girindrasekhar Bose, nascido em 1886, filho de um marajá e, conforme suas próprias palavras, "o segundo analista auto-analisado na história da psicanálise", é um exemplo. Bose fundou a Sociedade Psicanalítica Indiana em Calcutá em 1922.[104] Entre os quinze membros originais, nove eram acadêmicos e cinco, médicos. Bose realizava suas análises em bengali e vestia-se à moda tradicional. A autonomia, conforme era entendida na Europa, não constituía para ele um valor importante. Assim, baseou-se em técnicas hindus de introspecção, bem como em visualizações iogues e tântricas, para prescrever ao analista uma postura claramente didática. Baseando sua técnica mais no modelo do guru que no do analista, considerava até mesmo Ferenczi pouco direcionador. A razão dessa postura, conforme explicou no *International Journal of Psychoanalysis* e na sua correspondência com Freud, estava no fato de psique, corpo e comunidade variarem conforme a cultura. Nas nações que não haviam vivido a revolução psicológica ocidental, nas quais os indivíduos acreditavam que os distúrbios psíquicos eram causados por magia negra, carma ou perturbação do equilíbrio dos humores do corpo, a orientação de fora era o prelúdio necessário à orientação de dentro.[105]

Bose também se opunha ao uso da psicanálise para fins imperialistas. Owen Berkeley-Hill era um psiquiatra que fazia parte da sociedade de Calcutá e havia sido analisado por Ernest Jones. Responsável até certo ponto pelo rápido reconhecimento da sociedade pela International Psychoanalytic Association, Berkeley-Hill, que estudava a técnica iogue de controle esfincteriano, atribuiu a suposta aversão inspirada pelos hindus a suas fixações anais. Bose rejeitou com desdém essa teoria, frisando, em vez disso, a precedência da mãe em relação ao pai, das relações objetais em relação à sexualidade e da abordagem positiva da cultura indiana em relação à abordagem condescendente. Para tanto, recorreu à "fantasia central [na Índia] da mãe dividida" para argumentar que um período intenso, porém interrupto, de fusão com a mãe predispunha os homens hindus a aceitarem mais seu "componente feminino maternal", a sofrerem menos a angústia da castração e a aceitarem mais facilmente uma solução negativa/submissiva para a crise edipiana.[106]

Cada nação não ocidental seguiu seu próprio caminho para a análise. Enquanto Bose era autodidata, Heisaku Kosawa, principal figura da análise japonesa, estudou no Instituto Psicanalítico de Viena de 1929 a 1933 e foi analisado por Freud. E enquanto Bose quase sempre reagia à medicina inglesa, a psicanálise japonesa era relativamente autônoma. Kosawa era professor da Universidade de Tohoku, Sendai, no nordeste do país, onde teve início a primeira sociedade analítica japonesa. Yaekichi Yabe, psicólogo, e Kenji Otsuki, escritor, fundaram uma segunda sociedade em Tóquio em 1932, juntamente com a primeira publicação periódica freudiana em japonês, *Seishin-Bunseki*. As duas sociedades constituíam o centro da análise no leste asiático, suas traduções eram estudadas na Universidade Imperial de Seul, Coréia, e nas cidades costeiras da China. Conforme veremos, como Bose, Kosawa formulou uma alternativa à teoria edipiana, o "complexo de Ajase"*, baseado no relacionamento do filho com a mãe.[107]

A China, onde a psiquiatria ocidental havia sido introduzida por sociedades missionárias, constituiu uma terceira variante. Lá houve poucas tentativas — se é que houve alguma — de sintetizar o pensamento freudiano e o pensamento indígena. Em vez disso, a análise foi levada para a China na bagagem da modernidade importada do Ocidente pelo movimento de 4 de maio. Depois de 1919, no assim chamado Novo Período, Zhang Shenfu traduziu Freud para contra-atacar o behaviorismo em *Nova onda/New Tide*, uma das mais importantes publicações do Iluminismo chinês.[108] "Freud" servia também de senha da sexualidade para anunciar romances como *Diary of a Young Girl/Diário de uma jovem*.[109] E o mais importante é que a psicanálise foi associada à necessidade de revolução. Uma carta publicada num jornal em 1936 explicava: "Nos tempos modernos, o principal obstáculo aos instintos humanos é o próprio sistema social. A propriedade social está nas mãos de um punhado de pessoas." Para manter seus privilégios, essas pessoas instituem "doutrinas religiosas e regras morais". Enquanto isso, "os instintos clamam por satisfação. [...] Essa situação é particularmente comum entre nós, mulheres".[110]

No mundo islâmico, a psicanálise foi em grande parte ignorada. A principal exceção foi a Turquia de Ataturk, à qual a psicanalista Edith Vowinckel-Weigert acompanhou o marido, um economista, no fim da década de 1930. Os primeiros pacientes de Vowinckel-Weigert eram judeus refugiados provenientes da Alema-

---

* Lenda budista do Príncipe Ajatasatru (em japonês, Ajase). (N. da T.)

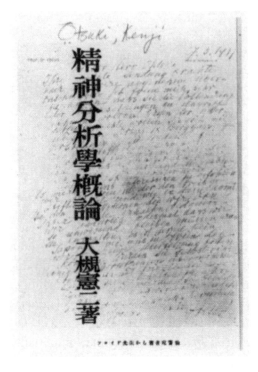

Tradução japonesa de Freud impressa sobre uma carta sua a Kenji Otsuki.

nha, mas a Turquia logo desenvolveu uma tradição analítica indígena. A primeira tradução, de *From the Unconscious Life of Our School Youth/Sobre a vida inconsciente de nossos escolares*, de Hans Zulliger, influiu na reforma educacional. Além disso, havia psiquiatras franceses trabalhando na Tunísia, no Marrocos, na Argélia e no Senegal e, por fim, criou-se uma sociedade no Líbano. Moustapha Safouan, seguidor de Lacan, fez a primeira tradução de *A interpretação dos sonhos* para o árabe em 1958: *Tafsir el ahlam*.[111] A tradição francesa da psicanálise na África e no Oriente Médio, porém, era aquela que Frantz Fanon atacou em seus escritos sobre a revolução argelina, argumentando que apenas a violência poderia compensar os danos concretos causados pelo colonialismo.

A atitude dos psicanalistas ocidentais em relação à psicanálise não ocidental foi complexa. O ur-texto (ou prototexto) dessa questão — *Black Hamlet/O Hamlet negro* (1937), de Wulf Sachs, relato direto do intercâmbio estabelecido entre um psicanalista judeu refugiado político e um curandeiro rodesiano — era, no fundo, um ataque à distinção feita pela psiquiatria colonial entre a psique negra e a psique branca.[112] Freud levou seus interlocutores asiáticos a sério. A Zhang Shizhao, funcionário do governo que estava tentando levar a psicanálise para a China, ele pediu que "testa[sse] nossos palpites com relação a formas arcaicas de expressão com base no material da sua língua".[113] A Andreas-Salomé, gabou-se de que seus seguidores na Índia eram "hindus cultos", não diletantes nativos, nem administradores coloniais ou expatriados brancos. E respondeu minuciosamente às objeções de Bose à psicanálise, admitindo que esta havia negligenciado a coexistência de desejos opostos de três fontes: bissexualidade (masculino/feminino), ambivalência (amor/ódio) e atividade/passividade.[114] Por outro lado, disse a Romain Rolland que "o amor helênico à proporção, a sobriedade judaica e a ansiedade filistina" o afastavam do pensamento asiático. E quando um professor de filosofia de Calcutá propôs-lhe uma visita em 1926, ele comentou: "Por enquanto, a minha necessidade de indianos está plenamente satisfeita".[115]

A suspeita que Freud nutria diante do pensamento asiático não se devia a uma aversão ao pluralismo cultural. Pelo contrário, ele criticava o marxismo pela sua falta de compreensão de como "as variantes raciais e [...] transformações culturais" interagiam com a economia.[116] Essa atitude simplesmente refletia a prioridade que ele dava ao ideal da autonomia pessoal, um ideal que teria de ser reformulado e reconceitualizado fora do contexto ocidental. Embora *A civilização e seus descontentes/Civilization and Its Discontents*, de 1930, mencione a perda da consciência do ego na ioga como um dos caminhos para a felicidade, é sintomático que Freud tenha dito a Romain Rolland que ele não era capaz de experimentar o sentimento "oceânico" — a "sensação de um vínculo indissolúvel; de entrar em união com o mundo exterior" — que Rolland associava ao misticismo indiano e acreditava ser "a verdadeira fonte dos sentimentos religiosos". O sentimento oceânico, conforme sugeriu Freud, poderia ser simplesmente um resquício do narcisismo primário.[117]

A amplitude e a diversidade das sociedades analíticas das décadas de 20 e 30 indicam até que ponto as idéias de autonomia e resistência, de influência psicanalítica, foram importantes para a primeira experiência de massa, consciente, da modernidade. Onde quer que a análise penetrasse, aí se desenvolvia um meio analítico que, se não estivesse em desacordo com a cultura dominante, no mínimo era distinto desta. Nesses meios, o número relativamente pequeno de pessoas que fizeram análise, buscando seja uma profissão ou uma "cura", tornou a honestidade diante de si mesmo o valor coletivo mais veementemente defendido. Em 1920, quando Anton von Freund, o maior mecenas da psicanálise da sua época, estava morrendo de câncer aos quarenta anos de idade, Freud o visitava diariamente, escrevendo no fim a Eitingon que Freund "envergara seu desespero com lucidez heróica; não havia desonrado a análise".[118] Assim, a despeito da profissionalização, a psicanálise ainda tinha o caráter de seita, com uma identidade característica, identificações que se sobrepunham e valores nucleares como o estoicismo e a veracidade. Naquilo a que D. W. Winnicott posteriormente chamou "ambiente facilitador", esses valores contribuíram para processos muito maiores de mudança social. Onde o ambiente era menos facilitador — como era cada vez mais o caso da Alemanha e do leste europeu —, os psicanalistas propiciaram um contra ou ultramodernismo sombrio, pessimista, que fez baixar o registro da música da Era do *Jazz*, quase como se seus praticantes percebessem a catástrofe iminente.

Capítulo Oito

A VIRADA EM DIREÇÃO À MÃE

O processo aqui descrito refere-se, conforme se disse expressamente, apenas a crianças do sexo masculino. Como o desenvolvimento correspondente ocorre nas meninas? [...] Aqui, a exigência feminista de igualdade de direitos não nos leva muito longe.

— Sigmund Freud, 1924

Assim como inspirou a mudança da autonomia moral para a autonomia pessoal, a segunda revolução industrial inspirou também uma mudança no sentido da emancipação da mulher. A concepção liberal clássica da emancipação da mulher, que tinha origem no Iluminismo, frisava a igualdade de direitos. Baseada na idéia de uma razão humana comum, ela se voltava para a emancipação na esfera pública. Porém na década de 1920, os defensores da emancipação feminina viam a luta por direitos iguais como praticamente acabada. Recusando-se a satisfazer-se com a asserção de uma razão humana comum, eles voltaram-se para a diferença de gênero — então entendida como "a diferença das mulheres" — para explorar especialmente duas questões: a maternidade e a sexualidade.

A nova relação das mulheres com a família estava por trás dessa mudança. Na medida em que a produção saiu do lar, na medida em que as economias de guerra mobilizaram as mulheres e na medida em que as mulheres conquistaram o voto, as mulheres entraram na vida pública. Ao mesmo tempo, elas se viram no centro afetivo da nova economia de consumo baseada na família. Assim, seus vínculos com a família foram simultaneamente afrouxados sociologicamente e reconstruídos psicologicamente. Era natural então que elas tentassem levar a cabo a luta pela igualdade na esfera pública, enquanto se valiam da análise para explorar a diferença de sexos na esfera da vida pessoal.

Duas mudanças foram especialmente importantes. Primeiro, enquanto as responsabilidades maternas antes eram invocadas para justificar o confinamento das mulheres à família, muitos agora argumentavam que a maternidade envolvia responsabilidades sociais, e não apenas privadas. Por exemplo, Robert Briffault afirmava, em *The Mothers/As mães* (1927), que todas as formas de organização social provinham da necessidade de cuidados maternos prolongados, e Lewis Mumford, em *Technics and Civilization/Técnica e civilização* (1934), apresentava a vila materna como a base da cidade paterna.[1] Por conseguinte, a atenção à maternidade geralmente implicava a emancipação, em vez da privatização. Nas palavras de H. G. Wells, "a disciplina da cooperação" implicava a emergência das mulheres "da célula doméstica" e apontava para uma nova cultura, na qual os homens seriam mais "sociais e cooperativos" e as mulheres, "menos enclausuradas".[2]

Segundo, enquanto a idéia vitoriana da mulher era a do dessexualizado "anjo do lar", as mulheres da década de 20 estavam abertamente interessadas na satisfação sexual. Segundo a analista junguiana Beatrice Hinkle, a mulher do pós-guerra diferia da sufragista no fato de basear seu feminismo nas "necessidades da [...] vida pessoal".[3] A grande descoberta da época, segundo a publicação neofreudiana *Modern Quarterly*, era "que a mulher quer o amor sexual como os homens: urgentemente".[4] Tampouco estava a sexualidade feminina confinada à família. Enquanto a homossexualidade feminina na década de 1890 se mantivera praticamente invisível, na de 1920 elaborou-se uma identidade lésbica em obras populares como *O poço da solidão/The Well of Loneliness*, de Radclyffe Hall (1928). As subculturas lésbicas imaginaram e retrataram a genitália e a sexualidade feminina de modos extremamente mais avançados que os da ciência médica e psicológica. Para alguns, uma nova cultura "nem masculina nem feminina, mas específica e peculiarmente homossexual" estava surgindo.[5]

Nesse contexto, estava aberto o terreno para um novo encontro entre as mulheres e a psicanálise. Ida Bauer abandonara a sala de consultas de Freud em 1900 em parte por não poder votar, por não poder trabalhar para manter-se e por não ter nenhuma cultura que apoiasse suas necessidades como mulher. Porém as mulheres que foram atraídas pela análise nos anos 20 já não eram tão empobrecidas. Suzanne LaFollette publicou ensaios de Freud em *The Freeman* porque temia que uma "emancipação vazia" levasse as mulheres a viver "sem o exercício do intelecto reflexivo, sem idéias, sem ideais e, no sentido mais justo do termo, sem emoções".[6] Em Salt Lake City, um círculo de cerca de 25 lésbicas lia e discutia os escritos de Freud na tentativa de desestigmatizar seu estilo de viver. Em Paris, Madeleine Pelletier, psiquiatra, feminista e adepta do travestismo, citava Freud regularmente em apoio à liberdade sexual das mulheres.[7] Como vimos, muitas mulheres recorriam à psicanálise para conseguir separar-se não apenas dos pais, mas também das mães, cuja "solicitude grotesca" poderia massacrar-lhes a independência. A psicanalista Helene Deutsch, por exemplo, aliou-se a Freud para libertar-se, conforme afirmou ela mesma, "da tirania da mãe".[8] Em todos esses casos, a psicanálise contribuiu para reformular o sentido da emancipação feminina no contexto da vida pessoal.

Além disso, após a Primeira Guerra Mundial, muitas mulheres se tornaram psicanalistas, alterando o caráter das discussões freudianas e o foco das preocupações analíticas. Enquanto Freud originalmente havia partido de um caminho único e indiferenciado de desenvolvimento psíquico para meninos e meninas, a chegada das mulheres colocou em primeiro plano o problema da diferença sexual. Se Freud às vezes adotara tacitamente a trajetória do menino como norma, a atenção analítica agora voltava-se para a menina, a sexualidade feminina e o lesbianismo. Como na análise da autonomia pessoal, a análise da sexualidade feminina centrava-se em obstáculos à auto-realização, em especial na resistência da mulher à feminilidade, no sentido do desejo sexual por homens. Mas a explicação desses obstáculos revelou-se mais difícil e abrangente do que a princípio se suspeitava. A tentativa levou a uma mudança de vulto no paradigma analítico por volta do início da década de 1930: do pai para a mãe, da castração para a separação, da autoridade para a dependência. Ao mesmo tempo, o cerne da descoberta freudiana — ou seja, as experiências, comuns a homens e mulheres, da passividade, do medo e, inclusive, da "castração" e a importância da sexualidade para essas experiências — ficou sob a ameaça de perder-se enquanto emergia uma nova "psicologia feminina".

A investigação da diferença das mulheres na década de 1920 foi parte de um processo social mais amplo: a incorporação das mulheres às profissões liberais e à mão-de-obra paga. A psicanálise fornece um exemplo espetacular desse processo. Na primeira década da história da análise, de 1902 a 1909, havia 82 analistas: oitenta eram homens e duas, mulheres. No período entre 1910 e 1919, havia 221 homens e 39 mulheres. Antes do fim da década de 20, havia 219 homens e 92 mulheres.[9] Assim, as mulheres foram responsáveis por todo o crescimento nos anos 20. Como dissemos anteriormente, no fim da década, a maioria dos estagiários mais jovens era constituída por mulheres.[10]

A psicanálise, no início dos anos 20, era consideravelmente mais aberta às mulheres que outras profissões comparáveis. Na Alemanha, o percentual de advogadas subiu de 0,4 em 1925 a 1,3% em 1933.[11] Nesse ano, o percentual de médicas era de 6,5%.[12] Entre os analistas, porém, o número estava em torno de 40% e aumentando cada vez mais. O examinador de Helene Deutsch na faculdade de medicina da Universidade de Viena recusou-lhe permissão para freqüentar suas aulas e só se referia a ela como "Sr. Deutsch". Entretanto, logo depois que se tornou analista, ela assumiu a direção do treinamento do Instituto Psicanalítico de Viena. Só nas "profissões assistenciais" e em alguns poucos enclaves das ciências sociais as mulheres tinham oportunidades profissionais remotamente comparáveis.

A mudança não era apenas uma questão de número. Em 1930, as mulheres estavam entre as figuras mais importantes na análise: Marie Bonaparte, na França, Jeanne Lampl-de Groot, na Holanda, Alfhild Tamm, na Suécia, Sabina Spielrein, na União Soviética, e Melanie Klein, na Inglaterra, são exemplos. O papel de Karen Horney foi importante enquanto ela esteve na Alemanha e central depois que emigrou para os Estados Unidos. Anna Freud agiu cada vez mais como representante do pai depois que este contraiu câncer, em 1923. Entre outras importantes mulheres analistas da década de 20, incluem-se Alice

Balint, Clara Thompson, Frieda Fromm-Reichmann, Ruth Mack Brunswick e Barbara Low.

Porém, ao mesmo tempo, essas mulheres freqüentemente dependiam de homens poderosos, como Freud, Jones ou Abraham, para exercer seus cargos. Além disso, muitas vezes, elas não eram simplesmente tais quais os homens analistas: especializavam-se em análise infantil ou "análise aplicada", isto é, educação ou assistência social, esferas codificadas como femininas. Muitas vezes, também seu trabalho teórico girava em torno da especificidade do desenvolvimento feminino e do papel da mãe. Anna Freud e Melanie Klein, por exemplo, figuras de proa da nova geração de analistas, distinguiram-se pela experiência prática com crianças. Uma era mãe; a outra, professora. Ambas praticavam a clínica pediátrica. Nenhuma era médica.

Os escritos de Freud refletiram a mudança na composição do movimento. Seu ensaio de 1925 sobre a sexualidade feminina foi escrito ostensivamente sem considerar o sexo do público. Mas sua palestra "Feminilidade", de 1933, foi marcada por aquilo que Sarah Kofman chamou, sem muito exagero, de tentativa "de estabelecer cumplicidade com as analistas para eximir-se da suspeita de 'antifeminismo'".[13] Nela, ele dava os créditos às analistas por suas inovações: Ruth Mack Brunswick fora a primeira "a descrever [...] a fixação no estágio pré-edipiano"; Jeanne Lampl-de Groot determinara "a incrível atividade fálica das meninas em relação à mãe"; Helene Deutsch mostrara que as relações entre as mulheres homossexuais reproduzem as relações entre a mãe e o bebê. Evocando a presença "de nossas excelentes colegas na análise", Freud quase se desculpou pelo fato de que algumas comparações "pareciam resultar desfavoráveis para seu sexo".[14]

Não obstante, o crescimento da participação feminina não introduziu o que uma geração posterior teria chamado de sensibilidade feminina na análise. Na década de 80, quando Nancy Chodorow perguntou às analistas ainda vivas como o gênero havia afetado sua experiência nos anos 20 e 30, elas quase sempre reagiram alegando não entender a pergunta: "Há muitas mulheres profissionais no mundo; por que não deveria haver mulheres analistas também?" foi o comentário mais comum. Uma delas respondeu à pergunta: "O que as mulheres faziam?" dizendo: "Não sei; o que as mulheres comiam?" Em resposta à pergunta: "O fato de tantos dos mais importantes analistas serem mulheres fez diferença?", uma delas disse: "Acho difícil *amontoar* as mulheres num grupo. [...] Posso pensar em mulheres *especiais*; teria sido diferente sem *elas*. Mas as mulheres, se *amontoadas* assim num grupo, não sei." Outra comentou: "Eu não sabia nada de movimentos feministas, de atividades feministas. [...] Parecia bem fácil, para as mulheres, fazerem o que quisessem." Para outras ainda, "Éramos todas analistas", "O treinamento não era tão ameno; as pessoas se consumiam pelo [seu] interesse na psicanálise" e "O mais impressionante e mais difícil para mim foi ter feito tudo isso em alemão, tendo em vista que era uma língua que eu não falava".[15] Os dados coletados por Chodorow podem ser ampliados com outras fontes. Charlotte Wolff, psicanalista berlinense, recordou: "[Nós mulheres] nunca nos víamos como [...] cidadãos de segunda classe. Simplesmente éramos nós mesmas, que é a única liberação que conta, de qualquer forma."[16]

Para compreender a história da psicanálise, é essencial captar a diferença entre a perspectiva de Chodorow e as de suas entrevistadas. Para Chodorow, o gênero era uma distinção *social*; ela presumia que a perspectiva das mulheres refletiria sua identidade *coletiva*. Só que seus sujeitos de pesquisa viam o gênero como subordinado a seus projetos *pessoais*, ao ser que elas haviam criado. Chodorow estava interessada nas diferenças entre os sexos *como tais*. Suas entrevistadas, porém, estavam interessadas na significação psíquica da diferença sexual *nas mentes das pessoas*. A bissexualidade, em seu novo sentido freudiano, permitiu-lhes enfocar esse interesse. Assim, da mesma forma que os primeiros analistas estavam conscientizados de suas relações com as "figuras paternas" e os outros homens, essas mulheres estavam conscientizadas daquilo que denominavam suas identificações masculina e feminina. Para ter uma vida pessoal bem-sucedida, elas precisavam aceitar seus lados masculino e feminino e criar uma relação sexual satisfatória. Esse problema era a contraparte psíquica do problema prático que as mulheres enfrentaram na década de 20: a necessidade de conciliar a carreira e a maternidade.

A literatura analítica abordou inicialmente esse problema em discussões acerca da "anomalia" da mulher que tinha uma profissão: uma mulher para a qual era importante ter um relacionamento sexual com um homem, e talvez ter filhos, enquanto ao mesmo tempo atuava num mundo público que ainda era culturalmente homossocial ou "neutro", isto é, veladamente dominado pelos homens. Joan Riviere, uma das tradutoras dos *Collected Papers/Artigos completos* de Freud, definiu o problema num artigo de 1929, *"Womanliness as a Masquerade"*/A feminilidade como máscara. A seu ver, no passado, nas mulheres a intelectualidade estava associada quase que exclusivamente ao "tipo abertamente masculino". Mas "hoje" constantemente se vêem mulheres profissionais que preenchem todos os requisitos do "desenvolvimento feminino completo". Elas são "excelentes esposas e mães" e "donas de casa capazes", sem "nenhuma falta de interesses femininos, como, por exemplo, a aparência pessoal". Elas representam o papel de "substitutas da mãe" entre parentes e amigos, ao tempo em que "cumprem os deveres de sua profissão ao menos tão bem quanto a média dos homens. De fato, a classificação psicológica desse tipo é um enigma", afirmou Riviere.[17]

Entre as primeiras analistas, pode-se observar um esforço constante de atuar no mundo profissional sem concentrar-se indevidamente no gênero e, ao mesmo tempo, continuar sendo mulher — seja lá o que isso signifique — nas relações pessoais. Helene Deutsch constitui um bom exemplo. Judia polonesa, nascida Helene Rosenbach em 1884, Deutsch era a filha predileta do pai, um jurista, sufocada pela mãe autoritária e maltratada fisicamente pelo irmão. Seu primeiro escrito, apresentado em Haia em 1920, dizia respeito a "uma [mulher] intelectual e muito ambiciosa [que] vivia em conflito constante entre suas fortes aspirações masculinas e o papel feminino que havia assumido como dona de casa e mãe". O artigo foi bem recebido, mas depois da apresentação Deutsch foi sozinha até um parque e chorou porque achava que estava falhando em seus deveres maternais para com o filho.[18] Em outra palestra, ela explicou o feminismo de George Sand como reação à sua incapacidade de colocar-se à altura das próprias aspirações femininas. Na sua autobiografia, Deutsch creditou as três grandes libertações de sua vida — da mãe, do capitalismo e do inconsciente — à influência de homens poderosos: seu pai, seu primeiro amante e Freud.[19]

Muitas outras analistas também usavam o relacionamento com uma figura paterna para libertar-se de relações difíceis com as mães. Nascida em Viena em 1882, Melanie Klein cresceu — assim como Anna Freud, que depois seria sua rival — como a filha indesejada, competindo com irmãs mais velhas e mais queridas. A morte da mãe levou-a a fazer análise com Ferenczi em Budapeste, para onde se havia mudado com o marido. Depois da desintegração do casamento, ela mudou-se com os três filhos para Berlim, onde, supervisionada por Karl Abraham, tornou-se analista. Alix Strachey a descreveu em Berlim como "seguidora da linha mais convencional — uma espécie de Semíramis ultra-heterossexual vestida com as roupas mais chiques e maravilhosas".[20] Apesar de sua dependência inicial de Ferenczi e Abraham, depois de se mudar para Londres, Klein mostrou seu valor, tornando-se uma intelectual cheia de fervor que se via como a verdadeira sucessora de Freud. No entanto, continuou a valer-se da proteção de Jones.

Nascida em 1895, Anna Freud foi um exemplo tanto da devoção da filha ao pai quanto da responsabilidade da mulher solteira para com os filhos de outras mulheres. A tristeza que cercou sua infância prefigurou-se na ansiedade de Freud pela gravidez de Martha no sonho de Irma. Segundo Elisabeth Young-Bruehl, "[Anna] e a psicanálise eram gêmeas que haviam nascido competindo pela atenção do pai". Sabe-se relativamente pouco acerca de sua relação com a mãe, Martha, mas sem dúvida era uma relação complexa. Em 1920, Anna começou a acompanhar o pai a congressos analíticos e, alguns anos depois, depois de ter sido "analisada" por este, ela confidenciou a Lou Andreas-Salomé que se sentia "destroçada, analisada, publicada e, em todos os sentidos, maltratada".[21] Em 1925, com o pai doente de câncer, Anna Freud leu "Some Psychical Consequences"/Algumas conseqüências psíquicas, por ele, no congresso de Hamburgo. O trabalho contém trechos como: "Depois que a mulher se conscientiza da ferida em seu narcisismo, ela cria, como uma cicatriz, um sentimento de inferioridade."

Outras analistas tinham vínculos muito estreitos com as mães. Karen Horney, nascida em Berlim em 1885, era filha de um capitão norueguês, patriarca repressor a quem ela detestava e temia. Sua dinâmica mãe, vinte anos mais jovem que o marido, a incentivou a estudar medicina. Quando adolescente, Horney leu a feminista sueca e expoente da maternidade Ellen Key e a comparou a "uma estrela brilhante em direção à qual [seu] espírito se voltava".[22] Entretanto, posteriormente, quando os pais se divorciaram, Horney passou a achar que a mãe interferia e competia com ela. Sendo ela mesma uma mãe divorciada que criava sozinha as três filhas, Horney

Edith Jackson, pediatra analítica (esquerda), Melanie Klein (centro) e Anna Freud (direita), *circa* 1935

conheceu Abraham em 1907 e tornou-se figura influente na Sociedade Psicanalítica de Berlim durante a Primeira Guerra Mundial, em parte porque a maioria dos analistas homens estava na guerra.[23]

Em alguns casos, o vínculo com a mãe estava ligado ao feminismo. Helene Stöcker, que chefiava o Bund für Mutterschutz, uma sociedade que procurava defender os interesses das mães, lutava por uma "síntese suprema" para as mulheres: a união entre maternidade e carreira.[24] Seguidora de Charlotte Gilman e maternalista fervorosa, Stöcker colocou em questão a ênfase de Freud na agressividade alegando demonstrar, num experimento de 1928, que, se bem alimentadas, as formigas não brigam.[25] Joan Riviere também se destacou através da ascendência de uma mulher, Melanie Klein. Em 1918 ela escreveu a seu analista, Ernest Jones, que também pode ter sido seu amante, sobre "a longa tragédia do meu relacionamento com você". Jones, por sua vez, a descreveu como "o pior fracasso de minha vida".[26]

A despeito da relutância de algumas analistas a "amontoar as mulheres", as sociedades analíticas abrangiam redes informais femininas. Em Berlim, uma dessas redes inclusive aceitava médicas não ligadas à análise, como Charlotte Wolff, biógrafa de Magnus Hirschfeld.[27] Na sociedade britânica, criou-se uma rede feminina em torno de Melanie Klein. Nos registros da sociedade, é comum encontrarem-se comentários como o de Sylvia Payne a Klein: "Desde o primeiro dia que vi EG [Edward Glover], eu sabia que ele temia, invejava e se defendia da mulher intelectual e bem-sucedida — isto é, da rival".[28] Um dos indicadores da consciência do gênero estava na escolha do analista. Em sua análise de uma homossexual em 1920, Freud recomendou-lhe que procurasse uma mulher para analisá-la porque ela não confiava nos homens.[29] Já em 1941, uma paciente queixou-se a Klein de que trabalhar com uma mulher aumentaria as defesas do seu marido, pois ele pensava que "nos unimos contra ele". Além disso, confidenciou a paciente, ela mesma não confiava nas mulheres. Klein respondeu: "A melhor coisa que você poderia fazer seria analisar-se com uma mulher", insinuando que a falta de confiança dessa mulher nas outras era justamente o que precisava de análise.[30]

Não obstante, tendo em vista sua luta para subordinar a lealdade do gênero à autonomia pessoal, não é de surpreender que as entrevistadas de Chodorow se sentissem confusas diante das formas de feminismo que tornavam a diferença de gênero a base de seu pensamento. Mesmo Horney — pelos padrões atuais, a mais feminista de todas as analistas — recusou-se a aplicar o termo a si mesma. Entretanto, uma observação de Helene Deutsch dá uma idéia do esforço que as analistas fizeram para acomodar as preocupações feministas: "Se substituirmos a expressão 'orientação para a passividade' por 'atividade voltada para dentro', o termo 'passividade feminina' adquire um conteúdo mais vital. [...] O termo 'atividade voltada para dentro' indica uma função, expressa algo positivo e pode satisfazer as feministas entre nós que muitas vezes consideram o termo 'passividade feminina' dotado de implicações pejorativas".[31] Finalmente, não era preciso ser mulher para ser feminista. Freud admite no ensaio "Sexualidade feminina"/"Female Sexuality" (1931) que não só as mulheres, mas também "os analistas de visão feminista" poderiam discordar dele.[32]

Com esse tipo de mulher engrossando suas fileiras, a psicanálise do pós-guerra debateu calorosamente a natureza da sexualidade feminina e o papel da mulher no desenvolvimento psíquico. O resultado foi o episódio mais comentado na história da psicanálise depois da "descoberta do inconsciente" por Freud. Betty Friedan, Julia Kristeva, Juliet Mitchell, Luce Irigaray e Judith Butler atenderam ao apelo de Simone de Beauvoir e leram os debates com as lentes da segunda onda do feminismo, que se voltava para a investigação de questões como o caráter inato ou construído da feminilidade e o fato de Freud ser ou não um sexista que havia trazido preconceitos vitorianos de contrabando para uma nova ciência ou um feminista incapaz que criara, contra a própria vontade, uma prototeoria do patriarcado. Decerto, embora possam ser vislumbradas nos textos das décadas de 20 e 30, essas questões eram periféricas. Outras inquietações moviam os debates. A partir dos conceitos de ego, resistência e trauma, as analistas lutaram para mudar a análise, fazendo-a deixar de ser uma teoria centrada na masculinidade para tornar-se uma teoria que levasse ambos os sexos em conta. Elas foram pioneiras, em especial, da investigação da vida pessoal das mulheres, liberando a sexualidade feminina de sua teleologia heterossexual, considerando a relação mãe-filho em toda a sua complexidade e reinterpretando a agressividade e a inveja como componentes normais da vida psíquica.

O pano de fundo do debate consistia na ampla crise dos "papéis sexuais" provocada pela Primeira Guerra Mundial. Durante o conflito, a psicanálise propôs uma nova interpretação da psicologia masculina. Entretanto, ela era em si suscetível de uma contra-reação cultural mais vasta, decorrente do sucesso do movimento feminista, como ocorreu quando Freud refletiu sobre as origens do "rancor hostil" das mulheres emancipadas "contra o homem".[33] Nos últimos anos da guerra, o termo "complexo de masculinidade" começou a aparecer cada vez mais na literatura analítica. Karen Horney o definiu como "todo o complexo de sentimentos e fantasias que têm como conteúdo a sensação que a mulher tem de estar sendo discriminada, sua inveja do macho, seu desejo de ser homem e de descartar o papel feminino".[34] Refletindo o caráter esmagadoramente masculino do movimento no momento que precedeu a guerra, esse tendencioso preconceito de fundo influiu no debate subseqüente, a ponto de levar analistas de ambos os sexos a desculparem-se regularmente por um possível mal-entendido anterior.

O debate em si começou com uma pergunta: já que a mãe é o objeto original, "não há razão para surpresa no fato de os meninos reterem esse objeto no complexo de Édipo. Mas como é então que as meninas o abandonam e, em seu lugar, tomam por objeto o pai?"[35] O artigo que Karl Abraham escreveu em 1920 — "Manifestations of the Female Castration Complex"/Manifestações do complexo feminino da castração — e que dominaria a primeira fase do debate, fornecia uma resposta. Segundo Abraham, o que incitava a menina a transferir o interesse amoroso da mãe para o pai era a descoberta de ser destituída de pênis, o que a levava a buscar um filho como compensação".[36] O complexo de masculinidade, caracterizado pela inveja e ressentimento da mulher diante dos homens, tinha lugar quando esse processo falhava.

Como veremos, várias mulheres — entre as quais, Helene Deutsch e Karen Horney — produziram teorias alternativas quase que imediatamente. Freud, contudo, não apenas usou a linha de raciocínio de Abraham como ponto de partida como também a modificou. O primeiro artigo que Freud escreveu sobre a sexualidade feminina, "On the Physical Consequences of the Anatomical Distinction Between the Sexes"/Sobre as conseqüências concretas da distinção anatômica entre os sexos (1925), divergia do de Abraham em dois aspectos. Primeiro, Abraham insinuava que, ao voltar-se para o pai, a filha repudiava a mãe. Freud, por sua vez, achava que esse movimento em direção ao pai não punha fim ao relacionamento com a mãe.[37] Assim, o interesse de Freud recaía na *bissexualidade* da mulher, e não na sua heterossexualidade — termo que, aliás, ele quase nunca usou. Além disso, Abraham achava que as meninas invejavam literalmente o pênis dos meninos devido a vantagens reais, como a maior facilidade para o exibicionismo ou a masturbação. Porém, para Freud, a castração dizia respeito não ao pênis anatômico, mas ao *phallus*, a representação psíquica do pênis ereto.[38] E o mais importante é que, enquanto Abraham afirmava que a descoberta da diferença anatômica pela menina era o motivo que estava por trás de sua inveja, Freud argumentou que a descoberta não era o "motivo", mas apenas o "gatilho".

Decerto, Freud nunca deixou de insistir no complexo de castração. Assim, ele alegou que o pavor feminino a um pai castrador levava as meninas a fazerem a mesma "catexia objetal terna" que os meninos repudiavam porque era indício de castração. Em outras palavras, as meninas interpretavam-se como objetos passivos dos desejos do pai, ao passo que os meninos evitavam essa reação ao medo do pai. Mas depois que começou a escrever ao lado de analistas do sexo feminino, Freud chegou à conclusão de que a castração jamais pode ter, para as meninas, a mesma força, ou "conteúdo", que tem para os meninos.[39] Na tentativa de entender o que havia de característico no desenvolvimento feminino, ele começou a sondar as relações que as meninas estabeleciam inicialmente com as mães. E concluiu que o que as meninas temiam era mais a separação da mãe, ou a perda do amor desta, que a punição exterior ou castração.

Não se tardou a perceber que o problema da separação era maior que o problema da sexualidade feminina, que o havia inspirado. Assim, depois do artigo de 1925, a separação ganhou mais importância no pensamento de Freud. Em *Inibições, sintomas e angústia/Inhibitions, Symptoms and Anxiety* (1926), ele respondeu a *Birth Trauma/O trauma do nascimento*, de Rank, argumentando que a separação era a causa da ansiedade do bebê. Com isso, rebaixou a castração — pivô do complexo de Édipo — a uma forma de separação numa seqüência que incluía o nascimento, o desmame e o isolamento social. Um dos resultados foi uma nova revisão de sua teoria da ansiedade. Antes, Freud havia associado a ansiedade à angústia da castração. Porém, em 1926, ele escreveu que a ansiedade tinha origem com a ausência da mãe na tenra infância. Como o bebê achava que um objeto exterior "pode pôr fim à situação perigosa que evoca o nascimento", a perda desse objeto causava ansiedade.[40]

O mais importante é que, no curso de sua tentativa de entender a sexualidade feminina, Freud foi levado a descobrir a importância da mãe, não apenas como objeto sexual do bebê, mas como campo de apoio da vida psíquica. Do seu foco na autoridade, a psicanálise passou sutilmente a enfocar a dependência. Assim, embora Freud nunca tenha deixado de insistir na bissexualidade, na angústia da castração e no estágio fálico, sua obra convergiu para o rumo tomado pela nova geração de mulheres analistas. Contudo, ele manteve silêncio por seis anos quanto à questão da sexualidade feminina.

Em parte, Freud desenvolveu as teorias do estágio fálico, do complexo da castração e da crise edipiana para explicar a sexualidade feminina. Porém, mal ele começou a aplicá-las, ficou claro que essas teorias na verdade explicavam pouquíssimo desse tema. Sua compreensão mais profunda dependia do estudo das relações iniciais das meninas com a mãe, estudo conduzido basicamente pelas analistas. As implicações do trabalho delas foram tão amplas que, na sua esteira, varreram toda a psicanálise. Uma paisagem psíquica dominada por um *Urvater**, um crime primal e um tabu de incesto agora surgia

---

* Formado pelo prefixo *Ur+Vater*, o termo alemão significa "pai prototípico" ou "original". (N. da T.)

como episódio de uma história mais antiga e fundamental.

As anteriores discussões sobre a significação da mãe — como, por exemplo, as de Rank e Reich — tendiam a ser apocalípticas ou esquemáticas. Assim, para Rank a separação da mãe era tudo: nada mais afetava o desenvolvimento. Para Reich, o amor materno era puro e ideal. Entretanto, com a entrada das analistas, o caráter da discussão mudou. Sua contribuição refletia não apenas o calor introspectivo da experiência, mas também o conhecimento compilado pela nova disciplina da análise infantil, que interpretava as brincadeiras da criança, em vez das associações verbais livres. Essas investigações eram tão extensas que Freud chegou a dizer que as crianças haviam substituído os neuróticos enquanto "principal tema da pesquisa psicanalítica". Entre as pesquisadoras havia as que estavam conduzindo as primeiras análises de crianças, como Hermine Hug-Hellmuth e Melanie Klein, em Berlim, e Sophie Morgenstern, em Paris, as que formavam professores para a pré-escola, como Susan Isaacs, professora da Malting House Nursery School em Cambridge, as que dirigiam escolas experimentais, como Vera Schmidt, em Moscou, e as que dirigiam clínicas de orientação infantil, como Edith Sterba, em Viena.[41]

Esse trabalho subverteu um dos pressupostos centrais do pensamento freudiano inicial: doravante, a mãe suplantaria o pai como figura dominante na tenra infância. Cada vez mais vista como primeira e única fonte de alimento e reconhecimento, primeiro e mais forte objeto de amor da criança e protótipo de todas as posteriores relações amorosas, a mãe passou a ocupar lugar central. O complexo de Édipo, por sua vez, passou a ocupar posição secundária. Assim, a investigação da sexualidade feminina, com a qual — na forma da histeria — a psicanálise havia iniciado, mais uma vez revolucionou a análise, deflagrando a mudança de paradigma mais importante de sua história.

O que precipitou a mudança foi a tentativa de compreender a emergência do desejo sexual da mulher pelo homem, dada a profundidade de seus vínculos com a mãe. Helene Deutsch propôs uma solução simples: o que fazia a sexualidade da menina voltar-se para os homens era a sua *identificação* com a mãe. Para Deutsch, por conseguinte, as experiências compartilhadas por mãe e filha — "menstruação, defloração, relação sexual, gravidez, infertilidade, parto, amamentação, menopausa" — formariam a base da heterossexualidade feminina.[42] Melanie Klein promoveu uma linha de raciocínio alternativa. Para ela, a heterossexualidade feminina seria proveniente da conscientização da garotinha acerca da própria vagina. Por conseguinte, as mulheres teriam interesse pelos homens porque tinham interesse em ter filhos. Karen Horney articulou o que havia em comum nessas e em outras reações a Freud: em vez de concentrar-se nas "diferenças genitais entre os sexos", a psicanálise deveria voltar-se para "os diferentes papéis representados por homens e mulheres na função reprodutora". A seu ver, nos homens, a descoberta dessa diferença levava à "inveja do útero", ao desejo de dar à luz. Quanto às mulheres, Horney mencionou a alegação de Ferenczi de que as mulheres eram destituídas de "algum verdadeiro impulso primal para o coito", comentando: "A esta altura, como mulher, eu pergunto atônita: 'E a maternidade?'"[43]

A tentativa de situar as raízes da sexualidade feminina na relação inicial da menina com a mãe colocou em questão os três ícones que haviam regido a sexualidade na época do *Männerbund*: a primazia do *phallus*, a distinção entre sexualidade e necessidades não sexuais (como a autopreservação e o reconhecimento) e o pressuposto da heterossexualidade.

A primazia do *phallus* se baseara na pressuposição de que o pai representava tanto proteção quanto autoridade. Mas o trabalho que se fez na década de 20 colocou a mãe em ambos esses papéis. Em 1926, Klein afirmou: "No caso de ambos os sexos, é a mãe que está nos estratos mais profundos do inconsciente e é especialmente temida".[44] No lugar da visão do pai castrador que Freud havia proposto, Klein descreveu um domínio materno, evocando figuras como Kali, a deusa indiana da destruição, e Lilith, presença recorrente tanto na bíblia hebraica quanto na cristã. Ao mesmo tempo, Klein descreveu a mãe — e especialmente a fantasia do ventre prenhe da mãe — como a fonte de todos os "suprimentos": leite, filhos, fezes, o pai, amor. O resultado foi uma grande inflação do papel da mãe e, por extensão, da feminilidade. Antes da década de 1920, quando as analistas começaram a escrever sobre o tema, a sexualidade feminina tinha sido definida em termos de uma série de *ausências*: inveja do pênis, ignorância da vagina, necessidade de subordinar o clitóris, necessidade de abandonar a mãe, centralidade da inveja no desenvolvimento feminino e assim por diante.[45] Porém, a partir do início da década de 20, analistas como Klein descreveram a *presença* do clitóris, da vagina e do útero fértil — quando não da vulva e das nádegas — de maneira direta, explícita, sem pudores, da mesma forma que eles estavam sendo representados simultaneamente nas artes por Georgia O'Keeffe, Josephine Baker e Anaïs Nin, por exemplo.[46]

A prevalência das imagens maternas nas fantasias da tenra infância também contribuiu para deslocar a visão psicanalítica da sexualidade do estágio fálico, ao qual Freud havia dado prioridade. Agora estavam em foco as necessidades do bebê dependente, como o alimento e o contato físico. Por conseguinte, os analistas começaram a ver o surgimento da sexualidade como provindo de uma época psíquica na qual as necessidades sexuais não podiam ser distinguidas das não eróticas. Aparentemente, coisas como ser abraçado, ser reconhecido, ser alimentado e manter a segurança da imagem do corpo tinham, na sexualidade do bebê, papel muito mais importante do que o foco nos genitais havia permitido. Eles argumentaram que isso se aplicava ainda mais às mulheres, já que o apego inicial à mãe tende a durar mais no caso das meninas, enquanto a fase edipiana geralmente ocorria mais tarde e se revestia de menos importância. Assim, concluiu-se que a genitalidade era menos importante para as meninas que para os meninos. Da mesma forma, as ansiedades da infância diferiam das que surgiam durante o estágio edipiano. Promovendo uma releitura dos contos de fadas para ver "o lobo que comia gente, o dragão que cuspia fogo pelas ventas e todos os monstros maus dos mitos" como representações da mãe, os analistas levantaram a hipótese de que as crianças receiam mais ser preteridas em favor dos irmãos, abandonadas ou não ser alimentadas que ser castradas.[47]

Finalmente, os novos trabalhos sobre a mãe descentraram a heterossexualidade ao enfatizar o componente bissexual presente em todas as relações amorosas. Isso, por sua vez, levou à formulação da primeira teoria analítica da homossexualidade no sentido que hoje se dá ao termo, isto é, escolha de objeto sexual. Assim, Deutsch tentou mostrar que o vínculo lésbico reproduzia o que se estabelece entre mãe e filha, ao passo que Freud sugeriu que o homossexual masculino se identificava com a mãe e, assim, buscava um objeto de amor semelhante ao dela — ou seja, semelhante a ele mesmo. Além disso, demonstrou-se que a relação das mulheres com a mãe — em outras palavras, a bissexualidade feminina — esclarecia a ambivalência, o conflito e até mesmo o tormento que às vezes acompanha o amor heterossexual.

Consideremos, nesse aspecto, a descrição que Melanie Klein fez em 1932 de sua paciente "Erna", de seis anos de idade. Identificando-se com a mãe, "Erna fingia ser uma rainha diante da qual todos se curvavam. [...] A filha era quem sempre saía perdendo". Tudo o que Erna fazia no papel da mãe — "a ternura que dedicava ao marido, a forma como se arrumava toda e se deixava admirar — tinha apenas um objetivo, que era despertar a inveja da filha e ferir-lhe os sentimentos". Buscando consolo de suas penosas relações com a mãe, Erna nomeou sua analista, Klein, "o rei". Um dia, celebrou seu casamento com Klein e pediu-lhe que se deitasse ao lado dela. Klein recusou-se, mas Erna insistiu em fazê-la sentar-se em uma cadeirinha ao seu lado. Tomando a mão de Klein, ela a fechou num punho e, com este, bateu no sofá. "A isso ela chamou 'usar a batedeira', e referia-se à cópula."[48] Foi com o pano de fundo dessas descrições que Freud argumentou que "muitas mulheres que escolhem o marido com base no modelo paterno ou o colocaram no lugar do pai, porém, repetem com ele, na vida conjugal, as más relações que tiveram com a mãe. O marido de uma mulher assim deveria ser o herdeiro da relação desta com o pai, mas na verdade torna-se o herdeiro da relação dela com a mãe".[49]

Pode-se ver nitidamente a contribuição que caracteriza a obra das analistas européias ao compará-la à dos psicanalistas asiáticos contemporâneos que criticaram o caráter equívoco da ênfase de Freud no complexo de Édipo, uma ilusão ocidental. Em 1929, por exemplo, Girindrasekhar Bose afirmou não negar "a importância da ameaça da castração para os casos europeus, mas acreditava que na Índia a verdadeira luta se dava entre o desejo [masculino] de ser homem e [...] o desejo de ser mulher".[50] Assim como Freud recorrera a Édipo, Bose recorreu àquilo a que Sudhir Kakar chamou "mito hegemônico da cultura indiana", a saber, o mito da mãe dividida. Segundo esse mito, uma mãe aterrorizante, sexualizada, passa por uma série de transformações que a tornam aquiescente, dócil e adaptável ao homem.[51]

No Japão, Heisaku Kosawa também propôs uma alternativa ao complexo de Édipo: o "complexo de Ajase". De acordo com o conto medieval em que Kosawa se baseou, uma rainha envelhecida tenta abortar o filho, Ajase, que na verdade é um adivinho. Quando chega à adolescência, ele tenta vingar-se, mas cai doente até que é salvo pelo Buda. Tanto Bose quanto Kosawa tinham interesse na questão da capacidade do garoto de superar o medo de uma mãe vista como perigosa e possivelmente violenta. Porém, o mais impressionante nas teorias asiáticas é que elas não deram atenção alguma ao desenvolvimento *feminino*. Em vez disso, procuraram ajudar os homens a superar o medo de figuras maternas fálicas, onipotentes e perigosas, tentando assim reforçar a autoridade masculina na tradicional família asiática.

Acima de tudo, as analistas diferiam tanto de suas contrapartes asiáticas quanto dos representantes, homens e mulheres, das comunidades homossexuais modernistas no valor que atribuíam às relações íntimas entre homens e mulheres. Esse valor é caracteristicamente moderno, pois é emblemático da era da vida pessoal, que também foi a era da hegemonia psicanalítica. As analistas estudaram a mulher tendo como pano de fundo uma intimidade historicamente sem precedentes.[52] Sua compreensão da bissexualidade feminina, seu foco na riqueza e na complexidade da paixão feminina e sua percepção de que as relações das mulheres com os homens sofriam influência de seu envolvimento com a mãe constituíram sondagens da vida pessoal moderna. Enquanto elas investigavam as relações das meninas com as mães, seu trabalho convergia com a ênfase de Freud no papel do desamparo infantil para a criação não só das situações de perigo permanente, mas também da necessidade de ser amado que acompanham as pessoas de ambos os sexos ao longo de toda a vida.

Contudo, a despeito desses ganhos, o problema da "resistência à feminilidade" entre as mulheres, com o qual os debates haviam começado, permanecia. Desde o início, esse problema havia constituído o impasse que estava no centro dos debates, pois o rancor das mulheres contra os homens tinha sido definido negativamente, como algo que as mulheres precisavam superar. Mas, à medida que a psicanálise foi incorporando a experiência feminina, a questão que veio à tona foi: por que as mulheres não deveriam ter rancor dos homens? Se, de um ponto de vista, esse rancor às vezes extrapolava suas causas sociais, colocando-as contra seus pais, irmãos, maridos e, acima de tudo, contra elas mesmas, de outro, toda a empresa analítica podia ser vista como uma tentativa sofisticada de controle patriarcal, desviando sistematicamente a atenção da base social desse rancor.

Só lá para o fim da década de 1920 foi que o tema do justo peso para as dimensões intrapsíquica e social da psicologia feminina entrou explicitamente em questão. A razão foi que, até então, a vida pessoal havia mantido seu caráter utópico. Por conseguinte, a alegação freudiana de que a realidade intrapsíquica jamais podia ser reduzida a um programa político, como o socialismo ou o feminismo, na verdade, fortaleceu o pensamento utópico, muito embora essa dificilmente pudesse ter sido a intenção de Freud. Assim, tanto o freudismo quanto o radicalismo floresceram. Porém, no fim da década de 1920, a vida pessoal estava começando a ser adaptada ao pró-natalismo e a um familiarismo conservador, o qual estava muitas vezes ligado ao racismo e ao nacionalismo. Nesse contexto, a autonomia da realidade intrapsíquica passou a conotar cada vez mais uma visão *a*política e *anti*política. Após a Grande Depressão e, especialmente, após a ascensão do fascismo alemão, um número cada vez maior de analistas começou a concordar com Wilhelm Reich em que era necessário dar uma perspectiva social e política a seu trabalho.

Na década de 1930, Karen Horney levou esse programa a influir na questão das mulheres. Ela concluiu, por fim, que as mulheres precisavam não só de um movimento político, mas também de uma perspectiva política em suas próprias vidas. Horney chegou a essa conclusão após anos de luta com o dilema do gênero. Em 1920, ela interrompeu a análise com Karl Abraham quando ele a transformou em "piloto de provas" de suas teorias de inveja do pênis. Em 1922, Horney publicou o primeiro de uma série de ataques à teoria de Abraham, onde afirmava que a feminilidade tinha sua própria linha de desenvolvimento. Em 1926, ela argumentou que o narcisismo masculino, longe de ser a expressão do falocentrismo, como Freud havia sugerido, era uma defesa contra a inveja do útero. Conforme observou ela, os homens aparentemente tinham "maior necessidade de depreciar as mulheres que ao revés"; do contrário, como se poderia explicar a idéia que tinham os analistas de que "metade da raça humana está insatisfeita com seu próprio sexo"?[53] Finalmente, no início da década de 1930, à medida que a ameaça fascista se avultava, a longa influência que Reich exercia sobre Horney intensificou-se. Assim como Reich tentou adaptar uma psicanálise que se mostrava cada vez mais conservadora a fins antifascistas, Horney tentou adaptá-la à emancipação da mulher.

Horney estava, além disso, reagindo a um conservadorismo cultural cada vez maior. Além da experimentação no âmbito familiar e sexual, a década de 20 gerou também um sentimento pró-natalista devido ao desejo de fazer frente ao desfalque populacional promovido pela guerra. Os políticos franceses criticaram os "seres sem seios" e a "civilização sem sexos", elogiando a *mère de famille nombreuse*, a mãe que tinha muitos filhos. A constituição de Weimar proibiu o aborto e a exibição ostensiva de métodos contraceptivos. As sufragistas inglesas queixaram-se de que o Estado tratava as mulheres como se vivessem eternamente grávidas. Com a Depressão, o pró-natalismo intensificou-se. Uma encíclica de 1930 proibiu o sexo conjugal que não visasse à procriação. Nos Estados Unidos, menos mulheres trabalhavam; uma menor parcela da juventude saía de casa ao casar-se. A Itália e a Alemanha decretaram a procriação um dever da mulher. Virginia Woolf temia que as investigações sobre o papel da mãe, que a haviam fascinado nos anos 20, pudessem ter sido cooptadas pela Direita.[54]

Em 1932, Horney emigrou para os Estados Unidos, decisão à qual ela posteriormente atribuiu um aumento de sua conscientização quanto a influências sociais e externas. Franz Alexander, que havia sido seu aluno em Berlim, passou a ser seu orientador em Chicago. Erich Fromm juntou-se a ela no ano seguinte e, juntos, os dois mudaram-se para Nova York, onde começaram a fazer parte de um grupo muito atuante de analistas e cientistas sociais da Columbia University. Nessa época,

Karen Horney: uma das primeiras críticas feministas de Freud (1952)

os cientistas sociais norte-americanos estavam muito interessados em instituições primárias, como a família, e, portanto, também na psicanálise. A psicanálise, por sua vez, era uma seita carismática e uma doutrina esotérica que precisava urgentemente de despersonalização e intercâmbio com o exterior. Do encontro entre eles surgiram algumas ligas importantes, entre as quais o "neofreudismo" e a escola antropológica da "Cultura e Personalidade".[55] Entre os trabalhos da época que refletem a influência neofreudiana encontram-se *The Neurotic Personality of Our Time/A personalidade neurótica de nossa época* (1937), de Horney, *Escape from Freedom/Fuga da liberdade* (1941), de Fromm, *Conceptions of Modern Psychiatry/Conceitos da psiquiatria moderna* (1940), de Harry Stack Sullivan, *The Individual and His Society/O indivíduo e sua sociedade* (1939), de Abram Kardiner, *Chrysanthemum and the Sword/O crisântemo e a espada* (1946), de Ruth Benedict, *Male and Female/Masculino e feminino* (1949), de Margaret Mead, e *Childhood and Society/Infância e sociedade* (1950), de Erik Erikson.[56]

Como vimos, no pensamento norte-americano, a ênfase na cultura estava ligada à raça e à etnicidade. No meio neofreudiano, Horney a reformulou como uma réplica profunda à teoria psicanalítica da mulher. Como Freud, ela argumentava que a cultura era a fonte do recalque, mas acrescentou a visão de que as culturas variam. Diferentes culturas recalcavam diferentes emoções: desejo sexual, medo ou agressividade. A ansiedade era a percepção de um impulso recalcado cuja expressão implicaria um risco externo. A ansiedade provinha da frustração de uma necessidade básica qualquer, não apenas a sexualidade. Até que ponto um impulso recalcado poderia causar ansiedade dependeria "em grande medida da atitude cultural existente". Assim, o neurótico era um produto cultural, um "enteado" da cultura, cujos problemas se veriam destituídos do seu "caráter abstruso e fantástico", quando se percebesse que ele recalcava necessidades culturalmente específicas de formas que difeririam apenas em intensidade da assim chamada "pessoa normal".[57]

Mesmo antes de se mudar para os Estados Unidos, Horney também havia observado que as mulheres estavam sendo patologizadas, como sugerem os títulos dos ensaios que escreveu antes da emigração: "The Problem of the Monogamous Ideal"/O problema do ideal monogâmico (1928), "The Distrust Between the Sexes"/A desconfiança entre os sexos (1931) e "Problems of Marriage"/Problemas do casamento

(1932). Um ensaio de 1926 afirmava que a frigidez era uma "rejeição deliberada do papel feminino", embora argumentasse que esta teria de ser explicada em termos de "fatores supra-individuais, culturais". A frigidez era uma arma que expressava o "rancor íntimo [das mulheres] diante do homem como privilegiado, semelhante à hostilidade velada do funcionário contra o patrão". Assim como vemos cotidianamente o clima de guerrilha na relação dos empregados com o patrão, o vemos no casamento. Horney insistia em que as mulheres não rejeitavam o sexo, mas o papel da mulher.[58]

Depois da chegada aos Estados Unidos, a perspectiva social de Horney tornou-se mais profunda. No ensaio "The Overvaluation of Love"/A supervalorização do amor, de 1934, ela afirmou que os conflitos da mulher moderna surgem quando esta quer ser independente, mas "não se dispõe a pagar pela ousadia renunciando à feminilidade". Esse era o mesmo problema descrito por Riviere, mas Horney o reformulou historicamente. O ideal patriarcal "da mulher como aquela cujo único anseio é amar um homem e ser por ele amada" surgiu com o advento da agricultura e o confinamento da mulher ao lar. Agora que as mulheres estavam começando a sair de casa, o ideal tradicional persistia. A ênfase dos analistas na experiência heterossexual poderia levá-los a não ver a "neurose presente na supervalorização e na ênfase excessiva atribuídas à esfera [exclusivamente sexual]".[59]

Integrando a sensibilidade feminista ao esquerdismo da Frente Popular, Horney rejeitou a caracterização analítica da resistência das mulheres à feminilidade como problema. Em *The Neurotic Personality of Our Time*, ela argumentou que o capitalismo havia disseminado a competitividade e uma "tensão hostil e difusa entre as pessoas". A necessidade de cooperação e, principalmente, de afeto, fora recalcada e, assim, se intensificara. Já que — por razões culturais, não biológicas — as mulheres representavam o afeto, elas haviam se tornado o fulcro da cultura do consumo. O verdadeiro problema das mulheres era a dependência, não a inveja do pênis. Elas haviam sido ensinadas que só dando amor e minimizando suas próprias necessidades poderiam obter felicidade, segurança e prestígio. Ao contrário do que afirmara Freud, o masoquismo não era sexual; era uma tentativa de obter satisfação na vida através da imperceptibilidade. "Em nossa cultura, é difícil ver como alguma mulher pode escapar de tornar-se masoquista até certo ponto."[60]

Assim, Horney propôs o que via como uma perspectiva pós-freudiana da sexualidade feminina. Para ela, as necessidades sexuais tinham menos importância que as necessidades de segurança, reconhecimento e sucesso material. Os problemas das mulheres surgiam, não na infância, mas na idade adulta, quando se defrontavam com um dilema cultural insolúvel. O conflito não se dava entre os instintos e a cultura, como havia proposto Freud, mas entre a cooperação e a competição. As tarefas do afeto, cuidado e apoio, que estavam privadas de expressão cultural mais ampla, eram restritas às mulheres. O foco de Freud na sexualidade desviava a atenção desse problema. O masoquismo, por exemplo, não tinha sua origem em impulsos físicos infantis, como acreditava Freud; ele era uma mensagem cultural à qual se poderia resistir desde que suas origens exteriores fossem compreendidas. O desejo sexual, a hostilidade e os mal-entendidos não eram os únicos fatores que permeavam as relações entre os sexos, como se poderia concluir com Freud. O poder também era relevante. As mulheres precisavam rejeitar a insistência em sua feminilidade e reconhecer a legitimidade de sua própria competitividade e desejo de segurança.

Embora poderosas, essas teses não contradiziam necessariamente a psicanálise clássica. Em primeiro lugar, Freud havia observado à exaustão que os debates analíticos restringiam-se apenas à esfera da sexualidade da mulher, não se estendendo a toda a sua psicologia. Para ser mais específico, a compreensão dos dilemas culturais insolúveis que oprimiam as mulheres enquanto gênero e a compreensão dos mecanismos inconscientes que tornavam essa opressão algo pessoal poderiam ter constituído atividades complementares, em vez de contraditórias. Contudo, Horney chamou a atenção para as incompatibilidades entre elas. Influenciada pela psicologia social norte-americana, ela rejeitou a idéia de um mundo intrapsíquico que pudesse ser entendido fora das relações entre o eu e os outros. Junto com Fromm, e em termos típicos da Frente Popular, ela alardeou: "O homem, para nós, deixou de ser uma criatura dominada pelos instintos; passou a ser capaz de opção e responsabilidade. A hostilidade já não é inata, mas reativa. [...] A natureza humana deixou de ser imutável, pois pode mudar".[61]

O rompimento de Horney com a psicanálise foi parte de uma reviravolta mais ampla nas sempre ambivalentes relações entre a psicanálise e o feminismo. Na década de 30, muitas das mulheres que nunca haviam aceitado a virada para a "diferença" e viam o maternalismo com horror perderam as papas na língua em suas críticas à psicanálise. Apesar de profundamente influenciada pela psicanálise em seu estudo da cultura balcânica, Rebecca West queixou-se em 1933 de que Freud "de repente entra num plano simbólico" quando fala sobre as mulheres, descrevendo-as como seres passivos para os quais "ser objetos do amor é uma necessidade mais premente que amar".[62] Vendo suas amigas lutarem com a hostilidade contra os homens, ela queixou-se também da "vergonha moderna em dizer que existe uma coisa chamada antagonismo entre os sexos". Dois anos depois, acrescentou:

> Sou uma feminista antiquada. Acredito na guerra entre os sexos. [...] Quando as vozes tranqüilizadoras entre nossas hostes nos dizem que o antagonismo entre os sexos é coisa do passado e que doravante basta-nos avançar de mãos dadas com os homens, eu não acredito. [...] Quando [uma feminista do pós-guerra] diz num pronunciamento que "as mulheres precisam aprender a trabalhar com os homens", eu discordo. Acho que as mulheres sabem trabalhar com os homens. Mas acho que a coisa mais rara do mundo é um homem saber trabalhar com as mulheres sem ceder à tendência de atacar implacavelmente suas colegas do sexo protegido. [...] A mulher que esquece isso, que não percebe que, devido a seu sexo, vive numa cidade sitiada, é uma tola que merece perder (como certamente perderá) todos os privi-

légios para ela conquistados pela irmã que tem a cabeça mais no lugar.[63]

West não estava sozinha nessa intuição teimosa e, ao mesmo tempo, realista de que a psicanálise, após a cooptação por um consumismo erotizado na década de 20, corria o risco de degringolar em um maternalismo tendencioso na de 30. A sufragista Winifred Holtby culpou Freud pelo "destronamento da razão" em favor dos "nervos e [da] memória" no pós-guerra.[64] Virginia Woolf — que havia publicado textos psicanalíticos desde a Primeira Guerra Mundial, mas nunca os havia lido de fato (perguntando-se, enquanto manuseava as provas, por que "esses alemães pensam que isso prova alguma coisa — além de sua própria imbecilidade crédula?") — finalmente leu Freud na década de 30.[65] Seu objetivo era "alargar a circunferência, dar a meu cérebro mais alcance: torná-lo objetivo; sair". Agradavelmente surpresa, ela considerou revigorante a ênfase de Freud no pai, dada a prevalência do corpo materno na propaganda fascista. Mas depois de elogiar Freud por insistir na "falsidade do amor ao próximo", ela alegou que ele havia negligenciado a natureza especificamente masculina da agressividade. Para Woolf, a agressividade não era um instinto universal, como queria Freud, mas um traço específico dos homens, que "perpetuamente desejam os campos e os bens alheios, [...] criam fronteiras e bandeiras, navios de guerra e gases venenosos, [...] entregam suas próprias vidas e as de seus filhos".[66]

Em pouco mais de dez anos, portanto, os psicanalistas propuseram três abordagens sucessivas da "diferença das mulheres". Primeiro, Freud retratou o momento em que a mulher é jovem, vulnerável e começa a voltar-se para um objeto masculino de amor. Em seguida, as analistas retrataram a psicologia da mãe, em especial a da mãe sexualizada, recém-consciente de seus poderes. E então Horney retratou a mulher "pós-freudiana" como trabalhadora ou esposa, alguém para quem o sexo era uma preocupação extremamente restrita, alguém que tinha interesses próprios e estava preparada para defendê-los. Finalmente, seis anos após seu artigo inicial, Freud interveio nos debates sobre a feminilidade mais uma vez.[67]

Em dois novos artigos, "Sexualidade feminina"/"*Female sexuality*", escrito após a morte de sua mãe, em 1931, e "Feminilidade"/"*Femininity*", escrito em 1933, Freud descreveu a afeição inicial apaixonada e exclusiva que o filho estabelece com a mãe. Chamando a esse período "estágio pré-edipiano", ele o comparou à "descoberta, em outro campo, [...] da civilização minóico-micênica por trás da civilização helênica". Tudo "na esfera desse primeiro apego à mãe parecia [...] tão difícil de apreender na análise — tão esmaecido e obscurecido pelo tempo [...] que era como se tivesse sucumbido a um recalque especialmente implacável".[68] Seus efeitos, escreveu ele, duravam muito mais do que antes se havia pensado, especialmente no caso das meninas. Todavia, sua dinâmica era a mesma em ambos os sexos.

Tamanha foi a ênfase que Freud então colocou no apego inicial do filho à mãe, que Jones escreveu-lhe advertindo-o contra um "rebaixamento [...] unilateral do pai". Freud respondeu-lhe: "Não se deve imaginar que eu esqueci o pai, pois isso não seria do meu feitio." Mas o pai, segundo ele, não tinha papel algum ou, no máximo, tinha um papel insignificante, na primeira fase do desenvolvimento. Porém, ao chamar de "pré-edipiano" o estágio mais remoto, ele chamou a atenção para a sua diferença em relação ao estágio edipiano propriamente dito, quando o conhecimento da diferença sexual se tornava importante. Conforme o modelo de Freud, passava-se cronologicamente das questões da separação e da dependência às da autoridade e diferença sexual. Nos círculos kleinianos, queixou-se ele a Jones, "essa ordem cronológica é ignorada; [...] demasiados elementos díspares são jogados no mesmo plano".[69]

Aplicando essa perspectiva ao desenvolvimento feminino, os artigos de Freud do início da década de 1930 sugerem uma ampla gama de motivos para colapso das relações iniciais da filha com a mãe e sua conseqüente reorientação em direção ao pai. Entre eles, incluem-se o ressentimento diante dos irmãos, a sensação de não ser adequadamente alimentada e o medo de ser envenenada. Tão intensas são as necessidades infantis que é como se "os nossos filhos permanecessem para sempre insaciados; como se eles jamais tivessem mamado o bastante no seio da mãe".[70] A mãe sem querer despertava os sentimentos sexuais da menina e, em seguida, os proibia; portanto, conjeturou Freud, ela era a sedutora que estava por trás das fantasias do histérico, descobertas na década de 1890.[71] Contudo, além dessas dificuldades "pré-edipianas", Freud continuou a insistir num momento traumático no qual a diferença entre os sexos era descoberta:

angústia de castração no caso do menino e inveja do pênis, no da menina. No entanto, ele escreveu também: "A visão do pênis e sua função urinária não pode ser o motivo, mas apenas o elemento que deflagra a inveja da criança."[72]

Qual, então, era o motivo? Para responder a essa questão, é necessário retroceder até uma época em que os sexos nem sequer tinham consciência um do outro e reconsiderar o papel dos traumas da infância, da repetição e da resistência na formação do ego. Segundo Freud, há uma "revolta inconfundível contra a passividade e [uma] preferência pelo papel ativo" nos primeiros anos de *ambos os sexos*. Em reação à alegação de seus interlocutores de que o bebê do sexo feminino já seria "feminino" e "receptivo", Freud observou que as meninas transformavam a mãe em seu objeto e agiam em relação a ela como se fossem o sujeito ativo. Nesse aspecto, meninos e meninas eram idênticos; quando uma criança, independentemente do sexo, recebia passivamente uma impressão, ela "tenta[va] fazer o mesmo que lhe [fora] feito". Por exemplo, as crianças brincavam de médico para tratar as crianças menores da mesma forma que elas próprias haviam sido tratadas. Assim, o brincar com a boneca sempre fora citado como exemplo do despertar da feminilidade da menina; porém, como Freud observou, era o lado *ativo* da feminilidade que encontrava ali a sua expressão.[73]

Ao frisar a preferência de ambos os sexos pela atividade à passividade, Freud estava postulando a suprema comunidade, no sentido de atributo compartilhado, dos sexos. Mas ele também acrescentou que a preferência comum tomava rumos distintos no período edipiano. Era aí, sob o signo da castração, que atividade e passividade assumiam as conotações de masculinidade e feminilidade. No menino, a preferência pela atividade normalmente conduzia à "masculinidade"; na menina, a mesma preferência era recalcada. Esse foi, então, o momento crucial no qual uma longa linha de idéias anteriores — a irredutibilidade da dicotomia atividade/passividade, a prematuridade biológica do ego, a revolta contra a passividade — era colocada em relação com a diferença entre os sexos.

Depois do período edipiano, os homens tinham de dissimular seus anseios passivos, regressivos, infantis. Em seu ensaio de 1929 sobre o fetichismo, Freud descreveu uma forma em que isso poderia acabar em malogro. Nela, o sujeito usava um casaco de pele ou um sapato para se proteger do medo de ser castrado, ou seja, de ser "mulher". Citando o costume chinês de "mutilar o pé feminino e, depois dessa mutilação, reverenciá-lo como um fetiche", Freud observou: "É como se o homem chinês quisesse agradecer à mulher por se submeter à castração."[74] Quanto às mulheres, exigia-se que dissimulassem seus esforços ativos. A "inveja do pênis" — a condição da mulher que recorria ao *acting out* da própria insatisfação com a feminilidade — era um possível desfecho. Joan Riviere, em sua caracterização das mulheres profissionalmente bem-sucedidas como "mascaradas pela feminilidade", aventou outro. Para ela, as mulheres profissionalmente bem-sucedidas solapariam seus papéis públicos "flertando e coqueteando [...] de uma maneira mais ou menos velada". Ainda segundo Riviere, elas tinham de tratar a situação exibindo seus desejos ativos "como 'jogo', como se não fossem algo 'real'".[75]

Freud voltou ao tema da sexualidade feminina uma última vez, em "Análise terminável e interminável"/"*Analysis, Terminable and Interminable*" (1937). No momento em que ele escreveu esse ensaio, a análise alemã já havia sido destruída, os norte-americanos haviam se tornado o grupo mais poderoso da associação internacional, o pró-natalismo havia absorvido grande parte das investigações pioneiras sobre a mãe e a psicanálise vienense estava sobrevivendo apenas graças à tolerância da igreja. O tema do ensaio era a resistência, a dificuldade das análises, sua alta taxa de fracasso. Em segundo plano estavam muitas experiências decepcionantes, inclusive a análise que Freud fizera de Ferenczi, que agora estava contra ele. As reflexões de Ferenczi sobre a análise provocaram Freud a retornar à questão da sexualidade feminina.

Ferenczi, que continuara a ser um analista utópico, propôs os seguintes critérios para o término da análise: "Todo paciente do sexo masculino deve atingir uma sensação de igualdade em relação ao médico, como sinal de haver superado sua angústia de castração; todo paciente do sexo feminino [...] deve aceitar emocionalmente, sem o menor traço de ressentimento, as implicações de seu papel feminino". O ensaio de Freud apresentava muitas razões para acreditar que essas metas eram impossíveis: a força dos instintos, a persistência dos traumas mais antigos, a impossibilidade de tratarem-se os conflitos se estes não estivessem presentes e ativos e a onipresença da resistência. Mas ele concluiu destacando uma razão acima das demais. O que parecia no homem uma recusa "a sujeitar-se a um substituto do pai" e na mulher, depressão resultante de "uma convicção interior de que a análise não servirá de nada", deviam-se à mesma causa: algo "que ambos os sexos compartilham e que foi forçado [...] a manifestar-se através de formas de expressão distintas".

Esse "algo" era a tentativa compulsiva de superar os traumas da tenra infância através da atividade. Nos homens, essa tentativa assumia a forma de repúdio à castração e luta para ser másculo. Que a angústia da castração era a causa dessa luta evidenciava-se no fato de que aquilo que os homens repudiavam não era a passividade em geral, mas a passividade diante de outros homens. O mesmo homem que evitava a atitude de submissão perante outro homem poderia "demonstrar uma atitude masoquista — um estado que equivale ao do *bondage** — perante as mulheres". Quanto às mulheres, todo o seu desenvolvimento — a separação da mãe, a virada para o pai, a reorientação da sexualidade para objetos masculinos — visava garantir que sua "masculinidade", sua preferência pelo papel ativo, sucumbisse a um "processo de recalque de importância capital". O "complexo de masculinidade", a "inveja do pênis", a "frigidez" — todos os "males" da feminilidade — eram provas de que esse processo de importância capital muitas vezes falhava.

Freud também voltou ao tema do seu debate com Adler, morto alguns meses antes. O termo "protesto masculino", que Adler havia cunhado, admitiu Freud então, "adapta-se com perfeição ao caso dos homens", já que para eles o repúdio à castração coincidia com a afirmação da masculinidade. Mas não descrevia bem o desenvolvimento das mulheres, já que elas recalcavam ou obscureciam suas tendências ativas ou "masculinas". O melhor termo, concluiu Freud, era "repúdio à feminilidade", pois aplicava-se a ambos os sexos.[76] Por mais insatisfatória que possa ter sido, essa fórmula foi sua última contribuição a uma persistente tentativa de aprofundar e problematizar o sentido da igualdade feminina. Enquanto Freud a redigia, os fatos começavam a enredar a psicanálise numa nova constelação de fascismo e guerra.

---

* Prática sexual sadomasoquista em que um dos participantes permanece atado. (N. da T.)

Capítulo Nove

O FASCISMO E A DESTRUIÇÃO DA ANÁLISE EUROPÉIA CLÁSSICA

> Depois de passar anos refletindo sobre esse tema, estou convencido de que nossos críticos nunca entenderam bem os dilemas que vivemos na década de 1930.
>
> — Peter Gay, *My German Question: Growing Up in Nazi Berlin/ Minha questão alemã: crescendo em Berlim na era nazista*

Assim como usaram a psicanálise para aprofundar os ideais da autonomia e da emancipação feminina, homens e mulheres o usaram também para aprofundar o ideal da democracia nos anos entre as guerras. Acima de tudo, eles recorreram à análise como ferramenta de revisão da distinção liberal entre o público e o privado, uma distinção que é crucial à sociedade democrática. Enquanto John Stuart Mill e outros liberais do século XIX tentavam manter uma divisão nítida entre as esferas pública e privada, os intelectuais modernos, influenciados por Freud, estavam admirados pelo trânsito existente entre elas. Eles nem sempre usaram os termos "público" e "privado" em seu sentido contemporâneo, tendo, em vez disso, falado da "sociedade de massa" e do "individual". Apesar disso, estavam convencidos de que a erosão da distinção — em especial da distinção *psicológica* — entre o público e o privado debilitava a modernidade.[1] Além disso, no contexto da ascensão do fascismo, seu trabalho assumiu uma conotação política.

Os novos interesses eram uma reação às mudanças generalizadas que a segunda revolução industrial deflagrou. Os freudianos chamaram a atenção para a interpenetração entre público e privado assim que a produção em massa subverteu a divisão que havia entre ambos. Ao lado da intervenção empresarial na vida privada, o aumento da legislação governamental sobre o comércio anulou a separação liberal entre a economia privada e o estado público. A intervenção estatal em áreas como a infância, a saúde e a educação contradisse o mito da independência da família privada do Estado. Assim como a entrada das mulheres na vida pública, a ascensão de uma cultura de massa sexualizada tornou indistinta a divisão clássica entre o público e o privado. Antes, a propriedade produtiva de base familiar havia respaldado a identidade. Agora, os indivíduos tinham de buscar suas identidades na sociedade civil, através das relações pessoais e da filiação a um grupo. Assim, as idéias psicanalíticas influenciaram as discussões sobre o público e o privado no contexto de uma vida pessoal institucionalmente expandida e existencialmente carregada.

Boa parte dessa discussão era permeada pelo receio de que as formas de organização social em larga escala — como o comunismo, o fascismo e inclusive o planejamento fordista — viessem a erodir a liberdade individual. O fascismo, em particular, prometia reunir aquilo que a segunda revolução industrial havia separado: os símbolos comunitários, de um lado, e a vida intrapsíquica dos indivíduos, do outro. Todas as suas inovações — um nacionalismo tribal baseado no determinismo biológico; uma filosofia da ação baseada na intuição, no *élan* e no heroísmo; uma reinterpretação do socialismo na qual a classe operária substituía a comunidade nacional — voltavam-se para esse fim.[2] Como explicou Giovanni Gentile, o filósofo preferido de Mussolini, o fascismo visava estabelecer uma nova forma de autoridade que "penetr[asse] na alma e ali rege[sse] absoluta". Embora a Primeira Guerra Mundial tivesse promovido o surgimento em larga escala de organizações *públicas* com poder de intervenção na vida privada; a Grande Depressão promoveu a idéia de que a recuperação exigia mobilização total. Passou-se a nutrir o anseio de um *Führer* capaz de despertar todo um povo; os desfiles com tochas, os comícios-monstro e o culto à juventude e ao corpo tornaram-se lugares-comuns.

Freud escreveu *Psicologia de grupo e análise do ego/Group Psychology and the Analysis of the Ego* (1921), *locus classicus* de todas as subseqüentes discussões analíticas do público e do privado, após a Primeira Guerra Mundial e suas inéditas mobilizações de massa.[3] Nesse trabalho, ele cita o exército e a igreja como exemplos paradigmáticos da psicologia de grupo. Embora depois tenha escrito que "não foi fácil [...] introduzir a idéia do inconsciente na psicologia de grupo", a tarefa foi uma conseqüência lógica da psicologia do ego devido a suas raízes no narcisismo e a seu foco na constelação familiar da infância.[4] Como afirmou Freud, "Invariavelmente, há outra pessoa envolvida na vida mental do indivíduo, seja como modelo, objeto, ajudante ou oponente. E assim, desde o início, a psicologia individual [...] é, ao mesmo tempo, psicologia social".[5]

Como grande parte da psicanálise, *Psicologia de grupo e análise do ego* foi a revisão de uma tradição iluminista anterior que exaltava o indivíduo e via o socialismo, o sindicalismo e até mesmo a cultura de massa como exemplos do pensamento de "rebanho". A reprovação com que Hippolyte Taine, na Salpêtrière, viu o papel da "turba" na Revolução Francesa de 1789 foi considerada um clássico, influindo para que se vissem as novas "manias" (feitiçaria, dança), assim como a sugestionabilidade feminina, como exemplos de histeria coletiva. Quando estudante, Freud absorveu essa forma de pensar, tendo escrito a Minna, sua cunhada, que os franceses eram "o povo das epidemias psicológicas, das históricas convulsões em massa".[6] Em *Psicologia de grupo e análise do ego*, ele recorreu ao principal representante da psicologia de grupo da Salpêtrière, Gustave LeBon. LeBon, que trabalhava como psicólogo da polícia, havia descrito as massas urbanas e os trabalhadores em greve como "extraordinariamente crédulos e suscetíveis a influências".[7] Como seus predecessores, Freud queria elucidar os processos regressivos desencadeados pelos grupos.

Mas havia uma diferença crucial. Enquanto os teóricos da Salpêtrière explicavam a psicologia dos grupos em termos de *imitação*, Freud a explicou em termos de *identificação*. A imitação não era um conceito da psicologia profunda, mas uma simples propensão da natureza humana. A identificação, por sua vez, baseava-se na psicologia da tenra infância e, assim, dava ensejo a uma análise complexa e cheia de matizes. Para Freud, a identificação — em especial com os pais — era o principal mecanismo de desenvolvimento do ego. Os grupos, segundo argumentou em *Group Psychology*, facilitavam uma regressão do ego maduro ao narcisismo. A razão devia-se ao poder que os grupos conferiam a seus líderes. À medida que projetavam suas próprias qualidades no líder, os membros do grupo abandonavam a autonomia e *identificavam-se* uns com os outros. Isso dava cabo de seus conflitos internos e assim, inflava seu narcisismo, porém à custa do respeito por si mesmos.

O livro de Freud deu voz à preocupação generalizada de que as formas de organização social em larga escala — como o comunismo, o fascismo e o planejamento fordista — pudessem erodir a liberdade de pensamento e solapar as bases da democracia. Mas sua argumentação não foi aceita universalmente. Dentro da psicanálise, antes da Segunda Guerra Mundial, surgiram três importantes psicologias alternativas da divisão público/privado: uma foi proposta por Wilhelm Reich, outra pelos pensadores da Escola de Frankfurt e a terceira pelo próprio Freud, pouco antes de sua morte. (Como veremos, durante a Segunda Guerra Mundial os teóricos britânicos das relações objetais propuseram uma quarta alternativa, a qual abordaremos no próximo capítulo.)

Na década de 30, embora vindos de direções opostas, tanto o fascismo quanto o comunismo constituíram um desafio à separação liberal entre o público e o privado. A Primeira Guerra Mundial levara ao poder governos fascistas na Itália e na Hungria, deflagrando movimentos intensamente direitistas na Alemanha, Áustria, França e leste da Europa. Em 1933-1934, os fascistas assumiram o poder na Alemanha e na Áustria, erguendo um espectro de sincronização maciça entre o público e o privado que ia desde as mais altas esferas do Estado até a intimidade do nascimento, da sexualidade e da morte. O fascínio pelo indivíduo carismático, capaz de inspirar a ordem, aumentou vertiginosamente na cultura européia. Muitas vezes, o modelo era o hipnotista: é o caso dos escritos de Freud, de *The Master and Margarita/O mestre e Margarita*, de Mikhail Bulgakov, e talvez, de forma mais marcante, de "Mario and the Magician"/Mário e o mágico, de Thomas Mann, onde o alarme político provocado por um bebê que corria nu pela praia representava o fascismo incipiente.

Com espírito bastante diferente, a Esquerda também colocou em questão a divisão liberal entre o público e o privado. Exaltando mais a classe operária que a nação, a maioria dos marxistas havia muito via a distinção entre o público e o privado como ideológica, como máscara da injustiça social. Dentro da psicanálise, o principal expoente da postura marxista foi Wilhelm Reich. Tendo aprendido, através do seu trabalho na Policlínica Psicanalítica de Viena, a pensar nas neuroses como doenças sociais, ele se convencera de que a visão de que a repressão da sociedade era a causa das neuroses estava implícita nos escritos de Freud — porém achava que este estava velho demais, comprometido e preocupado com a sobrevivência da organização para desenvolvê-la.[8]

Reich não inventou a idéia de uma política centrada na sexualidade, saúde, aborto, maternidade, habitação, terapia sexual e reforma da psiquiatria. Essas questões tinham lugar central na política européia desde o fim do século XIX e, depois da Primeira Guerra Mundial, inspiraram as lutas entre médicos, defensores da pureza moral, pró-natalistas, reformistas sexuais e feministas.[9] A inovação aportada por Reich estava na idéia de que a psicanálise oferecia um novo modo de abordar essas questões. Para ele, o liberalismo refletia o nível superficial da consciência, enquanto o fascismo mobilizava os impulsos secundários, como o sadismo, a inveja e a ganância. A revolução psicanaliticamente informada, por sua vez, penetraria na camada mais profunda, a dos próprios instintos.

O radicalismo de Reich o colocou em conflito com os movimentos social-democratas de sua época. Refletindo a lógica da primeira onda da industrialização, esses movimentos haviam tornado a "Viena vermelha" famosa no mundo por seus conjuntos habitacionais (um deles batizado com o nome de Freud), escolas, bibliotecas, centros comunitários, seguridade social e piscinas para operários, todos eles voltados para a criação de novos homens, *neue Menschen*.[10] Mas Reich criticou o conservadorismo implícito nessa tentativa de fortalecer a família proletária e proteger as jovens dos efeitos da industrialização. A seu ver, a família proletária era "uma fábrica de ideologias autoritárias e estruturas de caráter conservadoras". Atacando a literatura da "abstinência sexual" do socialismo, ele defendeu a liberação sexual da juventude e da mulher.[11]

Freud não compartilhava a visão de Reich. E o surgimento de uma direita muito ativa os obrigou a tornar públicas suas diferenças. Em abril de 1927, os social-democratas austríacos conseguiram uma esmagadora vitória eleitoral, privando o governo católico conservador de sua maioria representativa. O otimismo que se seguiu foi despedaçado com a absolvição de três *Frontkämpfer* radicais de direita, que estavam sendo julgados pelo assassinato de um simpatizante social-democrata e um garoto de oito anos. Os protestos espontâneos de repúdio promoveram um enfrentamento público de grandes proporções. A polícia foi obrigada a defender-se montando uma barricada no palácio da Justiça; a multidão ateou-lhe fogo; os bombeiros não puderam intervir por causa do tiroteio; 85 trabalhadores morreram e centenas ficaram feridos. A Direita viu o incidente como uma demonstração de força, ao passo que os socialistas temeram que o confronto colocasse em risco o apoio dos eleitores.[12]

Trabalhando na época como assistente no hospital da Policlínica, Reich viu a polícia atirando nos trabalhadores. E percebeu que o comportamento da multidão contradizia a psicologia de grupo de Freud, pois o que viu não foi uma massa em busca de uma figura de autoridade, agindo como rebanho, mas uma massa que buscava justiça, sem líder algum. A multidão, insistiu ele, agira movida pela indignação espontânea, enquanto a polícia se comportara de forma mecânica. Reich fez uma visita a Freud para discutir o incidente. "Pareceu-me que Freud não tinha a menor compreensão da revolta e a via como uma catástrofe semelhante a um *tsunami*", escreveu posteriormente. Em busca de uma alternativa, ele leu então *A origem da família, da propriedade privada e do Estado/Origins of the Family, Private Property and the State,* de Engels.[13]

Reich não foi o único a discordar de Freud diante das mobilizações coletivas do fim da década de 20 e início da de 30. Trinta e cinco anos depois, Elias Canetti também relembrou a queima do Palácio da Justiça de Viena: "Ainda sinto a agitação [...] nos ossos. Foi a coisa mais próxima de uma revolução que eu já vivi. [...] Tornei-me parte da multidão, me perdi nela completamente, não sentia a mínima resistência ao que a multidão estava fazendo". Canetti foi para casa e leu *Psicologia de grupo*. O livro causou-lhe repulsa desde o início e voltou a provocar esse mesmo efeito quando ele o releu nada menos que 55 anos depois. Freud e os escritores de sua tradição "haviam-se fechado para as massas, para as multidões; viam-nas como estranhas e aparentemente as temiam; e quando se decidiam a investigá-las, erguiam o braço como a dizer: não se aproxime de mim! A multidão era para eles como uma lepra, uma doença. [...] Para eles era fundamental, no confronto com a multidão, manter a calma, não se deixar seduzir pela massa, não se fundir com ela". Ao contrário de Freud, Canetti afirmou: "Eu conheci a multidão por dentro. [...] Vi multidões ao meu redor, mas também dentro de mim. [...] O que mais me fez falta na discussão de Freud foi o *reconhecimento* do fenômeno".[14]

Como Reich, Canetti concluiu que as multidões não precisavam de líderes. Pelo contrário, ressaltou a sensação de igualdade que emana das massas: "Poderíamos inclusive definir a multidão como um estado de absoluta igualdade".[15] As multidões eram fenômenos orgânicos, caracterizados pelo ritmo, pela pulsação e pelo impulso de destruição. Freud não conseguira captar o aspecto primal da vivência da multidão: "Só numa multidão é que o homem pode tornar-se livre" de seu medo mais fundamental, o medo daquilo que vem do desconhecido. Descrevendo a paranóia como um fenômeno das multidões, Canetti revisitou as *Memoirs of a Neuropath/Memórias de um neuropata,* de Daniel Paul Schreber, chamando a atenção para a idéia de Schreber — ignorada por Freud — de que os alemães eram o povo eleito de Deus.[16] Assim, onde Freud viu uma massa semelhante a um rebanho em busca de autoridade e onde Reich viu um bando desprovido de líderes em busca de justiça, Canetti viu uma horda pulsante, onívora, capaz de absorver tudo em seu caminho. Porém, nenhum dos três jamais havia experimentado as formas de mobilização coletiva características das sociedades democráticas, como as mobilizações sindicais altamente disciplinadas que então começavam a ocorrer na Europa ocidental e nos Estados Unidos.

Por trás da preocupação com a multidão estavam as drásticas conseqüências do colapso econômico de 1929. Na Áustria, o desemprego quase havia dobrado entre 1928 e 1932, e boa parte dos desempregados era de jovens com menos de 25 anos. Impressionado pela suscetibilidade da juventude aos apelos antidemocráticos, Reich e outros começaram a abrir clínicas, formadas por analistas e parteiras, para consultas sobre sexualidade em bairros operários. Essas clínicas ofereciam gratuitamente o aborto, a educação sexual e a orientação para problemas de sexualidade e puericultura.[17] As idéias de Reich eram tão populares que Freud se achou na obrigação de defender-se em *A civilização e seus descontentes/Civilization and Its Discontents*: "Todo aquele que já provou os sofrimentos da pobreza [...] e já foi alvo da indiferença e da arrogância dos ricos, deveria ser colocado acima da suspeita de não entender ou não demonstrar boa vontade para com as tentativas de luta contra a desigualdade da riqueza".[18]

Reagindo às maciças mobilizações da época, Reich recorreu à teoria de Engels sobre a origem da família. Conforme sua argumentação, nas primeiras sociedades não havia distinção entre as atividades públicas, como o trabalho, e as atividades quase biológicas do lar, como a sexualidade. Designando o matriarcado como o sistema familiar da "sociedade natural", Reich citou as alegações de Malinowski de que nas ilhas Trobriand as crianças tinham toda a liberdade para dedicar-se a jogos sexuais sem nenhuma outra interdição que o tabu do incesto, os pais não eram autoritários, as mulheres eram ativas e expressivas na sua sexualidade e não havia neuroses nem perversões. Segundo Reich, "o impressionante no matriarcado é a auto-regulação natural da sexualidade que ele enseja", uma forma de vida sexual à qual a humanidade poderia retornar depois da abolição da propriedade privada.[19]

Em 1928, Reich entrou para o Partido Comunista e, no ano seguinte, viajou pela União Soviética, visitando pré-escolas e centros pedagógicos.[20] Em palestras proferidas em Moscou, ele distinguiu a psicanálise como teoria da psicologia (que, segundo argumentou, seria abraçada pelos soviéticos) da visão de mundo "freudista" ou psicologização (que os convidou a rejeitar). Reich correspondeu-se com Trostky, conheceu Sergei Eisenstein e teve uma de suas palestras publicada com comentários críticos de representantes do partido.[21] No relato que fez da visita — *A revolução sexual/The Sexual Revolution* —, elogiou o enfraquecimento da autoridade patriarcal nas fazendas coletivas soviéticas, mas alertou que as ameaças à interdição da homossexualidade e do aborto prenunciavam o colapso da revolução.[22] Suas experiências reforçavam a convicção de que a mudança social tinha de preceder a psicoterapia: "Voltem ao protoplasma incorrupto", aconselhou ele.[23] Em resposta aos relatos que Reich publicara em jornais analíticos, o psicanalista Moshe Wulff, imigrante russo, criticou a tentativa de "provar que a psicanálise pode ser aceitável aos marxistas". Conforme observou, "onde não há liberdade de expressão, não pode haver psicanálise".[24]

Depois de voltar a Viena, Reich ajudou a organizar os Revolutionäre Sozialdemokraten, uma facção do partido que visava à preparação para a luta armada.[25] Em 1930, mudou-se para Berlim, onde publicou seu livro mais importante, *Psicologia de massa do fascismo/The Mass Psychology of Fascism*. Nesse ano, o partido nazista tornou-se o segundo maior da Alemanha. Na esteira desse desastre, a discussão socialista e comunista girava em torno do apoio da classe média ao fascismo ou sua adesão ao proletariado na esperada oposição aos nazistas.[26] Tendo em mente a pequena classe média de funcionários públicos, colarinhos-brancos e profissionais liberais semi-independentes característicos do capitalismo do século XIX, e não as classes médias orientadas pelo consumismo nascidas na década de 1920, Reich previu que a classe média se aliaria à burguesia. Valendo-se da teoria de Édipo, ele comparou o colarinho-branco ao primogênito de pai poderoso: "Embora subordinado ao alto, para os que estão abaixo, ele é um representante da [...] autoridade e, como tal, goza de posição moral (não material) privilegiada. A arquipersonificação desse tipo [...] encontra-se no sargento do exército."[27]

Em Berlim, as políticas familiares e sexuais foram acirradamente contestadas. Um terço da força de trabalho era formado por mulheres. De um lado, socialistas e feministas exigiam assistência médica, benefícios-maternidade e creches gratuitas para as mulheres que trabalhavam. Do outro, um pastor luterano lançou um virulento panfleto para denunciar o "bolchevismo sexual".[28] A Associação pela Política Sexual Proletária (às vezes chamada de SEXPOL) de Reich, que unia reformistas sexuais, sexólogos e comunistas, alegou possuir quarenta mil membros quando estava no auge da atividade.[29] Entretanto, quando começaram a criar uma frente popular antifascista, os comunistas alemães recusaram-se a distribuir as obras publicadas pela editora de Reich, a Verlag für Sexualpolitik. Em março de 1933, Reich foi expulso do Partido Comunista da Alemanha e voltou para Viena.

Tendo em vista o poder cada vez maior dos nazistas, as atividades de Reich promoveram uma crise no mundo analítico. Em 1932, ele enviou um artigo — "The Masochistic Character"/O caráter masoquista, no qual argumentava que a repressão sexual transformava o impulso neutro de controle em agressividade — ao *International Journal of Psychoanalysis*. Freud concordou em publicá-lo, mas criticou sua "afirmação absurda de que isso que chamamos de pulsão de morte seja produto do sistema capitalista". E queria acrescentar um comentário editorial dissociando a psicanálise de qualquer interesse político e identificando Reich como bolchevique, mas os outros editores o impediram, argumentando que uma declaração assim "equivaleria a uma declaração de guerra contra os soviéticos".[30] Para apaziguar Freud, foi preciso que Siegfried Bernfeld escrevesse a recusa.

As cartas trocadas por Ernest Jones e Anna Freud propiciam detalhes acerca desse tumulto. Jones achou que Reich estava voltando ao Freud inicial, especialmente à idéia da "neurose real", uma neurose provocada pela acumulação da libido. O comunismo de Reich, disse Jones a Anna Freud, "era menos econômico" que uma tentativa de dar à reforma sexual uma chance melhor. Anna Freud concordou: Reich era honesto e tinha uma compreensão muito profunda da análise, mas também estava infeliz e psicologicamente doente. Além disso, superestimava completamente o apoio que tinha entre os analistas, que se limitava basicamente ao de sua própria mulher, Annie, e ao de Otto Fenichel. Além disso, acrescentou ela, seu pai estava disposto a aceitar que a análise fosse perseguida por ser análise, mas não por uma política de que não compartilhava. Reich poderia ser o fósforo que acenderia "o barril de pólvora".[31]

Essa era também a visão do pai dela. Depois que Adolf Hitler tornou-se chanceler, em janeiro de 1933, Max Eitingon vetou o acesso de Reich aos escritórios da Sociedade Psicanalítica de Berlim, aparentemente por sugestão de Freud. No fim do ano, o nome de Reich foi removido, na surdina, da lista de membros.[32] Embora não tenha restado documentação, sabemos que em 1934 Reich foi informado de que seu nome não seria relacionado entre os dos membros da IPA. Em agosto, sua filiação foi debatida no congresso de Lucerna e, ao que tudo indica, ele acabou sendo expulso. Embora as atas do congresso se tenham perdido, a perseguição a Reich mostra o quanto a psicanálise se estava tornando receosa e repressora.[33]

O próprio Reich estava perdendo cada vez mais o equilíbrio. Quando tinha 12 anos, descobriu que a mãe estava tendo um caso. O pai descobriu, provavelmente através do filho, e a mãe se suicidou. Reich, que obsessivamente retornou ao incidente a vida toda, acreditava que este lhe havia forjado o caráter. Edith Gyömröi, uma analista húngara, relatou uma caminhada que ela e Fenichel fizeram com Reich em 1933. Reich falou interminavelmente sobre sua nova teoria, centrada na energia mágica do orgônio: "Eu e Fenichel não ousávamos sequer olhar um para o outro. Estávamos arrepiados. Então, de repente, Reich parou e disse: [...] 'Gente, se eu não estivesse tão certo do que estou estudando, teria a impressão de que se trata de uma fantasia esquizofrênica.' Não nos atrevemos a dizer palavra, nem mesmo no caminho de volta. Foi para nós dois uma grande perda e uma grande tristeza."[34] Reich emigrou para a Dinamarca e a Noruega. Apesar de ali ter sido inicialmente bem recebido pelos alunos da Universidade de Oslo, posteriormente foi expulso por oponentes conservadores. Por fim, estabeleceu-se nos Estados Unidos em 1939 e morreu na prisão, para onde a FDA o enviaria sob a acusação de fazer alegações cientificamente falsas.[35] Assim, em sua tragédia pessoal, Reich viveu a impossibilidade de conciliar inteiramente o que viria a ser chamado de "pessoal" e "político". Sua convicção de que ambos poderiam ser plenamente conciliados era o oposto especular da crença igualmente ilusória, nutrida por muitos analistas, de que o público e o privado poderiam manter-se inteiramente dissociados.

Em janeiro de 1933, Adolf Hitler tornou-se chanceler da Alemanha. Em 1º de fevereiro, o Partido Comunista foi proibido. Em 27 de fevereiro, o *Reichstag* foi incendiado. Em 1º de abril, Hitler decretou um boicote às lojas judias. Um mês depois, os sindicatos trabalhistas foram proscritos. Em 10 de maio, os livros de Freud foram queimados em praça pública em Berlim. Antes do fim desse mês, as clínicas de controle de natalidade e educação sexual foram fechadas e os médicos ligados à reforma sexual obrigados a exilar-se. Na época, havia uma meia dúzia de institutos analíticos na Alemanha. Em outubro, sob a acusação de ser uma "ciência judia", a análise foi banida de um congresso de psicologia em Leipzig. Os censores afirmavam que Freud havia pervertido as idéias dos criadores da psicologia profunda, como Novalis, Goethe e Nietzsche, transformando-a num negócio destinado a arrancar dinheiro de histéricos ricos. Freud tocou "no ponto mais sensível da raça nórdica: sua vida sexual".[36]

Quando um cristal se quebra, seu rompimento ocorre ao longo de linhas onde já existe alguma fragilidade. A Sociedade Psicanalítica de Berlim era um ponto fraco importante na reação analítica ao fascismo. Com a morte de Karl Abraham, em 1925, a sociedade perdeu boa parte daquilo que a caracterizava. No período policêntrico que se seguiu, Horney, Reich, Klein e Alexander tiveram seus próprios seguidores. Em abril de 1933, o governo decretou que nenhum judeu poderia exercer cargo executivo em organização médica. Assim como 80% dos associados, Max Eitingon e Ernst Simmel, os diretores da Sociedade Psicanalítica de Berlim na época, eram judeus. Felix Boehm, um dos mais conhecidos analistas de origem não-judaica, sugeriu que Eitingon e Simmel renunciassem "voluntariamente" e visitou Freud para angariar seu apoio. Embora avisasse que isso não garantiria a sobrevivência da sociedade, Freud concordou.[37] Em resposta a um relatório escrito por Boehm, ele fez dois pedidos: Harald Schultz-Hencke, analista revisionista que ganharia destaque após a Segunda Guerra Mundial, não poderia fazer parte da nova liderança e "Livre-me de [Wilhelm] Reich" (*Befreien Sie mich von Reich*).[38] Boehm e outro não-judeu, Karl Müller-Braunschweig, assumiram a liderança da sociedade. Entre os primeiros analistas judeus a deixar a Alemanha estavam Hanns Sachs, Otto Fenichel, Siegfried Bernfeld, Karl Landauer e Ernst Simmel. Já em 1934, mais da metade dos antigos membros do instituto havia deixado o país. O número de associados caiu de 65 para 15 e o de alunos, de 222 em 1931 para 34 em 1934. "A palavra 'haraquiri' foi repetida muitas vezes", escreveu Boehm a Jones.[39]

A reação analítica a esses acontecimentos é de difícil compreensão para quem não os vivenciou. Em 1934, Anna Freud elogiou Jones pelos comentários que, no encontro internacional, este fizera contra a "aliança entre as atividades analíticas e as atividades políticas", referindo-se especificamente a Ferenczi e Reich. Ao comentar o ocorrido na Alemanha, ela insistiu em dizer que "o governo [nazista] nunca atacou a análise nem coibiu de alguma forma suas atividades. Os 25 membros que saíram o fizeram porque eram judeus, não porque fossem analistas".[40] Müller-Braunschweig pediu a Jones, então presidente da IPA, que o ajudasse a cobrar o dinheiro que os analistas judeus emigrados deviam ao fundo de empréstimo estudantil, acrescentando que o ressentimento não eximia os devedores de suas obrigações morais.[41] Jones, por sua vez, escreveu a Boehm denunciando o que chamou de "atitudes ultrajudias" persistentes entre os analistas judeu-alemães.[42]

No cerne dessas reações estava um pavor à política que ia muito além da prudência. Em 1935, alguns pacientes de três analistas alemães foram presos sob suspeita de comunismo. A Sociedade Psicanalítica Alemã, como então se chamava a organização, reagiu proibindo o tratamento analítico de pacientes que tivessem engajamento político. Nesse ano, Edith Jacobson — uma dentre os poucos analistas judeus que ainda haviam ficado em Berlim — foi presa. Os analistas disseram uns para os outros que a prisão decorria do fato de ela haver tratado um comunista. De acordo com alguns relatos, essa foi a causa de sua exoneração da sociedade. Boehm convenceu Jones e Anna Freud a pararem com a mobilização internacional em favor dela, a fim de não alienar os nazistas. Anna Freud atacou todos os analistas que tinham algum envolvimento político: "Eles são alheios ao cuidado com o bem-estar da organização." Quando Jacobson foi acusada de ceder seu apartamento para atividades políticas, nenhum analista acreditou na história. "Isso dificilmente pode ser alguma coisa muito séria, a menos que ela seja muito louca", disse Jones em carta a Anna Freud.[43] Na verdade, Jacobson estava envolvida com um grupo de resistência havia já dois anos. Ela não apenas havia cedido o apartamento para atividades políticas como também falara nas reuniões ali mantidas. Condenada por traição, mas liberada temporariamente para uma cirurgia, ela fugiu da Alemanha em 1937. Quatorze anos depois, mesmo depois de ela haver publicado *Observations on the Psychological Effects of Imprisonment on Female Political Prisoners/Observações sobre os efeitos psicológicos da prisão sobre prisioneiras políticas*, a maioria dos analistas ainda acreditava que Jacobson havia sido condenada por causa das ações clandestinas de um paciente seu, e não por seus próprios atos.

Em 1935, a *Gleichschaltung* (sincronização) já havia avançado a ponto de fundir as organizações existentes a órgãos estatais e partidários. A organização dos psicoterapeutas alemães foi rebatizada Sociedade Alemã de Medicina Psicoterapêutica. Matthias Heinrich Göring, neurologista que era discípulo de Alfred Adler e primo do marechal-de-campo Hermann Göring, foi nomeado seu diretor. Em Zurique, Jung presidia uma organização internacional que aglutinava várias outras e era dominada pela Sociedade Psicanalítica Alemã. Na qualidade de chefe dessa organização, ele afirmou que a diferença entre a psicologia alemã e a psicologia judaica já não deveria continuar sendo paliada: Freud havia aplicado "categorias judaicas a cristãos alemães ou eslavos".[44] E acrescentou: "Os judeus têm essa peculiaridade em comum com as mulheres: sendo fisicamente os mais fracos, têm de atacar seus oponentes abaixo da linha da cintura."[45]

Os membros da Sociedade Psicanalítica Alemã jamais questionaram se deveriam filiar-se ao Instituto Göring. Quando lhes foi solicitado, eles imediatamente disponibilizaram seus registros, forçando assim a divulgação da identidade dos judeus remanescentes. Em novembro de 1935, Jones escreveu a Anna Freud: "Todos os judeus têm de renunciar à sua filiação à Sociedade de Berlim. Por mais deplorável que isto seja, devo dizer que ainda prefiro que a psicanálise seja praticada por gentios a vê-la deixar de ser praticada na Alemanha, e espero que você concorde."[46] Para facilitar a "integração" da sociedade, Jo-

Foto do grupo de membros mais importantes do Instituto Göring, 1941.
Da esquerda para a direita, Werner Kemper é o segundo, Matthias Göring é o nono,
Felix Boehm é o décimo segundo e Karl Müller-Braunschweig, o da extrema direita.

nes, Brill, Boehm e Müller-Braunschweig encontraram-se com Göring. A psicanálise, garantiu Jones a Göring, não era "*Weltanschaulich fremdartig*", avessa ao nazismo na sua visão de mundo. O medo permeava todo o mundo analítico, não apenas o de Berlim. Embora Jones tenha oferecido filiação na IPA aos analistas refugiados, nas demais sociedades eles não eram bem-vindos. A Sociedade Psicanalítica Holandesa recusou-se a aceitar refugiados entre seus membros. Van Ophuijsen escreveu a Jones: "Os associados têm medo de sofrer financeira e narcisicamente."[47] Os norte-americanos denunciaram o que chamaram de "filiação flutuante".[48] Os psicanalistas nova-iorquinos reescreviam com freqüência os apelos de ajuda a analistas "judeualemães", grafando em seu lugar "analistas alemães".[49] Fenichel foi o único a dizer a Jones que a Sociedade Psicanalítica Alemã tinha ido muito além do necessário: "Essa demonstração de subserviência não os salvará."[50]

Em 1936, a Sociedade Psicanalítica Alemã uniu-se ao Instituto Göring. As idéias de Freud foram fundidas em uma espécie de conceito denominado *Seelenheilkunde*, "cura da alma", e a meta da terapia foi redefinida como o tratamento de indivíduos de "caráter fraco". A princípio, a sociedade manteve alguma autonomia. Em novembro de 1936, Anna Freud escreveu a Ernest Jones: "É estranho, mas o trabalho está prosperando. Chegam novos candidatos, os cursos são freqüentados normalmente, os vários hospitais estão encaminhando levas de pacientes para tratamento. Mesmo os organismos oficiais acreditam na seriedade da análise e em sua eficácia terapêutica. Esse pouquinho de sucesso no mundo exterior naturalmente torna muito difícil para [Boehm] dissolver tudo e desistir."[51] De fato, a especialidade de Boehm era a homossexualidade e, como consultor das forças armadas, ele realmente contra-indicou os métodos mais punitivos, como o internamento, pelo menos até 1944.[52] Quanto a Müller-Braunschweig, escreveu vários ensaios para provar que a análise não era alheia ao espírito alemão e que, nas mãos certas, poderia transformar moleirões incapazes em pessoas enérgicas e voltadas para a vida. Em 1938, a Sociedade Psicanalítica Alemã foi dissolvida. Mesmo assim, um grupo dentro do Instituto Göring afirmou que continuaria fiel às idéias de Freud.[53]

Ao longo de tudo isso, a postura de Freud só pode ser descrita como oportunista. Em 1936, quando Boehm o visitou para discutir a absorção da psicanálise pelo Instituto Göring, Freud disse-lhe: "Façam qualquer tipo de sacrifício, mas não façam nenhuma concessão."[54] Em 1938, Boehm voltou a visitá-lo, dessa vez para propor a dissolução da Sociedade Psicanalítica de Viena e sua fusão a um instituto alemão recém-criado, Freud lhe disse que não proibiria nem apoiaria a proposta.[55] Obviamente interesseiras, essas afirmações não podem ser plenamente interpretadas porque a correspondência entre Freud e Boehm ainda não foi disponibilizada para consulta. Não obstante, na época se reconhecia que a exclusão racial viola os princípios da liberdade e da abertura da pesquisa. Apesar de recusar-se a receber refugiados judeus em meados da década de 30, a Sociedade Psicanalítica Holandesa apresentou renúncia coletiva após a ocupação nazista. O mesmo aconteceu com a Sociedade Psicanalítica Norueguesa, então sob a liderança de Harald Schjelderup. No entanto, até sua morte em 1939, Freud continuou a comunicar-se com o grupo de Berlim como se este representasse a psicanálise na Alemanha, aparentemente acreditando que esta pudesse sobreviver num contexto fascista.

Enquanto o fascismo triunfava, a psicanálise ruía. Em 1935, Édouard Pichon, militante de direita e membro da Action Française, uma organização anti-semita e pró-monárquica, tornou-se presidente da Sociedade Psicanalítica Francesa. A análise *à la française* prevaleceu. Rudolph Lowenstein e Heinz Hartmann, ambos judeus, fugiram para os Estados Unidos, onde se tornaram líderes da psicologia do ego norte-americana. Contudo, a sociedade francesa foi abolida quando os nazistas entraram em Paris.[56] Em nenhum país a análise foi tão corrompida quanto na Alemanha, mas a França teve seu próprio episódio sintomático. René Laforgue, fundador da Société Psychanalytique de Paris, era um alsaciano que havia lutado na Primeira Guerra Mundial ao lado dos alemães e se tornado cidadão francês em 1918. Profundamente afetado pelas vitórias alemãs de 1939-1940, ele tentou reaver sua cidadania anterior e entrou em contato com Göring, com a idéia de criar um "instituto arianizado" em Paris. A iniciativa não deu em nada, já que os alemães jamais tiveram confiança em Laforgue — e com razão. Apesar de ter sido membro da Liga Contra o Semitismo no início dos anos 30, ele logo passou a proteger os judeus.[57]

Em toda parte, a sobrevivência era a prioridade número um. Giovacchino Forzano era ministro do governo italiano e autor, com Mussolini, de várias peças. Em 1933, Edoardo Weiss, principal analista da Itália e responsável pelo tratamento da filha de Forzano, levou sua paciente e o pai desta a Viena para uma consulta com Freud. Forzano pediu a Freud que autografasse um de seus livros para Mussolini. Freud escolheu *Por que a guerra?*, sua correspondência com Albert Einstein. Afirmando que reconhecia o papel que Mussolini tivera na escavação de sítios arqueológicos da Itália, escreveu na dedicatória: "Para Benito Mussolini, com as respeitosas saudações de um velho que reconhece no regente o defensor da cultura." Dois meses depois, Mussolini queixou-se de suas dificuldades com os comunistas: para entendê-los, disse ele, "é preciso ser competente na nova ciência ou impostura chamada psicanálise".[58] A análise italiana fora desmantelada graças às leis anti-semíticas de 1938. Não obstante, na primavera desse mesmo ano, Mussolini aparentemente ofereceu-se para intervir junto a Hitler em favor de Freud e oferecer-lhe asilo na Itália.[59]

O papel de bode expiatório que coube a Ferenczi, bem como sua morte em 1932, também devem ser situados no contexto da desintegração moral da psicanálise. Seu mais importante discípulo, Michael Balint, descreveu o cada vez mais isolado Ferenczi do fim da década de 20 como orgulhoso de seu papel de *enfant terrible*, "mas era um orgulho ressentido. Sua história predileta [...] era a fantasia do 'bebê sábio' que, apesar de ainda estar no berço, é mais sensato que a família inteira".[60] Tentando preservar a amizade de Ferenczi enquanto criticava suas revisões, Freud escreveu-lhe em 1931: "Já que você gosta de representar o papel da mãe carinhosa para os outros, talvez esteja fazendo a mesma coisa consigo próprio. Portanto, devia dar ouvidos ao lembrete do lado do pai brutal, que é: [...] você não era nada avesso a jogos sexuais com os pacientes no seu período pré-analítico."[61] Com Eitingon, ele foi mais direto: "Primeiro é um, depois outro, que se revela imprestável ou incapaz de ser orientado. A obstinação de Ferenczi com sua técnica suspeita, a tentativa de Reich e Fenichel de usar as nossas publicações para fazer propaganda bolchevique. [...] Tudo demonstra que, sob a corrosiva influência destes tempos, os caracteres se decompõem rápido."[62]

Como as de Reich, as críticas de Ferenczi à psicanálise não eram assim tão fáceis de descartar. Como muitos analistas da época, ele havia voltado ao real e ao social, deixando de lado o psíquico. Assim, argumentava que a situação analítica, graças à sua ênfase na abstinência e na privação, reproduzia a experiência infantil de carência e trauma, queixando-se da "falta de preocupação com a duração da análise e, inclusive, da tendência a prolongá-la por razões puramente financeiras: caso se deseje, pode-se transformar os pacientes em contribuintes para o resto da vida".[63] Além disso, Ferenczi instou os profissionais de formação analítica a "fundar uma associação que aliasse a maior liberdade pessoal possível às vantagens da organização familiar".[64] Michael Balint descreveu sua disposição de ânimo ao longo da doença que o matou como "uma grave depressão, [...] uma sensação de que ninguém — principalmente o seu mestre — o poderia amar, e um medo pungente de que o entusiasmo, mais uma vez, o tivesse levado longe demais [...], fazendo-o perder para sempre o respeito e a estima de seus pares".[65] Em 1932, quando ele morreu, muitos analistas o consideravam um louco. O severo obituário que Freud lhe fez dizia: "Sua necessidade de curar e ajudar se havia tornado imperiosa."[66]

Embora o trabalho analítico — congressos, produção teórica, intercâmbios entre as sociedades, em especial as de Londres e Viena — tenha prosseguido ao longo da década de 30, tudo ocorreu à sombra dos alemães. Na União Soviética, apesar de Stalin havê-la condenado em 1927, a análise continuou sendo legal. Após a vitória nazista em 1933, a repressão soviética recrudesceu: os remanescentes da Sociedade Psicanalítica de Moscou se dispersaram e, em 1936, a análise foi proibida. Após 1939, quando a Alemanha passou a controlar o continente, a Sociedade Húngara passou a mãos "não judias", e a polícia tinha de ser avisada com antecedência cada vez que se previa uma reunião. Na Holanda, o treinamento continuou sendo feito clandestinamente. Só na Suíça, território neutro, as sociedades analíticas continuaram a funcionar abertamente. Lá, os analistas francófonos — como Henri Flournoy e Raymond de Saussure — permaneceram ligados a Paris, enquanto os germanófonos — como Ludwig Binswanger e Medard Boss — deram início ao desenvolvimento da análise existencial (*Daseinsanalyse*).[67]

O radicalismo reichiano sobreviveu. Após 1933, a liderança da esquerda analítica foi transferida para Otto Fenichel, que emigrara para Praga quando os nazistas subiram ao poder em Berlim. O grupo de analistas que girava em torno dele tentou opor resistência à nazificação da análise alemã e impedir a discriminação contra a psicanálise marxista nas publicações analíticas especializadas.[68] Para tanto, Fenichel coordenou um boletim circular, também denominado *Rundbriefe*. Seu tema geral era o da variação histórica da vida instintual. Foram publicados artigos sobre o anti-semitismo, o caráter nacional e a psicologia do dinheiro, além de ataques a Ferenczi, à psicanálise norte-americana, a Klein ("um exagero da biologia") e a Reich ("completamente *meschugge*"["maluco"]). Em 1938, ao fugir de Praga, perguntaram-lhe qual a questão mais premente na pesquisa analítica. Fenichel respondeu que se tratava de saber se os nazistas subiriam ao poder em Viena. Posteriormente, na América Latina, ele continuou a publicar suas circulares. Em sua última e mais curta edição (14 de julho de 1945), o periódico afirmava que a luta não era por uma psicanálise social, mas sim pela "própria existência de uma psicanálise freudiana". No ano seguinte, aos 48 anos de idade, Fenichel morreu de aneurisma.[69]

Mais patética, certamente, foi a experiência de analistas e analisandos em campos de concentração. Alguns lutaram para conservar uma perspectiva analítica até mesmo ali, o que atesta a extraordinária capacidade daqueles que se orientam pela psicanálise de colocar em suspenso o ambiente exterior para concentrar-se no ambiente intrapsíquico. Os analistas prisioneiros analisaram sintomas, deram aulas clandestinas e tentaram explicar a psicologia social dos campos até o fim. Karl Landauer, fundador do Instituto de Frankfurt, "praticou" a análise em Bergen-Belsen até morrer ali. Ernst Federn, filho de Paul, que ficou preso em Buchenwald de 1938 a 1945, deu aulas a companheiros sobre temas como a homossexualidade.[70] Bruno Bettelheim, que também ficou em Buchenwald quase um ano, usou a introspecção analítica para desenvolver a análise da psicologia dos campos de concentração que o tornou famoso.

Muitos analistas pereceram. Após a invasão da Hungria em 1944, Jozsef Mihály Eisler (membro da Sociedade Psicanalítica Húngara desde 1919), Miklos Gimes, Zsigmond Pfeifer e Géza Dukes morreram em campos de concentração. O analista iugoslavo Nikola Sugar, membro da Sociedade Psicanalítica de Budapeste, morreu em Theresienstadt. David Oppenheim, um professor de clássicas com quem Freud havia escrito sua primeira obra sobre folclore (e de quem se afastara após a controvérsia com Adler), foi morto num campo.[71] Auguste Watermann, que fugira de Hamburgo para a Holanda em 1933, nunca fora inteiramente aceito pela Sociedade Psicanalítica Holandesa. Após a invasão da Holanda, ele foi preso e deportado com a mulher e o filho para Wremdelingen, em Westerbork, daí para Theresienstadt e finalmente para Auschwitz, onde os três foram mortos. Ernst Hoffman, judeu nascido em Viena, fugiu para Antuérpia em 1933 e treinou os futuros fundadores da Sociedade Psicanalítica Belga até ser deportado, em 1942, para um campo em Gurs, na França, onde morreu pouco tempo depois.[72] Sabina Spielrein foi fuzilada durante uma marcha forçada, junto com as duas filhas, numa ravina nos arredores de Rostov. Entre os que conseguiram fugir das forças de ocupação alemãs estavam Leo Eitinger (Noruega) e Hans Keilson (Holanda). Entre os que sobreviveram aos campos estavam Eddy de Wind, Elie Cohen e Viktor Frankl.[73] Leopold Szondi, criador do termo "análise do destino", sobreviveu a Belsen e viveu até 1986.[74] A intervenção de Raoul Wallenberg salvou o analista judeu húngaro Istvan Hollós. Gottfried R. Bloch, analista tcheco, sobreviveu a Auschwitz e, até o momento em que escrevo estas linhas, reside em Los Angeles.[75] Executado em Berlim pela Gestapo em 1943, o psicanalista comunista e membro da Resistência John Rittmeister, lembrado como herói pelos alemães orientais, foi considerado espião bolchevique pelos analistas alemães ocidentais.[76]

Embora o nazismo tenha destruído muitas sociedades analíticas, suas vítimas criaram novas sociedades. Eitingon emigrou de Berlim para a Palestina em 1933 e, com Moshe Wulff, fundou um instituto em Jerusalém.[77] Chaim Weizmann recordou-se da chegada de imigrantes da Galícia à Palestina, sem roupas, mas com cópias de *Das Kapital* (*O capital*) e *Die Traumdeutung* (*A interpretação dos sonhos*) debaixo do braço.[78] Fritz Perls, fundador da terapia da *Gestalt*, muito influenciado pelo seu analista, Wilhelm Reich, deixou a Alemanha e, com Wulf Sachs, fundou o Instituto Sul-africano de Psicanálise em 1935.[79] Já nos Estados Unidos, para onde se mudou em 1945, sob a influência de Reich Sachs fez uma releitura do *Black Hamlet* (*Hamlet negro*) como *Black Anger* (*Ira negra*): a maior necessidade de Chavafambira, segundo escreveu, "não era conhecer melhor seu inconsciente recalcado, mas sim a sociedade em que vivia, reconhecer seus males e aprender a combatê-los".[80] Adolf Josef Storfer, que havia sido diretor da *Verlag* desde 1925 e co-editor de *Imago*, *Psychoanalytische Bewegung* e *Almanach der Psychoanalyse*, foi um dos 18 mil germa-

Anúncio da abertura do Instituto Palestino de Psicanálise, impresso em inglês e em hebraico no *Internationale Zeitschrift für Psychoanalyse*, 1934

nófonos que emigraram para Xangai. Lá, ele fundou o *Gelbe Post*, uma publicação voltada para essa população de imigrantes, e o usou para difundir as idéias analíticas na China.[81]

Vários analistas espanhóis deixaram seu país depois da vitória de Franco, entre os quais Miguel Prados, que emigrou para o Canadá, e Gonzalo Lafora, que foi para o México. Ángel Garma, formado pelo Instituto Psicanalítico de Berlim e primeiro analista hispanófono da América Latina, chegou em Buenos Aires em 1938.[82] Dois analistas vienenses, Max Langer e Marie Langer, membros do Partido Comunista, filiaram-se à Brigada Internacional durante a Guerra Civil Espanhola. Após a vitória de Franco, eles emigraram e, com Garma, fundaram a Associação Psicanalítica Argentina em 1942. Ajudados pelo crescimento da aviação civil, os argentinos espalharam a psicanálise por toda a América Latina. Quanto a Marie Langer, continuou analista, feminista e ativista marxista até a revolução sandinista da década de 80.[83]

Nos Estados Unidos, a princípio pareceu que o interesse por Freud havia entrado em declínio com a Grande Depressão.

Publicavam-se artigos como "Farewell to Freud" (Adeus a Freud) e "The Twilight of Psychoanalysis" (O crepúsculo da psicanálise). A revista *Fortune* opinou: "O sexo já não é notícia. E o fato de que ele já não o é, sim, é notícia."[84] Na verdade, a psiquiatria analítica estava explodindo. E Franz Alexander estava entre as figuras-chave. Criando relações com a medicina psicossomática, ele promoveu o escritório moderno impecável, a popularização analítica e a adaptabilidade da análise a formas aceitáveis de crítica cultural. Seu discurso de posse na presidência da American Psychoanalytic Association comparava os Estados Unidos, onde "a resistência emocional contra a psicanálise se tornou cada vez menos perceptível", à "torre de marfim" da análise européia. Deplorando o uso do termo "movimento" em conjunção com a psicanálise, ele fez um apelo em prol de um "conhecimento mais preciso, mais quantitativo, [...] provas experimentais mais exatas".[85] Nas palavras de Kurt Eissler, Alexander "tornou a análise uma ciência do sentido comum [ao adaptá-la] ao horizonte do homem da medicina".[86]

Como o grosso dos emigrantes foi para os Estados Unidos, a "fusão da análise à psiquiatria" dominou toda a psicanálise. Desde o início da década de 30, na maioria das vezes, os norte-americanos vinham agindo de forma independente.[87] No fim dessa década, eles já mal participavam da associação internacional, exigindo a abolição do International Training Committee e formulando seus próprios padrões de formação. Se não fosse a guerra, eles se haveriam retirado da organização.[88]

A contínua absorção da análise pela psiquiatria nos Estados Unidos foi a contrapartida da sua destruição na Europa. A análise sobreviveu, mas foi inteiramente modificada. Freud concordava com Jelliffe em que, "nos Estados Unidos, a psicologia espalhou-se mais ampla que profundamente".[89] O que Franz Alexander viu como "abertura" nos norte-americanos, Freud atribuiu à "falta de investimento emocional na compreensão genuína" da cultura desse povo; o orgulho que eles têm de sua *abertura* apenas prova sua "falta de *bom senso*".[90] A convicção que Freud tinha de que o espírito analítico poderia desaparecer, mesmo com o triunfo da análise como profissão, revelou-se em várias afirmações muito conhecidas (embora estas já não tenham sido explicitamente dirigidas aos Estados Unidos): "Antes de mais nada, minhas descobertas não são uma panacéia. Elas são a base de uma filosofia séria. Poucos são aqueles que compreendem isso."[91] Contudo, em 1939 Freud aconselhou Arnold Zweig a emigrar para os Estados Unidos, em vez da Inglaterra. "A América me parece o antiparaíso, mas tem tanto espaço e tantas possibilidades que, no fim, as pessoas conseguem integrar-se a ela. Einstein disse a um amigo há pouco que, a princípio, a América lhe parecia a caricatura de um país, mas agora sente-se relativamente em casa por lá."[92]

Enquanto a psicanálise se desintegrava, seus fragmentos iam se transformando, às vezes por meio de um amalgamento a outras correntes. Na Alemanha, o Instituto de Pesquisa Social — a Escola de Frankfurt — foi um sucessor mais fiel da psicanálise alemã que o Instituto Göring, muito embora aliasse a psicanálise à teoria crítica social. O resultado foi outra tentativa de aplicar a psicanálise ao problema da compreensão não apenas do fascismo, mas também da sociedade democrática de massa.

Frankfurt havia sido um dos centros da revolta liberal de 1848, e era a cidade alemã onde havia o maior contingente de judeus. A Universidade de Frankfurt era conhecida como "uma das poucas na Alemanha onde os nazistas sabiam que sairiam perdendo se [provocassem] conflitos com os estudantes esquerdistas ou judeus".[93] Em 1923, Felix Weil, um milionário marxista, fundou ali o Instituto de Pesquisa Social. Entre seus primeiros afiliados estavam Max Horkheimer e Theodor Adorno, intelectuais judeus filhos de comerciantes abastados. Desde o início, o instituto tinha uma estreita relação com a psicanálise. A partir de 1929, ele abrigou o Instituto Psicanalítico de Frankfurt, chefiado por Karl Landauer e Heinrich Meng. Devido a essa relação, o Instituto Psicanalítico de Frankfurt foi o único na Alemanha que teve autorização para oferecer cursos universitários. Demonstrando sua estima pela análise, a cidade de Frankfurt concedeu a Freud o prêmio Goethe de literatura em 1930.[94]

Inicialmente, o pensamento da Escola de Frankfurt baseou-se em Reich ao atribuir as origens do fascismo à corrupção da estrutura familiar. Depois das eleições de 1930, Erich Fromm, um ex-estudante rabínico que na época era diretor do departamento de psicologia social do instituto, conduziu pesquisas sobre a vida familiar para explicar as vitórias nazistas.[95] Como Reich, Fromm comparou o indivíduo propenso ao fascismo, caracterizado pelo superego estrito e pela atitude submissa diante da autoridade paterna, àquele que tenderia a resistir a essa orientação política, caracterizado pela "confiança otimista no amor incondicional da mãe". Para Fromm, a família patriarcal de classe média tinha no dever a principal preocupação da vida.[96] A sociedade de classes reproduzia a situação familiar. Como os operários viam seus governantes como todo-poderosos, a rebelião lhes parecia inútil, o que os fazia tentar conquistar a benevolência de seus chefes através da submissão. A Grande Depressão promoveu uma regressão ainda maior, levando a um fortalecimento do senso de dever e à "exigência de atos heróicos".[97]

Depois da posse de Hitler como chanceler em 1933, o Instituto de Frankfurt transferiu-se para a Columbia University, na cidade de Nova York. Como Reich e Fromm, Horkheimer e Adorno se interessam inicialmente por Freud devido a suas percepções acerca do declínio da família de classe média. Porém nos Estados Unidos eles também começaram a vê-lo como um dos "pensadores sombrios" do Iluminismo, alguém que esclarecia as propensões totalitárias do Iluminismo. E julgaram discernir, sob as diferenças entre o fascismo, o comunismo e o fordismo, um elemento comum: o desejo, de inspiração iluminista, de criar uma utopia de massa através do planejamento e do controle. Enquanto na Alemanha o Estado assumiu o papel de liderança na organização da sociedade, nos Estados Unidos, Horkheimer e Adorno ficaram impressionados com o poder da mídia. E recorreram a Freud como pensador, na tentativa de elucidar esse fenômeno.

O teórico social alemão Siegfried Kracauer foi o primeiro a tentar aplicar a psicanálise ao estudo dos meios de comunicação de massa. Como explicou no ensaio "The Mass Ornament"/O ornamento da massa (1927), a linha de coristas dos musicais era o complemento "da indústria norte-americana do entretenimento" à linha de montagem. A linha de montagem abstraía o trabalho social para produzir unidades genéricas, intercambiáveis, de horas de trabalho, assim como o mercado abstraía "valores de uso" concretos para criar valores de intercâmbio genéricos. A linha de coristas celebrava esse processo de abstração: "As [linhas de coristas] não só eram produtos norte-americanos [...] como também demonstravam a grandeza da produção norte-americana. [...] Quando formavam uma linha serpenteante, elas ilustravam, radiantes, as virtudes da esteira de transporte; quando sapateavam, rápidas, soavam como *dinheiro, dinheiro*."[98] A estética da linha de coristas constituía "o devaneio da sociedade". Seus ritmos harmoniosos espelhavam o "mecanismo secreto" do controle capitalista, no qual relações instrumentais e mercantis erodiam a profundidade enquanto alimentavam fantasias inconscientes de plenitude e poder.[99]

Depois de se mudarem para Nova York, Horkheimer e Adorno deram continuidade à iniciativa de Kracauer. Eles ficaram impressionados pelo fato de que, mesmo sendo essa a época da Depressão, os filmes, revistas e anúncios publicitários tivessem cooptado o programa surrealista de carregar a realidade de conteúdos inconscientes. As lojas de departamentos eram deliberadamente organizadas para desorientar os clientes, desfamiliarizar os objetos cotidianos e tornar as mercadorias sublimes e monumentais. O projeto gráfico das revistas levava em conta o *layout* modernista, diagonal e descentrado, que exigia atenção, assim como sua distorção expressiva.[100] Os anúncios apresentavam mercadorias — maços de cigarros, por exemplo — como se fossem seres autônomos.[101] Os filmes de King Kong e Tarzã geraram uma espécie de "psicanálise ao revés", fornecendo novos mitos do nobre selvagem, mostrados na tela, mas sem origens na mente. Os imigrados concluíram então que a cultura de massa, não a família, é que constituía o elo crucial entre o indivíduo e a sociedade de massa; que o fetichismo da mercadoria, não o complexo de Édipo, é que fornecia a chave para a compreensão do capitalismo avançado. Em 1935, quando fazia pós-graduação em Oxford, Adorno observou a mudança ao escrever a Horkheimer em Columbia: "Creio que a mediação decisiva entre a sociedade e a psicologia não é a família, mas o caráter mercantil."[102]

Por fim, Horkheimer e Adorno aplicaram sua análise da cultura de massa à própria psicanálise. Na teoria de Freud, o ego adquiria força através não apenas do confronto, mas também da identificação, com a autoridade parental. Porém, na produção fordista em massa, a socialização se processava cada vez mais através da indústria da cultura. Conforme o ensaio que Adorno publicou em 1942, o resultado era o surgimento de um novo tipo psicológico, caracterizado pela gratificação substitutiva promovida pela cultura de massa, em vez do recalque.[103] A idealização do "ídolo das massas" fomentava a "regressão narcísica" e permitia a indivíduos impotentes a "celebridade infinita".

Por conseguinte, o ego perdia seu espaço vital e tornava-se incapaz de diferenciar-se do id. O apoio da massa ao fascismo, assim como o poder da cultura de consumo nos Estados Unidos, demonstravam que "a motivação psicológica no antigo sentido liberalista" havia quase desaparecido. Freud havia captado, em *Psicologia de grupo e análise do ego/Group Psychology and the Analysis of the Ego*, esse achatamento pós-psicológico e desindividualizado da psicologia: "o ponto decisivo em que a psicologia renuncia".[104]

Depois da Segunda Guerra Mundial, Adorno e Horkheimer associaram o declínio da psicanálise a mudanças na família. Segundo escreveram, o pequeno proprietário constituía a "quitanda psicológica" do sistema capitalista inicial, a "célula dinâmica da atividade econômica". A psicanálise personificava a visão desse pequeno empresário. Ela apresentava o ego como usufruidor de alguma liberdade, embora "as superfícies de atrito [fossem] grandes e as neuroses — os *faux frais* [custos incidentais] dessa economia instintiva —, inescapáveis". Na época consumista, ao contrário, as decisões econômicas haviam sido assumidas por administradores, e a esfera privada havia sido integrada à cultura de massa. Em sua visão, as massas "são mais fáceis de moldar quando se guiam pelos impulsos [pela cultura de massa] do que quando os contêm".[105] O resultado previsto por Adorno e Horkheimer seria a obsolescência da psicanálise e da visão freudiana do homem.

Embora profético, o trabalho de Adorno e Horkheimer padecia de unilateralidade. Eles haviam apreendido as possibilidades distópicas acarretadas pela segunda revolução industrial, mas não conseguiram ver as aberturas que ela criara para a redefinição da promessa da modernidade. Até que Herbert Marcuse surgisse, na década de 60, o único membro da Escola de Frankfurt que percebeu essa abertura foi Walter Benjamin, cuja *Passagen-Werk/Obra de passagem*, que ficou inacabada quando ele morreu em 1942, inspirou a idéia de que a forma mercadoria havia suplantado a família como a mediação crucial entre o indivíduo e a sociedade.

Como seus colegas da Escola de Frankfurt, Benjamin queria analisar o "mundo onírico" da sociedade capitalista do século XX. Para tanto, ele foi às suas origens, na sociedade parisiense de meados do século XIX. Ao contrário de Kracauer, Benjamin não acreditava que o inconsciente coletivo da cultura de consumo parisiense poderia ser entendido através de uma só imagem, como a da linha de coristas. Em vez disso, ele esperava arrumar "os sintomas pequenos, superficiais" da época através de uma colagem, na esperança de preservar a sensação de seu caráter contraditório e descontínuo. Anunciando que sua meta era a "graficidade" (*Anschaulichkeit*), Benjamin investigou categorias como a extravagância, os interiores, a moda, a publicidade, a prostituição, os *flâneurs* (ociosos), os jogadores de azar e o tédio. Ele recorreu aos surrealistas porque estes se haviam dedicado ao "uso descontrolado e ardoroso da droga: *imagem*". A política, acrescentou ele, era "uma esfera 100% reservada às imagens".[106]

Influenciado tanto pelo misticismo hassídico e cabalístico quanto pelo marxismo, Benjamin queria traduzir as "imagens de desejo" das utopias de massa do século XX em "imagens dialéticas" capazes de despertar o mundo "do sonho de si mesmo". Apesar de seu entusiasmo pelos surrealistas, ele achava que, em vez de interessados em despertar, eles queriam permanecer no sonho. "Vou abordar Freud dentro em breve", escreveu ele a Adorno. "Você sabe se ele ou sua escola têm alguma coisa acerca de uma psicanálise do despertar?" Quando por fim leu Freud, Benjamin ficou impressionado com sua visão paradoxal de que os fragmentos da memória são mais fortes e persistentes quando o incidente que lhes deu ensejo não é percebido. Quanto mais "a consciência registra esses choques [inconscientes]", escreveu Benjamin, "menor a sua probabilidade de ter um efeito traumático". Para Benjamin, esses "choques" caracterizavam a modernidade. Ao mesmo tempo, ele queria que o "despertar" significasse algo mais que a compreensão reflexiva; queria que ele fosse o mesmo que uma epifania: encantamento com poder revelador. Como os surrealistas, porém, Benjamin não conseguiu encontrar isso em Freud.[107]

Mesmo com levas de refugiados saindo da Alemanha e da Europa central, Freud recusou-se a crer que os nazistas invadiriam a Áustria. Em 1934, a constituição austríaca foi revogada, o partido socialista, proscrito e Engelbert Dollfuss, o autoritário chanceler da Áustria, morto a tiros em seu gabinete por nazistas locais. Nenhum desses golpes convenceu Freud a fugir do país. No entanto, em 1935, ele explicou a Lou Andreas-Salomé que não poderia arriscar-se a publicar *Moisés e o monoteísmo* porque "só [...] o catolicismo é que nos protege dos nazistas".[108] Em novembro de 1937, escreveu a Stefan Zweig que previa um futuro extremamente sombrio, acrescentando: "O que eu desejava era aproximar-me de você de uma maneira humana, e não ser admirado como uma rocha contra a qual as ondas quebram em vão."[109] No ano seguinte, Freud disse a Marie Bonaparte que sua fuga de Viena representaria um indício da dissolução da psicanálise.[110]

Ao longo das persistentes dificuldades do período entre as guerras, Freud não havia deixado de reagir à crise geral que sobreveio ao colapso do liberalismo clássico. Em várias ocasiões ele retomou a questão do marxismo, que Reich — assim como os teóricos de Frankfurt — havia colocado no centro da psicanálise. Em 1932, Freud escreveu: "Não devemos esquecer que a massa de seres humanos sujeitos às vicissitudes econômicas também sofre o processo de desenvolvimento cultural — de civilização, como diriam outros — o qual, apesar de indubitavelmente influenciado por todos os demais fatores, certamente independe deles em sua origem. [...] Se alguém tivesse condições de mostrar em detalhes a forma como esses diferentes fatores — o temperamento humano geral herdado, suas variações raciais e suas transformações culturais — inibem-se e promovem-se uns aos outros sob as condições da posição social, profissão e capacidade salarial — se alguém fosse capaz de fazer isso, teria suplementado o marxismo de modo a torná-lo uma ciência social autêntica."[111]

A civilização e seus descontentes, uma das grandes obras antiutópicas da década de 1930, girava em torno do limite penoso e inevitável de todas as tentativas de harmonizar o público e o privado, detendo-se nos exemplos do cristianismo e do marxismo. A regra de ouro cristã — "Ama a teu próximo como a ti mesmo" — era uma tentativa de transcender o egoísmo e reconciliar os seres humanos. O problema, observou Freud, é que o próximo era alguém que não só podia ajudar ou tornar-se um objeto sexual, mas também ser um explorador, um ladrão, um estuprador, um humilhador e um assassino. "Qualquer um que recorde [...] os horrores da recente Guerra Mundial", acrescentou ele, "terá de curvar-se humildemente perante a verdade dessa visão."[112] O marxismo era ainda mais ambicioso que o cristianismo na sua tentativa de inspiração iluminista de organizar, planejar e harmonizar. Mas, diante da visão marxista de que os seres humanos são bondosos exceto quando corrompidos pela propriedade, Freud replicou que a propriedade era a ferramenta da agressividade, não a sua causa. Vemos a agressividade "no berço, quase antes mesmo de a propriedade haver perdido sua forma primitiva, a forma anal".[113]

A agressividade, continuou Freud, não era conseqüência nem de frustrações da infância nem de instituições sociais falhas, mas remediáveis. A inevitabilidade fatal da culpa é o cerne de toda agressividade e a razão pela qual não podemos jamais livrar-nos dela. A culpa decorre do assassinato do pai, mas é preciso que tenha havido algo anterior a esse parricídio para explicá-la. A pré-condição é a ambivalência da vida instintual em si. Assim, os filhos não apenas amavam como odiavam o pai; após o assassinato, eles transformaram ambos os instintos em culpa. Sua renúncia à agressividade, sua volta para dentro de si mesmos e sua carga de culpa renasciam em toda infância. Numa reunião privada com analistas, Freud alegou que *A civilização e seus descontentes* havia sido extremamente mal compreendido. Já se disse, afirmou ele, "que eu estou tentando impingir a pulsão de morte à análise". Contudo, insistiu ele, "escrevi esse livro com intenções puramente analíticas, com base em minha experiência pregressa como escritor analítico, em contemplação introspectiva, preocupado em promover o sentimento de culpa até as últimas conseqüências. A criação do sentimento de culpa se dá com a renúncia à agressividade. [...] Considero [essa idéia] o avanço mais importante da análise".[114]

Na prolongada escuridão da sombra alemã, mesmo as obras técnicas assumiam tom político. Assim, *O ego e os mecanismos de defesa/Ego Psychology and the Mechanisms of Defense*, que Anna Freud publicou em 1936, continha veladas críticas políticas a Ferenczi e Reich por presumirem que as pulsões originalmente têm apenas objetivos e atitudes positivos e amorosos e que o ódio e a destrutividade são simplesmente o resultado da frustração. Um ano mais tarde, Heinz Hartmann, autor de *Ego Psychology and the Problem of Adaptation/A psicologia do ego e o problema da adaptação*, obra muito aparentada à de Anna Freud, rejeitou "o mal de nossa época", definindo-o como "o medo de que o excesso de inteligência e conhecimento empobreçam e desnaturalizem as relações entre o homem e o mundo". Para o autor, "nenhum período da história foi prejudicado pelo excesso de conhecimento ou inteligência".[115]

Cada vez mais velho, doente e cercado por forças destrutivas, Freud continuou a desenvolver sua teoria do ego com brilhantes fragmentos tardios sobre a cisão e as "construções na análise". Mas ele também voltou ao seu grande tema: a autoridade paterna. Em 1936, em carta aberta a Romain Rolland, relembrou a estranha tristeza que sentira ao visitar pela primeira vez a acrópole de Atenas em 1904. Lendo mitologia e história quando criança, ele havia sonhado visitar a Grécia. Porém, inexplicavelmente, quando afinal realizou esse sonho, ele ficou deprimido. A causa dessa depressão, ele percebeu depois, era a *"piedade filial"*: "uma sensação de culpa [...] associada à satisfação de haver ido tão longe". O pai, informou ele a Rolland, "havia sido comerciante, não tivera educação secundária, e Atenas não poderia ter representado muito para ele". O incidente de 1904 lhe viera à mente, acrescentou Freud, porque, além de ter ficado velho ele mesmo, estava "precisando de paciência e já não [podia] mais viajar".[116]

Moisés e o monoteísmo, o último livro que Freud chegou a concluir, lidava com o mesmo tema clássico; na verdade, um tema bíblico. Uma reflexão acerca da natureza da tradição e do carisma, a base da "força especial" da tradição, o livro afirmava ser impossível "questionar a influência pessoal dos grandes homens sobre a história mundial". Apesar de reconhecer a importância de forças objetivas, como as econômicas e demográficas, Freud insistia em que os judeus eram a criação de um homem, o Moisés egípcio, que fugira da destruição do monoteísmo no Egito. A razão para o povo judeu acreditar que era o povo "eleito" estava no fato de Moisés o ter escolhido.[117] Como Moisés, as figuras carismáticas costumavam ser aquelas "em

Freud, 1938

quem um dos impulsos humanos encontra sua expressão mais pura e forte — e, por isso, muitas vezes também sua expressão mais unilateral". Essas figuras davam a um povo ou uma época seu superego cultural.[118] Escrevendo e reescrevendo um livro que escondia dos censores, Freud reafirmou a sua idéia básica: "Sabemos que na massa da humanidade há uma necessidade muito forte de uma autoridade que possa ser admirada, perante a qual os outros se curvem e pela qual se deixem reger e talvez mesmo maltratar. Aprendemos com a psicologia de cada indivíduo qual é a origem dessa necessidade das massas. Trata-se de um anseio pelo pai que todos nós sentimos da infância em diante."[119]

Mas, ao voltar ao tema da autoridade paterna, Freud o expandiu com uma nova percepção que ressaltava as raízes traumáticas da identidade grupal. O que movia Freud nessa terceira revisão da psicologia de grupo era a tentativa de compreender o judaísmo, especialmente o seu próprio. Em 1935, ele disse a Thornton Wilder: "Até o momento, afirmei que a religião é uma ilusão; agora afirmo que ela tem uma verdade — uma verdade histórica."[120] O que ele queria dizer é que a verdade da religião, no sentido da irresistível força emocional de que ela se faz acompanhar, jazia em fatos verdadeiros, mas esquecidos. Para Freud, os judeus haviam ficado extremamente frustrados com os rígidos e severos princípios éticos de Moisés. Por fim, o assassinaram. Mas a verdade que Moisés personificava para eles, as idéias monoteístas que estudara na corte de Aquenaton, retornaram na história posterior do judaísmo, por exemplo, na era dos profetas. Como disse Freud a Andreas-Salomé: "As religiões devem sua força compulsiva à *volta do recalcado*; elas são lembranças redespertadas de episódios muito antigos, esquecidos e extremamente emocionais da história humana. [...] A força da religião não está no seu *material*, mas na sua verdade *histórica*."[121]

Assim, a identidade grupal inconsciente — como a que é compartilhada pelos judeus — não se baseava apenas na identificação com uma história ou ideal comum; ela refletia também uma compulsão para repetir e manipular experiências grupais traumáticas. Embora aprofundasse e complicasse a identidade religiosa e nacional, essa percepção também debilitava a lealdade e a piedade. No caso do judaísmo, alegar que Moisés era egípcio e que o povo judeu o havia assassinado era simplesmente, como disse o próprio Freud a Jones em 1936, "uma negação do mito nacional judeu".[122] Em lugar desse mito, Freud afirmava a centralidade da alteridade e do antagonismo na identidade judaica. Colocando em questão o relato da história judaica fornecido pela Bíblia hebréia, Freud comparou as distorções sofridas pelo texto bíblico a um assassinato: "A dificuldade não está em perpetrar o ato, mas em livrar-se de seus vestígios."[123] Os traumas que haviam constituído o povo hebreu — o fato de que seu fundador era egípcio, o fato de eles o haverem matado, o fato de se haverem fundido a um povo inteiramente diverso e assim por diante — haviam deixado atrás de si tantas fixações, compulsões, reações defensivas, evasivas, inibições e fobias que era impossível atribuir um conteúdo claro, inequívoco, ao fato de ser judeu.

Uma questão permaneceu. Em 1934, Freud escreveu a Arnold Zweig: "Tendo em vista as renovadas perseguições, volto a perguntar-me como foi que o judeu [...] atraiu para si esse ódio imorredouro."[124] Como tudo mais na psicanálise, a resposta de Freud voltava à evolução da família e ao seu decisivo impacto sobre a psicologia humana. Em última instância, argumentou ele, conhecemos nossas mães através da percepção sensória direta. Mas para estabelecer uma relação com nossos pais, é preciso cognição. O monoteísmo egípcio-hebraico e a sua forte ênfase na família patriarcal representava a "vitória da intelectualidade [*Geistigkeit*] sobre a sensualidade [*Sinnlichkeit*]". "Todo [esse] progresso da espiritualidade promove uma maior autoconfiança. Ele torna as pessoas orgulhosas, de modo a fazê-las sentir-se superiores aos que permanecem sob o jugo dos sentidos." O *orgulho* havia levado os judeus a evitar a solução cristã à "imemorial ambivalência em relação ao pai", a saber, a promoção do filho a um novo Deus. Porém, ao recusar-se a dar esse passo, os judeus haviam jogado "sobre os próprios ombros uma trágica carga de culpa".[125] Portanto, a intelectualidade e o orgulho judeus, em conjunto com a culpa judia, haviam tornado os judeus o alvo da ingratidão, inveja e desprezo cristãos.

Enquanto isso, na Áustria — em cuja política o anti-semitismo fora até então a única força persistente — os nazistas subiram ao poder. Em fevereiro de 1938, Adolf Hitler convocou Kurt von Schuschnigg, o chanceler austríaco, a Berchtesgaden, cidade turística em que boa parte de *A interpretação dos sonhos* foi escrita. Algumas semanas depois, Hitler substituiu Schuschnigg pelo chefe do Partido Nazista Austríaco, que proclamou a *Anschluss*, ou união à Alemanha. Segundo um historiador contemporâneo, "os tumultos anti-semíticos que acompanharam essa união foram tão violentos que chegaram a chocar até mesmo os alemães".[126] No dia 11 de março, entrando pela fronteira do norte da Áustria, os alemães marcharam — sem encontrar resistência — até Viena, destruindo a fantasia de Freud de que Hitler seria barrado nos portões da cidade. Dois dias depois, o conselho da Sociedade Psicanalítica de Viena decidiu que todos os membros deveriam sair o mais rápido possível do país e estabelecer a futura sede da sociedade aonde Freud fosse. Em 22 de março, a Gestapo visitou o lar de Freud e levou Anna, que ficou detida por sete horas para interrogatório acerca da *Verlag*. Quando ela voltou para casa, apesar de tudo ainda tranqüila, o pai chorou.[127]

O interesse de Freud pela alteridade inquietante ou *unheimlich* que está no centro da identidade judaica não o impediu de afirmar seu próprio judaísmo. Em 1926, depois de descrever sua língua, cultura e realizações como alemãs, Freud acrescentou que, desde que havia "percebido o crescimento de preconceitos anti-semitas na Alemanha", preferia declarar-se judeu.[128] Em seu prefácio à tradução hebraica de *Totem e tabu* (1930), disse:

> Nenhum leitor [da versão hebraica] deste livro achará fácil colocar-se na posição emocional de um autor que ignora a linguagem das sagradas escrituras, que é inteiramente alheio à religião de seus pais — bem como a qualquer outra religião — e que não pode compartilhar de ideais nacionalistas, mas que até agora jamais repudiou seu povo, que em espírito se sente essencialmente judeu e que não tem o menor desejo de alterar esse espírito. Se perguntassem a esse autor: "Já que você abandonou todas essas características que irmanam os seus compatriotas, o que lhe resta de judeu?", ele responderia: "Muito, e provavelmente a própria essência do ser judeu." Ele não poderia agora exprimir essa essência claramente em palavras, mas algum dia, sem dúvida, ela se tornará facilmente perceptível à mente científica.[129]

Apesar de ex-oponente do sionismo e de certa feita haver advertido contra o "fanatismo irrealista" dos judeus que se transferiram para a Palestina, Freud frisou, em 1935, que não havia "nunca pretendi[do] ser senão o que sou: um judeu da Morávia cujos pais provêm da Galícia austríaca".[130] Quando, ao chegar à Inglaterra, foi convidado por um jornal britânico a comentar o crescimento do anti-semitismo no país, ele respondeu: "Depois de 78 anos de trabalho infatigável, tive de abandonar o meu lar; vi a Sociedade Científica por mim criada ser dissolvida e nossas instituições, destruídas; nossa editora (a *Verlag*), tomada pelos invasores; os livros que eu publicara, confiscados ou reduzidos a pó; meus filhos, impedidos de exercer suas profissões. O senhor não acha que deveria reservar as colunas do seu número especial à opinião de pessoas que não sejam judias, que não tenham tanto envolvimento pessoal quanto eu?"[131]

A ascensão dos nazistas ao poder aparentemente pusera fim à grande redefinição do Iluminismo que caracterizou a modernidade das décadas de 1920 e 1930. Mas, na verdade, ela deu lugar a um profundo questionamento do terceiro grande ideal da modernidade: a democracia. Ao contrário dos que haviam proposto a separação liberal clássica entre a vida pública e a vida privada, os pensadores da década de 30 reconheceram o caráter inevitavelmente psicológico e cultural da política moderna e, portanto, a impossibilidade de separar os problemas da democracia dos problemas da autonomia pessoal, gênero e sexualidade, identidade grupal e da mercadização da vida cotidiana. A psicanálise havia sido crucial a esse reconhecimento, como se pode ver nas teorias freudianas sobre a formação dos grupos, nas pesquisas de Reich sobre o papel da família, nas investigações em torno da cultura de massa da Escola de Frankfurt e nas percepções finais de Freud quanto às bases traumáticas da identidade. Tudo isso constitui um imenso legado.

Um problema permeava as interrogações analíticas da modernidade tanto no pré quanto no pós-guerra: o lugar da família e do novo fenômeno da vida pessoal, sob as condições do planejamento em larga escala promovidas pela segunda revolução industrial. Essa revolução havia possibilitado um superávit econômico e, com ele, a transformação da família e o surgimento da vida pessoal. Por trás das vicissitudes da comoção política, da emigração e mesmo da guerra e da destruição estava uma mudança de proporções mundiais históricas. A família, historicamente o lugar dos processos materiais mais penosos, irresistíveis e regressivos da sociedade, agora dava ensejo às esperanças sociais mais transcendentes. A psicanálise pode ter expressado essas esperanças de uma maneira ideológica, apresentando os seres humanos como fins apenas na medida em que eles fossem abstraídos de suas reais condições de vida social. Mas o simples fato de havê-las exprimido deu à psicanálise um lugar central na redefinição da modernidade que se processou no século XX.

Entrementes, a psicanálise expirou em seu berço centro-europeu. Logo após a entrada de Hitler em Viena, Ernest Jones e Marie Bonaparte ajudaram a levar 38 analistas — entre os quais Sigmund e Anna Freud — para Londres.[132] O idoso Freud jamais se recuperou. No entanto, quando ele morreu, um ano depois, W. H. Auden observou que o freudismo havia deixado de ser o pensamento de um só homem para tornar-se todo um "clima de opinião". Esse clima integrava a grande coalizão que derrotou o fascismo. Assim, no momento de seu colapso, o movimento analítico viu-se à beira de uma extraordinária expansão da análise sob suas formas de "relações objetais" e "psicologia do ego".

Parte Três

DA PSICOLOGIA DA AUTORIDADE À POLÍTICA DA IDENTIDADE

Capítulo Dez

A RELAÇÃO MÃE-BEBÊ E O ESTADO DE BEM-ESTAR DO PÓS-GUERRA

[Ela] é concebida como, em essência, qualquer criança pequena vê a mãe: não como um ser pequeno e frágil, mas como a própria origem — grande, segura e sólida — da vida.

— Walter Hussey

Assim como a Grande Guerra, a Segunda Guerra Mundial provocou uma série de esforços no sentido de repensar a natureza do sujeito moderno à luz dos perigos que a modernidade havia trazido em sua esteira. Porém, ao contrário da primeira, que havia sido travada entre nações e impérios moralmente comparáveis, a segunda guerra se travou contra um estado-monstro. Sua conclusão expôs as mortes de Hiroshima e do Holocausto e introduziu a assim chamada guerra fria. Novos e poderosos meios de comunicação — fotojornalismo, cinema, TV — enviaram imagens de horror para todo o globo. Assim, se a geração pós-primeira guerra se havia preocupado com o problema da morte, a geração pós-segunda guerra estava preocupada com o problema do mal. Como antes, a psicanálise estava no centro de suas reflexões.

Contudo, essa era uma psicanálise muito diferente — uma psicanálise cada vez mais centrada na mãe. Introduzida com as revisões estruturais de Freud, inspirada pela tentativa de transformar a análise numa teoria que levasse em conta ambos os sexos e reforçada pela mudança do centro da Europa para a Grã-Bretanha e os Estados Unidos, a problemática do bebê pré-edipiano passou a ocupar o centro do pensamento analítico. Nesse sentido, também, a psicanálise estava em ressonância com as correntes mais profundas da cultura. Assim, durante a pior batalha da Primeira Guerra Mundial, Freud chamou o corpo da mãe de "o antigo lar (*Heim*) de todos os seres humanos", acrescentando: "Sempre que um homem sonha com um lugar ou um país e diz a si mesmo, enquanto ainda está sonhando: 'Eu conheço este lugar, já estive aqui antes', podemos interpretar esse lugar como sendo os genitais ou o corpo de sua mãe."[1] Do mesmo modo, quando a Grande Depressão intensificou o anseio da volta ao lar — conforme o imortalizou John Steinbeck em *As vinhas da ira*, que termina com uma jovem mãe amamentando um andarilho errante faminto —, a mãe simbolizou o desejo de alimento, paz e segurança entre os percalços e as decepções da época.

A Segunda Guerra Mundial concluiu o processo através do qual a mãe passou ao centro da imaginação democrática. Enquanto o comentário feito por Freud, em 1916, evocava uma presença espectral, inquietante, em 1943, quando Henry Luce proclamou o século XX como o "século norte-americano", todos os seus leitores presumiram que uma nacionalidade capaz de derrotar os brutos nazistas exigia a *presença* da mãe. Àquela altura, alguns intelectuais de influência reconhecidamente analítica, como Erik Erikson, Margaret Mead, Ruth Benedict e Geoffrey Gorer, estavam atribuindo o fascismo e o militarismo a deficiências na maternação inicial. A reforma social liberal — não apenas a tentativa de reduzir a criminalidade e o "desvio", mas também o novo foco na injustiça racial — estava ganhando uma tônica cada vez mais psicológica. E o "mamismo" — nome dado por Philip Wylie, em 1942, ao novo regime centrado na mãe — se tornaria a base da força democrática, muito embora Wylie receasse que ele se tornasse uma fonte de debilidade.

Por algum tempo, esse projeto foi um sucesso. Com efeito, os historiadores chamam o período entre as décadas de 40 e 70 de "era de ouro", devido à prosperidade possibilitada pelos recém-criados estados de bem-estar.[2] Muito do que constava no programa de Wilhelm Reich — habitação, direito à privacidade, expansão dos serviços sociais e psicológicos, controle da natalidade e legalização do aborto — foi posto em prática pelo estado de bem-estar de Beveridge, na Inglaterra, pelo New Deal, nos Estados Unidos, e pelos estados de bem-estar social-democratas da Europa continental, estes quase todos baseados no New Deal. Caracterizada pelo recente interesse na dependência da tenra infância e na construção de relações objetais de confiança e cooperação, a nova geração de analistas, baseada no estado de bem-estar, começou a ver sua predecessora como "paleofreudiana", no dizer de Charles Rycroft. Muitos dos elementos suprimidos ou derrotados no período anterior — a ênfase de Adler na igualdade, a de Ferenczi no reconhecimento, a de Reich no grupo e na multidão — mostraram sua validade nessa época.

Todavia, uma contradição crucial permeia essa fase final na história da psicanálise clássica. Desfecho de um século de luta e culminância da segunda revolução industrial, o estado de bem-estar tinha como premissa a idéia de que os seres humanos eram interdependentes e responsáveis uns pelos outros.[3] Ao mesmo tempo, ele restringia essa idéia a uma forma limitada, privatizada. Seu modelo de "salário familiar" — com um pai que mantinha a família e uma mãe em tempo integral — já era obsolescente na década de 1940, não só por causa do contingente cada vez maior de mulheres trabalhando fora, mas também porque o estado de bem-estar começou a libertar as pessoas da família ao libertá-las da dependência econômica. Como foi incorporada ao estado de bem-estar, também a psicanálise entrou em obsolescência. Esse processo dúplice começou na Grã-Bretanha, para onde tantos analistas tinham fugido na década de 30.

Como coração da primeira revolução industrial, a Inglaterra era também o coração de uma cultura social-democrática que valorizava a família, a comunidade e a mãe operárias. Assim, a psicanálise das relações objetais britânica e o estado de bem-estar de Beveridge cresceram no mesmo solo, especialmente durante o período da Frente Popular nos anos 30. A cultura da Frente Popular frisava as relações interpessoais e a solidariedade social. Entre os exemplos de sua influência estão as obras de George Orwell sobre a cultura proletária, o movimento dos documentários — que ensinou aos ingleses o quanto eles eram interdependentes ao mostrar, por exemplo, quantas pessoas estavam envolvidas em fazer chegar uma carta do remetente ao destinatário — e a idéia da Frente Popular em si. A experiência da Segunda Guerra Mundial deu uma nova ênfase à ruptura das relações e ao impulso correspondente de repará-las ou estabelecer novas relações. Os jornais especulavam ansiosamente sobre os efeitos da separação de filhos e pais na evacuação de Londres. Proliferaram imagens maternalmente codificadas do lar e da pátria, assim como conceitos de "cultura" e do "orgânico". As representações da família operária passaram a ser permeadas por imagens da mãe.

Nesse contexto, a relação com a mãe passou a dominar a teoria analítica. "Ego", "sexualidade" e "indivíduo" deram lugar a "objeto", "mãe" e "grupo". Além de enfatizar a ruptura e a re-união com "a mãe",

a análise britânica desenvolveu uma nova visão "relacional" do ego como eticamente responsável. A responsabilidade ética era menos uma questão de observação de normas morais universais que de cumprimento de obrigações concretas perante determinadas pessoas. A princípio, o ego relacional se associava à vida pessoal além da família: o domínio dos amigos, colegas e vizinhos. Não é coincidência que, com sua ética de socialidade transfamiliar, Bloomsbury tenha representado papel importante nesse estágio do pensamento das relações objetais. Porém, posteriormente, à medida que a sociedade britânica foi absorvendo cada vez mais a análise, houve uma mudança de foco para a inclusão de complexos cada vez maiores, como "o grupo" e a "família" nacional.

Várias características específicas do contexto inglês influíram na emergência da perspectiva das relações objetais. Em primeiro lugar, as tradições social-democratas, pragmáticas e fabianas, que valorizavam o controle democrático na base, promoveram uma cultura política diferente da que foi promovida pelo partido leninista. A "Observação em Massa" — um projeto coletivo e participativo de auto-observação que enfocava temas como o "comportamento das pessoas nos memoriais de guerra", o "comportamento em banheiros", "barbas, axilas e sobrancelhas" e "tabus femininos quanto à alimentação" — deixa entrever o caráter da cultura social-democrata inglesa na década de 30, cultura essa que esperava expandir tanto a solidariedade quanto o autoconhecimento. Conforme afirmou um de seus organizadores, a "Observação em Massa" inseria-se "na tradição de Darwin, Marx, Freud e

Breuer".[4] Ao contrário dos marxistas continentais, os autores ingleses tendiam a pensar a economia em termos morais ou psicológicos. John Maynard Keynes, por exemplo, argumentava que era possível dar vazão a "predisposições humanas perigosas [...] através de canais relativamente inofensivos através da existência do ganho monetário".[5]

Além de possuir uma classe operária forte, dotada de fortes tradições coletivas, a Inglaterra foi atingida depois da Primeira Guerra Mundial pela segunda revolução industrial, promovendo o surgimento de uma nova classe média.[6] Técnica, científica, comercial e usuária de símbolos, essa classe média — que trabalhava por salário, e não por empreitada — já constituía quase 25% da população na década de 1930 e cresceria ainda mais após a Segunda Guerra Mundial. Ao mesmo tempo móvel e proprietária de sua sede, o lar, ela vivenciou um novo nível de separação entre o trabalho e a casa, o que trouxe maior intimidade e intensificou, porém também restringiu, a sociabilidade. Segundo o historiador Ross McKibbin, nos bairros operários "havia conhecidos em toda parte, [mas] se fazia pouca discriminação entre os graus de intimidade social". Na classe média, ao contrário, as amizades "eram poucas, mas relativamente íntimas", além de não se basearem na localização geográfica.[7] Enquanto as amizades do operariado ainda se baseavam na filiação à classe, a classe média despolitizou as relações pessoais. O Partido Trabalhista britânico, segundo ela, "metia" política em tudo.

As percepções nucleares da nova classe média foram expressas do modo mais nítido pelo círculo de Bloomsbury. Bloomsbury representava uma nova concepção de ética interpessoal, uma ética cuja necessidade estava sendo gerada pela própria sociedade. O ponto de referência não era "o outro generalizado", como no caso de Kant e Freud, mas sim o outro concreto, particularizado. Nesse aspecto, G. E. Moore foi seu principal pensador. Moore argumentava que as relações imediatamente situadas — por exemplo, as relações com os amigos, a família e a comunidade — tinham precedência sobre ideais abstratos. Como afirmou Leonard Woolf, "nós éramos e sempre fomos, em primeiro lugar e fundamentalmente, um grupo de amigos".[8] Nas palavras de E. M. Forster, "se tivesse de escolher entre trair meu *país* e trair meu *amigo*, seria melhor eu criar coragem para trair meu país".[9] Segundo Keynes, "nós repudiávamos inteiramente a obrigação de obedecer a regras gerais. Arrogávamo-nos o direito de julgar cada caso pelos seus méritos e a sabedoria de fazê-lo com propriedade. [...] Ou seja, éramos, no sentido mais estrito do termo, imoralistas. [...] Nada importava, exceto os estados mentais, [...] sobretudo, os nossos".[10]

Tanto a ênfase da Frente Popular na solidariedade quanto a da classe média nas relações pessoais confluíam para a forte tradição feminista nacional, que abarcava não só o sufragismo, mas também a reforma social maternalista, o lesbianismo e a experimentação cultural. A "grande mãe" não era estranha a essa tradição. A antropologia de Bronislaw Malinowski, o trabalho centrado no matriarcado de Jane Harrison sobre a tragédia clássica e os doze volumes de James Frazer sobre os mitos da fertilidade (*The Golden Bough/O ramo de ouro*) haviam colocado desafios sérios e amplamente discutidos à teoria edipiana de Freud, fincada no pai.[11] Melanie Klein e seus seguidores representavam uma forte expressão, na psicanálise, do "feminismo da diferença", corrente que ressaltava a importância do papel reprodutor da mulher. O *ethos* leigo da British Psychoanalytic Society trouxe para as mulheres muitas oportunidades. Em 1930, 40% dos membros da sociedade eram mulheres, muitas das quais, mães. Tendo atrás de si os poetas românticos e os romancistas vitorianos britânicos, muitas das analistas — entre as quais, M. N. Seal, Barbara Low, Susan Isaacs (que dirigia a Malting House, pré-escola de Cambridge) e Ella Freeman Sharpe (que dirigira um centro de treinamento de professores antes de estudar análise) — nutriam um profundo interesse pela tenra infância.[12]

Finalmente, a reorientação para a mãe inspirava-se na forte tradição empírica e meliorista britânica, que deixara um legado de observação direta e minuciosa, mas tinha pouca tolerância para com a teoria. O Tavistock Institute, que foi um centro de inovação analítica durante a Segunda Guerra Mundial, descrevia-se como um misto de Freud, inovação administrativa e sociologia. Proclamando que seu credo era a ausência de doutrinas e a presença exclusiva de objetivos, ele propôs uma "nova psicologia" que enfatizava "a pessoa como um todo". Laura Hutton e outros psicólogos do Tavistock Institute escreveram os manuais de sexo que difundiram o freudismo entre as classes operárias, promovendo "a idéia difusa, porém forte, de que o sexo era [...] crucial à vida". A religião também teve papel importante.

Conhecida informalmente como "a clínica do pastor", a Tavistock Clinic patrocinou em 1935 o livro de Ian Suttie, *The Origins of Love and Hate/As origens do amor e do ódio*, que argumentava que o cristianismo era um "sistema de psicoterapia" no qual os elementos matriarcais tinham destaque. Suttie colocava o social acima do individual, o externo acima do interno e o altruístico acima do "egoístico". A ênfase freudiana no pai, concluiu ele, era "uma doença". Até a imigração de 1938, a British Psychoanalytic Society destoava das outras sociedades analíticas pelo fato de quase não ter membros judeus.[13] A imigração mudou inteiramente o panorama. Em 1975, Charles Rycroft manifestou seu alívio pelo fato de que, com o falecimento dos analistas mais velhos, se havia tornado "possível para um gentio criticar a psicanálise clássica sem ser acusado de anti-semitismo".[14]

De todos os fatores que promoveram a reorientação para a mãe, o feminismo foi o mais importante. A história das relações objetais na Grã-Bretanha desse período é, em grande parte, a história de um conflito entre duas mulheres, Melanie Klein e Anna Freud. Embora ambas se distinguissem de Sigmund Freud por sua experiência prática com crianças, elas representavam diferentes relações filiais com uma figura paterna comum. Klein era a filha rebelde, brilhante e ambiciosa cujo verdadeiro rival era Sigmund, e não Anna. Anna Freud, por sua vez, era a filha zelosa, por vezes massacrada pelo sentimento de responsabilidade para com e pelo pai. O conflito entre as duas dominou a história da análise até bem depois do início da década de 1960.

Como vimos, Melanie Klein nasceu em 1882 em Viena, foi analisada por Ferenczi em Budapeste e estudou com Abraham em Berlim, onde suas excentricidades e idéias pouco ortodoxas lhe valeram a condescendência de muitos dos analistas mais jovens. No Instituto Psicanalítico de Berlim, conheceu Alix Strachey, analista britânica casada com o tradutor de Freud para o inglês. Por insistência de Strachey, emigrou para Londres em 1926. Descrita por Phyllis Grosskurth como "atarracada, judia e *déclassée**", fez sua palestra inaugural na casa do irmão de Virginia Woolf, na Russell Square. "Em nenhum outro lugar [...] tive uma sensação tão forte de empatia, nem essa capacidade de adaptar-me ao estranho e ao desconhecido", escreveria ela logo depois.[15]

Em Berlim, Klein havia sido uma das primeiras a aplicar a análise a crianças, cujos "sintomas manifestos" eram quase sempre problemas escolares. Vendo a aprendizagem inicial como dirigida à mãe, ela interpretava as inibições na aprendizagem como resultantes do medo de retaliação da criança pelo que percebia como seus próprios desejos hostis.[16] Disso, Klein concluiu que a mãe, não o pai, era a figura de autoridade original. Alegando que "o lobo que comia gente, o dragão que cuspia fogo pelas ventas e todos os monstros maus dos mitos e contos de fadas" eram muitas vezes figuras maternas, ela foi de encontro a Freud ao afirmar que o motor do desenvolvimento feminino eram as relações cheias de rivalidade — e, freqüentemente, ressentimento — das meninas com as mães.

Contudo, só no fim da década de 20, depois que se estabeleceu na Inglaterra, foi que Klein começou a desenvolver uma alternativa ao paradigma freudiano. Hoje essa proposta é quase sempre descrita como uma passagem da teoria dos "instintos" à das "relações objetais". Porém, isso é errôneo, por várias razões. Uma delas é que a teoria de Freud sempre foi uma teoria de relações objetais, como sugere a sua concentração na transferência. Além disso, tanto para ele quanto para Klein, o termo "objeto" referia-se a uma representação *interna* e não, como na maioria das teorias de relações objetais posteriores, a uma relação interpessoal ou intersubjetiva.[17]

A divergência mais importante entre Freud e Klein está em outra parte: na compreensão implícita que cada um tinha da

Melanie Klein, 1902

---
* Palavra de origem francesa que significa "marginalizada, excluída". (N. da T.)

vida pessoal, conforme se depreende de suas teorias do ego. Para Freud, o ego começava a existir muito antes do superego, e mantinha uma certa distância crítica, reflexiva, dos imperativos deste. Para Klein, por sua vez, não havia nenhuma distinção verdadeira entre essas duas instâncias psíquicas. O que ela chamava de superego sobrepunha-se ao que Freud chamava de ego. Longe de ser a instância distanciada dos imperativos morais, o superego kleiniano era o centro profundamente arraigado das preocupações éticas. Em vez de "morais", uso aqui o termo "éticas" porque Klein não se voltava para normas morais universais. Como seus amigos de Bloomsbury, ela atribuía responsabilidade a outros enquanto pessoas concretas, começando pela mãe e prosseguindo para o exterior, em direção a determinadas comunidades.

A manobra-chave de Klein foi sua insistência — contrariando Freud — em afirmar que o superego se originava das primeiras representações da mãe, muito antes da existência do complexo de Édipo.[18] Essa inovação tinha implicações muito amplas. Em primeiro lugar, ela fazia pressupor que os conflitos formativos para o indivíduo eram quase sempre muito primitivos e estreitamente ligados à sobrevivência biológica. Por conseguinte, para Klein, a agressividade, a culpa e a responsabilidade eram componentes da dependência inicial. Associadas a sensações provenientes da recusa de satisfação de necessidades materiais básicas, elas não estariam sujeitas à autocrítica do ego. Isso representava uma divergência muito grande em relação ao pensamento de Freud, para quem as frustrações materiais só adquiririam significação mais tarde, após terem sido reconfiguradas como imperativos morais.[19]

Em segundo lugar, a visão kleiniana do mundo objetal interior era marcadamente distinta da freudiana. Para Freud, havia sempre uma terceira instância — o superego — que se destacava do ego e o julgava. Para Klein, por sua vez, todas as relações estavam saturadas de conteúdo ético e moral, mas não havia nenhum ponto de vista independente ou impessoal. Em vez disso, o mundo interior kleiniano era uma paisagem complexa, diferenciada e tridimensional de objetos gratificantes e frustrantes, "parciais" e "totais", concorrentes nos dois sentidos opostos do termo: rivais e auxiliares. O resultado, segundo Klein, seria uma "compreensão do inconsciente e das relações interiores nunca dantes vista, a não ser entre os poetas".[20]

Por fim, a visão de Klein implicava um diagnóstico diferente do problema fundamental diante do qual se encontravam os homens e mulheres modernos. Para Freud, o problema-chave havia sido fortalecer o ego a fim de dar ao indivíduo alguma liberdade do superego, das exigências do id e da sociedade. Para Klein, ao contrário, o problema era criar um mundo interior de objetos totais, ou seja, forjar e manter relações pessoais.

Klein sempre alegou que sua ênfase nos objetos internos era uma expansão da teoria freudiana do superego. Em 1942, ela alegou que o ponto de partida de seu pensamento foi um trecho de *O ego e o id* em que se afirmava que o superego provinha da projeção do sadismo nos pais, que eram, assim, "estabelecidos no superego como [...] figuras persecutórias". E perguntou: "Quem pode duvidar que o superego é um novo começo" para pensar as relações objetais?[21] Só que essas afirmações eram equívocas. Freud conceitualizou o superego como uma instância psíquica que devia ser compreendida em termos de seu lugar dentro de uma estrutura, e não como uma personificação. Klein, por sua vez, viu a estrutura psíquica — id, ego e superego — como composta inteiramente de representações objetais.

Todo o pensamento britânico acerca das relações objetais descende da noção kleiniana da "posição depressiva". Ela a propôs numa apresentação feita em 1934 que foi descrita como uma das mais emocionantes da história da psicanálise. Num trabalho que escreveu por causa do filho, morto quando praticava alpinismo, ela tomou a experiência do luto, na qual nos *identificamos* com objetos perdidos, como ponto de partida para explicar como se criava um mundo objetal interior.[22] Para conceitualizá-lo, ela introduziu a idéia de "posição", que definiu como um "agrupamento específico de ansiedades e defesas". A posição se opõe ao conflito neurótico. O conflito neurótico é localizado, mesmo que seus efeitos sejam onipresentes; a posição, por sua vez, representa uma postura ou atitude da mente como um todo.

Klein descreveu o desenvolvimento inicial do indivíduo — e mesmo, da vida inteira — como a história de uma mudança entre duas posições: a posição paranóide e a posição depressiva. Estas correspondiam respectivamente ao estado de ausência de uma relação com um mundo intersubjetivo eticamente significativo, de um lado, e ao estado de presença de uma relação com um mundo assim, de outro. Segundo Klein, em sua fase mais precoce, a psique está na posição paranóide: a experiência é fragmentária e descontínua; pensamentos e sentimentos ocorrem ao indivíduo; a ansiedade persecutória predomina. A grande realização humana está em atingir a "posição depressiva", embora a ansiedade persecutória jamais seja inteiramente superada. Normalmente atingida no primeiro ano de vida, a posição depressiva consiste em estabelecer a mãe como um objeto interno. Baseada no reconhecimento de que a mãe é separada, ela constitui o começo da subjetividade. Como, na concepção de Klein, a subjetividade envolvia perda, luto e tristeza, ela a chamava também de posição "penosa". Para Klein, a subjetividade, era inseparável do reconhecimento de se haver machucado ou prejudicado o objeto interno do qual se depende.

Assim, para Klein não havia nenhuma diferença entre subjetividade e consciência. O problema humano era construir um mundo objetal interior. Enquanto, na posição paranóide, as relações se formam com "objetos parciais", a posição depressiva envolve um esforço para representar "objetos totais", ou seja, reconhecer os outros como sujeitos.[23] Já que exige uma conscientização da vulnerabilidade, da dependência e da culpa, a introspecção dá origem a tentativas "maníacas" de evitar a depressão, especialmente através de atos irrefletidos. De acordo com o que observou um comentador, o "cerne da posição depressiva é a percepção de que só se pode atingir a segurança através da responsabilidade". A percepção de que se pode ferir um objeto do qual se depende — e de que, na verdade, isso aconteceu — mobiliza nossos esforços de "reparação", que é a única virtude que podemos conhecer.

Um exemplo da insistência de Klein na indissociabilidade entre ego e relações concretas, em vez de considerações morais universais, está no seu ensaio sobre o filme *Cidadão Kane* (1941), de Orson Welles. A ação do filme é desencadeada a partir da violenta separação entre o jovem Kane e a mãe. O trenó que ele usa para se defender — "Rosebud", botão de rosa — é a chave para a sua vida. A palavra que pronuncia antes de morrer, segundo argumenta Klein, dizia respeito ao "seio", de cuja sustância Kane necessitava, mas jamais poderia obter. Essa sustância não era o simples leite, naturalmente; o que ele mais precisava era restabelecer e curar a relação penosamente abortada com a mãe. Kane, escreveu Klein, é uma pessoa cujos "sentimentos depressivos [são] travestidos e mantidos a distância por mecanismos maníacos", ou seja, mecanismos de controle. O que é bom em Kane — tanto em sua política quanto em sua vida amorosa — decorre de seu esforço de relacionar-se. Assim, ele se torna um reformista, não por um senso de certo e errado, mas pelo senso de compaixão e de dever para com as pessoas e os grupos. Porém, devido a seu desarraigamento traumático, ele não consegue levar adiante esse esforço: "Os anseios de defender os interesses dos pobres foram relegados ao esquecimento. Estes [...] logo se transformaram em meios de os controlar." De maneira semelhante, ele se sente atraído pela pobreza e desamparo da mulher, Susan, que o faz lembrar sua própria disposição de ânimo, arrasada, mas após o casamento seus sentimentos "se transformaram em tentativas de controle". Klein observou ainda: "Quanto mais sua capacidade de amar fracassa, mais proliferam os mecanismos maníacos."[24]

Ao chegar o fim da década de 30, Klein havia criado uma nova linguagem centrada nos problemas da criação de um mundo objetal interior capaz de sustentar uma vida pessoal complexa e vivida com sinceridade. Essa linguagem implicava uma maneira diferente da de Freud de conceitualizar a modernidade: estava menos preocupada com questões morais universais que com a manutenção de comunidades interpessoais pequenas e comunicativas. A visão de Klein deu a seus contemporâneos um novo vocabulário para descrever a cultura. D. W. Winnicott descreveu a cidade moderna como organizada em torno da defesa maníaca: "o rádio que fica eternamente ligado", o barulho que nunca cessa. Adrian Stokes explicou a tranqüilização propiciada por artes como a escultórica e a arquitetônica como o alívio que os objetos totais proporcionam diante da ansiedade persecutória. O visitante da galeria, segundo Donald Meltzer, tem "o objetivo de levar a cabo uma introjeção infantil, na esperança [...] de obter algo no fim como um objeto reconstituído".[25]

A obra de Klein implicou também uma reformulação da prática analítica, em especial a do problema da resistência. Um artigo de 1936 de sua amiga Joan Riviere, "A Contribution to the Analysis of the Negative Therapeutic Reaction"/Uma contribuição à análise da reação terapêutica negativa, exemplifica essa revisão. Enquanto para Freud a fonte primária de resistência era a culpa inconsciente, para Riviere ela era a má transição para a posição depressiva. Para Freud, o objetivo da análise era a autonomia; o que realmente importava era que o paciente adquirisse autoconhecimento. Para Riviere, o objetivo da análise era fomentar os relacionamentos, permitindo ao paciente a redescoberta do objeto interno. Para Freud, o analista mantinha distância e neutralidade para servir de modelo à capacidade reflexiva do ego. Para Riviere, ao contrário, o analista tinha de estar disponível como objeto. Tanto Freud como Riviere situavam as origens da resistência no narcisismo, mas suas idéias de narcisismo divergiam. Para Freud, o narcisismo criava obstáculos à análise porque retardava a transferência. Para Riviere, por sua vez, o analista precisava penetrar a superfície narcísica até chegar à depressão que inevitavelmente estava por baixo dela. "É preciso encontrar o amor ao objeto interno por trás da culpa", escreveu ela.[26]

Assim, tanto para Freud quanto para Klein, o indivíduo lutava para atingir uma certa virtude. Mas, para Freud, a luta era kantiana e moral, ao passo que, para Klein, era concreta e relacional. Para Freud, o superego era um imperativo categórico despersonalizado; para Klein, o superego referia-se a outros particularizados, de existência concreta. Para Freud, a vida interior do indivíduo era dominada pelo problema de encontrar seu próprio lugar no mundo; para Klein, ela era dominada pela responsabilidade perante determinados outros diante dos quais o indivíduo tinha obrigações, não pelo fato de ser genericamente humano, como propunha Kant, mas por achar-se em meio a relações e circunstâncias específicas. Para Freud, o núcleo moral da pessoa formava-se em conflitos derivados das "leis" que constituem a nossa humanidade, em especial o tabu do incesto; para Klein, os conflitos nucleares refletiam não apenas a frustração de necessidades materiais básicas como também a raiva e a inveja que invariavelmente a segue. O foco de Klein nas obrigações concretas perante os outros potencialmente enriquecia e complicava o de Freud na autonomia. Tudo dependia de como ele seria interpretado.

O trabalho de Klein provocou grande comoção nos círculos analíticos ingleses de meados da década de 30. Winnicott lembra que seu analista, James Strachey, interrompeu uma sessão para contar-lhe as novas.[27] Depois, quando foi atacada, Klein lembrou à British Psychoanalytic Society quanto orgulho de seu trabalho eles haviam tido. Ela publicava continuamente, o que provocou ressentimentos. Jones escreveu que quando as pessoas diziam que ela estava indo longe demais, queriam dizer que ela estava indo depressa demais. Além disso, como vimos, ela sempre foi uma forasteira, uma judia atarracada, ao passo que seus companheiros de Bloomsbury eram altos e magros.[28]

A recepção do trabalho de Klein foi influenciada também pelo seu conflito com Anna Freud, surgido quando ambas escreveram sobre a análise de crianças.[29] Por trás de Anna, estava Sigmund. Após visitar Londres em 1927, Ferenczi informou Freud acerca da "influência dominante" de Klein, a qual, a seu ver, "dirigia-se a Viena". Publicamente, Freud permaneceu neutro. Em cartas a Jones, ele apresentou suas críticas a Klein como críticas a Joan Riviere. Particularmente, porém, ele culpava *Jones*, a quem acusou de "organizar uma verdadeira campanha em Londres contra a análise de crianças de Anna" e de "ir longe demais em sua tolerância" com relação a Klein.[30] A Eitingon, Freud escreveu: "Comparadas às opiniões de Klein, as [de Anna] são conservadoras e até mesmo, poder-se-ia dizer, reacionárias, mas parece que ela está certa."[31] Contudo, posteriormente, ele admitiu que "a esfera a partir da qual [Klein] traçou suas observações me é estranha". Nos últimos meses de vida, ele aparentemente trabalhou em uma crítica jamais concluída à obra de Klein.[32]

A perspectiva de uma briga entre Londres e Viena era seriíssima. Após as vitórias nazistas em 1933, nessas cidades estavam as duas mais importantes sociedades analíticas da Europa. A de Viena era extremamente antikleiniana. Em 1935, Jones arranjou uma série de intercâmbios entre as duas sociedades para discussão do trabalho de Klein. Muitas das críticas que se faziam a Klein em Viena baseavam-se na visão de que a psicanálise precisava conformar-se a protocolos de desenvolvimento infantil. Por exemplo, Robert Wälder criticou Klein por exagerar o potencial cognitivo da tenra infância e ignorar os medos realísticos dos bebês.[33] Além disso, a velha guarda fez dela um bode expiatório. Quando as "controvérsias", como foram chamadas, continuaram durante a Segunda Guerra Mundial, uma nova acusação foi feita a Klein: a de não haver proposto nada de original. Walter Schmideberg (genro de Klein) disse que, ao chegar a Londres dez anos antes, encontrou seus "velhos amigos [...] com outros nomes. Até 'o pênis escondido de Boehm' (era assim que chamávamos a fantasia do pênis do pai escondido na mãe) foi achado [...] na bagagem da Sra. Klein. Quem o encontrar, favor devolvê-lo a seu legítimo dono, Dr. Felix Boehm, Berlim, Tiergartenstrasse 10".[34] Ou seja, Klein estava errada; além disso, o que ela tinha a dizer já era mais que sabido.

No fim da década de 30, as fileiras kleinianas sofreram uma baixa. *Love, Hate and Reparation/Amor, ódio e reparação*, de Klein e Riviere (1937), teve pouca repercussão em *Die Internationale Zeitschrift*. Otto Fenichel e Michael Balint, entre outros, atacaram o trabalho dela e analistas-chave da cena britânica — como Nina Searl, Ella Sharpe, John Bowlby e John Rickman — permaneceram calados. A filha de Klein — Melitta Schmideberg, que não só era analista, mas também médica — atacou a mãe publicamente por não ter compreendido a verdadeira natureza do amor materno. Edward Glover, analista de Schmideberg, apoiou publicamente sua paciente. Klein posteriormente se declarou "inclinada a considerar os ataques de Melitta mais na linha da criança desobediente que faz malcriação [...] porque a sociedade não soube lidar com ela".[35] As descrições que se tem de Klein nessa época dão uma idéia das dificuldades que ela atravessava. Diana Riviere, filha de Joan, lembra de Klein "presa a um eterno estado de devaneio", constantemente preocupada; "quando alguém lhe falava, ela reagia como se tivesse sido arrancada de um transe". Segundo Donald Woods Winnicott, "ela estava sempre tendo idéias [...] que, para ela, tinham uma importância tremenda".[36] Virginia Woolf a descreveu, em 1939, como "uma mulher de força & caráter, uma certa — como direi? — não astúcia, mas sutileza submersa: algo em ação secretamente. Um puxão, uma virada, como uma corrente contrária; algo ameaçador. Uma senhora grisalha, sem papas na língua, de olhos grandes, brilhantes e cheios de imaginação".[37]

Assim, foi uma comunidade analítica fragmentada que Sigmund Freud encontrou em 1938 quando, junto com sua família e 38 outros analistas, chegou a Londres. No ano seguinte, ao visitá-lo em Hampstead, Leonard e Virginia Woolf viram um "homem muito velho, encolhido e castigado: com os olhos ágeis de um macaco, movimentos espasmódicos de um paralítico, mudo: mas alerta [...], um antigo fogo agora bruxuleando".[38] Sua disposição de ânimo era introspectiva.[39] Quando um neto o visitou no verão de 1939 e se despediu dizendo que o veria no Natal, Freud respondeu-lhe que não estaria lá. Ao ouvir que a Segunda Guerra Mundial seria a última, comentou: "Digamos que será a *minha* última guerra." No fim de agosto de 1939, escreveu em seu caderno: "O misticismo é a obscura autopercepção do reino fora do ego, do id."[40] Menos de um mês depois, pediu a seu médico, Max Schur, que cumprisse a promessa de ajudá-lo a morrer. Schur escreve: "Afirmei que não havia esquecido a minha promessa. Ele deu um suspiro de alívio, reteve minha mão por mais um instante e disse: '*Ich danke Ihnen*' (Eu lhe agradeço). Depois de um momento de hesitação, acrescentou: '*Sagen Sie es der Anna*' (Conte isso a Anna)."[41] Anna Freud disse depois a um amigo: "Não há nada pior que ver as pessoas mais próximas perderem justamente as qualidades pelas quais as amamos. Disso fui poupada com meu pai."[42] Felizmente, Freud não sabia que quatro de suas cinco irmãs morreriam dois anos depois. Elas foram removidas de Viena para Theresienstadt em 1941 e de lá para Auschwitz no ano seguinte.[43]

Com a morte de Freud em 1939, o conflito entre Klein e Anna atingiu um ponto crítico. Em 1940, a British Psychoanalytic Society tinha 48 membros em atividade em Londres, já que muitos dos refugiados se haviam radicado em outra parte da Grã-Bretanha ou ido para os Estados Unidos. A competição por pacientes era feroz.[44] Os oponentes de Klein a acusaram de pretender, juntamente com seus seguidores, assumir o controle da sociedade britânica. Edward Glover, seu presidente interino, escreveu: "A Sociedade afastou-se muito de Freud nos últimos anos e, [...] afinal de contas, o propósito da Sociedade é a obra de Freud." Klein respondeu dizendo que a sociedade era "fraca e sem iniciativa" e seus membros desprovidos "da mais mínima capacidade de discriminação". E levantou a questão do "sucessor apropriado" de Sigmund Freud numa carta a Jones. "Após chegar ao clímax em *Inibições, sintomas e angústia*", escreveu ela, Freud "não só não foi adiante, como regrediu. Em suas últimas contribuições à teoria, alguns de seus grandes achados foram atenuados ou deixados de lado. Além disso, ele certamente não extraiu do próprio trabalho todas as conclusões que poderia. Isso pode ter-se devido a razões particulares dele, como a idade, a doença e o fato de que talvez haja um ponto além do qual ninguém, mesmo que seja um grande gênio, pode prosseguir com suas próprias descobertas. Estou convencida, porém, que a influência de Anna foi um dos fatores que o prenderam. [...] É trágico", concluiu ela, "que sua filha — que acha que deve defendê-lo contra mim — não perceba que eu estou servindo a ele melhor que ela."[45] Além disso, Klein acusou Jones de ter "feito muito mal à psicanálise" ao ajudar Freud e seu círculo a emigrarem para Londres. Alguns dos emigrantes, disse-lhe ela, haviam afirmado "ter tido todas as possibilidades de ir para a América. E era isso que eles fariam se você não os tivesse convidado e incentivado a vir para a Inglaterra". Talvez tenha sido esse estilo contencioso o que levou a biógrafa de Anna Freud, Elisabeth Young-Bruehl, a falar da "verve inventiva, da ambição e do egoísmo irrestrito e desconcertante" de Klein.[46]

O conflito persistiu enquanto perdurou a guerra. Young-Bruehl comparou os seguidores de Anna Freud a um convento hierárquico e os de Klein a um culto carismático. John Bowlby colocou o mesmo ponto de maneira diferente quando disse que Anna Freud rezava no altar de São Sigmund e Melanie Klein no de Santa Melanie. Segundo Young-Bruehl, nos anos que se seguiram à morte do pai, "pensar em rearrumar sua casa teórica" era tão intolerável para Anna Freud quanto "pensar em rearrumar seu estúdio". James Strachey afirmou que Anna Freud considerava a análise uma "reserva de caça pertencente à família F.".[47] Em 1944, Sylvia Payne, recém-eleita presidente da British Psychoanalytic Society, queixou-se a Jones de que Anna Freud herdara do pai a "determinação de manter a psicanálise isolada. [...] Infelizmente, temos a mesma onipotência em Melanie, e essa é realmente a razão por que seu trabalho causou tantos problemas".[48] Klein, por sua vez, afirmava que Anna Freud "não tinha nenhum ponto de vista próprio. Ela deixou claro que representava as opiniões do pai (as quais, segundo ela, são leis que devem ser cumpridas à risca por todos aqueles que se dizem analistas)".[49]

A morte de Freud também deu início a um longo período de luto. Anna Freud herdou não só os manuscritos, mas também a aura do pai. Sete anos depois de sua morte, ele apareceu à filha numa série de sonhos: "Ele está aqui de novo. Todos esses sonhos recentes têm o mesmo caráter: o papel principal cabe, não à minha saudade dele, mas à dele de mim. [...] No primeiro sonho, ele dizia abertamente: 'Sempre tive tanta saudade de você.' A principal sensação do sonho de ontem é a de que ele está vagando sem rumo determinado (no alto de montanhas, colinas) enquanto eu estou fazendo outras coisas. Ao mesmo tempo, tenho uma inquietação interior, uma sensação de que deveria parar o que quer que seja que esteja fazendo e sair andando com ele. Por fim, ele me chama a si; exige-o ele mesmo[50]".

Os conflitos que cercavam Klein tinham um subtexto de gênero que, com o tempo, foi ficando cada vez mais marcante. Como vimos, Sylvia Payne achava que alguns dos mais importantes antikleinianos, como Edward Glover, temiam e invejavam "a mulher intelectual e bem-sucedida — isto é, rival".[51] Depois da morte de Freud, Klein retirou-se da arena analítica principal, mista, para um círculo analítico exclusivamente feminino. Composto de mulheres que podemos classificar com segurança como feministas — como Joan Riviere —, além de outras a quem poderíamos chamar protofeministas — como

Payne —, o círculo kleiniano estava preocupado com "a mãe".

Assim como o primeiro círculo freudiano vivera e estudara as relações pai/filho, o círculo em torno de Klein viveu e estudou as relações mãe/filha. Esse estudo adquire um significado especial quando colocado contra o pano de fundo da família operária inglesa. Ao contrário da idéia do "casamento sem obrigações"*, cuja origem estava na classe média, as relações mais próximas de muitas mulheres da classe operária eram com as mães. Uma mulher contou a um pesquisador social que havia percebido que seu casamento não prestava na primeira semana. Quando engravidou, não parava de rezar: "Tomara que seja uma menina. Ela vai me fazer companhia. Ela vai me fazer companhia. Nunca mais vou ficar só." Da mesma forma, ao entrar para o quadro da Royal Air Force em 1947, o historiador John Prest ficou surpreso pelo fato de seus colegas da força aérea falarem das mães com muito carinho, mas quase sempre desprezarem os pais "inúteis".[52] Esse senso da ausência do pai permeou o círculo de Klein.

Uma carta de Joan Riviere a Melanie Klein, escrita em junho de 1940, no auge da Batalha da Grã-Bretanha, revela o quanto Klein havia assumido a figura da mãe para algumas das analistas mais jovens, além de sugerir como a mudança para uma teoria centrada na mãe afetou o pensamento analítico no que se refere ao gênero. Riviere disse nessa carta:

> Quando houve a primeira menção oficial de invasão, estando a possibilidade de todo o nosso trabalho terminar aparentemente tão próxima, achei que deveríamos guardá-lo no coração, [...] pois essa seria a única maneira de salvá-lo para o futuro. Evidentemente, eu estava pensando constantemente nas causas psicológicas dessas perdas e destruições tão terríveis que podem ocorrer na humanidade. Então, lembrei-me de você me contando (e depois a outras do nosso grupo) tudo que pensa a respeito dessas causas. [...] Primeiro, o que você pensa acerca das causas da situação psicológica alemã e, em seguida, da do resto da Europa e, principalmente, dos Aliados. Para mim, a apatia e a negação dos Aliados e, em especial, da Inglaterra não estão claras. (Nunca as endossei.) Como é que elas se relacionam ao que eu chamo de complexo de "Munique", a incapacidade do filho de lutar pela mãe e pela pátria? [...] Uma grande questão é: por que é tão importante ser bravo e capaz de suportar o que quer que ocorra? Tudo, na *realidade*, depende disso.[53]

Essa carta de Riviere está entre os documentos de Klein, arquivada com um ensaio desta intitulado "What Does Death Represent to the Individual?"/O que a morte representa para o indivíduo?, no qual ela descreve a arma de Hitler como um "pênis destruidor e perigoso". Nos homens, prossegue Klein, "fantasias homossexuais passivas e secretas, conspirando com o pai destruidor, ocupam lugar de destaque. [...] A culpa pela aliança sádica com o pai

---

* Em inglês, "companionate marriage", casamento no qual os cônjuges concordam em não ter filhos e em divorciar-se, se essa for a vontade de ambos, sem obrigar-se a assumir a responsabilidade pela subsistência ou bem-estar financeiro um do outro. (N. da T.)

perigoso é uma razão importante para a negação". Quando não era entendida, a relação inconsciente com uma figura paterna interior sádica tenderia a dominar. Por exemplo, a insistência de um homem em permanecer na ofensiva "expressava o impulso rumo à homossexualidade ativa e perigosa como reação contra o desejo e o medo de ser sodomizado".[54] Em sua carta, Riviere também descreve a apatia do homem britânico como expressão de "tendências homossexuais".

Certamente, essas formulações são repugnantes, e não apenas pelo que sabemos acerca da perseguição dos homossexuais ingleses nesse período. Não obstante, elas revelam a sutil porém importante interação entre o feminismo, a Frente Popular e a psicanálise. As imagens em torno da família estão centradas na mãe. O fato mais espantoso é o desejo que Riviere tem de ver Klein instruir — e, com isso, proteger — seus filhos em face da emergência. O papel da mãe expande-se, abarcando agora a educação e a proteção. Em conseqüência, a imagem do pai bom, forte, protetor — um pai que desempenha um papel muito importante na obra de Freud — desaparece. O papel masculino mais significativo é o do filho, que herda a obrigação paterna de proteger. A questão-chave é se o filho tem capacidade de lutar pela mãe, pelas irmãs e pelos filhos destas, ou seja, pelos que são vulneráveis. O filho deveria ter aprendido, através de sua própria vulnerabilidade na infância — sua posição depressiva, sua relação com a mãe —, a sentir-se responsável por outras pessoas. Mas os filhos ingleses estão "ausentes", presos em relações sadomasoquistas, exibições fálicas e esforços maníacos de "controle". As "tendências homossexuais" a que Riviere se refere são as relações masculinas passivas com uma figura fálica, "dura" ou intimidante, como Hitler. A mesma fraqueza que leva os homens britânicos a uma cumplicidade inconsciente com o fascismo os impede de reconhecer suas responsabilidades para com as mulheres e as crianças.

A homofobia desses documentos é indiscutível, sem dúvida, mas a questão para Riviere e Klein não era condenar a escolha de objeto homossexual. Em primeiro lugar, o meio em que elas se inseriam era, em grande medida, abertamente *gay*. Além disso, o imaginário kleiniano era, também em grande medida, dessexualizado. Nessa troca de cartas, tanto Riviere quanto Klein estavam voltadas para as relações homem-mulher, mas não por estarem fascinadas pela heterossexualidade. Seu objetivo era mais redefinir a masculinidade como a capacidade do filho de proteger a relação com a mãe. Na visão de mundo kleiniana, o reconhecimento da relação com a mãe implicava, para ambos os sexos, o reconhecimento da vulnerabilidade e da dependência. Para ambos os sexos, a relação com a mãe era a chave para a responsabilidade ética.[55]

A visão de mundo kleiniana era pré-feminista, claro. Poderíamos perguntar, com toda a razão, por que Klein e Riviere partem do princípio de que proteger a "pátria-mãe" dos nazistas é uma responsabilidade predominantemente masculina, em especial pelo fato de sabermos que a diferença sexual havia perdido vertiginosamente a importância no tumulto que era a Inglaterra durante a guerra. Mas, de qualquer modo, a questão era não subordinar as mulheres. Para sermos mais precisos, Klein e seus seguidores viam as obrigações entre os sexos como reconhecimento ético da vulnerabilidade humana e da importância da criação dos filhos na sociedade. Sua visão pode ser proveitosamente comparada à dos analistas norte-americanos de depois da Segunda Guerra, que atribuíam a "culpa" da homossexualidade às "mães castradoras". Enquanto isso, a sensação de apreensão manifesta por Riviere diante do poder transformador da política mundial revelou-se correta.

O irromper da guerra transformou as condições para o desenvolvimento e a acolhida do pensamento de Klein. Por um lado, a guerra trouxe um sofrimento tremendo. Setecentos e cinqüenta mil ingleses morreram, numa população de 38 milhões. Cerca de um terço dos mortos eram casados. A dor e a tristeza manifestavam-se em toda parte. Muitas vezes não havia onde realizar os funerais. A entrada dos analistas no mundo interior dos civis bombardeados, soldados arrasados e crianças órfãs precipitou a reorientação da psicanálise — que, aliás, já se vinha delineando havia muito tempo — da teoria freudiana do ego para os temas kleinianos do estabelecimento e ruptura das relações. Nas palavras de Peter Homans: "A metapsicologia [isto é, id, ego e superego] sofreu um golpe fatal em Londres [na época da guerra]. Premida pela [...] mudança estrutural social e magnificada pelo luto nacional pelas perdas infligidas por uma guerra terrível, ela praticamente desapareceu, dando lugar a preocupações clínicas e teóricas com o apego, a perda e o mundo social dos pacientes, muitos dos quais eram soldados e crianças."[56]

Por outro lado, a guerra desencadeou enormes energias integradoras. Enquanto

Sheffield, Inglaterra, 1941

a Primeira Guerra Mundial havia exposto as contradições internas das sociedades européias, a Segunda Guerra Mundial gerou um sentimento de união, de propósitos comuns e de confiança nacional, pelo menos entre os Aliados. Segundo afirmou uma testemunha, os bombardeios de Londres em 1939-1940 pelos alemães foram vividos "quase como uma catástrofe da natureza que tivesse forjado um espírito de união entre todas as pessoas". Em outubro de 1940, o documentarista Humphrey Jennings assim escreveu à mulher: "Alguns dos danos à cidade de Londres são realmente devastadores, mas o efeito que têm sobre as pessoas! Que humanidade, que coragem! Que determinação."[57]

Os efeitos liberadores sobre os jovens e as mulheres chamam particularmente a atenção. Foi como se as barreiras de classe perdessem importância, especialmente depois que o East End foi bombardeado e 3,5 milhões de crianças e mães de bebês, muitos dos quais pobres, foram evacuados para o interior do país.[58] Talvez as imagens mais dramáticas da *Blitz*, imortalizadas nos desenhos de Henry Moore, fossem as das pessoas e famílias que ocuparam os metrôs de Londres, contrariando as ordens das autoridades, durante os bombardeios. Esses desenhos simbolizam a fusão entre o público e o privado numa cidade sitiada, além da tentativa de cuidar das crianças num ambiente semicomunitário.

Londrinos dormindo numa estação de metrô durante a *Blitz*, 1940

A reação inglesa aos bombardeios repousava, além disso, numa sensação quase mítica de identificação com valores ocidentais nucleares. Se na Primeira Guerra Mundial a música alemã foi mal vista e até proibida, na Segunda o símbolo de vitória dos Aliados eram os compassos da abertura da Quinta Sinfonia de Beethoven (em código Morse, "V"). Na National Gallery, após a transferência das obras para um local seguro, por vezes realizaram-se concertos à hora do almoço enquanto as bombas explodiam no céu. Em um dos mais famosos desses concertos, filmado por Jennings, a pianista Myra Hess tocou a "Appassionata", de Beethoven, e "Jesus, Alegria dos Homens", de Bach. Kenneth Clark relembrou: "Junto com metade da platéia, eu estava em prantos. Aquilo era o que todos estávamos esperando: uma afirmação de valores eternos."[59]

A imagem do povo inglês como uma família — imagem que transcendia a distinção entre esquerda e direita — estava por trás dessa afirmação. No ensaio "Socialism and the English Genius"/O socialismo e o espírito inglês", escrito em Londres no auge dos bombardeios, Orwell usou imagens da família para defender o estado de bem-estar. O que era preciso, argumentou ele, era uma revolução democrática que "rompesse com o domínio da classe abastada". Caso contrário, a Grã-Bretanha continuaria sendo "uma família controlada pelos membros errados: [...] uma família vitoriana empertigada, [...] com os armários abarrotados de esqueletos. Nessa família existem os parentes ricos, que têm de ser reverenciados, e os parentes pobres, que são terrivelmente espezinhados, e há uma impenetrável conspiração de silêncio quanto à fonte da renda familiar [o Império Britânico]. É uma família em que os jovens geralmente são coibidos e a maior parte do poder está nas mãos de tios irresponsáveis e de tias acamadas. Mesmo assim, é uma família. Ela tem sua linguagem própria e suas lembranças comuns e, diante da aproximação de um inimigo, mantém-se unida e solidária".[60]

A imagem da mãe desempenhou papel-chave na criação dessa "família". A mais célebre obra de arte produzida durante a guerra — a *Madona e a criança* de Henry Moore — foi apresentada em 1943 na Igreja de São Mateus, em Northampton. A escultura foi encomendada por iniciativa do Reverendo Walter Hussey, que queria ver a Igreja Anglicana retomar seu papel de liderança na promoção das artes. Para Hussey, os esboços que Moore fizera no abrigo pareciam "possuir um caráter espiritual e uma profunda humanidade, além de serem monumentais e sugerirem atemporalidade". Ao dedicar a escultura, Hussey disse aos fiéis: "O Filho está no cerne dessa obra; entretanto, o tema é o da Encarnação — o fato de que Cristo nasceu de uma mulher — e, assim, a Virgem Maria é vista como qualquer criancinha veria sua mãe: não como uma criatura pequena e frágil, mas como a base ampla, sólida e segura da vida."[61]

A imagem da mãe estava no centro também do estado de bem-estar. O *Relatório Beveridge*, com seu forte foco em mães e filhos, foi publicado em 1942, o pior ano da guerra. Após o bombardeio do East End, a rainha anunciou o apoio à medicina socializada, observando: "O povo tem sofrido tanto."[62] Em 1943, Winston Churchill afirmou a necessidade de um "Serviço

Nacional de Saúde [e] seguro compulsório em nível nacional para todas as classes, para todos os fins, do berço à sepultura".[63] Quando finalmente foi criado em 1948, o National Health Service foi o primeiro a prestar atendimento de saúde gratuito a toda a população, o primeiro que não se baseava no princípio do convênio — que implica que o cidadão pague para fazer jus ao serviço —, mas sim no da cidadania social.[64] O resultado foi mais que uma forma de assistência material. Ele universalizou a base do direito à assistência e contribuiu para manter um modo de vida operário e centrado na mãe.

Os analistas aderiram ao espírito dominante. Em 1938, um relatório assinado por psiquiatras previa que os bombardeios aéreos teriam efeitos arrasadores e que as vítimas psiquiátricas — neuróticos de guerra — superariam as de lesões físicas na proporção de três para uma. Na verdade, os bombardeios aéreos levaram a uma redução do uso de clínicas e hospitais para tratamento mental. O índice de suicídios e alcoolismo também caiu. Edward Glover fechou a Psychoanalytic Clinic um mês após a abertura por falta de pacientes.[65] Conforme explicou ele, a fantástica disposição de espírito do povo inglês a tornara supérflua.

O foco da atenção psiquiátrica concentrou-se desta vez nas crianças sem teto, evacuadas e órfãs, e não na neurose de guerra. Em dezembro de 1939, reagindo ao bombardeio de Londres, três psicanalistas britânicos — D. W. Winnicott, John Bowlby e Emmanuel Miller — escreveram uma carta ao *British Medical Journal* afirmando que "a evacuação de crianças de dois a cinco anos de idade acarreta problemas psicológicos graves".[66] Essa carta teve ampla difusão. Uma tendência antiga e importante na filantropia, tanto na Inglaterra quanto nos Estados Unidos, era a que estava voltada para a criança. Depois que os Estados Unidos entraram na guerra, formou-se uma rede transatlântica em torno de figuras como Walter Langer, William Bullit, Bettina Warburg e Joseph Kennedy, embaixador dos Estados Unidos na Inglaterra. Além de ajudarem analistas a emigrar para os Estados Unidos, eles deram apoio a pesquisas sobre o bem-estar e o desenvolvimento infantis, em especial através do American's Foster Parents Plan for War Children, um programa de acolhida a crianças vítimas da guerra por famílias norte-americanas. Anna Freud tornou-se a diretora do Hampstead Nurseries, um complexo de abrigos para crianças sem teto. *Infants Without Families/Bebês sem família*, escrito por ela e Dorothy Burlingham em 1944, falava sobre a tentativa de envolver os pais ausentes com os filhos internos na instituição.[67]

Além do foco nas crianças, o entusiasmo pelo trabalho em equipe caracterizou a face nova, pública, da análise britânica. Uma geração mais nova, representada por Donald Woods Winnicott e John Bowlby, assumiu a liderança da British Psychoanalytic Society. Profundamente influenciados por Klein, apesar de não serem propriamente kleinianos, eles canalizaram as energias analíticas para os esforços de guerra, conduzindo experimentos em psicologia de grupo que visavam "elevar o moral". Tornando a psicanálise pública, eles enfatizaram os grandes temas kleinianos da "mãe", da "responsabilidade ética" e da "relação", mas dando-lhes um novo matiz. Deixando de lado a concepção kleiniana de uma vida pessoal vivida independentemente dos ditames das grandes instituições — ou contrariamente a eles —, os neokleinianos começaram a transformar a análise em um instrumento de racionalização e integração social.

O passo-chave nessa transformação foi o foco novo e positivo — mas abstrato — no "grupo". Enquanto Freud havia descrito os grupos como massas cegas em busca de líderes-pais, os neokleinianos viram os grupos como matrizes naturais dos indivíduos. Freud, segundo argumentou Wilfred Bion, havia tomado o caminho errado após explicar a histeria como um conflito devido à escolha de objeto. Ele deixara de "perceber [...] a natureza da revolução que havia promovido quando buscou uma explicação dos sintomas neuróticos não no indivíduo, mas na relação deste com os objetos".[68] A relação entre o bebê e o grupo não era simplesmente contingente. Assim como o bebê precisa chegar ao seio, afirmou Bion, o "adulto precisa estabelecer contato com a vida emocional do grupo".[69]

Havia duas razões de ordem prática para esse foco no grupo. A primeira era a preocupação com o moral, palavra que, mais que qualquer outra, estava na boca de políticos, funcionários públicos e generais. Conforme afirmou Edward Glover, "pela primeira vez, [...] o Ministério da Informação reconheceu que o espírito de grupo merece atenção médico-psicológica".[70] A meta não era "obediência aos superiores nem eficiência de praça de armas, mas um 'espírito de grupo' quase democrático. [...] A palavra de ordem é 'trabalho em equipe': 'milhões de pessoas unidas, nós. [...] Não há nada que nos detenha, a não ser nós mesmos".[71] Além disso, a terapia de grupo foi usada para tratar a neurose de guerra, cuja incidência, naturalmente, aumentou com o passar do tempo.

Profundamente envolvidos nos esforços de guerra e inspirados no seu trabalho com grupos, os analistas britânicos tinham a sensação de estar rompendo com uma restrição artificialmente imposta ao mundo "interior". Um participante escreveu que os russos estavam errados "em pensar que o social é externo, em vez de interno, ao indivíduo. [...] O elemento social e cultural está profundamente arraigado no individual e é, em grande medida, inconsciente".[72] Quando visitou a Inglaterra em 1947, Jacques Lacan ficou impressionado com os experimentos dos analistas britânicos na área da psicologia de grupo. A guerra, escreveu ele, lhe havia deixado "uma forte sensação da atmosfera de irrealidade em que a coletividade francesa a vivera", mas a vitória inglesa "tem uma fonte moral, [...] uma relação verdadeira com o real". Ele ficou especialmente impressionado com a influência dos psicanalistas britânicos entre os psiquiatras e o movimento de "Orientação Infantil". Com os experimentos de Bion e outros, Lacan alegou haver "redescoberto a sensação de milagre que acompanhou os primeiros passos de Freud". Conforme explicou posteriormente, "Bion deliberadamente construiu um grupo sem líder [...] para forçá-lo a levar em conta as dificuldades de sua própria existência e para torná-lo cada vez mais transparente para si mesmo".[73]

O novo destaque da psicanálise transformou a British Psychoanalytic Society.

Depois de dois anos no exército, John Bowlby descreveu o interesse dos psiquiatras militares na análise: "A Sociedade tem permanecido isolada; a demanda de psicanálise é muito maior do que se imagina."[74] Em 1943, a sociedade criou um comitê de preparação para a medicina socializada. Em 1944, os freudianos assumiram o controle da divisão de psiquiatria das forças armadas inglesas.[75] Em 1945, o Partido Trabalhista ganhou as eleições nacionais. O National Health Service — que incluía a psicoterapia — foi criado três anos mais tarde.

Depois da guerra, a Inglaterra e os Estados Unidos intensificaram o foco na relação mãe-bebê. Em 1945, foi fundada uma nova publicação voltada para o assunto, *The Psychoanalytic Study of the Child*. Editada por Anna Freud em Londres e Heinz Hartmann, Ernst Kris e Rudolph Loewenstein em Nova York, ela logo se tornou uma das publicações analíticas mais prestigiosas do mundo. Seus artigos foram amplamente citados na literatura de "trabalho materno" do fim da década de 40, que visava demonstrar o risco que corriam os filhos de mães que trabalhavam fora do lar. Em 1953, *Maternal Care and Mental Health/Cuidado materno e saúde mental*, escrito por John Bowlby para a Organização Mundial de Saúde, anunciou a descoberta de que a separação trazia para as crianças pequenas um risco "de magnitude comparável ao da carência de vitaminas".[76] Até Melanie Klein parou de chamar a mãe de "castradora temida" e passou a descrever o "seio bom" como "protótipo da bondade, paciência e generosidade inexauríveis — além de criatividade — maternas".[77] Houve uma mudança no vocabulário analítico: termos como "conflito edípico", "superego" e "culpa" começaram a ser usados cada vez menos, ao passo que a freqüência de "luto", "inveja", "gratidão" e "responsabilidade" aumentou. Lacan observou que o termo "sádico" havia praticamente desaparecido.[78]

O efeito disso tudo foi uma mudança de proporções monumentais na cultura analítica, refletida naqueles que a personificavam. Melanie Klein — em quem Virginia Woolf divisara algo ameaçador — já não era a analista emblemática. Uma nova espécie de porta-voz analítico surgiu: a dos "defensores" não fálicos, bondosos, avunculares, das crianças e suas "mamães", dos quais são exemplos Donald Woods Winnicott, na Grã-Bretanha, e Benjamin Spock, nos Estados Unidos. Nascido em 1896 e filho de um bem-sucedido comerciante e político, Winnicott descreveu-se como "filho único de várias mães", referindo-se às irmãs mais velhas, à babá e à governanta. Durante e depois da guerra, ele ficou conhecido pelos programas que fez na BBC, dirigidos a pais e mães, e pelos cursos que deu a trabalhadores sociais na London School of Economics.[79] Benjamin Spock, por sua vez, foi uma figura-chave no movimento de estudo da criança, que incluiu, entre outros, Margaret Mead, Kurt Lewin, Elton Mayo, George Homans e Lawrence Frank. O movimento visava "criar uma sociedade mais cooperativa, mais voltada para o consenso e com mais conscientização de grupo".[80] Enquanto Winnicott era conhecido como analista, embora enfatizasse sua formação em pediatria, Spock minimizou tanto sua identidade analítica que ela acabou tornando-se quase um segredo. Talvez em parte por isso *Meu filho, meu tesouro: como criar os filhos com bom senso e carinho/The Common Sense Book of Baby and Child Care* (1946) tenha vendido mais que qualquer outro livro publicado pela primeira vez no século XX: quarenta milhões de cópias.[81] Assim, a guerra promoveu uma remasculinização da análise britânica — se não em números, então na face que apresentou ao público. Ironicamente, esses analistas eram os filhos bons, responsáveis, que Klein e Riviere tanto haviam desejado.

Em geral, portanto, a experiência da guerra refamiliarizou a psicanálise. Essa foi uma questão contraditória. Por um lado, os analistas contribuíram para uma democratização histórica do conhecimento psicológico. Até então, a orientação na criação dos filhos — através da educação, da assistência social e do que o sistema jurídico previa para o trato dos menores — havia sido domínio da classe média, que menosprezava e criticava as práticas da classe operária. Porém, os analistas promoveram uma mudança no sentido da intuição e da emoção e em detrimento do controle, dando assim legitimidade às práticas rotineiras e espontâneas da mãe operária. Assim, Winnicott desenvolveu a sua teoria da "mãe boa o bastante", ou seja, aquela que propicia a dose ideal de frustração para o desenvolvimento, em vez de seguir um regime "perfeito". Afirmando o que chamava de "mãe comum, dedicada", ele a descreveu como uma trabalhadora que "sente", ao contrário da mulher de classe média, que lê os manuais sobre a criação dos filhos e dá instruções a empregadas.

No entanto, essa mesma contribuição retratou a mãe em tempo integral, entrincheirada no lar, como o ideal do estado de bem-estar que se aproximava. Abandonando as correntes "sombrias" que sugeriam a dificuldade genuína de uma vida pessoal autêntica, a análise britânica do pós-guerra reforçou os papéis sexuais convencionais na família operária tradicional. Além disso, à medida que se formava a guerra fria e que o "respeito" ocidental pela família era contraposto ao "totalitarismo" soviético, a identificação da mulher com o papel materno contribuiu para a glorificação acrítica do Ocidente. Assim, para Winnicott, "o bom lar comum é algo que desafia a investigação estatística. Ele não é notícia, não é espetacular e não produz os homens e mulheres cujos nomes são conhecidos publicamente".[82] Em ambos os aspectos — o reconhecimento da dependência e a construção de uma visão idealizada da mãe — a psicanálise enquadrou-se no padrão emergente do estado de bem-estar de Beveridge. A guerra, conforme lembraria depois Richard Titmuss, havia mudado tudo, criando um novo contrato entre os partidos e entre o povo e o governo, um contrato que durou até a década de 1970. Esse contrato era economicamente progressista, mas culturalmente conservador e, assim, problemático para a construção da ordem no pós-guerra.

A despeito do lugar especial que ocupa na história da psicanálise, a British Psychoanalytic Society jamais se recuperou inteiramente das traumáticas perturbações provocadas pela Segunda Guerra Mundial. As "controvérsias", que se prolongaram de 1942 a 1944, carregavam consigo o peso do saberem todos que a sociedade britânica era a última sociedade analítica sobrevivente na Europa. No fim da guerra, seus membros colocaram suas diferenças em discussão e acabaram formando três alternativas de treinamento a serem dadas pelos associados, a saber a de Klein (Grupo A), a de Anna Freud (Grupo B) e um grupo intermediário ou independente, que incluía figuras como D. W. Winnicott, Michael Balint e W. R. D. Fairbairn. Alardeada muitas vezes como um triunfo da racionalidade, moderação e transigência inglesas, essa solução teve entre seus efeitos a marginalização do pensamento kleiniano, especialmente quando se tem em vista a expansão da psicologia do ego em decorrência da hegemonia norte-americana no pós-guerra. Certamente, apesar de não terem sido reconhecidas como suas, muitas das idéias de Klein foram importadas para a psicologia do ego.

As mesmas tendências centrípetas que levaram os membros da sociedade a uma aliança forte, porém efêmera, durante a guerra os levaram a órbitas díspares, centrífugas, depois que o conflito terminou. Jones aposentou-se para cuidar dos arquivos da sociedade e escrever uma biografia de Freud. Strachey assumiu a organização da edição *standard* em língua inglesa. Bowlby abandonou a análise para dedicar-se à psiquiatria e à etologia. Após cessar gradualmente de perseguir Klein por desviacionismo, Glover voltou-se para seu maior interesse, a criminologia. Bion dedicou-se a seu trabalho em grande medida fora do contexto da sociedade. Balint, radicado em Manchester, e Fairbairn, em Edimburgo, permaneceram afastados de Londres. Melitta Schmideberg emigrou para os Estados Unidos e jamais se reconciliou com a mãe. Paula Heimann, a analista pró-klei-

niana retratada na peça *Mrs. Klein*, de Nicholas Wright, rebelou-se contra Klein por causa de uma questão técnica em 1949 e declarou ter sido até então escravizada. Klein morreu em 1960, logo após haver começado a escrever suas memórias. Ao chegar o fim do século, a ainda ativa sociedade britânica possuía 405 membros numa população de sessenta milhões, uma das menores proporções do mundo desenvolvido.

Apesar da dispersão, os analistas ingleses continuaram a trabalhar dentro do paradigma kleiniano. Duas novas contribuições foram particularmente importantes. A primeira foi a teoria do objeto transicional, apresentada em 1953 por Winnicott. Afirmando que sabemos muito sobre o que se passa *dentro* do indivíduo (através da psicanálise) e *fora* dele (através das ciências sociais e do comportamento), mas quase nada sobre o que se passa *entre* essas duas posições, Winnicott propôs uma abordagem baseada nas relações objetais para explicar a relação entre os indivíduos e suas culturas. Atribuindo "a capacidade de ficar só" à experiência "de estar só, quando bebê e criança pequena, na presença da mãe", Winnicott viu o desenvolvimento psíquico como promotor de um "espaço transicional" entre indivíduos que compartilham algo vital, embora permaneçam separados. Para descrever esse "entrelugar", ele recorreu à coberta velha que muitas crianças pequenas costumam arrastar consigo. Para a criança, a coberta pode ser uma espécie de *substituta* da mãe, já que, como a mãe, tem apelo para os sentidos, aquece e reconforta. A teoria de Freud, para Winnicott, era essencialmente uma teoria de tais "substitutos". O objeto transicional, porém, não era um substituto, mas um lugar de encontro entre a "realidade psíquica interior" e "o mundo exterior, conforme percebido de modo comum por duas pessoas". Comparando esse espaço transicional à brincadeira, Winnicott frisou seu caráter criativo e paradoxal, além do fato de que ele não pertencia exclusivamente a nenhuma das pessoas.[83] Com efeito, ele deixou claro que a questão do lugar desse espaço — se "dentro" ou "fora" do indivíduo — não deveria ser colocada.

Praticamente esquecido hoje em dia, *Thrills and Regressions/Emoções e regressões* (1959), de Michael Balint, tem igual importância. Balint postulou dois tipos psicológicos ideais, ambos patológicos no seu estado extremo: o mundo interior de um consiste em "objetos separados por terríveis espaços vazios" e o do outro, em "vastidões amigáveis intercaladas de maneira mais ou menos densa por objetos perigosos e imprevisíveis" Ao formular essa idéia, Balint revisou sua idéia anterior, influenciada por Ferenczi, de que a "necessidade de se apegar" — característica da pessoa que teme o espaço vazio — é primária. Na análise, escreveu ele, nós "nos oferecemos continuamente a nossos pacientes como objetos aos quais se apegar e interpretamos tudo aquilo que seja contrário ao apego como resistência, agressividade, narcisismo, suscetibilidade, ansiedade paranóide, angústia de castração e assim por diante".[84] Mas Balint percebeu depois que a "necessidade de apego", como a correspondente necessidade de evitar os objetos, "é uma reação a um trauma, uma expressão [...] do medo de ser deixado ou abandonado". O verdadeiro objetivo "jamais pode ser atingido pelo apego. O verdadeiro objetivo é ser abraçado pelo objeto e não apegar-se [...] a ele. [...] O mais trágico da situação é que quanto mais alguém se apega, menos é abraçado pelo objeto".[85]

Depois da guerra, a necessidade de ser abraçado pela mãe pareceu a muitos analistas ingleses como a condição que possibilitava a psicanálise, a condição que Freud havia pressuposto, mas jamais expressado. A psicologia do ego, afirmou Winnicott, "só tem sentido caso esteja firmemente baseada no fato da dependência".[86] E acrescentou que, embora Freud não tivesse escrito muito acerca da situação inicial da relação com a mãe, ela havia "aparecido em sua descrição das precondições para o estabelecimento do contexto de trabalho quase sem que ele percebesse". O analista "estaria previsivelmente lá, à disposição, a tempo, vivo, respirando" e "preocupado com o paciente".[87] Segundo Masud Khan, a mãe era o escudo protetor discutido por Freud em *Além do princípio de prazer*. O analista, para Christopher Bollas, propiciava um "som materno — uma espécie de murmúrio verbal" que era mais importante que qualquer interpretação. No resumo de Bollas, "o que Freud não pôde analisar em si mesmo — a relação com a própria mãe — manifestou-se, por *acting out*, na sua escolha da ecologia da técnica psicanalítica".[88]

Nem todo mundo concordou. Anna Freud viveu na residência da família, no número 20 de Maresfield Gardens, em Londres, até sua morte, em 1982. Embora certa feita Jones a tenha descrito a Klein como um "naco um tanto duro, talvez indigesto", sua vida após a morte de Freud foi permeada por uma tristeza inelutável, fruto da sensação de que a obra do pai estava se perdendo.[89] Em 1947, ela escreveu que as relações objetais careciam da essência da psicanálise, que era "conflito no indivíduo; [...] objetivos, idéias e ideais em luta com as pulsões para manter o indivíduo numa comunidade civilizada". Havia se tornado "moderno", prosseguiu ela, "diluir isso até o anseio de união perfeita de cada indivíduo com a mãe, ou seja, ser amado apenas como um bebê pode ser amado. Muito se perde dessa forma". A culpa, por exemplo, era uma relação, não entre duas pessoas, mas entre "partes da [...] mente, isto é, uma ansiedade sentida pelo ego em relação ao superego". A psicanálise, acrescentou ela, é acima de tudo a psicologia das pulsões. "Mas, por alguma razão, as pessoas não querem isso."[90]

Capítulo Onze

CARISMA OU RACIONALIZAÇÃO? A PSICANÁLISE NORTE-AMERICANA NO PERÍODO DA GUERRA FRIA

> Minha geração investiu as relações pessoais de uma intensidade que, como se viu depois, elas dificilmente poderiam suportar. Mas o nosso interesse fervoroso pelas vidas uns dos outros não está bem descrito como uma forma de retiro emocional. Nós tentamos recriar no círculo de nossas amizades a força de um propósito comum que já não podia ser encontrado na política nem no trabalho.
>
> — Christopher Lasch, *The True and Only Heaven/O único verdadeiro paraíso*

Durante a mesma crise do fascismo e da guerra que levou a psicanálise britânica à sua importante relação com o estado de bem-estar de Beveridge, quase duzentos psicanalistas refugiados, a maioria deles judeus, emigrou da Áustria, da Alemanha e da França para os Estados Unidos. Depois da guerra, a influência da psicanálise explodiu. Erich Heller, escrevendo nos Estados Unidos da década de 50, observou que a análise era "mais que apenas uma entre muitas teorias possíveis sobre a psique; ela chega quase a ser a consciência sistemática de uma certa época quanto à natureza e ao caráter de seu próprio espírito".[1] A observação de Heller era um tanto exagerada; correntes como o existencialismo e a teologia existencialista também eram importantes. Mas a psicanálise entrou numa extraordinária ressonância com a cultura norte-americana na década de 50. Como na Inglaterra, a maior parte de seu apelo provinha da oposição ao totalitarismo. Porém, ao contrário da Inglaterra, nos Estados Unidos as tradições coletivas eram vulneráveis, e a psicanálise ganhou a marca dos precedentes deixados pela cura pela mente. Em parte por essas razões, a análise do pós-guerra foi uma verdadeira fonte de homofobia, misoginia e conservadorismo, tornando-se desse modo instrumental ao projeto de normalização da guerra fria. Mesmo assim, quando quiseram criticar a conformidade e o controle social, muitos dos mais profundos pensadores dos anos 50 — como Lionel Trilling, Philip Rieff, Norman O. Brown e Herbert Marcuse — recorreram à psicanálise. Ambas as vertentes de psicanálise — a da racionalização ou controle social e a crítica ou anti-racionalização — tinham suas raízes fincadas na matriz do carisma freudiano.

Como já tivemos oportunidade de ver, esse carisma foi uma decorrência direta do fato de Freud ter conseguido articular a experiência historicamente nova de uma identidade pessoal distinta do lugar ocupado pelo sujeito na família, na sociedade ou na divisão do trabalho. Mas o carisma também se institucionaliza. Com a rotinização, ele se cristaliza em estrutura organizacional. Porém, ele também pode ressurgir em novos surtos antinômicos, antiinstitucionais, que buscam revivificar o espírito prestes a morrer.

Quando a Segunda Guerra Mundial estourou, a psicanálise estava sendo institucionalizada nos Estados Unidos. Como o protestantismo de Weber, ela estava se tornando um "programa universal de racionalização ética", ligada a agências normalizadoras como as profissões da assistência social, as ciências sociais e o estado de bem-estar. No entanto, mesmo à medida que se rotinizava, a análise reteve suas raízes carismáticas, antiinstitucionais, em parte devido à "aura de associação estreita a seus pais e fundadores", em parte devido a suas relações com a arte e a experiência religiosa, mas especialmente devido a suas associações com o amor sexual — o qual, como afirmou Weber, seria como "uma passagem para o núcleo mais irracional e, portanto, real da vida".[2] Durante a década de 1950, os analistas norte-americanos valeram-se dessas associações para re-santificar a família heterossexual, investindo a domesticidade de profundos significados pessoais, éticos e sexuais antes atribuídos a formas extrafamiliares de vida pessoal. Com isso, eles invocaram forças carismáticas que nem sempre puderam conter. Com a virada da década, os surtos antinômicos ligados à análise ultrapassariam os limites da profissão analítica, da família heterossexual e do estado de bem-estar. Ao mesmo tempo normalizando as origens carismáticas e sendo por elas alimentada, a análise norte-americana estava no centro *tanto* da crescente racionalização da vida pessoal que se verificou ao longo dos anos 50 *quanto* do fenômeno que se veria em seguida: a crítica da racionalização, a rejeição carismática do mundano, que ganhou destaque nos anos 60.

A racionalização da psicanálise começou antes da emigração provocada pela guerra. Em 1907, o sociólogo norte-americano Edward Ross cunhou o termo "controle social" para referência a uma mudança ampla, geral e desejável da coerção externa ao autocontrole internalizado. Sua idéia central era a de que o cidadão ou trabalhador era um agente livre, autodeterminante, e não um objeto passivo à espera de ordens. Segundo Michel Foucault, o controle social implicava a transformação das formas de poder de "repressivas" em "produtivas", formas essas que promoviam a cooperação ativa de seus sujeitos. O projeto, por conseguinte, era ambíguo. Por um lado, referia-se a um espaço extremamente maior de tomada de decisões individuais e coletivas. Por outro, visando em grande medida ao conflito de classes da era industrial, ele implicava ajuste, psicologização e o surgimento de uma nova classe profissional.

No período fordista, muitos dos planejadores sociais dos Estados Unidos haviam ligado a psicanálise ao projeto de controle social. Em 1927, com o intuito de dissipar o "tumulto" e a "retórica" da "política de classes", o cientista político Harold Lasswell citou Freud, atribuindo-lhe a idéia de que a política era muitas vezes movida por necessidades provenientes da esfera privada.[3] A mesma idéia informou os famosos experimentos de Hawthorne, que pretendiam mostrar que os operários tinham mais interesse em saber se alguém ouvia suas reclamações que em suas reais condições de trabalho.

Entretanto, essas iniciativas tinham como ponto de partida a idéia freudiana do inconsciente. A profissionalização da psicanálise norte-americana na década de 30 e a emigração de Franz Alexander e outros analistas de Berlim promoveram a associação de uma corrente muito diferente do pensamento analítico — a saber, a psicologia do ego — ao controle social. Como vimos, a idéia nuclear da psicologia do ego era dúplice: ao mesmo tempo um agente racional de auto-reflexão e lugar da resistência à auto-reflexão. Assim, a análise tinha de operar tanto *através* do ego quanto *contra* ele. Porém, na recepção e desenvolvimento da teoria nos Estados Unidos, esse caráter dúplice se perdeu. A visão do ego como lugar de resistência gradualmente perdeu força, e o ego surgiu cada vez mais como agente da razão e do controle.

O principal arquiteto dessa mudança foi Heinz Hartmann, cuja palestra "Ego Psychology and the Problem of Adaptation"/A psicologia do ego e o problema da adaptação constituiu boa parte da base do arcabouço desenvolvido pelos psicólogos do ego nos Estados Unidos nas décadas de 40 e 50. Nascido em 1894, Heinz Hartmann provinha da elite judia vienense aculturada. Um de seus avós fora delegado na assembléia de Frankfurt em 1848; o outro era, nas palavras de Freud, "o mais eminente dentre todos os médicos da nossa Viena". O pai de Hartmann era historiador da Universidade de Viena; seu orientador se tornara prefeito da cidade; sua mulher era pediatra. Além disso, Hartmann tinha brilho intelectual próprio. Após freqüentar os seminários de 1918 de Max Weber em Viena, ele manteve contato com o círculo de positivistas lógicos, estudou psicologia experimental e foi analisado por Freud a convite deste. Pode-se imaginar então seu prestígio entre os analistas.[4]

O tema principal de Hartmann era a "força" do ego, sua capacidade de adaptar-se ao mundo exterior e, assim, dominá-lo. Afirmando que a geração anterior havia supervalorizado o poder das pulsões, ele esperava transformar a psicanálise numa psicologia geral que explicasse funções como o pensamento, a memória e a percepção. Sua palestra de 1937 descrevia o ego como um sistema de regulação e adaptação cuja função central — o pensamento — era possibilitada por energias neutralizadas ou dessexualizadas. Embora tivesse o cuidado de atribuir a Freud o postulado da existência dessas energias, Hartmann afirmava, ao contrário de muitos freudianos, que nem toda adaptação ao ambiente era resultante de um conflito defensivo. Assim, o ego poderia transformar uma atitude que originalmente provinha da formação de uma reação contra uma pulsão — como a generosidade — numa fonte independente de motivação. Mesmo as experiências que aparentemente emanavam diretamente das pulsões — como o orgasmo — poderiam ser mais bem entendidas como "a suspensão controlada pelo ego de certas funções egóicas" ou, como a idéia ficou conhecida depois, "regressão a serviço do ego". Como o principal interesse de Hartmann não estava nas relações entre o ego e o id, mas nas relações entre o ego e as exigências, modos de pensar e normas sociais, ele se tornou o psicanalista favorito daqueles que queriam atrelar a psicanálise ao planejamento social. Em 1963, Bruno Bettelheim e Morris Janowitz o elogiaram por romper com a visão dominante do ego como "desprovido de energia e iniciativa". Hartmann mostrara não apenas que o ego era mais forte do que Freud imaginara, como também que o id pode ser influenciado pela sociedade; que a "realidade molda não só o ego, mas também as pulsões subjacentes".[5]

Com sua ênfase na força do ego, a psicologia do ego se encaixava perfeitamente no projeto de controle social. O pensador que melhor captou essa possibilidade foi Talcott Parsons. No fim da década de 30, Parsons procurou teorizar formas democráticas de caráter e de organização social capazes de resistir a apelos "fascísticos" e "comunísticos". Membro de um grupo de leitura em Boston no qual participavam analistas refugiados como Edward e Grete Bibring, Parsons aprendeu com a psicanálise que o autocontrole poderia fortalecer-se quando a autoridade externa não intervinha. Quando a Segunda Guerra Mundial estourou, ele lançou um apelo ao governo para que não reagisse "histericamente" às manifestações antibélicas, como fizera na Primeira Guerra. A seu ver, uma organização de propaganda deveria assumir papel "desinteressado" e recusar-se a reagir "a interpretações hostis à política governamental — derrotando-as assim como o terapeuta, cujo comportamento não reativo [debilita] as percepções neuróticas do paciente ao privá-las de confirmação". Evitar políticas partidárias, identificar-se com símbolos nacionais integradores, cultivar uma reputação de integridade. A política adotada por Franklin Roosevelt na Grande Depressão forneceu o modelo. Roosevelt certamente tinha consciência de ser "objeto de 'transferência negativa'", observou Parsons, mas seus discursos eram "análogos às interpretações de um psicanalista. [...] Uma das coisas mais interessantes que um alto executivo tem a aprender é: não falar em público demais, com demasiada freqüência ou nas horas erradas".[6]

Como o controle social em geral, as implicações da abordagem de Parsons eram ambíguas, sugestivas tanto de democratização e maior autonomia, de um lado, quanto de manipulação psicológica, de outro. Essa ambigüidade era herança do novo corpo de especialistas — orientadores vocacionais e consultores de aptidão, especialistas legais, psicólogos escolares, terapeutas orientacionais, psicólogos industriais, planejadores urbanos e, acima de tudo, médicos — que transformou o controle social em um programa de reorganização social em larga escala durante e após a Segunda Guerra Mundial.

Os analistas estavam no centro desse projeto. Como aconteceu na Inglaterra, a entrada dos Estados Unidos na guerra precipitou uma nova aliança entre a análise e o Estado. Na Primeira Guerra Mundial, apenas 2% de todos os recrutas norte-americanos foram rejeitados por motivos psiquiátricos. Na segunda, esse número girou em torno de 8 a 10%. Na primeira guerra, as principais razões para dispensa por motivos psiquiátricos foram deficiência mental e psicose; na segunda, a neurose foi a principal base para a rejeição.[7] Uma razão essencial foi o fato de o brigadeiro-general William Menninger, chefe da divisão de neuropsiquiatria do Serviço Médico Militar durante a Segunda Guerra Mundial, haver disposto que todos os médicos a serviço das Forças Armadas aprendessem os rudimentos da psicanálise.[8] No total, um milhão de homens e mulheres foram considerados inaptos para o serviço militar por razões mentais e neurológicas, e 850 mil soldados foram hospitalizados por neurose.[9]

Quando os médicos não conseguiram mais atender à demanda de tratamento, as recém-fundadas profissões da psicologia clínica e assistência social psiquiátrica aproveitaram a brecha. A psicologia se havia estabelecido como disciplina durante a Primeira Guerra Mundial através do desenvolvimento de testes de inteligência e aptidão destinados a tarefas de classificação e arregimentação em larga escala. Porém, durante a Segunda Guerra Mundial, seu ramo clínico ou terapêutico sofreu uma expansão exponencial. *Psicoterapia e consulta psicológica/Counseling and Psychotherapy* (1942), de Carl Rogers, desencadeou essa mudança. Rogers opunha o aconselhamento psicológico à psicanálise clássica, defendia o "espelhamento" — ou reconhecimento desprovido de julgamento — em detrimento da interpretação e propunha ativamente o uso do termo "cliente", em vez de "paciente". Graças em boa parte à sua influência, os psicólogos conseguiram autorização para aplicar a psicoterapia ao tratamento de veteranos.[10] A assistência social, da mesma forma, havia desenvolvido sua abordagem de estudo de antecedentes individuais, de influência freudiana, na década de 20. Durante a guerra, porém, esse estudo passou a ter uma relação mais estreita com a psiquiatria, através da criação da sub-área da assistência social psiquiátrica.[11]

Não obstante, o crescimento da análise no pós-guerra baseou-se quase que inteiramente na expansão da psiquiatria. Em 1940 havia apenas 2.295 psiquiatras nos Estados Unidos, dos quais 66% trabalhavam em hospitais públicos.[12] Em 1948, esse número já havia chegado a 4.700 e crescia cada vez mais rápido. Em 1945, 60% dos veteranos ingressos nos hospitais da Veterans Administration estavam internados por razões psiquiátricas; 50% das aposentadorias por invalidez eram pagos a vítimas de problemas psiquiátricos. Em meados dos anos 50, metade dos leitos dos hospitais do país era ocupada por pacientes psiquiátricos, fato que a Comissão Hoover classificou como "o único grande problema no quadro de saúde da nação" em 1955. O NIMH (National Institute of Mental Health, Instituto Nacional de Saúde Mental), a divisão dos institutos nacionais de saúde que mais rapidamente crescia, subsidiou pesquisas psiquiátricas sobre delinqüência juvenil, suicídio, alcoolismo e violência na TV. Em 1976, o número de psiquiatras nos Estados Unidos era de 27 mil.[13]

Em grande medida, os cerca de quatrocentos psicanalistas praticantes nos Estados Unidos no fim da década de 1940 dominavam essa grande massa. A razão é que a psiquiatria do pós-guerra se expandira, abandonando a imagem anterior, ligada basicamente à custódia dos pacientes, e assumindo um caráter de disciplina reformista ou "psicodinâmica". Partindo muitas vezes de oponentes conscienciosos, as denúncias de escândalos em hospitais psiquiátricos trouxeram à baila a questão do emprego de drogas e terapia de eletrochoque por parte dos psiquiatras mais antigos. O livro *Shame of the States/Vergonha nacional*, de Albert Deutsch, comparou os manicômios a campos de concentração. A "terapia da palavra", por sua vez, exemplificava a reforma. Como os psiquiatras eram chefes de departamento nos hospitais e supervisionavam os assistentes sociais e psicólogos clínicos, o alcance da análise não era pequeno. Disciplinas como a orientação, a testagem, o bem-estar, a educação, os recursos humanos e o direito — em especial nas novas áreas das relações domésticas e juvenis e da criminologia — sofreram uma transformação.[14] Praticamente, todas as disciplinas que giravam em torno da criança, do adolescente e da família foram profundamente afetadas.[15] O mesmo ocorreu com a religião, que enveredou pelo aconselhamento psicológico.[16] Mas o efeito mais importante se deu sobre a medicina em geral, cuja ênfase passou do tratamento de doenças específicas à gestão das dimensões sociais e interpessoais da doença. Também nessa mudança as formulações da psicanálise serviram de diretrizes.[17]

Portanto, em todas as áreas, a análise teve importância capital na reorganização social do pós-guerra. Ao contrário das formas anteriores de intervenção social, que nesse momento passaram a ser estigmatizadas como "paternalistas", as novas disciplinas visavam, segundo o sociólogo Morris Janowitz, "enriquecer o controle pessoal por meio do desenvolvimento e reforço de controles autônomos do ego".[18] Operando "através do elemento da subjetividade", as novas "agências e mecanismos de regulação", analiticamente informados, viam no ego um ator racional e auto-regulado cujo amadurecimento seria facilitado por formas de intervenção que se *abstivessem* de direcionamento externo.[19]

O novo regime foi representado pela explosão de filmes de inspiração psiquiátrica que houve no pós-guerra — como *Na cova das serpentes* (1948), de Anatole Litvak — os quais invariavelmente contrastavam o médico de orientação analítica com o psiquiatra da velha guarda. Tipicamente, o momento decisivo nesses filmes ocorre quando o analista *não* retalia o paciente pela raiva que este sente, contribuindo assim para facilitar o autocontrole dele.[20] Esses filmes registram o amadurecimento da forma caracteristicamente moderna de poder, cujo funcionamento foi identificado por Foucault na década de 70 como proveniente "de dentro, e não de fora; [...] não pelo constrangimento dos indivíduos e suas ações, mas por produzi-los".[21]

Apesar de Foucault ter descrito essa nova forma de poder como inteiramente negativa, na verdade seus efeitos foram ambíguos. Por um lado, o regime expansionista de *experts* em psicologia da década de 50 nos Estados Unidos deu às pessoas comuns um novo vocabulário e novas práticas de auto-reflexão, tornando-as assim mais resistentes às antigas formas de controle comunitário. Por outro lado, ele conferiu poderes sem precedentes não só aos médicos e terapeutas, mas também aos supervisores de formação em relações humanas, especialistas em pessoal, ministros, rabinos e orientadores escolares. O tratamento da homossexualidade exemplifica essa ambigüidade.

Antes da guerra, os homossexuais nas forças armadas eram presos. Uma condenação por sexo oral podia levar — como, de fato, levou — a quinze anos de prisão. Os defensores da reforma psiquiátrica, liderados pelos analistas, lutaram e conseguiram mudar a designação "sodomita" para "homossexual" e reduzir a pena para expulsão. Atendendo a seu apelo, o Presidente Roosevelt indultou um oficial da marinha acusado de homossexualismo. Apesar de progressista, essa reforma aumentou o escopo da vigilância dentro das forças armadas, transferindo a supervisão dos homossexuais do sistema da justiça criminal para a profissão psiquiátrica e abrindo caminho para o aumento da discriminação ocorrido depois da guerra. Contrariando frontalmente a visão de Freud, a homossexualidade foi redefinida como doença.[22] Considerada mais humanitária na época, essa alternativa talvez tenha sido mais insidiosa que a acusação legal, já que provavelmente afetou de forma mais profunda a autopercepção dos homossexuais.

A importância da dimensão "interna" na reorganização social encontrou sua expressão cultural mais ampla numa nova ênfase na privacidade individual. Dada a grande proximidade do nazismo e do stalinismo, a liberdade no reino pessoal ou privado foi declarada indispensável à liberdade na vida pública. Essa questão ocupou lugar central em obras exemplares, como *Origens do totalitarismo/Origins of Totalitarianism* (1951) e *A condição humana/Human Condition* (1958), de Hannah Arendt. Mas os analistas o investiram de profundidade carismática.

Talvez nenhum documento contemporâneo seja tão revelador no que se refere a essa questão quanto "Individual and Mass Behavior in Extreme Situations"/Comportamento individual e coletivo em situações extremas (1943), de Bruno Bettelheim.[23] Nascido em 1903, Bettelheim estava fazendo análise em Viena quando foi preso e enviado, primeiro a Dachau e, em seguida, a Buchenwald, onde passou um ano. Tendo aparentemente conseguido sair de lá por suborno, emigrou para os Estados Unidos em 1939. Suas lembranças da experiência nos campos foram publicadas em 1943 no *Journal of Abnormal and Social Psychology*, editado pelo psicólogo Gordon Allport, de Harvard. Em 1945, Eisenhower ordenou sua distribuição a todos os oficiais norte-americanos que estavam na Alemanha ocupada. Dwight Macdonald reimprimiu trechos selecionados em *Politics*. Hannah Arendt discutiu o texto em *Origens do totalitarismo*. Bettelheim o transformou na *pièce-de-resistance* de *O coração informado/The Informed Heart*, livro que publicou em 1960. O texto influenciou profundamente obras emblemáticas da época, como *Slavery/Escravidão* (1954), de Stanley Elkins, e *The Feminine Mystique/A mística feminina* (1963), de Betty Friedan. Para resumir, adquiriu *status* icônico.

O tema abordado por Bettelheim é o da sobrevivência da personalidade individual num ambiente que visa à sua destruição. "Segundo a conhecida ideologia do estado nazista", escreveu ele, "o indivíduo ou não existe ou não importa." O campo havia sido pensado "para massacrar os prisioneiros em sua individualidade", além de fornecer à Gestapo um "laboratório experimental" no qual estudar os meios mais eficazes de extinguir a resistência civil". Escrevendo em tom calmo e lógico, no estilo característico das ciências sociais, Bettelheim distinguiu três tipos de comportamento no campo — o individual, o da massa e o privado —, embora deste só tenha dado um exemplo: sua própria auto-reflexão durante o encarceramento. Conforme ele mesmo alegou, foi este o segredo da sua sobrevivência: ele dividiu-se a si mesmo em um ego observador e um ego observado.

Bettelheim, que foi um psicólogo do ego, introduziu muitos temas que depois se tornaram padrões na literatura sobre o Holocausto, como o choque inicial, a experiência da deportação e do transporte e as diferenças entre os antigos e os novos prisioneiros. O que mais chamou a atenção, porém, foi seu relato da regressão psicológica dos prisioneiros. Privados de todos os direitos dos adultos, em especial do direito à privacidade, obrigados a pedir permissão para usar o vaso sanitário e a dirigir-se uns aos outros por "*du*",* tratados como rebanho cada vez que era possível e regularmente ameaçados com tortura, os prisioneiros foram ficando cada vez mais envergonhados pelas punições, principalmente quando estas eram irrisórias. É bem verdade que eles fantasiavam vinganças impossíveis. Mas o que tem uma importância mais profunda é que eles imitavam os guardas, partilhando do mesmo desprezo que estes dedicavam aos prisioneiros "inaptos", criticando os ex-prisioneiros que denunciavam os campos aos jornais do mundo e costurando e remendando seus uniformes para torná-los mais parecidos aos da Gestapo, mesmo quando eram punidos por isso. Os guardas tratavam-nos com supremo desprezo, mas os prisioneiros imaginavam que, no fundo, eles estavam do seu lado. Uma vez, quando um dos guardas limpou as botas antes de entrar na ala dos prisioneiros, estes discutiram acaloradamente durante semanas a questão de o fato ter sido ou não uma demonstração de respeito.

Depois, o relato de Bettelheim foi questionado por outros presos, mas sua precisão não é o que nos interessa aqui.[24] Maior importância tem a sua receptividade. Bettelheim alegava que suas observações aplicavam-se não só aos campos, mas também ao "grande campo de concentração da Alemanha". Seus leitores expandiram ainda mais o escopo de seu relato: eles leram o ensaio como um relato generalizado dos fatores que colocavam em risco a autonomia em todas as sociedades modernas. Como Bettelheim, que havia baseado sua análise na teoria freudiana do grupo, eles mostraram-se impressionados com a dificuldade que o indivíduo tem em manter a autonomia quando tratado unicamente como membro de um grupo.[25] E acompanharam Bettelheim na identifi-

---

* Pronome alemão de tratamento que, ao contrário de "Sie", formal e respeitoso, é usado normalmente apenas por pessoas que têm muita intimidade. Quando não se verifica igualdade entre os interlocutores, o uso de "du" marca a superioridade, em algum aspecto, de um deles sobre o outro. (N. da T.)

cação do único meio crucial de manter a alma intacta num ambiente assim: a autorreflexão psicanalítica.

O que tornava o campo tão terrível, no relato de Bettelheim, é que não havia trégua dos guardas e, portanto, nenhuma divisão entre o público e o privado. Essa ênfase na inviolabilidade dessa divisão permeia as grandes obras da ciência social norte-americana da década de 50. Em *Origens do totalitarismo*, Hannah Arendt viu na destruição da vida privada justamente o que distinguia o totalitarismo das formas anteriores de tirania que deixavam a esfera privada essencialmente intacta. Em *Slavery*, Elkins apontou a ausência de um espaço privado — da possibilidade de possuir uma propriedade, uma casa e um jardim, de aprender a ler e escrever, de ter o direito de viajar — como o fator que tornava a escravidão norte-americana tão mais virulenta e destrutiva que a do Brasil ou a do Haiti, onde os escravos tinham algum espaço seu. E para Friedan e seus seguidores, era a então nova percepção de que as mulheres não tinham um espaço privado — que o lar se havia transformado numa prisão — que tornava a condição feminina tão opressiva.[26]

A ênfase na privacidade promoveu uma virada da política para a interioridade. O historiador Carl Schorske, com quem começamos a nossa jornada, voltou do serviço militar, tornou-se professor e viu o interesse de seus alunos passar da economia, da política e da sociologia para a literatura e a filosofia.[27] Mesmo as grandes obras da ciência social engajada da época — como *An American Dilemma/Um dilema norte-americano* (1944), de Gunnar Myrdal — baseavam-se no pressuposto de que "a luta moral se dá também dentro das pessoas, e não só entre elas".[28] Para a maioria dos intelectuais, o tormento do macarthismo não estava no choque de visões de mundo, mas na exigência de que as pessoas traíssem a própria consciência e os amigos.[29] Muitos observadores acreditavam também que a era atômica exigia uma percepção mais profunda da psicologia que aquela que permitira a Frente Popular. Em artigo publicado na *Saturday Review*, Norman Cousins descreveu "um medo primitivo, o medo do desconhecido, [que] vazou do subconsciente para o consciente, enchendo a mente de apreensões primordiais".[30]

Muitas vezes, a ênfase na privacidade escondia uma nova ênfase na domesticidade. A ideologia dominante da família do pós-guerra frisava seu caráter privado, o modo como protegia seus membros do mundo exterior, inclusive mesmo o governo norte-americano. Essa ideologia refletiu a transição da sociedade industrial, baseada nas classes e na comunidade, para uma sociedade "pós-industrial", baseada na família e voltada para o consumo de massa.[31] Com possibilidades até então inimaginadas de consumo privado, a vida pessoal — antes associada a meios contraculturais e transfamiliares — tornou-se a ideologia das massas. Impelida por seus ideais, a geração pós-guerra baixou a idade do casamento para ambos os sexos, reduziu a taxa de divórcios e aumentou o número de filhos, tendência que persistiu até o fim da década de 60. Enquanto isso, a publicidade e Hollywood injetaram o carisma do desejo utópico não apenas em determinados bens, mas em todo o projeto do consumo doméstico. Enquanto as fortes comunidades étnicas e as campanhas dos sindicatos de industriários organizaram a vida da classe operária na década de 30, no pós-guerra as casas pré-fabricadas dos subúrbios, as máquinas de lavar, refrigeradores e bens "de luxo" destinados às massas erodiram ainda mais as identidades baseadas em classes. As cadeias nacionais suplantaram as lojas locais, de base étnica, as redes tornaram cada vez mais exígua a programação local de rádio e a televisão descobriu na família de classe média o material para as *sitcoms*, as assim chamadas comédias de situação.

Nesse contexto, desenvolveu-se uma nova ética da "maturidade", "responsabilidade" e "maioridade", simultaneamente influenciada pela psicanálise e sobre esta influente. Na definição de Erik Erikson, a pessoa madura era aquela que era "tolerante diante das diferenças, cautelosa e metódica na avaliação, justa no julgamento, circunspecta na ação e [...] capaz de fé e indignação".[32] Refletindo a ênfase feminina histórica na importância da família e nas normas da classe média, em vez da classe operária, a "maturidade" implicava a rejeição masculina do mundo homossexual e adolescente dos "companheiros" ou "colegas", sua reorientação para a díade heterossexual e sua aceitação das responsabilidades do casamento. A maturidade implicava também a aceitação de limites. Na formulação de Philip Rieff, ela significava "resignar-se a viver conforme seus meios morais, não se sujeitando a fracassos gratuitos na busca inútil de excelsitudes éticas".[33]

Com seu papel-chave na formulação da ética da maturidade, os psicanalistas a atrelaram à domesticidade. Infundindo no reino privado, familiar, significados carismáticos associados à sexualidade, ao eu profundo e à vida pessoal, eles promoveram a reconsagração do amor e do casamento heterossexuais. Enquanto na época do New Deal a família fora mundana, esfera da resistência à autoridade, para os homens, e do trabalho não remunerado, para as mulheres, na década de 50 ela se tornou uma esfera cada vez mais investida de significado pessoal, talvez especialmente para as mulheres. Apesar de haver certa verdade no retrato que o feminismo depois fez da década de 50 como a época em que "Rosie the Riveter"* foi, contra sua própria vontade, empurrada de novo para dentro de casa, as mulheres continuaram sendo a maioria tanto entre os leitores de Freud quanto entre os pacientes analíticos.[34] Muitas acreditavam nos novos ideais do lar, na significação e na gratificação profundas da criação dos filhos, no valor ético de um compromisso para sempre e no objetivo colateral da maturidade. No filme *O homem do terno cinzento* (1956), a mulher (Jennifer Jones) sonha com uma casa nova e força o marido (Gregory Peck) a ganhar mais dinheiro. No entanto, a insistência dela na integridade pessoal contrapõe-se ao homem vazio, superficial, "vaca de presépio" que ele se torna em seu novo cargo de relações públicas. E a mu-

---

* Personagem de um pôster de propaganda da época da Segunda Guerra Mundial no qual se lia a exclamação: "Nós podemos!", Rosie foi retratada como uma mulher musculosa e cantada numa canção da época, passando a simbolizar os mais de seis milhões de norte-americanas que ajudaram a montar bombas, construir tanques, soldar cascos de navios e lubrificar engrenagens de locomotivas, recebendo em média 60% dos salários dos homens. (N. da T.)

lher "amadurece" ao longo do filme. No clímax, ao tomar conhecimento do caso do marido com uma mulher romana durante a guerra, ela supera a mágoa, volta a dedicar-se ao casamento e concorda em arcar com a responsabilidade financeira pelo filho ilegítimo do marido, simbolizando assim a responsabilidade financeira dos Estados Unidos para com a Itália nos anos 50.

A masculinidade também se transformou durante e após a Segunda Guerra Mundial. Antes, os *experts* conservadores haviam temido que o New Deal estivesse produzindo "moleirões" dependentes. Em 1943, o General George C. Marshall afirmou: "Enquanto nossos inimigos estão ensinando seus jovens a resistir às adversidades", os nossos aprendem a depender do governo. Até mesmo William Menninger concordou em que a sociedade norte-americana encontrava-se num "estágio imaturo de desenvolvimento, caracterizado pelo 'quero porque quero quando quero'".[35] Porém, em 1943, Dwight Eisenhower censurou o general George Patton por açoitar soldados que haviam sido hospitalizados por motivos psiquiátricos. "Pára com essa maldita choradeira!", gritara Patton a um desses soldados. Quando a história chegou aos jornais, era Patton, e não os pacientes, quem era visto como aquele que tinha problemas psicológicos.[36] Depois da guerra, a Veterans Administration colaborou na produção de filmes como *Espíritos indômitos* (1950), que girava em torno da luta de Marlon Brando para aceitar sua paraplegia. Liberado de um hospital masculino da Veterans Administration contra sua vontade, mas para seu próprio bem, ele é mostrado na cena final tentando arrastar o corpo inerte até a porta de sua casa no subúrbio. A mulher pergunta-lhe se quer ajuda. "Por favor", responde ele.[37]

Assim, em geral, o pós-guerra promoveu importantes transformações sociais e culturais. Um novo senso de responsabilidade individual permeou as forças armadas, o trabalho e as profissões, enquanto as associações despertadas pela vida pessoal intensificaram o valor atribuído ao casamento e à família. Nessas transformações, o carisma e a racionalização estiveram indissociavelmente entrelaçados. Por um lado, as associações carismáticas conferiram um profundo significado pessoal a fatos aparentemente externos, como a reorganização do trabalho e o novo reino da ciência. Por outro, a ressacralização da domesticidade baseou a racionalização no ciclo de vida do indivíduo, promovendo a destruição das comunidades e solidariedades grupais preexistentes e a criação de novas formas de ordem — a psiquiatria, a medicina, o estado de bem-estar, a multidiversidade, as forças armadas e a família — burocrática e tecnicamente organizadas, contra as quais a geração de 60 se rebelaria.

Os psicanalistas norte-americanos foram agentes da racionalização. No entanto, ela também os transformou. Aparentemente, o fator-chave foi a medicina, em especial a exigência de diploma médico para todos os analistas. Num nível mais profundo, sempre houve uma ressonância especial entre a psicanálise e a cultura norte-americana da cura pela mente, a mesma cultura que deu sustentação ao projeto de controle social. A imigração promoveu uma

A psicanálise impregna a cultura de massa, 1955

fatídica conjunção entre as duas. As piores tendências da psicanálise européia — o perfeccionismo, a veneração da ciência e o autoritarismo — ganharam uma inflexão nova e caracteristicamente norte-americana.

A racionalização começou nos primeiros anos da Depressão, quando, conforme tivemos oportunidade de ver, "a falange de uma nova geração" de analistas norte-americanos — entre os quais estavam Ives Hendrick, Ralph Kaufman, Bertram Lewin, Gregory Zilboorg e Lawrence Kubie — tomou o poder do grupo nova-iorquino, que era influenciado pelo leste europeu e girava em torno de Abraham Brill.[38] A principal idéia desses analistas mais jovens era construir institutos profissionais voltados para a formação, o trabalho clínico e a popularização. A idéia encaixava-se na busca de legitimidade dos psiquiatras, conforme se pode ver nas muitas fundações que patrocinavam o treinamento analítico na psiquiatria.[39] Na década de 30 houve um grande crescimento de institutos de âmbito local, a maioria dos quais consistia em escolas noturnas de intensa vida grupal. Enquanto isso, as residências psiquiátricas nas instituições de elite ganharam orientação "psicodinâmica".[40] A partir de meados dos anos 30, esperava-se de todos os candidatos a treinamento psicanalítico a realização prévia de residência psiquiátrica numa das instituições aprovadas.[41]

A chegada dos refugiados fortaleceu a tendência à medicalização. A maioria vinha do Instituto Psicanalítico de Berlim, que encabeçara a pressão inicial no sentido da profissionalização. Os refugiados eram todos pioneiros da psicologia do ego que compartilhavam das idéias dos analistas mais jovens; na verdade muitos deles haviam sido seus analistas antes, na Áustria e na Alemanha. Entre os expoentes estavam Sándor Rádo, que foi para a Columbia University, e Ernst Simmel, que em 1934 fundou a primeira sociedade psicanalítica em Los Angeles, para a qual posteriormente foram Otto Fenichel e Martin Grotjahn.[42] Contra a vontade de Freud, em 1935 Helene Deutsch trocou Viena por Boston, onde reuniu-se a Hanns Sachs e onde, posteriormente, a ela se reuniram Edward e Grete Bibring. Theodor Reik abandonou Berlim em 1933, indo primeiro para Haia e depois para Nova York. Rudolph Loewenstein, judeu polonês que fora analista de Lacan, Ernst Kris, assistente de curadoria do Museu de Arte Histórica de Viena que ajudara Freud a organizar sua coleção de antigüidades, e Heinz Hartmann, que em 1941 se tornaria diretor de pesquisa da New York Psychoanalytic Society, também emigraram para Nova York, assim como Annie Reich, Hermann Nunberg, Edith Jacobson, Käthe Wolf e Marianne Kris. Quando o mercado em Nova York ficou saturado, os imigrados mudaram-se para outras cidades: Robert Wälder, para Filadélfia, Richard e Edith Sterba, para Detroit, Else Fraenkel-Brunswick, para São Francisco, David Rapaport, para Topeka, onde passou a integrar a Menninger Clinic, e Frieda Fromm-Reichmann, para Maryland, onde passou a integrar o Chestnut Lodge Sanitarium.[43]

Os refugiados deram um tremendo prestígio ao que, antes de sua chegada, ainda era uma profissão um tanto anódina. A análise, conforme escreveu um deles, se desenvolvera tendo como pano de fundo "o desenrolar de imagens e idéias de Sófocles através de Shakespeare e Goethe".[44] Como, perguntou outro, se pode fazer análise quando não se sabe que a palavra *"gay"* também significa "homossexual"? Muitos imigrados adotaram uma postura de superioridade "estilosa". Abram Kardiner jocosamente os chamou *"bei unsers"*, redução de *"Ja, bei uns war es anders"*, "Lá em nossa terra, era diferente". Muitas vezes, eles manifestavam um "julgamento pejorativo da psicanálise norte-americana", considerando-a "pragmática e mecânica".[45] Dorothy Burlingham (nascida Tiffany) queixou-se a Anna Freud dos métodos sempre direcionados para o *"big business"* dos norte-americanos.[46] Os psiquiatras norte-americanos por vezes reagiram na mesma moeda. Assim, em 1938, Karl Menninger parabenizou Franz Alexander: "Você é uma pessoa muito flexível, internacional, [...] diferente dos judeus." E William Menninger disse ao irmão: "Não sei de nenhum outro grupo na medicina que tenha tantos 'estranhos no ninho' [...] quanto o grupo psicanalítico [recém-imigrado]. [...] Não tenho nenhuma grande vontade de identificar-me [...] com eles. [...] Sinto-me antes muito mais próximo [...] da American Psychiatric [Association] ou do American College of Physicians."[47]

À medida que a imigração cedeu lugar à assimilação, a exigência de diploma médico passou a ser aplicada com devoção cada vez mais fervorosa. No William Alanson White Institute, os terapeutas que não tinham formação em medicina foram obrigados a assinar uma declaração na qual garantiam que não exerceriam a análise.[48] Em outros locais, os analistas não tinham permissão para participar de grupos de leitura que incluíssem profissionais não médicos. Lionel Trilling foi impedido de receber um título honorífico analítico por não ser médico. Paul Federn, secretário particular de Freud, só foi aceito como membro de uma sociedade analítica quando se formou em medicina, sete anos depois de chegar aos Estados Unidos.[49] Freud manifestou seu ultraje num protesto contra essa atitude, mas foi em vão. Erik Erikson, Siegfried Bernfeld e até mesmo Anna Freud foram desacreditados por falta de credenciais médicas. Karen Horney — que havia fundado sua própria associação quando a New York Psychoanalytic Society não a reconheceu como instrutora para treinamento em análise — expulsou Erich Fromm pela mesma razão.[50] Theodor Reik, cuja condição laica levara Freud a escrever *A análise leiga/Lay Analysis* em 1926, disse: "Eu era autor de mais de 14 livros e havia publicado inúmeros artigos em periódicos especializados. Estava de fato esperando uma recepção e tanto. Mas logo descobri que nada disso valia alguma coisa, pois eu não era médico. Eles me deram um emprego ordinário, com a condição de que não abrisse um consultório. Muitas vezes, fiquei eu mesmo em dúvida se era um analista tão competente quanto meus colegas médicos.[51]"

À medida que foram conquistando a psiquiatria, os analistas foram absorvendo cada vez mais seus valores. A chave para o sucesso, disse Ives Hendrick aos colegas analistas em seu discurso de posse na presidência da American Psychoanalytic Association em 1955, era a "vitória" sobre o dogmatismo freudiano. Os psicanalistas norte-americanos "recusavam-se a deixar-se sufocar por dogmas teóricos. Enquanto pragmatistas, eles preferiam o que resiste ao teste da utilidade".[52] Em *Fundamentals of Psychoanalysis/Fundamentos da psicanálise* (1948), Franz Alexander argumentava que já não era desejável estudar a história da teoria analítica, uma vez que "a apresentação histórica convencional é muitas vezes confusa". Os textos deveriam apresentar uma "visão abrangente do estágio atual do conhecimento psicanalítico".[53] Em 1965, ele publicou a correspondência entre Freud e Eugene Bleuler a fim de demonstrar que a psicanálise havia enveredado pelo caminho errado quando Freud se afastou da psiquiatria oficial.[54]

Com o atenuamento da fronteira entre a análise e a psiquiatria, os analistas ganharam imenso prestígio e recompensas financeiras. De todos os imigrados, os analistas foram os mais bem-sucedidos. Uma demonstração disso está no fato de Wolfgang Koehler, Max Wertheimer e Kurt Koffka jamais terem conseguido reconstruir a psicologia da *Gestalt*, por exemplo.[55] O ano de 1947, de acordo com Nathan Hale, foi "uma espécie de corrida do ouro".[56] No seu discurso de posse na presidência da American Psychoanalytic Association em 1953, C. P. Oberndorf observou: "Finalmente a psicanálise adquiriu legitimidade e respeito." Dois anos depois, Ives Hendrick referiu-se à análise como "a categoria que (pelo menos, aparentemente) domina o mercado", observando que o número de associados estava "crescendo em progressão geométrica, e não aritmética". E acrescentou: "Nosso sucesso, imensamente amplificado [...] pela estima de outros grupos médicos, conferiu-nos poderes que não havíamos buscado nem previsto": entre eles, cargos de docência universitária, seleção de alunos e poder de decisão sobre a definição de currículos e credenciamento.[57] Até Wilhelm Reich prosperou, abrindo um lucrativo consultório em Forrest Hills, Nova York, antes de morrer louco numa penitenciária federal depois de ter sido condenado por fraude com base numa lei relativa a drogas e alimentos.[58] A análise, conforme observou Alfred Kazin em 1956, era "um grande negócio, e fácil de administrar".[59]

A absorção da psicanálise pelo estado de bem-estar norte-americano transcende a conhecida história do estrangeiro talentoso que é corrompido pela ganância da máquina americana. Uma despercebida convergência entre as tradições norte-americanas de conversão religiosa, cura pela mente e auto-ajuda, de um lado, e os pendores utópicos da psicanálise, de outro, inspirou o longo caso de amor do país com a análise, além de alimentar o programa de reorganização social do pósguerra. Na medida em que a análise permaneceu uma força predominantemente marginal, contracultural, essa convergência teve poucos efeitos funestos. Por outro lado, a integração da análise ao estado de bem-estar — emblemada em sua obsessão pelo diploma em medicina — deu-lhe autoridade e poder estatal. Em especial no contexto da guerra fria, suas preexistentes tendências ao autoritarismo, cientificismo e grandeza revestiram-se de um matiz sinistro.

Para começar, a integração da análise ao estado de bem-estar a conjugou a uma noção positivista da ciência que logo seria usada contra ela.[60] Em 1997, Alan A. Stone lembrou como, durante seu treinamento em Boston após a guerra, o professor comparara o trabalho analítico às grandes obras coletivas do passado. Meio século mais tarde, após a dissipação do carisma da análise, Stone afirmou haver chegado à conclusão de que a psicanálise não era uma ciência, não era cumulativa, nem sempre se baseava em dados observáveis e não estava sujeita à previsão.[61] A empobrecida idéia de ciência de Stone teria excluído quase todas as formas de estudo dos seres humanos que não fossem modeladas diretamente pela física; de fato, a física é mais complexa. A subordinação a uma concepção idealizada e indevidamente restritiva das ciências naturais, a exclusão da crítica e da especulação, a recusa a perguntar quando a verificação empírica era necessária e quando era impossível, a negligência do fato de que o sujeito estudado não era um objeto, mas um ser livre, capaz de autotransformação através do processo de estar sendo estudado — tudo isso se consolidou na racionalização do fim dos anos 40.[62]

Em segundo lugar, uma cultura cientificista sancionou a atitude dos analistas de não refletir sobre si mesmos, seja individual ou coletivamente. Nada poderia ser menos analítico; mas, no entanto, a análise era um tratamento muito menos eficaz do que seus praticantes alegavam. Por conseguinte, a psicanálise muitas vezes foi uma comunidade que agiu de má fé, alardeando seus êxitos e ignorando seus fracassos, distorcendo apresentações em salas de aula e negando a si mesma os meios de corrigir-se. A questão é, sem dúvida, complicada. Como força carismática, a análise fez grandes exigências a seus praticantes e a seus pacientes. Apesar disso, houve muito mais "fracassos", segundas e terceiras análises, e vidas tragicamente distorcidas do que se admitiu publicamente. A acusação que Frederick Crews posteriormente fez à análise — "sua deliberada frieza, seu cultivo da regressão afetiva, sua depreciação das autopercepções do paciente como inautênticas, sua dispensação irresponsável da culpa, sua visão histórica da inferioridade moral e da passividade predestinada das mulheres e sua elástica licença interpretativa, que permite ao analista estar certo todas as vezes" — tem sua verdade.[63] Essa postura se enrijeceu ainda mais com o autoritarismo interno. Segundo a lembrança que um analista descreveu do seu treinamento, "se algum aluno fizesse uma pergunta qualquer, era ridicularizado e ainda ouvia que estava resistindo".[64]

Em terceiro lugar, a medicalização incentivou a despolitização e até o reacionarismo. Os ideais do "profissionalismo" e da "neutralidade analítica" assumiram um sentido diferente quando os analistas se aliaram ao poder oficial. À medida que a guerra fria se desenrolava, as alegações de estar "acima" da política tornaram-se especialmente perniciosas. O exemplo mais notável verificou-se no Brasil. Werner Kemper, um dos principais expoentes da psicanálise alemã durante o Terceiro Reich, estava entre os fundadores do Instituto Psicanalítico do Rio de Janeiro, em 1946. Muito depois — mas com uma visão formada pela medicalização —, Amílcar Lobo, aspirante a analista que estava sendo supervisionado por um dos analistas formados por Kemper, ajudou torturadores observando o estado psíquico e físico das vítimas. Apesar de repetidas solicitações de intervenção, a International Psychoanalytic Association minimizou a importância do caso.[65]

Na Inglaterra, o anticomunismo obscureceu sutilmente a tradição analítica local, profundamente influenciada pela Frente Popular. Mas nos Estados Unidos, mesmo analistas liberais aquiesceram ao macarthismo. Arthur Miller lembrou que suas dificuldades "eram certamente pessoais", mas que não podia "deixar de suspeitar que a psicanálise estava [...] sendo usada como substituta não só do marxismo, mas de qualquer tipo de ativismo social".[66] Alguns analistas incentivaram os pacientes a cooperar nas audiências da HUAC, House Un-American Activities Committee, a comissão de investigação de atividades antiamericanas da câmara de deputados dos Estados Unidos, e de McCarthy.[67] Quando o ator Sterling Hayden disse a seu analista — um ex-comunista — que "o FBI não vai me dar trégua enquanto eu não denunciar pessoas que nunca fizeram nada de errado", este lhe disse que "o FBI provavelmente tratará essas informações confidencialmente". Quando Hayden disse que seu advogado o aconselhara a não confiar no FBI, o analista sugeriu-lhe que devia "procurar outro advogado". Por fim, o analista lhe disse: "Na verdade não há muita diferença entre falar em particular com o FBI e subir ao estrado das testemunhas em Washington. Afinal, você já informou o que eles queriam. Mas você tem uma excelente consultoria, sabe, e há grandes probabilidades de que o público talvez passe — com o tempo — a vê-lo como um homem exemplar que uma vez cometeu um erro."[68]

Antes, os analistas haviam defendido uma visão do ego mais nuançada que a fornecida pela cultura dominante; agora eles se identificavam acriticamente com o "respeito pelo indivíduo" vigente no Ocidente. Em 1948, a UNESCO patrocinou um congresso em Paris no qual Harry Stack Sullivan e outros debateram o grupo de cientistas sociais do leste da Europa que era liderado por Alexander Szalai, de Budapeste. A defesa norte-americana da psicologia ocidental derrotou facilmente a insistência ortodoxa marxista de que era impossível mudar a consciência individual sem antes mudar as condições sociais, mas isso deveria ter sido o início da discussão, não o fim.[69] Além disso, os norte-americanos adotaram uma postura missionária interessada que reforçou o triunfalismo da guerra fria. Karen Horney aconselhou os Estados Unidos a adotarem um "planejamento de longo prazo para a estabilidade emocional", Sullivan pediu uma "mobilização mundial da psiquiatria" e Henry A.

Murray conclamou os cientistas sociais a "invadir [...] o reino dos valores" e tornar-se "médicos da sociedade".[70]

As ambigüidades de uma psicanálise amparada pelo governo vieram à tona com mais nitidez na esfera dos assuntos exteriores. Durante a ocupação do Japão, Masao Maruyama, um teórico marxista, relacionou o militarismo japonês à fraqueza do que denominou "o ego moderno" daquele país. Na Alemanha, Alexander Mitscherlich, um teórico crítico de segunda geração, expôs a cumplicidade entre a psicanálise alemã e o nazismo. As autoridades norte-americanas ignoraram ambas as iniciativas. Sob o impacto da guerra fria, elas promoveram o desenvolvimento da análise como meio de *esquecer* o passado. Na Alemanha, já em outubro de 1945, alguns analistas — entre os quais Felix Boehm e Karl Müller-Braunschweig — conseguiram que uma seguradora amparada pelo governo pagasse a psicoterapia, produzindo aquilo a que Edith Kurzweil chamou "*psicoboom*". Em menos de uma década, os alemães passaram a ser um dos maiores grupos na International Psychoanalytic Association, e a Alemanha tornou-se a principal parceira dos Estados Unidos na guerra fria. Quando a história do Instituto Göring foi enterrada, os analistas reviram "suas próprias histórias recentes, ressaltando sua inicial 'ambivalência' diante dos nazistas e as dificuldades que viveram, além de buscar contato com os analistas judeus, agora nos Estados Unidos e na Inglaterra, com os quais antes tinham relações amigáveis".[71] Assim, os analistas norte-americanos acabaram exportando uma versão asséptica do freudismo como parte do processo mais amplo pelo qual os Estados Unidos tentaram exportar para ambos os países o seu próprio estilo de vida.

Mesmo quando sobreveio o processo de rotinização, a relação com uma fonte de significação carismática moldou a vida interior dos analistas norte-americanos, distinguindo-os dos outros médicos. A simples recompensa econômica não poderia explicar o discipulado, a abnegação, os anos de treinamento, as aulas noturnas, o sigilo e a dedicação que produziam um analista. Antes de qualquer outra coisa, a psicanálise era uma *vocação*. A educação analítica, conforme disse Michael Balint, fazia "lembrar muito as cerimônias primitivas de iniciação", com conhecimento esotérico, dogmatismo e "técnicas autoritárias". No centro de tudo estava a análise do treinamento, o vínculo pessoal direto com um indivíduo cuja autoridade, em última instância, provinha de Freud. Seu objetivo, como no treinamento de qualquer sacerdócio, era "forçar o candidato a identificar-se com seu iniciador, introjetar esse iniciador e seus ideais e criar, a partir dessas identificações, um superego forte que o influenci[asse] por toda a vida".[72] O trauma da emigração intensificou a força dessas relações diádicas, mas também as relegou à clandestinidade.

Quando a análise se fundiu ao estado de bem-estar, o recurso mais importante que restou aos analistas para manter sua identidade interior foi o seu "ideal de ego compartilhado, a imago idealizada de Freud". Lionel Trilling, ao falar em um jantar em 1955, parabenizou a psicanálise por ter "toda a sua história diante dos próprios olhos, [...] tornada real e dramática na pessoa de Freud". O centenário de Freud em 1956 orientou-se por um único princípio: não fazer nada que Freud pudesse desaprovar. Ruth Thomas comentou: "Parecia que afinal havíamos encontrado nosso único ponto de acordo na veneração de Freud." Ernst Kris preparou Anna Freud para sua visita aos Estados Unidos: "Todos estarão a seus pés. Não por você ser filha de Freud, mas de uma certa forma por isso." E adiante: "Caso prefira, você pode presumir que o aspecto positivo da ambivalência deles em relação a [seu pai] se dirige a você."[73]

Além da análise de treinamento, havia dois outros meios de reproduzir o vínculo carismático com Freud.[74] O primeiro era através da leitura da obra de Freud, especialmente *A interpretação dos sonhos*. Como observou Heinz Kohut, o estudo desse texto levava os alunos a identificar-se com Freud através da participação "no funcionamento dos mais íntimos recônditos" de sua mente; "essa proximidade empática com todos os setores da mente de outra pessoa, indo de níveis conscientes a inconscientes, não nos é possível nas relações do dia-a-dia nem mesmo com aqueles com quem temos mais intimidade: os membros de nossa família e nossos amigos". O segundo meio de reproduzir a identificação com Freud era assumindo sua identidade nuclear e tornando-se escritor. Em 1945, Ernst Kris lançou um apelo para que se definisse "de forma oficial o que acreditamos ser a verdadeira psicanálise freudiana". De Londres, ele escreveu um "MEMORANDUM — Free Associations to the Topic What to Do Next?"/MEMORANDO — Associações livres provocadas pelo tópico: o que fazer a partir de agora? A seu ver, nada era, "no momento, tão importante" quanto escrever.[75]

O desejo de resguardar e proteger o legado de Freud refletiu-se num novo período de sistematização. Entre seus produtos estavam os artigos que Hartmann, Kris e Loewenstein publicaram regularmente em *The Psychoanalytic Study of the Child*, o livro *Estrutura da teoria psicanalítica/Structure of Psychoanalytic Theory* (1959), de David Rapaport, e o *Hampstead Psychoanalytic Index/Índice analítico de Hampstead*, concebido por Dorothy Burlingham e patrocinado por Anna Freud, que buscava registrar dados analíticos de um modo que possibilitasse comparações sistemáticas.[76] No luto, observou Melanie Klein, as pessoas arrumam a casa.[77] Ao mesmo tempo, a sistematização servia ao impulso rumo à medicalização e ao positivismo. Onde Freud havia falado da aprovação ou reprovação do ego pelo superego, preservando uma dimensão experiencial, Hartmann, Kris e Loewenstein "corrigiram" a linguagem de Freud para referência a "graus de tensão" entre as duas instâncias.[78]

Os mais importantes projetos dessa geração — a biografia de Freud, escrita por Jones, e a *Standard Edition of the Complete Psychological Works of Sigmund Freud*, a edição completa das obras de Freud em língua inglesa, sob a supervisão de James Strachey — foram ao mesmo tempo obras de luto e de revisão. O primeiro volume da biografia que Jones fez — dedicada a Anna Freud, "filha verdadeira de um pai imortal" — foi lançado em 1954. A imago de Freud era tão forte que os analistas atribuíram a suposta edulcoração de Jones nas últimas décadas de vida à sua imersão nos materiais para o trabalho.[79] Na tentativa de proteger as credenciais científicas da análise, Jones enfatizou a relação de Freud com o materialismo brückeano, afirmando que, embora Freud tivesse freqüentado as aulas de filosofia de Franz Brentano, o fato não "parece ter nenhuma importância".[80] Ainda lidando com os efeitos secundários de uma revolução carismática, Jones minimizou a intensidade da experiência do *Männerbund*, ignorou todas as relações entre a análise e a política, acertou velhas contas com Rank e Ferenczi e, no geral, exemplificou o que Peter Homans chamou de "*ur*-ansiedade" da psicanálise: a de ser vista como uma religião.[81]

A *Standard Edition*, composta por 24 volumes preparados por um pequeno grupo internacional de analistas, foi iniciada em 1946 e terminada vinte anos depois, cumprindo a antiga promessa de Jones a Freud.[82] Não há edição inglesa comparável de nenhum outro grande pensador europeu moderno, seja Marx, Weber ou Nietzsche. Preparada na Inglaterra, foi financiada em grande parte pela American Psychoanalytic Association, que garantiu a compra de quinhentos exemplares.[83] Strachey revisou traduções anteriores, especialmente as de Joan Riviere e Katherine Jones, no intuito de produzir um texto de "absoluta credibilidade e autoridade inquestionável".[84] E descreveu o modelo imaginário do leitor que tinha diante de si como "um homem da ciência inglês, de ampla cultura, nascido na metade do século XIX".[85]

A tradução é um monumento da língua inglesa, mas também reflete o impulso de medicalização. Uma das vítimas foi o da linguagem cotidiana usada por Freud. Ele usou o termo "*Ich*", "eu", para referir-se *tanto* à instância psíquica *quanto* ao eu experienciado, dando-lhe assim um duplo sentido. A tradução de Strachey de "*Ich*" como "ego" eliminou essa dualidade. Sua preferência por termos clássicos — um viés que em si já era médico — intensificou o problema. "Bom" tornou-se "apropriado", "necessidade" tornou-se "exigência", "em repouso" tornou-se "em estado de latência". As construções ativas, dinâmicas e carregadas de afeto deram lugar a construções passivas, estáticas, neutras. O uso do presente, com o qual Freud tentou captar a atemporalidade do inconsciente, foi substituído pelo passado.[86] A adoção de um glossário padronizado reforçou a dominância anglo-americana na análise. Até hoje, a tradução de Strachey continua sendo o padrão internacional.

Outras traduções e edições da época também serviram para embelezar e obscurecer. Na tradução para o inglês de uma carta de 1883, Freud informa a Martha Bernays que planejava viver mais "como os gentios — modestamente, [...] sem lutar por descobertas nem pesquisar demasiado fundo". Porém em alemão Freud originalmente se refere a *Gojim* — goyim— e não a gentios.[87] Nas cartas de Freud a Fliess, publicadas em 1954 sob o título de *The Origins of Psychoanalysis/As origens da psicanálise*, Ernst Kris omitiu, entre outros trechos, a descrição que Freud faz numa carta de 1897 da "autenticidade intrínseca do trauma infantil", do lamentável abuso sexual de uma menina de dois anos pelo pai.[88] As tentativas de "proteger" Freud com a omissão de trechos desse tipo acabaram por deixar toda a tradição analítica vulnerável a muitas acusações de desonestidade.

Na verdade, havia grande ambivalência nesses esforços. Muitas das principais figuras que depois viriam a tentar desacreditar Freud e a psicanálise eram discípulos ou seguidores de analistas ortodoxos: Paul Roazen, de Helene Deutsch, Jeffrey Masson, tanto de Anna Freud quanto de Kurt Eissler. Frederick Crews, o principal difamador de Freud e do pensamento freudiano, já esteve entre os mais prestigiados críticos literários psicanalíticos dos Estados Unidos. Robert Wallerstein, eminente analista norte-americano, ofereceu uma explicação em 1983: os analistas norte-americanos "jamais elaboraram inteiramente seu luto por Freud, incorporaram sua ambivalência em relação a ele ou consolidaram suas identificações com ele".[89]

O uso do carisma analítico na normalização da guerra fria teve seu impacto mais profundo na esfera sexual. A influência analítica na sociedade dos Estados Unidos do pós-guerra baseou-se na sua capacidade ímpar de perscrutar e influenciar a vida íntima da família. Os analistas tinham essa capacidade porque as pessoas confiavam neles. Medicalizada, a classe muitas vezes traiu essa confiança, tornando patológicas as aspirações das mulheres e homossexuais, dentre outros grupos.

O apogeu e a predominância da psicologia norte-americana do ego no movimento psicanalítico internacional havia coincidido com a entrada na análise de um grande número de mulheres, sua emergência como líderes e a mudança para o paradigma mãe-bebê que elas promoveram na teoria analítica. Mas, uma vez no poder, as psicólogas do ego de fato remasculinizaram a análise. A medicalização promoveu uma acentuada redução no número de analistas mulheres. Nos Estados Unidos, onde apenas 6% dos alunos de medicina na década de 40 eram mulheres, esse número caiu drasticamente, de 27% na década de 30 para 9% na de 50. A medicalização tornou esse declínio inevitável.[90] Já que os Estados Unidos dominavam a associação internacional e lideraram a reconstrução da análise no âmbito mundial, essa mudança na composição do gênero afetou todo o movimento.

A remasculinização não foi apenas uma questão de números. De igual importância foram as mudanças de tom e de orientação. Originalmente iniciada e desenvolvida por mulheres, para servir aos interesses das mulheres, a teoria analítica da relação mãe-bebê tornou-se uma teoria médica *contra* as mulheres. As pacientes foram muitas vezes desaconselhadas a dedicar-se

Psicanálise, mulheres e consumo de massa
(*Mademoiselle*, outubro de 1953)

a uma profissão e incentivadas a agradar aos maridos, mesmo por analistas mais velhas e bem-sucedidas na própria carreira. Os problemas sociais foram atribuídos ao que Abram Kardiner denominou estrutura familiar "uterina", o que significava o excessivo poder feminino na família e o conseqüente declínio do papel do pai. Culpou-se a mãe "narcisista" pela delinqüência juvenil; a mãe "esquizofrênica" pelas deficiências mentais dos filhos; a "família fraca, centrada na mãe" pela suposta falta de auto-estima do homem negro; o "cordão emocional" — ou seja, o vínculo afetivo entre mãe e filho — pela homossexualidade masculina; e o "mamismo" pelo que Philip Wylie denominou "o aspecto pálido dos homens de hoje".[91] Assim, por ironia, a análise tornou-se um domínio masculino em meio a uma mudança cultural revolucionária nas relações de gênero e sexo que ela mesma havia ajudado a desencadear. Se cresceu junto com o ardor e o mistério da sexualidade no século XX, a psicanálise entrou em declínio quando assumiu a tarefa da normalização.

Isso não quer dizer que não haja pontos fracos no paradigma mãe-bebê. Pelo contrário, os textos analíticos tipicamente apresentam a mãe como uma categoria ontológica incapaz de variação cultural ou histórica. Além disso, ao equiparar o ego a obrigações concretas, Klein elidiu a problemática da auto-reflexão e da autonomia que estava no centro do projeto de Freud. Na tradução para a psicologia norte-americana do ego, o paradigma mãe-bebê tendeu a degringolar claramente numa psicologia do desenvolvimento.

Não obstante, os analistas homens da época não quiseram corrigir esses problemas. Em vez disso, eles se limitaram comodamente a criticar o movimento do pós-guerra por haver-se tornado "matriarcal", como fez Jacques Lacan, ou "dominado pelas mulheres", como fizeram Ernest Jones e Edward Glover.[92] Anna Freud, em especial, incentivou a remasculinização da psicanálise. Seu pai, escreveu ela, "estava convencido de que a anatomia determinava se as qualidades que teriam predominância seriam masculinas ou femininas e buscava preparar o indivíduo para as tarefas que lhe corresponderiam no futuro, conforme fosse homem ou mulher". Em 1977 ela contradisse as feministas ao argumentar que "o equipamento anatômico da menina a coloca[va] em desvantagem em relação ao detentor do *phallus*", sem jamais questionar a impossibilidade de possuir uma representação.[93]

Contudo, a influência da tradição de emancipação feminina que havia surgido após a Primeira Guerra Mundial persistiu em alguns redutos analíticos. Phyllis Greenacre e Grete Bibring "incentivaram suas pacientes a libertar-se da contumaz submissão aos homens".[94] Os escritos de Helene Deutsch da década de 50 sobre a relação mãe-filha influenciaram a socióloga feminista Nancy Chodorow. O livro *The Feminine Character*/O caráter feminino (1949), de Viola Klein, integrou o freudismo à ciência social feminista de Margaret Mead e William I. Thomas.

Porém, essas foram exceções. Como tais, tiveram pouco impacto sobre a percepção dos anos 60 de que a psicanálise era sistematicamente hostil ao feminismo. Um caso revelador é o da recepção de *Modern Woman, The Lost Sex*/A mulher moderna, o sexo perdido, de Ferdinand

Lundberg e Marynia F. Farnham (1947). Foi esse livro que Betty Friedan apontou em 1963, em *The Feminine Mystique*, como representativo da visão de mundo psiquiátrica do pós-guerra. Com efeito, Lundberg e Farnham haviam afirmado que "no fundo, o feminismo era uma grave enfermidade. [...] O organismo feminino não [tinha] condições para conseguir o bem-estar através de realizações masculinas".[95] Subseqüentemente, a obra ganhou ampla notoriedade nos círculos do Women's Lib e nos programas de estudos da mulher, onde foi tomada como exemplo do ponto de vista freudiano. Na verdade, Lundberg e Farnham não eram analistas. Além disso, na resenha que fez para o *Psychoanalytic Quarterly* — a única publicação psicanalítica que apresentou uma resenha dessa obra —, Frances Arkin queixou-se de que a "visão restrita dos autores é absolutamente desalentadora. [...] [Eles] fazem os ponteiros do relógio voltar aos dias que antecederam a revolução industrial".[96]

Apesar de não ter sido sistematicamente antifeminista, no pós-guerra a análise norte-americana tendeu a impor a normalização de gênero e de sexo. Todas as analistas que acabo de citar como simpatizantes do feminismo — Phyllis Greenacre, Grete Bibring, Helene Deutsch, Viola Klein e Frances Arkin — eram mulheres. Até a crítica que Roy Schafer fez a Freud em 1974, era difícil encontrar um analista [homem] nos Estados Unidos que se mostrasse solidário ao feminismo.[97]

Como sempre, os crimes mais flagrantes se deram nos tratamentos. Numa experiência relativamente comum, Annie Parsons, filha de Talcott Parsons, após destacar-se como estudante de psicologia nas prestigiosas faculdades de Swarthmore e Radcliffe, estudar em Paris com Lévi-Strauss, Lacan e Piaget e fazer pesquisa na Escola de Medicina de Harvard, inscreveu-se para treinamento analítico no Boston Psychoanalytic Institute. A reação do seu "analista extremamente ortodoxo" à sua profunda tristeza, escreveria ela posteriormente, foi não dizer "absolutamente nada". Ele de nenhuma maneira "deu a entender que sua aceitação como candidata a treinamento estava sendo analisada", conforme afirma a historiadora Winifred Breines. Em 1963, ela foi finalmente recusada por "não conseguir aceitar seus instintos femininos básicos". Parsons jamais se recuperou e cometeu suicídio aos 33 anos de idade.[98]

As mulheres não foram as únicas vítimas. Muitas das memórias e biografias da época registram análises que foram verdadeiros pesadelos. Uma das analistas de Lionel Trilling, Ruth Mack Brunswick, era usuária de drogas. Conforme relembra Trilling, "os cinco anos em que estive em tratamento com a Dra. Brunswick foram os piores da minha vida. Não apenas quando estava em seu consultório, mas também nas longas noites insones em que tentei entender seu comportamento desconcertante".[99] Embora não forneça detalhes, na biografia de "Denny" — que, antes de se suicidar, apareceu na capa da revista *Life* na década de 50 —, Calvin Trillin revela que Denny era um homossexual que estava em análise.[100] Ao fim de sua "longa e deprimente psicanálise", o escritor Dan Wakefield viu-se "deitado no chão do consultório do analista, tão arrasado" que não se achava capaz de sair de lá com os próprios pés.[101]

O homossexual muitas vezes foi um alvo específico. Em 1956, Anna Freud pediu à jornalista Nancy Procter-Gregg que não republicasse a famosa carta de seu pai à mãe de um homossexual (escrita em 1935 e reproduzida na página 170), na qual ele dissociava a homossexualidade de qualquer estigma de doença. Segundo Anna Freud, os analistas então já tinham como curar a homossexualidade, e a carta de seu pai faria os homossexuais desistirem de buscar essa solução.[102] O analista Lawrence Kubie estava entre os que se especializaram nessa "cura". A exaltação de Moss Hart à psicanálise — *Lady in the Dark/A mulher que não sabia amar* (1941) — teve 467 apresentações na Broadway, mas a tentativa de Kubie de dar cabo da homossexualidade de Hart pode ter contribuído para a depressão e a morte prematura deste. Ao que tudo indica adepto de técnicas comportamentais, Kubie induziu um paciente — Vladimir Horowitz — a trancar-se num quarto quando sentisse a iminência de desejos homossexuais, e outro — Tennessee Williams — a terminar o melhor relacionamento de sua vida.[103] Entretanto, na Roma do fim dos anos 40, o poeta James Merrill encontrou Thomas Detre, um analista que aceitou e apoiou sua homossexualidade.[104] Em 1950, o também poeta Allen Ginsberg foi a uma "senhora psicanalista" que "chamou o meu pai e disse-lhe que ele e minha mãe tinham de aceitar o fato de eu gostar de homens". O ator bissexual Montgomery Clift viajava nas férias com William Silverberg, seu analista neofreudiano e *gay* semi-assumido. Silverberg era amigo de Harry Stack Sullivan, ele próprio também homossexual.[105] E o psicanalista Robert Lindner escreveu em 1956 que a maioria de seus colegas havia abandonado a visão "humanitária" porém "ingênua" de que a homossexualidade era uma doença, passando a vê-la cada vez mais como "uma revolta da personalidade que procura — e descobre — um meio de dar expressão a pulsões eróticas reprimidas".[106]

A trajetória do termo "bissexualidade" é especialmente reveladora. Como vimos, a redefinição a que Freud submeteu o conceito foi intrínseca ao nascimento da análise, e o termo manteve sempre a conotação de liberdade diante dos papéis sexuais prescritos. Porém, em 1940 Sándor Rádo, da University of Columbia, afirmou que o conceito havia "perdido sua utilidade científica". A teoria baseava-se num "salto arbitrário do embriológico para o psicológico. [...] Com exceções praticamente irrelevantes, todo indivíduo é macho ou fêmea". Voltando à idéia pré-freudiana de instinto heterossexual, Rádo argumentava que a inclusão em um gênero ou outro implicava necessariamente uma determinada sexualidade. Portanto, "todo homossexual é um heterossexual latente".[107] Ernest Jones e Anna Freud também se incluíam entre os que achavam que Sigmund Freud havia "exagerado" a disposição bissexual dos seres humanos.[108] Como resumiu Kenneth Lewes, historiador da teoria psicanalítica da homossexualidade masculina, o que em Freud fora ambíguo tornou-se simples e doutrinário.[109]

Em 1948, quando Alfred Kinsey e outros pesquisadores descreveram a homossexualidade no reino animal, sociedades em que a homossexualidade era normal e homossexuais bem ajustados e felizes, os analistas foram seus maiores detratores.

Edmund Bergler sem dúvida foi um caso extremo, embora seu trabalho jamais tenha sofrido repúdio público. Em *Neurotic Counterfeit Sex/Sexo neurótico simulado* (1951), ele argumentava que os homossexuais só *aparentavam* interesse pelo sexo. Na verdade, eram todos uns "colecionadores de injustiças, ressentidos por influência de Kinsey". A seu ver, as "conclusões errôneas" de Kinsey seriam "usadas contra os Estados Unidos no exterior, tornando o país alvo de uma campanha de rumores difamatórios".[110] Segundo o pensamento analítico dominante — bem representado por Charles W. Socarides —, os homossexuais temiam a fusão com a "mãe pré-edipiana. [...] Eles espera[va]m obter uma 'dose' de masculinidade no ato homossexual. Como o viciado, [o homossexual] precisa[va] dessa 'dose'".[111] Foi esse tipo de percepção que levou a American Psychiatric Association a classificar a homossexualidade, em 1952, como um distúrbio sociopata da personalidade no seu primeiro *Diagnostic and Statistical Manual of Mental Disorders/Manual diagnóstico e estatístico de distúrbios mentais*, o DSM-I.[112] Por tais razões, Lewes caracterizou — com razão e até generosidade — o período do pós-guerra em termos da "tradição psicanalítica de salvaguarda moral".[113]

Toda seita carismática que sobrevive o suficiente para institucionalizar-se acaba por tornar-se rígida, fossilizada e presa aos textos. Em meados da década de 50, a psicanálise norte-americana atingiu esse ponto. Com seu apelo às dimensões mais privadas e não socializadas da individualidade, ela se tornou um agente da racionalização, praticamente um emblema do conformismo dos executivos e da domesticidade das forminhas de moldar biscoito, tão detestados pela era. Até as pessoas "de dentro" da análise, como Anna Freud, admitiam que a psicanálise não estava num "momento criativo": "Se o meu pai estivesse vivo agora, não desejaria ser analista."[114] Como na história da religião, a renovação teve de vir de fora — neste caso, através de escritores e teóricos sociais. Mas os *outsiders* apelaram para as mesmas fontes carismáticas que os racionalizadores.

A anti-racionalização assumiu duas formas: a conservadora e a radical. O ponto de divisão era o *status* das instituições. Os anti-racionalizadores conservadores — como Lionel Trilling e Philip Rieff — defendiam a necessidade de instituições, profissões e autoridade política, ao tempo em que invocavam as bases instintuais e sexuais da individualidade como corretoras da burocratização e da conformidade. Os radicais — como Norman O. Brown e Herbert Marcuse — eram antiinstitucionalistas. Eles esperavam libertar as partes mais profundas da individualidade das limitações impostas pelas instituições repressoras, especialmente a família heterossexual.

Ambas as correntes tinham relações com os intelectuais nova-iorquinos da década de 50, entre os quais crescia o interesse não médico pela psicanálise.[115] Embora extremamente diversificado, esse grupo compartilhava a impressão de esgotamento do marxismo e de limitação do New Deal. Havendo rejeitado o stalinismo havia muito, esses intelectuais também estavam se afastando da Frente Popular. Argumentando que o conflito entre o indivíduo e a sociedade se havia tornado mais importante que o conflito entre operários e capitalistas, eles concluíram que as formas econômicas de luta já não eram primárias. Alguns deles aderiram à direita, mas outros voltaram-se para o modernismo, o existencialismo e a psicanálise a fim de criticar a "sociedade de massa" e a "cultura de massa".[116]

No momento em que os analistas-médicos haviam acabado de sugar até a alma do freudismo, os intelectuais do ambiente nova-iorquino ressuscitaram a visão modernista de que tudo o que era genuinamente autêntico — conforme revelavam a sexualidade, a criatividade e a ação espontânea — era um recurso permanente contra a racionalização. Essa visão informava a "*action painting*" dos expressionistas abstratos, as críticas de Clement Greenberg e de Irving Howe à cultura de massa e a filosofia da ação política de Hannah Arendt.[117] A *Partisan Review*, que no início era uma revista literária comunista, passou a ver o modernismo do início do século XX como fonte carismática de resistência tanto à racionalização quanto ao stalinismo. O modernismo, escreveu William Barrett, não era tanto uma questão de literatura quanto uma tentativa de manter "vivo um certo tipo de consciência numa sociedade que reage a ele com inércia ou hostilidade".[118] Só uma *avant-garde* que estivesse em contato com as correntes mais profundas e sombrias da vida pessoal poderia resistir à cultura mediana, ao "*kitsch*", ao estado de bem-estar e ao que Arendt denominou "o social".

Assim como antes haviam feito os participantes da Harlem Renaissance, muitos dos intelectuais nova-iorquinos do pós-guerra recorreram à música afro-americana, à literatura e ao protesto para criticar a normalização. Para muitos, a injustiça racial exemplificava a desumanização, a perda de identidade e a dubiedade que caracterizavam a sociedade moderna de uma maneira mais geral. No livro *Invisible Man/Homem invisível*, de Ralph Ellis, as tentativas pioneiras de Richard Wright de ligar a modernidade à identidade racial e as primeiras investigações de James Baldwin sobre a interação da identidade racial e sexual refletiam essa visão.[119] Para alguns, além disso, a cultura afro-americana fornecia recursos para a transcendência da desumanização: a espontaneidade intensamente pessoal do *jazz*, a tristeza e a ambivalência do *blues*, a liberdade e a sensualidade possibilitadas pela marijuana.

Apesar do conservadorismo do *establishment* analítico, Freud foi colocado no centro dessa volta ao pessoal. Para muitos, a psicanálise era a verdadeira herdeira de um marxismo que já se fossilizara. Um artigo publicado em *Commentary* em 1948, afirmava que "quando as panelinhas políticas da década de 30 perderam o ardor e morreram, elas na verdade não morreram, apenas foram levadas ao seio do Pai e estranhamente transmudadas: a psicanálise é o seu novo aspecto".[120] Em sua autobiografia, Arthur Miller relembrou o fascínio que a psicanálise exerceu em Nova York no fim da década de 40. Em suas palavras, a cidade "estourava em rios de esquerdistas e liberais esbulhados, em fuga caótica do velho castelo bombardeado da abnegação, com sua infinita confiança no progresso social e sua legitimação através da correção política. Como sempre, o eu norte-americano [...] precisava de um esquema de moral para administrar. [...] Desta vez o desafio colocado diante de perdidos como eu não era aderir a um piquete nem alistar-se nas brigadas internacionais, mas confessar ter sido um sacana egoísta que nunca soube amar".[121] O ambiente nova-iorquino constituiu uma ponte de importância crítica entre a "antiga" esquerda (marxista) da década de 30 e a "nova" esquerda (freudiano-cultural) da década de 60, mas, como sugere a observação de Miller, o espírito radical da psicanálise às vezes também contribuiu para o moralismo e o farisaísmo.

Paul Goodman — homossexual, comunitarista, anarquista — foi uma figura pioneira na redescoberta dos potenciais radicais de Freud. Quando a Segunda Guerra Mundial estava acabando, argumentou ele, a psicologia do ego, assim como o New Deal, fomentara uma "sociolatria racionalizada, [...] a gestão sem problemas da engrenagem social *como ela existe*". Só Wilhelm Reich havia entendido "que os analistas que não colocam sua autoridade a serviço da liberação sexual geral e imediata na educação, na moral e no casamento não são médicos de verdade". C. Wright Mills criticou a "teoria gonádica da revolução" que Goodman propunha, mas também recorreu à psicanálise para a sua crítica da sociedade dos colarinhos-brancos e da elite do poder.[122]

Lionel Trilling foi a influência dominante na leitura de Freud pelos intelectuais nova-iorquinos. Um dos primeiros judeus a entrar para o quadro de professores da University of Columbia, Trilling já tinha percebido havia muito os limites do marxismo como visão para a classe média moderna. Admitindo "o papel histórico da classe operária e a validade do marxismo" e reconhecendo que não estava sendo "de-

Freud entra na contracultura através da música *folk* de Tom Lehrer (1961)

vidamente pio", ele confessou que compartilhava da avassaladora preocupação da classe média, nascida com o romantismo, com "o eu na sua briga permanente com a cultura". Essa briga, segundo Trilling, era o grande feito da modernidade. Pois a "forte convicção da existência do eu à parte da cultura é, como a cultura bem sabe, a sua realização mais nobre e mais generosa".

A psicanálise, argumentava Trilling, constituía a apoteose dessa convicção, em parte devido à sua relação com a arte. A ser ver, os escritos de Freud constituíam "o único relato sistemático da mente humana que, em termos de sutileza e complexidade, de interesse e força trágica", merecia figurar lado a lado com a literatura.[123] "Através da tendência de sua psicologia como um todo, [Freud] estabeleceu a *naturalidade* do pensamento artístico."[124] Ao mesmo tempo, a contribuição de Freud ia além da do artista. Sua ênfase na sexualidade, segundo Trilling, "longe de ser reacionária, é potencialmente liberadora: ela nos propõe que a cultura não é todo-poderosa. Ela sugere que existe um resíduo de humanidade situado além do controle da cultura e que esse resíduo, por mais elementar que seja, serve para submeter a própria cultura à crítica, impedindo-a de ser absoluta".[125]

Em *Freud: The Mind of the Moralist/ Freud: a mente do moralista* (1959), Philip Rieff também comparou a defesa analítica do pessoal não só ao totalitarismo, mas também à sociedade excessivamente socializada e administrada dos anos 50. Mas, para Rieff, a lacuna era mais marcante que para Trilling. Rieff definiu Freud como o porta-voz do "homem psicológico", o último dos tipos de caráter — depois do político (da antiguidade), do religioso (medieval) e do econômico (burguês) — a dominar a civilização ocidental. Ao contrário da evocação que Trilling faz do artista, a descrição de Rieff é de um anti-heroísmo impressionante. Descendente direto do "homo economicus", mas já não preocupado com a produção de riqueza, o homem psicológico havia herdado "os hábitos nervosos de seu pai". Freud era uma espécie de "consultor de investimentos [...] da vida interior, voltado para a realização de acordos astutos", ensinando seus pacientes a contar cuidadosamente suas "satisfações e descontentamentos". Porém, a recompensa era totalmente interior. Segundo Rieff, através da psicanálise, o indivíduo aprendia a "abstrair-se da penosa tensão de consentimento/desconsentimento em sua relação com a sociedade através de uma relação mais afirmativa com sua própria profundidade. A saúde que assim ele acaba por adquirir promove um egoísmo que tem precedência sobre o interesse social e fomenta uma atitude de percepção irônica por parte do eu diante de tudo aquilo que não é eu". O homem psicológico, acrescentou Rieff numa frase que contribuiu para inspirar o foco desse livro na vida pessoal, deixou de "ser definido essencialmente por suas relações sociais".[126]

Os anti-racionalizadores radicais concordaram. Porém, em vez de valorizarem a tensão ou descontinuidade entre a psique e as instituições sociais, como Trilling e Rieff haviam feito, eles acreditaram que as forças reveladas pela psicologia profunda poderiam exceder e até transformar as instituições. Como suas contrapartes mais conservadoras, Brown e Marcuse rejeitaram a psicologia do ego. Mas eles rejeitaram também as implicações da domesticidade e da "maturidade" heterossexual que Trilling e Rieff, ao menos tacitamente, endossavam. Em 1959, Jason Epstein e Norman Podhoretz, dois alunos de Trilling que trabalhavam na indústria editorial, depararam-se com *Life Against Death/A vida contra a morte*, de Norman O. Brown, que acabara de ser publicado pela Wesleyan University Press. Epstein perguntou a Podhoretz se valia a pena reimprimi-lo. "Se *vale a pena* reimprimi-lo?", lembrou-se tempos depois Podhoretz de haver perguntado. "Ao terminar de ler os primeiros capítulos, eu fiquei transtornado e, ao acabar, estava inteiramente convencido de que havíamos topado com um grande livro de um grande pensador." Por haver aprendido que Freud era um pensador conservador que refutava as ilusões liberais e marxistas de progresso, Podhoretz ficou chocado com os argumentos de Brown, que desdenhava o "relativismo barato" dos primeiros críticos de Freud, como Karen Horney e Erich Fromm, e entendia que "a única maneira de fugir de um gigante como Freud era através dele". A teoria de Freud, conforme Podhoretz percebeu aí, prescindia de seu pessimismo. Na verdade, a visão freudiana da perversidade polimorfa implicava toda uma nova maneira de viver, uma nova vida cheia de jogo e liberdade instintual.[127]

A visão de Brown era antinômica e mística: ele procurou usar a psicanálise como portão para experiências trans ou suprapessoais, como as vividas pelos conhecedores da religião e da arte. Marcuse, por sua vez, era um pensador político que achava que a psicologia poderia contribuir para o projeto da transformação social. Como Trilling e Rieff, Marcuse situava essa transformação nas novas possibilidades permitidas pela sociedade de consumo de massa, cada vez mais automatizada, que surgira após a Segunda Guerra Mundial. Conforme veremos no próximo capítulo, Marcuse colocou duas *dramatis personae* carismáticas na vanguarda da transformação social: o artista e o homossexual, ambos os quais apontavam para além da família heterossexual dominada pelo pai e voltada para a produção. Embora tenham sido publicados nos anos 50, os livros de Marcuse e de Brown anteciparam-se a muitos dos temas antiinstitucionais da New Left, em especial o das energias emancipadoras da vida pessoal.

Marcuse e Brown ficaram satisfeitos com os sucessos da década de 60, ao passo que Trilling e Rieff ficaram consternados. Porém, tanto os radicais quanto os conservadores recorreram às mesmas fontes carismáticas da sexualidade, da individualidade e do inconsciente pessoal. O mesmo, além disso, fizeram os psicólogos do ego. Assim, seria um erro ler a história desse período como uma história de maus racionalizadores *versus* bons hereges ou caracterizar a década de 50 como conformista e a de 60, como rebelde. Em vez disso, o carisma e a racionalização estiveram sempre entrelaçados: o carisma inspirou energias de motivação e compromissos éticos, ao passo que a racionalidade canalizou essas energias e esses compromissos para as instituições e através das instituições. Em ambas as décadas, as novas possibilidades da vida pessoal foram as bases desse carisma. Assim, houve uma continuidade subterrânea entre

"Mas isto eu tenho que dizer de Freud: ele deu o que pensar a um monte de gente."

os ideais de domesticidade dos anos 50 e a política de liberação pessoal dos 60.

Assim como o capitalismo do século XVII exigira a sacralização da vida familiar e assim como a industrialização do século XIX exigira uma nova disciplina de trabalho, a ascensão da sociedade automatizada, de consumo de massa, exigia veículos análogos para transformação da subjetividade. A psicanálise foi um dos mais eficazes dentre esses veículos. Durante o que poderíamos chamar de "longos anos 50", ela deu origem a motivações internas, de ordem carismática, que estimularam os indivíduos a transformar a família — que deixou de ser a unidade cerceada pela tradição e voltada para a produção, que ainda tendia a ser no período do New Deal para tornar-se a mensageira da individualidade expressiva da era do capitalismo globalizante, pós-industrial. Nessa transformação, a ênfase dos psicólogos do ego na razão, na maturidade e na capacidade egóica de organizar os mundos interior e exterior revelou-se tão necessária quanto a emancipação da sexualidade, à qual — como os anti-racionalizadores pareciam intuir — ela estava prestes a dar lugar.

Capítulo Doze

OS ANOS DE 1960, O PÓS-FORDISMO E A CULTURA DO NARCISISMO

> Apesar de construído com base nas operações do mercado, o sistema capitalista dependia de uma série de predisposições que não tinham nenhuma relação intrínseca com a busca da vantagem individual que, segundo Adam Smith, alimentava a sua engrenagem. [...] A família tornou-se parte integrante do capitalismo inicial porque ele lhe fornecia inúmeras dessas motivações. [...] Assim como damos por certo o ar que respiramos, o qual possibilita todas as nossas atividades, o capitalismo deu por certa a atmosfera em que funcionava, a qual havia herdado do passado. Ele só descobriu o quanto essa atmosfera havia sido essencial quando ela se tornou rarefeita. [...] Foi a revolução cultural das três últimas décadas do século que começou a minar os bens históricos herdados pelo capitalismo e a demonstrar as dificuldades acarretadas pela sua ausência. [...] O mercado alegava triunfar quando sua nudez e sua inadequação já não podiam ser dissimuladas.
>
> — Eric Hobsbawm, *A era dos extremos*

O horizonte cultural com que se deparou a psicanálise nos anos 60 era permeado por um novo e explosivo utopismo. No mais longo período de crescimento econômico ininterrupto de sua história, os norte-americanos tiveram uma sensação inédita de força e potencialidade. Imagens da "sociedade afluente", da *"cybernation"* e da "conquista do espaço" prenunciavam uma era de ouro de progresso científico e prosperidade econômica. De uma hora para outra, o consumo de massa centrado na família, que caracterizou a década de 50, começou a parecer cafona, e a ética da maturidade, repressiva. Esse espírito não se restringiu aos Estados Unidos. O consumo de massa em estilo fordista aumentou vertiginosamente em toda a Europa Ocidental; surgiram reformistas no mundo comunista; a Ásia e a América Latina viram a redução de seus contingentes de trabalhadores rurais na esteira do impacto da revolução verde, da indústria em pequena escala e do controle da natalidade. Refletindo não apenas uma cálida sensação de possibilidades históricas, mas também o glacial bloqueio da guerra fria, deu-se a emergência do movimento estudantil global que atingiu seu auge em 1968.

Uma última vez, a psicanálise viu-se no centro de uma grande transformação histórica. Como fonte de inspiração dos movimentos estudantis da década de 60, suas idéias atingiram o grau máximo de influência em toda a sua história. Ao mesmo tempo, a profissão psicanalítica entrou em colapso, pelo menos em sua forma freudiana clássica. Certamente na França, Itália, Espanha e América Latina surgiram centros novos e criativos, inspirados por um novo líder carismático: Jacques Lacan. Mas no resto do mundo a profissão perdeu a maior parte de sua coerência e impulso. Tendo servido como o Calvinismo da segunda revolução industrial, ela se tornou uma congregação de "antigos luminares", adeptos que envelheciam à medida que essa revolução chegava ao fim. Havendo presidido a refamiliarização da vida pessoal nos anos 50, ela não sabia como lidar com as formas transfamiliares que irromperam na década seguinte. Tendo servido de arrimo a forças antidemocráticas no auge da guerra fria, ela estava desorientada e acabou por ser substituída pelas forças democratizantes dos anos 60. Acima de tudo, tendo valorizado o ego adaptável, voltado para a realidade, a psicanálise viu-se perplexa e, em alguns casos, absorvida pela explosiva reorientação rumo ao reconhecimento e à identidade.

A sina paradoxal do freudismo na década de 60 — difusão em massa e declínio abrupto — refletia seu caráter dúplice. Como primeiro modelo importante de teoria e prática da vida pessoal, o freudismo estava neste mundo, mas não era dele. Implícita ao longo de sua história, nesse momento essa dualidade veio à tona. Por um lado, um Freud ortodoxo parecia autorizar a adaptação dos psicólogos do ego à realidade: à hegemonia norte-americana, à moderna organização das ciências e ao estado de bem-estar. Por outro, um segundo Freud carismático permanecia disponível, um Freud para o qual a razão surgia da loucura e dela não podia separar-se assim tão facilmente. Foi esse Freud, excluído dos cânones profissionais porém jamais inteiramente banido, que inspirou figuras como Paul Goodman, Norman O. Brown e Herbert Marcuse. Para esse segundo Freud, o Freud demoníaco, a vida pessoal servia de lugar de crítica e transcendência. Quando recorreu a ele, a geração de 60 explodiu as restrições da "ética da maturidade" e, nesse processo, a psicanálise clássica em si.

Essa explosão foi condicionada por uma mudança sem paralelos no caráter do capitalismo. Quatro fatores tiveram particular importância. Primeiro, os grandes megalitos do período fordista — a indústria automobilística, os bens de consumo duráveis, o aço, o petróleo e a eletricidade — começaram a se desintegrar, a dispersar-se, a ser terceirizados e subcontratados. A dispersão esmaeceu em larga escala o cenário impessoal da produção fordista no qual a família fordista-freudiana — e a vida pessoal — haviam surgido.

Segundo, a produção de bens voltados para as massas deu lugar a serviços pensados para o indivíduo. A estratificação por classes deu lugar à segmentação do mercado, à demografia e à "psicografia", todas elas baseadas no princípio já então banalizado de que "destinar produtos ligeiramente diferentes para diferentes grupos de consumidores é muito mais eficaz que fabricar um só produto para todos".[1]

O capitalismo ficou menos parecido com uma fábrica e mais com um empório. A imagem da marca e a identidade do consumidor se fundiram. Uma nova sintonia entre as necessidades íntimas dos indivíduos e a capacidade de serviços do capitalismo prenunciou uma redefinição da vida pessoal que já não percebia disjunções significativas entre a realidade intrapsíquica e a realidade externa.

Terceiro, a divisão fordista entre uma força de trabalho primária formada por homens brancos e sindicalizados, de um lado, e mulheres, minorias raciais e o Terceiro Mundo, do outro, começou a ruir. O fim dos impérios coloniais e a crescente importância do comércio global deram novo destaque às diferenças raciais, étnicas e nacionais. A natureza mutável da classe operária estimulou uma mudança: do foco da segunda revolução industrial na redistribuição econômica, passou-se a novas demandas de reconhecimento da diferença.[2] Os anos 60 assistiram ao fim do ideal do "salário para toda a família", à emergência da família de dois provedores e ao ressurgimento do feminismo. Conforme a queixa de uma operária durante uma greve em 1968 na Alemanha, "o movimento trabalhista tinha uma estrutura patriarcal": ele só via as mulheres como "operárias, co-criadoras do socialismo. [...] Suas reivindicações autônomas de subjetividade como mulheres não eram reconhecidas". As grandes categorias normalizadoras do estado de bem-estar fordista-keynesiano — "homossexual", "trabalho materno", "minoria racial", "desorganização social" — viram-se sob ataque, assim como os psicanalistas, que haviam contribuído para estabelecê-las.

Por fim, as forças de mercado ajudaram a consolidar uma identidade juvenil específica da geração, enquanto a publicidade se aproveitava do poder aquisitivo da faixa estudantil. Emblematizada nos *blue jeans*, no *rock* e nas assim chamadas drogas de uso ocasional, a cultura da juventude surgiu lado a lado com a nova tecnologia dessocializada da TV em cores e dos jogos eletrônicos. Extremamente mercantilizada, ela era demótica e antinomiana. Como o feminismo, ela excedeu a família, produzindo resultados explosivos na cultura. O poeta Philip Larkin escreveu que o ato sexual começou em 1963; para o romancista Harold Brodkey, ver sua heroína sob o sol era "observar a morte do marxismo". Se o fim do século XIX presenciara a passagem do "controle" para a "liberação", o fim do século XX — que começou na década de 70 — viveu a passagem da introspecção à expressividade, do inconsciente ao surreal e do pensamento à ação.[3]

À medida que o fordismo e suas intrincadas relações subterrâneas com a psicanálise entravam em declínio e uma nova cultura pós-fordista começava a surgir, a família de classe média — *locus* histórico da prática analítica — entrou em crise. Os aumentos vertiginosos nas taxas de divórcio, no número de mulheres casadas trabalhando fora do lar e no de pessoas que viviam sozinhas, ao lado da emergência de temas explicitamente homossexuais na moda, no entretenimento e nas artes, fomentaram uma guerra cultural. Surgiu uma profusão de especialistas autoproclamados que celebravam o antinomianismo do "faça o que quiser", enquanto os conservadores condenavam a criação "permissiva" dos filhos. A psicanálise enredou-se nessa guerra. De um lado, estavam os representantes da maturidade ética, que viam as novas lutas por identidade, reconhecimento e mudanças na estrutura da família como regressões a uma época pré-freudiana. Do outro, os simpatizantes da revolução cultural.

A reconstrução da família nos anos 60 e 70 fez-se acompanhar de tentativas — todas elas girando em torno do conceito do narcisismo — de reconstruir a psicanálise. Quase como se a cultura estivesse sofrendo uma regressão maciça, mesmo que potencialmente criadora — a ênfase no ego deu lugar a uma ênfase no *self*. A teoria estrutural voltou às suas origens, o ensaio de Freud sobre o narcisismo, de 1914. A análise da resistência sucumbiu a uma prática "bipessoal" ou "relacional". Ao mesmo tempo, muito do carisma da análise foi absorvido por uma nova e brilhante coorte de liberação feminina, política identitária e literatura e pensamento pós-modernistas. O processo atravessou uma década e pode ser visto como uma reforma: a queda da grande e unitária igreja psicanalítica, a visão sacrossanta e universal do período fordista, que tocara pessoalmente cada indivíduo nos momentos do nascimento, maioridade, casamento, confissão e morte.

Em 1950, no livro *A multidão solitária/ The Lonely Crowd*, David Riesman lançou uma idéia nova e muito rica: a de que a personalidade "voltada para o outro" nascera no mesmo ano (1947) em que Henry Ford morreu.[4] O que Riesman queria dizer é que o ideal anterior de autonomia havia dado lugar a uma nova necessidade de espelhamento e reconhecimento. Na metáfora que ele usou, o giroscópio — um dispositivo interno de direcionamento que, independentemente de influências externas, mantém o curso determinado — se transformara no feixe do pulso de um radar que vasculha o ambiente externo. Demonstrando a influência da Escola de Frankfurt, Riesman atribuiu a mudança ao declínio da importância da família e sua substituição pelo grupo de iguais e pelos meios de comunicação de massa.

Embora complicado, o argumento de Riesman baseava-se, em última análise, na visão de que o mundo ocidental estava sofrendo uma transição fundamental: a passagem de uma sociedade industrial, baseada no trabalho manual e na produção de bens, a uma sociedade pós-industrial, baseada nos serviços e na tecnologia. Essa visão convergia com os ideais de justiça social promovidos a partir da Segunda Guerra Mundial, os quais naquele momento se encontravam em evolução. Particularmente, a luta contra o fascismo havia transformado as formas existentes de anti-semitismo e discriminação racial em anátema. Embora as tradicionais preocupações fordistas com a injustiça econômica certamente persistissem, houve um foco novo e intenso na descolonização e na dessegregação. Nessas lutas, a exigência de *reconhecimento* ganhou destaque. A nova relevância dessa exigência afetou também a análise.

O racismo, como muitos observaram, havia custado muito em termos não apenas materiais, mas também psíquicos Assim, em 1954, a Suprema Corte dos Estados Unidos declarou a inconstitucionalidade das escolas segregadas com base nos danos por estas causados à auto-estima dos alunos negros, e não a seus direitos ou interesses. De forma comparável, Aimé Cesaire, poeta surrealista martiniquenho, protestou que o colonialismo havia habilmente instilado "medo, complexos de inferioridade, angústia, servilismo, desespero, humilhação" em milhões de pessoas.[5] A psicanálise francesa, influenciada pelo existencialismo de Sartre e diante da revolução argelina, estava especialmente aberta a essa linha de raciocínio. Octave Mannoni, por exemplo, criticou o Partido Comunista por não perceber que as desigualdades objetivas eram "personificadas em lutas por prestígio, na alienação, em posições de barganha e dívidas de gratidão e na invenção de novos mitos e novos tipos de personalidade".[6] Frantz Fanon, psiquiatra martiniquenho radicado na Argélia, argumentou que a distinção racial estruturava toda a fantasmagoria do colonialismo. Saudado nas ruas como "'Crioulo nojento!' ou simplesmente 'Veja, um preto'", o negro africano era reduzido à "massacrante condição de objeto". Os que sofriam com esse *mau* reconhecimento não precisavam da psicanálise; precisavam da violência purgadora da revolução.

A crescente percepção dos malefícios psíquicos causados pelo mau reconhecimento contribuiu para uma mudança na psicanálise, que saiu do paradigma da autonomia intrapsíquica para o da intersubjetividade. Essa mudança também se estava desenvolvendo, independentemente, entre os terapeutas da psicologia do ego. Erik Erikson, particularmente, foi um dos que mais reagiram à crescente autoconscientização da juventude de classe média, introduzindo os conceitos de "identidade" e "crises de identidade" em 1956. Segundo Erikson, a adolescência era historicamente uma nova fase da vida, precipitada pelo fim do papel da família na produção. Embora não tenha desenvolvido explicitamente a questão do reconhecimento, Erikson explicou a identidade como resultado das identificações da infância, que eram seletivamente repudiadas, assimiladas e reconfiguradas *em relação aos outros*, não só os pais, mas a comunidade, a religião, as instituições econômicas e o Estado. O objetivo dessas interações era a coerência e a continuidade interiores, que era o que Erikson queria dizer com identidade e que, segundo frisou, jamais poderia ser atingido apenas em relação ao próprio indivíduo.[7]

Erikson teve pouca influência na análise dominante, mas o movimento em direção à intersubjetividade teve repercussão também em redutos mais ortodoxos. Assim, em 1946, Heinz Hartmann, Ernst Kris e Rudolph Loewenstein pediram aos analistas que substituíssem a palavra "ego" no texto de Freud sobre o narcisismo pela palavra "*self*", eu, com base na seguinte justificativa: "Freud utiliza a palavra de maneira ambígua; ele usa 'ego' para referir-se a uma organização psíquica e à pessoa como um todo". Segundo eles, o narcisismo não era o investimento libidinal do *ego* em oposição ao id, mas sim do *self* em oposição ao mundo.[8] Por mais contingente que possa ter sido, a introdução do conceito de "*self*" estava carregada de sentido. Ao retornar à teoria do narcisismo, que Freud propusera em 1914, ele promoveu a reunião de três diferentes noções: a do narcisismo como amor a si mesmo, como estágio do desenvolvimento do ego e como promotor de uma nova forma de relação objetal, a saber, o reconhecimento.

As explosivas possibilidades trazidas pelo conceito de *self* refletiram também a mudança para o paradigma mãe-bebê introduzido pelos psicanalistas britânicos durante a Segunda Guerra Mundial. Refletindo especialmente a muito grande, porém pouco reconhecida, influência de Melanie Klein sobre a psicologia do ego, Edith Jacobson mostrou em 1953 como o limite entre "o *self* e o mundo dos objetos" era criado através do tocar, do manusear, do alimentar, do observar, do escutar e do ver — ou seja, do reconhecimento — do filho por parte da mãe.[9] Logo os analistas estavam descrevendo a psique como um "mundo representacional interior" constituído por representações do *self* e dos objetos.[10] As tentativas dos psicólogos do ego de conciliar a psicanálise e a filosofia e psicologia acadêmicas também contribuíram para o reconhecimento. Enquanto a psicanálise era uma psicologia de pulsões, a filosofia e a psicologia acadêmicas falavam de afetos ou sentimentos, não de pulsões; mas os sentimentos, no que se distinguem das pulsões, são intrinsecamente voltados para representações do eu e dos outros.[11]

Quando a psicanálise norte-americana abandonou o ego pelo *self*, a distinção entre as abordagens analíticas e as não analíticas tornou-se vaga. Em 1969, George S. Klein já podia observar, satisfeito, que a linguagem analítica havia deixado o "conflito" pelo "dilema"; a "defesa" pela "adaptação" e as "pulsões sexuais e agressivas" pela "motivação em geral". O efeito, segundo concluiu ele, foi a "paridade explanatória da intenção consciente".[12] Frase freqüente na década de 50, "o alcance cada vez mais amplo da psicanálise" referia-se à ampliação de sua influência. Porém, chegada a década de 60, a mesma frase passou a indicar o desaparecimento da análise em meio à psicoterapia eclética. Verificou-se até mesmo um declínio no uso da palavra "psicanálise", que foi suplantada por eufemismos como "psicologia dinâmica", "psiquiatria dinâmica" e "terapia psicodinâmica".

Embora tenham ajustado sua teoria ao *Zeitgeist*, os psicólogos do ego resistiram às mudanças que esse espírito do tempo impunha aos estilos de vida, o que se pode ver através da rejeição dos papéis familiares tradicionais pelas mulheres e da crescente auto-afirmação dos homossexuais. Assim, num período de politização cada vez maior, eles atacaram a cultura "narcisista" dos anos 60, argumentando que a credibilidade da autoridade edipiana, cada vez mais combalida, fortalecia os impulsos primitivos, sádicos e autodestrutivos da tenra infância.[13] Não satisfeito com observações de teor mais geral, Bruno Bettelheim condenou o movimento antibelicista por ser um "*acting out* edipiano", dando com isso a entender que aqueles que apoiavam a guerra no Vietnã eram exemplos de maturidade. Em 1968, no auge da guerra contra a pobreza, Lawrence Kubie criticou os colegas de um centro comunitário de saúde mental por acalentarem "a fantasia russa de que todas as doenças psiquiátricas decorrem de injustiças sociais".[14] Não é de surpreender, então, que a psicologia do ego tenha caído em desgraça.

Na virada das décadas de 50-60, a American Psychoanalytic Association recebeu menos pedidos de afiliação tanto de profissionais quanto de sociedades. A média de idade dos membros estava ficando cada vez mais alta, e o número de pacientes estava diminuindo. Em 1966, pela primeira vez uma convenção importante foi cancelada por falta de *quorum*. O presidente da APA, Leo Rangell, reportou uma "mudança na receptividade — que beira a franca hostilidade — por parte da comunidade científica e intelectual, da medicina e da imprensa".[15] Uma série de entrevistas conduzidas no fim dos anos 60 não encontrou nenhum analista experiente que tivesse uma palavra de otimismo em relação à profissão. Vários dos entrevistados citaram Hartmann como uma figura especialmente deprimida, cujo brilho havia sido destruído pela subserviência a Freud.[16] De acordo com um questionário de 1972, a maioria dos analistas acreditava não ter havido nenhuma descoberta importante desde a morte de Freud.[17] Kurt Eissler resumiu assim o moral da época: "Em seu esboço autobiográfico, Freud diz [...] que a Primeira Guerra Mundial não havia causado nenhum estrago ao movimento psicanalítico. Infelizmente, não se pode dizer o mesmo da Segunda."[18]

O declínio do prestígio dos psicanalistas norte-americanos se refletiu na cultura em geral. Ao contrário da imagem de integridade analítica mostrada nos filmes da década de 40 e início da de 50, as décadas de 60 e 70 tiveram seu *leitmotif* na corrupção analítica. Não era de surpreender, tendo em vista que os anos 60 viram também um aumento das "violações de limites", o termo técnico para o rompimento das normas que supostamente regulam a relação entre o analista e o paciente. Assim, em 1963, Elaine May casou-se com seu analista, David Rubinfine, e a história foi contada em *O amor tem seu preço*, no qual o fantasma de Freud, interpretado por Alec Guinness, volta para criticar o analista desacertado.[19] Milton Wexler escreveu roteiros para Hollywood a quatro mãos com um paciente, assim como "Donnie", o analista de Diane Keaton no filme *Manhattan*, de Woody Allen, ligava tarde da noite, chorando, para os pacientes. George Pollock foi processado por extorquir dinheiro de um paciente, ao passo que Erica Jong descreveu o "Dr. Stanton Rappaport-Rosen, que há pouco ganhou fama nos círculos analíticos de Nova York ao mudar-se para Denver e lançar a 'terapia de esqui para grupos de *cross-country*'".[20] O personagem "Neimann Fek", de Marshall Brickman, louvou a solução propiciada pela Kimberly-Clark, empresa fabricante de papel absorvente, para o problema do "*schmutz*"* que os pacientes deixavam no divã: "Passamos mais de setenta anos para aperfeiçoar a barba e o preço da consulta. Agora, finalmente, o lenço de papel. Ninguém precisa mais ficar doido de novo."[21]

Colocada mais uma vez entre a absorção pela cultura terapêutica do "tudo bem" e a relegação às margens desta como sua eterna crítica, a igreja analítica sofreu um último grande cisma. De um lado, estavam os proponentes da reforma interna. Como os grandes movimentos monásticos — os cluniacenses, os dominicanos e os franciscanos — que precederam a Reforma Protestante, os reformistas analíticos buscavam adaptar a análise às necessidades da época. Do outro lado, estavam os defensores da ortodoxia. Como o *esta-*

---

* "Sujeira" em alemão. (N. da T.)

blishment clerical que se opunha à reforma, eles tentaram resistir às adaptações que podiam destruir a psicanálise conforme a conheciam.

Não é de admirar que a questão tenha atingido seu ponto crítico justamente no conceito do narcisismo. Desde a publicação, em 1914, do ensaio de Freud, o narcisismo havia tido uma conotação negativa, representando um momento infantil na passagem para a maturidade. Na década de 60, o *establishment* analítico continuou a usar o termo com essa acepção, invocando-o para sinalizar a suposta incapacidade da geração dos 60 de assumir compromissos, dedicar-se a projetos de longo prazo e sacrificar-se por um bem maior. Os reformistas, por sua vez, tentaram abarcar a cultura dos anos 60 através da revalorização do narcisismo. Heinz Kohut, analista vienense radicado em Chicago, foi o primeiro a apreender esse ponto.

A seu ver, a psicologia do ego naturalmente dava ensejo ao desenvolvimento de uma atitude afirmativa em relação ao narcisismo. Enquanto no neurótico clássico "o elemento de uma pulsão recalcada [...] está buscando satisfação", nos novos pacientes *borderline* ou narcisistas, "um ego narcísico ferido [busca] reafirmação". Esses pacientes sofriam de uma "fome voraz de alguma coisa exterior a si mesmos que lhes suprisse auto-estima e outras formas de sustento emocional no domínio narcísico". A sexualidade estava muitas vezes a serviço dessa fome. Em vez de atribuir as exigências de reconhecimento a traumas infantis, os analistas deveriam reconhecer a legitimidade da necessidade que os pacientes tinham de ver-se refletidos ou de idealizar um "objeto do *self*" que os fizesse sentir-se inteiros e importantes.

Como os reformistas humanistas do fim da Idade Média, Kohut a princípio tentou atualizar a igreja. Insistindo em que o reconhecimento havia transformado a sexualidade na questão que definia a era, ele argumentou que o *establishment* psicanalítico se transformara num obstáculo à salvação. Com base na "corajosa moral de enfrentamento da verdade" e na "moral de saúde e maturidade", os psicólogos do ego haviam sido levados a interpretar demandas legítimas de reconhecimento como defesas contra a autonomia. A condescendência e o sadismo analíticos eram reflexo da rejeição das próprias carências narcísicas pelos analistas, uma recusa que se manifestava na adoração a Freud, a qual reservava todo o reconhecimento ao fundador. Negando a validade das carências narcísicas, os analistas só viam uma solução para os problemas da vida: casamento, filhos, uma vocação. O respeito ao narcisismo os levaria a desenvolver outra atitude: empatia por aqueles que rejeitavam a família, se dedicavam a atividades gratificantes que não tinham um fim social ou tinham coragem para lançar-se sozinhos do ponto de vista intelectual.[22]

O argumento de Kohut implicava aparentemente a dissolução da psicanálise na nova cultura do "faça o que quiser". Seguindo sua própria lógica, ele afinal sugeriu o fim da análise e sua substituição por uma psicologia do *self* cujo tema básico fosse a tragédia, em vez da culpa. Não surpreende, portanto, que suas iniciativas tenham provocado uma contra-reforma, liderada por Otto Kernberg. Enquanto Kohut tentou romper a associação entre o narcisismo e a patologia, Kernberg a reafirmou.

Também nascido em Viena, Kernberg havia emigrado para o Chile e tinha formação kleiniana. Produto da longa evolução dos anos 50 e 60, que transformara a psicologia do ego na teoria de um "mundo representacional interior", ele defendeu o poder que tinha essa psicologia de compreender a nova cultura narcisista.[23] Para ele, o paciente narcisista não era uma pessoa insegura que precisava de reconhecimento, mas um indivíduo profundamente perturbado, movido pela voracidade oral e pela angústia da conexão rompida. Assim, o encanto superficial do narcisista mascarava uma raiva explosiva que iria irromper assim que alguém deixasse de ser espelho de seu eu grandioso. Animado por drogas, sexo casual e irresponsabilidade, o mundo intrapsíquico do narcisista consistia em um "eu grandioso" e imagens obscuras, desvalorizadas, do outro. Por dentro, os narcisistas viam-se como lobos. Em vez de afirmação, eles precisavam da distância estável e objetiva que gerações de analistas haviam propiciado. Entretanto, o fato de não poderem estabelecer relações genuínas com as pessoas, praticamente impossibilitava a análise dos narcisistas. Só o profundo sofrimento que vivem ao envelhecer faria o esforço valer a pena.

Como Kohut, Kernberg também via as patologias narcísicas como resultado de mudanças na família. Só que, para Kernberg, estas eram em sua maior parte negativas. Segundo seu raciocínio, a relação sexual genuína exigia maturidade — no sentido de acesso do indivíduo às emoções infantis — e capacidade de viver e superar a própria agressividade. Tanto a cultura permissiva dos anos 60 quanto a literatura protofeminista do "afeto marital" e do "casamento sem obrigações" que a acompanhou negavam a existência da agressividade entre os membros do casal. Essa negação, conforme afirmou Kernberg, "transformava a relação amorosa profunda numa relação superficial e convencional, privada da própria essência do amor". E, contrariando a cultura permissiva da década de 60, argumentou que o amor sexual estava "sempre em oposição aberta ou velada ao grupo". Sendo "por natureza não convencional", ele refletia "uma postura e uma profunda convicção compartilhada pelo casal com relação à sua liberdade da sujeição a pressões do grupo social circundante, [...] uma postura interna que une o casal, geralmente de maneira sutil, e que pode ser mascarada pela adaptação superficial ao ambiente social".[24]

Na virada da década, então, analistas como Kernberg propalaram alternativas a uma cultura voltada para a juventude e a aparência, mas sua defesa da "abstinência" e da "maturidade" era uma espécie de última tentativa. A carreira de Kernberg — a qual, a partir daí, inclui esforços hercúleos de explicar a teoria analítica — ganhou por vezes a marca do contra-reformismo ou restauração, como no caso do Concílio de Trento, que tentou resistir ao colapso da igreja decadente através da sistematização e do ordenamento de suas doutrinas.[25] Enquanto isso, o espírito criador da psicanálise migrou dos reformistas e clérigos de dentro da catedral para os heréticos e revolucionários de fora de suas portas. Entre os grupos policêntricos de jovens e estudantes, globalmente dispersos e voltados para a revolução que ficaram genericamente conhecidos como New Left, a noção de reconhecimento estava prestes a explodir numa tentativa comunitária e utópica de autotranscendência.

As tensões que cercavam a psicologia do ego refletiam a dualidade da psicanálise. Enquanto os freudianos ortodoxos viam-se a braços com a tarefa de decidir se a teoria clássica poderia ser salva, o segundo Freud — o Freud demoníaco — estava tomando parte numa revolução cultural que iria dizimar o *establishment* analítico como um todo. Embora breve, o encontro do movimento estudantil com a psicanálise constituiu um momento crítico dessa revolução. Na Reforma, as seitas "extremistas" — como os anabatistas, os *Diggers* ou *Levellers* e os pentecostais — tentaram atingir a salvação na Terra. Na década de 1960, os extremistas da New Left rejeitaram a própria idéia de disjunção entre o mundo exterior e a realidade intrapsíquica, o pressuposto fundador da psicanálise. Eles recorreram ao segundo Freud — o utópico —, não para explorar o inconsciente, mas para reassociá-lo ao mundo político e social. Com isso, funcionaram como uma espécie de tropa de choque, não apenas demonstrando o quanto o controle da ética da maturidade estava desgastado, mas também delineando o horizonte de uma nova sociedade.

O interesse da New Left pelo segundo Freud decorreu do seu lugar na linha de frente de uma nova cultura "pós-industrial" e pós-fordista. Assim, as primeiras influências intelectuais da New Left — como *Morte e vida de grandes cidades/Death and Life of the Great American Cities* (1961), de Jane Jacobs, *Silent Spring/Primavera silen-*ciosa (1962), de Rachel Carson, e *Unsafe at Any Speed/Sem segurança, não importa a velocidade* (1965), de Ralph Nader — foram críticas à arregimentação de inspiração corporativa. Da mesma forma, "*Letter to the New Left*"/Carta à New Left, de C. Wright Mills, questionava a visão de que a classe operária industrial pudesse ser o veículo da revolução. Os principais movimentos estudantis da New Left, como o SDS na Alemanha, o SDS nos Estados Unidos e o Zengakuren no Japão, começaram com uma rebelião contra os "grupos de jovens" que provinham de movimentos trabalhistas. Para resumir, a New Left começou pela rejeição àquilo que chamava de "estado de bem-estar da guerra".*

Rejeitando o fordismo, a New Left rejeitou também o mito fordista do nobre selvagem — isto é, a vida pessoal —, propondo em seu lugar o seu próprio mito. Ao contrário do mito adotado pelo fordismo, este evocava um mundo no qual não havia distinção entre dentro e fora, entre o lar e o que não é lar, entre o civilizado e o natural. Na busca de obliterar distinções, de unir tudo e todos e de transformar o mundo como um todo, a geração dos 60 recorreu a freudianos utópicos — como Wilhelm Reich, Herbert Marcuse e Norman O. Brown, além de R. D. Laing e Ken Kesey — que viam a loucura, não no indivíduo, e sim na sociedade. O mito da unidade e da harmonia que a New Left abraçou foi responsável pelas suas maiores conquistas, como a forte solidariedade forjada entre os povos do Terceiro Mundo. Mas ele explica também sua ilusão de

---

* Em inglês, "warfare-welfare state". (N. da T.)

grandeza e sua evasão diante do problema da reforma institucional.

A New Left valeu-se da corrente utópica da psicanálise em pelo menos três diferentes áreas. Em primeiro lugar, ela rejeitou o que considerava a sufocante conformidade da família, que havia levado ao privilégio da sexualidade genital e à supressão da homossexualidade e das "perversões". Eros, conforme o raciocínio da New Left, precisava ser liberado e encontrar expressão no trabalho e na política, nas ruas e em outras arenas da vida pública. As mulheres, em especial, receberam de braços abertos o eros ampliado como oposto de domesticidade.[26] E o mesmo fizeram os homossexuais. Comunidades, drogas, crítica à monogamia, *rock*, a *performance* no palco daquilo que antes ocorria nos bastidores (como a nudez, a indumentária informal e a auto-exibição), uma cultura ativista cujo único ideal regulador era a "participação": tudo isso constituiu uma base social para a leitura utópica de Freud.

Em segundo lugar, a New Left rejeitou o recalque e a sublimação em favor da autenticidade, da liberdade de expressão e do lúdico. Em vez do que agora parecia a cinzenta ordem regimental da época fordista, a New Left propôs um mundo cheio de cores que pulsava conforme os ritmos primais do id inconsciente. Herdeiros das vanguardas anteriores, os estudantes radicais contribuíram para a entrada em uma cultura de massa demótica e pós-fordista em áreas como a música (através do *rock*), o *design* (pôsteres), a TV, o cinema e a moda. Ao recusar a inevitabilidade da repressão, a New Left insistiu em conhecer a verdade acerca de tudo, em não permitir segredos — insistência que se fez sentir no movimento contra a guerra, a Igreja Católica e a universidade, e na denúncia da persistente cumplicidade entre a Alemanha Ocidental e o nazismo.

Finalmente, a New Left recorreu à tradição freudiana utópica para rejeitar o instrumentalismo e a ética das realizações. Conforme argumentavam os ativistas estudantis, o trabalho deveria satisfazer o indivíduo, e não servir unicamente como meio de subsistência. Isso refletia o lugar dos estudantes na emergente "economia da informação" pós-fordista, uma economia na qual a universidade substituiu o automóvel como força motriz. Em meio a visões distópicas de uma sociedade futura inteiramente administrada e às previsões de McLuhan de que a tecnologia liberaria unilateralmente a consciência, intelectuais da New Left como André Gorz, Serge Mallet e Tom Nairn descreveram a criatividade, o conhecimento e as capacidades técnicas como intrinsecamente dialéticas e sociais.[27] Por trás de suas teorias de uma "nova classe operária", como foram chamadas, estava a convicção da impossibilidade de desenvolver a nova economia sem desenvolver a psique dos indivíduos que a compunham.

Além de *Life Against Death: The Psychoanalytical Meaning of History/A vida contra a morte: o significado psicanalítico da história*, de Norman O. Brown, a obra mais importante a ligar a vertente utópica da psicanálise à New Left foi *Eros e civilização: uma interpretação filosófica do pensamento de Freud/Eros and Civilization*, de Herbert Marcuse. Amplamente traduzido, o livro transformou Marcuse, um já idoso professor judeu-alemão refugiado, membro da

Herbert Marcuse durante uma palestra a alunos da Universidade Livre de Berlim, 1968

Escola de Frankfurt, num ícone internacional da New Left de alcance comparável ao de Che Guevara ou Frantz Fanon. Na leitura que Marcuse fez de Freud, o que estava por trás da repressão era *Ananke*, a escassez. Mas as imensas possibilidades tecnológicas originalmente propiciadas pela segunda revolução industrial permitiram a distinção entre a repressão necessária e a repressão *excedente* ou supérflua. Ao passo que *uma certa* repressão era inevitável, boa parte dela era exigida pela dominação de classes. Portanto, numa leitura histórica, os escritos de Freud continham um conceito oculto, revolucionário, de uma sociedade não repressora, o qual se tornava cada vez mais relevante à medida que a esfera da necessidade se restringia.

Como parte dessa visão de uma sociedade não repressora, Marcuse propôs uma explosiva releitura do conceito de narcisismo, que era justamente o conceito que os analistas estavam usando para condenar a New Left. Ignorando o conceito de *self* dos psicólogos do ego, ele voltou à idéia freudiana de um narcisismo primário, característico da mais antiga relação entre o bebê e a mãe. O narcisismo primário era pré-objetal; ele existia *antes* da emergência do "eu". Longe de gerar um investimento psíquico no eu, o narcisismo primário caracterizava a vida pré-uterina, o sono e a perda de si mesmo vivenciada pelos místicos. Descrito por Freud como um "sentimento oceânico", ele refletia a "inseparável conexão" original do ego "ao mundo exterior".[28]

Marcuse opôs o narcisismo primário ao ego racional e autônomo exaltado na era fordista, o ego que havia lastreado a ética da maturidade. A seu ver, o ego que empreendeu a transformação racional do ambiente era "um sujeito essencialmente agressivo, ofensivo, cujos pensamentos e atos destinavam-se a dominar os objetos. Tratava-se de um sujeito contra um objeto. [...] A natureza (tanto a sua própria quanto a do mundo exterior) era 'apresentada' ao ego como algo contra o qual se devia lutar, algo que se precisava conquistar e até mesmo violar".[29] O "ego autônomo" era "antagônico às faculdades e atitudes que, em vez de produtivas, são receptivas, que tendem mais à gratificação que à transcendência [e] que permanecem estreitamente ligadas ao princípio do prazer". O narcisismo primário, por sua vez, constituía "uma relação fundamental com a realidade". Para Marcuse, ele mostrava o caminho "da sexualidade coibida pela supremacia genital" à erotização do corpo inteiro e da racionalidade instrumental à arte, ao jogo e à exibição narcísica. Se tivesse liberdade de ação, o narcisismo primário poderia gerar "uma ampla ordem existencial".

Articulando o elemento utópico do narcisismo, Marcuse contribuiu para derrubar os mitos do fordismo em torno da produção. Em vez de Prometeu, o herói da antigüidade que roubara o segredo do fogo e fora escolhido por Marx, Marcuse entronizou o poeta e músico Orfeu, que apresentara a homossexualidade à sociedade humana. Como Narciso, Orfeu rejeitara "o Eros normal, não por um ideal ascético, mas por um Eros mais completo". Em *Life Against Death/Vida contra morte*, Brown também defendeu a "perversidade polimorfa" contra o "ego do domínio", o qual, baseado no genital, era uma formação "ainda não forte o suficiente para morrer". E, como Marcuse, também valorizava temas "femininos". Rejeitando a "pseudo-individuação" por ser "baseada em tendências hostis contra a mãe", ele tentou separar o que via como um aspecto crítico nas descobertas matriarcais de Bachofen dos "êxtases junguianos".[30]

Assim, com a chegada da década de 60, a "segunda modernidade" — na qual a análise tivera papel tão importante — aparentemente se viu detida. Da mesma forma que a intensidade do primeiro calvinismo dera lugar à "gaiola de ouro" da burocracia e dos bens materiais, a tripla promessa de inflexão freudiana degringolou no instrumentalismo, no privilégio da heterossexualidade genital e no estado de guerra fria. No entanto, as possibilidades utópicas da psicanálise ainda não haviam sido esgotadas. Marcuse, Brown, Laing e outros mais encontraram nela uma vertente oculta que poderia facilitar a transcendência da ética da maturidade. Dando voz à crítica das comunidades, eles forneceram uma base analítica à New Left em sua crítica da razão instrumental, seu desejo de uma nova relação com a natureza e sua tentativa de libertar a sexualidade de seus limites genitais e heterossexuais.

Assim como o caminho para as religiões protestantes que reinventaram o cristianismo fora aberto por seitas "extremistas", a apocalíptica interpretação de Freud promovida pela New Left abriu caminho para a explosiva reinvenção lacaniana da psicanálise. Mas enquanto a visão marcusiana do narcisismo primário refletia a crítica da alvorada da New Left ao privatismo, o "retorno a Freud" de Lacan refletiu seu declínio e o fim de suas esperanças de uma síntese entre Freud e Marx. Também Lacan reformulou a análise em torno do tema do narcisismo. Só que, para ele, o narcisismo não era um trampolim para a libertação, mas sim armadilha e delírio.

Nascido em 1901 numa família da classe alta, Lacan teve educação jesuíta. Formado em psiquiatria, afiliou-se à Société Psychanalytique de Paris em 1934.

Dividida entre uma facção ortodoxa — liderada por Marie Bonaparte — e uma oposição nacionalista — liderada pelo gramático anti-semita e protofascista Édouard Pichon —, a sociedade era extremamente politizada em seus primeiros anos. No início, a carreira de Lacan girava em torno de sua oposição a Pichon. Ao tornar-se presidente da sociedade em 1937, Lacan observou que, pelo fato de ser Viena "o caldeirão das mais diversas formas de família, da mas arcaica à mais evoluída, [...] um filho do patriarcado judeu imaginara o complexo de Édipo" ali.[31] Em 1940, a sociedade foi dissolvida, na esteira das divisões provocadas pela guerra.[32] No fim da guerra, com a expulsão de vários membros por colaboracionismo, Lacan formou, juntamente com Sacha Nacht e Daniel Lagache, uma *troika* que passou a administrar a sociedade reconstituída. Em 1951, ele deu início aos seminários semanais sobre Freud que continuariam até pouco antes de sua morte, em 1981.

Como vimos, no início da carreira, Lacan questionou a teoria freudiana do ego. Freud descrevera o ego como uma instância psíquica que tinha origem nos sistemas da percepção e da consciência e servia às pulsões de autopreservação e liberação sexual. A partir de sua famosa conferência sobre o "estágio do espelho", proferida no congresso psicanalítico de Marienbad em 1936, Lacan rejeitou a caracterização freudiana do ego. A seu ver, o desenvolvimento psíquico começava, não com instância ou agência, mas com a carência primal, o terror ou o vazio da não-existência. O "ego do narcisismo", como chamou o "eu", era para Lacan uma reação defensiva à descoberta traumática desse vazio, uma cons-

Jacques Lacan na década de 1960:
crítico da psicologia do ego e advogado
da "virada lingüística"

trução imaginária, uma "cristalização de imagens".[33]

Tendendo principalmente ao surrealismo, que caracterizou o inconsciente em termos lingüísticos e imagísticos, em vez de instintuais, Lacan descreveu o ego do narcisismo como nascido em meio a *discursos*, referindo-se com isso a fluxos inconscientes, plurívocos, de associações regidas por regras próprias de exclusão, proibição e privilégio. Entre os exemplos de discurso estão o "nome do pai", o "desejo da mãe" e outros discursos sociais mais amplos, como os da religião, nacionalidade e política. As neuroses eram nós no discurso; a histeria, um hieróglifo; a inibição, um enigma; o caráter equivalia a um "aparato armorial". O analista fazia exegeses. Manipulando e guiando uma força muito maior que o ego, ele visava fomentar não a autonomia, mas a subjetividade, isto é, a capacidade de deixar que o fluxo do desejo se expressasse, e escutar o fluxo do desejo alheio enquanto este se misturasse ao seu próprio, pontuado — como o desejo sempre é — por elipses, redundâncias, síncopes, tropos retóricos e metáforas.

Na década de 50, com o desmoronamento longamente atrasado de uma ordem mais antiga de pequenos produtores e a rápida emergência de uma sociedade de consumo de massa, a psicanálise francesa ganhou impulso. Os seminários de Lacan foram um reflexo dessa nova autoconfiança. Buscando resgatar o inconsciente da "concepção confusa, unitária e naturalista do homem" que dominava a cena, Lacan defendeu a visão da hipótese freudiana da pulsão de morte como lembrete de que "no homem já existe uma fissura, uma profunda perturbação da regulação da vida".[34] Para realçar essa "fissura", Lacan situou o ego do narcisismo na interseção de três diferentes "ordens" ou "registros". A ordem imaginária gerava a ilusão de unidade que avalizava o "eu". A ordem simbólica da língua, da cultura e da lei do pai produzia o "sujeito desejante", o sujeito dividido da psicanálise. Finalmente, o "real", ou seja, a ordem da contingência, implicava que o sujeito era sempre instável.

Em seu "Discurso de Roma", uma palestra feita em particular para amigos e colegas em meio a um congresso analítico oficial em 1953, Lacan comparou sua noção de sujeito dividido tanto à psicologia do ego quanto às relações objetais. A seu ver, a emigração para os Estados Unidos e "a ausência das 'resistências' sociais em que o grupo psicanalítico costumava encontrar a reafirmação" haviam levado os psicólogos do ego a recalcar os "termos vivos" da experiência analítica; eles se haviam obcecado com a técnica e a "transmitiam sem nenhuma alegria". Apenas por terem uma compreensão tão empobrecida do inconsciente é que tinham tido a necessidade de inventar a idéia do *self*. Quanto aos kleinianos, apesar de terem aberto terrenos novos e importantes, como "a função do imaginário" (a fantasia), as relações objetais (a fenomenologia existencial) e a contratransferência (a transferência do analista), a ênfase naturalística britânica na dependência e no cuidado materno também corrompiam a descoberta de Freud.[35]

Em meados da década de 50, a psicanálise francesa aderiu à onda do consumo de massa do Plano Marshall. Animado pela injeção de verbas, Lacan adotou um estilo de vida equivalente ao de seus colegas norte-americanos: ternos feitos sob medida na Rive Droite, barbeiro particular, hotéis de luxo.[36] Porém, ao contrário deles, encontrou na "sessão curta" (às vezes tão curta que durava só cinco minutos) um novo meio de financiar sua empresa e expandir seu contingente de seguidores. Segundo sua biógrafa, Elisabeth Roudinesco, "ele podia fazer uma refeição completa durante uma sessão, fingir que estava com pressa, andar de um lado para o outro, dar uns grunhidos, fazer um comentário enigmático ou sentar-se à sua mesa para terminar de escrever um artigo". Quando o paciente reclamava, ele respondia: "Mas, *mon cher*, isso não atrapalha em nada a minha escuta". É verdade que esses atos de Lacan eram imperdoáveis, mas eram também paródias inconscientes, principalmente da fachada profissional dos analistas norte-americanos. Assim como as ambições especulativas de Melanie Klein haviam exposto o disfarce positivista da psicanálise, as *performances* de grandeza e autocentrismo de Lacan ridicularizavam seu verniz médico rigidamente convencional.[37]

Na década de 60, as idiossincrasias de Lacan atingiram seu sentido mais amplo. Em 1951, ele e outros colegas haviam fundado a Société Française de Psychanalyse (SFP) e pedido credenciamento à International Psychoanalytic Association (IPA). A comissão da IPA designada para avaliar o pedido, que era chefiada por Winnicott, rejeitou a SFP devido às notórias práticas clínicas de Lacan. Em 1963, a IPA exigiu a exclusão de Lacan para reconhecimento da nova sociedade. Comparando-se a Spinoza, Lacan afirmou que a decisão era uma excomunhão. Quando a maioria de seus alunos e colegas decidiu abandoná-lo e atender à exigência da IPA, ele berrou: "Vocês são todos uns loucos [...] de me deixar na hora em que estou prestes a ficar famoso."[38]

Essa exclusão transformou Lacan num ícone da New Left de porte comparável ao de Marcuse, mas com maior poder de permanência. A convite do filósofo marxista Louis Althusser, ele saiu do Hospital Saint Anne para a École Normale Supérieure, onde seus primeiros seminários reuniram platéias de quinhentas pessoas.[39] Logo em seguida, fazendo lembrar Martinho Lutero, fundou a École Freudienne com base em sua própria autoridade, "tão só quanto sempre fui em minha relação com a causa psicanalítica". Assim como Lutero havia voltado ao texto bíblico, Lacan alegava voltar a Freud. E da mesma forma que Lutero rejeitara a hierarquia clerical, Lacan rejeitou a análise de treinamento:

"L'analyste ne s'autorize que de lui-même" ("O analista não é autorizado por ninguém que não ele mesmo"). Seu rompimento com a igreja analítica abriu o que ficou conhecido como *le champ freudien* — a libertação da psicanálise da medicina e sua integração nas mudanças sociais, culturais e comportamentais que caracterizaram os anos 60.

Associado ao *slogan* "a morte do sujeito", o campo freudiano estava em ressonância com a mudança esquerdista mais ampla da produção e da economia à ideologia, cultura e meios de comunicação. Alegando substituir o *Cogito* ou "Penso" de Descartes por "*Ça parle*", onde *ça* significava língua, o lacanismo deu voz à crescente sensação de que a dominação social se processava, não no local de trabalho, mas através do discurso e das imagens da mídia. A ênfase no caráter ilusório do "eu" permitiu a compreensão do efeito ideológico de um determinado texto não só em termos de seu conteúdo (por exemplo, capitalismo, racismo, sexismo), mas principalmente através da maneira como ele mantinha a sensação imaginária de integridade e unidade. Voltando o foco para o leitor, o espectador ou o visitante do museu em vez do autor ou do suposto conteúdo de uma obra, o lacanismo fomentou uma abordagem radicalmente nova do que antes fora denominado "superestrutura".[40]

Todavia, o momento do radicalismo lacaniano foi breve. Enquanto Marcuse deu expressão às experiências comunitárias que caracterizaram o período do início à metade dos anos 60, Lacan foi o porta-voz da cultura indiferente, irônica e privatizada que estava se formando no fim da década. Dirigindo-se a estudantes que faziam uma demonstração em 1968, ele lhes disse: "Aquilo a que vocês aspiram como revolucionários é um mestre. E o terão".[41] Se o paciente típico de Freud lutava para atingir a integridade e se toda uma linha de pacientes analíticos que ia desde Ferenczi a Kohut via o analista como fonte de suprimentos narcísicos, então o analisando lacaniano típico era um estudioso avançado de signos, sistemas lingüísticos, interpretação; alguém que se orgulhava em saber decodificar filmes, eventos políticos e cultura de massa. Se Lacan deu início a uma psicanálise pós-freudiana já desligada do que alguns consideraram o obsoleto mundo dos instintos, essa virada coincidiu com a nova emancipação pós-fordista do consumidor. Refletindo essa mudança, o mundo lacaniano era um mundo bemvestido que valorizava as aparências exatamente porque entendia que elas são "apenas" aparências.

Depois da derrota da greve geral francesa de 1968, alguns intelectuais franceses mais jovens rechaçaram o "retorno a Freud" de Lacan. Assim, Gilles Deleuze e Felix Guattari compararam a psicanálise à "Revolução Russa: não sabemos quando ela começou a dar errado" em *Anti-Oedipus/Anti-Édipo* (1972). Contudo, esse momento logo passou. Embora se tenha voltado para o formalismo matemático, buscando descrever os "espaços impossíveis" da mente através de tiras de Möbius, toros, objetos de Escher e nós borromeus, Lacan manteve seu público. Em 1978, após sofrer um acidente automobilístico, ele pareceu apagar-se. Na aula inaugural do seminário do ano acadêmico que começava, na presença de uma platéia silenciosa e deslumbrada, ele não conseguiu falar. Segundo Roudinesco, "todos fitaram o homem idoso, agora sem a voz sublime que por trinta anos fizera a França freudiana perder o fôlego. [...] 'Não tem importância, nós o amamos mesmo assim'", respondeu a platéia.[42]

A vasta influência de Lacan, que perdura até os dias de hoje, decorre de sua criativa resposta à crise enfrentada pela psicanálise nos anos 60. A psicologia do ego, centro da psicanálise desde a década de 20, entrara em declínio irreversível. Como outros teóricos do período, Lacan percebeu que a psicologia da autoridade havia recaído na teoria do narcisismo. Porém, ao contrário de Kohut, cuja atitude afirmativa diante do narcisismo significava a dissolução final da psicanálise na cultura de massa, e ao contrário de Marcuse, cuja postura utópica de privilégio do narcisismo primário em princípio jamais poderia ser institucionalizada, Lacan divisou uma estratégia astuta e prática que visava preservar a função crítica da psicanálise. Fazendo isso, ele efetivamente contribuiu para problematizar ainda mais a tripla promessa da modernidade. Com relação à autonomia, ele rejeitou as exigências de reconhecimento e afirmação em favor de uma atitude matizada e crítica diante do narcisismo. Com relação à igualdade das mulheres, ele rejeitou as tentativas de transformar a psicanálise numa teoria do desenvolvimento infantil centrada na mãe, reintroduzindo a importância do pai e da diferença sexual. E com relação à democracia, ele rejeitou a mitologia da plenitude, de inspiração marxista, de Marcuse, captando a necessidade de resituar a psicanálise em um novo campo social, o do capitalismo democrático e consumista.[43]

Como os grandes clérigos de senso prático — anglicanos e luteranos, por exemplo — que reconheceram que as seitas extremistas da Reforma não poderiam reformar o Cristianismo, Lacan compreendeu que, caso se devessem preservar os *insights* do "segundo Freud", a psicanálise teria de fazer as pazes com o Estado. Mas ele reconheceu também que as explosões dos anos 60 não poderiam ser desfeitas. Assim como Lutero destruiu as reivindicações papistas à soberania universal enquanto legitimava as igrejas nacionais, Lacan destruiu a hegemonia da IPA (sua Catedral de São Pedro situada em Nova York) enquanto facilitou o crescimento da psicanálise no sul da Europa e na América Latina. Coincidindo com a contra-revolução política que se seguiu aos anos 60, as ambigüidades, os paradoxos e a linguagem hermética que ele colocou no centro da psicanálise a ajudaram a sobreviver na América Latina dominada pelas ditaduras. Assim, Lacan conseguiu o que nem Lutero nem Freud jamais puderam: ele contribuiu para a introdução de uma ética genuinamente pessoal no mundo católico.

Em 1968, a postura da igreja psicanalítica era rígida, ortodoxa, fossilizada e claramente hipócrita. As idéias inovadoras que ela um dia defendera corajosamente se haviam tornado *doxa*. As tentativas de reforma interna haviam fracassado. Os apelos para ir além de Freud, historicizar Freud ou retornar a Freud não haviam dado em praticamente nada. Às portas da igreja, os dissensores rebeldes, os protestantes, os santos, todos se reuniram. Como na história da religião, restavam finalmente duas alternativas: a antinomiana, que vai às profundezas do eu, buscando uma verdade mais profunda e autêntica, e a arminiana, que se volta para fora, a fim de reformar a moral e o comportamento coletivo.

Durante a década de 60, a questão da vida pessoal havia assumido principalmente a forma antinomiana dos estilos de vida alternativos, drogas, música, sexualidade e comunidades ou comunas consagradas. Porém, a partir mais ou menos de 1968, os elementos surrealistas, contraculturais e carnavalizantes da New Left atingiram seu ponto máximo. Foi como se o privado se estivesse tornando público; houve um *acting out* em escala social e num palco político das questões que Freud descrevera como intrapsíquicas e familiares. Com a exteriorização de experiências anteriormente privadas e recalcadas — sexualidade, família, gênero —, o antinomianismo deu lugar ao arminianismo, isto é, à tentativa de criar movimentos políticos. A psicanálise, historicamente, estudava "indivíduos". Porém, no início dos anos 70, os atores envolvidos na política da família já não eram indivíduos, mas *grupos* de identidades centradas no gênero, na sexualidade e na raça. Cada vez mais essencializadas — ou seja, arraigadas no corpo, e não na mente —, essas identidades serviram de base à nova política.

A transição do antinomianismo ao arminianismo teve como pano de fundo eventos que mudaram o mundo. A feroz guerra do Vietnã, imortalizada em obras quase surreais, como *Dispatches/Boletins militares*, de Michael Herr, e *The Things They Carry/As coisas que eles levam*, de Tim O'Brien, chegou ao auge em janeiro de

1968 com a ofensiva Tet. Em abril houve uma insurreição em Praga; em maio, uma greve geral de trabalhadores e estudantes em Paris. No fim do ano, De Gaulle havia perdido poder na França. Nos Estados Unidos, a coalizão do New Deal fora desfeita, e Martin Luther King Jr. e Robert Kennedy haviam sido assassinados. Na Cidade do México, estudantes de esquerda foram massacrados dentro da universidade. Logo depois, no Chile, Paraguai, Brasil, Argentina e Uruguai, ativistas de esquerda "desapareceram", em alguns casos, empurrados vivos de aviões militares em pleno vôo. Com esse pano de fundo e sob a luz saturada das câmeras da TV e do cinema ("o mundo inteiro está assistindo"), fez-se uma última tentativa de transpor a visão freudiana da psique para o plano político e sociológico.

Novamente, o narcisismo foi o conceito-chave — mas, desta vez, sob a rubrica da identidade. No vocabulário freudiano, o narcisismo fora usado em referência não só ao indivíduo, mas também a grupos baseados na identificação: sua raça, nação ou origem étnica. O fato de que os indivíduos tinham em comum um ideal de ego era o que os tornava membros de um grupo, em vez de apenas um certo número de pessoas. Mas a psicanálise via a identidade grupal em primeira pessoa. O ponto crucial do foco dos anos 60 na identidade era seu ponto de vista, baseado na terceira pessoa. Como argumentou Jean-Paul Sartre em *Anti-Semite and Jew/Anti-semita e judeu*, era o *outro* quem definia o indivíduo como "negro", "*gay*" ou "mulher". A nova política emergente, centrada no eu ou na identidade, confrontou, transfigurou e absorveu muito da psicanálise clássica.[44]

Prenunciada pela virada rumo ao reconhecimento e pelo foco no outro, a fusão utópica que a New Left promoveu entre o inconsciente e o comunal precipitou a transformação da psicanálise em política identitária. O movimento da "antipsiquiatria" nos anos 50 foi um ponto crítico. Como vimos no Capítulo I, a psiquiatria moderna começou com a idéia de que a loucura eram "grilhões forjados pela mente". A antipsiquiatria, que reuniu a psicanálise e a psiquiatria, repudiou a idéia de que a loucura fosse, em qualquer circunstância, um distúrbio psíquico.

As raízes da antipsiquiatria estavam na psicanálise. A antipsiquiatria norte-americana, exemplificada por Ronald David Laing, descendia da teoria britânica das relações objetais. Formado em psiquiatria pela University of Glasgow, Laing entrou para o quadro da Tavistock Clinic em 1956, onde trabalhou com D. W. Winnicott, Melanie Klein e Susan Isaacs, e fez análise com Charles Rycroft. Para Laing, a psicanálise era "o primeiro levantar do véu — o primeiro distanciamento dos objetos da consciência para lançar um olhar sobre a própria consciência". Ao mesmo tempo, o trabalho de Erving Goffman ensinou a Laing "o grau de eficiência que a institucionalização benevolente poderia atingir como força de controle".[45] No início da década de 60, ao lado de Thomas Szasz e outros, Laing começou a descrever a esquizofrenia como uma condição imposta ao indivíduo pelo psiquiatra, e não uma condição intrapsíquica.[46]

Michel Foucault foi o outro grande expoente da antipsiquiatria. Seu primeiro livro, *Madness and Civilization/Loucura e civilização* (1963), descrevia a psiquiatria como "um monólogo da razão sobre a loucura", em vez de um diálogo em que as vozes da desrazão falassem por si mesmas.[47] Segundo Foucault, o fio que unia o psiquiatra ao psicanalista era o fato de ambos representarem a ordem. Não obstante, a psicanálise trouxe algo de novo. Enquanto as formas anteriores de controle, como a hipnose, reduziam os sujeitos à condição de objetos, Freud inventara uma técnica através da qual sujeitos livres se reduzem à escravidão, abjetamente buscando um autoconhecimento impossível que sempre está além. Profundamente ambivalente em relação a Freud, Foucault chamou sua obra — que versa sobre prisões, instituições militares, clínicas, instituições científicas e hospitais — uma "arqueologia da psicanálise".

A redefinição da loucura em termos interpessoais e sociais foi apenas a primeira etapa do declínio da psicanálise. Assim como a descoberta iluminista do caráter psicológico da loucura abrira caminho para a psiquiatria moderna, a abordagem psicológica da nova mulher (ou seja, a histérica) e do homossexual (isto é, o homem bissexual) abriram caminho para a psicanálise. Nos anos 60, porém, os conceitos de feminilidade, histeria e até mesmo recalque, bem como os de homossexualidade, perversão e sexualidade infantil, viram-se sob ataque. O resultado foi um segundo grande passo rumo à política da identidade.

Já na década de 1930, Benjamin Spock deixara de praticar a análise devido à inquietação sentida diante de uma paciente "extremamente feminista", que "durante dois anos contestara acirradamente todas as interpretações".[48] Mas o encontro de Spock com sua paciente ocorrera numa época em que o sistema da família ainda pressupunha uma mãe em tempo integral e a vida fora do sistema familiar era rara e difícil. Entretanto, na década de 60, a revolução da vida familiar que caracterizou o fim do século XX já havia começado. Nesse contexto, um analista nova-iorquino disse a Betty Friedan que durante vinte anos tivera que "superpor a teoria freudiana da feminilidade à vida psíquica das pacientes" de uma forma que já não queria fazer. Esse psicanalista tratara uma mulher por dois anos antes de chegar a "seu verdadeiro problema, que era: para ela, não bastava ser só dona de casa e mãe. Um dia, ela sonhou que estava dando uma aula. Não consegui simplesmente descartar o forte anseio presente no sonho dessa dona de casa como inveja do pênis. [...] Então disse a ela: 'Não posso interpretar esse sonho. Você mesma tem de fazer algo a respeito'."[49]

A segunda onda do feminismo politizou a compreensão desse analista. Afirmando que trataria das áreas da sexualidade e da vida pessoal que a primeira onda (o movimento sufragista) deixara de lado, a segunda inicialmente posicionou-se contra a análise. Assim, conforme assevera Kate Millett em *Sexual Politics/Política sexual* (1970), a psicanálise havia sido "uma acusação que viera a calhar" contra o feminismo do século XX e contra "qualquer mulher que se recus[ass]e a 'ficar em seu lugar'".[50] Para Shulamith Firestone, a família patriarcal possuía uma "estrutura freudiana" que as feministas precisavam desmontar. E para Gayle Rubin, a psicanálise era uma "teoria feminista frustrada".[51]

Se a psicanálise era uma teoria da realidade intrapsíquica, Millet, Firestone e Ru-

A liberação das mulheres, sucessora da psicanálise
como uma teoria e prática da vida pessoal (1970)

bin propuseram um ataque às estruturas sociais e políticas da opressão masculina. Ao mesmo tempo, o movimento feminista voltou-se para a "conscientização", privilegiando as discussões grupais da opressão compartilhada pelas mulheres; as "explicações individuais" eram oficialmente desencorajadas. O que fora proibido ou suspenso dentro da psicanálise — o *"acting out"* — ganhou destaque. O complexo de Édipo foi reinterpretado como "psicologia do poder". A inveja do pênis era, na verdade, uma "inveja do poder".[52] Pelo fato de haver supostamente assumido o controle de seu destino ao rejeitar a psicanálise, a Dora de Freud tornou-se um ícone feminista. Para Hélène Cixous, ela era "a que resiste ao sistema, a que não suporta que a base da família e da sociedade esteja nos corpos das mulheres, corpos desprezados, rejeitados, corpos que são humilhados tão logo são usados".[53] O adeus da heroína de Erica Jong ao analista em *Medo de voar/ Fear of flying* (1973) era emblemático: "'Então você não vê que os homens sempre definiram a feminilidade como forma de manter as mulheres na linha? Por que eu deveria escutar sua opinião sobre o que é ser mulher? Você por acaso é mulher? Por que não dou ouvidos a mim mesma, para variar? Ou a outras mulheres? [...] Como se estivesse num sonho (jamais me imaginara capaz de fazê-lo), levantei-me do divã (quantos anos fiquei deitada ali?), peguei meu livro de bolso e fui [...] embora. [...] Estava livre!"[54]

Na verdade, as mulheres do século XX se haviam envolvido demais com a psicanálise para simplesmente rejeitá-la. Assim, poucos anos depois, surgiu uma nova psicanálise feminista. Em 1974, Juliet Mitchell questionou a ortodoxia feminista então corrente argumentando, em *Psychoanalysis and Feminism: Freud, Reich, Laing, and Women/Psicanálise e feminismo: Freud, Reich, Laing e as mulheres*, que as teorias de Freud forneciam uma análise, não uma defesa, de uma cultura patriarcal.[55] Criticando o excesso de ênfase no exterior, Mitchell censurou pensadoras como Millett e

Firestone por "livrar-se da vida mental". A seu ver, para elas "tudo acontece; [...] não há nenhuma outra espécie de realidade que não a realidade social". Porém a própria Mitchell caracterizou o inconsciente patriarcal como reflexo de uma estrutura social patriarcal baseada no parentesco. O ponto principal — a saber, a forma como o surgimento da vida pessoal alterou as relações entre o social e o psicológico e, portanto, o significado da diferença de gênero — continuou a ser ignorado.

A identidade *gay* também recorreu a críticas mais antigas da psicanálise. Depois da Segunda Guerra Mundial, ao ler atentamente as notas recém-publicadas da Sociedade Psicológica das Quartas-feiras, Alfred Kinsey declarou-se "espantado [...] em ver como os primeiros analistas tratavam a masturbação como se fosse uma doença e um sinal de imaturidade".[56] Mas enquanto as feministas estavam ambivalentes quanto à psicanálise, os *gays* masculinos a consideraram a encarnação do inimigo.[57] Num caso nada raro, Howard Brown, secretário de saúde da cidade de Nova York, afirmou ter ouvido de seu analista que "era intrinsecamente deficiente devido a [minha] orientação sexual" e que "se não conseguisse mudá-la, seria um fracasso duplamente". Brown "abandonou a análise convencido de que não tinha nenhum tipo de talento". E precisou de vinte anos para recuperar-se. Numa reunião da American Psychiatric Association em 1973, um grupo de psiquiatras assistiu à apresentação de um documento sobre o uso de técnicas de condicionamento aversivo na abordagem de desvios sexuais. Após a leitura, aos gritos de "Desumanos!", "Torturadores!" e "Onde vocês fizeram resi-

dência, em Auschwitz?", os manifestantes explodiram: "Nós já ouvimos vocês; agora vocês é que vão nos ouvir".[58] Atendendo a apelos de analistas como Judd Marmor, que há muito vinham tentando mudar o pensamento analítico com relação à homossexualidade, a APA retirou em 1973 a classificação da homossexualidade como doença.

Na psicanálise clássica, era possível entender a escolha de objeto homossexual psicologicamente, mas o "homossexual" não existia como entidade. Porém, ao longo dos anos 70, os homossexuais começaram a ver-se como pessoas que tinham um estilo de vida diferente e pertenciam a uma comunidade historicamente específica.[59] Nesse contexto, as tentativas de entender a psicologia da homossexualidade, assim como a da raça, começaram a parecer tendenciosas e intolerantes. A última coisa que os homossexuais acreditavam precisar era de psicanálise; eles queriam serviços, instituições comunitárias e organizações políticas. A psicoterapia poderia ter sua utilidade, mas só se começasse a compreender os determinantes sociais de problemas aparentemente individuais. O peso da identidade era tão grande que muitas mulheres homossexuais rejeitaram até mesmo as reformulações feministas da psicanálise com base no fato de que teorizavam as mulheres em relação aos homens. Em "Compulsory Heterosexuality and Lesbian Existence"/A heterossexualidade compulsiva e a existência lésbica, Adrienne Rich afirmou que a "mulher identificada com a mulher", ou lésbica, não se colocava em relação a nenhum todo mais amplo nem tinha nada que ver com sexualidade. Em vez disso, o lesbianismo seria uma identidade baseada na participação como membro de uma comunidade.

Durante a década de 1920, Freud havia previsto que o movimento analítico sofreria uma "morte prolongada" depois de seu falecimento.[60] Na década de 1970, a categoria psicanalítica que inicialmente estabelecera o vínculo entre a sexualidade e a modernidade, ou seja, a histeria, havia desaparecido como entidade clínica. Em seu lugar estavam não apenas as comunidades e movimentos identitários, mas também a síndrome da fadiga crônica, a síndrome da memória recuperada, a síndrome da personalidade múltipla, a prática de rituais satânicos e a abdução por extraterrestres. À medida que emergiam novas igrejas, a hegemonia psicanalítica simplesmente deixou de existir.

Apenas quarenta anos foi o tempo decorrido entre o instante em que Martinho Lutero afixou suas 95 teses à porta da catedral e o momento em que a Contra-reforma imobilizou o impulso expansivo do protestantismo. Então, as seitas haviam todas entrado em luta e até mesmo os protestantes concordavam em que a própria Reforma precisava de reforma. O mesmo ocorreu com a psicanálise. No fim da década de 60, a grande igreja freudiana dera lugar a um clero novo, descentralizado, "casado". Existiam três grandes vertentes de pensamento — a psicologia do ego, as relações objetais e o lacanismo —, mas elas haviam perdido toda a noção das relações que possuíam umas com as outras. Fora do imensamente reduzido reino da psicanálise, a autoridade havia passado às mãos dos leigos, em especial das mulheres e dos *gays*. Embora tivesse permanecido forte, a *imago* de Freud dissociou-se de qualquer base efetiva nas instituições sociais e inesperadamente revelou-se vulnerável a ataques. Entretanto, como na Reforma Protestante, o levante freudiano estabeleceu na vida interior do mundo ocidental um ponto de referência permanente, ao qual outros levantes retornariam no futuro.

Epílogo

A PSICANÁLISE NO NOSSO TEMPO

> O parricídio é uma má idéia. [...] Não é preciso trucidar o seu pai; o tempo fará isso, praticamente com toda a certeza. Sua verdadeira tarefa é outra. [...] Você deve tornar-se o seu pai, mas ser uma versão mais pálida, mais fraca, dele. [...] A sua contribuição não será pequena.
>
> — Donald Barthelme, *The Dead Father/O pai morto* (1975)

Em seus dias de glória, a psicanálise se situava na confluência de duas correntes distintas. Uma era científica. Seu mais importante ponto de referência era a visão darwiniana do ser humano como um organismo movido por necessidades internas que ele tentava satisfazer em ambientes específicos. Essa corrente se expressava nas estreitas relações entre a psicanálise e a neurofisiologia: por exemplo, na idéia de que os instintos estavam na "fronteira" entre o somático e o psíquico ou na idéia de que a mente descarregava tensões ou agia reflexivamente, do mesmo modo que o sistema nervoso. Ela levou também à visão de que certas características da psique, como os estágios do desenvolvimento da sexualidade ou as funções do ego, eram o produto de uma longa história evolucionária, a adaptação contínua das realidades interior e exterior.

A outra corrente era humanística. Sua mais importante expressão era o foco analítico na luta moral do ser humano, luta essa que surgia em relação aos pais e terminava no confronto com a morte. Essa vertente recorreu a fontes literárias como a Bíblia Hebraica e as tragédias gregas, Shakespeare, Goethe e Dostoievski e a filosofia e literatura modernistas, mesmo que fosse para desautorizá-las. Além disso, ela reagiu à necessidade de uma compreensão cotidiana ou "popular" da vida psicológica. Freud fundiu essas duas correntes em uma síntese nova e extraordinária, nem inteiramente científica nem inteiramente humanística. O que tornou essa síntese tão coerente quanto convincente foi a descoberta de um novo objeto: a vida psíquica idiossincrática, carregada de sentidos e inflexões morais do ser humano. Essa nova concepção do sujeito humano estava em ressonância com as formas de vida pessoal que emergiram em massa na segunda revolução industrial.

A concepção psicanalítica do sujeito humano problematizou e aprofundou o projeto iluminista. Em suas origens, a ênfase freudiana na contingência e na idiossincrasia visava revelar os limites, os "grilhões forjados pela mente", que constrangiam o sujeito racional, ativo, do Iluminismo. Contudo, na verdade, o freudismo em grande medida expandiu o sentido iluminista da responsabilidade individual, estendendo-o não só a decisões deliberadas, conscientes e racionais, mas também a pensamentos e atos intencionais, porém inconscientes. Ao estimular a capacidade de auto-observação objetiva — "analítica" — e de penetração empática no mundo interior de outra pessoa, a análise promoveu uma enorme expansão da capacidade moral. Vanguarda de uma transformação social que marcou uma época, ela gerou uma nova ética, uma ética que pressupunha a necessidade de profunda auto-reflexão para que a vida tivesse sentido. No período da hegemonia analítica, essa ética estava imbuída da paixão de uma vocação.

Sempre criticada, a concepção psicanalítica do sujeito humano debilitou-se drasticamente durante a década de 60. Na década seguinte, o foco analítico na responsabilidade individual e no autoconhecimento deu lugar a projetos de reconhecimento e identidade voltados para os grupos. Boa parte da análise histórica desapareceu em um mundo novo, marcado pela ubiqüidade do modo terapêutico, pela predominância da celebridade e da confissão, pelas telas oníricas, colossais, de espetáculos em oferta 24 horas por dia, sete dias por semana, e por uma nova permeabilidade entre o público e o privado.

Juntos, esses fatos minaram a coerência do projeto analítico mais amplo.

Esse projeto havia encontrado sua força na capacidade de integrar suas correntes científicas e humanísticas. Mas na década de 70, essas correntes se separaram. A psicanálise dividiu-se em dois projetos divergentes: uma prática terapêutica semimédica, voltada para o tratamento de distúrbios mentais e emocionais, e um conjunto de novas abordagens do estudo da cultura. Os dois novos projetos — o "terapêutico" e o "hermenêutico" — tiveram desenvolvimento à parte. A linhagem científica da psicanálise deu origem à neurociência, à pesquisa do cérebro e à psicofarmacologia, primeiro nos Estados Unidos e depois, mais lentamente, em outros países. A linhagem humanística e literária deu origem aos estudos culturais, à teoria feminista, à teoria "*queer*" e ao estudo da identidade, narrativa e representação. A ética da auto-reflexão diluiu-se completamente com o triunfo de novas versões de "emancipação" da cura pela mente. A história da psicanálise desde 1968 é a história dessa dispersão.

Paradoxalmente, os psicólogos do ego plantaram as sementes para a transformação da psicanálise em neurociência e farmacologia quando validaram o modelo médico para os problemas psicológicos. Esse modelo se baseia numa distinção drástica entre a doença e o paciente. Diagnosticando a doença com base nos sintomas ou em exames é que ele especifica o tratamento. A análise, por sua vez, sempre foi relacional. Ela buscava promover o *insight*, trabalhar a relação de transferência e dar apoio, e não simplesmente eliminar sintomas ou modificar comportamentos.

Por ironia, como vimos, quanto mais os psicólogos do ego norte-americanos quiseram cobrir-se com o manto do modelo médico, mais os seus críticos os acusaram de acientíficos.

Alguns psiquiatras sempre acusaram a análise de não atender aos critérios da medicina, mas na década de 60 suas vozes se tornaram mais fortes. Anteriormente, Freud havia constrangido os psicanalistas ao ignorar a genética e prender-se às teorias de Lamarck.[1] Na virada dos anos 60, os pesquisadores do desenvolvimento infantil colocaram em questão noções analíticas como "narcisismo primário" e "primeiro seio" ao mostrar que o recém-nascido reage ao mundo exterior quase que imediatamente, buscando estímulos e reduzindo tensões — e reage a uma *Gestalt*, e não a uma experiência isolável, como "o sugar" ou "o seio".[2] Não é preciso dizer que o furor que cercava a inveja do pênis e o fato de a American Psychoanalytic Association ter decidido a questão do *status* médico da homossexualidade através de votação dos associados não fortaleceram as aspirações da psicanálise ao estatuto científico.

Em 1980, a bíblia da psiquiatria norte-americana, o *Diagnostic and Statistical Manual of Mental Disorders/Manual diagnóstico e estatístico de distúrbios mentais* (*DSM*), foi revisto por causa das críticas. Enquanto a tônica do *DSM-II*, publicado em 1968, era em grande medida psicanalítica, o *DSM-III* tentou assimilar os modelos médico e psicodinâmico. Citando expressamente o predecessor psiquiátrico de Freud, Emil Kraepelin, cuja cotação então subiu, ele distinguia duas principais categorias de diagnóstico. O Eixo 1 era basicamente biológico e abrangia a esquizofrenia, a depressão, o distúrbio bipolar (psicose maníaco-depressiva) e o distúrbio obsessivo-compulsivo. O Eixo II era mais psicodinâmico, compreendendo as personalidades narcisista, esquizóide, *borderline* ou limítrofe e anti-social. Queixando-se de que os analistas haviam depreciado "a técnica psiquiátrica básica com a qual se obtivera tanto progresso no século XIX", a maioria dos psiquiatras viu no *DSM-III* uma "defesa da aplicação do modelo médico aos problemas psiquiátricos".[3]

As drogas, que oferecim a relação custo-benefício infinitamente melhor que a análise e convergiam com as tendências de pacificação social, marcaram a virada. Thorazine, o primeiro antipsicótico importante, foi lançado em 1954. Porém, além de ser um recurso tosco, ele tinha efeitos colaterais onerosos. A pesquisa dos neurotransmissores levou à comercialização do Prozac (cloridrato de fluoxetina) para tratamento da depressão em 1987, ao qual seguiram-se Paxil e Zoloft. Os efeitos colaterais dessas drogas eram mais bem tolerados que os dos primeiros tratamentos. Além disso, elas eram bem eficazes na remoção dos sintomas. Enquanto isso, o estatuto científico da psicanálise também foi submetido a testes legais. Um caso célebre envolveu um clínico geral, Rafael Osheroff, que fora submetido a tratamento analítico da depressão no Chestnut Lodge em 1979, sem nenhum resultado. Após sete meses de frustração, a família o tirou de lá e levou-o a um hospital para tratamento mental não analítico, onde as medicações logo lhe levantaram o ânimo. A família entrou com um processo em seguida e, em 1988, ganhou a causa, para constrangimento dos analistas.

Os avanços da neurociência representaram a conclusão da transição para o modelo médico. A ressonância magnética (MRI) e a tomografia por emissão de pósitrons (PET) possibilitaram a observação do cérebro durante a realização de operações mentais. Em *The Molecular Foundations of Psychiatry/As bases moleculares da psiquiatria* (1993), Steven Hyman e Eric Nestler propuseram a estrutura neural do cérebro como referência no tratamento.[4] Um psiquiatra registrou sua reação à visão "realmente coerente da função cerebral e da forma como esta afeta a fala" apresentada nesse livro: "Não era possível crer que alguém ainda acreditasse, como faziam [os analistas], que a gagueira tinha alguma base em conflitos da infância. Mas, de fato, antes de eles perceberem que as úlceras eram provocadas por bactérias, ouvíamos interpretações psicanalíticas de úlceras, coisas como a corrosão da parede interna do estômago pela mãe introjetada."[5]

Durante a década de 1980, os psiquiatras adotaram uma abordagem pluralista, que aliava a prescrição de drogas a tratamentos psicodinâmicos e psicossociais. Na de 1990, a administração da saúde acabou com o pluralismo. Para muitos, a questão havia sido resolvida em 1984 com *Foundations of Psychoanalysis/Bases da psicanálise*, de Adolf Grünbaum.[6] Vendo a ciência exclusivamente como uma série de hipóteses testáveis e não como meio de investigação de um objeto conceitual, Grünbaum excluiu a psicanálise do domínio da ciência, dando respaldo assim à confiança das administradoras de saúde nos estudos de comparações e resultados, nas técnicas comportamentais e na psicofarmacologia.[7] Partindo dessa perspectiva, a base explanatória dos distúrbios mentais deixou de estar na vida singular de cada pessoa para colocar-se "além do pessoal, em microestruturas biológicas que escapam à singularidade".[8]

Se não se saiu bem como prática médica de base científica, a psicanálise aparentemente logrou melhor fim como hermenêutica cultural. Após a década de 60, a aplicação de conceitos analíticos a fenômenos culturais como gênero, nacionalidade e identidade sexual proliferou em quase todas as áreas das ciências humanas. Porém, em vez de colocarem em questão a redução da psicanálise ao behaviorismo e à farmacologia, esses "estudos culturais" efetivamente a reforçaram. Ao elogiar Freud como artista, os culturalistas concordaram em privá-lo do estatuto de cientista. Harold Bloom, por exemplo, afirmou que os únicos rivais literários de Freud eram Platão, Montaigne, Shakespeare e "o anônimo narrador primal do Gênese, do Êxodo e dos Números".[9] Mas a meta de Bloom era exaltar as ciências humanas *em relação à* ciência, ao passo que o freudismo havia tentado estabelecer conexões admissíveis entre as duas.

Como tivemos oportunidade de ver, o domínio exercido por Freud sobre a imaginação de homens e mulheres até o fim da década de 60 decorria do fato de ele, como Dostoievski, Shakespeare e os autores da Bíblia Hebraica, haver-se concentrado sobre aspectos essenciais da vida humana, como a infância, a sexualidade, o amor, a família e a finitude. Ao contrário disso, a geração dos 60 apostava em uma cultura política radical e nas relações que essa cultura sustentava. Os grandes textos pós-freudianos dos anos 60 pre-

Anúncio de droga de uso psiquiátrico baseado na linguagem da psicodinâmica (*American Journal of Psychiatry*, agosto de 1952)

gavam a relativa insignificância do indivíduo *per se*. Embora seu objetivo fosse enriquecer a vida pessoal, insistindo em suas dimensões sociais e políticas eles inadvertidamente abriram caminho para teorias voltadas para o grupo que, afinal, suplantaram a análise. Quando uma das grandes vertentes do edifício psicanalítico se perdeu na farmacologia, a outra descaiu na política identitária.

O efeito foi a absorção da psicanálise num novo paradigma de "reconhecimento" ou "orientação para o outro" que era *apsicológico* e *antipsicológico*. Essa absorção se processou em duas etapas. Primeiro, os conceitos analíticos foram reformulados em termos behavioristas e interpessoais.

Assim, a bissexualidade deixou de referir-se a diferentes identificações e inclinações *interiores* do indivíduo para significar o sexo da pessoa com quem o indivíduo dormia. A homossexualidade perdeu a conotação de corrente universal, infantil, sexual, e passou a significar uma escolha de objeto pura e simples. O foco na tenra infância e no conflito psíquico foi abandonado a partir do instante em que se desprezou a necessidade de obter um ponto de vista universal ou impessoal. Muitas vezes, o resultado foram estudos sobre as relações entre homem e mulher que se voltavam exclusivamente para aquilo que os separava, ignorando as experiências comuns, inclusive a de ter de lidar com a diferença sexual.

A segunda etapa tentou redimir a psicanálise, mas como uma teoria que "desconstruía" o indivíduo. Buscando dissipar o "essencialismo" da primeira etapa, a segunda onda de teóricos culturais tentou submergir a identidade individual no "discurso". Assim, Leo Bersani elogiou os textos de Freud por "problematizarem a identidade do pensador 'dentro' ou 'atrás' do discurso".[10] Julia Kristeva substituiu o "ego tacitamente masculino" dos textos de Freud por "uma série de identidades mutáveis, controladas [...] apenas pela imposição arbitrária da lei paterna".[11] Para esses teóricos, a desestabilização da identidade foi vista como precursora de uma sociedade mais progressista.

Como no caso da neurociência e da farmacologia, a virada dos estudos culturais trouxe consigo avanços: novas abordagens da psicologia das mulheres, a suspensão do tabu da homossexualidade e a sensibilidade à diferença racial e cultural. Desses avanços, talvez o que se revele mais duradouro seja a desconstrução de Jacques Derrida. Em 1964, Derrida criticou Foucault por argumentar, em *Madness and Civilization/Loucura e civilização*, que a loucura era exemplo de um princípio de rebeldia e transgressão situado fora da sociedade. A loucura, conforme insistiu Derrida, estava *dentro* do "império da razão", que só poderia ser criticado de dentro. Em obras posteriores, Derrida aplicou esse *insight* analítico à própria psicanálise. De acordo com sua argumentação, a loucura e a transgressão haviam sido recalcadas *dentro* da psicanálise devido a suas distinções excessivamente rígidas entre o interno e o externo, o real e o falso, o consciente e o inconsciente. Embora não fosse analista, Derrida inventou uma nova forma de escrever que dramatiza a maneira como o inconsciente interrompe, adia, contradiz, confunde e intensifica todos os fluxos do sentido.[12] No entanto, também em sua obra, a concretude e a especificidade do psicológico tendem a desaparecer no infinito jogo da ambigüidade lingüística.

Portanto, a partir dos anos 60, o que um dia foi o gigantesco projeto da psicanálise fragmentou-se. Com a divisão de suas dimensões científica e cultural, o freudismo, enquanto tal, ficou à deriva. No entanto, a profissão psicanalítica fez mais que apenas sobreviver. Como na Reforma,

Freud esmagado sob o peso da política identitária
(*Der Spiegel*, 1998)

durante a qual o poder clerical passou às mãos de homens e mulheres comuns, os analistas — com essa lição de humildade — continuam a atender às demandas da vida cotidiana. Na verdade, a longamente postergada desidealização da psicanálise finalmente está acontecendo agora, à medida que as sociedades analíticas, em sua nova condição modesta, voltam-se para si mesmas, reinventam-se às margens e desenvolvem um novo ecletismo.

A destruição da hegemonia da psicologia do ego norte-americana sobre a psicanálise foi um pré-requisito para essa mudança. Com o fim dos anos 60 e a perda de sua fortaleza na medicina, os psicólogos do ego aparentemente perderam também a sensação de ter algo especial a dizer. Numa carta de 1979 ao *New York Times*, Alan J. Eisnitz, presidente da New York Psychoanalytic Society, defendeu Freud relacionando suas "idéias influentes", como a rivalidade entre irmãos, o papel especial dos sonhos e os "*insights* sobre a imaginação e a criatividade", mas se absteve de apresentar qualquer concepção do projeto analítico como um todo.[13] Dez anos depois, Robert Wallerstein, presidente da International Psychoanalytic Association, descreveu a posição teórica dos analistas — psicologia do ego, relações objetais, lacanismo — como "simbolismos, [...] metáforas explanatórias em larga escala, [...] artigos de fé [...] pluralistas".[14] Mary Douglas comparou a psicanálise norte-americana a "um navio ancorado, um dia pronto para uma grande viagem, mas agora com as velas enroladas, os cabos soltos, imóvel. Não é que estejam faltando ventos teóricos para impulsioná-lo. Mas falta motivo para ir a algum lugar".[15]

Com o degringolar do seu lastro médico, as mulheres e os *gays* fizeram avanços na tentativa de assumir o controle da profissão analítica. Em 1988, uma ação classista que há muito tempo vinha encontrando resistência obrigou os institutos analíticos a aceitarem profissionais não médicos, a maioria dos quais eram mulheres. Embora ainda haja uma ala médica, as vozes mais fortes na psicanálise norte-americana hoje são feministas e simpatizantes da liberação *gay*. A abordagem dominante é a "relacional", que tem como premissa a "correção" dos erros de Freud. Em 1996, a fraca identidade da psicanálise norte-americana foi evidenciada de forma chocante quando Frederick Crews deu início a uma série de bem promovidos ataques — que ficaram quase todos sem resposta, diga-se de passagem — a Freud e à análise.[16]

Em outras partes, a situação não foi tão infeliz. Por volta de 1974, havia na França três importantes grupos analíticos, cada um com sua própria publicação: a Société Psychanalytique de Paris (responsável pelos *Études Freudiennes*), que, com quase quinhentos membros, estava entre as maiores sociedades analíticas do mundo e era a oficial, a École Freudienne de Lacan (responsável pelo periódico *Scilicet*) e a Associação Psicanalítica Francesa, que girava em torno de Jean Laplanche e Jean-Bertrand Pontalis e publicava *La Nouvelle Revue de Psychanalyse*. Graças à influência de Lacan, todo intelectual francês hoje lê Freud a sério. Novos pensadores, como Didier Anzieu, Piera Aulagnier, Janine Chasseguet-Smirgel, Julia Kristeva e André Green, expandiram os parâmetros tanto da análise quanto da filosofia. Em 1994, quando a International Psychoanalytical

Association (IPA) chegou a menos de nove mil membros, dos quais cerca de três mil eram norte-americanos, a França contava com mais ou menos cinco mil analistas não filiados à IPA, 80% dos quais eram lacanianos.

Mais impressionante foi o extraordinário desenvolvimento da análise na América Latina, que em 1994 registrou 2.200 analistas filiados à IPA. Como tivemos oportunidade de ver, o freudismo foi introduzido em Buenos Aires nas décadas de 40 e 50 por judeus que fugiam de Hitler. Nos anos 60, houve crescimento e cismas explosivos, inicialmente sob a influência das teorias kleinianas desenvolvidas por Hannah Segal e, depois, das teorias lacanianas que floresceram na época das ditaduras. Após o retorno da democracia, Buenos Aires proclamou-se a "capital mundial da psicanálise". O encontro da IPA ali realizado em 1991 mereceu uma cobertura da imprensa comparável à dedicada à Associação Internacional de Xadrez em Moscou ou à World Series em Nova York. Quanto ao Brasil, país em que atualmente existem 11 prósperas sociedades, escreveram-se biografias de Freud e estudos psicanalíticos próprios, que fogem aos vieses norte-americanos e europeus ocidentais.

Ao lado da descentralização e do pluralismo teórico, a história da psicanálise tem sido marcada desde os anos 60 pelo retorno de dificuldades que nunca foram contornadas no período clássico. Uma delas, a questão das origens judias da psicanálise e a influência da história judaica sobre o *ethos* psicanalítico, sofreu uma espécie de normalização.[17] Assim, em 1977, a Universidade Hebraica de Jerusalém criou a primeira cátedra de psicanálise.[18]

Anna Freud, então com 82 anos e o elo mais importante com o fundador, enviou uma comunicação em que não apenas admitia que a análise era uma "ciência judaica" como também dizia, despreocupadamente, que isso "pode ser visto como uma espécie de Título Honorífico".[19] Enquanto isso, os analistas judeus, que permaneciam irredutíveis na decisão de impedir que a IPA promovesse um congresso na Alemanha, mudaram de idéia. Uma exposição sobre a história do Instituto Göring foi a vedete do encontro, que teve lugar em Hamburgo. Um analista alemão comentou: "Graças a Deus vocês resolveram vir; vivemos sozinhos com nossa vergonha há mais de quarenta anos."[20] Mesmo assim, a questão judaica continuou sendo sintomática para muitos. Assim, em *The Long Wait/ A longa espera*, autobiografia que publicou em 1988, o analista anglo-punjabi Masud Khan declarou-se exultante por libertar-se de seus "grilhões iídiches" e queixou-se de que o "viés judaico-iídiche-judeu da psicanálise" sempre havia constrangido seu "estilo étnico pessoal".[21]

A normalização se deu também em outros sentidos. Em 1979, a categoria fundou uma organização interna voltada para a história, liderada por Alain de Mijolla, ainda que sua história, em sentido mais amplo, estivesse sendo escrita por "*outsiders*", como Paul Roazen, Henri Ellenberger, Peter Gay, Michael Molnar, Elisabeth Roudinesco, Frank Sulloway, Alexander Etkind e Carl Schorske. Novas publicações periódicas, em especial *Psychoanalysis and History*, substituíram a hagiografia por métodos estabelecidos de pesquisa histórica. Peter Gay produziu a primeira biografia pós-transferencial de Freud.

As sociedades britânica, francesa e alemã criaram importantes acervos de pesquisa. As figuras que Ernest Jones tentou excluir do cânone, como Otto Rank, foram resgatadas; e para muitos analistas, especialmente nos Estados Unidos, a reputação de Sándor Ferenczi chegou quase a rivalizar com a de Freud. Foram lançadas novas traduções das obras de Freud, criando assim alternativas à *Standard Edition* de Strachey.

Mas o que, na verdade, se quer dizer com normalização? Talvez mais que muitas outras histórias, a da psicanálise é pontuada por traumas — isto é, catástrofes que, apesar de permanecerem "vitais e ativas, não chegam a uma resolução".[22] Entre elas, incluem-se transgressões pessoais, vidas deformadas, anos perdidos, documentos destruídos, arquivos secretos, lapsos esquecidos e rupturas inexplicáveis. A normalização não se processou de maneira nada tranqüila. Um dos exemplos mais delicados desse problema foi a tentativa de compreender uma das catástrofes mais importantes da história da psicanálise: não a ascensão do nazismo, mas sim a débil reação que diante dele — e até mesmo do Holocausto — tiveram os analistas.

Antes da década de 1960, a aceitação na IPA era vista entre os analistas alemães como prova de um "lugar entre os perseguidos" que lhes permitia "livrar-se da carga do [seu] passado". Porém quando os radicais de 1968 se tornaram analistas, esse álibi foi colocado em questão. Em 1980, numa conferência em Bamberg, os analistas mais jovens explodiram: "Quem era seu analista?", "O que você estava fazendo?", "De onde vem essa impressão de mistério, mentira, a patologia da sensação de realidade?" Helmut Dahmer, Regine Lockot, Geoffrey Cocks e outros desencavaram a história do Instituto Göring e a expulsão de Reich. Em 1997, Werner Bohleber, um dos principais analistas da Alemanha, atribuiu a ausência de avanços teóricos importantes após 68 no país ao fato de os psicanalistas alemães não terem esquecido nem por um só instante o próprio passado.[23]

A verdadeira alma da psicanálise latino-americana pode ser encontrada também nas experiências de tortura, exílio e perda que os anos 60 deixaram em sua esteira. Entre os analistas que se exilaram estão Juan Carlos Volnovich, que teve de deixar a Argentina e até hoje pratica a psicanálise em Cuba; Marcelo e Maren Viñar, torturados e forçados a abandonar o Uruguai por haverem tratado um tupamaro; Elizabeth Lira, que trabalhou com a igreja para restabelecer a democracia em El Salvador; Ignacio Martín-Baró, o mais importante psicólogo social da América Central, assassinado em 1989 por soldados salvadorenhos treinados pelo exército norte-americano; e Marie Langer e outros analistas das escolas Defensa e Performa, de corte freudiano-marxista.[24] Muitos outros analistas permaneceram em seus países e exerceram a profissão durante as ditaduras. Hoje estão acontecendo reconciliações. Por exemplo, Julia Braun, Marcelo Viñar, Emilio Rodriguez e Elizabeth Jelin, entre outros, estão estudando a psicologia dos "desaparecidos". Outros usam a análise para estudar as identidades híbridas ou mestiças e as masculinidades deformadas, resultantes do trauma colonial. Uma cultura analítica permeia essas tentativas de acertar as contas com a memória e a história. Em 1995, ao pedir desculpas públicas, o chefe do exército argentino referiu-se ao "inconsciente coletivo", à "elaboração do luto" e à necessidade de "trabalhar" os problemas.[25]

O *samizdat* e outros movimentos anticomunistas que triunfaram em 1989 permitiram que outro fio partido da história analítica fosse retomado. Já em 1979, Aron Belkin recorreu à análise para explicar o mal-estar da Rússia, sugerindo que "a identificação com o Guia Supremo [Stalin] havia massacrado a figura paterna familiar, forçando o indivíduo a considerar toda alternativa como algo diabólico [...] e causando por fim a morte do pensamento". Outro reformista descreveu "a obsessiva identificação com o pai desaparecido, a sensação de vergonha pelo pai deportado ou eliminado como inimigo do povo e a solidão e errância do filho".[26] Com a *glasnost*, as obras de Freud foram publicadas em russo pela primeira vez desde o início dos anos 30. O filme *Tolkovanie snovidenyi*/Interpretação de sonhos (1989), de Andrei Zagdansky, celebrou o fato contrapondo leituras de trechos dos textos de Freud a filmes de arquivo da história soviética. Até mesmo o romancista pós-moderno Wei Hui, proibido na China contemporânea, criou em *Xangai baby/Shanghai Baby* uma heroína promíscua, ambiciosa e leitora de Freud.

Em geral, portanto, a profissão psicanalítica sobreviveu não só ao ataque psicofarmacológico como também à virada cultural. Porém, o que talvez não tenha sobrevivido, seja a ética analítica da auto-análise, da qual a psicanálise um dia foi parte. Qual a importância dessa perda, afinal?

Por sua própria natureza, um período de auto-análise como o descrito neste livro tem vida curta. A mente naturalmente se volta para fora. Assim, era de esperar que o intenso interesse despertado pela psicanálise — como o que caracterizou a sua era de ouro — chegasse ao fim. A questão que se deve tratar agora é o que se aprendeu. Não basta reafirmar a crença na diversidade e na singularidade do indivíduo. A vida pessoal não pode sobreviver se não for encarnada em práticas e instituições reais, além de tentativas contínuas de ganhar conhecimento sistemático da psicologia individual. Já que não é provável que a psicanálise desempenhe no século XXI o mesmo papel que desempenhou no século anterior, se quisermos preservar suas conquistas, talvez tenhamos agora de inventar novas instituições que encerrem seus *insights* e cresçam a partir deles. Até que ponto continuaremos a recorrer à psicanálise, até que ponto poderemos inventar sucedâneos para ela e como serão esses sucedâneos são as questões que permanecem em aberto.

Independentemente de como possamos responder a essas questões, o que precisamos proteger não é tanto a análise como modo de tratamento quanto como conjunto de conhecimentos, os quais podem ser tomados como premissas: que cada indivíduo tem um mundo interior que é, em boa parte, não apenas inconsciente, mas recalcado; que as relações do indivíduo com os outros, em especial os entes queridos, são permeadas pelas imagens e desejos desse mundo inconsciente; que a condição masculina ou feminina é, psicologicamente, o resultado de um processo precário e idiossincrático e de que ninguém é simplesmente um sexo ou o outro; que existe, em última análi-

Revista *Time* em 1993: a pergunta "Freud está morto?"
continua sem resposta

se, uma lacuna irredutível entre as vidas intrapsíquicas das pessoas e o mundo cultural, social e político em que elas vivem; que quando falamos do valor singular do indivíduo, estamos falando do indivíduo concreto, particular e contingente, e não de um *locus* abstrato de direitos e razão; que a sociedade e a política são movidas não só por interesses conscientes e necessidades percebidas, mas também por motivações e ansiedades inconscientes, além de lembranças semi-expressas; e que mesmo grandes nações podem sofrer traumas, mudar de rumo abruptamente e regredir.

O carisma da psicanálise, a enorme idealização de que ela foi alvo, foi uma forma de proteger esses e outros conhecimentos afins; uma forma de proteger a própria vida pessoal. Essa compreensão conseguirá sobreviver ao declínio da psicanálise? A aceleração global, o quase colapso da fronteira entre o público e o privado e a computadorização — que reduz a psicologia do sentido à transferência de informações — evisceraram a experiência intrapsíquica? Nossas novas percepções de raça, nação e gênero tornam supérflua a necessidade de compreender a singularidade de nossa individualidade? Nosso desejo de atentar mais para a "diferença" significa que já não precisamos de uma noção comum do que seja ser um ser humano ou mesmo de uma língua comum com a qual possamos discutir a questão?

Se assim for, estaremos diante de um drástico empobrecimento. Estaremos nos arriscando a defender ideais "mais antigos" de vida pessoal só da boca para fora e, ao mesmo tempo, abraçando uma concepção vazia de "escolha racional". Correremos o risco de gabar-nos de conhecer nossa própria mente no momento mesmo em que mais estamos sendo manipulados para a aquiescência e a cumplicidade.

Certamente, a atual situação da tripla promessa da modernidade não dá ensejo a otimismo. Na era psicanalítica, a autonomia implicava uma percepção complexa e vitalícia da interioridade, e não a "concessão de poderes" nem a resolução utilitária de problemas. A igualdade das mulheres significava o mais profundo compromisso de um sexo com o outro, e não a celebração da feminilidade nem a aspiração das mulheres a serem como os homens. A democracia supunha a capacidade de auto-reflexão e autocrítica, e não o auto-elogio patriótico nem a voracidade partidária. O otimismo que impulsionou a psicanálise no início de sua história — otimismo que se associava ao primeiro superávit econômico em massa na evolução humana — já não é tão fácil de encontrar. Quando buscamos o otimismo hoje, precisamos voltar-nos para dentro. E fazendo isso, revelamos mais uma vez nossa dívida com a era de ouro da psicanálise, uma era da qual saímos há tão pouco tempo.

Notas

As obras citadas com mais freqüência nas notas são identificadas pelas seguintes abreviações:

Freud-Abraham Sigmund Freud e Karl Abraham. *A Psycho-analytic Dialogue: The Letters of Sigmund Freud and Karl Abraham, 1907-1926*/Um diálogo psicanalítico: as cartas de Sigmund Freud e Karl Abraham, 1907-1926. Organização de Hilda C. Abraham e Ernst L. Freud. Tradução de Bernard Marsh e Hilda C. Abraham. Nova York: Basic Books, 1965.

Freud-Ferenczi Sigmund Freud e Sándor Ferenczi. *Sigmund Freud, Sándor Ferenczi: correspondência/ The Correspondence of Sigmund Freud and Sándor Ferenczi*. Organização de Eva Brabant, Ernst Flazeder e Patrizia Giampieri, tradução de Cláudia Cavalcanti e Susana Kampff Lages, 2 vols./3 vols. Rio de Janeiro: Imago, 1994/Cambridge, Mass.: Harvard University Press, 1993.

Freud-Fliess Sigmund Freud e Wilhelm Fliess. A correspondência completa de Sigmund Freud para Fliess, *1887-1904 /The Complete Letters of Sigmund Freud to Wilhelm Fliess, 1887-1904*. Tradução de Vera Ribeiro/Organização e tradução de Jeffrey Moussaieff Masson. Rio de Janeiro: Imago, 1986/Cambridge, Mass.: Harvard University Press, 1985.

Freud-Jones Sigmund Freud e Ernest Jones. *The Complete Correspondence of Sigmund Freud and Ernest Jones, 1908-1939*/A correspondência completa de Sigmund Freud e Ernest Jones, 1908-1939. Organização de R. Andrew Paskauskas. Cambridge, Mass.: Belknap Press of Harvard University Press, 1993.

Freud-Jung Sigmund Freud e Carl Jung. Freud-Jung: correspondência completa/*The Freud-Jung Letters: The Correspondence Between Sigmund Freud and C. G. Jung*/Organização de William McGuire, tradução de Ralph Manheim e R. F. C. Hull. Rio de Janeiro: Imago, 1976/Cambridge, Mass.: Harvard University Press, 1988.

Freud-Salomé Sigmund Freud e Lou Andreas-Salomé. Freud-Lou Andreas-Salomé: correspondência completa/*Sigmund Freud e Lou Andreas-Salomé: Letters*. Organização de Ernst Pfeiffer, tradução de William e Elaine Robson-Scott. Rio de Janeiro: Imago; Nova York: Harcourt Brace Jovanovich, 1972.

Jones Ernest Jones. A vida e obra de Sigmund Freud/*The Life and Work of Sigmund Freud*. Vol. 1, *Os anos de formação e as grandes descobertas, 1856-1900/The Formative Years and the Great Discoveries, 1856-1900*; vol. 2, *A maturidade, 1901-1919*/Years of Maturity, 1901-1919; vol. 3, *Última fase, 1919-1939/The Last Phase, 1919-1939*. Tradução de Júlio Castanon Guimarães. Rio de Janeiro: Imago, 1989/Nova York: Basic Books, 1953-1957.

LSF Sigmund Freud. *The Letters of Sigmund Freud, 1873-1939/As cartas de Sigmund Freud, 1873-1939*. Organização de Ernst Freud e Lucie Freud. Tradução de Tania e James Stern. Nova York: Basic Books, 1960.

ES Sigmund Freud. *Edição standard brasileira das obras psicológicas completas de Sigmund Freud/The Standard Edition of the Complete Psychological Works of Sigmund Freud*. Organização de Jayme Salomão. Tradução sob editoria geral de James Strachey. Colaboração de Anna Freud. Assessoria de Alix Strachey e Alan Tyson. 24 vols. Rio de Janeiro: Imago/ Nova York: Norton, 1976.

Introdução

1. Carl E. Schorske, *Viena fin-de-siècle: política e cultura/Fin-de-siècle Vienna: Politics and Culture*, trad. de Denise Bottmann (São Paulo e Campinas: Companhia das Letras/Editora da UNICAMP, 1990/Nova York: Knopf, 1980).

2. Uma formulação mais precisa distinguiria entre parentesco, casa e família nesse aspecto. Para uma visão geral, consulte Eli Zaretsky, *Capitalism, the Family, and Personal Life/O capitalismo, a família e a vida pessoal*, ed. rev. (1976; Nova York: Harper & Row, 1986).

3. Philip Rieff, *O triunfo da terapêutica/The Triumph of the Therapeutic: Uses of Faith After Freud*, trad. de Raul Fiker e Ricardo Pinheiro Lopes (São Paulo: Brasiliense, 1990/Nova York: Harper & Row, 1966).

4. Claude Lévi-Strauss, "The Effectiveness of Symbols"/A eficácia dos símbolos, em *Antropologia estrutural/Structural Anthropology,* trad. de Chaim Samuel Katz e Eginardo Pires, rev. etnológica de Júlio Cezar Melatti (Rio de Janeiro: Tempo Brasileiro, 2003/Chicago: University of Chicago Press, 1983), pp. 186-205.

5. Marc Bloch, *The Royal Touch: Sacred Monarchy and Scrofula in England and France/O toque real: monarquia sagrada e escrófula na Inglaterra e na França*, trad. de J. E. Anderson (Londres: Routledge & Kegan Paul, 1973).

6. Em *The Social Psychology of the World's Religions/A psicologia social das religiões do mundo* (1920-1921), Max Weber comparou o senso calvinista de responsabilidade à ética com base na premissa de uma correspondência preestabelecida entre um padrão cósmico, mais amplo, e o mundo interior do indivíduo, como o confucionismo. Mas Weber não comparou a ética calvinista ao senso de autonomia pessoal ou psicológica do século XX.

7. *ES*, vol. 15, p. 18.

8. S. N. Eisenstadt, org., *Max Weber on Charisma and Institution Building: Selected Papers*/Coletânea de artigos de Max Weber sobre o carisma e a construção de instituições (Chicago: University of Chicago Press, 1968).

9. O termo "segunda revolução industrial" é por vezes atribuído a Patrick Geddes em *Cidades em evolução/Cities in Evolution* (Campinas: Papirus, 1994/Londres: Williams & Norgate, 1915). Importantes discussões podem ser encontradas em David Landes, *Prometeu desacorrentado: transformação tecnológica e desenvolvimento industrial na Europa Ocidental, de 1750 até os dias de hoje/The Unbound Prometheus*, trad. de Marisa Rocha Mota (Rio de Janeiro: Campus, 2005/Cambridge, G.B.: Cambridge University Press, 1969), que enfatiza a mudança tecnológica e a inovação financeira, e em Eric Hobsbawm, *Da revolução industrial inglesa ao imperialismo/Industry and Empire*, trad. de Donaldson Magalhães Garshagen (Rio de Janeiro: Forense Universitária, 1983 — 3ª ed./Londres: Weidenfeld & Nicholson, 1968), pp. 144-149, que assinala o novo papel da

ciência, da linha de montagem e do consumismo. Outras boas discussões estão em "The Growing Role of Science in the Innovation Process"/A importância crescente do papel da ciência no processo de inovação, de N. Rosenberg, em *Science, Technology and Society in the Time of Alfred Nobel*/Ciência, tecnologia e sociedade na época de Alfred Nobel, org. de Carl Gustaf Bernhardt et al. (Oxford: Oxford University Press, 1982), pp. 231-246; "The Future of the New Economic History"/O futuro da nova história econômica, de Peter Temin, *Journal of Interdisciplinary History* (outono de 1981): 179-197; e "From Rostow to Chandler to You: How Revolutionary Was the Second Industrial Revolution?"/De Rostow a Chandler e a você: até que ponto a segunda revolução industrial foi revolucionária?, de James P. Hull, *Journal of European Economic History* 25 (primavera de 1996): 191-208.

Capítulo Um

1. Quanto à declaração clássica e à citação do "mesquinho ressentimento", consulte John Ruskin, *Sesame and Lilies: Two Lectures Delivered at Manchester in 1864*/Gergelim e açucenas: duas palestras proferidas em Manchester em 1864 (Nova York: J. Wiley & Son, 1865).
2. William James, *Varieties of Religious Experience*/Variedades da experiência religiosa (Cambridge, Mass.: Harvard University Press, 1985), pp. 6 e 108-109.
3. "Quase líquido" é de Ruth B. Caplan, *Psychiatry and the Community in Nineteenth-Century America: The Recurring Concern with the Environment in the Prevention and Treatment of Mental Illness*/Psiquiatria e comunidade na América oitocentista: a preocupação recorrente com o ambiente na prevenção e tratamento da doença mental (Nova York: Basic Books, 1969), p. 8. Consulte também Robert Young, *Mind, Brain and Adaptation in the Nineteenth Century: Cerebral Localization and Its Biological Context from Gall to Ferrier*/Mente, cérebro e adaptação no século XIX: a localização cerebral e seu contexto biológico de Gall a Ferrier (Oxford: Clarendon Press, 1970), p. 15.
4. Dugald Stewart, conforme citado em Peter Gay, *The Enlightenment: An Interpretation*/O iluminismo: uma interpretação (Nova York: Knopf, 1966-1969), vol. 2, p. 168. Voltaire elogiou Locke por evitar "romances da alma" e produzir, em vez disso, os meios para escrever sua história. Seu *Lettres sur l'Anglais*/Cartas sobre o inglês é citado em Ernst Cassirer, *The Philosophy of the Enlightenment*/A filosofia do Iluminismo (Boston: Beacon Press, 1955), p. 54.
5. Marcel Gauchet e Gladys Swain, *La pratique de l'esprit humain:l'institution asilaire et la révolution démocratique*/A prática do espírito humano: a instituição manicomial e a revolução democrática (Paris: Gallimard, 1980). Antes disso, os psiquiatras haviam sido os guardiães dos hospitais psiquiátricos. Samuel Tuke, um quacre, foi quem fundou o primeiro manicômio moderno na Grã-Bretanha.
6. Cientes havia muito que os médicos lendários promoviam a confiança através do carisma, eles agora percebiam que o médico comum poderia ser treinado para provocar a submissão. Pinel já chamara a atenção para os raros dotes pessoais de Francis Willis, médico de George III. Consulte Jan Ellen Goldstein, *Console and Classify: The French Psychiatric Profession in the Nineteenth Century*/Consolar e classificar: a profissão psiquiátrica na França oitocentista (Cambridge, G.B., e Nova York: Cambridge University Press, 1987), p. 86.
7. Benjamin Rush, *Medical Inquiries and Observations upon the Diseases of the Mind*/Investigações e observações médicas sobre as doenças da mente (Nova York: Hafner, 1962), pp. 174-178.
8. A mente, escreveu Percy Shelley, é um lugar único: ela pode transformar o inferno em céu e o céu, em inferno. Para uma visão geral, consulte Meyer Howard Abrams, *The Mirror and the Lamp: Romantic Theory and the Critical Tradition*/O espelho e a lamparina: teoria romântica e tradição crítica (Nova York: Oxford University Press, 1953).

9. Leon Chertok e Raymond de Saussure, *The Therapeutic Revolution, from Mesmer to Freud* /A revolução terapêutica, de Mesmer a Freud (Nova York: Bruner/Mazel, 1979), pp. 5-14 e 34-35; Henri Ellenberger, *The Discovery of the Unconscious: The History and Evolution of Dynamic Psychiatry*/A descoberta do inconsciente: a história e a evolução da psiquiatria dinâmica (Nova York: Basic Books, 1970), pp. 72 e 155-156.
10. A técnica, observou um magnetizador, utilizava "a dominância que a natureza havia conferido a um sexo em relação ao outro para sujeitar e excitar". Ellenberger, *Discovery*, p. 160.
11. William James, *The Principles of Psychology*/Os princípios da psicologia, 2 vols. (Nova York: H. Holt, 1890).
12. Jose M. Lopez Pinero, *The Historical Origins of the Concept of Neurosis*/As origens históricas do conceito de neurose (Londres: Cambridge University Press, 1958), p. 58. A neurastenia foi inicialmente descrita por George Beard em pronunciamento à American Neurological Society: consulte *Medical and Surgical Journal 3*, nº 217 (29 de abril de 1869); James Gilbert, *Work Without Salvation: America's Intellectuals and Industrial Alienation, 1880-1910*/Trabalho sem salvação: os intelectuais norte-americanos e a alienação industrial, 1880-1910 (Baltimore: Johns Hopkins University Press, 1977), p. 33; Charles E. Rosenberg, "The Place of George M. Beard in Nineteenth-Century Psychiatry"/O lugar de George M. Beard na psiquiatria do século XIX, *Bulletin of the History of Medicine 36* (1962): 245-259; Gillian Brown, "The Empire of Agoraphobia"/O império da agorafobia, *Representations 20* (outono de 1987): 148. Quanto ao "bovarismo", consulte Yannick Ripa, *Women and Madness: The Incarceration of Women in Nineteenth-Century France*/As mulheres e a loucura: o encarceramento de mulheres na França do século XIX (Minneapolis: University of Minnesota Press, 1990), p. 62. Quanto a "enfuriamento", consulte Mardi Horowitz, org., *Histerical Personality Style and the Histrionic Personality Disorder*/O estilo da personalidade histérica e o transtorno histriônico da personalidade (Northvale, N.J.: Aronson, 1991).
13. Para uma visão geral, consulte Alan Krohn, *Hysteria: The Elusive Neurosis*/Histeria: a neurose fugidia (Nova York: International Universities Press, 1978).
14. Valéry é citado em Theodore Zeldin, *France*/França (Nova York: Oxford University Press, 1979), vol. 2, p. 338. Quanto a Baudelaire, consulte Eugen Weber, *França: fin de siècle/France: Fin de Siècle*, trad. de Rosaura Eichenberg (São Paulo: Companhia das Letras, 1989/Cambridge, Mass.: Harvard University Press, 1986), p. 12. Breuer é citado em Elaine Showalter, *The Female Malady: Women, Madness and the English Culture, 1830-1980*/O mal feminino: mulheres, loucura e cultura inglesa, 1830-1980 (Nova York: Pantheon Books, 1987), p. 158.
15. *The Diary of Alice James*/O diário de Alice James, org. de Leon Edel (Nova York: Dodd, Mead, 1964), 26 de outubro de 1890 e 4 de dezembro de 1891. Ruth Bernard Yeazell, *Sex, Politics, and Science in the Nineteenth-Century Novel*/Sexo, política e ciência no romance do século XIX (Baltimore: Johns Hopkins University Press, 1986), p. 37.
16. Edward Shorter, "The First Great Increase in Anorexia Nervosa"/O primeiro grande aumento na anorexia nervosa, *Journal of Social History 20*, nº 1 (outono de 1987): 77 e seguintes; Barbara Sicherman, "The Uses of a Diagnosis: Doctors, Patients, and Neurasthenia"/Os usos de um diagnóstico: médicos, pacientes e neurastenia, *Journal of the History of Medical and Allied Sciences 22*, nº 1 (janeiro de 1977): 41. Originalmente chamadas "doenças nervosas" ou "funcionais", as neuroses, segundo diria Freud posteriormente, "eram consideradas, com segurança cada vez maior, conseqüências de perturbações na vida afetiva". *ES*, vol. 12, p. 329.
17. *ES*, vol. 1, p. 10.
18. George Rosen, "Freud and Medicine in Vienna"/Freud e a medicina em Viena, em *Freud: The Man, His World, His Influence*/Freud: o homem, seu mundo, sua influência, org. de Jonathan Miller (Boston: Little, Brown, 1972), p. 35. Evidentemente, os franceses também tentavam demonstrar lesões *post-mortem*.

19. Jan Goldstein, "The Hysteria Diagnosis and the Politics of Anticlericalism in Late Nineteenth-Century France"/O diagnóstico da histeria e a política do anticlericalismo na França de fins do século XIX, *Journal of Modern History 54* (junho de 1982): 216.

20. Daniel Pick, *Faces of Degeneration: A European Disorder, 1848-1918*/Faces da degeneração: um distúrbio europeu, 1848-1918 (Cambridge, G.B.: Cambridge University Press, 1989), p. 100. Hippolyte Taine usou as teorias de Morel para explicar a "degenerescência" que a Revolução Francesa e a Comuna de Paris supostamente exemplificavam.

21. Martha Evans, *Fits and Starts: A Genealogy of Hysteria in Modern France*/Trancos e barrancos: uma genealogia da histeria na França moderna (Ithaca, N.Y.: Cornell University Press, 1991), p. 21. Quanto a Le Bon, consulte Robert Gildea, *Barricades and Borders: Europe, 1800-1914*/Barricadas e fronteiras: Europa, 1800-1914 (Nova York: Oxford University Press, 1997), p. 388.

22. Em 1889, 48% dos professores de medicina, 22% dos de direito e 15% dos de filosofia eram judeus. Em 1885, três anos após Freud ter recebido seu diploma de médico, 41,5% dos estudantes de medicina de Viena eram judeus. Robert S. Wistrich, *The Jews of Vienna in the Age of Franz Joseph*/Os judeus de Viena na época de Franz Joseph (Oxford: Oxford University Press, 1990); Fredrich Heer, "Freud, the Viennese Jew"/Freud, o judeu de Viena, em Miller, *Freud*, pp. 1-20.

23. Ainda há correspondência inédita. James Barclay, "Franz Brentano and Sigmund Freud"/Franz Brentano e Sigmund Freud, *Journal of Existentialism 5*, nº 17 (verão de 1964): 8; John Toews, "Historicizing Psychoanalysis: Freud in His Time and for Our Time"/Historicizando a psicanálise: Freud em sua época e para a nossa, *Journal of Modern History 63* (setembro de 1991): 538-541.

24. Toews, "Historicizing". Conforme escreveu Frederick Gregory, os pensadores do fim do século XIX acusaram Kant "de ignorar os fatos em sua defesa das idéias inatas. Causalidade, espaço, tempo, número, etc., tinham sua origem não na estrutura da mente, mas decorriam da experiência do homem no mundo". Gregory, *Scientific Materialism in Nineteenth-Century Germany*/O materialismo científico na Alemanha do século XIX (Dordrecht, Holanda e Boston: D. Reidel, 1977), p. 147.

A influência de Kant permeia toda a vida de Freud; ele o leu e interpretou quando era adolescente. Em *Freud's Discovery of Psychoanalysis: The Politics of Hysteria*/Freud e a descoberta da psicanálise: a política da histeria (Ithaca, N.Y.: Cornell University Press, 1986), William J. McGrath descreve a carta de 11 de abril de 1875 de Freud ao amigo Silberstein como reveladora de sua "compreensão altamente sofisticada do arcabouço kantiano". Em 1882, um ano após obter o diploma de médico, Freud comprou *A crítica da razão pura* e encheu-a de anotações. Sua biblioteca particular, que pode ser visitada em Londres, está arrumada historicamente: ela começa com arqueologia e história da antigüidade, prossegue até a literatura moderna e termina com ciência, sexologia e psicanálise. Mas tanto a *Crítica* quanto o *Ensaio sobre o entendimento humano*, de Locke, estão guardados fora da ordem, entre a arqueologia e a pré-história, o que reflete sua visão de que as categorias da mente provêm da luta da espécie com a natureza. Posteriormente, Freud descreveu o inconsciente como "uma extensão das correções iniciadas por Kant". Assim como Kant nos advertiu para que não tomássemos o tempo ou a extensão como idênticos à realidade exterior, "a psicanálise pede-nos que não coloquemos a percepção consciente no lugar do processo mental inconsciente que é seu objeto". Sigmund Freud, "The Unconscious"/O inconsciente, em *General Psychological Theory*/Teoria geral da psicologia (Nova York: Collier Books, 1963), p. 121.

25. *ES*, vol. 20, p. 9.

26. Freud a Bernays, 24 de novembro de 1885, *LSF*, p. 185.

27. Freud a Fliess, 28 de dezembro de 1887, *Freud-Fliess*, p. 17.

28. Citado em Peter J. Swales, "Freud, His Teacher and the Birth of Psychoanalysis"/Freud, seu professor e o berço da psicanálise, em Paul E. Stepansky, *Freud, Appraisals and Reappraisals: Contributions to Freud Studies*/Freud, avaliações e reavaliações: contribuições para os estudos sobre Freud (Hillsdale, N.J.: Analytic Press, 1986), vol. 1, p. 49.
29. Em 1889, ele visitou Nancy, na França, para aprofundar o treinamento. Hippolyte Bernheim ensinou-lhe as técnicas da "concentração" e da "pressão". Quando um paciente não conseguia lembrar-se de algo, Freud pressionava-lhe a testa e lhe garantia que, enquanto durasse a pressão, ele veria "diante de si uma recordação em forma de um quadro" ou idéia. Quando parava de pressionar a testa do paciente, Freud perguntava-lhe, como se tivesse certeza da infalibilidade da técnica: "O que você viu?" ou "O que lhe ocorreu?" 31 de outubro de 1883, citado em Jones, vol. 1, p. 247. Em seu *Autobiographical Study*/Estudo autobiográfico (1925), Freud cita essa visita a Nancy como um dos fatores que o levaram a romper com o hipnotismo. Frank Sulloway, *Freud, Biologist of the Mind: Beyond the Psychoanalytic Legend*/Freud, biólogo da mente: além da lenda psicanalítica (Nova York: Basic Books, 1979), pp. 48 e 73. Consulte também *ES*, vol. 20, p. 17.
30. Consulte a discussão, mas não a citação, em Sulloway, *Biologist*, pp. 271-272.
31. William James, "'Über den Psychischen Mechanismus Hysterischer Phänomene' by Josef Breuer and Sigmund Freud (1894)"/"'Sobre o mecanismo psíquico dos fenômenos histéricos', de Josef Breuer e Sigmund Freud (1894)", *Psychological Review 1* (março de 1894): 199.
32. Na linguagem da época, a neurose era "retração do campo da consciência; debilidade da síntese psicológica, diminuição da tensão psicológica". A histeria era "um mal que afetava a síntese pessoal". Pierre Janet, "Psychoanalysis"/Psicanálise, *Journal of Abnormal Psychology 9* (1914-1915): 1-35, 153-187.
33. Em 1909 Freud comparou sua visão à de Janet: "Nós não obtemos a cisão psíquica [da debilidade hereditária] de uma incapacidade de síntese da parte do aparelho mental; nós a explicamos dinamicamente, a partir do conflito entre forças mentais opostas". Consulte *ES*, vol. 11, pp. 21 e 25-26.
34. Para uma visão geral, consulte *Freud-Fliess*, pp. 15, 27, 73, 87, 301, 313 e 412. Mantive a tradução que figura em Marie Bonaparte, Anna Freud e Ernst Kris, orgs., *The Origins of Psychoanalysis*/As origens da psicanálise (Nova York: Basic Books, 1977).
35. Peter Gay, *Sigmund Freud: uma vida para o nosso tempo/Sigmund Freud: A Life for Our Time*, trad. de Denise Bottmann (São Paulo: Companhia das Letras, 1989, 1ª ed./Nova York: Norton, 1988), p. 79 (da tradução brasileira)/p. 68 (do original).
36. Consulte também *ES*, vol. 2, pp. 268-269.
37. Freud a Fliess, 16 de agosto de 1895, *Freud-Fliess*, p. 136. O mesmo pensamento permeou os escritos que ele publicou. Em 1896, ele transformou a defesa no ponto de divisão entre as "neuroses de defesa" ou "psiconeuroses", que incluíam a histeria e as obsessões, de um lado, e as "neuroses reais" ou somáticas, que eram causadas pela masturbação, abstinência ou *coitus interruptus*, do outro. Consulte *ES*, vol. 3, pp. 162-185.
38. Freud a Fliess, 25 de maio de 1895, *Freud-Fliess*, p. 129.
39. Segundo Freud, a *Interpretação* "já estava pronta, em todos os seus pontos essenciais, no início de 1896, mas só foi escrita no verão de 1899". *ES*, vol. 14, p. 22.
40. "[...] Isso revolucionou [sic] minha alma." Gay, *Freud*, p. 358/390. Por exemplo, ele se atrasou para o enterro do pai. Na noite seguinte ao funeral, sonhou: "Eu estava num lugar onde havia uma placa com os dizeres: Favor fechar os olhos." Freud a Fliess, 2 de novembro de 1896, *Freud-Fliess*, p. 202.

41. Assim, as relações internas entre a psicologia da autoridade e a psicologia do narcisismo podem ser antecipadas nas experiências que Freud teve no fim da década de 1890. "A invisibilidade e a distância de detrás do divã substituíram a distância entre Viena e Berlim." Heinz Kohut, "Creativeness, Charisma, Group Psychology"/Criatividade, carisma, psicologia de grupo, em *The Search for the Self*/A busca do *self* (Nova York: International Universities Press, 1978), pp. 806-807.

42. Para mais comentários acerca do sonho, consulte Freud a Abraham, 9 de janeiro de 1908, *Freud-Abraham*, p. 20. Minha discussão deve muito a Didier Anzieu, *A auto-análise de Freud*/ Freud's Self-Analysis, tradução de Peter Graham (Porto Alegre: Artmed, 1989/Madison, Conn.: International Universities Press, 1986). A estrutura tripartite do sonho se repete na fórmula da trimetilamina:

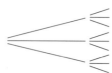

que também antecipa a teoria emergente de Freud da estrutura tripartite da psique.

43. As dúvidas particulares de Freud quanto à teoria da sedução eram muito maiores. Gerald N. Izenberg, "Seduced and Abandoned: The Rise and Fall of Freud's Seduction Theory"/Seduzida e abandonada: a ascensão e a queda da teoria da sedução de Freud, em *The Cambridge Companion to Freud*/O guia de Freud da Cambridge, org. de Jerome Neu (Nova York: Cambridge University Press, 1991), p. 28.

44. "A ação póstuma [*Nachträglichkeit*] de um trauma sexual", disse ele, é "como se fosse um fato contemporâneo". *ES*, vol. 3, p. 154; veja também pp. 166-7; consulte também *ES*, vol. 1, pp. 233 e 356-359.

45. Em janeiro de 1897, ele abandonou a idéia de que o conteúdo do trauma determinava o tipo da neurose. Em maio escreveu que as pulsões, não as lembranças, é que eram recalcadas. Em setembro ele desfez-se de toda a teoria. Freud termina a carta em que renuncia à teoria comentando: "Nesse colapso de tudo que é valioso, só o psicológico permaneceu intacto. [...] É uma pena que não se possa viver, por exemplo, da interpretação de sonhos!" Freud a Fliess, 24 de janeiro, 2 de maio e 21 de setembro de 1897, *Freud-Fliess*, pp. 226-228, 239 e 264-266. No entanto, Freud voltou à teoria algumas vezes depois disso.

46. A citação é de Charcot. Ellenberger, *Discovery*, p. 149. Consulte também Nathan G. Hale, *Freud in America*/Freud na América, vol. 1 de *Freud and the Americans*/Freud e os norte-americanos (Nova York: Oxford University Press, 1971), p. 125.

47. Freud começou a traçar a distinção entre memória e percepção em *Studies in Hysteria*/Casos clínicos, onde comparava a percepção ao espelho de um telescópio refletor e a memória, a uma chapa fotográfica. Ele lhe deu continuidade em seu inédito "Project"/Projeto, de 1895, onde caracterizou a percepção como aberta a novos estímulos, ao passo que a memória se caracterizaria por traços inerradicáveis, mas ela é fundamental em *A interpretação dos sonhos*/The interpretation of dreams. *ES*, vol. 2, p. 189.

48. Freud a Fliess, 6 de dezembro de 1896, *Freud-Fliess*, p. 207.

49. Freud a Fliess, parte da carta de 25 de maio de 1897, *Freud-Fliess*, pp. 246-247.

50. *ES*, vol. 5, pp. 421-422, 427-428 e 441-442.

51. Ibid., p. 442; Sander L. Gilman consigna, em *Freud, raças e sexos/Freud, Race, and Gender*, trad. de Júlio Castanon Guimarães (Rio de Janeiro: Imago, 1994/Princeton, N.J.: Princeton University Press, 1993), p. 12, "a preocupação com o futuro dos filhos, aos quais não pudemos dar uma pátria".
52. *ES*, vol. 4, pp. 101-102.
53. Freud a Fliess, 3 de janeiro de 1899, *Freud-Fliess*, p. 338.
54. Ibid., 23 de março de 1900, p. 405.
55. Segundo o biógrafo Didier Anzieu, Freud agora "percebia o quanto cada um se apega a tudo aquilo que lhe é próprio — o nome, o estilo, as obras". Anzieu, *A auto-análise de Freud*, p. 516.
56. Aspectos-chave de seu estilo podem ser depreendidos em suas cartas da adolescência: "Some Early Unpublished Letters of Freud"/Algumas das primeiras cartas não publicadas de Freud, *International Journal of Psycho-Analysis 50* (1969): 419-427. Seu modelo literário consciente era Gotthold Lessing, crítico e dramaturgo alemão do século XVIII, defensor de um estilo que revelasse o pensador pensando. Sobre a influência de Lessing, consulte Joseph Wortis, "Fragments of a Freudian Analysis"/Fragmentos de uma análise freudiana, *American Journal of Orthopsychiatry 10* (1940): 848; Walter Kaufmann, *Discovering the Mind*/Descobrindo a mente, vol. 1: *Goethe, Kant, and Hegel*/Goethe, Kant e Hegel (New Brunswick, N.J.: Transaction Publishers, 1990). Imigrante no início da vida e refugiado no fim, Freud atingiu muitos de seus mais profundos contatos humanos através da escrita, e a história da psicanálise é, em certo sentido, a história das transferências que ele recebeu como escritor.
57. *ES*, vol. 22, p. 7. Em carta de 1907 a Jung, ele disse que se aferrava a *A interpretação dos sonhos* como a "um rochedo na arrebentação". Jones, vol. 2, p. 112.
58. H. Stuart Hughes, *Consciousness and Society: The Reconstruction of European Social Thought, 1890-1930*/Consciência e sociedade: a reconstrução do pensamento social europeu, 1890-1930 (Nova York: Vintage, 1961), passim.
59. Hans Gerth e C. Wright Mills, *From Max Weber: Essays in Sociology*/Max Weber: ensaios de sociologia (Nova York: Oxford University Press, 1946), pp. 345-347.

Capítulo Dois

1. *ES*, vol. 12, p. 99. Uso a tradução da edição de Philip Rieff das obras completas de Freud: 10 vols. (Nova York: Collier Books, 1963).
2. Anne McClintock, *Imperial Leather: Race, Gender, and Sexuality in the Colonial Context*/Couro imperial: Raça, gênero e sexualidade no contexto colonial (Nova York: Routledge, 1995), p. 44.
3. W. Arthur Calhoun, *A Social History of the American Family*/Uma história social da família norte-americana (Cleveland: Arthur H. Clerk Company, 1919), vol. 3, pp. 157-158.
4. Edward Shorter, *The Making of the Modern Family*/A formação da família moderna (Nova York: Basic Books, 1975); Kathy Peiss, *Cheap Amusements: Working Women and Leisure in Turn-of-the-Century New York*/Diversões baratas: operárias e lazer na Nova York da virada do século (Filadélfia: Temple University Press, 1986); Christine Stansell, *City of Women: Sex and Class in New York, 1789-1860*/Cidade das mulheres: sexo e classe em Nova York, 1789-1860 (Nova York: Knopf, 1986); George Chauncey, *Gay New York: Gender, Urban Culture, and the Making of the Gay Male World, 1890-1940*/A Nova York gay: gênero, cultura urbana e a criação do mundo gay masculino, 1890-1940 (Nova York: Basic Books, 1999).
5. Rudolph Binion, "Fiction as Social Fantasy"/A ficção como fantasia social, *Journal of Social History 27*, nº 4 (verão de 1994): 679-699.

6. Citada em Harriet Anderson, *Utopian Feminism: Women's Movements in Fin-de-Siècle Vienna*/Feminismo utópico: os movimentos feministas da Viena do fim do século (New Haven, Conn.: Yale University Press, 1992), p. 5.

7. Citado em Michelle Perrot, "Stepping Out"/Revelando-se, em Georges Duby e Michelle Perrot, *História das mulheres no Ocidente/A History of Women in the West*, Afrontamento, 1994/Cambridge, Mass.: Belknap Press of Harvard University Press, 1992-), vol. 4, p. 463.

8. Elizabeth Cady Stanton, "Solitude of the Self"/A solidão mais íntima, pronunciamento à Comissão do Senado sobre o sufrágio feminino, 20 de fevereiro de 1892, reimpresso em *The Concise History of Women's Suffrage*/História concisa do sufrágio feminino, Mari Jo Buhle e Paul Buhle, orgs. (Urbana: University of Illinois Press, 1978), pp. 325-326.

9. Edna Kenton, "Feminism Will Give ..."/O feminismo vai (...), *Delineator* 85 (julho de 1914): 17, e George Burman Forster, "The Philosophy of Feminism"/A filosofia do feminismo, *Forum* 52 (julho de 1914): 16. Ambos citados em Mari Jo Buhle, *Feminism and Its Discontents: A Century of Struggle with Psychoanalysis*/O mal-estar no feminismo: um século de luta com a psicanálise (Cambridge, Mass.: Harvard University Press, 1998), p. 2.

10. Em *Um marido ideal*, Oscar Wilde defendia seu herói da acusação de viver uma vida de ócio: "Ora, ele dá seu passeio a cavalo pelo Row às dez da manhã. Vai à Ópera três vezes por semana, muda de roupa pelo menos cinco vezes por dia e janta fora todas as noites (...). Não creio que o senhor possa chamar isso de vida ociosa." Consulte também Rita Felski, *The Gender of Modernity*/O gênero da modernidade (Cambridge, Mass.: Harvard University Press, 1995), pp. 103-105.

11. Citados em Alan Sinfield, *The Wilde Century: Effeminacy, Oscar Wilde, and the Queer Movement*/O século de Wilde: efeminação, Oscar Wilde e o movimento homossexual (Nova York: Columbia University Press, 1994), p. 1.

12. A citação que começa com "perfeitamente natural" é de Tony Brown, org., *Edward Carpenter and Late Victorian Radicalism*/Edward Carpenter e o radicalismo do fim da era vitoriana (Londres e Portland, Ore.: Frank Cass, 1990), p. 10. A referência a Whitman é de *My Days and Dreams*/Meus dias e sonhos, de Carpenter (1916); o "grande nivelador" é de *Sexual Inversion*/Inversão sexual, também de Carpenter (1897); e a *Bhagavad Gita* é citada com base na tradução de 1962 de Juan Morasco. Todos são citados em Brown, *Edward Carpenter*, pp. 10-12. Uma geração depois, Christopher Isherwood agradeceu ao psicanalista John Layard por tê-lo ajudado a aceitar a própria homossexualidade ao dizer-lhe: "Há apenas um pecado: a desobediência às leis interiores de nossa própria natureza." Consulte Noel Annan, *Our Age: English Intellectuals Between the World Wars — A Group Portrait*/Nossa época: os intelectuais ingleses entre as guerras mundiais — um retrato em grupo (Nova York: Random House, 1990), p. 119.

13. Freud a Bernays, 29 de agosto de 1883, *LSF*, pp. 50 e 76. A tradução foi ligeiramente modificada por mim.

14. Como ocorreu com a neurologia, a sexologia teve importantes relações com a medicina legal. Por exemplo, *Psychopathia Sexualis*, de Krafft-Ebing (1886), foi escrito graças à sua responsabilidade em provar a "degeneração" dos agressores sexuais levados a julgamento. Consulte Judith Walkowitz, "Dangerous Sexualities"/Sexualidades perigosas, em *História das mulheres no Ocidente/A History of Women in the West*, org. de Geneviève Fraisse e Michelle Perot (Afrontamento, 1994/Cambridge, Mass.: Belknap Press of Harvard University Press, 1994), p. 395.

15. Frank J. Sulloway, *Freud, Biologist of the Mind: Beyond the Psychoanalytic Legend*/Freud, biólogo da mente: além da lenda psicanalítica (Nova York: Basic Books, 1979), pp. 172, 277 e 146.

16. Havelock Ellis, *Studies in the Psychology of Sex*/Estudos sobre a psicologia do sexo (1905; reimpressão, Nova York: Random House, 1942), vol. 1, parte 2, pp. 189, 249 e 256; vol. 3, pp. 15-17.
17. O termo "homossexual" aparentemente foi cunhado pelo médico K. M. Benkert, que era falante de alemão. Observe-se o freqüente ponto de referência helênico: o termo "uranista" (em alemão, *urning*), por exemplo, é uma referência ao *Simpósio* de Platão, no qual o amor entre pessoas do mesmo sexo está ligado a Afrodite, filha de Urano. Consulte Robert Nye, *Masculinity and Male Codes of Honor in Modern France*/A masculinidade e os códigos masculinos de honra na França moderna (Nova York: Oxford University Press, 1993), p. 108.
18. Isso, segundo Jeffrey Weeks, marcou a "irrupção na imprensa do pervertido falador, o indivíduo marcado ou arruinado por seus impulsos sexuais": Weeks, *Sexuality and Its Discontents*/A sexualidade e suas insatisfações (Londres: Routledge & Kegan Paul, 1985), pp. 67 e 91; Estelle Freedman e John D'Emilio, *Intimate Matters: A History of Sexuality in America*/Questões íntimas: uma história da sexualidade nos Estados Unidos (Nova York: Harper & Row, 1988), p. 226. Quanto à história da "heterossexualidade" como conceito, consulte Jonathan Katz, "The Invention of Heterosexuality"/A invenção da heterossexualidade, *Socialist Review* 20 (março de 1990): 7-34.
19. George Mosse, *The Image of Man*/A imagem do homem (Nova York: Oxford University Press, 1966), pp. 90-91.
20. Bloch é citado em George L. Mosse, *Nationalism and Sexuality: Respectability and Abnormal Sexuality in Modern Europe*/Nacionalismo e sexualidade: a respeitabilidade e a sexualidade anormal na Europa moderna (Nova York: Howard Fertig, 1985), p. 32. Para uma visão geral, consulte Chauncey, *Gay New York*. O estudo desses fenômenos também fazia parte da mudança rumo à psicologização. Assim, os sexólogos discutiam se a "perversão" deveria ser entendida em termos biológicos ou psicológicos. As ilustrações médicas deixaram de ser representações de genitais para ser desenhos de rostos. Arnold I. Davidson, "How to Do the History of Psychoanalysis: A reading of Freud's *Three Essays on the Theory of Sexuality*"/Como fazer a história da psicanálise: uma leitura de *Três ensaios sobre a teoria da sexualidade*, de Freud, *Critical Inquiry* 13 (inverno de 1987): 152, e "Sex and the Emergence of Sexuality"/O sexo e a emergência da sexualidade, *Critical Inquiry* 14 (outono de 1987): 16.
21. Para o sexólogo L. Von Römer, o ideal andrógino manifestava-se nos artistas que aliavam a sensibilidade feminina à força criadora ativa. Natalie Barney ansiava "por uma era passada que tornasse seu Apolo efeminado e suas deusas, viris, levando ao triunfo do andrógino". Citado em Mosse, *The Image of Man*, pp. 92-93. Colette ampliou a idéia da androginia ao afirmar que as qualidades que tornavam uma pessoa atraente eram a dissimulação, a incerteza e a ambigüidade sexual.
22. Otto Weininger, *Sex and Character*/Sexo e caráter (Nova York: Howard Fertig, 2003), pp. 320, 73 e 406. Não se deve subestimar a disseminação que essas idéias tiveram. O livro teve 25 edições em 22 anos segundo Eric Hobsbawm, *A era dos impérios, 1875-1914/The Age of Empire*, trad. de Sieni Maria Campos e Yolanda Steidel de Toledo (Rio de Janeiro: Paz e Terra, 1988/Nova York: Vintage, 1989), p. 206. O suicídio de Weininger em 1903 na casa de Beethoven eletrizou leitores em toda a Europa. O impacto do livro é um reflexo do fato de que ele aliava o tema da bissexualidade a idealizações mais antigas da masculinidade. August Strindberg escreveu que o "impressionante livro [de Weininger] provavelmente solucionou o mais difícil de todos os problemas". D. H. Lawrence, James Joyce, Giorgio De Chirico e os futuristas italianos foram todos profundamente influenciados por ele. A bissexualidade, no sentido de Weininger, permeia o *Ulisses*. Ninguém menos que Wittgenstein releu o livro várias vezes ao longo de sua vida, recomendando-o freqüentemente a amigos e colegas. Embora Weininger propusesse a emancipação à custa de mulheres e homossexuais, até Rosa Mayreder e Magnus Hirschfeld cautelosamente

elogiaram a obra. Consulte Émile Delavenay, "D. H. Lawrence, Otto Weininger and a Rather Raw Philosophy"/D. H. Lawrence, Otto Weininger e uma filosofia um tanto crua, em *D. H. Lawrence: New Studies*/D. H. Lawrence: novos estudos, org. de Christopher Haywood (Houndmills, Basingstoke, Hampshire: Macmillan, 1987); Ray Monk, *Ludwig Wittgenstein* (Nova York: Penguin Books, 1990), p. 19; Alan Janik, *Essays on Wittgenstein and Weininger*/Ensaios sobre Wittgenstein e Weininger (Amsterdã: Rodolphi, 1985). Quanto a Mayreder, consulte Anderson, *Utopian Feminism*, p. 150. Consulte também Magnus Hirschfeld, *The Sexual History of the World War*/A história sexual da guerra mundial (Nova York: Falstaff Press, 1937), p. 58.

23. Em *A origem do homem/The Descent of Man*, Darwin havia especulado que "algum remoto progenitor de todo o reino vertebrado aparentemente teria sido hermafrodita ou andrógino". Charles Darwin, *A origem do homem e a seleção sexual/The Descent of Man* (Itatiaia, 2004/Nova York: American Home Library, 1902), vol. 1, pp. 215-216. Os primeiros estudos de laboratório de Freud, investigações acerca dos órgãos sexuais das enguias, realizados no fim da década de 1870, foram orientados por Carl Claus, famoso por sua pesquisa da bissexualidade nos crustáceos. Em 1886 Richard von Krafft-Ebing, colega de Freud na Universidade de Viena, publicou *Psychopathia Sexualis*. Krafft-Ebing citou Claus no que se refere à bissexualidade e o psiquiatra James G. Kiernan no que se refere aos "rudimentares órgãos femininos do macho" (por exemplo, os mamilos) e à "masculinização" da fêmea (por exemplo, pêlos no rosto). Sulloway, *Biologist*, p. 159.

24. George Chauncey, Jr., "From Sexual Inversion to Homosexuality: Medicine and the Changing Conceptualization of Female Deviance"/Da inversão sexual à homossexualidade: a medicina e a conceitualização mutável do desvio feminino, *Salmagundi 58-59* (outono de 1982): 131. Richard von Krafft-Ebing, *Psychopathia Sexualis* (Nova York: Physicians and Surgeons Book Co., 1933), pp. 137-138; Lawrence Birken, *Consuming Desire: Sexual Science and the Emergence of a Culture of Abundance, 1871-1914*/Desejo ardente: a ciência sexual e a emergência de uma cultura da abundância, 1871-1914 (Ithaca, N.Y.: Cornell University Press, 1988), pp. 101-102.

25. Sulloway, *Biologist*, p. 292.

26. Fliess a Freud, 26 de julho de 1904, *Freud-Fliess*, pp. 465-466.

27. Peter Newton, "Freud's Mid-Life Crisis"/A crise da meia-idade de Freud, *Psychoanalytic Psychology* 9, nº 4 (1992): 468-469; Freud a Fliess, 15 de julho de 1896, *Freud-Fliess*, p. 196. Masson traduziu "*befruchtenden Stromes*" como "*stimulating current*" (corrente estimulante), mas *befruchten* significa também "fertilizar" ou "polinizar".

28. Freud a Fliess, 6 de dezembro de 1896 e 25 de maio de 1897, *Freud-Fliess*, pp. 211 e 246. Freud também concordava com Fliess em que essas substâncias deveriam ser entendidas em termos de ritmos de longo prazo organizados segundo ciclos de 23 e de 28 dias. Ele usou a idéia na teoria da sedução para explicar quais das primeiras experiências sexuais davam origem ao desprazer.

29. Ibid., 4 de janeiro de 1898, p. 292. Segundo Paul Roazen, essa discussão é apócrifa (comunicação pessoal).

30. Ibid., 1º de janeiro de 1896, p. 169.

31. "Versão preliminar M: A arquitetura da histeria", anexada à carta de Freud a Fliess, 25 de maio de 1897, *Freud-Fliess*, p. 246. A tradução que figura em *The Origins of Psychoanalysis*, org. de Marie Bonaparte, Anna Freud e Ernst Kris (Nova York: Basic Books, 1977), é: "The essential repressed element is always femininity" ("O elemento essencial recalcado é sempre a feminilidade"). A tradução de Masson é: "The element essentially responsible for repression is always what is feminine" ("O elemento essencialmente responsável pelo recalque é sempre aquilo que é feminino"). Embora a formulação original de Freud, em alemão, seja ambígua, a validade da tradução de Kris é confirmada pelo trecho seguinte, traduzido da mesma forma tanto por ele quanto por Masson: "Women as well as men admit more readily to experiences with women

than with men. What men essentially repress is the pederastic element" ("Tanto as mulheres quanto os homens admitem mais prontamente haver tido experiências com mulheres que com homens. Essencialmente, o que os homens recalcam é o elemento pederástico").
32. Freud a Fliess, 14 de novembro de 1897, *Freud-Fliess*, p. 281.
33. Freud, *Origins*, p. 224; Freud a Fliess, 25 de maio de 1897, *Freud-Fliess*, p. 245.
34. Freud a Fliess, 1º de agosto de 1899, *Freud-Fliess*, p. 364.
35. Ibid., 22 de setembro de 1898, p. 326.
36. Ibid., 11 de outubro de 1899, p. 379.
37. Ibid., 7 de agosto de 1901, p. 448.
38. Contudo, ele também disse: "Não se pode simplesmente dizer: 'O consciente é o fator dominante e o inconsciente, o fator sexual subjacente' sem supersimplificar grosseiramente a questão, que é muito mais complexa — embora isso, naturalmente, seja o básico". Ibid., 19 de setembro de 1901, pp. 450-451.
39. Não podemos atribuir a nenhuma fonte específica a evolução do pensamento de Freud no início da década de 1900, ao contrário do que ocorre com a década de 1890, já que a correspondência com Fliess foi interrompida. Não obstante, embora tenha sido publicado em 1905, *Três ensaios* resumia o pensamento de Freud sobre a sexualidade conforme se depreende das obras que escreveu quando estava concluindo *A interpretação dos sonhos*, *Psicopatologia da vida cotidiana*, *O chiste e sua relação com o inconsciente* e, especialmente, "Fragmento da análise de um caso de histeria (Dora)", que em 1900 já estava praticamente pronto.
40. Quando Swoboda queixou-se a Freud de ter fantasias em que era subjugado, Freud disse-lhe que elas se baseavam em uma bissexualidade universal. Peter Heller, "A Quarrel over Bisexuality"/Uma briga por causa da bissexualidade, em *The Turn of the Century*/A virada do século, Gerald Chapple e Hans Schulte, orgs. (Bonn: Bouvier, 1981), p. 98. Acredito que Heller foi o primeiro a identificar a psicanálise que inicialmente se praticava a um *Männerbund* ou sociedade masculina.
41. Num episódio posteriormente incluído em *Psicopatologia da vida cotidiana* (1901), ele exemplifica o esquecimento corriqueiro com uma ocasião em que apresentou a Fliess como originais algumas das próprias idéias deste sobre a bissexualidade. Consulte *ES*, vol. 6, pp. 143-144 e nota 1. Tão arrependido teria ele ficado que não conseguiu concluir *O chiste e sua relação com o inconsciente* porque essa obra também dependia da idéia de bissexualidade. Freud a Fliess, 23 e 27 de julho de 1904, *Freud-Fliess*, pp. 464-468.
42. *ES*, vol. 23, p. 188.
43. Ibid., vol. 7, p. 160.
44. Ibid., p. 278.
45. Ibid., p. 120.
46. Ibid., vol. 9, p. 166.
47. Ibid., vol. 10, p. 238.
48. Ibid., vol. 7, pp. 156-167. Em nota de rodapé acrescentada em 1915 a *Três ensaios*, Freud observa que todos os seres humanos são capazes de escolher um objeto homossexual porque inconscientemente todos já o fizeram. Ibid., p. 145.
49. Magnus Hirschfeld confundiu "a distinção entre inversão de objeto e de pessoa". Freud a Ferenczi, 20 de maio de 1910, *Freud-Ferenczi*, vol. 1, p. 175 — nota 2. Comentando com ironia a descrição de Karl Ulrichs da homossexualidade masculina como "cérebro masculino em corpo feminino", Freud afirmou que não temos a menor idéia do que caracteriza o cérebro feminino.
50. Citada em Buhle, *Feminism*, p. 50.

51. Embora não necessariamente "um ataque à família", ele promoveu antagonismo e exigiu ajustes. Ellen Herman, "The Competition: Psychoanalysis, Its Feminist Interpreters and the Idea of Sexual Freedom, 1920-1930"/A competição: a psicanálise, suas intérpretes feministas e a idéia de liberdade sexual, 1920-1930, *Free Associations 3*, parte 3, nº 27 (1992): 391-397.
52. Foi Meisel-Hess quem apresentou os escritos de Freud à feminista bolchevique russa Alexandra Kollontai.
53. Essa era a caracterização de Havelock Ellis. Buhle, *Feminism*, p. 40.
54. Ao contrário dos conhecidos argumentos de Nancy Cott, o termo "feminismo" a princípio foi usado basicamente em relação aos homens que, como Karl Màyreder, se engajavam ao movimento feminista.
55. Anderson, *Utopian Feminism*, pp. 134-135.
56. Henry James, *The Bostonians*/Os bostonianos (Londres: Everyman, 1994), p. 300.
57. Citado em Mosse, *Image of Man*, p. 85.
58. Segundo Krafft-Ebing, a masturbação criava "pederastas artificialmente produzidos". Mosse, *Nationalism and Sexuality*, passim.
59. Gail Bederman, *Manliness and Civilization: A Cultural History of Gender and Race in the United States, 1880-1917*/Masculinidade e civilização: uma história cultural de gênero e raça nos Estados Unidos, 1880-1917 (Chicago: University of Chicago Press, 1995).
60. Sander L. Gilman, *Freud, raças e sexos*/*Freud, Race, and Gender*, trad. de Júlio Castanon Guimarães (Rio de Janeiro: Imago, 1994/Princeton, N.J.: Princeton University Press, 1993), p. 167, citado em Eric Santner, *My Own Private Germany: Daniel Paul Schreber's Secret History of Modernity*/Minha própria Alemanha: a história secreta da modernidade de Daniel Paul Schreber (Princeton, N.J.: Princeton University Press, 1996), p. 116.
61. Santner, *Private Germany*, pp. 121 e 117.
62. *Homem no banho*, de Caillebotte, é discutido em *Bodies of Modernity: Figure and Flesh in Fin-de-Siècle France*/Corpos da modernidade: figura e carne na França do fim do século, de Tamar Garb (Londres: Thames and Hudson, 1998). Kafka é citado em Mark M. Anderson, *Kafka's Clothes: Ornament and Aestheticism in the Habsburg Fin de Siècle*/As roupas de Kafka: ornamento e esteticismo no fim do século dos Habsburgo (Oxford e Nova York: Oxford University Press, 1992), p. 89.
63. Jones, vol. 2. p. 83.
64. *ES*, vol. 10, p. 167.
65. Ibid., vol. 7, pp. 198-199.
66. Segundo Schreber: "Tenho de imaginar-me como homem e mulher em uma só pessoa mantendo relações sexuais comigo mesmo, [...] algo que talvez, em outras circunstâncias, possa ser considerado imoral, mas que não tem absolutamente nada que ver com nenhuma idéia de masturbação nem nada parecido". Ele acrescentou: "Se consigo obter um pouco de prazer sensual nesse processo, acho que faço jus a ele". Daniel Paul Schreber, *Memórias de um doente dos nervos*/ Memoirs of My Nervous Illness, trad. de Marilene Carone (São Paulo: Paz e Terra, 1984/1902; reimpressão, Cambridge, Mass.: Harvard University Press, 1988), pp. 147-149 e 204-210.
67. *ES*, vol. 17, pp. 100 e 110-112.
68. Jung a Freud, 28 de outubro de 1907, *Freud-Jung*, p. 95.
69. Freud a Ferenczi, 2 de outubro de 1910 e 17 de novembro de 1911, *Freud-Ferenczi*, vol. 1, pp. 215 e 314. Usei traduções anteriores da primeira citação.
70. Rudolf Carnap, *The Logical Structure of the World*/A estrutura lógica do mundo, trad. de Rolf A. George (Berkeley: University of California Press, 1967), p. xviii, citado em Richard Bernstein, *Praxis and Action*/Praxis e ação (Filadélfia: University of Pennsylvania Press, 1971), p. 238.

71. *ES*, vol. 12, p. 99.
72. Robert Musil, *O homem sem qualidades/The Man Without Qualities*, trad. de Lya Luft e Carlos Abbenseth (Rio de Janeiro: Nova Fronteira, 1989/1930; reimpressão, Nova York: G. P. Putnam, 1980), vol. 1, pp. 139 e 312, citado em Robert A. Nye, *Crime, Madness, and Politics in Modern France: The Medical Concept of National Decline*/Crime, loucura e política na França moderna: o conceito médico de declínio nacional (Princeton, N.J.: Princeton University Press, 1984), pp. 338-339.

Capítulo Três

1. H. Stuart Hughes, *Consciousness and Society: The Reconstruction of European Social Thought, 1890-1930*/Consciência e sociedade: a reconstrução do pensamento social europeu, 1890-1930 (Nova York: Vintage, 1961), pp. 27-29.
2. Arno Mayer, *The Persistence of the Old Regime: Europe to the Great War*/A persistência do antigo regime: a Europa e a Grande Guerra (Nova York: Pantheon Books, 1981), p. 25 e passim.
3. Paul Weindling, *Health, Race, and German Politics Between National Unification and Nazism, 1870-1945*/Saúde, raça e política alemã entre a unificação nacional e o nazismo, 1870-1945 (Nova York: Cambridge University Press, 1989), pp. 80-81.
4. Renato Poggioli, *The Theory of the Avant-Garde*/A teoria da *avant-garde* (Cambridge, Mass.: Harvard University Press, 1968).
5. "Sistema condensado de microcircuitos" está em Edward Timms, *Karl Kraus, Apocalyptic Satirist: Culture and Catastrophe in Hapsburg Vienna*/Karl Kraus, satírico apocalíptico: cultura e catástrofe na Viena dos Habsburgo (New Haven, Conn.: Yale University Press, 1986), p. 9.
6. Bruno Bettelheim, *A Viena de Freud e outros ensaios/Freud's Vienna and Other Essays*, trad. de Lia Wyler (Rio de Janeiro: Campus, 1991/Nova York: Knopf, 1990), pp. 20 e 46. "Para uma família judia da década de 1880, viver em um apartamento de seis cômodos significava [que dispunha de] excelentes meios, em comparação com a existência praticamente de gueto do qual escapara o pai de Freud."
7. Peter Gay, *Sigmund Freud: uma vida para o nosso tempo/Sigmund Freud: A Life for Our Time*, trad. de Denise Bottmann (São Paulo: Companhia das Letras, 1989, 1ª ed./Nova York: Norton, 1988), p. 172/p. 176.
8. Phyllis Bottome, *Alfred Adler: Apostle of Freedom*/Alfred Adler: apóstolo da liberdade (Londres: Faber and Faber, 1939); Bertha Orgler, *Alfred Adler, the Man and His Work*/Alfred Adler, o homem e a obra (Nova York: Liveright, 1963); William Stekel, *The Autobiography of William Stekel: The Life History of a Psychoanalyst*/A autobiografia de William Stekel: a história da vida de um psicanalista (Nova York: Liveright, 1950).
9. Paul Federn, "Zur Reform des Ärztlichen Spitaldienstes"/Sobre a reforma do serviço médico-hospitalar, *Wiener Klinische Rundschau* 15 (15 de abril de 1901), citado em Louis Rose, "The Psychoanalytic Movement in Vienna: Toward a Science of Culture"/O movimento psicanalítico em Viena: por uma ciência da cultura (tese de doutorado, Princeton University, 1986), p. 53.
10. David S. Luft, *Robert Musil and the Crisis of European Culture: 1880-1942*/Robert Musil e a crise da cultura européia: 1880-1942 (Berkeley: University of California Press, 1980), pp. 8-12. Consulte também John Boyer, "Freud, Marriage, and Late Viennese Liberalism: A Commentary from 1905"/Freud, o casamento e o último liberalismo vienense: um comentário de 1905, *Journal of Modern History* 50 (março de 1978): 91-99.

11. Carl E. Schorske, *Viena fin-de-siècle: política e cultura/Fin-de-siècle Vienna: Politics and Culture*, trad. de Denise Bottmann (São Paulo e Campinas: Companhia das Letras/Editora da UNICAMP, 1990/Nova York: Knopf, 1980), p. 186. Freud foi membro da B'nai Brith de 1897 a 1902.
12. Jan Goldstein, "The Wandering Jew and the Problem of Psychiatric Anti-Semitism in Fin-de-siècle France"/O judeu errante e o problema do anti-semitismo na psiquiatria da França do fim do século, *Journal of Contemporary History 20*, nº 4 (1985): 521-552.
13. G. D. H. Cole, *The Second International, 1889-1914*/A segunda Internacional, 1889-1914, vol. 3 de *A History of Socialist Thought*/História do Pensamento Socialista (Londres: Macmillan, 1956), parte 2, p. 592: "Os socialistas austríacos — ou, em todo caso, os vienenses — tornaram-se o corpo proletário mais culto e instruído do mundo inteiro."
14. Louis Rose, *The Freudian calling: Early Viennese Psychoanalysis and the Pursuit of Cultural Science*/A vocação freudiana: a primeira psicanálise praticada em Viena e a busca da ciência cultural (Detroit: Wayne State University Press, 1998), p. 34.
15. Edward Timms, "'The Child-Woman': Kraus, Freud, Wittels, and Irma Karczewska"/A mulher-criança: Kraus, Freud, Wittels e Irma Karczewska, em *Vienna 1900: From Altenberg to Wittgenstein*/Viena 1900: de Altenberg a Wittgenstein, org. de Edward Timms e Ritchie Robertson (Edimburgo: Edinburgh University Press, 1990), p. 88; Paul E. Stepansky, *In Freud's Shadow: Adler in Context*/À sombra de Freud: Adler em contexto (Hillsdale, N.J.: Analytic Press, 1983); Henri Ellenberger, *The Discovery of the Unconscious: The History and Evolution of Dynamic Psychiatry*/A descoberta do inconsciente: história e evolução da psiquiatria dinâmica (Nova York: Basic Books, 1970).
16. Além de figura-chave na história da assistência social na Alemanha, Pappenheim é autora de *The Jewish Problem in Galicia*/O problema judeu na Galícia. Consulte Marion A. Kaplan, *The Jewish Feminist Movement in Germany: The Campaigns of the Jüdischer Frauenbund, 1904-1938*/O movimento feminista judeu na Alemanha: as campanhas da Liga das Mulheres Judias, 1904-1938 (Westport, Conn.: Greenwood Press, 1979); Ellen Jensen, "Anna O.: A Study of Her Later Life"/ Estudo sobre a vida subseqüente de Anna O., *Psychoanalytic Quarterly 39* (1970): 269-293.
17. Lisa Appignanesi e John Forrester, *Freud's Women*/As mulheres de Freud (Nova York: Basic Books, 1993), pp. 78 e 138.
18. Hermann Nunberg e Paul Federn, *Minutes of the Vienna Psychoanalytic Society*/Atas da Sociedade Psicanalítica de Viena (Nova York: International Universities Press, 1962-1975).
19. Freud a Jung, 7 de abril de 1907, *Freud-Jung*, p. 28.
20. Manfred Joshua Sakel, neurofisiologista polonês, descobriu a terapia do coma provocado por insulina para os esquizofrênicos e outros pacientes de distúrbios mentais em 1927, quando era um jovem médico em Viena.
21. Freud a Fliess, 21 de setembro de 1899, *Freud-Fliess*, p. 374.
22. Jones, vol. 1, p. 338.
23. Freud a Fliess, 7 de maio de 1900, *Freud-Fliess*, p. 412.
24. John Kerr, *Um método muito perigoso: Jung, Freud e Sabina Spielrein/A Most Dangerous Method: The Story of Jung, Freud, and Sabina Spielrein*, trad. de Laura Rumchinsky (Rio de Janeiro: Imago, 1997/Nova York: Knopf, 1993), p. 38.
25. Bleuler achava que a "demência precoce" aplicava-se não a um, mas a vários males.
26. Ellenberger, *Discovery*, p. 668. Em parte, isso se deveu ao dinheiro de sua mulher. Quanto à formação de Jung, consulte Richard Noll, *O culto de Jung. Origens de um movimento carismático*/The Jung Cult, trad. de Mário Vilela (São Paulo: Ática, 1996/Princeton, N.J.: Princeton University Press, 1994).

27. Kerr, *Um método muito perigoso*, p. 46; Carl Gustav Jung, *Memórias, sonhos, reflexões/Memories, Dreams, Reflections,* trad. de Dora Ferreira da Silva (Rio de Janeiro: Nova Fronteira, 2001 — 21ª impressão/Nova York: Pantheon Books, 1973).
28. Jones, vol. 2, p. 257; Peter Homans, *The Ability to Mourn: Disillusionment and the Social Origins of Psychoanalysis*/A capacidade de luto: desilusão e origens sociais da psicanálise (Chicago: University of Chicago Press, 1989), p. 176 e seguintes.
29. Ernest Jones, *Free Associations: Memories of a Psychoanalyst*/Associações livres: memórias de um psicanalista (Nova York: Basic Books, 1959), p. 153.
30. Nesse aspecto, lá ele voltou a encontrar os mesmos problemas quando uma paciente queixou-se à Liga da Pureza Sexual local. Ernest Jones a Sigmund Freud, 8 de fevereiro de 1911, *Freud-Jones,* p. 88. Quanto à psicanálise inicialmente praticada na Grã-Bretanha, consulte Adam Phillips, *D. W. Winnicott* (Cambridge, Mass.: Harvard University Press, 1988), p. 39; Pearl King, "Early Divergences Between the Psychoanalytical Societies in London and Vienna"/Primeiras divergências entre as sociedades psicanalíticas de Londres e Viena, em *Freud in Exile: Psychoanalysis and Its Vicissitudes*/Freud no exílio: a psicanálise e suas vicissitudes, org. de Edward Timms e Naomi Segal (New Haven, Conn.: Yale University Press, 1988); Edith Kurzweil, *The Freudians: A Comparative Perspective*/Os freudianos: uma perspectiva comparatista (New Haven, Conn.: Yale University Press, 1989), p. 52; Elizabeth Abel, *Virginia Woolf and the Fictions of Psychoanalysis*/Virginia Woolf e as ficções da psicanálise (Chicago: University of Chicago Press, 1989), pp. 15-17.
31. Freud a Jung, 3 de maio de 1908, *Freud-Jung,* p. 145.
32. Iwan Bloch, *The Sexual Life of Our Times in Its Relations to Modern Civilization* (Londres: Rebman, 1906, 1910); Kerr, *Um método muito perigoso,* p. 129. A Associação de Proteção à Maternidade (Bund für Mutterschutz), entre cujos organizadores estavam Max Weber e Werner Sombart, também foi fundada em 1905.
33. Freud a Abraham, 10 de agosto de 1907, *Freud-Abraham,* p. 9. Consulte Kurzweil, *Freudians,* pp. 39-40. Hirschfeld deixou a sociedade em 1911, após participar do congresso de Weimar. Consulte Charlotte Wolff, *Magnus Hirschfeld: A Portrait of a Pioneer in Sexology*/Magnus Hirschfeld: retrato de um pioneiro da sexologia (Nova York: Quartet Books, 1986), p. 101.
34. Em 1910, em pronunciamento à Sociedade Neurológica da Alemanha, o eminente neurologista berlinense Hermann Oppenheim propôs um boicote às clínicas em que a psicanálise era praticada. Consulte *Freud-Ferenczi,* vol. 1, pp. 152, 241 — nota 2, e 376.
35. Ele escrevia para o periódico *Gyógyàszat.* Martin Stanton, *Sándor Ferenczi: Reconsidering Active Intervention*/Sándor Ferenczi: reconsiderando a intervenção ativa (Northvale, N.J.: J. Aronson, 1991), p. 10; Paul Harmat, *Freud, Ferenczi und die ungarische Psychoanalyse*/Freud, Ferenczi e a psicanálise húngara (Tübingen: Edition Dikord, 1988); Ilse Barande, *Sándor Ferenczi* (Paris: Petite Bibliothèque Payot, 1972).
36. Ferenczi a Freud, 5 de fevereiro de 1910, *Freud-Ferenczi,* vol. 1, p. 131.
37. Freud a Pfister, 9 de fevereiro de 1909, citado em Peter Gay, *Um judeu sem deus: Freud, ateísmo e a construção da psicanálise*/A *Godless Jew: Freud, Atheism, and the Making of Psychoanalysis,* trad. de David Bogomoletz (Rio de Janeiro: Imago, 1992/New Haven, Conn.: Yale University Press, 1987), p. 73.
38. Max Graf, "Reminiscences of Professor Sigmund Freud"/Reminiscências do Professor Sigmund Freud, *Psychoanalytic Quarterly* 2 (1942): 471-472.
39. Hanns Sachs, *Freud, Master and Friend*/Freud, mestre e amigo (Salém, N.H.: Ayer, 1944), pp. 3-4 e 25-27.
40. Jung a Freud, 24 de maio de 1907, *Freud-Jung,* p. 49.

41. Ferenczi a Freud, 5 de outubro de 1909, *Freud-Ferenczi*, vol. 1, p. 76.
42. Freud a Ferenczi, 6 de outubro de 1910, ibid., p. 221. Aparentemente, Freud na verdade escreveu: "Sou esse super-homem psicanalítico que nós criamos." A edição alemã insere a palavra "não" entre colchetes. Um lapso bem interessante!
43. Freud a Abraham, 3 de junho de 1912, *Freud-Abraham*, pp. 118-119.
44. Jones a Freud, 30 de janeiro de 1912, *Freud-Jones*, p. 130.
45. Marthe Robert, *A revolução psicanalítica/The Psychoanalytic Revolution: Sigmund Freud's Life and Achievement* (São Paulo: Perspectiva, 1991/Nova York: Harcourt, Brace & World, 1966), p. 244.
46. Robert Steele, *Freud and Jung*/Freud e Jung (Londres e Boston: Routledge & Kegan Paul, 1982), p. 206.
47. Sachs, *Freud*, p. 57.
48. Freud a Abraham, 26 de julho de 1914, *Freud-Abraham*, p. 186.
49. Freud a Abraham, 27 de agosto de 1918, ibid., p. 278. Mesmo em 1920, quando Freud tentou convencer Theodor Reik a estabelecer-se em Berlim, Abraham disse-lhe que não havia pacientes em número suficiente.
50. Ralph Waldo Emerson, *Nature*/Natureza (Boston: James Monroe, 1836), p. 13.
51. Donald Meyer, *The Positive Thinkers: A Study of the American Quest for Health, Wealth and Personal Power from Mary Baker Eddy to Norman Vincent Peale*/Os pensadores positivos: um estudo da busca de saúde, riqueza e poder pessoal nos Estados Unidos, de Mary Baker Eddy a Norman Vincent Peale (Garden City, N.Y.: Doubleday, 1965), p. 14. Quanto à relação entre as mulheres e a cura pela mente, consulte Ann Douglas, *Terrible Honesty: Mongrel Manhattan in the 1920s*/Terrível honestidade: a Manhattan mestiça na década de 1920 (Nova York: Farrar, Straus and Giroux, 1995), pp. 242-243.
52. Henry H. Goddard, "The Effects of Mind on Body as Evidence by Faith Cures"/Os efeitos da mente sobre o corpo como prova de curas pela fé, *American Journal of Psychology* 10 (1899): 431-502, citado em Eric Caplan, *Mind Games: American Culture and the Birth of Psychotherapy*/Jogos mentais: a cultura norte-americana e o nascimento da psicoterapia (Berkeley: University of California Press, 1998), p. 87.
53. Reinhard Bendix, *Work and Authority in Industry: Ideologies of Management in the Course of Industrialization*/Trabalho e autoridade na indústria: ideologias de administração no curso da industrialização (Nova York: John Wiley, 1963), p. 259.
54. Larry May, *Screening Out the Past: The Birth of Mass Culture and the Motion Picture Industry*/Na tela, o passado: o nascimento da cultura de massas e a indústria do cinema (Nova York: Oxford University Press, 1980), p. 61.
55. Citado em Caplan, *Mind Games*, p. 64.
56. Andrew Abbott, *The System of Professions: An Essay on the Division of Expert Labor*/O sistema das profissões: ensaio sobre a divisão do trabalho especializado (Chicago: University of Chicago Press, 1988), pp. 280-314. Segundo Nathan G. Hale, *Freud and the Americans: The Beginning of Psychoanalysis in the United States, 1876-1917*/Freud e os norte-americanos: o início da psicanálise nos Estados Unidos, 1876-1917 (Nova York: Oxford University Press, 1971), pp. 248-249, o movimento Emmanuel, fundado por Elwood Worcester, "funcionou como transição entre o sobrenaturalismo dos cultos de cura pela mente e a psicoterapia científica".
57. Caplan, *Mind Games*, pp. 98-99. Instando uma aliança entre a "mente mística feminina" e a "mente acadêmico-científica", William James disse que toda "ciência" da mente que negasse a eficácia terapêutica das práticas de cura pela mente "cai por terra diante de meus próprios olhos". Citado em Douglas, *Terrible Honesty*, pp. 217-218.

58. William James, *Varieties of Religious Experience*/As variedades da experiência religiosa (Cambridge, Mass.: Harvard University Press, 1985), pp. 6 e 108-109.
59. Hale, *Freud and the Americans*, pp. 127-128. *The Dissociation of a Personality*/A dissociação de uma personalidade, de Prince (1906; reimpressão, Nova York: Greenwood Press, 1969), um estudo sobre a personalidade múltipla, descreve o esforço do autor na tentativa de tornar a recalcar as personalidades que desaprovava.
60. Richard C. Cabot, "The American Type of Psychotherapy"/A psiquiatria de vertente norte-americana, em William Belmont Parker, *Psychotherapy: A Course Reading in Sound Psychology, Sound Medicine, and Sound Religion*/Psicoterapia: leitura didática em psicologia, medicina e religião sólidas (1908), p. 1, citado em Caplan, *Mind Games*, p. 4.
61. Quanto à *Psychotherapy*, consulte Hale, *Freud and the Americans*, p. 231.
62. Hugo Munsterberg, *Psychotherapy*/Psicoterapia (Nova York: Moffat, Yard, 1909), p. x; Hale, *Freud and the Americans*, pp. 127 e 140.
63. Boris Sidis, *The Psychology of Suggestion*/A psicologia da sugestão (Nova York: D. Appleton, 1898); Robert Fuller, *Americans and the Unconscious*/Os norte-americanos e o inconsciente (Nova York: Oxford University Press, 1986), pp. 102 e 106.
64. Freud a Ferenczi, 10 de janeiro de 1909, *Freud-Ferenczi*, vol. 1, p. 33.
65. Jung a Freud, 7 de janeiro de 1909, *Freud-Jung*, p. 194; Kerr, *Um método muito perigoso*, p. 209.
66. Freud a Jung, 9 de março de 1909, ibid., p. 210. Ele pendurava em seu gabinete uma cópia da Declaração de Independência.
67. Freud a Jung, 17 de janeiro de 1909, ibid., p. 196: "As observações de Jones são perspicazes e pessimistas, Brill vê tudo com lentes cor-de-rosa. Estou mais tentado a concordar com Jones."
68. Freud a Ferenczi, 10 de janeiro de 1909, *Freud-Ferenczi*, vol. 1, p. 33.
69. Emma Goldman, que assistira pela primeira vez a uma palestra de Freud em 1895 ou 1896, estava em Worcester para dar uma palestra e também participou. Entre as descrições das conferências de Clark encontram-se: Dorothy Ross, *G. Stanley Hall: The Psychologist as Prophet*/G. Stanley Hall: o psicólogo como profeta (Chicago: University of Chicago Press, 1972), e Saul Rosenzweig, *Freud, Jung, and Hall the Kingmaker: The Historic Expedition to America (1909)*/Freud, Jung e Hall, o manda-chuva: a histórica expedição à América (1909) (Seattle: Hogrefe & Huber, 1992). Presente estava também Howard W. Odum, sociólogo sulista. Consulte Daniel Joseph Singal, *The War Within: From Victorian to Modernist Thought in the South, 1919-1945*/A guerra interior: do pensamento vitoriano ao modernista no sul, 1919-1945 (Chapel Hill: University of North Carolina Press, 1982), p. 141. Para uma versão romanceada, consulte E. L. Doctorow, *Ragtime* (1975; Toronto: Penguin, 1996).
70. Jones a Freud, 7 de fevereiro de 1909, *Freud-Jones*, p. 13 e seguintes; Vincent Brome, *Ernest Jones, Freud's Alter Ego*/Ernest Jones, o *alter ego* de Freud (Londres: Caliban, 1982), p. 66.
71. *ES*, vol. 4, p. xxv. Devo esta referência a John Forrester.
72. Hale, *Freud and the Americans*, p. 5. É verdade que as conferências foram proferidas em alemão.
73. Lewis A. Coser, *Refugee Scholars in America: Their Impact and Their Experiences*/Acadêmicos e intelectuais refugiados nos Estados Unidos: seu impacto e suas experiências (New Haven, Conn.: Yale University Press, 1984). Talvez o maior responsável por essa popularização tenha sido Max Eastman, em 1915, através da *Everybody's Magazine*. Entre os divulgadores iniciais, encontram-se também James Jackson Putnam, com *Human Motives*/Intenções humanas (1915); William A. White, com *Mental Hygiene of Childhood*/A higiene mental da infância (1916); Isador Coriat, com *What is Psychoanalysis?*/O que é a psicanálise? (1917), e A. A. Brill, com *Fundamental Conceptions*

of Psychoanalysis/Conceitos fundamentais da psicanálise (1921). Os livros de Freud venderam pouco nos Estados Unidos até a década de 1930.
74. Gay, *Freud*, p. 200/p. 207.
75. Freud a Jones, 24 de fevereiro de 1912, *Freud-Jones*, pp. 132-133.
76. Jones a Freud, 19 de junho de 1910, ibid., p. 61.
77. Frederick H. Gerrish, org., *Psychoterapeutics*/Psicoterapias (Boston: Badger, 1909), p. 101; Sanford Gifford, "The American Reception of Psychoanalysis: 1908-1922"/A recepção da psicanálise nos Estados Unidos: 1908-1922, em *1915: The Cultural Moment*/1915: o momento cultural, org. de Adele Heller e Lois Rudnick (New Brunswick, N.J.: Rutgers University Press, 1991).
78. Ernest Jones, *The Treatment of Neuroses*/O tratamento das neuroses (1920; reimpressão, Nova York: Schocken, 1963), p. 56. A frase final está em itálico no original.
79. Coser, *Refugee Scholars*, pp. 43-45; Jones, vol. 2, p. 119. Logo depois, criaram-se sociedades em Boston e Washington/Baltimore.
80. "Indispensável" é de Ernest Jones, citado em Hale, *Freud and the Americans*, p. 442. Em 1909, A. A. Brill tinha 35 anos; Jones, 30; Smith Ely Jelliffe, 43; William Alanson White, 39; Edward J. Kempf, 24. Com 63 anos, Putnam era a exceção. Gerald Grob, *Mental Illness and American Society, 1875-1940*/A doença mental e a sociedade norte-americana, 1875-1940 (Princeton, N.J.: Princeton University Press, 1983), pp. 120-121. Murray H. Sherman, org., *Psychoanalysis in America: Historical Perspectives*/A psicanálise nos Estados Unidos: perspectivas históricas (Springfield, Ill.: C. C. Thomas, 1966). Os primeiros psiquiatras norte-americanos que usaram técnicas freudianas em hospitais psiquiátricos provavelmente foram Kempf, White e Jelliffe.
81. Hale, *Freud and the Americans*, pp. 443-444.
82. A atenção que Freud procurou atrair para "as circunstâncias puramente humanas e sociais de nossos pacientes", bem como para suas condições somáticas, sancionou essa visão. Consulte *ES*, vol. 7, p. 18.
83. A partir de 1915 aproximadamente, a assistência psiquiátrica individual, destinada a suplementar a psiquiatria praticada nas instituições psiquiátricas, tornou-se importante para a prática da assistência social, criminologia e direito. *The Individual Delinquent*/O delinqüente como indivíduo (1915), de William Healey, e *Studies in Forensic Psychiatry*/Estudos de psiquiatria forense (1916), de Bernard Glueck, marcaram essa virada. Um livro-texto de assistência social da década de 1920 afirmava: "Na medida em que é rigoroso e bem-feito, todo trabalho de assistência social individual é higiene mental." Citado em Roy Lubove, *Professional Altruist: The Emergence of Social Work as a Career*/O altruísta profissional: o surgimento da assistência social como profissão (Nova York: Cambridge University Press, 1965), p. 113.
84. Hale, *Freud and the Americans*, pp. 324 e 355; J. B. Watson, *Behaviorism*/Behaviorismo (Nova York: Macmillan, 1914), pp. 106-108. *The Concept of Consciousness*/O conceito de consciente (1914), de Edwin Holt, primeiro livro publicado nos Estados Unidos a difundir a psicanálise, definiu o "desejo" como "postura motora do organismo".
85. Helen Swick Perry, *Psychiatrist of America: The Life of Harry Stack Sullivan*/Um psiquiatra norte-americano: a vida de Harry Stack Sullivan (Cambridge, Mass.: Harvard University Press, 1982), p. 237.
86. Riccardo Steiner, "'Die Weltmachtstellung des Britischen Reichs': Notes on the Term 'Standard' in the First Translations of Freud"/"O poderio mundial do império britânico": notas sobre o termo "*standard*" nas primeiras traduções de Freud, em Timms e Segal, *Freud in Exile*, p. 182.
87. Jones posteriormente afirmou que Freud era "deliberadamente displicente com relação aos direitos autorais de suas traduções. [Ele] nos cedia todos os seus direitos para o inglês, depois transferia os direitos nos Estados Unidos para o sobrinho Edward Bernays, em seguida no-los

restituía por um período limitado, depois instituía Rank como seu beneficiário durante sua visita aos Estados Unidos e assim por diante". Consulte Jones, vol. 3, p. 50; Frederick J. Hoffman, org., *Freudianism and the Literary Mind*/O freudismo e a mente literária (Baton Rouge: Louisiana State University Press, 1967), pp. 49-50.

88. James Strachey, "Obituary of Joan Riviere (1883-1962)"/Obituário de Joan Riviere (1883-1962), *International Journal of Psychoanalysis* 44 (1963): 229.

89. Steiner, "'Die Weltmachtstellung des Britischen Reichs'", pp. 182-183, 184 e 186-187; Darius Ornston, "Freud's Conception Is Different from Strachey's", *Journal of the American Psychoanalytic Association* 33, suplemento (1985): 379-412; Michael Balint, *Problems of Human Pleasure and Behaviour*/Problemas do prazer e do comportamento humanos (Nova York: Liveright, 1957). Quanto ao termo *Lust*, consulte *ES*, vol. 7, pp. 135 e 212.

90. Freud a Jung, 17 de outubro de 1909, *Freud-Jung*, p. 158. Quanto a comentários semelhantes com relação à psiquiatria, consulte ibid., p. 126.

91. Freud a Jung, 22 de janeiro de 1911, *Freud-Jung*, p. 338; Jones a Freud, 15 de março de 1912, *Freud-Jones*, p. 135.

92. Freud a Ferenczi, 12 de abril de 1910, *Freud-Ferenczi*, vol. 1, p. 160.

93. Ferenczi a Freud, 7 de dezembro de 1909, ibid., p. 111.

94. Freud a Jung, 29 e 31 de outubro de 1910, *Freud-Jung*, pp. 363 e 367-368.

95. Nunberg e Federn, *Minutes*, vol. 1, p. 251 (27 de novembro de 1907).

96. O neurótico "substitui com sua própria formação de sintomas as grandes formações grupais das quais é excluído, [criando] para si mesmo um mundo imaginado, sua religião, seu próprio sistema de idéias delirantes, assim recapitul[ando] as instituições da humanidade de uma maneira distorcida". O trecho citado é de *ES*, vol. 13, p.73, porém uma formulação quase idêntica encontra-se em Nunberg e Federn, *Minutes*, vol. 1, p. 251 (27 de novembro, 1907).

97. Nota do editor em *Freud-Ferenczi*, vol. 1, p. 146 — nota 1.

98. Ferenczi a Freud, 22 de março de 1910, ibid., pp. 153-154. Itálico no original.

99. Jones, vol. 2, pp. 67-68; Freud a Jung, 13 de fevereiro de 1910, *Freud-Jung*, p. 295; Auguste Forel, *Out of My Life and Work*/Da minha vida e obra (Nova York: Norton, 1937).

100. Freud a Jung, 13 de fevereiro de 1910, *Freud-Jung*, p. 295; Jones, vol. 2, pp. 67-68.

101. Durante a preparação para o congresso de Nuremberg, Ferenczi instou Freud a levar em conta a "importância sociológica de nossas análises". Ele não queria dizer com isso o alinhamento a um partido. Falava de um tipógrafo no qual podia ver o "terrorismo que massacra o operário do partido [marxista] e [...] zomba de toda 'irmandade'" e de um impressor e "todas as suas tramóias". Ferenczi a Freud, 22 de março de 1910, *Freud-Ferenczi*, vol. 1, pp. 153-154.

102. Quando Freud anunciou em 1910 sua intenção de escrever uma "metapsicologia", Viktor Tausk argumentou que "o termo não deveria ser 'metapsicologia', mas sim [...] 'psicologia transcendental', [...] ou seja, uma psicologia que revela funções incondicionais". Nunberg e Federn, *Minutes*, vol. 2, p. 332 (24 de novembro de 1909).

103. Otto Gross é citado em Nicholas Sombart, "Max Weber and Otto Gross: On the Relationship Between Science, Politics, and Eros in Wilhelmine Germany"/Max Weber e Otto Gross: da relação entre ciência, política e eros na Alemanha guilhermina, *History of Political Thought* 8, nº 1 (primavera de 1987): 140. O pai de Gross, o criminologista linha-dura Hans Gross, mandou prender o filho num episódio que se tornou célebre. O periódico anarquista *Revolution* publicou uma edição especial sobre o fato. Franz Kafka estava entre os que a ele reagiram com comoção.

104. Max Runciman, org., *Max Weber: Selections in Translation*/Max Weber: seleta em tradução (Nova York: Cambridge University Press, 1978), p. 383 e seguintes. Consulte também Marianne We-

ber, *Max Weber: uma biografia*/Max Weber: A Biography, trad. de Alda Porto e Mário Antônio Eufrásio (Niterói: Casa Jorge Editorial, 2003/Nova York: Wiley, 1975), p. 375 e seguintes.

105. Magnus Ljunggren, "The Psychoanalytic Breakthrough in Russia on the Eve of the First World War"/O avanço da psicanálise na Rússia às vésperas da Primeira Guerra Mundial, em *Russian Literature and Psychoanalysis*/A literatura russa e a psicanálise, org. de Daniel Rancour-Laferriere (Amsterdã: John Benjamins, 1989), pp. 173-191; Dra. Sara Neidietsch e Dr. Nikolai Ossipow, "Psychoanalysis in Russia"/A psicanálise na Rússia, *International Journal of Psychoanalysis* 3 (1922): 514-517; Martin A. Miller, *Freud and the Bolsheviks: Psychoanalysis in Russia and the Soviet Union*/Freud e os bolcheviques: a psicanálise na Rússia e na União Soviética (New Haven, Conn.: Yale University Press, 1998), p. xi.

106. Alexander Etkind, *Eros of the Impossible: The History of Psychoanalysis in Russia*/O eros do impossível: a história da psicanálise na Rússia, trad. de Noah e Maria Rubins (Boulder, Colo.: Westview Press, 1997), pp. 3, 4, 29, 52, 58, 66 e 71.

107. *ES*, vol. 11, p. 151.

108. Freud a Ferenczi, 2 de fevereiro de 1913, *Freud-Ferenczi*, vol. 1, p. 465.

109. Freud a Putnam, 5 de dezembro de 1909, em *James Jackson Putnam and Psychoanalysis: Letters Between Putnam and Sigmund Freud, Ernest Jones, William James, Sándor Ferenczi, and Morton Prince, 1877-1917*/James Jackson Putnam e a psicanálise: cartas entre Putnam e Sigmund Freud, Ernest Jones, William James, Sándor Ferenczi e Morton Prince, 1877-1917, org. de Nathan G. Hale (Cambridge, Mass.: Harvard University Press, 1971), p. 338.

110. Ferenczi a Freud, 5 de fevereiro de 1910, *Freud-Ferenczi*, vol. 1, p. 130.

111. Fritz Wittels, *Sigmund Freud: His Personality, His Teaching and His School*/Sigmund Freud: sua personalidade, seus ensinamentos e sua escola (Londres: Allen and Unwin, 1924), pp. 139-140.

112. *ES*, vol. 11, p. 146. Numa das reuniões das quartas-feiras, Viktor Tausk afirmou que o darwinismo não havia precisado de nenhuma organização para disseminar-se. Em sua opinião, Viena era o solo perfeito "para a disseminação dos ensinamentos de Freud [...] porque era um solo doente. [Não] adianta considerar a psicanálise simplesmente do ponto de vista médico". Nunberg e Federn, *Minutes*, vol. 2, pp. 465-467 (6 de abril de 1910); Rose, *The Freudian Calling*, pp. 211-212. Wittels afirmou: "Os zuriquenhos têm treinamento clínico para tornar-se freudianos; eles provavelmente defenderiam qualquer outra doutrina com o mesmo moralismo e o mesmo tom choroso. A sociedade de Viena, por outro lado, cresceu historicamente; cada um de nós tem sua neurose, o que constitui passaporte necessário para adentrar os ensinamentos de Freud. Resta saber se os suíços têm isso." Nunberg e Federn, *Minutes*, vol. 2, p. 468 (6 de abril de 1910).

113. Jones, vol. 2, pp. 69-70. Na versão de Stekel, citado em Paul Roazen, *Freud and His Followers*/Freud e seus seguidores (1974; reimpressão, Nova York: New York University Press, 1984), p. 183, temos: "Eles têm inveja até do casaco que visto; não sei se no futuro conseguirei ganhar meu pão." As lágrimas desciam-lhe pelo rosto.

114. Nota do editor em *Freud-Jung*, p. 223 — nota 6.

115. Ferenczi a Freud, 9 de julho de 1910, *Freud-Ferenczi*, vol. 1, pp. 186-187.

116. Freud a Ferenczi, 24 de abril de 1910, ibid., p. 165.

117. Jung achava que Abraham não tinha educação e Abraham, por sua vez, achava que Jung era um impostor.

118. Freud a Abraham, 3 de maio de 1908, *Freud-Abraham*, p. 34. Freud: "Eu quase diria que, se não fosse pela entrada dele em cena, a psicanálise continuaria sob o risco de tornar-se uma questão nacional judia."

119. Freud a Ferenczi, 3 de abril de 1910, *Freud-Ferenczi*, vol. 1, pp. 154-155.

120. Freud a Jung, 10 de agosto de 1910, *Freud-Jung*, p. 343.
121. Kerr, *Um método muito perigoso*, pp. 284 e 290.
122. Eugene Bleuler a Sigmund Freud, 19 de outubro de 1910 e 11 de março de 1911. Citado em Gay, *Freud*, p. 207/p. 215. Consulte também Franz Alexander e Sheldon Selesnick, "Freud-Bleuler Correspondence"/"A correspondência entre Freud e Bleuler", *Archives of General Psychiatry*, vol. 12 (Chicago: American Medical Asssociation, 1965), p. 5.
123. Jung a Freud, 17 de junho de 1910, *Freud-Jung*, p. 328.

Capítulo Quatro

1. Ernst Cassirer, *The Philosophy of the Enlightenment* (Boston: Beacon Press, 1955), p. 94.
2. *ES*, vol. 20, pp. 154-155.
3. O que distingue a explicação de Freud da dos teóricos das "relações objetais" e da intersubjetividade que o sucederam é a visão de que a carência do objeto enquanto objeto não é inata, mas nasce e cresce sob condições de profunda vulnerabilidade. Em decorrência disso, a carência humana de objetos torna-se mais febril, ambivalente e complexa do que seria se os seres humanos, como os animais, se voltassem de maneira inata para o objeto.
4. Alfred Adler, "On the Psychology of Marxism"/Sobre a psicologia do marxismo, em *Minutes of the Vienna Psychoanalytic Society*, vol. 2: 1908-1910, org. de Hermann Nunberg e Paul Federn (Nova York: International Universities Press, 1962-1975), pp. 172-178 (10 de março de 1909). Consulte também a ata de 2 de junho de 1909.
5. A principal apresentação de Alfred Adler para a sociedade de Viena deu-se em 23 de fevereiro de 1910. "Der psychische Hermaphroditismus im Leben und in der Neurose"/O hermafroditismo psíquico na vida e na neurose, em *Heilen und Bilden*/Curar e formar (Frankfurt, 1973) foi traduzido como "Masculine Protest and a Critique of Freud"/Protesto masculino e uma crítica de Freud, em Alfred Adler, *Cooperation Between the Sexes*/Cooperação entre os sexos, org. de Heinz C. Anbacher e Rowena R. Anbacher (Nova York: Anchor, 1978), p. 59. Não se sabe ao certo quando Adler começou a usar o termo "complexo de inferioridade", o qual aparentemente tomou de empréstimo a Janet.
6. *ES*, vol. 14, pp. 52-55. A tradução é a que figura na edição organizada por Rieff das obras completas de Freud.
7. Nunberg e Federn, *Minutes*, vol. 2, p. 541.
8. Freud a Jung, 19 de dezembro de 1909, *Freud-Jung*, pp. 276-278.
9. Três dos membros da sociedade saíram quando Adler saiu, e outros sete contestaram o caráter "inquestionavelmente provocado" de sua renúncia. Bernhard Handlbauer, *A controvérsia Freud-Adler*/Die Adler-Freud Kontroverse (São Paulo: Madras, 2005/Frankfurt a.M.: Fischer Tasdenbuch Verlag, 1990), p. 157.
10. John Kerr, *Um método muito perigoso: Jung, Freud e Sabina Spielrein*/A Most Dangerous Method: The Story of Jung, Freud, and Sabina Spielrein, trad. de Laura Rumchinsky (Rio de Janeiro: Imago, 1997/Nova York: Knopf, 1993), p. 354.
11. Freud a Jung, 3 de dezembro de 1910, *Freud-Jung*, p. 376.
12. Freud a Jung, 22 de janeiro de 1911, ibid., p. 387.
13. Nunberg e Federn, *Minutes*, vol. 3, p. 148 (1º de fevereiro de 1911).
14. Ferenczi a Freud, 19 de dezembro de 1910, *Freud-Ferenczi*, vol. 1, p. 245. Itálico no original.
15. Citado em Phyllis Grosskurth, *O mundo e a obra de Melanie Klein*/Melanie Klein: Her World and Her Work, trad. de Paula Rosas (Rio de Janeiro: Imago, 1992/Nova York: Knopf, 1986), p. 211.

16. Warren Susman, *Culture as History: The Transformation of American Society in the Twentieth Century*/A cultura como história: a transformação da sociedade norte-americana no século XX (Nova York: Pantheon Books, 1984).
17. Peter Gay, *Sigmund Freud: uma vida para o nosso tempo/Sigmund Freud: A Life for Our Time*, trad. de Denise Bottmann (São Paulo: Companhia das Letras, 1989, 1ª ed. Nova York: Norton, 1988), p. 227; Kerr, *Um método muito perigoso*, pp. 219 e 227. De modo geral, Kerr influenciou muito minha compreensão de Freud.
18. Jung a Freud, 25 de dezembro de 1909, *Freud-Jung*, p. 280; Kerr, *Um método muito perigoso*, p. 269; Jacques Quen e Eric T. Carlson, orgs., *American Psychoanalysis: Origins and Development*/A psicanálise norte-americana: origens e desenvolvimento (Nova York: Brunner/Mazel, 1978), p. 91; Eugene Taylor, "C. G. Jung and the Boston Psychopathologists, 1902-1912"/C. G. Jung e os psicopatologistas de Boston, 1902-1912, *Voices: The Art and Science of Psychotherapy 21*, nº 2 (1985): 132-145.
19. Freud a Pfister, 17 de março de 1910, citado em *Freud-Jung*, p. 304 — nota.
20. Jones, vol. 2, p. 86; F. H. Matthews, "The Americanization of Sigmund Freud: Adaptations of Psychoanalysis Before 1917"/A americanização de Sigmund Freud: adaptações sofridas pela psicanálise antes de 1917, *Journal of American Studies 1*, nº 1 (abril de 1967): 258.
21. Herbert Silberer, "Mantik und Psychoanalyse"/Mantik e a psicanálise, *Zentrallblatt für Psychoanalyse 2* (1912); Kerr, *Um método muito perigoso*, pp. 110-111.
22. Jung a Freud, 2 de dezembro de 1909, *Freud-Jung*, p. 270.
23. Jung a Freud, 6 de outubro de 1906, ibid., pp. 4-5; Carl G. Jung, *Freud e a psicanálise, Obras completas de Carl G. Jung/Freud and Psychoanalysis, Collected Works of Carl G. Jung*, trad. de Lúcia Mathilde Endlich Orth/org. de Gerhard Adler et al., trad. de F. Hull· (Petrópolis: Vozes, 2001 — 3ª ed./Princeton, N.J.: Princeton University Press, 1961), vol. 4, p. 123.
24. Jung a Freud, 8 de maio de 1912, *Freud-Jung*, p. 503. Em *O culto de Jung. Origens de um movimento carismático/The Jung Cult*, trad. de Mário Vilela (São Paulo: Ática, 1996/Princeton, N.J.: Princeton University Press, 1994), p. 119, Richard Noll afirma que "*Wandlungen*/Transformações é uma tentativa de sincretismo da psicanálise e das ciências germânicas mais dedicadas ao estudo da cultura ariana. Ela é [...] uma mistura sincrética da mitologia sexual e da mitologia solar como principais teorias da alma e da cultura humanas." *Das Mutterrecht*/O direito natural materno (1861), de Johann Jakob Bachofen, foi a fonte original da maioria das teorias germânicas sobre o matriarcado, mas Jung evitou mencionar a obra porque os antropólogos da época a menosprezavam.
25. *Transformations and Symbols of the Libido*/Transformações e símbolos da libido (1911-1912), de Jung, foi traduzido pela primeira vez para o inglês em 1916 como *Psychology of the Unconscious* (1916; reimpressão, Nova York: Dodd, Mead, 1947)*. O trabalho que Jung fez durante o período em que colaborou com Freud está no volume 4 de suas obras completas, *Freud e a psicanálise, Obras Completas de Carl G. Jung/Freud and Psychoanalysis, Collected Works of Carl G. Jung*; consulte em especial a p. 155 e seguintes. Paul E. Stepansky, "The Empiricist as Rebel: Jung, Freud, and the Burdens of Discipleship"/O empirista como rebelde: Jung, Freud e as vicissitudes do discipulado, *Journal of the History of the Behavioral Sciences 12* (1976): 225.
26. Jung a Freud, 8 de novembro de 1909, *Freud-Jung*, p. 258.
27. Freud a Ferenczi, 23 de junho de 1912, *Freud-Ferenczi*, vol. 1, p. 387.

---

* A obra foi traduzida para o português por Maria Luiza Appi como *Psicologia do inconsciente* (Petrópolis: Vozes, 2001 — 13ª ed.).

28. Jung, "The Theory of Psychoanalysis"/A teoria da psicanálise, *Obras completas/Collected Works*, vol. 4, pp. 121-126. Esta obra baseia-se nas conferências feitas por Jung em Nova York.
29. Linda Donn, *Freud e Jung: anos de amizade, anos de perda/Freud and Jung: Years of Friendship, Years of Loss*, trad. de Therezinha Santos (Rio de Janeiro: Civilização Brasileira, 1991/Nova York: Scribners, 1988), p. 148. Em 1913, a edição inaugural da *Psychoanalytic Review*, de Jelliffe e White, trazia uma carta de Jung que apontava os principais problemas com que se deparavam os psicólogos: o esforço de "explicar as manifestações psíquicas como equivalentes a transformações de energia" e o "simbolismo, a analogia estrutural das [...] funções intelectuais em sua evolução ontogenética e filogenética". Consulte C. G. Jung, *Cartas de C. G. Jung/C. G. Jung Letters*, 3 vols., org. de Aniela Jaffé em colaboração com Gerhard Adler/org. de Gerhard Adler e Aniela Jaffé, trad. de Edgar Orth (Petrópolis: Vozes, 2001-2003/Princeton, N.J.: Princeton University Press, 1973), p. 29; Jung, *Obras completas/Collected Works*, vol. 4, p. 83 e seguintes.
30. Jung a Freud, 11 de fevereiro de 1910, e Freud a Jung, 13 de fevereiro de 1910, *Freud-Jung*, pp. 294-295.
31. Jones a Freud, 15 de março de 1912, *Freud-Jones*, p. 135.
32. Freud a Fliess, 17 e 24 de janeiro de 1897, *Freud-Fliess*, pp. 224-228. A causa dos sintomas histéricos, disse Freud a Fliess na ocasião, era "a altura de que desce o pai para chegar até o filho".
33. Freud a Jung, 13 de agosto de 1908, *Freud-Jung*, p. 169.
34. Freud a Jung, 11 de dezembro de 1908, ibid., p. 186.
35. *ES*, vol. 13, p. 157.
36. Sigmund Freud, *A Phylogenetic Fantasy*/Uma fantasia filogenética (Cambridge, Mass.: Belknap Press of Harvard University Press, 1987), pp. 89 e 99.
37. John Locke, *Dois tratados sobre o governo: primeiro tratado/Two Treatises of Government: First Treatise*, trad. de Júlio Fischer (São Paulo: Martins Fontes, 1998/Londres: A. Churchill, 1690), cap. 2, seção 6, cap. 6, seções 59 e 72.
38. Carl Jung, "Transformations and Symbols of the Libido"/Transformações e símbolos da libido, parte 2 (1912), em *Psicologia do inconsciente/Psychology of the Unconscious, A Study of the Transformations and Symbols of the Libido: Contribution to the History of the Evolution of Thought*/Um estudo das transformações e símbolos da libido: contribuição à história da evolução do pensamento, trad. de Maria Luiza Appi/trad. de Beatrice Hinkle (Petrópolis: Vozes, 2002 — 14ª ed./Nova York: Moffat, Yard, 1916), p. 432.
39. Freud a Abraham, 13 de maio de 1913, *Freud-Abraham*, p. 139.
40. Ferenczi a Freud, 25 de outubro de 1912, *Freud-Ferenczi*, vol. 1, p. 417. Itálico no original.
41. Ferenczi a Freud, 26 de dezembro de 1912, ibid., p. 450. Itálico no original.
42. Freud a Ferenczi, 8 de junho de 1913, ibid., pp. 490-491.
43. Emma Jung a Freud, 30 de outubro de 1911 e 6 de novembro de 1911, *Freud-Jung*, pp. 452 e 456-457.
44. Freud a Jones, 9 de agosto de 1911, *Freud-Jones*, p. 112.
45. Jones a Freud, 30 de julho de 1912, ibid., p. 146; R. Andrew Paskauskas, "Freud's Break with Jung: The Crucial Role of Ernest Jones"/O rompimento de Freud com Jung: o papel crucial de Ernest Jones, *Free Associations* 11 (1988): 7-34.
46. Freud a Jones, 1º de agosto de 1912, e Jones a Freud, 30 de julho de 1912, *Freud-Jones*, pp. 146 e seguintes. Para Ferenczi, o círculo íntimo serviria "como centros aos quais outros (iniciantes) poderiam vir para aprender a trabalhar".

47. "É impressionante", observou Freud, "como cada um de nós vai sendo, por sua vez, tomado por um impulso homicida, a ponto de obrigar os demais a contê-lo." Freud a Abraham, 13 de maio e 9 de novembro de 1913 e 25 de março de 1914, *Freud-Abraham*, pp. 139, 157 e 168.
48. Jones, vol. 2, p. 150; Kerr, *Um método muito perigoso*, pp. 465-466.
49. Freud a Abraham, 12 de julho de 1914, citado em Gay, *Freud*, p. 230/p. 241. A Ferenczi, ele admitiu que seus esforços para reunir "judeus e góis a serviço da ΨA" haviam sido em vão: "Eles se separam como água e óleo". Freud a Ferenczi, 28 de julho de 1912, *Freud-Ferenczi*, vol. 1, p. 312.
50. Michael Balint, *Primary Love and Psychoanalytic Technique*/O amor primário e a técnica psicanalítica (Nova York: Liveright, 1965), pp. 275-276; Freud a Jung, 17 de outubro de 1909, *Freud-Jung*, p. 252; e Freud a Ferenczi, 22 de outubro de 1909, *Freud-Ferenczi*, vol. 1, p. 85. Consulte também Ernest Gellner, *The Psychoanalytic Movement*/O movimento psicanalítico (Londres: Paladin, 1985), p. 55: o "principal vínculo afetivo que une o [mundo analítico] é uma espantosa rede de relações binárias intensas entre o analisando e o analista. [...] É ao mesmo tempo espantoso e triste que se tenham feito tão poucas pesquisas para mapear essas relações".
51. Uma interessante e pioneira tentativa de aproximar homens e mulheres para discutir a sexualidade foi o "Men and Women's Club". Criada em Londres na década de 1880, essa associação mista contava com mulheres do porte de Olive Schreiner, Annie Besant e Eleanor Marx-Aveling, as quais buscavam a formulação de uma nova norma heterossexual não procriativa para o casamento. Porém a tentativa por fim degringolou em recriminações porque, do ponto de vista das mulheres, os homens superestimavam o instinto materno, subestimavam as necessidades sexuais das mulheres e, em especial, "negavam a validade da experiência subjetiva feminina" no lamentável esforço de parecer científicos. Judith Walkowitz, *City of Dreadful Delight*/A cidade dos prazeres terríveis (Chicago: University of Chicago Press, 1983), pp. 135 e 145-146. Por outro lado, se uma organização sexista não poderia pretender a investigação continuada da vida pessoal, tampouco o poderia uma organização só de mulheres como a Associação Geral das Mulheres Austríacas, que só permitia em seus quadros homens cuja simpatia à "causa" fosse incondicional, como Karl Mayreder. Grupos desse tipo não tinham condições de promover os intercâmbios mistos igualitários nem a relação reflexiva com a autoridade necessária à compreensão da vida pessoal. Era preciso um novo tipo de meio social, certamente não sexista, mas tampouco limitado a mulheres.
52. Nunberg e Federn, *Minutes*, vol. 1, pp. 195-210 (15 de maio de 1907).
53. Ibid., vol. 2, p. 49 e 514; vol. 3, pp. 112-115.
54. Ferenczi a Freud, 17 de agosto de 1910, *Freud-Ferenczi*, vol. 1, p. 206.
55. Jones a Freud, 25 de abril de 1913, *Freud-Jones*, p. 199.
56. Freud a Jung, 7 de junho de 1909, *Freud-Jung*, p. 231. Alguns anos mais tarde, ele pediu um artigo sobre contratransferência, acrescentando: "Evidentemente, não poderíamos publicá-lo; teríamos de fazer circular cópias entre nós." Porém, em 1909, Freud referiu-se à contratransferência como "uma bênção disfarçada". Freud a Jung, 6 de julho de 1909 e 31 de dezembro de 1911, ibid., pp. 230-231.
57. Abraham a Freud, 7 de abril de 1909; Freud a Abraham, 27 de abril de 1909, *Freud-Abraham*, pp. 76-78. Os comentários foram provocados por um artigo de Jung: "Die Bedeutung des Vaters für das Schickssal des Einzelnen"/O significado do pai para o destino do indivíduo, *Jahrbuch für Psychoanalyse I*/Anuário de psicanálise I (1909).
58. Freud a Ferenczi, 18 de março de 1912, *Freud-Ferenczi*, vol. 1, p. 360. Quanto à teoria freudiana do desenvolvimento feminino, consulte a carta de Freud de 3 de março de 1912.

59. Lisa Appignanesi e John Forrester, *Freud's Women*/As mulheres de Freud (Nova York: Basic Books, 1993), p. 240.
60. Citado ibid., p. 243. Segundo reminiscência de seu irmão, um dos amantes dela teria lembrado: "Olhando para você com aqueles olhos azuis intensos, ela dizia: 'Receber o sêmen é para mim o auge do êxtase'." H. F. Peters, *Lou, minha irmã, minha esposa: uma biografia de Lou Andreas-Salomé/My Sister, My Spouse: A Biography of Lou-Andreas Salomé*, prefácio de Anaïs Nin, tradução de Waltensir Dutra (Rio de Janeiro: Jorge Zahar, 1986/Nova York: Norton, 1962), p. 263.
61. Gay, *Freud*, p. 314/p. 338.
62. Freud a Ferenczi, 17 de junho de 1913, *Freud-Ferenczi*, vol. 1, p. 492.
63. *ES*, vol. 14, p. 223.
64. Ibid., pp. 88, 91 e 95-97, e vol. 12, p. 318.
65. Ibid., vol. 17, pp. 100 e 110-112. Freud escreveu o caso no inverno de 1914-1915, embora só o tenha publicado em 1918.
66. Quanto a "empírico e convencional", consulte ibid., vol. 23, p. 188.
67. Ibid., vol. 12, p. 318.
68. Freud a Andreas-Salomé, 31 de janeiro de 1914, *Freud-Salomé*, pp. 26-29; Lou Andreas-Salomé, *Minha vida/Looking Back: Memoirs*, org. de Ernest Pffeifer, trad. de Nicolino Simone Neto e Valter Fernandes (São Paulo: Brasiliense, 1985 — 2ª ed. revisada/Nova York: Paragon, 1991).
69. Freud a Abraham, 4 de maio de 1915, *Freud-Abraham*, p. 220.
70. Em Freud a Ferenczi, 15 de dezembro de 1914, *Freud-Ferenczi*, vol. 2, p. 36, consta "trincheira particular".
71. Freud a Jones, 25 de dezembro de 1914, *Freud-Jones*, p. 309.
72. Freud a Andreas-Salomé, 25 de novembro de 1914, *Freud-Salomé*, p. 21.
73. *ES*, vol. 5, pp. 559-560.
74. Freud a Abraham, 10 de dezembro de 1917, *Freud-Abraham*, p. 264. Na verdade, a atitude de Freud diante do sionismo — ao menos antes de o nazismo assumir o poder na Alemanha — era matizada. Em 1930, o Dr. Chaim Koffler sondou Freud para assumir um cargo na recém-criada Universidade Hebréia em Jerusalém. Em resposta de 26 de fevereiro de 1930, Freud disse: "Não acho que a Palestina possa tornar-se um estado judeu algum dia [nem] que os mundos cristão e islâmico jamais se disponham a ver seus locais sagrados sob a guarda de judeus. Para mim, faria mais sentido estabelecer uma pátria judia em terras de menor carga histórica". A carta pertence à Coleção Schwadon de autógrafos da Universidade e Biblioteca Nacional Judaicas, Jerusalém, e está disponível no *website* do Freud Museum em Londres.
75. Ball, citado em Friedrich A. Kittler, *Discourse Networks 1800/1900/Redes discursivas 1800/1900*, trad. de Michael Metteer e Chris Cullens (Stanford, Calif.: Stanford University Press, 1990), p. 302.

Capítulo Cinco

1. Eric. J. Leeds, *No Man's Land: Combat and Identity in World War I*/Terra de ninguém: combate e identidade na Primeira Guerra Mundial (Nova York: Cambridge University Press, 1979), p. 1.
2. Kenneth Silver, *Esprit de Corps: The Art of the Parisian Avant-Garde and the First World War, 1914-1925/Esprit de Corps: a arte da avant-garde parisiense e a Primeira Guerra Mundial, 1914-1925* (Princeton, N.J.: Princeton University Press, 1989), pp. 27 e 3.
3. Modris Ecksteins, *Rites of Spring: the Great War and the Birth of the Modern Age*/Ritos de primavera: a Grande Guerra e o nascimento da era moderna (Boston: Houghton Mifflin, 1989), p. 212.

4. As mulheres ganharam o direito ao voto na Áustria em 1907, na Grã-Bretanha em 1918 (se fossem maiores de trinta anos), nos Estados Unidos em 1920 e na Índia em 1925. Na Alemanha, o princípio da igualdade entre as mulheres foi contemplado na constituição de Weimar.
5. Vera Brittain, *Testament of Youth: An Autobiographical Study of the Years 1900-1925*/Testamento da juventude: estudo autobiográfico dos anos 1900-1925 (Nova York: Macmillan, 1933), pp. 165-166; Susan Kent, *Making Peace: The Reconstruction of Gender in Interwar Britain*/Fazendo a paz: a reconstrução do gênero na Grã-Bretanha do entreguerras (Princeton, N.J.: Princeton University Press, 1993), pp. 72-73.
6. Ernst Jünger, "Kampf als inneres Erlebnis"/A luta como experiência interior, citado em Leeds, *No Man's Land*, p. 153.
7. Charles Maier, *Recasting Bourgeois Europe: Stabilization in France, Germany, and Italy in the Decade After World War I*/Reestruturando a Europa burguesa: a estabilização na França, Alemanha e Itália na década seguinte à Primeira Guerra Mundial (Princeton, N.J.: Princeton University Press, 1988), p. 32.
8. *Adeus às armas* (1929), de Ernest Hemingway, é citado em Paul Fussell, *The Great War and Modern Memory*/A Grande Guerra e a memória moderna (Nova York: Oxford University Press, 1975), p. 21.
9. Marcel Proust é citado em Michael Sprinker, *History and Ideology in Proust*/História e ideologia em Proust (Londres: Verso, 1988), p. 175.
10. Citado em Ann Douglas, *Terrible Honesty: Mongrel Manhattan in the 1920s*/Terrível honestidade: a Manhattan mestiça na década de 1920 (Nova York: Farrar, Straus and Giroux, 1995), p. 31.
11. As neuroses das ferrovias, em geral denominadas "histéricas", constituem o precedente mais próximo. Segundo Harold Merskey: "Talvez nenhum outro tema tenha tido tantas ramificações nem tantas conseqüências para a psiquiatria, a medicina e a sociedade quanto a 'neurose de guerra'", em *100 Years of British Psychiatry*/Cem anos de psiquiatria britânica, org. de German Barrios e Hugh Freeman (Londres: Gaskell, 1991), p. 246.
12. Em 1915, Hermann Oppenheim, psiquiatra alemão, publicou a obra que se tornou referência, a qual supostamente provava a natureza física da neurose de guerra. Consulte Jose Brunner, *Freud and the Politics of Psychoanalysis*/Freud e a política da psicanálise (Oxford, U.K., Cambridge, Mass.: Blackwell, 1995), pp. 106-122.
13. Elaine Showalter, "Hysteria, Feminism and Gender"/Histeria, feminismo e gênero, em Sander Gilman et. al, *Hysteria Beyond Freud*/A histeria além de Freud (Berkeley: University of California Press, 1993), p. 321.
14. Brunner, *Freud and the Politics*, p. 109; os franceses e britânicos caracterizaram esses métodos como exemplos da bestialidade alemã, mas também questionaram a legitimidade das queixas.
15. Citado em Ecksteins, *Rites of Spring*, p. 172.
16. Ernst Simmel, *Kriegs-Neuroses und "Psychisches Trauma"*/Neurose de guerra e "trauma psíquico" (Munique: Otto Nemnich, 1918), pp. 5-6 e 82-84.
17. Hal Foster, *Compulsive Beauty*/Beleza compulsiva (Cambridge, Mass.: MIT Press, 1993), p. xi.
18. Consulte o artigo de Tausk "On the Psychology of the War Deserter"/Sobre a psicologia do desertor de guerra (1916), traduzido para o inglês e publicado em *Psychoanalytic Quarterly* 38 (1969): 354-381 e reimpresso em Roazen, *Tausk, Sexuality, War, and Schizophrenia: Collected Psychoanalytic Papers*/Tausk, sexualidade, guerra e esquizofrenia: coletânea de artigos psicanalíticos (New Brunswick, N.J.: Transaction, 1991), pp. 141-165. Nele, Tausk afirma que, para o psicólogo, "não vem ao caso se as conseqüências de suas investigações se coadunam ou não com as exigências do exército", p. 354.

19. Brunner, *Freud and the Politics*, p. 113. Evidentemente, na guerra, o tratamento analítico foi bastante simplificado. Assim, em 1918 Freud explicou a Simmel: "Sua terapia deveria ser denominada catártica, em vez de psicanalítica. Você adota essencialmente o ponto de vista dos *Studies in Hysteria*/Casos clínicos". David Brunswick e Ruth Lachenbruch, "Freud's Letters to Ernst Simmel"/As cartas de Freud a Ernst Simmel, trad. de Frances Deri e David Brunswick, *Journal of the American Psychoanalytic Association 12*, nº 1 (janeiro de 1964): 93-109.
20. Leeds, *No Man's Land*, p. 176.
21. W. H. R. Rivers em 1917, citado em Ronald W. Clark, *Freud: The Man and the Cause*/Freud: o homem e a causa (Nova York: Random House, 1980), p. 385. Quanto à Inglaterra, consulte também Jones, vol. 2, p. 253; *ES*, vol. 17, pp. 209-210.
22. Ted Bogacz, "War Neurosis and Cultural Change in England, 1914-1922: The Work of the War Office Committee of Enquiry into 'Shell Shock'"/A neurose de guerra e a mudança cultural na Inglaterra, 1914-1922: o trabalho da Comissão de Inquérito do Departamento de Guerra sobre o "choque auditivo", *Journal of Contemporary History 24* (1989): 230.
23. W. M. Maxwell, *A Psychological Retrospect of the Great War*/Retrospecto psicológico da Grande Guerra (Londres: Macmillan, 1923).
24. Leeds, *No Man's Land*, pp. 181-183.
25. Citado em Ecksteins, *Rites of Spring*, p. 173.
26. Karl Abraham, "Psychoanalysis and the War Neuroses"/A psicanálise e as neuroses de guerra, em *Clinical Papers and Essays on Psychoanalysis*/Escritos clínicos e ensaios sobre a psicanálise (Nova York: Brunner/Mazel, 1955), pp. 61-63.
27. Conforme observara Freud, essa epidemia provinha do recrutamento de conscritos, em vez da utilização de um exército de mercenários. Ao contrário do profissional, o recruta era uma alma dividida, colocada diante "de um conflito [...] entre seu antigo ego pacífico e o novo ego guerreiro [...], que [o ego pacífico] vê como ameaça a sua própria vida". *ES*, vol. 17, p. 209. Consulte também Freud a Jones, 18 de fevereiro de 1919, *Freud-Jones*, p. 334 e seguintes.
28. Pat Barker, *Regeneration*/Regeneração (Londres: Dutton, 1992).
29. *ES*, vol. 18, p. 16.
30. Ibid., p. 56.
31. Ibid., vol. 17, p. 209, onde se lê "que ele vê como ameaça a sua própria vida".
32. O trauma ou o medo do trauma encontrava-se "no fundo de todo caso de neurose de transferência (*Übertraggs-neurose*)". Freud a Jones, 18 de fevereiro de 1919, *Freud-Jones*, p. 334
33. Thomas Mann, *Diary*/Diário (Londres: Robin Clark, 1984), 24 de maio de 1921, p. 115.
34. François Furet, *O passado de uma ilusão/The Passing of an Illusion*, trad. de Roberto Leal Ferreira (São Paulo: Siciliano, 1995/Chicago: University of Chicago Press, 1999), p. 48.
35. Winston Churchill, *The World Crisis, 1911-1918*/A crise mundial, 1911-1918 (Londres: Butterworth, 1931), pp. 19-20.
36. Robert Musil, *Diaries 1899-1941*/Diários 1899-1941, seleção, tradução e notas de Philip Payne da versão original alemã dos diários preparada por Adolf Frisé, org. de Mark Mirsky (Nova York: Basic Books, 1998), p. 271.
37. Paul Johnson, *Tempos modernos: o mundo dos anos 20 aos 80/Modern Times: The World from the Twenties to the Eighties*, trad. de Gilda de Brito MacDowell e Sérgio Maranhão da Mata (Rio de Janeiro: Instituto Liberal — Bibliex Cooperativa, 1994/Nova York: Harper & Row, 1983), pp. 5-6; Jones, vol. 2, p. 223. Estiveram presentes alguns neutros, como os holandeses, mas nenhum francês, inglês ou norte-americano.
38. Essa afirmação é encontrada em muitos trabalhos acadêmicos, talvez em especial em Bertram Lewin e Helen Ross, *Psychoanalytic Education in the United States*/A formação psicanalítica nos

Estados Unidos (Nova York: Norton, 1960). Entretanto, em correspondência privada, Paul Roazen escreveu-me: "No congresso de Budapeste simplesmente voltou-se a repisar a idéia de que todos os analistas fossem analisados. Rank e Tausk se opuseram. [...] Lewin e Ross simplesmente estão enganados". É possível que o trabalho que Roazen está preparando me leve a modificar essa afirmação.

39. Frank Eckelt, "The Internal Policies of the Hungarian Soviet Republic"/As políticas internas da República Socialista Soviética da Hungria, em *Hungary in Revolution, 1918-1919*/A Hungria em revolução, 1918-1919, org. de Iván Völgyes (Lincoln: University of Nebraska Press, 1971), pp. 61-88.

40. *ES*, vol. 17, p. 167. Freud acrescentou que, embora assim o "ouro" da análise se mesclasse ao "cobre" da sugestão, os ingredientes mais importantes de todas as terapias populares "continuariam sendo os provenientes da psicanálise estrita e imparcial".

41. H. V. Dicks, *Fifty Years of the Tavistock Clinic*/Cinqüenta anos da Tavistock Clinic (Londres: Routledge, 1970), p. 1.

42. Elisabeth Young-Bruehl, *Anna Freud: uma biografia*/*Anna Freud: A Biography*, trad. de Henrique de Araújo Mesquita (Rio de Janeiro: Imago, 1992/Nova York: Summit Books, 1988), p. 92; Michael Balint, "On the Psychoanalytic Training System"/Sobre o sistema de treinamento psicanalítico, em *Primary Love and Psychoanalytic Technique*/Amor primário e técnica psicanalítica (Nova York: Liveright, 1965), p. 168.

43. Citado em Susan Quinn, *A Mind of Her Own: The Life of Karen Horney*/Uma pensadora independente: a vida de Karen Horney (Nova York: Summit Books, 1987), p. 196; Walter Lacqueur, *Weimar: A Cultural History*/Weimar: uma história cultural (Londres: Weidenfeld and Nicholson, 1974), p. 215. Consulte também *ES*, vol. 17, p. 167, e Peter Gay, *Sigmund Freud: uma vida para o nosso tempo*/*Sigmund Freud: A Life for Our Time*, trad. de Denise Bottmann (São Paulo: Companhia das Letras, 1989, 1ª ed./Nova York: Norton, 1988), p. 419/p. 462. Entre os filiados ao sindicato encontravam-se Heinrich Meng e Angel Garma.

44. *ES*, vol. 19, p. 285.

45. A análise na Hungria dos anos 20, acrescentou Balint, era "uma coisa muito de esquerda". Entrevista com Michael Balint, 6 de agosto de 1965, Oral History Collection, Columbia University Library; Gay, *Freud*, p. 419/pp. 462-463. Já nos Estados Unidos, a análise sempre foi um serviço pago. Mesmo em meio à Depressão dos anos 30, havia apenas duas clínicas analíticas nos Estados Unidos que cobravam barato pelo atendimento, uma em Chicago e a outra, em Topeka, Kansas. Nathan G. Hale, "From Bergasse XIX to Central Park West"/De Berggasse, 19 ao Central Park West, *Journal of the History of the Behavioral Sciences* 14 (1978): 302.

46. Hannah S. Decker, "Psychoanalysis in Germany"/A psicanálise na Alemanha, *Comparative Studies in Society and History* 24, nº 4 (outubro de 1982): 591; Edith Kurzweil, *The Freudians: A Comparative Perspective*/Os freudianos: uma perspectiva comparatista (New Haven, Conn.: Yale University Press, 1989), pp. 44-47; Elisabeth Roudinesco e Michel Plon, *Dicionário de psicanálise*/Dictionnaire de la psychanalyse, trad. de Vera Ribeiro e Lucy Magalhães, supervisão da edição brasileira Marco Antônio Coutinho Jorge (Rio de Janeiro: Jorge Zahar, 1998/Paris: Fayard, 1997), p. 30. Em 1930, no balanço dos dez primeiros anos, Eitingon documentou 1.955 consultas, entre as quais 721 para tratamento analítico.

47. Sheldon Gardner e Gwendolyn Stevens, *Red Vienna and the Golden Age of Psychology*/A Viena vermelha e a era de ouro da psicologia (Nova York: Praeger, 1992), p. 126. A sociedade foi obrigada a recusar o presente, já que não tinha verba para a construção. Só em 1935 foi criado um instituto. Consulte também Gay, *Freud*, p. 458.

48. Bernfeld desenvolveu o conceito de "lugar social" como alternativa a Reich. Siegfried Bernfeld, *Antiautoritäre Erziehung und Psychoanalyse: Ausgewählte Schriften*/Psicanálise e educação anti-au-

toritária: escritos seletos, 3 vols., Lutz von Werder e Reinhart Wolff, orgs. (Darmstadt: März-Verlag, 1969); e "Der soziale Ort und seine Bedeutung für Neurose, Verwahrlosung und Pädagogik"/O lugar social e seu significado para a neurose, o declínio e a pedagogia, *Imago*, 1929. Consulte Philip Utley, "Siegfried Bernfeld's Jewish Order of Youth, 1914-1922"/A ordem judia da juventude de Siegfried Bernfeld, em *Leo Baeck Institute Yearbook*, 1979.

49. Denise Riley, *War in the Nursery: Theories of the Child and the Mother*/Guerra no berçário: teorias da criança e da mãe (Londres: Virago Press, 1983), p. 71. Anna Freud, *O tratamento psicanalítico de crianças*/The Psychoanalytic Treatment of Children: Technical Lectures and Essays, tradução de Nancy Procter-Gregg (Rio de Janeiro: Imago, 1971/Londres: Imago, 1947), prefácio, p. x. Quanto à relação entre Anna Freud e Montessori, consulte *LSF*, pp. 319-320; Kurzweil, *Freudians*, p. 134. Quanto à análise de crianças em Budapeste, consulte Ferenczi a Freud, 31 de maio de 1931, *Freud-Ferenczi*, vol. 3, p. 411.

50. *ES*, vol. 12, p. 305. Ernst Federn, filho de Paul, escreve: "Será que fomos criados psicanaliticamente? Certamente a punição física estava excluída". Ernst Federn, *Witnessing Psychoanalysis: From Vienna Back to Vienna via Buchenwald and the USA*/Testemunhando a psicanálise: de Viena a Viena via Buchenwald e EUA (Londres: Karnac, 1990), p. 283.

51. Balint, "Psychoanalytic Training", pp. 168 e 261; Lewin e Ross, *Psychoanalytic Education*, p. 29.

52. *ES*, vol. 12, pp. 330-331.

53. Entre os analistas leigos incluíam-se Robert Wälder, J. C. Flugl e James Strachey. Consulte Gay, *Freud*, p. 492; Elisabeth Roudinesco, *Jacques Lacan: esboço de uma vida, história de um sistema de pensamento*/Jacques Lacan & Co.: A History of Psychoanalysis in France, 1925-1985, trad. de Paulo Neves/trad. de Jeffrey Mehlman (São Paulo: Companhia das Letras, 2001 — 3ª ed./Chicago: University of Chicago Press, 1990), p. 39.

54. *ES*, vol. 17, p. 171.

55. Ibid., pp. 161 e 164-165.

56. Ibid., p. 144.

57. Em 1912, Freud disse a Jung que havia uma "epidemia" de interesse pela psicanálise em Odessa. Citado em Alexander Etkind, *Eros of the Impossible: The History of Psychoanalysis in Russia*/O eros do impossível: a história da psicanálise na Rússia, trad. de Noah e Maria Rubins (Boulder, Colo.: Westview Press, 1997), p. 115.

58. A instituição era chefiada por Moshe Wulff e Vera Schmidt. As carícias eram supostamente substituídas por intercâmbios mais "racionais". Formaram-se outras sociedades em Petrogrado, Kiev, Odessa e Rostov. Outra figura-chave foi I. D. Ermakov, psiquiatra e crítico literário. Vera Schmidt, *Psychoanalytic Education in Russia*/O treinamento psicanalítico na Rússia (s.l., 1924); Roudinesco, *Jacques Lacan*, p. 39, Jones, vol. 2, p. 76; E. James Lieberman, *Acts of Will: The Life and Work of Otto Rank*/Atos de vontade: a vida e a obra de Otto Rank (Nova York: Free Press, 1985), p. 186; Dra. Sara Neidietsch e Dr. Nikolai Ossipow, "Psychoanalysis in Russia"/A psicanálise na Rússia, *International Journal of Psychoanalysis* 3 (1922): 514-517. Sabina Spielrein "deu a partida" no interesse dos russos pela psicanálise, não apenas a de Freud, mas também a de Jung e Piaget. Consulte também Lisa Appignanesi e John Forrester, *Freud's Women*/As mulheres de Freud (Nova York: Basic Books, 1993), p. 225, e Mireille Cifali, "Une femme dans la psychanalyse: Sabina Spielrein, un autre portrait"/Uma mulher na psicanálise: Sabina Spielrein, um outro retrato, *Le Bloc — Notes de la Psychanalyse* 8 (1988): 253-266.

59. Martin A. Miller, *Freud and the Bolsheviks: Psychoanalysis in Russia and the Soviet Union*/Freud e os bolcheviques: a psicanálise na Rússia e na União Soviética (New Haven, Conn.: Yale University Press, 1998), p. 59.

60. Etkind, *Eros*, p. 179. Em vez da presente "hipertrofia das questões sexuais", Lenin advogava "o esporte são [e] exercícios físicos de todo tipo" nas conversas com Clara Zetkin em 1920. Consulte Beatrice Farnsworth, *Alexandra Kollontai: Socialism, Feminism, and the Bolshevik Revolution*/Alexandra Kollontai: socialismo, feminismo e a revolução bolchevique (Stanford, Calif.: Stanford University Press, 1980), pp. 356-357. Evidentemente, o recalcado retornou, como se vê nas caracterizações feitas por Lenin do comunismo de esquerda como "neurose infantil" e dos revolucionários sociais como "histéricos".
61. Etkind, *Eros*, p. 179.
62. Citado em Alex Kozulin, *Psychology in Utopia: Toward a Social History of Soviet Psychology*/A psicologia utópica: por uma história social da psicologia soviética (Cambridge, Mass.: MIT Press, 1984), pp. 87-88; Martin A. Miller, "Freudian Theory Under Bolshevik Rule: The Theoretical Controversy During the 1920s"/A teoria freudiana sob o governo bolchevique: a controvérsia teórica da década de 1920, *Slavic Review 44*, nº 4 (1985): 628. O primeiro trabalho publicado por Vygotsky foi uma introdução a *Além do princípio do prazer*, de Freud. Sua opinião era de que não existe nenhuma forma pré-social ou pré-lingüística de pensamento, desenvolvida em diálogo tácito com Freud.
63. Segundo o biógrafo Isaac Deutscher, Trotsky "estudou as questões psicanalíticas com empatia e em profundidade e, por isso, conhecia as deficiências do método". Citado em Etkind, *Eros*, p. 232.
64. Segundo Trotsky, o homem primeiro excluiu as "forças sombrias" da indústria; depois, da política, da família e, finalmente, da psique individual. "O homem de hoje, com todas as suas contradições e desarmonias, abrirá caminho para uma nova raça mais feliz". Consulte Etkind, *Eros*, capítulo 7. Trotsky apreciava a ênfase dada ao reflexo porque ele rompia a distinção entre psicologia e fisiologia, tendo perguntado a Pavlov se "a doutrina dos reflexos condicionados não abrangia a doutrina de Freud como um caso especial". David Joravsky, *Russian Psychology: A Critical History*/A psicologia russa: uma história crítica (Oxford, U.K., Cambridge, Mass.: Blackwell, 1989), pp. 211, 217, 235-236 e 248. Quanto ao encontro de Trotsky com analistas em Viena, consulte Roudinesco, *Jacques Lacan*, p. 35. A "reflexologia" estava associada a defensores ambivalentes da análise, como A. R. Luria, L. S. Vygotsky e A. B. Zalkind.
65. Gross havia vivido em uma comuna entre cujos ideais estavam o amor livre, o controle das mulheres sobre sua própria sexualidade e a criação dos filhos em regime de cooperação. Martin Stanton, "Otto Gross's Case Histories: Jung, Stekel, and the Pathologization of Protest"/Os históricos de caso de Otto Gross: Jung, Stekel e a patologização do protesto, em *Carl Gustav Jung: Critical Assessments*/Carl Gustav Jung: avaliações críticas, org. de Renos K. Papadoupoulos (Londres e Nova York: Routledge, 1992), vol. 1, pp. 200-208; Otto Gross, *Über Psychopatische Minderwertigkeiten*/Sobre a inferioridade psicopata, pp. 49-52, citado em Arthur Mitzman, "Anarchism, Expressionism, and Psychoanalysis"/Anarquismo, expressionismo e psicanálise, *New German Critique 10* (inverno de 1977): 77-104. Para Franz Jung, colega e amigo íntimo de Gross, as lutas cruciais, legadas pela Revolução Russa, eram a da mulher, a da juventude e a da liberdade de pensamento.
66. Paul Federn, *Zur Psychologie der Revolution: die Vaterlose Gesellschaft*/Sobre a psicologia da revolução: a sociedade sem pai (Viena: Anzengruber-Verlag Brüder Suschitsky, 1919); Rudolf Eckstein, "Reflections on and Translation of Paul Federn's 'The Fatherless Society'"/Tradução e reflexões sobre "A sociedade sem pai" de Paul Federn, *Reiss-Davis Clinic Bulletin*, 1971-1972. Eu modifiquei a tradução.
67. Luisa Passerini, *Europe in Love, Love in Europe: Imagination and Politics Between the Wars*/A Europa apaixonada, a paixão na Europa: imaginação e política no entreguerras (Londres: Touris, 1999), pp. 82-87.

68. Sigmund Freud, *O futuro de uma ilusão*/The Future of an Illusion, trad. de José Octávio de Aguiar Abreu (Rio de Janeiro: Imago, 1997/Nova York: Norton, 1961), pp. 10-11.
69. John Dos Passos, *1919* (Nova York: Harcourt, Brace, 1932).
70. Isso é o que sustenta Etkind, que cita em *Eros* o testemunho de Bullitt perante a comissão de relações exteriores do senado norte-americano em 1919. W. C. Bullitt, *The Bullitt Mission to Russia*/A missão Bullitt à Russia (Nova York: Hyperion, 1977).
71. Citado em Jones, vol. 2, pp. 201 e 215.
72. Young-Bruehl, *Anna Freud*, p. 91; Ann Douglas, *Terrible Honesty*, p. 123; Gay, *Freud*, p. 380.
73. Freud a Jones, 12 de fevereiro de 1920, *Freud-Jones*, p. 370.
74. Freud a Abraham, 27 de agosto de 1918, *Freud-Abraham*, p. 278; Jones, vol. 3, p. 7; Young-Bruehl, *Anna Freud*, p. 92; Balint, "Psychoanalytic Training", p. 168. Peter Homans, *The Ability to Mourn: Disillusionment and the Social Origins of Psychoanalysis*/A capacidade de luto: desilusão e origens sociais da psicanálise (Chicago: University of Chicago Press, 1989), pp. 155, 165 e 168.
75. Quanto à história da psicanálise durante o *Räteregierung* (o interregno comunista), consulte Paul Harmat, *Freud, Ferenczi und die ungarische Psychoanalyse*/Freud, Ferenczi e a psicanálise húngara (Tübingen: Edition Dikord, 1988), pp. 72-76.
76. Inicialmente, as *Rundbriefe* surgiam a cada dez dias; foram escritas 327 em cinco anos. Elas estão disponíveis na Columbia University, em Nova York, e no momento estão sendo traduzidas para o inglês.
77. *ES*, vol. 18, pp. 175 e 178.
78. Phyllis Grosskurth, *O círculo secreto. O círculo íntimo de Freud e a política da psicanálise*/The Secret Ring: Freud's Inner Circle and the Politics of Psychoanalysis, trad. de Paula Rosas (Rio de Janeiro: Imago, 1992/Reading, Mass.: Addison-Wesley, 1991).
79. Citado em Fussel, *Great War*, p. 102.
80. Leonard Woolf, *Downhill All the Way: An Autobiography of the Years 1919-1939*/Só ladeira abaixo: autobiografia dos anos 1919-1939 (Nova York: Harcourt, Brace, 1967), p. 164; Jan Ellen Goldstein, "The Woolfs' Response to Freud: Water Spiders, Singing Canaries, and the Second Apple"/A reação dos Woolf a Freud: aranhas aquáticas, canários canoros e a segunda maçã, em *Literature and Psychoanalysis*/Literatura e psicanálise, org. de Edith Kurzweil e William Phillips (Nova York: Columbia University Press, 1983), pp. 235-236.
81. Jean-Paul Sartre, "An Interview"/Entrevista, *New York Review of Books*, 26 de maio de 1970, p. 23.
82. Theodor Adorno, "Der Begriff des Unbeussten in der Tranzendentalen Seelenlehre"/O conceito de inconsciente na teoria da alma transcendental (1924), em *Gesammelte Schriften*/Obra completa (Frankfurt a.M.: Suhrkamp, 1973), vol. 1, citado em Martin Jay, *Marxism and Totality: The Adventures of a Concept from Lukács to Habermas*/Marxismo e totalidade: as aventuras de um conceito, de Lukács a Habermas (Berkeley: University of California Press, 1984), p. 27.
83. Jane Ellen Harrison, "Reminiscences of a Student's Life"/Reminiscências da vida de uma estudante, *Arion 4* (verão de 1965), originalmente publicadas em Londres pela Hogarth Press em 1925. Parcialmente citada em Sandra J. Peacock, *Jane Ellen Harrison: The Mask and the Self*/Jane Ellen Harrison: a máscara e o eu (New Haven, Conn.: Yale University Press, 1988), pp. 237 e 179-223. Consulte também Elizabeth Abel, *Virginia Woolf and the Fictions of Psychoanalysis*/Virginia Woolf e as ficções da psicanálise (Chicago: University of Chicago Press, 1989), p. 27.
84. Ele prossegue: "Ah, como Freud é constrangedor! E me parece que teríamos descoberto a América de uma maneira tão fácil sem ele!" André Gide, *Journal*/Diário (Nova York: Vintage, 1956), 4 de fevereiro de 1922, p. 349; 19 de junho de 1924, p. 379. Gide já havia passado dos quarenta

anos quando Eugénie Sokolnicka, uma polonesa que tinha um certo trânsito entre os círculos da *Nouvelle revue française*, o iniciou no pensamento analítico. Sokolnicka aparece como Mme. Sophroniska em *Os moedeiros falsos*. Na obra, ela apresenta a análise dos sonhos e a associação livre ao herói adolescente e critica a mãe deste por haver tentado impedi-lo de masturbar-se. Jean Delay, *The Youth of André Gide*/A juventude de André Gide (Chicago: University of Chicago Press, 1963), pp. 100-101; André Gide, *Os moedeiros falsos/Les faux-monnayeurs*, trad. de Celina Portocarrero (São Paulo: Círculo do Livro, 1985/Paris: Gallimard, 1997), pp. 176-180; André Gide, *Journal des faux-monnayeurs*/Diário dos moedeiros falsos (Paris: Gallimard, 1927); Michel Gourévitch, "Eugénie Sokolnicka", *Medecine de France 219* (1971): 17-22.

85. Harold L. Poor, *Kurt Tucholsky and the Ordeal of Germany, 1914-1935*/Kurt Tucholsky e a terrível experiência alemã, 1914-1935 (Nova York: Scribners, 1968), p. 67.
86. Em 1915, *O arco-íris*, de D. H. Lawrence, foi declarado obsceno. Os exemplares remanescentes foram apreendidos e queimados. O mesmo aconteceu em 1928 com *O labirinto da solidão*, de Radclyffe Hall, e em 1933 com *Ulisses*, de James Joyce. Michael Holroyd, *Bernard Shaw*, vol. 3 (Nova York: Random House, 1995), p. 170.
87. A citação de Rolland foi extraída de George Hutchinson, *The Harlem Renaissance in Black and White*/A Harlem Renaissance em preto-e-branco (Cambridge, Mass.: Harvard University Press, 1995), p. 106.
88. Citado em Michael Holroyd, *Lytton Strachey: A Critical Biography*/Lytton Strachey: uma biografia crítica (Londres: William Heinemann, 1967), vol. 2, p. 329. Consulte Michael Mason, *The Making of Victorian Sexuality*/A formação da sexualidade vitoriana (Nova York: Oxford University Press, 1995), para uma genealogia do termo "vitoriano".
89. Leon Edel, *Bloomsbury: A House of Lions*/Bloomsbury: uma casa de leões (Filadélfia: Lippincott, 1979), p. 228.
90. Linda Colley, *Lewis Namier* (Nova York: St. Martin's Press, 1989). Namier foi analisado por Theodor Reik in 1921.
91. "As teorias eram o grande tema das conversas aonde quer que fôssemos." Elizabeth Abel, *Virginia Woolf*, pp. 15-17.
92. Nathan G. Hale, *Freud and the Americans: The Beginning of Psychoanalysis in the United States, 1876-1917*/Freud e os norte-americanos: o início da psicanálise nos Estados Unidos, 1876-1917 (Nova York: Oxford University Press, 1971), p. 399.
93. Douglas, *Terrible Honesty*, p. 124.
94. Sherwood Anderson, *Memoirs*/Memórias (Nova York: Harcourt, Brace, 1942), p. 243.
95. Lincoln Steffens, *The Autobiography of Lincoln Steffens*/Autobiografia de Lincoln Steffens (Nova York: Harcourt, Brace, 1931), pp. 655-656.
96. Johnson, *Tempos modernos*, p. 8.
97. Citado em Fussell, *The Great War*, p. 113.

Capítulo Seis

1. Philip Kerr, "Can We Learn from America?"/Podemos aprender com a América? *Nation and Athenaeum* [Londres] 40 (1926): 76-77, citado em Daniel T. Rodgers, *Atlantic Crossings: Social Politics in a Progressive Age*/Travessias do Atlântico: políticas sociais em uma era progressista (Cambridge, Mass.: Belknap Press of Harvard University Press, 1998), p. 375.

2. Stephen Meyer III, *The Five Dollar Day: Labor Management and Social Control in the Ford Motor Company, 1908-1921*/Os cinco dólares por dia: administração do trabalho e controle social na Ford Motor Company, 1908-1921 (Albany: SUNY Press, 1981), pp. 123-124.
3. Stephen P. Waring, *Taylorism Transformed: Scientific Management Theory Since 1945*/O taylorismo transformado: a teoria científica da administração desde 1945 (Chapel Hill: University of North Carolina Press, 1991).
4. Lizabeth Cohen, *Making a New Deal: Industrial Workers in Chicago, 1919-1939*/Fazendo um novo acordo: trabalhadores industriais em Chicago, 1919-1939 (Nova York: Cambridge University Press, 1990), p. 173.
5. "O automóvel de corrida, com seu capô enfeitado de tubos", escreveu Marinetti no *Manifesto futurista*, era "mais belo que a Vitória de Samotrácia".
6. Antonio Gramsci, "Americanism and Fordism"/Americanismo e fordismo, em *Selections from the Prison Notebooks of Antonio Gramsci*/Seleção das anotações de Antonio Gramsci na prisão, org. de Quintin Hoare e Geoffrey Nowell Smith (Nova York: International Publishers, 1971), p. 287.
7. Citados em John E. Bowlt, org., *Russian Art of the Avant-Garde: Theory and Criticism, 1902-1934*/A arte russa de vanguarda: teoria e crítica, 1902-1934 (Nova York: Viking Press, 1976), p. 89. A citação é de 1913.
8. Gramsci, "Americanism", pp. 277-321. Mesmo na linha de montagem, acrescentou Gramsci, apenas o "gesto físico" era mecanizado. "O cérebro do trabalhador, longe de ser mumificado, [tinha] oportunidades ainda maiores de pensar."
9. Cohen, *New Deal*, p. 129.
10. Como escreveu Jacques Donzelot, a psicanálise lançou suspeitas sobre a "família de origem e os defeitos que tinha, substituindo as avaliações falhas dessa família pelo conceito da família como horizonte que os indivíduos tinham a conquistar". Donzelot, *A polícia das famílias/The Policing of Families* (Graal Editora, 2001 — 3ª ed./Nova York: Random House, 1979), pp. 208-209 e 233.
11. Citado em Lewis A. Coser, *Refugee Scholars in America: Their Impact and Experience*/Acadêmicos e intelectuais refugiados nos Estados Unidos: seu impacto e experiência (New Haven, Conn.: Yale University Press, 1984), p. 45.
12. *ES*, vol. 22, p. 8.
13. Jackson Lears, *Fables of Abundance: A Cultural History of Advertising in America*/Fábulas de abundância: uma história cultural da publicidade na América (Nova York: Basic Books, 1994), pp. 139 e 208.
14. Em *Propaganda* (1928), Bernays promovia a publicidade como ruptura revolucionária com a autoridade. Assim, os cigarros tornavam-se "tochas da liberdade" quando fumados em público por mulheres. Consulte Stuart Ewen, *Captains of Consciousness*/Capitães da consciência (Nova York: McGraw-Hill, 1976), pp. 160-161.
15. Citado em Ewen, *Captains*, p. 80.
16. Nathanael West, "Some notes on Miss L."/Algumas anotações sobre Miss L., *Contempo 15* (maio de 1933). Freud era mais citado nas colunas de desventuras amorosas que nas páginas de notícias.
17. No início da década de 1920, havia 18.000 cinemas nos Estados Unidos e 4.000 na Inglaterra, 3.700 na Alemanha e cerca de 2.500 na França. Consulte Kristin Thompson, "The End of the 'Film Europe' Movement"/O fim do movimento "cinema na Europa", em *History on/and/in Film*/História do filme e em filme, org. de T. O'Regan e B. Shoesmith (Perth: History and Film Association of Australia, 1987), pp. 45-46.

18. Irving Shneider, "The Theory and Practice of Movie Psychiatry"/Teoria e prática da psiquiatria do cinema, *American Journal of Psychiatry 144*, nº 8 (agosto de 1987): 996; Ann Douglas, *Terrible Honesty: Mongrel Manhattan in the 1920s*/Terrível honestidade: a Manhattan mestiça na década de 1920 (Nova York: Farrar, Straus and Giroux, 1995), p. 123 e passim.
19. Shneider, "Movie Psychiatry", p. 999.
20. Não que Freud fosse imune a adulações comerciais, tendo pouco antes solicitado um orçamento à revista *Cosmopolitan*. Consulte Jones, vol. 3, p. 29.
21. Os "filmes primitivos" que Freud vira em Nova York em 1909 o haviam vagamente divertido, mas Jones relata que Ferenczi, "com seu jeito de menino", saíra à caça deles. Quando um paciente de dez anos de Melanie Klein perguntou-lhe se ia ao cinema, ela respondeu que estava pensando em lê-lo. Jones, vol. 2, p. 56; *The Freud Journal of Lou Andreas-Salomé*/O diário de Freud de Lou Andreas-Salomé (Nova York: Basic Books, 1964), pp. 101-103; Melanie Klein, *Narrativa da análise de uma criança*/Narrative of a Child Analysis, trad. de Cláudia Starzynsky Bacchi (Rio de Janeiro: Imago, 1994/Londres: Virago, 1989), p. 343. Consulte Stephen Heath, "Cinema and Psychoanalysis", em *Endless Night: Cinema, Psychoanalysis, Parallel Histories*/Noite sem fim: cinema, psicanálise, histórias paralelas, org. de Janet Bergstrom (Berkeley: University of California Press, 1999), pp. 26 e 51, para obter todas as citações, inclusive a de Rank.
22. Abraham a Freud, 18 de julho de 1925, citado em Heath, "Cinema", p. 53. Nas conferências da Clark, Freud havia explicado o recalque e a análise através da imagem de um intruso barulhento que é expulso à força de uma sala de conferências e depois persuadido a retornar de forma mais pacífica. Mas quando Abraham e Sachs quiseram usar essa imagem em seu filme, ele foi contra.
23. Freud a Abraham, 9 de junho de 1925, *Freud-Abraham*, p. 384; Barbara Eppensteiner, Karl Fallend e Johannes Reichmayr, "Die Psychoanalyse im Film 1925/26 (Berlin/Wien)"/A psicanálise em filme 1925/26 (Berlim/Viena), *Psyche 2* (1986); Irving Shneider, "The Psychiatrist in the Movies: The First Fifty Years"/O psiquiatra no cinema: os primeiros cinqüenta anos, em *The Psychoanalytic Study of Literature*/O estudo psicanalítico da literatura, org. de Joseph Reppen e Maurice Charney (Nova York: Academic Press, 1985).
24. Freud a Jones, 13 de dezembro de 1925, *Freud-Jones*, p. 586.
25. Lois Palken Rudnick, *Mabel Dodge Luhan: New Woman, New Worlds*/Mabel Dodge Luhan: nova mulher, novos mundos (Albuquerque: University of New Mexico Press, 1984), p. 139; Nathan G. Hale, *Freud and the Americans: The Beginning of Psychoanalysis in the United States, 1876-1917*/Freud e os norte-americanos: o início da psicanálise nos Estados Unidos, 1876-1917 (Nova York: Oxford University Press, 1971), especialmente pp. 399 e 346; June Sochen, *Movers and Shakers: American Women Thinkers and Activists, 1900-1910*/Militantes e agitadoras: pensadoras e ativistas norte-americanas, 1900-1910 (Nova York: Quadrangle Books, 1973); Catherine Covert, "Freud on the Front Page: Transmission of Freudian Ideas in the American Newspaper of the 1920s"/Freud na primeira página: a transmissão de idéias freudianas no jornal norte-americano da década de 1920 (tese de doutorado, Syracuse University, 1975). Brill foi o analista de Luhan. Aparentemente, ele lhe disse que "a 'normalidade' era uma conquista difícil que ela não devia desprezar antes de consegui-la". Consulte especialmente Mabel Dodge Luhan, *Intimate Memories*/Memórias íntimas (Nova York: Harcourt, Brace, 1936), vol. 3, pp. 505-512.
26. Jones, vol. 3, p. 103; Douglas, *Terrible Honesty*, p. 123. Hearst não foi o primeiro a querer recorrer a Freud em um caso de assassinato. Theodor Lessing, advogado de defesa no julgamento do assassino em série Fritz Haarman, em 1924 em Hanover, foi destituído pelo juiz quando solicitou que Freud, Alfred Döblin, Alfred Adler e Ludwig Klages testemunhassem como peritos. "Que tipo de perguntas psicológicas se poderia fazer?", inquiriu o juiz. Consulte Maria Tatar,

Lustmord: Sexual Murder in Weimar Germany/Lustmord: o assassinato sexual na Alemanha de Weimar (Princeton, N.J.: Princeton University Press, 1995), pp. 48-50 e 192.

27. Paula Fass, *The Damned and the Beautiful: American Youth in the 1920s*/O maldito e o belo: a juventude norte-americana na década de 1920 (Nova York: Oxford University Press, 1977), p. 291.

28. Scott e Nellie Nearing também lamentaram em 1912 que antes o lar havia sido "uma unidade econômica completa". Daniel T. Rodgers, *The Work Ethic in Industrial America*/A ética do trabalho na América industrial (Chicago: University of Chicago Press, 1974), pp. 190-196.

29. Citado em Ely Zaretsky, *Capitalism, the Family, and Personal Life*/O capitalismo, a família e a vida pessoal, edição revisada em 1980 (Nova York: Harper & Row, 1986), pp. 85 e 87.

30. Em 1913, na Inglaterra, Christabel Pankhurst pediu "voto para as mulheres e castidade para os homens", insistindo em que 80% de todos os homens do país sofriam de doenças venéreas, número cujo exagero era tão grotesco que prejudicou imensamente sua causa. Susan Kent, *Sex and Suffrage in Britain, 1860-1914*/Sexo e sufrágio na Grã-Bretanha, 1860-1914 (Princeton, N.J.: Princeton University Press, 1987), pp. 3-13.

31. Consulte Karen Offen, *European Feminisms, 1700-1950: A Political History*/Feminismos europeus, 1700-1950: uma história política (Stanford, Calif.: Stanford University Press, 2000), p. 274, para um exemplo da tese da contra-revolução ou "contragolpe".

32. Quanto à visão oposta, consulte Ellen Kay Trimberger, *Intimate Warriors: Portraits of a Modern Marriage, 1899-1944/Selected Works by Neith Boyce and Hutchins Hapgood*/Guerrreiros íntimos: retratos de um casamento moderno, 1899-1944/Coletânea de artigos de Neith Boyce e Hutchins Hapgood (Nova York: Feminist Press at the City University of New York, 1991).

33. O controle da natalidade era também uma questão de liberdade de expressão que ligava o feminismo ao modernismo artístico, por exemplo, depois que *O arco-íris*, de D. H. Lawrence, foi declarado obsceno, e ao lesbianismo quando *O poço da solidão*, de Radclyffe Hall, foi proibido em 1928.

34. *New York Times* de 16 de julho de 1922, citado em Douglas, *Terrible Honesty*, pp. 246-247. Guardiãs da sexualidade das filhas, as mães podiam massacrá-las com "a ameaça de castração iminente em [seu] amor avassalador". Esse foi um dos grandes temas da cultura dos anos 20, conforme sugere o filme *Stella Dallas*, que retrata a mãe como um vampiro que precisa viver vicariamente através da filha. Consulte Douglas, *Terrible Honesty*, p. 245; artigos publicados em *The Nation* em 1926 falavam da "tensão perniciosa da dedicação de minha mãe".

35. Susan Kent, *Making Peace: The Reconstruction of Gender in Interwar Britain*/Fazendo a paz: a reconstrução do gênero na Grã-Bretanha do entreguerras (Princeton, N.J.: Princeton University Press, 1993), p. 6.

36. Isherwood é citado em Anton Gill, *A Dance Between Flames: Berlin Between the Wars*/Uma dança entre chamas: a Berlim do entreguerras (Nova York: Carroll and Graf, 1993), p. 230; Alex Zwerdling, *Virginia Woolf and the Real World*/Virginia Woolf e o mundo real (Berkeley: University of California Press, 1968), p. 168. Segundo Virginia Woolf, "A palavra *bugger* (sodomita) nunca estava longe de nosso repertório". Citada em Leon Edel, *Bloomsbury: A House of Lions*/Bloomsbury: uma casa de leões (Filadélfia: Lippincott, 1979), p. 149. Quanto a Berlim, embora rígida, a lei de censura de Weimar era a menos repressora da Europa. Filmes alemães como *O anjo azul* não podiam ser exibidos em Paris nem em Londres. Entretanto, em *The Long Week-end: A Social History of Great Britain, 1918-1939*/O longo fim de semana: uma história social da Grã-Bretanha, 1918-1939 (1940; reimpressão, Nova York: Norton, 1963), Robert Graves e Alan Hodge atestam a abertura para a homossexualidade, a coabitação sem casamento legal e a contracepção em Londres no período entre as guerras.

37. Citado em Niall Ferguson, *The Pity of War*/As penas da guerra (Nova York: Basic Books, 1999), p. 349.
38. Blüher é citado em Andrew Hewitt, *Political Inversions: Homosexuality, Fascism, and the Modernist Imaginary*/Inversões políticas: a homossexualidade, o fascismo e o imaginário modernista (Stanford, Calif.: Stanford University Press, 1996), pp. 112 e 123; consulte também Harry Oosterhuis e Hubert Kennedy (orgs.), *Homosexuality and Male Bonding in Pre-Nazi Germany*/Homossexualidade e formação de vínculos afetivos entre homens na Alemanha pré-nazista (Nova York: Haworth, 1991), p. 243.
39. Douglas, *Terrible Honesty*, pp. 134-135 e 139.
40. Para Harrison, o vínculo conjugal eliminava os demais vínculos que uniam as mulheres entre si. Assim, em *Epilegomena to the Study of Greek Religion*/Epilegômenos ao estudo da religião grega (1921), juntou-se a Freud na insistência em que "os desejos sexuais não unem os homens, mas os separam". Contudo, ao contrário de Freud, Harrison tirou conclusões anti-sexuais — ou, ao menos, anti-heterossexuais — dessa observação. Consulte Jane Ellen Harrison, "Reminiscences of a Student's Life"/Reminiscências da vida de uma estudante, *Arion* 4 (verão de 1965), originalmente publicadas em Londres pela Hogarth Press em 1925; Sandra J. Peacock, *Jane Ellen Harrison: The Mask and the Self*/Jane Ellen Harrison: a máscara e o eu (New Haven, Conn.: Yale University Press, 1988), pp. 237 e 179-223; Elizabeth Abel, *Virginia Woolf and the Fictions of Psychoanalysis*/Virginia Woolf e as ficções da psicanálise (Chicago: University of Chicago Press, 1989), pp. 27-28.
41. Henry Seidel Canby, *The Age of Confidence: Life in the Nineties*/A era da confiança: a vida na década de 1890 (Nova York: Farrar and Rinehart, 1934).
42. Floyd Dell, *Love in the Machine Age: A Psychological Study of the Transition from Patriarchal Society*/O amor na era das máquinas: estudo psicológico da transição da sociedade patriarcal (Nova York: Octagon, 1973), p. 7. De acordo com *Beloved Community*/Comunidade amada, de Casey Blake, Thorstein Veblen descreveu o instinto do trabalho em termos comportamentais. Porém, em seus estudos sobre Twain e James, Van Wyck Brooks usou *Psychology of Insanity*/A psicologia da insanidade, de Bernard Hart, para refazer psicanaliticamente o conceito de Veblen.
43. Douglas Clayton, *Floyd Dell: The Life and Times of an American Rebel*/Floyd Dell: a vida e a época de um rebelde norte-americano (Chicago: Ivan R. Dee, 1994); Floyd Dell, *Homecoming: An Autobiography*/De volta para casa: uma autobiografia (Port Washington, N.Y.: Kennikat Press, 1969), pp. 249-250, 271-272 e 362; William O'Neill, org., *Echoes of Revolt: The Masses, 1911-1917*/Ecos de revolta: as massas, 1911-1917 (Chicago: Quadrangle Books, 1966), p. 21; Albert Parry, *Garrets and Pretenders: A History of Bohemianism in America*/Sótãos e fingidores: uma história da boêmia nos Estados Unidos (Nova York: Covici, 1930), p. 278. Tecnicamente, o termo "boêmia" em geral é reservado ao século XIX. Seu escopo no século XX foi produto da cultura de massa.
44. W. David Sievers, *Freud on Broadway: A History of Psychoanalysis and the American Drama*/Freud na Broadway: uma história da psicanálise e do teatro norte-americano (Nova York: Hermitage House, 1955), p. 53. Consulte especialmente *The Emperor Jones*/O imperador Jones (1920), *Desire Under the Elms*/Desejo sob os olmos (1924), *Strange Interlude*/Estranho interlúdio (1928) e *Mourning Becomes Electra*/O luto cai bem em Eletra (1931), de Eugene O'Neill. Consulte também Christine Stansell, *American Moderns: Bohemian New York and the Creation of a New Century*/Os modernos norte-americanos: a Nova York boêmia e a criação de um novo século (Nova York: Metropolitan Books, 2000), p. 301.
45. Vale a pena observar o caso dos judeus norte-americanos. Ludwig Lewinsohn, judeu nascido na Alemanha e fundador da crítica literária psicanalítica, era tanto um crítico da assimilação quanto um defensor da psicanálise. Para ele, a análise era um esforço "da parte do povo judeu de curar-se dos males de espírito contraídos no processo da assimilação". Ao conclamar os judeus

a "reintegrar-se a sua cultura, seus instintos e às próprias fontes de seu ser", ele afirmava que os sionistas desempenhavam um papel psicanalítico. A extraordinária carreira de Lewinsohn foi redescoberta pelo ativista dos direitos civis Ralph Melnick graças a um feliz acaso. Consulte Ralph Melnick, *The Life and Work of Ludwig Lewinsohn*/A vida e a obra de Ludwig Lewinsohn, 2 vols. (Detroit: Wayne State University Press, 1998). Consulte também David Singer, "Ludwig Lewinsohn and Freud: The Zionist Therapeutic"/Ludwig Lewinsohn e Freud: a terapêutica sionista, *Psychoanalytic Review 58* (primavera de 1971): 169-182.

46. W. E. B. Du Bois, *As almas da gente negra*/The Souls of Black Folk, tradução, introdução e notas de Heloísa Toller Gomes (Rio de Janeiro: Lacerda, 1999/Nova York: Penguin, 1903), pp. 11-12.

47. Paul Garon discute a relação entre o *blues*, a psicanálise e o surrealismo em *Blues and the Poetic Spirit*/O blues e o espírito poético (São Francisco: City Lights, 1975).

48. Jean Toomer a Mae Wright, 4 de agosto de 1922, citada em George Hutchinson, *The Harlem Renaissance in Black and White*/A Harlem Renaissance em preto-e-branco (Cambridge, Mass.: Harvard University Press, 1995), p. 131.

49. Edward Sapir, "From a Review of Oskar Pfister, 'The Psychoanalytic Method'"/A propósito de uma resenha de Oskar Pfister, "O método psicanalítico", em *Selected Writings of Edward Sapir in Language, Culture and Personality*/Coletânea de artigos de Edward Sapir sobre a linguagem, a cultura e a personalidade, org. de David G. Mandelbaum (Berkeley: University of California Press, 1949), p. 522. Alfred Kroeber era analista praticante, mas sua obra antropológica não é psicanalítica.

50. Zora Neale Hurston, *Moses, Man of the Mountain*/Moisés, homem da montanha (Nova York: Lippincott, 1939).

51. Jean Toomer, "Negro Psychology in *The Emperor Jones*"/A psicologia do negro em *The Emperor Jones*, in *Jean Toomer: Selected Essays and Literary Criticism*/Jean Toomer: crítica literária e ensaios selecionados, org. de Robert B. Jones (Knoxville: University of Tennessee Press, 1996), p. 6.

52. Horace R. Cayton, *Long and Old Road*/Longa e velha estrada (Nova York: Trident Press, 1965), p. 260.

53. Richard Wright, *The Long Dream*/O longo sonho (Nova York: Harper & Row, 1987), pp. 78-79, citado em Paul Gilroy, *O Atlântico negro: modernidade e dupla consciência*/The Black Atlantic: Modernity and Double Consciousness, trad. de Cid Knipel Moreira (São Paulo e Rio de Janeiro: Editora 34 — UCAM, 2001/(Cambridge, Mass.: Harvard University Press, 1993), p. 186; Richard Wright, "Psychiatry comes to Harlem"/A psiquiatria vem ao Harlem, *Free World 12* (setembro de 1946): 49-51; James Baldwin, "Alas, Poor Richard"/Ah, meu pobre Richard, em *Nobody Knows My Name: More Notes of a Native Son*/Ninguém sabe meu nome: mais notas de um filho desta terra (Nova York: Dell, 1961), pp. 181-215.

54. W. E. B. Du Bois, "My Evolving Program"/Meu programa em evolução, citado em Claudia Tate, *Psychoanalysis and Black Novels: Desire and the Protocols of Race*/A psicanálise e os romances negros: o desejo e os protocolos da raça (Nova York: Oxford University Press, 1998), p. 51.

55. Em 1800, Wordsworth perguntou: "De que informações necessita um poeta? Ao contrário do advogado, do médico ou do marinheiro", só aquelas que possui "como homem, [...] os pesares da vida cotidiana." William Wordworth, "Observations Prefixed to 'Lyrical Balls'"/Observações anexadas como prefácio a "Baladas líricas", em Mark Schorer, Josephine Miles e Gordon McKenzie (orgs.), *Criticism: The Foundation of Modern Literary Judgment*/Crítica: a base do julgamento literário moderno (Nova York: Harcourt, Brace, 1958), p. 36.

56. Tanto "revelação inculpável" quanto a citação de Gauguin são de Donald Kuspit, *Signs of Psyche in Modern and Postmodern Art*/Signos da psique na arte moderna e pós-moderna (Nova York: Cambridge University Press, 1993), pp. 3 e 14.
57. Meyer Schapiro, *A arte moderna — séculos XIX e XX/Modern Art, 19th and 20th Centuries*, trad. de Luiz Roberto Mendes Gonçalves (São Paulo: EDUSP, 1992/Nova York: G. Braziller, 1978), p. 202. Pensamento semelhante tinha o artista russo Vladimir Markov: "Onde a realidade concreta, o tangível, termina, aí começa outro mundo." Consulte Herschel B. Chipp, org., *Teorias de arte moderna/Theories of Modern Art*, trad. de Waltensir Dutra et a. (São Paulo: Martins Fontes, 2002 — 4ª ed./Berkeley: University of California Press, 1968), p. 334.
58. Talvez *Der Seelensucher*/Em busca da alma, de George Groddeck, seja anterior. Consulte Jacques Le Rider, "La Psychanalyse en Allemagne"/A psicanálise na Alemanha, em *Histoire de la Psychanalyse*/História da psicanálise, org. de Rolland Jaccard (Paris: Seuil, 1982), p. 129, e Harry Goldgar, "The Square Root of Minus One: Freud and Robert Musil's 'Törless'"/A raiz quadrada de menos um: Freud e "Törless", de Robert Musil, *Comparative Literature* 17 (1965): 117-132.
59. Resenha não assinada de Virginia Woolf de *An Imperfect Mother*/Uma mãe imperfeita, de J. D. Beresford, intitulada "Freudian Fiction"/Ficção freudiana e publicada no *Times Literary Supplement* de 25 de março de 1920.
60. James Joyce, *Finnegan's Wake — Finnicius Revém*, 5 vols./Finnegan's Wake, trad. de Donaldo Schüler (São Paulo: Ateliê Editorial, 2000-2003/Nova York: Viking Press, 1939), pp. 378 e 411.
61. Ronald Clark, *Freud: The Man and the Cause*/Freud: o homem e a causa (Londres: Paladin Grafton, 1982), p. 418; Judith Ryan, *The Vanishing Subject: Early Psychology and Literary Modernism*/O sujeito evanescente: o início da psicologia e o modernismo literário (Chicago: University of Chicago Press, 1991), pp. 207-208; Jean Finck, *Thomas Mann und die Psychoanalyse*/Thomas Mann e a psicanálise (Paris: Les Belles Lettres, 1973).
62. Roger Fry, "The Artist and Psychoanalysis"/O artista e a psicanálise, em *The Hogarth Essays*/Os ensaios da Hogarth, org. de Leonard S. Woolf e Virginia S. Woolf (1928; reimpressão, Freeport, N.Y.: Books for Library Press, 1970), pp. 279-303.
63. Para uma discussão válida, consulte E. H. Gombrich, "Freud's Aesthetics"/A estética de Freud, *Encounter* 26, nº 1 (janeiro de 1966): 30-40.
64. D. H. Lawrence, *Mulheres apaixonadas*/Women in Love, tradução e apresentação de Renato Aguiar (Rio de Janeiro: Record, 2004/Londres: Heinemann, 1954), p. 223.
65. Carta de 4 de dezembro de 1921, *The Letters of D. H. Lawrence*/As cartas de D. H. Lawrence, org. de James T. Boulton, 8 vols. (Cambridge, U.K., e Nova York: Cambridge University Press, 1979-2000), pp. 142 e 151. "Eu sei [...] outro lugar" é da carta de 19 de fevereiro de 1924, ibid., p. 585.
66. D. H. Lawrence, "Apropos of Lady Chatterley"/A propósito de Lady Chatterley, *O amante de Lady Chatterley/Lady Chatterley's Lover*, trad. de Glória Sampaio (Rio de Janeiro: Graal Editora, 1997/Londres: Phoenix, 1960), p. 34.
67. Wyndham Lewis, "Paleface"/Cara-pálida, em *Enemy* 2 (1927): 61, 65, citado em Frederick John Hoffman, org., *Freudianism and the Literary Mind*/O freudismo e a mente literária (Baton Rouge: Louisiana State University Press, 1967), p. 247; Wyndham Lewis, *The Art of Being Ruled*/A arte de ser dominado (Nova York: Harper Brothers, 1926), p. 287.
68. Naturalmente, havia outros fatores importantes. Havia já muito tempo, a França era o centro da tradição vanguardista e o maior ponto de apoio para uma visão exaltada do artista. Desde o fim do século XIX, ela havia resistido aos aspectos racionalizadores e americanizadores da segunda revolução industrial, instituindo políticas para preservar a fazenda familiar, o artesão pequeno-

burguês e a comida ao natural. A França nunca tomou parte na moda da psicanálise e, assim, não havia nenhuma profissão analítica com a qual o surrealismo tivesse de brigar.

69. André Breton, *Surrealism and Painting*/O surrealismo e a pintura (Nova York: Harper & Row, 1972), p. 2; Richard Wolin, *Walter Benjamin: An Aesthetic of Redemption*/Walter Benjamin: uma estética da redenção (Nova York: Columbia University Press, 1982), p. 127.

70. Hans Richter, *Dada — arte e anti-arte*/Dada: Art and Anti-Art, trad. de Marion Fleischer (São Paulo: Martins Fontes, 1993/Nova York: Abrams, 1964), p. 57. Muitos estudiosos chamaram a atenção para a influência dos psiquiatras franceses sobre os surrealistas, mas eles recorreram a Freud na busca de uma teoria do pensamento de processo primário.

71. "Só no plano analógico foi que já tive algum prazer intelectual", afirmou Breton. "Para mim, a única verdadeira *evidência* provém da relação espontânea, ultralúcida e desafiadora que de repente se percebe entre duas coisas que o senso comum jamais reuniria". Citado em Herbert S. Gershman, *The Surrealist Revolution in France*/A revolução surrealista na França (Ann Arbor: University of Michigan Press, 1984), p. 1.

72. Kuspit, *Signs of Psyche*, pp. 81 e 52.

73. Entre as quais, Violette Papin, uma parricida; a Nadja de Breton; a anarquista Germaine Barton e Edwarda, mística e prostituta celebrada por Bataille. Essas figuras olham para trás de si — para Augustine, a famosa histérica de Charcot — e para diante — para a Aimée de Lacan.

74. Citado em John MacGregor, *The Discovery of the Art of the Insane*/A descoberta da arte dos insanos (Princeton, N.J.: Princeton University Press, 1989), p. 289.

75. Victor Ehrlich, *Modernism and Revolution*/Modernismo e revolução (Cambridge, Mass.: Harvard University Press, 1994); Elisabeth Roudinesco, *Jacques Lacan: esboço de uma vida, história de um sistema de pensamento*/Jacques Lacan & Co.: A History of Psychoanalysis in France, 1925-1985, trad. de Paulo Neves/trad. de Jeffrey Mehlman (São Paulo: Companhia das Letras, 2001 — 3ª ed./Chicago: University of Chicago Press, 1990), p. 32; Anna Balakian, *Surrealism: The Road to the Absolute*/Surrealismo: a estrada para o absoluto (Nova York: Dutton, 1959), p. 132.

76. Roudinesco, *Jacques Lacan*, pp. 6-7. A histeria, disseram eles, "não é um fenômeno patológico e pode, em todos os aspectos, ser considerado um veículo supremo de expressão. [...] A histeria é um estado mental mais ou menos irredutível caracterizado pela subversão das relações entre o sujeito e o universo ético do qual ele acredita ser participante, fora de qualquer delírio sistemático. Esse estado mental se baseia na necessidade de sedução recíproca, o que explica os milagres de sugestão (ou contra-sugestão) médica aceitos com precipitação". *Revolution surréaliste*/Revolução surrealista, março de 1928, citada ibid., p. 7.

77. Freud a Stefan Zweig, 20 de julho de 1938, citado em Jones, vol. 3, p. 325. Quando a psicanálise finalmente entrou na França de maneira popular, massificada, foi porque Jacques Lacan seguiu os precedentes surrealistas de rejeição a qualquer resquício de positivismo, associando a psicanálise à crítica cultural e vestindo-a com as roupas de uma vanguarda esotérica.

Capítulo Sete

1. *ES*, vol. 9, p. 248.
2. Citado em Morris Eagle, *Recent Developments in Psychoanalysis: A Critical Evaluation*/Recentes avanços da psicanálise: uma avaliação crítica (Cambridge, Mass.: Harvard University Press, 1987), pp. 81 e 109. Consulte também *ES*, vol. 22, p. 94 (1933): "O que é temido, o objeto da ansiedade, é invariavelmente a emergência de um momento traumático que não pode ser tratado com as regras normais do princípio do prazer."

3. *ES*, vol. 19, p. 30.
4. Richard P. Blackmur, *Anni Mirabilis, 1921-1925: Reason in the Madness of Letters/Anni Mirabilis, 1921-1925: a razão na loucura das cartas* (Washington, D.C.: Library of Congress, 1956), p. 30.
5. *ES*, vol. 23, p. 122.
6. Sigmund Freud, *Novas conferências introdutórias sobre psicanálise e outros trabalhos/New Introductory Lectures on Psycho-Analysis* (Rio de Janeiro: Imago/Nova York: Norton, 1933), p. 79.
7. Elisabeth Young-Bruehl, *Anna Freud: uma biografia/Anna Freud: A Biography*, trad. de Henrique de Araújo Mesquita (Rio de Janeiro: Imago, 1992/Nova York: Summit Books, 1988), p. 162.
8. *ES*, vol. 19, pp. 48-59.
9. Ibid., p. 18.
10. Clara Thompson, que depois seria colega de Ferenczi e Horney, afirmou que essa era uma época de "grande pessimismo acerca da eficácia terapêutica da psicanálise", mas deslocou insatisfações posteriores para uma época anterior. Clara Thompson, *Psychoanalysis: Evolution and Development*/A psicanálise: evolução e desenvolvimento (Nova York: Hermitage House, 1950), p. 172.
11. Pearl King e Riccardo Steiner, orgs., *As controvérsias Freud-Klein, 1941-1945/The Freud-Klein Controversies, 1941-1945*, trad. de Ana Mazur Spira (Rio de Janeiro: Imago, 1998/Londres e Nova York: Tavistock/Routledge, 1991), p. 90.
12. Karl Abraham, "A Particular Form of Neurotic Resistance Against the Psycho-Analytic Method"/ Uma forma particular de resistência neurótica ao método psicanalítico, originalmente publicado no *Internationale Zeitschrift*, outubro de 1919.
13. Ann Douglas, *Terrible Honesty: Mongrel Manhattan in the 1920s*/Terrível honestidade: a Manhattan mestiça na década de 1920 (Nova York: Farrar, Straus and Giroux, 1995). Como vimos, a cura pela mente teve especial penetração nos Estados Unidos, onde se superpôs a um *ethos* terapêutico amador e centrado na mulher, no qual se mesclavam as tradições de auto-ajuda das mulheres norte-americanas e do protestantismo evangélico. Os praticantes da Ciência Cristã fizeram *lobby* por um "Deus-Pai e Mãe", desprovido de autoridade masculina. "O pão nosso de cada dia dai-nos hoje" tornou-se "Alimentai os afetos famintos".
14. Karl Abraham, "Psychoanalytic Notes on Coué's System of Self-Mastery"/Notas psicanalíticas sobre o sistema de autodomínio de Coué, *International Journal of Psychoanalysis* 7 (1926).
15. Abram Kardiner, *My Analysis with Freud: Reminiscences*/Reminiscências de minha análise com Freud (Nova York: Norton, 1933), pp. 67, 17 e passim.
16. Frederick Crews, "The Unknown Freud"/O Freud desconhecido, *New York Review of Books*, 18 de novembro de 1993, e "The Revenge of the Repressed"/A vingança do recalcado, *New York Review of Books*, 17 de novembro e 1º de dezembro de 1994.
17. Young-Bruehl, *Anna Freud*, p. 157; Myron Sharaf, *Fury on Earth: A Biography of Wilhelm Reich*/ Fúria sobre a terra: uma biografia de Wilhelm Reich (Nova York: St. Martin's Press, 1983).
18. Wilhelm Reich, *Análise do caráter/Character-Analysis* (São Paulo: Martins Fontes, 2001 — 4ª ed./Nova York: Farrar, Straus and Giroux, 1972), p. xx; Sharaf, *Fury on Earth*, pp. 160-167.
19. Reich, *Análise do caráter*, pp. 31 e 54 e capítulo 4.
20. Freud a Reich, 14 de dezembro de 1924, Arquivos da British Psychoanalytic Society (doravante BPS), Londres, CFE/F20/02.
21. Conforme comentou um observador na época, "A resistência do caráter pode ser distinguida fenomenologicamente da resistência da transferência pelo fato de parecer impessoal e desprovida de vitalidade afetiva. [...] O analista se sente intocado". Hellmuth Kaiser, "Probleme der Technik"/Problemas da técnica, *Internationale Zeitschrift für Psychoanalyse* 20 (1934): 490-522, traduzido e republicado em *The Evolution of Psychoanalytic Technique*/A evolução da técnica psi-

canalítica, org. de Martin S. Bergmann e Frank A. Hartman (Nova York: Basic Books, 1976), p. 398. Consulte também *Reich Speaks of Freud*/Reich a propósito de Freud, org. de Mary Higgins e Chester M. Raphael (Nova York: Farrar, Straus and Giroux, 1967), e Reich, *Análise do caráter*, p. 25.

22. Richard F. Sterba, "Clinical and Therapeutic Aspects of Character Resistance"/Aspectos clínicos e terapêuticos da resistência do caráter, *Psychoanalytic Quarterly* 22 (1953); Reich, *Análise do caráter*, p. 70.

23. Um artigo de grande influência, publicado por Abraham em 1924, correlacionava um minucioso esquema do desenvolvimento infantil aos estágios das relações objetais: ingestão, retenção e expulsão correlacionados ao caráter oral e anal. Karl Abraham, "A Short Study of the Development of the Libido in the Light of Mental Disorders"/Breve estudo do desenvolvimento da libido à luz dos distúrbios mentais (1924), em Abraham, *Selected Papers on Psychoanalysis*/Artigos selecionados sobre a psicanálise (Nova York: Brunner/Mazel, 1927), pp. 418-502. Consulte também "The First Pregenital Stage of the Libido"/O primeiro estágio pré-genital da libido (1916), no mesmo volume, além dos trabalhos de Abraham sobre o caráter.

24. Sachs propôs três estágios para a técnica: (1) interpretação de sintomas, (2) interpretação da resistência e (3) substituição da lembrança pela repetição. O segundo estágio era a "análise do caráter" de Reich. Sachs chamou a esse método "metapsicológico" porque a cada estágio correspondia uma forma de ver a mente: consciente versus inconsciente, ego vs. *id* e ação x memória. Consulte Hanns Sachs, "Metapsychological Points of View in Technique and Theory" vs./Pontos de vista metapsicológicos sobre a técnica e a teoria, *International Journal of Psychoanalysis* 6 (janeiro de 1925): 6.

25. Freud a Abraham, 30 de março de 1922, *Freud-Abraham*, p. 330.

26. Sándor Ferenczi e Otto Rank, *The Development of Psycho-Analysis*/O desenvolvimento da psicanálise (1923; reimpressão, Nova York e Washington, D.C.: Nervous and Mental Disease Publishing, 1925), pp. 3-4 e 23; E. James Lieberman, *Acts of Will: The Life and Work of Otto Rank*/Atos de vontade: a vida e a obra de Otto Rank (Nova York: Free Press, 1985), p. 208 e seguintes. Para Franz Alexander, psicólogo do ego, mais jovem e radicado em Berlim após deixar a Hungria, "a antiga teoria da ab-reação [catarse] começou a ressurgir do passado". Franz Alexander, "The Problem of Psychoanalytic Technique"/O problema da técnica psicanalítica, *Psychoanalytic Quarterly* 4 (1935): 588-611.

27. Artigo de Sándor Ferenczi publicado em 1919: "Technical Difficulties in the Analysis of a Case of Hysteria (Including Observations on Larval Forms of Onanism and 'Onanistic Equivalents')"/ Dificuldades técnicas na análise de um caso de histeria (incluindo observações sobre formas embrionárias de onanismo e "equivalentes onanísticos"). Em Sándor Ferenczi, *Further Contributions to the Theory of Psychoanalysis*/Novas contribuições à teoria da psicanálise (Londres: Hogarth Press, 1950), p. 193; *ES*, vol. 11, p. 145.

28. Ferenczi e Rank, *Development*, p. 20.

29. Citado em Ruth Leys, "Traumatic Cures: Shell Shock, Janet, and the Question of Memory"/ Curas traumáticas: a neurose de guerra, Janet e a questão da memória, *Critical Inquiry* 20 (verão de 1994): nota em 633-634.

30. Jones, vol. 3, p. 58.

31. O analista invariavelmente atribuía papel central à mãe. Aquilo a que Freud chamava *id* era "a luta da libido para restabelecer uma condição primal perdida". A "identificação" — que Rank denominou "enigmática" — era a reconstrução da antiga relação com a mãe. Otto Rank, *The Trauma of Birth*/O trauma do nascimento (Nova York: Dover, 1993), pp. 6, 35, 90 e 92.

32. O analista vienense Siegfried Bernfeld afirmou que é difícil apreender o que a "morte e ressurreição" de Freud significavam para a geração mais velha. Segundo Bernfeld, "Houve [...] erupções de forças do id e formações de reações a elas contrárias. O caso de Rank [que temia que a morte de Freud pusesse fim a todo o projeto da análise] ilustra com muita adequação a explosão do id. [...] Alguns dentre os demais foram ficando cada vez mais ansiosos com a possível perda e apressaram-se a estabelecer uma barreira sólida contra a heterodoxia, já que então sentiram-se responsáveis pelo futuro da psicanálise". Paul Roazen, *Helene Deutsch: A Psychoanalyst's Life*/Helene Deutsch: a vida de uma psicanalista (Garden City, N.Y.: Anchor Press/Doubleday, 1985), p. 221; Siegfried Bernfeld, "On Psychoanalytic Training"/Sobre o treinamento psicanalítico, *Psychoanalytic Quarterly 31* (1962): 453-482.
33. Jones, vol. 3, p. 59. Talvez "tenha sido um erro pararmos no complexo de Édipo", acrescentou ele ao escrever a Abraham, 4 de março de 1924, *Freud-Abraham*, p. 352.
34. A circular de Freud de 15 de fevereiro de 1924 encontra-se em *Freud-Abraham*, pp. 344-348; Lieberman, *Acts of Will*, p. 222.
35. Jessie Taft, *Otto Rank* (Nova York: Julian Press, 1958), p. 107; Peter L. Rudnitsky, *The Psychoanalytic Vocation: Rank, Winnicott and the Legacy of Freud*/A vocação psicanalítica: Rank, Winnicott e o legado de Freud (New Haven, Conn.: Yale University Press, 1991), p. 44.
36. *ES*, vol. 23, p. 216.
37. Ibid., vol. 12, p. 115; vol. 17, pp. 10-11.
38. Helen Swick Perry, *Psychiatrist of America: The Life of Harry Stack Sullivan*/Um psiquiatra norte-americano: a vida de Harry Stack Sullivan (Cambridge, Mass.: Harvard University Press, 1982), p. 228.
39. Citado em Peter Gay, *Sigmund Freud: uma vida para o nosso tempo/Sigmund Freud: A Life for Our Time*, trad. de Denise Bottmann (São Paulo: Companhia das Letras, 1989, 1ª ed./Nova York: Norton, 1988), p. 434/p. 477.
40. Samuel Eisenstein, "Otto Rank", em *Psychoanalytic Pioneers*/Pioneiros da psicanálise, org. de Franz Alexander, Samuel Eisenstein e Martin Grotjahn (New Brunswick, N.J.: Transaction Publishers, 1995), p. 48.
41. Freud a Abraham, 4 de julho de 1920, *Freud-Abraham*, p. 315.
42. Freud a Abraham, 15 de fevereiro de 1924, ibid., p. 345.
43. Jones, vol. 3, pp. 146-147; Ronald W. Clark, *Freud: The Man and the Cause*/Freud: o homem e a causa (Londres: Paladin Grafton, 1982 p. 449 e seguintes.
44. Anna Freud a Max Eitingon, 16 de setembro de 1924. Citada em Young-Bruehl, *Anna Freud*, p. 149. Rank foi sucedido na direção da *Internationaler Psychoanalytischer Verlag* por A. J. Storfer, analista romeno radicado em Viena que permaneceu no cargo até 1932.
45. De acordo com Jones: "Após o Congresso de Innsbruck [1927], mudamos a estrutura do Comitê convertendo-o num grupo, não mais fechado, de representantes da Associação Internacional. Eram eles: Eitingon, Presidente; Ferenczi e eu, Vice-presidentes; Anna Freud, Secretária; e van Ophuijsen, Tesoureiro. Sachs, que fora por muitos anos um parceiro silencioso, saiu". Jones, vol. 3, p. 135.
46. Clark, *Freud*, pp. 449-456; Taft, *Rank*, p. 103.
47. Clark, *Freud*, p. 402, Roazen, *Helene Deutsch*, p. 229.
48. Freud a Abraham, 3 de outubro e 2 de novembro de 1919, *Freud-Abraham*, pp. 291 e 293.
49. Ao menos até finda a Segunda Guerra Mundial, quando Rádo conseguiu a aceitação da psicanálise na Escola de Medicina da Columbia University.
50. Freud a Ferenczi, 14 de agosto de 1925, *Freud-Ferenczi*, vol. 2, p. 222.

51. Henry Abelove, "Freud, Male Homosexuality, and the Americans"/Freud, homossexualismo masculino e os norte-americanos, em Henry Abelove, Michèle Aina Barale e David M. Halperin, orgs., *The Lesbian and Gay Studies Reader*/Antologia de estudos na área do homossexualismo feminino e masculino (Nova York: Routledge, 1993), pp. 282-283.
52. Lieberman, *Acts of Will*, p. 176.
53. Freud é citado em Kenneth Lewes, *The Psychoanalytic Theory of Male Homosexuality*/A teoria psicanalítica do homossexualismo masculino (Nova York: Simon and Schuster, 1988), p. 33.
54. Ferenczi a Eitingon, 1º de dezembro de 1919, citado em Gerhard Wittenberger, "The Circular Letters (*Rundbriefe*) as a Means of Communication of the 'Secret Committee' of Sigmund Freud"/As circulares (*Rundbriefe*) como meio de comunicação do "comitê secreto" de Sigmund Freud, em *Behind the Scenes: Freud in Correspondence*/Por trás dos bastidores: Freud em correspondência, org. de Patrick Mahoney, Carol Bonomi e Jan Stevensson (Estocolmo: Scandinavian University Press, 1997), p. 299.
55. Lavinia Edmunds, "His Master's Choice"/A escolha do mestre, *Johns Hopkins Magazine*, abril de 1988. Em carta de 1923, Clarence Oberndorf descreveu Frink a Jones como "o novo filho cristão de Freud", BPS/COA/F02/30.
56. Karen Brecht et al., *Here Life Goes On in a Most Peculiar Way*/Aqui a vida segue da maneira mais curiosa (Hamburgo: Kellner Verlag, s.d.).
57. Consulte *Freud-Abraham*, pp. 306-313; Edith Kurzweil, *The Freudians: A Comparative Perspective*/Os freudianos: uma perspectiva comparatista (New Haven, Conn.: Yale University Press, 1989), pp. 44-47; e Perry Meisel e Walter Kendrick, orgs., *Bloomsbury/Freud: The Letters of James and Alix Strachey, 1924-1925*/Bloomsbury/Freud: as cartas de James e Alix Strachey, 1924-1925 (Nova York: Basic Books, 1985). Em 1930, Eitingon ou Otto Fenichel fez um balanço que contabilizou 1.955 consultas, incluindo-se 721 tratamentos analíticos. Elisabeth Roudinesco e Michel Plon, em *Dicionário de psicanálise*/Dictionnaire de la psychanalyse, trad. de Vera Ribeiro e Lucy Magalhães, supervisão da edição brasileira Marco Antônio Coutinho Jorge (Rio de Janeiro: Jorge Zahar, 1998/Paris: Fayard, 1997), p. 30, atribuem os créditos a Eitingon. Mas consulte também Otto Fenichel, "Statisticher Bericht über die Therapeutische Tätigkeit 1920-1930"/Relatórios estatísticos sobre a atividade terapêutica entre 1920 e 1930, em seu *Zehn Jahre Berliner Psychoanalytisches Institut Zeitschrift Für Psychoanalyse*/Dez anos da revista de psicanálise do Instituto Psicanalítico de Berlim (1930), pp. 13-19.
58. Bertram Lewin e Helen Ross, *Psychoanalytic Education in the United States*/A formação psicanalítica nos Estados Unidos (Nova York: Norton, 1960), p. 6; Adam Phillips, *D. W. Winnicott* (Cambridge, Mass.: Harvard University Press, 1988), pp. 39-40.
59. Em 1934, Anna Freud substituiu Helene Deutsch na diretoria de treinamento. *Freud-Ferenczi*, vol. 3, p. 116 — nota 2.
60. Anna Freud, *O ego e os mecanismos de defesa/The Ego and the Mechanisms of Defense*, trad. de Álvaro Cabral (Rio de Janeiro: Civilização Brasileira, 1982/Nova York: International Universities Press, 1978), pp. 6, 13-14, 22; itálico no original. O trabalho foi apresentado à Sociedade Psicanalítica de Viena em 1935, publicado em alemão em 1936 e em inglês em 1946. Albert J. Solnit, *International Journal of Psychoanalysis* 64 (1983): 379. Anna Freud posteriormente descreveu o livro como reação às quatro principais revisões da teoria do ego: a técnica ativa, de Ferenczi e Rank, a concepção de Rank do trauma do nascimento, a "significação que Ferenczi atribuiu a certas frustrações sofridas pelo bebê nas fases iniciais de seu relacionamento com a mãe" e "Reich, que atribuiu a falência do desenvolvimento normal das faculdades genitais ao recalque precoce das atitudes agressivas". Phyllis Grosskurth, *O mundo e a obra de Melanie Klein/Melanie Klein: Her World and Her Work*, trad. de Paula Rosas (Rio de Janeiro: Imago, 1992/Nova York: Knopf, 1986), p. 337.

61. Bruce Fink, *O sujeito lacaniano. Entre a linguagem e o gozo/The Lacanian Subject: Between Language and Jouissance*, trad. de Maria de Lourdes Câmara (Rio de Janeiro: Jorge Zahar, 1998/Princeton, N.J.: Princeton University Press, 1995), p. 84.
62. Como resumiu Balint, a primeira instância do ego é "quase que inteiramente passiva". Ela pode ser expressa através de palavras como: "Serei amado sempre, em toda parte, de todas as formas, todo o meu corpo, todo o meu ser — sem nenhuma crítica, sem o menor esforço de minha parte." Michael Balint, "Critical Notes on the Theory of the Pregenital Organization of the Libido"/Notas críticas sobre a teoria da organização pré-genital da libido (1935), reimpresso em Michael Balint, *Primary Love and Psychoanalytic Technique*/Amor primário e técnica psicanalítica (Nova York: Liveright, 1965), pp. 46-50. Mesmo o amor ativo ao objeto é um retorno a seu estado passivo original: "Amamos e gratificamos o parceiro a fim de sermos por ele amados e gratificados em troca."
63. Entre outros analistas húngaros estavam David Rappaport, um dos fundadores da psicologia do ego nos Estados Unidos, Thomas Szasz, um dos fundadores da "antipsiquiatria", e Géza Róheim, antropólogo analítico. Roazen, *Helene Deutsch*, p. 204; Ernst Federn, *Witnessing Psychoanalysis: From Vienna Back to Vienna via Buchenwald and the USA*/Testemunhando a psicanálise: de Viena a Viena via Buchenwald e EUA (Londres: Karnac, 1990), p. 286; André Haynal, *A técnica em questão — controvérsias no método psicanalítico: de Freud e Ferenczi a Michael Balint/Controversies in Psychoanalytic Method: From Freud and Ferenczi to Michael Balint*, trad. de Giselle Groeninga de Almeida et al. (São Paulo: casa do Psicólogo, 1995/Nova York: New York University Press, 1989), pp. 45-48; Jean-Michel Palmier, "La psychanalyse en Hongrie"/A psicanálise na Hungria, em *Histoire de la Psychanalyse*/História da psicanálise, org. de Rolland Jaccard (Paris: Hachette littérature générale, 1982) Joseph Gabel, *Mannheim and Hungarian Marxism*/Mannheim e o marxismo húngaro (New Brunswick, N.J.: Transaction, 1991), p. 5.
64. O termo "experiência emocional corretiva" foi introduzido por Franz Alexander.
65. *ES*, vol. 20, p. 73.
66. Roudinesco e Plon, *Dicionário*, pp. 238-239. Quanto a Gemelli, consulte Victoria De Grazia, *How Fascism Ruled Women: Italy, 1922-1945*/Como o fascismo dominou as mulheres: Itália, 1922-1945 (Berkeley: University of California Press, 1992), pp. 10-11 e 228.
67. Peter Kutter, *Psychoanalysis International: A Guide to Psychoanalysis Throughout the World*/Psicanálise internacional: guia da psicanálise no mundo, vol. 1 (Stuttgart: Fromman-Holzboog, 1992), p. 9. Esther Menaker, estagiária norte-americana, a considerou uma "panelinha" demasiado exclusivista. Consulte Menaker, *Appointment in Vienna: An American Student Recalls Her Student Days in Pre-War Austria*/Encontro em Viena: uma norte-americana relembra seus dias de estudante na Áustria do pré-guerra (Nova York: St. Martin's Press, 1989); quanto a Helene Deutsch, consulte Lisa Appignanesi e John Forrester, *Freud's Women*/As mulheres de Freud (Nova York: Basic Books, 1993), p. 323.
68. Pierre Janet, o expoente máximo da psiquiatria na França, afirmou num congresso médico internacional que a psicanálise era o resultado da imoralidade vienense. Roudinesco e Plon, *Dicionário*, p. 320.
69. Mas consulte a experiência de Stanislaw Ignacy Witkiewicz em Daniel Gerould, *Witkacy: Stanislaw Ignacy Witkiewicz as an Imaginative Writer*/Witkacy: Stanislaw Ignacy Witkiewicz como escritor imaginativo (Seattle: University of Washington Press, 1981). Constantin Vlad saiu-se melhor na Romênia.
70. Essa foi, pelo menos, a lembrança de Samuel Beckett. Consulte James Knowlson, *Damned to Fame: The Life of Samuel Beckett*/Condenado à fama: a vida de Samuel Beckett (Nova York: Simon and Schuster, 1996), p.167.

71. Thomas F. Glick, "The Naked Science: Psychoanalysis in Spain, 1914-1948"/A ciência nua: a psicanálise na Espanha, 1914-1948, *Comparative Studies in Society and History 24*, nº 4 (outubro de 1982): 540; Rockwell Gray, *The Imperative of Modernity: An Intellectual Biography of José Ortega y Gasset*/O imperativo da modernidade: uma biografia intelectual de José Ortega y Gasset (Berkeley: University of California Press, 1989).

72. Raúl Páramo-Ortega, em *Freud in Mexiko: Zur Geschichte der Psychoanalyse in Mexiko*/Freud no México: história da psicanálise no México (Berlim: Quintessenz, 1992), ressalta as relações entre a análise e o marxismo.

73. H. Stuart Hughes, *The Sea Change: The Migration of Social Thought, 1930-1965*/A grande transformação: a migração do pensamento social, 1930-1965 (Nova York: Harper & Row, 1975), p. 10; Jones, vol. 3, p. 170. Entre os pioneiros incluem-se Gustavo Modena e Roberto Assagioli. Marco Levi-Bianchini criou uma sociedade em 1925. Sobre a Levi-Bianchini, consulte Abraham a Freud, 31 de outubro de 1914, *Freud-Abraham*, pp. 199-200. Consulte também o próximo livro de Paul Roazen, sobre Edoardo Weiss.

74. Essas são as palavras de A. B. Zalkind. Martin A. Miller, "The Reception of Psychoanalysis and the Problem of the Unconscious in Russia"/A recepção da psicanálise e o problema do inconsciente na Rússia, *Social Research 57*, nº 4 (inverno de 1990): 876-888; consulte também Alexander Etkind, "Russia"/Rússia, em Kutter, *Psychoanalysis*, vol. 2, p. 339, e Alexander Etkind, *Eros of the Impossible: The History of Psychoanalysis in Russia*/O eros do impossível: a história da psicanálise na Rússia, trad. de Noah e Maria Rubins (Boulder, Colo.: Westview Press, 1997), pp. 116.

75. Martin A. Miller, *Freud and the Bolsheviks: Psychoanalysis in Russia and the Soviet Union*/Freud e os bolcheviques: a psicanálise na Rússia e na União Soviética (New Haven, Conn.: Yale University Press, 1998), p. 92.

76. Citado em Hans Lobner e Vladimir Levitin, "A Short Account of Freudism: Notes on the History of Psychoanalysis in the USSR"/Breve relato do freudismo: notas sobre a história da psicanálise na URSS, *Sigmund Freud House Bulletin 2*, nº 1 (1978): 14. Em 1913, Freud havia dito ao filho de Theodor Herzl, fundador do sionismo: "Seu pai é uma dessas pessoas que transformam sonhos em realidade. Trata-se de uma estirpe muito rara e perigosa. [...] Eu diria que os indivíduos assim são simplesmente os mais ferrenhos opositores do meu trabalho científico". A. Falk, "Freud and Herzl"/Freud e Herzl, *Midstream*, janeiro de 1977, p. 19.

77. Sheldon Gardner e Gwendolyn Stevens, *Red Vienna and the Golden Age of Psychology*/A Viena vermelha e a era de ouro da psicologia (Nova York: Praeger, 1992), p. 96. Faziam parte do corpo docente da universidade Paul Lazersfeld, Paul Schilder e Karl e Charlotte Bühler, além de muitas figuras do início da história da análise: Alfred Adler, Franz Brentano, Ernst Mach, Ernst Brücke, Sigmund Exner, Theodor Maynert, Josef Breuer e Richard von Krafft-Ebing. A assistência aos refugiados após a guerra estimulou o interesse pelo desenvolvimento infantil. Em 1921, George Bakeman, representante norte-americano da Cruz Vermelha em Viena, escreveu em *Survey*/Pesquisa: "A luta em Viena é para salvar não só a vida das crianças vienenses, mas também a sua infância."

78. As duas sociedades eram a Société Psychanalytique Suisse, mais livre, e o Groupe Psychanalytique de Genève.

79. Entre os membros incluíam-se Raymond de Saussure, filho do famoso lingüista, e Édouard Claparède. John Kerr, *Um método muito perigoso: Jung, Freud e Sabina Spielrein/A Most Dangerous Method: The Story of Jung, Freud, and Sabina Spielrein*, trad. de Laura Rumchinsky (Rio de Janeiro: Imago, 1997/Nova York: Knopf, 1993); Mireille Cifali, "Entre Genève et Paris: Vienne"/Entre Genebra e Paris: Viena, *Le Bloc — Notes de la Psychanalyse 2* (1982): 91-130; Jones a Freud, 17 de março de 1919, *Freud-Jones*, p. 337 — nota 1; Fernando Vidal, "Piaget et la psychanalyse:

Premières rencontres"/Piaget e a psicanálise: primeiros encontros, *Le Bloc — Notes de la Psychanalyse* (1986).

80. Richard von Mises, *Probability, Statistics and Truth*/Probabilidade, estatística e verdade (Nova York: Macmillan, 1938), pp. 237-238. Marie Jahoda, "The Migration of Psychoanalysis: Its Impact on American Psychology"/A migração da psicanálise: seu impacto sobre a psicologia norte-americana, em *The Intellectual Migration: Europe and America, 1930-1960*/A migração intelectual: Europa e América, 1930-1960, org. de Donald Fleming e Bernard Bailyn (Cambridge, Mass.: Harvard University Press, 1969), p. 427. Segundo David Shakow e David Rappaport, em *The Influence of Freud on American Psychology*/A influência de Freud na psicologia norte-americana (Nova York: International Universities Press, 1964), p. 142: "Os conceitos de Freud eram transformados em concepções vagas, mal relacionadas e às vezes, inclusive, contraditórias em relação a suas formas originais".

81. John Dollard et al., *Frustration and Aggression*/Frustração e agressividade (New Haven, Conn.: Yale University Press, 1939). O modelo externalista de Dollard do desenvolvimento negava a agressividade infantil, fomentando assim a ênfase no papel todo-poderoso da mãe.

82. Terman é citado em George E. Gifford, Jr., *Psychoanalysis, Psychotherapy, and the New England Medical Scene, 1894-1944*/Psicanálise, psicoterapia e a cena médica na Nova Inglaterra, 1894-1944 (Nova York: Science History Publications, 1978), p. 33. Hull é citado em Jahoda, "Migration", p. 427.

83. Freud a Saul Rosenzweig, 24 de fevereiro de 1934, citado em Adolf Grünbaum, *The Foundations of Psychoanalysis: A Philosophical Critique*/As bases da psicanálise: uma crítica filosófica (Berkeley: University of California Press, 1984), p. 101.

84. O primeiro psicanalista holandês foi August Stärcke, que começou a praticar a psicanálise na Holanda em 1905. Consulte Ilse N. Bulhof, "Psychoanalysis in the Netherlands"/A psicanálise na Holanda, *Comparative Studies in Society and History* 24, nº 4 (outubro de 1982): 573; Christine Brinkgreve, "The Psychoanalytic Underground (Holland, 1940-1945)"/Os subterrâneos psicanalíticos (Holanda, 1940-1945), *Current Issues in Psychoanalytic Practice 3*, nº 1 (Nova York: Haworth Press, 1986); *Freud-Jung*, p. 522 — nota 1. Jan van Emden e Jeanne Lampl-de Groot eram outras figuras de destaque. Durante a Primeira Guerra Mundial, van Emden serviu de intermediário entre Jones e Freud.

85. Miller, *Freud and the Bolsheviks*, p. 61.

86. Roudinesco e Plon, *Dicionário*, p. 774. A Sociedade Psicanalítica Belga foi fundada por Julien Varendonck.

87. Jacques Quen e Eric T. Carlson, *American Psychoanalysis: Origins and Development*/A psicanálise norte-americana: origens e desenvolvimento (Nova York: Brunner/Mazel, 1978), p. 81; Jones, vol. 3, p. 112; Sandor Lorand, "Reflections on the Development of Psychoanalysis in New York from 1925"/Reflexões sobre o desenvolvimento da psicanálise em Nova York a partir de 1925, *International Journal of Psychoanalysis* 5 (1969): 591.

88. Jones, vol. 3, pp. 297-298.

89. Douglas, *Terrible Honesty*, p. 123.

90. Freud escreveu a Rank em 23 de maio de 1924: "Você agora tem todos os meus antigos analisandos de cujas análises não lembro com nenhum prazer." Citado em Phyllis Grosskurth, *O círculo secreto. O círculo íntimo de Freud e a política da psicanálise/The Secret Ring: Freud's Inner Circle and the Politics of Psychoanalysis*, trad. de Paula Rosas (Rio de Janeiro: Imago, 1992/Reading, Mass.: Addison-Wesley, 1991), p. 158.

91. Freud a Abraham, 6 de janeiro de 1920, *Freud-Abraham*, p. 301.

92. Jones, vol. 3, pp. 168-169.

93. Gay, *Freud*, p. 450/p. 496.
94. Grosskurth, *O círculo secreto*, p. 183.
95. Jones, vol. 3, pp. 168-169, 145-146 e 287-301; Clarence Oberndorf, *A History of Psychoanalysis in America*/Uma história da psicanálise nos Estados Unidos (Nova York: Grune and Stratton, 1953), p. 176; Lewin e Ross, *Psychoanalytic Education*, p. 33. Consulte também Jones a Freud, 5 de maio de 1932, *Freud-Jones*, pp. xxxvi e 694-695.
96. De acordo com o psicanalista Heinz Kohut, havia dois grupos de analistas nos Estados Unidos. O maior, que estava gradualmente perdendo a influência, era formado basicamente por "judeus do leste europeu, distantes do gueto uma ou duas gerações, para os quais o refúgio das instituições norte-americanas era a liberação". O outro, que tinha entre seus expoentes William Alanson White e Harry Stack Sullivan, foi caracterizado por Kohut como oriundo "daquele ramo interessante do protestantismo" que tentava substituir o dogma por "trabalho missionário, ação social progressista e reforma social". Eles mantinham "um estreito vínculo com a psiquiatria, voltando-se para o auxílio, a reforma e a cura interpessoal". Heinz Kohut a Anna Freud, 4 de agosto de 1964, em *The Curve of Life: The Correspondence of Heinz Kohut, 1923-1981*/A curva da vida: a correspondência de Heinz Kohut, 1923-1981, org. de Heinz Kohut (Chicago: University of Chicago Press, 1994), p. 101. Consulte também Perry, *Psychiatrist of America*, p. 223; Nathan G. Hale, Jr., "From Bergasse XIX to Central Park West: The Americanization of Psychoanalysis, 1919-1940"/De Berggasse 19 ao Central Park West: a americanização da psicanálise, 1919-1940, *Journal of the History of the Behavioral Sciences* 14 (1978): 299-315; Fred Matthews, "In Defense of Common Sense: Mental Hygiene as Ideology and Mentality in 20th Century America"/Em defesa do senso comum: a higiene mental como ideologia e mentalidade nos Estados Unidos do século XX, *Prospects* 4 (1979): 459-516; Arcangelo R. T. D'Amore, org., *William Alanson White: The Washington Years, 1903-1937*/William Alanson White: os anos de Washington, 1903-1937 (Washington, D.C.: U.S. Government Printing Office, 1976); E. Fuller Torrey, *Freudian Fraud: The Malignant Effect of Freud's Theory on American Thought and Culture*/A fraude freudiana: o efeito nocivo da teoria de Freud sobre o pensamento e a cultura norte-americanos (Nova York: HarperCollins, 1992), p. 151. Desde 1903, White era superintendente do St. Elizabeth's Hospital em Washington, D.C., além de tradutor de Adler e co-fundador da *Psychoanalytic Review*, a primeira publicação psicanalítica em língua inglesa. Sullivan, extremamente influenciado por White, foi para o St. Elizabeth's em 1922.
97. Numa visita a Berlim, Harry Stack Sullivan checou a "indumentária e a conduta pessoal" de Alexander para ver se o psicanalista estava apto a fazer residência na University of Chicago. Ao que tudo indica, Alexander passou no teste. Quando participou do primeiro Congresso Internacional de Higiene Mental em Washington, D.C., ele era tido em conta "muito mais alta [...] que Freud". Segundo Helene Deutsch, Alexander "tinha o dom mágico de transformar em seus escravos todos os homens homossexuais [isto é, dependentes] que ocupavam altos cargos. É preciso haver estado nos Estados Unidos para entender essas coisas". Herbert Hoover foi o presidente honorário do congresso. Boa parte do dinheiro foi conseguida por Clifford Beers, autor de *The Mind that Found Itself*/A mente que se encontrou. Consulte Frankwood E. Williams, *Proceedings of the First International Congress on Mental Hygiene*/Anais do Primeiro Congresso Internacional de Higiene Mental (Nova York: International Committee for Mental Hygiene, 1932); Franz Alexander, *The Western Mind in Transition: An Eyewitness Story*/A mente ocidental em transição: relato de uma testemunha ocular (Nova York: Random House, 1960), pp. 94-99; Roazen, *Helene Deutsch*, p. 271 e seguintes; Susan Quinn, *A Mind of Her Own: The Life of Karen Horney*/Uma pensadora independente: a vida de Karen Horney (Nova York: Summit Books, 1987), p. 249. O interesse pela análise em Chicago teve início na década de 20, na Escola de Medicina da Northwestern University, com Lionel Blitzen, ex-analisando de Rank e primeiro

presidente da sociedade de Chicago. Consulte Harry Stack Sullivan, *The Fusion of Psychiatry and Social Science*/A fusão da psiquiatria e das ciências sociais (Nova York: Norton, 1964), p. xxviii; Oberndorf, *History*, p. xvi.

98. Um analista que vivesse modestamente em Viena, conforme observou Paul Roazen, seria "recebido como celebridade nos Estados Unidos". Roazen, *Helene Deutsch*, p. 271.

99. Linda Donn, *Freud e Jung: anos de amizade, anos de perda/Freud and Jung: Years of Frienship, Years of Loss,* trad. de Therezinha Santos (Rio de Janeiro: Civilização Brasileira, 1991/Nova York: Scribners, 1988), p. 111; Freud a Jones, 12 de abril de 1921, *Freud-Jones*, pp. 418-442; Grosskurth, *O círculo secreto*, p. 192. Quanto a "dolaria", consulte Gay, *Freud*, p. 210.

100. Ilse Grubrich-Simitis, *De volta aos textos de Freud: dando voz a documentos mudos/Back to Freud's Texts: Making Silent Documents Speak,* trad. de Ines Lohbauer e Susana Kampff Lages/trad. de Philip Slotkin (Rio de Janeiro: Imago, 1995/New Haven, Conn.: Yale University Press, 1996), pp. 176-181.

101. *ES*, vol. 21, p. 39.

102. Warwick Anderson, "The Trespass Speaks: White Masculinity and Colonial Breakdown"/A transgressão fala: a masculinidade branca e o colapso colonial, *American Historical Review*, dezembro de 1997, pp. 1343-1370. A citação encontra-se na página 1.360.

103. Christiane Hartnack, "British Psychoanalysts in Colonial India"/Psicanalistas britânicos na Índia colonial, em *Psychology in Twentieth-Century Thought and Society*/A psicologia no pensamento e na sociedade do século XX, org. de M. G. Ash e W. Woodward (Cambridge, U.K.: Cambridge University Press, 1987), p. 247.

104. T. C. Sinha, "Development of Psychoanalysis in India"/O desenvolvimento da psicanálise na Índia, *International Journal of Psychoanalysis* 47 (1966): 430. Quanto à China, consulte Lieberman, *Acts of Will*, p. 187, e Jones, vol. 3, p. 191.

105. Sudhir Kakar, *Culture and Psyche: Psychoanalysis in India*/Cultura e psique: a psicanálise na Índia (Nova York: Psyche Press, 1997), pp. 50-51.

106. Ashis Nandy, "The Savage Freud"/O Freud selvagem, em *The Savage Freud and Other Essays on Possible and Retrievable Selves*/O Freud selvagem e outros ensaios sobre eus possíveis e resgatáveis (Princeton, N.J.: Princeton University Press, 1995), pp. 103 e 109 — nota; Sinha, "Psychoanalysis in India", p. 430.

107. Kutter, *Psychoanalysis International*, vol. 2, pp. 124-131; T. Takahashi, "La psychanalyse au Japon"/A psicanálise no Japão, em *Histoire de la Psychanalyse*/História da psicanálise, org. de R. Jaccard (Paris: Hachette, 1982) pp. 417-438; Jones a Anna Freud, 12 de julho de 1934, Arquivos da British Psychoanalytic Society, CFA/F02/01.

108. Wang Ning, "Confronting Western Influence: Rethinking Chinese Literature of the New Period"/Confrontando a influência ocidental: repensando a literatura chinesa do Novo Período, *New Literary History* 24, nº 4 (outono de 1993): 905-926.

109. Vera Schwarcz, *The Chinese Enlightenment: Intellectuals and the Legacy of the May Fourth Movement of 1919*/O iluminismo chinês: os intelectuais e o legado do movimento de 4 de maio de 1919 (Berkeley: University of California Press, 1986), p. 104.

110. Jingyuan Zhang, *Psychoanalysis in China: Literary Transformation, 1919-1949*/A psicanálise na China: transformação literária, 1919-1949 (Ithaca, N.Y.: East Asia Program, 1992), p. 13. Mesmo assim, em 1949 apenas cinco obras de Freud haviam sido traduzidas para o chinês, com comentários de Barbara Low e outros analistas. Entretanto, Wilhelm Reich havia sido bastante traduzido.

111. *Tafsir el ahlam* (Al Qahirah: Dar el M'aref, 1958). Safouan foi responsável também pela primeira tradução da *Fenomenologia do espírito*, de Hegel, para o árabe.

112. Wulf Sachs, *Black Hamlet*/O Hamlet negro (Londres: G. Bles, 1937); Megan Vaughan, *Curing Their Ills: Colonial Power and African Illness*/Curando os males deles: poderio colonial e doenças africanas (Cambridge, U.K.: Polity Press, 1991).
113. Zhang, *Psychoanalysis in China*, p. 6.
114. Freud a Andreas-Salomé, 13 de março de 1922, *Freud-Salomé*, p. 114; Kalpana Seshadi-Crooks, "The Primitive as Analyst: Postcolonial Access to Psychoanalysis"/O primitivo como analista: o acesso pós-colonial à psicanálise, *Cultural Critique*, outono de 1994.
115. *LSF*, p. 392, citado em Roudinesco e Plon, *Dicionário*, p. 82; Jones, vol. 3, p. 128, citando Freud a Ferenczi, 13 de dezembro de 1926.
116. *ES*, vol. 22, p. 179.
117. Ibid., vol. 21, pp. 64-68.
118. Moshe Gresser, *Dual Allegiance: Freud as a Modern Jew*/Dúplice lealdade: Freud como judeu moderno (Albany: SUNY Press, 1994), p. 175.

Capítulo Oito

1. Marshall Stalley, org., *Patrick Geddes: Spokesman for Man and the Environment*/Patrick Geddes: porta-voz do homem e do meio ambiente (New Brunswick, N.J.: Rutgers University Press, 1972), pp. 289-380; Frank G. Novak, Jr., org., *Lewis Mumford and Patrick Geddes: The Correspondence*/Lewis Mumford e Patrick Geddes: correspondência (Nova York: Routledge, 1995).
2. H. G. Wells é citado em Susan Kent, *Making Peace: The Reconstruction of Gender in Interwar Britain*/Fazendo a paz: a reconstrução do gênero na Grã-Bretanha do entreguerras (Princeton, N.J.: Princeton University Press, 1993), p. 42.
3. Elaine Showalter, org., "Introduction"/Introdução, em *These Modern Women: Autobiographical Essays from the Twenties*/Essas mulheres modernas: ensaios autobiográficos da década de 1920 (Old Westbury, N.Y.: Feminist Press, 1978), p. 22. A popularidade dos escritos de Margaret Sanger, sobre o controle da natalidade, e do manual de Marie Stopes, sobre o amor no casamento, atestam essa mudança.
4. Citado em Mari Jo Buhle, *Feminism and Its Discontents: A Century of Struggle with Psychoanalysis*/O mal-estar no feminismo: um século de luta com a psicanálise (Cambridge, Mass.: Harvard University Press, 1999, p. 96. Parte da razão da popularidade de Ellen Key provinha do fato de ela ligar a maternidade à sexualidade. Todos que alguma vez haviam lido Charlotte Gilman passaram a Key, observou uma feminista em 1924. Rheta Chile Dorr, *A Woman of Fifty*/Uma mulher de cinqüenta (Nova York: Funk and Wagnalls, 1924), p. 224.
5. George Chauncey, *Gay New York: Gender, Urban Culture, and the Making of the Gay Male World, 1890-1940*/A Nova York gay: gênero, cultura urbana e a criação do mundo gay masculino, 1890-1940 (Nova York: Basic Books, 1994, p. 188.
6. Suzanne LaFollette, *Concerning Women*/Quanto às mulheres (Nova York: Albert and Charles Bond, 1926), p. 270.
7. Quanto a Salt Lake City, consulte John D'Emilio e Estelle B. Freedman, *Intimate Matters: A History of Sexuality in America*/Questões íntimas: uma história da sexualidade nos Estados Unidos (Nova York: Harper & Row, 1988), p. 288; Vern Bullough and Bonnie Bullough, "Lesbianism in the 1920s and 1930s: A Newfound Study/O lesbianismo nas décadas de 1920 e 1930: um estudo recém-descoberto, *Signs 2*, nº 4 (1977): 895-904. Quanto a Pelletier, consulte P. Vigné d'Octon, *La vie et l'amour: Les doctrines freudiennes et la psychanalyse*/A vida e o amor: as doutrinas freudianas e a psicanálise (Paris: Éditions de l'Idée Libre, 1934), pp. 71-72; Joan Scott, *Only*

Paradoxes to Offer/Só paradoxos a oferecer (Cambridge, Mass.: Harvard University Press, s.d.), pp. 140-147.
8. Citada em Ann Douglas, *Terrible Honesty: Mongrel Manhattan in the 1920s*/Terrível honestidade: a Manhattan mestiça na década de 1920 (Nova York: Farrar, Straus and Giroux, 1995), pp. 245-247.
9. Nellie Thompson, "Early Women Psychoanalysts"/As primeiras psicanalistas, *International Review of Psychoanalysis 14* (1987): 392.
10. W. R. D. Fairbairn, "Impressions of the 1929 International Congress of Psychoanalysis"/Impressões sobre o Congresso Internacional de Psicanálise, 1929, em *From Instinct to Self: Selected Papers of W. R. D. Fairbairn*/Do instinto ao eu: coletânea de artigos de W. R. D. Fairbairn, org. de Elinor Fairbairn Birtles e David Scharf (Northvale, N.J.: J. Aronson, 1994), p. 457.
11. Jill Stephenson, "Women and the Professions in Germany, 1900-1945"/As mulheres e as profissões liberais na Alemanha, 1900-1945, em *German Professions: 1800-1950*/As profissões liberais na Alemanha, 1800-1950, org. de Geoffrey Cocks e Konrad H. Jarausch (Nova York: Oxford University Press, 1990), p. 279: "No ano de 1933, suas próprias organizações profissionais haviam imposto uma cota de 5% às médicas que se candidatassem a credenciamento."
12. Atina Grossman, "German Women Doctors from Berlin to New York: Maternity and Modernity in Weimar and Exile"/Mulheres médicas de Berlim a Nova York: maternidade e modernidade em Weimar e no exílio, *Feminist Studies 19*, nº 1 (primavera de 1993): 67.
13. Sarah Kofman, *The Enigma of Woman: Woman in Freud's Writings*/O enigma da mulher: a mulher nos escritos de Freud, trad. de Catherine Porter (Ithaca, N.Y.: Cornell University Press, 1985), p. 194.
14. *ES*, vol. 22, pp. 116, 130-131 e 135.
15. Nancy J. Chodorow, *Feminism and Psychoanalytic Theory*/O feminismo e a teoria psicanalítica (New Haven, Conn.: Yale University Press, 1989), pp. 202-203; itálico no original.
16. Charlotte Wolff, *Hindsight: An Autobiography*/Retrospectiva: uma autobiografia (Londres: Quartet, 1980), p. 66.
17. Joan Riviere, "Womanliness as a Masquerade"/A feminilidade como máscara, *International Journal of Psychoanalysis 10* (1929): 303-304.
18. Lisa Appignanesi e John Forrester, *Freud's Women*/As mulheres de Freud (Nova York: Basic Books, 1993), p. 312; George E. Gifford, org., *Psychoanalysis, Psychotherapy, and the New England Medical Scene, 1894-1944*/Psicanálise, psicoterapia e a cena médica na Nova Inglaterra, 1894-1944 (Nova York: Science History Publications, 1978), pp. 360-361; Paul Roazen, *Helene Deutsch: A Psychoanalyst's Life*/Helene Deutsch: a vida de uma psicanalista (Garden City, N.Y.: Anchor Press/Doubleday, 1985), pp. x e 244. Quanto à experiência de Deutsch com os maus-tratos, consulte seu artigo "On the Pathological Lie"/Sobre a mentira patológica (1921), *Journal of the American Academy of Psychoanalysis 10* (1982): 369-386. Consulte também Helene Deutsch, *Confrontations with Myself*/Confrontos comigo mesma (Nova York: Norton, 1973).
19. Roazen, *Helene Deutsch*, pp. 159 e 178; a palestra "George Sand: A Woman's Destiny" foi proferida por Deutsch em março de 1928 e reimpressa com introdução de Paul Roazen em *International Review of Psychoanalysis 9* (1982): 445-460.
20. Phyllis Grosskurth, *O mundo e a obra de Melanie Klein/Melanie Klein: Her World and Her Work*, trad. de Paula Rosas (Rio de Janeiro: Imago, 1992/Nova York: Knopf, 1986), p. 134.
21. Elisabeth Young-Bruehl, *Anna Freud: uma biografia/Anna Freud: A Biography*, trad. de Henrique de Araújo Mesquita (Rio de Janeiro: Imago, 1992/Nova York: Summit Books, 1988), p. 15.
22. A obra *The Adolescent Diaries of Karen Horney*/Os diários da adolescência de Karen Horney (Nova York: Basic Books, 1980), pp. 90-93, é citada em Buhle, *Feminism*, pp. 69-70.

23. Dee Garrison, "Karen Horney and Feminism"/Karen Horney e o feminismo, *Signs* 6 (verão de 1981): 672-691; Janet Sayers, *Mães da psicanálise: Helene Deutsch, Karen Horney, Anna Freud, Melanie Klein/Mothers of Psychoanalysis: Helene Deutsch, Karen Horney, Anna Freud, Melanie Klein*, trad. de Vera Ribeiro (Rio de Janeiro: Jorge Zahar, 1992/Nova York: Norton, 1991), pp. 85-91. Abraham a Freud, 25 de fevereiro de 1912, *Freud-Abraham*, p. 114.
24. Buhle, *Feminism*, p. 70.
25. Atina Grossman, "Abortion and the Economic Crisis: The 1931 Campaign Against Paragraph 218"/O aborto e a crise econômica: a campanha de 1931 contra o parágrafo 218, em *When Biology Becomes Destiny: Women in Weimar and Nazi Germany*/Quando a biologia se transforma em destino: as mulheres de Weimar e da Alemanha nazista, org. de Renata Bridenthal et. al (Nova York: Monthly Review Press, 1984), p. 125.
26. Riviere a Jones, 25 de outubro de 1918, em Vincent Brome, *Ernest Jones, Freud's Alter Ego*/Ernest Jones, o *alter ego* de Freud (Londres: Caliban, 1982), p. 113; Jones a Freud, 21 de janeiro de 1921. O texto de ambas as citações encontra-se em Stephen Heath, "Joan Riviere and the Masquerade"/Joan Riviere e a máscara, em *Formations of Fantasy*/Formações de fantasia, org. de Victor Burgin et. al (Londres e Nova York: Methuen, 1986), p. 45.
27. Atina Grossman, *Reforming Sex: The German Movement for Birth Control and Abortion Reform, 1920-1950*/A reforma do sexo: o movimento alemão pela reforma do controle da natalidade e aborto, 1920-1950 (Nova York: Oxford University Press, 1995).
28. Payne a Klein, 16 de março de 1942, Arquivos da British Psychoanalytic Society (doravante BPS), Londres, CKB/F01/06.
29. *ES*, vol. 18, p. 164.
30. Cartas de Melanie Klein, 15 e 27 de abril de 1941, BPS, PP/KLE.
31. Roazen, *Helene Deutsch*, p. 338. Consulte também Marie Bonaparte, "Passivity, Masochism, and Femininity"/Passividade, masoquismo e feminilidade, em *Psychoanalysis and Female Sexuality*/A psicanálise e a sexualidade feminina, org. de Hendrick M. Ruitenbeek (New Haven, Conn.: Yale University Press, 1966), p. 136.
32. *ES*, vol. 21, pp. 225-243.
33. Ibid., vol 11, p. 205.
34. Karen Horney, "Inhibited Femininity"/Feminilidade inibida (1926-1927), em Horney, *Psicologia feminina/Feminine Psychology*, trad. de Talita Rodrigues (Rio de Janeiro: Bertrand Brasil, 1991/Nova York: Norton, 1973), p. 74. Em 1917, J. H. van Ophuijsen distinguiu entre o complexo da masculinidade e o complexo feminino da castração. No primeiro, "a sensação de haver sido maltratado e a conseqüente reação de rancor" não é acompanhada de culpa. "Contributions to the Masculinity Complex"/Contribuições ao complexo da masculinidade, de van Ophuijsen, encontra-se em Ruitenbeek, *Psychoanalysis and Female Sexuality*, p. 61. Embora só tenha sido publicado em 1924, o trabalho foi apresentado à Sociedade Psicanalítica Holandesa em 1917.
35. *ES*, vol. 19, p. 251.
36. Karl Abraham, "Manifestations of the Female Castration Complex"/Manifestações do complexo feminino da castração, *International Journal of Psychoanalysis* 3 (março de 1922): 1-29. O trabalho foi apresentado pela primeira vez em 1920, numa palestra em Haia. Para Louise Kaplan, o artigo era "um catálogo completo das queixas e preocupações excruciantes típicas dos homens em relação ao Feminino". Kaplan, *Female Perversions*/Perversões femininas (Nova York: Doubleday, 1991), p. 79. Consulte também a carta de Abraham de 5 de maio de 1919 em *Freud-Abraham*, p. 287.
37. Em uma carta de 1928, em que admitiu a Jones que todo o conhecimento analítico do desenvolvimento infantil feminino era "insatisfatório e incerto", Freud sugeria que a heterossexualidade

feminina começava na relação de sugar que a menina estabelecia com o seio da mãe, a qual prefigurava a receptividade da vagina. Freud a Jones, 22 de fevereiro de 1928, *Freud-Jones*, p. 641; Grosskurth, *Melanie Klein*, p. 181.

38. *ES*, vol. 19, pp. 142 e 175. Dois anos antes — ou seja, três anos depois do ensaio de Abraham —, Freud introduziu as idéias de "estágio fálico" e "complexo de castração". Antes disso ainda, ele havia apresentado a hipótese dos três estágios do desenvolvimento sexual: oral, anal e genital. Cada um deles correspondia a uma forma de organizar o mundo: sujeito/objeto, ativo/passivo e masculino/feminino. A nova obra postulava um quarto estágio, situado entre as fases anal e genital: o estágio fálico. Nele, ambos os sexos perceberiam apenas um genital, o masculino. A dicotomia característica desse estágio — fálico/castrado — preludiaria o conhecimento, característico da adolescência, da existência de dois diferentes órgãos genitais.

39. *ES*, vol. 20, p. 143; vol. 22, p. 124.

40. Ibid., vol. 20, pp. 137-138.

41. Em Viena havia uma clínica de adolescentes, a qual era dirigida por August Aichhorn. Erik Erikson e Peter Blos também foram pioneiros do estudo analítico da adolescência. Consulte *ES*, vol. 19, p. 273; Denise Riley, *War in the Nursery: Theories of the Child and the Mother*/Guerra no berçário: teorias da criança e da mãe (Londres: Virago Press, 1983), p. 71; Anna Freud, *O tratamento psicanalítico de crianças/The Psychoanalytic Treatment of Children: Technical Lectures and Essays*, trad. de Nancy Procter-Gregg (Rio de Janeiro: Imago, 1971/Londres: Imago, 1947), pp. x e 319-320; Edith Kurzweil, *The Freudians: A Comparative Perspective*/Os freudianos: uma perspectiva comparatista (New Haven, Conn.: Yale University Press, 1989), p. 134. Quanto à análise de crianças em Budapeste, consulte Ferenczi a Freud, 31 de maio de 1931, *Freud-Ferenczi*, vol. 3, p. 410.

42. Helene Deutsch, "The Psychology of Woman in Relation to the Functions of Reproduction"/A psicologia da mulher em relação às funções reprodutórias, *International Journal of Psychoanalysis* 6 (1925): 405-418 (trabalho que apresentou no congresso de Salzburgo); Karen Horney, "The Flight from Womanhood: The Masculinity Complex in Women, as Viewed by Men and Women"/A fuga da feminilidade: o complexo da masculinidade nas mulheres, conforme visto por homens e mulheres, *International Journal of Psychoanalysis* 7 (julho-outubro de 1927): 324-329; Roazen, *Helene Deutsch*, pp. 338-343; Helene Deutsch, *Zur Psychologie der weiblichen Sexualfunktionen*/Psicologia das funções sexuais femininas (Viena: Verlag, 1925), traduzido como *Psychoanalysis of the Sexual Functions of Women*/Psicanálise das funções sexuais da mulher (uma nova edição foi publicada em Londres pela Karnac em 1991); Helene Deutsch, "On Female Homosexuality"/Sobre a homossexualidade feminina, *Psychoanalytic Quarterly* 1 (1932): 484-510. Consulte também Appignanesi e Forrester, *Freud's Women*, p. 307.

43. Horney, "Flight", passim.

44. Melanie Klein, "The Psychological Principles of Infant Analysis"/Os princípios psicológicos da análise de bebês (1926), em Klein, *Contributions to Psychoanalysis, 1921-1945*/Contribuições à psicanálise, 1921-1945 (Londres: Hogarth Press, 1948), pp. 140-151. Atribuindo as dificuldades de aprendizagem ao temor das crianças à retaliação *materna*, ela argumentou que mesmo as crianças mais novas demonstravam percepção da culpa (*Schuldbewusstsein*). Grosskurth, *Melanie Klein*, pp. 123-124; Perry Meisel e Walter Kendrick, orgs., *Bloomsbury/Freud: The Letters of James and Alix Strachey, 1924-1925*/Bloomsbury/Freud: as cartas de James e Alix Strachey, 1924-1925 (Nova York: Basic Books, 1985), p. 21.

45. Como afirmou Ernest Jones: "Os analistas foram induzidos a adotar uma visão indevidamente falocêntrica, [...] sendo a importância dos órgãos femininos correspondentemente subestimada". O termo "falocêntrico" foi incluído no *Oxford English Dictionary* em 1927. Jones é às vezes indicado como seu criador.

46. Jeanette C. Gadt, "The 'New' Democratic Woman of Modernity: Georgia O'Keefe and Melanie Klein"/A 'nova' mulher democrática da modernidade: Georgia O'Keefe e Melanie Klein, *American Journal of Psychoanalysis* 54, nº 2 (1994): 173-187.
47. Melanie Klein, "The Psychotherapy of the Psychoses"/A psicoterapia das psicoses (1930), em Klein, *Contributions to Psychoanalysis*, pp. 251-253 e 268.
48. Melanie Klein, *A psicanálise de crianças/The Psycho-analysis of Children*, trad. de Liana Pinto Chaves/trad. de Alix Strachey e rev. Strachey e H. A. Thorner (Rio de Janeiro: Imago, 1997/Nova York: Free Press, 1984), pp. 35-57.
49. *ES*, vol. 21, pp. 230-231.
50. Sudhir Kakar, *Culture and Psyche: Psychoanalysis in India*/Cultura e psique: a psicanálise na Índia (Nova York: Psyche Press, 1997), p. 60. Consulte também Ashis Nandy, "The Savage Freud"/O Freud selvagem, em *The Savage Freud and Other Essays on Possible and Retrievable Selves*/O Freud selvagem e outros ensaios sobre eus possíveis e resgatáveis (Princeton, N.J.: Princeton University Press, 1995), pp. 103 e 109 — nota; Sinha, "Psychoanalysis in India", *International Journal of Psychoanalysis* 47 (1966): 430.
51. Em uma variante, a deusa Devi proclamou que só aceitaria um marido que a derrotasse em combate. O demônio Mahisasaura apareceu, acompanhado de um batalhão armado, para desafiá-la. Devi compareceu sozinha, nua, montada em um leão. "Descendo do leão, Devi começou a dançar e a cortar as cabeças de milhões e milhões de demônios ao ritmo de seus movimentos." Apavorado, Mahisasaura transformou-se num elefante. Devi cortou-lhe a tromba. Ele então transformou-se num búfalo, que Devi cavalgou até a morte. Só com a aparição de Shiva, que se deitou diante dela, Devi parou sua dança frenética, pôs a língua para fora e sentiu vergonha. Em outras palavras, a mãe é onipotente, sexualizada e fálica, mas o pai ou filho pode subjugá-la se não lhe oferecer resistência — em outras palavras, adotando postura supina.
52. O valor dessa intimidade e suas implicações para a psicanálise são muitas vezes esquecidos nos trabalhos contemporâneos sobre o modernismo. Por exemplo, Ann Douglas, em *Terrible Honesty*, sugere o surgimento de uma cultura modernista-sexista através do ataque à poderosa guardiã — a Titanesa — que patrulhava a paisagem cultural vitoriana. Assim, James Joyce aclamou *The Waste Land*/Terra desolada, de T. S. Eliot, como o poema que pôs fim à "idéia de poesia para damas", Joseph Hergesheimer descreveu a literatura norte-americana como "estrangulada por uma anágua" e Georg Simmel comparou a mãe a "uma rocha pré-histórica inamovível na paisagem da modernidade". Contudo, Douglas não tenta conciliar essa interpretação do modernismo com suas próprias observações em relação à opressão que a Titanesa muitas vezes exercia sobre suas próprias filhas. Assim como o homem modernista, a mulher modernista também teve de libertar-se do "cordão emocional" que a prendia à mãe. Como guardiãs da sexualidade das filhas, as mães poderiam massacrar a sexualidade destas por meio da "ameaça de castração iminente em [seu] amor avassalador". Como demonstra Douglas, a famosa série de artigos publicada em *The Nation* em 1926 voltava-se para a "tensão perniciosa da dedicação [da] mãe", tema muito bem retratado no filme *Stella Dallas*, que mostrava a mãe como um vampiro que se alimentava metaforicamente através da filha.
53. A análise de Horney com Abraham é discutida em Elisabeth Roudinesco e Michel Plon, *Dicionário de psicanálise/Dictionnaire de la psychanalyse*, trad. de Vera Ribeiro e Lucy Magalhães, supervisão da edição brasileira Marco Antônio Coutinho Jorge (Rio de Janeiro: Jorge Zahar, 1998/Paris: Fayard, 1997), pp. 460-461. A citação foi extraída de Horney, "Flight", pp. 331 e 338.
54. Alex Zwerdling, *Virginia Woolf and the Real World*/Virginia Woolf e o mundo real (Berkeley: University of California Press, 1968), pp. 294-296.
55. Jacques Quen e Eric T. Carlson, *American Psychoanalysis: Origins and Developments*/A psicanálise norte-americana: origens e desenvolvimento (Nova York: Brunner/Mazel, 1978), p. 148. A esco-

la antropológica da "Cultura e Personalidade", fundada por John Dollard e Edward Sapir, buscava descrever a personalidade essencial ou "modal", a estrutura de personalidade "compartilhada pelo conjunto dos membros da sociedade em decorrência das experiências infantis que eles têm em comum". O interesse dos antropólogos por Freud remonta a Franz Boas, que foi responsável por um curso sobre Freud em Columbia após as conferências da Clark. Elsie Clews Parsons foi a primeira antropóloga a discutir Freud na publicação *American Anthropologist* (em 1916), mas sua principal inspiração era Edward Sapir. Segundo Weston LaBarre, "Numa época em que as publicações antropológicas oficiais ignoravam sistematicamente a psicanálise e o clima de opinião prevalecente era frio, quando não hostil, Sapir incluía as obras de Abraham, Jones, Ferenczi e outros clássicos entre as leituras obrigatórias de seus alunos". Para obter mais informações sobre o tema, consulte Steven Marcus, "Psychoanalytic Theory and Culture"/Cultura e teoria psicanalítica, *Partisan Review 49*, nº 2 (1982): 224-237; Ralph Linton, *The Study of Man*/O estudo do homem (Nova York: D. Appleton-Century Co., 1936); Thomas Hartshorne, *The Distorted Image: Changing Conceptions of the American Character Since Turner*/A imagem distorcida: concepções mutáveis do caráter norte-americano desde Turner (Cleveland: Case Western Press, 1968), pp. 119-134; Fred W. Vogt, *A History of Ethnology*/Uma história da etnologia (Nova York: Holt, Rinehart and Winston, 1975), p. 440; Edward Sapir, "The Emergence of the Concept of Personality in a Study of Cultures"/A emergência do conceito de personalidade no estudo das culturas (1934), em *Culture, Language, and Personality*/Cultura, linguagem e personalidade (Berkeley: University of California Press, 1949; Géza Róheim, *The Origin and Function of Culture*/A origem e a função da cultura (Nova York: Nervous and Mental Disease Monographs, 1943), pp. 83-84; B. J. Bergen e S. D. Rosenberg, "The New Neo-Freudians"/Os novos neofreudianos, *Psychiatry 34*, nº 1 (1971): 31; Paul Robinson, *The Freudian Left: Wilhelm Reich, Geza Roheim, Herbert Marcuse*/A esquerda freudiana: Wilhelm Reich, Geza Roheim, Herbert Marcuse (Nova York: Harper & Row, 1969), em especial pp. 93-96; Weston LaBarre, "Geza Roheim", em Franz Alexander, *Psychoanalytic Pioneers*/Pioneiros da psicanálise, (Nova York: Basic Books, 1966).

56. Na lista que Erich Fromm fez em 1941 dos cientistas sociais norte-americanos especialmente influenciados pela psicanálise incluem-se Dollard, Lasswell, Benedict, J. Hallowell, Linton, Mead, Sapir e Kardiner. Consulte Fromm, *Escape from Freedom*/Fuga da liberdade (Nova York: Farrar and Rinehart, 1991), p. 13 — nota. Os efeitos da escola de Yale podem ser vistos no psicólogo Otto Klineberg e na antropóloga Hortense Powdermaker.

57. Karen Horney, *A personalidade neurótica de nosso tempo*/The Neurotic Personality of Our Time, trad. de Octávio Alves Velho (São Paulo: DIFEL, 1983 — 9ª ed./Nova York: Norton, 1937), pp. 46-47, 14, 34-36, 76-77, 86, 140, 270, 276, 280 e 284-287.

58. Horney, "Inhibited Femininity", pp. 74 e 89.

59. Horney, *Psicologia feminina*, p. 83 e passim. Horney baseou-se em *The Mothers*/As mães (1927), de Robert Briffault.

60. Segundo Horney, o masoquismo "visa, não ao sofrimento, mas à renúncia ao eu". Citada em Susan Quinn, *A Mind of Her Own: The Life of Karen Horney*/Uma pensadora independente: a vida de Karen Horney (Nova York: Summit Books, 1987), p. 270 — nota 61.

61. Citados em Martin Birnbach, *Neo-Freudian Social Philosophy*/Filosofia social neofreudiana (Stanford, Calif.: Stanford University Press, 1961), p. 52.

62. Carl Rollyson, *Rebecca West: A Life*/A vida de Rebecca West (Londres: Hodder and Stoughton, 1995), pp. 134-135.

63. Citada em Kent, *Making Peace*, pp. 136-137.

64. Ibid., p. 134.

65. Virginia Woolf a Molly McCarthy, em *The Letters of Virginia Woolf*/As cartas de Virginia Woolf, org. de Nigel Nicholson (Londres: Hogarth Press, 1977), vol. 3, pp. 134-135.

66. Zwerdling, *Virginia Woolf and the Real World*, pp. 294-296; Virginia Woolf *Um teto todo seu/A Room of One's Own*, trad. de Vera Ribeiro (Rio de Janeiro: Nova Fronteira, 1987 — 2ª ed./San Diego: Harcourt Brace Jovanovich, 1989), p. 58. O título de *Three Guineas*/Três guinéus originalmente era *Men Are Like That*, Os homens são assim.
67. Alguns estudiosos argumentam que os seis anos de silêncio que se seguiram ao ensaio que Freud publicou em 1925 eram um reflexo de sua relação conflituosa com a própria mãe, Amalie. Didier Anzieu afirma: "Para Freud, era o pai que devorava os filhos, como Cronos; a mãe só constituía ameaça se fosse desejável e proibida. Ele tratava a fragmentação e a ansiedade persecutória com cocaína ou tabaco, não com a análise em si". Didier Anzieu, *A auto-análise de Freud/Freud's Self-Analysis*, trad. de Peter Graham (Artmed, 1989/Londres: Hogarth Press and the Institute of Psycho-Analysis, 1986), p. 570. Outros, entre os quais Elisabeth Roudinesco, sugerem que o silêncio de Freud no final da década de 20 estava relacionado a seu apoio às idéias de sua filha Anna, que eram contrárias às de Melanie Klein. Roudinesco e Plon, *Dicionário*, p. 976.
68. *ES*, vol. 21, p. 226.
69. Jones a Freud, 10 de janeiro de 1932, e Freud a Jones, 23 de janeiro de 1932, *Freud-Jones*, p. 689 e seguintes; Appignanesi e Forrester, *Freud's Women*, p. 444.
70. *ES*, vol. 21, p. 234.
71. Ibid., vol. 22, p. 120.
72. Donald L. Burnham, "Freud and Female Sexuality: A Previously Unpublished Letter"/Freud e a sexualidade feminina: uma carta inédita, *Psychiatry* 34 (agosto de 1971): 329.
73. *ES*, vol. 21, pp. 236-237 e 243. Ao rejeitar a idéia de que a menina já seria feminina, Freud estava insistindo no caráter psicológico, em vez de biológico, de sua sexualidade. Conforme escreveu em 1930, "Seria uma solução de simplicidade ideal se pudéssemos supor que, a partir de uma determinada idade, a influência elementar da atração mútua entre os sexos se faz sentir e impele as mulheres jovens em direção aos homens", mas na verdade não o podemos (ibid., vol. 22, p. 119). A sexualidade masculina, obviamente, também era psicológica, mas sua psicologia, com seu precoce objeto feminino e sua inquebrantável catexia do pênis, seguia mais de perto as linhas traçadas pela biologia. Ao contrário da caracterização de muitos críticos, a visão de Freud da sexualidade feminina frisava sua divergência do caminho biológico. Tanto quanto qualquer outra qualidade, esta a colocou no centro do pensamento psicanalítico e da cultura modernista.
74. Ibid., vol. 21, p. 157.
75. Riviere, "Womanliness as a Masquerade". Consulte também James Strachey, Paula Heimann e Lois Munro, "Joan Riviere", *International Journal of Psychoanalysis* 44 (1963): 228-235.
76. *ES*, vol. 23, pp. 250-253.

Capítulo Nove

1. Os conceitos de "público" e "privado" foram "redescobertos" por Hannah Arendt em *A condição humana* (1956). Porém ela usou esses termos no que considerava ser seu sentido na Grécia antiga. No início da década de 1970, sob o impacto da segunda onda do feminismo, esses conceitos foram revisados mais uma vez, a começar pelo meu próprio *Capitalism, the Family, and Personal Life*/O capitalismo, a família e a vida pessoal, publicado inicialmente em *Socialist Revolution* em 1971-1972 e como livro em 1976. *Capitalism, the Family, and Personal Life* historicizou os termos

"público" e "privado", aplicando-os à divisão, iniciada com a industrialização, entre as vidas familiar e econômica.
2. Zeev Sternhell, "Fascism", em *The Blackwell Encyclopedia of Political Thought*/Enciclopédia Blackwell do pensamento político, org. de David Miller (Oxford: Blackwell, 1987), pp. 148-150.
3. O título do estudo de Freud em alemão — *Massenpsychologie*/Psicologia das massas — conota uma certa "comunhão irrefletida" segundo Max Horkheimer e Theodor Adorno, *Aspects of Sociology*/Aspectos da sociologia (1956; reedição, Boston: Beacon Press, 1972), p. 72.
4. *ES*, vol. 23, p. 126.
5. Ibid., vol 18, p. 69.
6. Hippolyte Taine, *Les origines de la France contemporaine*/As origens da França contemporânea (Paris: Hachette, 1875-1893). Freud a Minna Bernays, 3 de dezembro de 1885, é citado em Jones, vol. 1, e em Peter Gay, *Sigmund Freud: uma vida para o nosso tempo/Sigmund Freud: A Life for Our Time*, trad. de Denise Bottmann (São Paulo: Companhia das Letras, 1989, 1ª ed./Nova York: Norton, 1988), p. 60/p. 48. Consulte também Jaap van Ginneken, "The Killing of the Father: The Background of Freud's Group Psychology"/A morte do pai: o pano de fundo da psicologia de grupo de Freud", *Political Psychology 5*, nº 3 (1984): 391-414.
7. *ES*, vol. 18, p. 78.
8. Mary Higgins e Chester M. Raphael (orgs.), *Reich Speaks of Freud*/Reich fala de Freud (Nova York: Farrar, Straus and Giroux, 1967), pp. 20 e 35.
9. Paul Weindling, *Health, Race and German Politics Between National Unification and Nazism, 1870-1945*/Saúde, raça e política alemã entre a unificação nacional e o nazismo, 1870-1945 (Cambridge, U.K.: Cambridge University Press, 1989.
10. Helmut Gruber, *Red Vienna: Experiment in Working-Class Culture, 1919-1934*/Viena vermelha: um experimento em cultura operária, 1919-1934 (Nova York: Oxford University Press, 1991); Otto Felix Kanitz, teórico da educação que pertencia ao partido e seguidor de Max Adler, acreditava que novas formas de educação poderiam ensinar as crianças proletárias a superar seu "complexo de inferioridade social". Anson Rabinbach, *The Crisis of Austrian Socialism*/A crise do socialismo austríaco (Chicago: University of Chicago Press, 1983), pp. 188-189.
11. Paul Robinson, *The Freudian Left: Wilhelm Reich, Geza Roheim, Herbert Marcuse*/A esquerda freudiana: Wilhelm Reich, Geza Roheim, Herbert Marcuse (Nova York: Harper & Row, 1969), p. 53.
12. Rabinbach, *Austrian Socialism*, pp. 32-33.
13. Wilhelm Reich, *People in Trouble*/Gente em perigo (Nova York: Farrar, Straus and Giroux, 1976).
14. Canetti também ficou impressionado com uma manifestação operária que houve em Frankfurt contra o assassinato de Walter Rathenau por anti-semitas direitistas. Segundo escreveu, Freud foi quem marcou o início de sua vida intelectual independente (embora ele só tenha concluído sua resposta a Freud, *Massa e poder*, em 1959). Elias Canetti, *Uma luz em meu ouvido/The Torch in My Ear*, trad. de Kurt Jahn/trad. de Joachim Neugroschel (São Paulo: Companhia das Letras, 2001 — 2ª ed./Nova York: Farrar, Straus and Giroux, 1982), pp. 147-149; Thomas H. Falk, *Elias Canetti* (Nova York: Twayne, 1993), p. 94.
15. Elias Canetti, *Massa e poder*/Crowds and Power (São Paulo: Companhia das Letras, 2005 — 2ª ed./Nova York: Seabury, 1978), p. 29.
16. Segundo Canetti, as fantasias de multidões de Schreber prenunciavam as dos nazistas: ambas usavam o símbolo das multidões próprio do povo alemão, o exército, que provinha das florestas da Alemanha medieval. Ritchie Robertson, "Between Freud and Nietzsche: Canetti's *Crowds and Power*"/Entre Freud e Nietzsche: *Crowds and Power*, de Canetti, em Edward Timms e Ritchie

Robertson (orgs.), *Psychoanalysis in Its Cultural Context*/A psicanálise em seu contexto cultural (Edimburgo: Edinburgh University Press, 1992), pp. 109-124.

17. Gruber, *Red Vienna*, pp. 158 e 161-162. Em *Reforming Sex: The German Movement for Birth Control and Abortion Reform, 1920-1950*/A reforma do sexo: o movimento alemão pela reforma do controle da natalidade e aborto, 1920-1950 (Nova York: Oxford University Press, 1995), Atina Grossman lança um alerta no sentido de evitar que a importância de Reich seja superestimada.
18. *ES*, vol. 21, p. 113 — nota 1.
19. A mais completa exposição que Reich fez de suas idéias acerca do matriarcado encontra-se em "Imposition of Sexual Morality"/Imposição de uma moral sexual (1932), disponível em *Sex-Pol: Essays, 1929-1934*/Sex-pol: ensaios, 1929-1934, org. de Lee Baxandall (Nova York: Vintage, 1972), p. 89 e seguintes.
20. Elisabeth Roudinesco, *História da psicanálise na França: a batalha dos cem anos/Histoire de la psychanalyse en France: la bataille de cent ans*, trad. de Vera Ribeiro (Rio de Janeiro: Jorge Zahar, 1988/Paris: Fayard, 1994), vol. 2, p. 45. Quanto à psicanálise na Rússia, consulte também os artigos que Alexander Luria publicou em 1923, 1924 e 1926, assim como o de Siegfried Bernfeld (1932), em *Internationale Zeitschrift für Psychoanalyse*.
21. Martin A. Miller, "The Origins and Development of Russian Psychoanalysis, 1909-1930"/As origens e o desenvolvimento da psicanálise na Rússia, 1909-1930, *Journal of the American Psychoanalytic Association 14*, nº 1: 132; Alexander Etkind, *Eros of the Impossible: The History of Psychoanalysis in Russia*/O eros do impossível: a história da psicanálise na Rússia, trad. de Noah e Maria Rubins (Boulder, Colo.: Westview Press, 1997), pp. 243-334; "Leon Trotsky and Wilhelm Reich: Five Letters"/Leon Trotsky e Wilhelm Reich: cinco cartas, *International Socialist Review*, vol. 28, nº 5 (1967).
22. Wilhelm Reich, *A revolução sexual/The Sexual Revolution: Toward a Self-Governing Character Structure*, trad. de Ary Blaustein/rev., org. e trad. de Theodore P. Wolfe (Rio de Janeiro: Zahar Editores, 1982 — 8ª ed./Nova York: Farrar, Straus and Giroux, 1969), pp. 123-125, 142-143 e 238. Consulte também Wilhelm Reich, "Dialectical Materialism and Psychoanalysis"/O materialismo dialético e a psicanálise (originalmente surgido em *Under the Banner of Marxism*/Sob a bandeira do marxismo, publicação de Moscou, em 1927) e *The Sexual Struggle of Youth*/A luta sexual da juventude (1932; reimpressão, Londres: Socialist Reproduction, 1972).
23. Higgins e Raphael, *Reich Speaks*, p. 114.
24. Wilhelm Reich, "Die Stellung der Psychoanalyse in der Sowjetunion"/A situação da psicanálise na União Soviética, *Die psychoanalytische Bewegung* nº 4 (1929): 359-368; Moshe Wulff, "Zur Stellung der Psychoanalyse in der Sowjetunion"/Sobre "A situação da psicanálise na União Soviética", *Die psychoanalytische Bewegung* nº 1 (1930): 70-75.
25. Gruber, *Red Vienna*, pp. 158 e 161-162.
26. Num ensaio de 1929, Emil Lederer observou que os dois grupos se uniriam em torno de uma causa comum. O relato contemporâneo mais importante, *White Collar Workers*/Colarinhos-brancos (1930), de Siegfried Kracauer, ressalta a insegurança e a vulnerabilidade emocional da classe média. Segundo Kracauer, esta sofria de um "desabrigo ideacional [...] proveniente do fato de não poder encontrar refúgio no sistema liberal, tão abalado pela crise econômica. Mas tampouco se dispõe a buscar abrigo no marxismo". Kracauer, *Mass Ornament: Weimar Essays*/O ornamento da massa: ensaios de Weimar (Cambridge, Mass.: Harvard University Press, 1995), p. 123. Consulte também Arno Mayer, "The Lower Middle Class as Historical Problem"/A classe média baixa como problema histórico, *Journal of Modern History 47* (setembro de 1975): 409-436.
27. A mentalidade fascista, acrescentou ele, "é a mentalidade do 'homem pequeno', que embora escravizado e desejoso de autoridade, é ao mesmo tempo rebelde". Consulte Wilhelm Reich,

Psicologia de massas do fascismo/The Mass Psychology of Fascism, trad. de Maria da Graça Macedo (São Paulo: Martins Fontes, 2001 — 3ª ed./Nova York: Farrar, Straus and Giroux, 1970), p. 47.

28. Grossman, *Reforming Sex*, pp. 120-121; Gruber, *Red Vienna*, pp. 158-159 e 169-170; Roudinesco, *História*, vol. 2, p. 45; Daniel Burston, *The Legacy of Erich Fromm*/O legado de Erich Fromm (Cambridge, Mass.: Harvard University Press, 1991), p. 208; David Boadella, *Wilhelm Reich: The Evolution of His Work*/Wilhelm Reich: a evolução de sua obra (Boston: Arkana, 1985), pp. 82-83.
29. Segundo Grossman, *Reforming Sex*, pp. 120-121, a SEXPOL era a Comissão ou Liga pela Reforma Sexual Proletária do Partido Comunista da Alemanha.
30. Freud a Ferenczi, 24 de janeiro de 1932, *Freud-Ferenczi*, vol. 3, p. 426; Jones, vol. 3, p. 166; Robinson, *Freudian Left*, pp. 36-37. A caracterização da visão de Reich como "absurda" por Freud consta em *Diário de Sigmund Freud, 1929-1939: crônicas breves/The Diary of Sigmund Freud: A Record of the Final Decade*, organização, introdução e comentários de Michael Molnar, trad. de Francis Rita Apsan (Porto Alegre: Artmed, 2000/Nova York: Scribners; Toronto: Maxwell Macmillan Canada; Nova York: Maxwell Macmillan International, 1992), p. 119. O texto da nota editorial proposta por Freud encontra-se em Higgins e Raphael, *Reich Speaks*, p. 155.
31. Anna Freud a Jones, 27 de abril de 1933, CFA/F01/30; Jones a Anna Freud, 9 de dezembro de 1933, CFA/F01/06; Anna Freud a Jones, 1 de janeiro de 1934, CFA/F01/06, Arquivos da British Psychoanalytic Society, doravante BPS.
32. Karl Fallend e Bernd Nitzschke, orgs., *Der "Fall" Wilhelm Reich zum Verhältnis von Psychoanalyse und Politik*/O "caso" Wilhelm Reich com relação à psicanálise e à política (Frankfurt: Suhrkamp, 1997); Zvi Lothane, "The Deal with the Devil to 'Save' Psychoanalysis in Nazi Germany"/Um pacto com o diabo para "salvar" a psicanálise na Alemanha nazista, *The Psychoanalytic Review* 88 (2001): 197-224.
33. Wilhelm Reich, *A função do orgasmo: problemas econômico-sexuais da energia biológica/The Function of the Orgasm: Sex-Economic Problems of Biological Energy*, trad. de Maria da Glória Novak/trad. de Theodore P. Wolfe (São Paulo: Brasiliense, 1995 — 19ª ed./Nova York: Noonday Press, 1961), p. 265; Higgins e Raphael, *Reich Speaks*, pp. 189 e 255-261.
34. Citada em Russell Jacoby, *The Repression of Psychoanalysis*/O recalque da psicanálise (Nova York: Basic Books, 1983), p. 82.
35. Robinson, *Freudian Left*, p. 56.
36. Citado em Geoffrey N. Cocks, *Psychotherapy in the Third Reich: The Göring Institute*/A psicoterapia no Terceiro Reich: o Instituto Göring (Nova York: Oxford University Press, 1985), p. 88. Consulte também Geoffrey N. Cocks, "The Professionalization of Psychotherapy in Germany, 1928-1949"/A profissionalização da psicoterapia na Alemanha, 1928-1949, em *German Professions: 1800-1950*/As profissões liberais na Alemanha: 1800-1950, org. de Geoffrey Cocks e Konrad Jarausch (Nova York: Oxford University Press, 1990), pp. 308-328.
37. Molnar, *Diário*, entrada de 17 de abril de 1933. Além do material citado, meu relato baseia-se também em Regine Lockot, *Erinnern und Durcharbeiten: Zur Geschichte der Psychoanalyse und Psychotherapie im Nationalsozialismus*/Lembrar e analisar: história da psicanálise e psicoterapia no nacional-socialismo (Giessen: Psychosozial-Verlag, 2002), e Karen Brecht et al., *Here Life Goes On in a Most Peculiar Way*/Aqui a vida segue da maneira mais curiosa (Hamburgo: Kellner Verlag, s.d.).
38. *Einführung in die Psychoanalyse*/Introdução à psicanálise (1927), de Harald Schultz-Hencke, frisa o papel da cultura e da vida adulta na "extinção" dos desejos infantis e representou, nesse sentido, um ponto de vista oposto ao de Reich. Tanto Reich quanto Schultz-Hencke foram importantes influências para Karen Horney.

39. Jones, vol. 3, p. 185 e seguintes; Cocks, *Psychotherapy*, p. 90. Isso, por sua vez, era parte de uma migração mais ampla. Enquanto em 1933 havia cerca de dois mil psiquiatras na Alemanha, em 1939 restavam apenas seiscentos. Edward Timms e Naomi Segal (orgs.), *Freud in Exile: Psychoanalysis and Its Vicissitudes*/Freud no exílio: a psicanálise e suas vicissitudes (New Haven, Conn.: Yale University Press, 1988), p. 54; Uwe Henrick Peters, "The Psychoanalytic Exodus: Romantic Antecedents and the Loss of German Intellectual Life", em *Freud in Exile*, pp. 65-79; Susan Quinn, *A Mind of Her Own: The Life of Karen Horney*/Uma pensadora independente: a vida de Karen Horney (Nova York: Summit Books, 1987), p. 241. Eitingon estava na Palestina durante a maior parte do período crítico.
40. Anna Freud a Jones, 18 de agosto de 1934, CFA/F02/10, BPS.
41. *Psychoanalysis and Contemporary Thought II*, nº 2 (1988): Norbert Freedman, "The Settting and the Issues"/O contexto e os problemas, pp. 200-202; Anna Antonovsky, "Aryan Analysis and Nazi German"/A análise ariana e a Alemanha nazista, pp. 218-219; Karen Brecht, "Adaptation and Resistance: Reparation and the Return of the Repressed"/Adaptação e resistência: reparação e o retorno do recalcado, p. 235; Robert S. Wallerstein, "Psychoanalysis in Nazi German: Historical and Psychoanalytic Lessons"/A psicanálise na Alemanha nazista: lições históricas e psicanalíticas, p. 356. Consulte também Edith Kurzweil, *The Freudians: A Comparative Perspective*/Os freudianos: uma perspectiva comparatista (New Haven, Conn.: Yale University Press, 1989), p. 48.
42. A carta consta em Bernd Nitzschke, "La psychanalyse considerée comme une science <a>-politique"/A psicanálise vista como ciência (a)política, *Revue internationale d'histoire de la psychanalyse*, nº 5 (1992): 174.
43. Anna Freud também achava que Edith Jacobson havia sido "descuidada" e colocado o movimento analítico em risco: consulte a Sra. Hoel a Jones, 4 de janeiro de 1935, G07/BC/F01, BPS.
44. Jones, vol. 3, p. 185 e seguintes; Cocks, *Psychotherapy*, Kurzweil, *Freudians*, p. 48; Dirk Juelich, "Critique of Civilization and Psychoanalytic Identity"/Crítica da civilização e identidade psicanalítica, *Psychoanalysis and Contemporary Thought II*, nº 2 (1988): 321-335. Quanto a *Gleichsaltung*, consulte Renata Bridenthal, Atina Grossman e Marion Kaplan, *When Biology Becomes Destiny: Women in Weimar and Nazi Germany*/Quando a biologia se transforma em destino: as mulheres de Weimar e da Alemanha nazista (Nova York: Monthly Review Press, 1984), p. 21.
45. Citado em Aryeh Maidenbaum e Stephen E. Martin, orgs., *Lingering Shadows: Jungians, Freudians, and Anti-Semitism*/Sombras persistentes: junguianos, freudianos e anti-semitismo (Boston: Shambala, 1991), p. 37.
46. Jones a Anna Freud, 11 de novembro de 1935, G07/GC/F01/15, BPS.
47. Van Ophuijsen a Jones, 18 de julho de 1933, COA/F06/56, BPS.
48. Jones, vol. 3, pp. 296-301.
49. Edith Kurzweil, "The New York Psychoanalysts Between 1933 and 1944"/Os psicanalistas nova-iorquinos entre 1933 e 1944, artigo inédito.
50. Fenichel a Jones, BPS.
51. Anna Freud a Jones, 3 de novembro de 1936, BPS.
52. Molnar, *Diário*, p. 300.
53. Esse era o assim chamado Gruppe A, que tinha entre quatro e quatorze membros. Segundo alguns relatos, fotografias de Hitler e Freud eram penduradas lado a lado.
54. Molnar, *Diário*, p. 209; Richard F. Sterba, *Reminiscences of a Viennese Psychoanalyst*/Recordações de um psicanalista vienense (Detroit: Wayne State University Press, 1982).

55. Norbert Freedman, "Settting", p. 200; Brecht, "Adaptation", pp. 240-241; Marie Langer, *From Vienna to Managua: Journey of a Psychoanalyst*/De Viena a Manágua: o percurso de uma psicanalista (Londres: Free Association Books, 1989), pp. 1 e 78-80.
56. Elisabeth Roudinesco, *História da psicanálise na França: a batalha dos cem anos*/*Histoire de la psychanalyse en France: la bataille de cent ans*, trad. de Vera Ribeiro (Rio de Janeiro: Jorge Zahar, 1988/Paris: Ramsay, 1982; Seuil, 1986), pp. 181-221 e 395-411.
57. Roudinesco, *História*, vol. 2, p. 170 e seguintes; Elisabeth Roudinesco, "Documents concernant l'histoire de la psychanalyse en France durant l'Occupation"/Documentos relativos à história da psicanálise na França durante a Ocupação, *Confrontations 16* (outono de 1986): 243-278; Alain de Mijolla, "La psychanalyse et les psychanalystes en France, 1939-1945"/A psicanálise e os psicanalistas na França, 1939-1945, *Revue internationale d'histoire de la psychanalyse*, nº 1 (1988): 167-222.
58. Paul Roazen, "Psychoanalytic Ethics: Edoardo Weiss, Freud, and Mussolini"/Ética psicanalítica: Edoardo Weiss, Freud e Mussolini, *Journal of the History of the Behavioral Sciences* 27 (outubro de 1991): 370; A. M. Accerboni, "Psychoanalysis and Fascism, Two Incompatible Approaches: The Difficult Role of Edoardo Weiss"/Psicanálise e fascismo, duas abordagens incompatíveis: o difícil papel de Edoardo Weiss, *Review of the International History of Psychoanalysis 1* (1988): 225-240; Glauco Carloni, "Freud and Mussolini: A Minor Drama in Two Acts, One Interlude, and Five Characters"/Freud e Mussolini: drama menor em dois atos, um interlúdio e cinco personagens, *L'Italia nella Psicoanalisis* (1989): 51-60.
59. H. Stuart Hughes, *The Sea Change: The Migration of Social Thought, 1930-1965*/A grande transformação: a migração do pensamento social, 1930-1965 (Nova York: Harper & Row, 1975), p. 10; Jones, vol. 3, pp. 180 e 221. Quanto a Levi-Bianchini, consulte Abraham a Freud, 31 de outubro de 1914, *Freud-Abraham*, p. 201. A oferta de auxílio de Mussolini, citada por Jones e Hughes, ainda é uma questão que exige investigação acadêmica.
60. Ferenczi havia ficado ressentido com o fracasso de sua candidatura à presidência da IPA no fim da década de 20, apesar de Freud haver tentado levá-lo ao cargo em 1931. Ferenczi acabou ficando com fama de "refúgio de causas perdidas". Michael Balint, "Sándor Ferenczi, Obit 1933"/Sándor Ferenczi, obituário — 1933, *International Journal of Psychoanalysis* 30 (1949): 30 e 215-219; Michel Franz Basch, "The Self-Object Theory of Motivation and the History of Psychoanalysis"/A teoria da motivação do objeto do eu e a história da psicanálise, em *Kohut's Legacy*/O legado de Kohut, org. de Paul Stepansky e Arnold Goldberg (Hillsdale, N.J.: Analytic Press, 1984), p. 10.
61. Molnar, *Diário*, p. 111.
62. Freud a Eitingon, 9 de janeiro de 1932, citado em Molnar, *Diário*, p. 119.
63. Em suas palavras: "A frieza contida, a hipocrisia profissional e — oculta atrás delas, mas jamais revelada — a antipatia pelo paciente que, apesar de tudo, sente com toda a intensidade — uma situação como essa não é essencialmente distinta daquela que, na infância [do paciente], leva à doença." Sándor Ferenczi, "Confusion of Tongues Between Adults and the Child"/Confusão de línguas entre os adultos e a criança, em *Final Contributions to the Problems and Methods of Psychoanalysis*/Últimas contribuições aos problemas e métodos da psicanálise (Londres: Hogarth Press, 1955), pp. 159-160.
64. O pai, como qualquer outro membro, "estaria sujeito a críticas minuciosas, as quais ele aceitaria, não com a absurda superioridade do *pater familias*". Sándor Ferenczi, "Über den Lehrgang des Psychoanalytikers"/Sobre o curso dos psicanalistas, em *Bausteine zur Psychoanalyse, Band III: Arbeiten aus den Jahren 1908-1933*/Fundamentos da psicanálise, vol. III: trabalhos publicados entre 1908 e 1933 (Berna: Huber, 1964), pp. 468-489; André E. Haynal, *A técnica em questão — controvérsias no método psicanalítico: de Freud e Ferenczi a Michael Balint*/*Controversies in Psychoa-*

nalytic Method: From Freud and Ferenczi to Michael Balint, trad. de Giselle Groeninga de Almeida et al. (São Paulo: casa do Psicólogo, 1995/Nova York: New York University Press, 1989), pp. 27-28. Ao preparar-se para o congresso de Wiesbaden em 1932, Ferenczi leu sua defesa da teoria da sedução a Freud, que assim a descreveu numa carta a Anna: "Escutei assombrado. Ele regressou de vez às idéias etiológicas em que eu acreditava e que abandonei há 35 anos. [...] Nem uma palavra sobre a técnica com a qual ele obtém esse material." Consulte Molnar, *Diário*, 2 de setembro de 1932, p. 131. No congresso, Ferenczi não se deteve diante das tentativas de silenciá-lo. Além do complexo de Édipo, insistiu ele, "é preciso que demos uma profunda importância ao afeto incestuoso recalcado pelos adultos, que é mascarado como ternura". Consulte Sándor Ferenczi, "The Principle of Relaxation and Neocatharsis"/O princípio do relaxamento e a neocatarse, em *Internationale Zeitschrift* (1930), reimpresso em Ferenczi, *Final Contributions*. A última parte da citação consta em itálico no original.

65. Balint a Ernest Jones, 22 de janeiro de 1954, CBC/F02/II, BPS.
66. Sigmund Freud, "In Memoriam S. Ferenczi", *International Journal of Psychoanalysis* 14 (1933): 299.
67. Peter Kutter, *Psychoanalysis International: A Guide to Psychoanalysis Throughout the World*/Psicanálise internacional: guia da psicanálise no mundo (Stuttgart: Fromman-Holzboog, 1992).
68. Benjamin Harris e Adrian Brock, "Otto Fenichel and the Left Opposition in Psychoanalysis"/Otto Fenichel e a oposição esquerdista na psicanálise, *Journal of the History of the Behavioral Sciences* 27 (outubro de 1991): 159.
69. Jacoby, *Repression*, pp. 90, 105, 96 e 132. Um exemplo do pensamento freudiano-marxista de Fenichel está em seu artigo "Psychoanalysis as the Nucleus of a Future Dialectical Materialist Psychology"/A psicanálise como núcleo de uma futura psicologia dialética materialista, *American Imago* 24, nº 4 (inverno de 1967): 290-311.
70. Landauer havia emigrado para a Holanda antes de sua prisão. Christine Brinkgreve, "The Psychoanalytic Underground (Holland, 1940-1945)"/Os subterrâneos psicanalíticos (Holanda, 1940-1945), *Current Issues in Psychoanalytic Practice* 3, nº 1 (Nova York: Haworth Press, 1986); Ernst Federn, *Witnessing Psychoanalysis: From Vienna Back to Vienna via Buchenwald and the USA*/Testemunhando a psicanálise: de Viena a Viena via Buchenwald e EUA (Londres: Karnac, 1990). Entrevista com Ernst Federn em Viena, novembro de 1994.
71. *Freud-Jung*, pp. 260 — nota 4 — e 411 — nota 4.
72. Maurice Haber, "Belgium"/Bélgica, em Kutter, org., *Psychoanalysis International*, vol. I, p. 25.
73. Frederik van Gelder, "Psychoanalysis and the Holocaust"/A psicanálise e o holocausto, *Institut für Sozialforschung* 6: 81. Ao que tudo indica, Frankl esteve no campo por algumas horas.
74. William M. Johnston, *The Austrian Mind: An Intellectual and Social History, 1848-1938*/A mentalidade austríaca: uma história intelectual e social, 1848-1938 (Berkeley: University of California Press, 1983), p. 381.
75. Gottfried R. Bloch, *Unfree Associations: A Psychoanalyst Recollects the Holocaust*/Associações nada livres: um psicanalista relembra o holocausto (Los Angeles: Red Hen Press, 1999).
76. Elisabeth Roudinesco e Michel Plon, *Dicionário de psicanálise/Dictionnaire de la psychanalyse*, trad. de Vera Ribeiro e Lucy Magalhães, supervisão da edição brasileira Marco Antônio Coutinho Jorge (Rio de Janeiro: Jorge Zahar, 1998/Paris: Fayard, 1997), p. 906.
77. Gay, *Freud*, p. 460; Ruth Jaffe, "Moshe Wulff", em Franz Alexander et al., *Psychoanalytic Pioneers*/Pioneiros da psicanálise (New Brunswick, N.J.: Transaction, 1995), pp. 200-209. A mais antiga prova do interesse da *intelligentsia* judia palestina pela psicanálise é uma carta de 1910 ao folclorista judeu Alter Druyanov, na qual Freud nega que sua teoria dos sonhos devesse alguma coisa ao Talmude, citando, em vez disso, suas afinidades com as teorias helênicas dos sonhos.
78. Jones, vol. 3, p. 30.

79. Martin Shepherd, *Fritz* (Nova York: Dutton, 1975).
80. Wulf Sachs, *Black Anger*/Ira negra, citado em Saul Dobow, introdução a Wulf Sachs, *Black Hamlet*/O Hamlet negro (Baltimore: Johns Hopkins University Press, 1996), p. 27.
81. Marcia Reynders Ristaino, *Port of Last Resort: The Diaspora Communities of Shanghai*/Porto do último refúgio: as comunidades diaspóricas de Xangai (Stanford, Calif.: Stanford University Press, 2001), p. 131; Kutter, *Psychoanalysis International*, vol. 2, p. 97.
82. Arnaldo Rascovsky, "Notes on the History of the Psychoanalytic Movement in Latin America"/Notas sobre a história do movimento psicanalítico na América Latina, em *Psychoanalysis in the Americas: Original Contributions from the First Pan-American Congress for Psychoanalysis*/A psicanálise nas Américas: contribuições originais do Primeiro Congresso Pan-americano de Psicanálise, org. de Robert E. Litman (Nova York: International Universities Press, 1966); Jorge Balán, *Cuéntame tu vida: Una biografía colectiva del psicoanálisis argentino*/Conta-me tua vida: uma biografia coletiva da psicanálise argentina (Buenos Aires: Planeta Espejo de la Argentina, 1991); Mariano Ben Plotkin, "Freud, Politics, and the *Porteños*: The Reception of Psychoanalysis in Buenos Aires, 1910-1943"/Freud, a política e os portenhos: a recepção da psicanálise em Buenos Aires, 1910-1943, *Hispanic American Historical Review* 77, nº 1 (fevereiro de 1997).
83. Marie Langer, *From Vienna to Managua: Journey of a Psychoanalyst*/De Viena to Manágua: o percurso de uma psicanalista (Londres: Free Association Books, 1989).
84. Citado em E. Fuller Torrey, *Freudian Fraud: The Malignant Effect of Freud's Theory on American Thought and Culture*/A fraude freudiana: o efeito nocivo da teoria de Freud sobre o pensamento e a cultura norte-americanos (Nova York: HarperCollins, 1992), pp. 35-37. Em 1933, com um artigo intitulado "Farewell to Freud"/Adeus a Freud, o *Commonweal* afirmou que a psicanálise havia chegado ao "fim de seu curso". Em 1935, foi a vez de o *American Mercury* publicar um artigo chamado "The Twilight of Psychoanalysis"/O crepúsculo da psicanálise.
85. Franz Alexander, "Psychoanalysis Comes of Age"/A psicanálise atinge a maioridade, *Psychoanalytic Quarterly* 7 (1938): 99-106.
86. K. R. Eissler, *Medical Orthodoxy and the Future of Psychoanalysis*/A ortodoxia médica e o futuro da psicanálise (Nova York: International Universities Press, 1965), p. 232 — nota 50.
87. Jones, vol. 3, p. 300; Clarence Oberndorf, *A History of Psychoanalysis in America*/Uma história da psicanálise nos Estados Unidos (Nova York: Grunne and Stratton, 1953), pp. 180-181.
88. Elisabeth Young-Bruehl, *Anna Freud: uma biografia/Anna Freud: A Biography,* trad. de Henrique de Araújo Mesquita (Rio de Janeiro: Imago, 1992/Nova York: Summit Books, 1988), p. 262; Jones, vol. 3, p. 300; Oberndorf, *History*, p. 204; Bertram Lewin e Helen Ross, *Psychoanalytic Education in the United States*/A formação psicanalítica nos Estados Unidos (Nova York: Norton, 1960), pp. 6-7; "Minimal Standards for the Training of Physicians in Psychoanalysis"/Padrões mínimos para o treinamento de médicos em psicanálise, *Bulletin of the American Psychoanalytic Association* 1 (1937-1938): 35-37. Jones escreveu a Anna Freud em 4 de maio de 1938 acerca da "nova postura norte-americana de considerar sua Associação como separada da Internacional" (OFF/F01/17, BPS).
89. Freud a Jelliffe, 9 de fevereiro de 1939, em John C. Burnham e William McGuire, *Jelliffe, American Psychoanalyst and Physician: His Correspondence with Sigmund Freud and C. G. Jung*/Jelliffe, psicanalista e médico norte-americano: sua correspondência com Sigmund Freud e C. G. Jung (Chicago: University of Chicago Press, 1983), p. 279; *ES* vol. 21, pp. 254-255. Oberndorf, *History*, p. 172. Freud também referiu-se aos Estados Unidos como "um erro gigantesco". Linda Donn, *Freud e Jung: anos de amizade, anos de perda/Freud and Jung: Years of Friendship, Years of Loss*, trad. de Therezinha Santos (Rio de Janeiro: Civilização Brasileira, 1991/Nova York: Scribners, 1988), p. 111; Freud a Jones, 12 de abril de 1921, *Freud-Jones*, p. 419; Jones, vol. 2, p.

60. Segundo Freud afirmou em carta a Eitingon em 1932, Brill teria "o anti-semitismo norte-americano, ultimamente gigantesco, contra ele". Gay, *Freud*, pp. 497 e 562-570. O comentário acerca de Brill é citado na página 563.
90. Gay, *Freud*, p. 513/p. 566; Franz Alexander, *The Western Mind in Transition: An Eyewitness Story*/A mente ocidental em transição: relato de uma testemunha ocular (Nova York: Random House, 1960), p. 99; Alexander, "Sandor Rádo", em Alexander et al., *Psychoanalytic Pioneers*, p. 243; Jacques M. Quen e Eric T. Carlson, *American Psychoanalysis: Origins and Developments*/A psicanálise norte-americana: origens e desenvolvimento (Nova York: Brunner/Mazel, 1978).
91. Transcrito de *Tribute to Freud*/Tributo a Freud, de H. D., em William H. Gass, *The World Within the World*/Um mundo dentro do mundo (Boston: David R. Godine, 1978), p. 214.
92. Freud a Zweig, 5 de março de 1939, *The Letters of Sigmund Freud and Arnold Zweig*/As cartas de Sigmund Freud e Arnold Zweig, org. de Ernst Freud (Nova York: Harcourt, Brace, 1970), p. 179.
93. Rolf Wiggershaus, *A Escola de Frankfurt: história, desenvolvimento teórico e significação política*/*The Frankfurt School: Its History, Theories, and Political Significance*, trad. de Lyliane Deroche Gurgel e Vera de Azambuja Harvey/trad. de Michael Robertson (Rio de Janeiro: DIFEL, 2002/Cambridge, Mass.: MIT Press, 1994), p. 113.
94. Ibid., passim; Gay, *Freud*, p. 517/p. 571. Dentre os fundadores da psicologia de grupo na Inglaterra, também fizeram parte do Instituto de Frankfurt Ernst Schneider e os Foulkes. Alexander et al., *Psychoanalytic Pioneers*, p. 340.
95. Erich Fromm, *The Working Class in Weimar Germany: A Psychological and Sociological Study*/A classe operária na Alemanha de Weimar: um estudo psicológico e sociológico (Cambridge, Mass.: Harvard University Press, 1984); Wiggershaus, *Escola de Frankfurt*, pp. 52-60. Gershom Scholem queixou-se de que alguns de seus melhores alunos, como Fromm, "analisavam-se a ponto de perder seu judaísmo ortodoxo". Gershom Scholem, *De Berlim a Jerusalém*/*From Berlin to Jerusalem: Memories of My Youth* (São Paulo: Perspectiva, 1991/Nova York: Schocken, 1980), p. 156.
96. Erich Fromm, "The Theory of the Mother and Its Relevance for Social Psychology"/A teoria da mãe e sua relevância para a psicologia social, originalmente publicado no *Zeitschrift für Sozialforschung* (1934) e reimpresso em *The Crisis of Psychoanalysis*/A crise da psicanálise (Nova York: Holt, Rinehart and Winston, 1970), pp. 84-109; Martin Jay, *The Dialectical Imagination: A History of the Frankfurt School and the Institute of Social Research, 1923-1950*/A imaginação dialética: história da Escola de Frankfurt e do Instituto de Pesquisa Social, 1923-1950 (Boston: Little, Brown, 1973), p. 95.
97. Erich Fromm, "The Social Psychological Significance of Matriarchal Theory"/A importância psicológico-social da teoria matriarcal, *Zeitschrift für Sozialforschung* (1934); Wiggershaus, *Escola de Frankfurt*, pp. 151-155.
98. Siegfried Kracauer, "Girls and Krise"/Garotas e Krise (1931), *Frankfurter Seitung*, citado em Patrice Petro, "Discourse on Sexuality"/Discurso sobre a sexualidade, *New German Critique* 57 (1987): 137.
99. Kracauer, *Mass Ornament*, p. 24.
100. Roland Marchand, *Advertising the American Dream*/Vendendo o sonho americano (Berkeley: University of California Press, 1986), p. 146.
101. Henry M. Sayre, *The Object of Performance: The American Avant Garde Since 1970*/O objeto da *performance*: a vanguarda norte-americana a partir de 1970 (Chicago: University of Chicago Press, 1989), p. 10, citando Thomas Crow.
102. Adorno a Horkheimer, 8 de junho de 1935, citado em Wiggershaus, *Escola de Frankfurt*, p. 194.

103. Theodor W. Adorno, "Notizen zur neuen Anthropologie"/Notas sobre a nova antropologia (Frankfurt am Main: espólio de Adorno, 1973), p. 6. Theodor Adorno, "Sociology and Psychology"/Sociologia e psicologia, *New Left Review* nº 46 (novembro-dezembro de 1967): 67-80 e nº 47 (janeiro-fevereiro de 1968): 79-97.
104. Theodor W. Adorno, "Freudian Theory and Patterns of Fascist Propaganda"/Teoria freudiana e padrões da propaganda fascista, em *The Frankfurt School Reader*/Antologia da Escola de Frankfurt, org. de Andrew Arato e Eike Gebhardt (Nova York: Urizen Books, 1978), pp. 134-135; Herbert Marcuse, *Five Lectures*/Cinco conferências (Boston: Beacon Press, 1970), pp. 45, 47, 50 e 61.
105. Quando a guerra acabou, Adorno escreveu a Horkheimer: "Nossa relação com os pais começa a sofrer uma transformação sombria e triste. Com a impotência econômica, eles perderam o caráter formidável que assumiam a nossos olhos." Max Horkheimer e Theodor Adorno, *Dialética do esclarecimento/Dialectic of Enlightenment*, trad. de Guido de Almeida (Rio de Janeiro: Jorge Zahar, 1985/Nova York: Herder & Herder, 1972), p. 203.
106. Richard Wolin, *Walter Benjamin: An Aesthetic of Redemption*/Walter Benjamin: uma estética da redenção (Nova York: Columbia University Press, 1982), p. 127 e seguintes.
107. Outra figura que lutou com os surrealistas e também com a psicanálise foi Georges Bataille. Seu ensaio "The Notion of Expenditure"/A idéia de gasto (1933) atacava todas as formas de utilitarismo que se relacionavam à família tradicional e reproduziam "o modo servil das relações pai/filho". A seu ver, a psicanálise simplesmente fomentava a submissão às regras cotidianas da vida familiar. E ele, por sua vez, afirmava as atividades sociais que iam além da produção: por exemplo, o luxo, o luto, a guerra, os cultos, a construção de monumentos suntuários, os jogos, espetáculos, artes e ainda a atividade sexual perversa (isto é, desviada da genitalidade e, por isso, da reprodução). Em *Psychological Structure of Fascism*/Estrutura psicológica do fascismo, escrito em 1933, ele rejeitou *Group Psychology*/Psicologia de grupo de Freud porque esta se baseava no modelo do recalque. Em vez disso, Bataille via "a divisão do heterogêneo" como uma forma de exclusão resultante da criação de limites que só podem ser transgredidos violentamente. Freud, insistiu Bataille, não compreendia a necessidade de transgressão. Para ele, o fascismo estava triunfando porque entendia "o caráter transgressor, antiutilitário e, por conseguinte, revolucionário que há na renúncia a si mesmo".
108. Freud a Andreas-Salomé, 6 de janeiro de 1935, *Freud-Salomé*, p. 205.
109. Freud a Zweig, 17 de novembro de 1937, citado em Max Schur, *Freud, vida e agonia/Freud, Living and Dying*, trad. de Marco Aurélio de Moura Matos (Rio de Janeiro: Imago, 1981/Nova York: International Universities Press, 1972), p. 492.
110. Freud a Bonaparte, 23 de fevereiro de 1938, citado em Gay, *Freud*, p. 618.
111. *ES*, vol. 22, p. 179. Em 1937, Freud respondeu a uma carta que argumentava que nem Marx nem Engels negavam a influência de idéias e fatores do superego dizendo que "isso invalida o principal contraste entre o marxismo e a psicanálise que eu julgava existir". Jones, vol. 3, p. 345.
112. *ES*, vol. 21, pp. 111-112.
113. Ibid., p. 113.
114. Richard F. Sterba, *Reminiscences of a Viennese Psychoanalyst*/Recordações de um psicanalista vienense (Detroit: Wayne State University Press, 1982), p. 116.
115. Heinz Hartman, *Ego Psychology and the Problem of Adaptation*/A psicologia do ego e o problema da adaptação (Nova York: International Universities Press, 1982), p. 116.
116. *ES*, vol. 22, pp. 247-248; itálico no original.
117. Ibid., vol. 23, pp. 106-107.

118. Ibid., vol. 21, p. 141.
119. Ibid., vol. 23, p. 109.
120. Molnar, *Diário*, 13 de outubro de 1935, p. 191.
121. Freud a Andreas-Salomé, 6 de janeiro de 1935, *Freud-Salomé*, p. 204 e seguintes.
122. Freud a Jones, 3 de março de 1936, *Freud-Jones*, p. 751. Leo Strauss e Gershom Scholem estavam entre os que condenaram Freud por isso.
123. *ES*, vol. 23, p. 43.
124. Freud a Zweig, setembro de 1934, citado em Kurzweil, *Freudians*, p. 293.
125. *ES*, vol. 23, p. 136.
126. Evan Burr Bukey, *Hitler's Austria: Popular Sentiment in the Nazi Era, 1938-1945*/A Áustria de Hitler: o sentimento popular na era nazista, 1938-1945 (Chapel Hill: University of North Carolina Press, 2000), p. 131.
127. Young-Bruehl, *Anna Freud*, pp. 224, 226 e 227.
128. George Sylvester Viereck, *Glimpses of the Great*/Vislumbres da grandeza (Nova York: Macaulay, 1930), p. 30; M. Johnson, "Pro-Freud and Pro-Nazi: The Paradox of George S. Viereck"/Pró-Freud e pró-nazismo: o paradoxo de George S. Viereck, *Psychoanalytic Review* 58 (1971-1972): 553-562.
129. *ES*, vol. 13, p. xv.
130. Citado em Gay, *Freud*, p. 540, 541/p. 597. Quanto ao "Muro de Herodes", consulte Sigmund Freud a Chaim Koffler, 26 de fevereiro de 1930, Coleção Schwadon de autógrafos, Universidade e Biblioteca Nacional Judaicas, Jerusalém. Após dissolver a Sociedade Psicanalítica de Viena, Freud invocou a memória do Rabi Jochanan ben Zakkai, o qual, depois que Tito destruiu o Segundo Templo, retirou-se para o deserto a fim de dar início a uma escola de estudos da Torá. Citado na introdução em Molnar, *Diário*, p. xxiv; Sander L. Gilman, *Freud, raças e sexos*/Freud, Race, and Gender, trad. de Júlio Castanon Guimarães (Rio de Janeiro: Imago, 1994/Princeton, N.J.: Princeton University Press, 1993), p. 35.
131. *ES*, vol. 23, p. 301.
132. À exceção de Richard e Edith Sterba e August Aichhorn, todos os membros da Sociedade Psicanalítica de Viena eram exclusivamente judeus.

Capítulo Dez

1. *ES*, vol. 17, p. 245.
2. Stephen A. Marglin e Juliet B. Schor, orgs., *The Golden Age of Capitalism: Reinterpreting the Postwar Experience*/A era de ouro do capitalismo: reinterpretando a experiência do pós-guerra (Nova York: Oxford University Press, 1990).
3. Um exemplo disso está na afirmativa de Aneurin Bevan (1948): "Nenhuma sociedade pode legitimamente chamar-se civilizada se um doente deixar de receber assistência médica por falta de meios". Citação extraída do *New York Times*, 30 de janeiro de 1997.
4. Peter Stansky e William Abrahams, *London's Burning: Life, Death, and Art in the Second World War*/Londres em chamas: vida, morte e arte na Segunda Guerra Mundial (Londres: Constable, 1994), p. 84. *After the Deluge: A Study of Communal Psychology*/Depois do dilúvio: um estudo de psicologia coletiva, de Leonard Woolf, oferece outro exemplo das influências contraditórias de Marx e Freud na Inglaterra da década de 1930. Woolf retratou a história como o resultado da interação de três mundos: o inconsciente, a psicologia coletiva e a estrutura social. *After the Deluge* foi publicado entre 1931 e 1939 e, em 1953, ampliado e republicado com o título de

Principia Politica. Leonard Woolf, *Principia Politica: A Study of Communal Psychology*/Princípios políticos: um estudo de psicologia coletiva (Londres: Hogarth Press, 1953). Consulte também Ted Winslow, "Bloomsbury, Freud, and the Vulgar Passions"/Bloomsbury, Freud e as paixões vulgares, *Social Research 57*, nº 4 (inverno de 1990): 782-819.

5. "É melhor o homem tiranizar seu saldo bancário que seus concidadãos." Keynes, citado em "Bloomsbury, Freud", pp. 815-816.
6. Até então — e mesmo depois — a indústria britânica permaneceu em boa medida sob controle familiar. Para uma discussão mais pormenorizada, consulte J. Urry, "Scientific Management and the Service Class"/A administração científica e a classe de serviços, em *Production, Work, Territory: The Geographical Anatomy of Industrial Capitalism*/Produção, trabalho, território: a anatomia geográfica do capitalismo industrial, Allen J. Scott e Michael Storper, orgs. (Boston: Allen and Unwin, 1986), p. 58.
7. Ross McKibbin, *Classes and Cultures: England, 1918-1951*/Classes e culturas: Inglaterra, 1918-1951 (Nova York: Oxford University Press, 1998), p. 87.
8. Raymond Williams, "The Bloomsbury Fraction"/Um pouco de Bloomsbury, em *Problems in Materialism and Culture: Selected Essays*/Problemas do materialismo e da cultura: ensaios selecionados (Londres e Nova York: Verso, 1980), p. 149.
9. Paul Johnson, *Tempos modernos: o mundo dos anos 20 aos 80/Modern Times: The World from the Twenties to the Eighties,* trad. de Gilda de Brito MacDowell e Sérgio Maranhão da Mata (Rio de Janeiro: Instituto Liberal — Bibliex Cooperativa, 1994/Nova York: Harper & Row, 1983), p. 167.
10. John Maynard Keynes, "My Early Beliefs"/Minhas primeiras convicções (1938), citado em Robert Skidelsky, *Keynes*/John Maynard Keynes, trad. de José Carlos Miranda e Luzia Machado Costa (Rio de Janeiro: Jorge Zahar, 1999/Nova York: Penguin, 1983), p. 141.
11. Elizabeth Abel, *Virginia Woolf and the Fictions of Psychoanalysis*/Virginia Woolf e as ficções da psicanálise (Chicago: University of Chicago Press, 1989), p. 25 e seguintes.
12. Perry Meisel e Walter Kendrick, orgs., *Bloomsbury/Freud: The Letters of James and Alix Strachey, 1924-1925*/Bloomsbury/Freud: as cartas de James e Alix Strachey, 1924-1925 (Nova York: Basic Books, 1985), p. 45.
13. Felix Boehm afirmou em 1933 — errada porém sintomaticamente — que a British Psychoanalytic Society tinha apenas um membro judeu, presumivelmente Melanie Klein. Karen Brecht et al., *Here Life Goes On in a Most Peculiar Way*/Aqui a vida segue da maneira mais curiosa (Hamburgo: Kellner Verlag, s.d.), p. 133.
14. Charles Rycroft, *Psychoanalysis and Beyond*/A psicanálise e mais além (Chicago: University of Chicago Press, 1985), p. 34.
15. Klein a Jones, 24 de outubro de 1926, citada em Phyllis Grosskurth, *O mundo e a obra de Melanie Klein/Melanie Klein: Her World and Her Work,* trad. de Paula Rosas (Rio de Janeiro: Imago, 1992/Nova York: Knopf, 1986), pp. 133 e 161.
16. Por exemplo: "O desenvolvimento ulterior de Dick havia sofrido um malogro porque ele não conseguia levar para a fantasia a relação sádica com o corpo da mãe". Consulte Melanie Klein, "The Importance of Symbol Formation in the Development of the Ego"/A importância da formação de símbolos no desenvolvimento do ego (1930), em Klein, *Contributions to Psychoanalysis, 1921-1945*/Contribuições à psicanálise, 1921-1945 (Londres: Hogarth Press, 1948), pp. 236-237, 246 e 249.
17. Para um ponto de vista distinto, consulte Joan Riviere: "O conceito de *objetos* do ego, enquanto diferenciados de identificações, dificilmente é discutido na obra de Freud". Joan Riviere, "A Contribution to the Analysis of the Negative Therapeutic Reaction"/Uma contribuição à análise

da reação terapêutica negativa, *International Journal of Psycho-Analysis* 17 (1936): 304-320, reimpresso em *The Evolution of Psychoanalytic Technique*/A evolução da técnica psicanalítica, org. de Martin S. Bergmann e Frank A. Hartman (Nova York: Basic Books, 1976), pp. 414-429.

18. A idéia kleiniana de que a autoridade, a culpa e a responsabilidade afloravam na relação inicial da criança com a mãe estava no centro de seu primeiro conflito com Anna Freud. No primeiro trabalho que publicou, baseado nas aulas sobre análise de crianças que deu em 1927, Anna Freud argumentava que as crianças muito pequenas eram suscetíveis a influências externas, já que ainda não haviam desenvolvido a moral categórica associada ao superego. E dera como exemplo uma garota de 18 meses cuja ansiedade no treinamento para uso do vaso sanitário desaparecera quando os pais relaxaram um pouco em suas exigências. Esse desfecho não teria sido possível, segundo Anna Freud, se a ansiedade da criança fosse proveniente do seu superego. Klein rejeitou essa interpretação, argumentando que Anna Freud não conseguira ver o superego da criança porque havia trabalhado com a transferência positiva, na tentativa de conquistar a menina. Ajudando-a a reprimir seus maiores medos, Anna Freud havia assumido então o papel do superego, tornando-se "a representante das faculdades repressoras". Klein escreveu: "Se Anna Freud tivesse submetido os impulsos instintuais a uma análise mais rigorosa, não teria havido necessidade alguma de ensinar a criança a controlá-los". Melanie Klein, *Amor, culpa e reparação e outros trabalhos, 1921-1945/Love, Guilt, and Reparation, and Other Works*, trad. de André Cardoso (Rio de Janeiro: Imago, 1996/Nova York: Free Press, 1984), pp. 143 e 163; Anna Freud, *Introduction to the Technique of Child Analysis*/Introdução à técnica da análise de crianças (Nova York: Nervous and Mental Diseases, 1928), p. 7; Elisabeth Young-Bruehl, *Anna Freud: uma biografia/Anna Freud: A Biography,* trad. de Henrique de Araújo Mesquita (Rio de Janeiro: Imago, 1992/Nova York: Summit Books, 1988), p. 177.

19. Para Klein, culpa e responsabilidade derivavam da frustração ou satisfação das necessidades básicas. Freud manifestou sua discordância dessa visão em uma nota de rodapé, anexada em 1930 a *A civilização e seus descontentes*, na qual criticava Ernest Jones, Susan Isaacs e Klein — além de Reik e Alexander — pela "idéia de que qualquer tipo de frustração, qualquer satisfação instintual contrariada, provoca ou pode provocar a intensificação da sensação de culpa". Segundo Freud, isso só se aplicava à frustração dos instintos agressivos. Consulte *ES*, vol. 21, p. 138. Ou seja, para Freud o superego distinguia os impulsos, condenando os que eram determinados pelo complexo de Édipo. Klein, por sua vez, achava que a agressividade e a culpa eram componentes das primeiras relações de dependência; que essas relações evoluíam, mas jamais se transformavam, não estando sujeitas à autocrítica do ego.

20. Melanie Klein, "Draft Statement"/Declaração preliminar, 1º de janeiro de 1942, CKB/F01/32, Arquivos da British Psychoanalytic Society (doravante BPS). Klein não foi a primeira analista a formular uma teoria das relações objetais. Ferenczi, seu primeiro analista e professor, chamou a atenção para o papel da receptividade e a sensação de ter direito no primeiro estágio do desenvolvimento do ego. Entretanto, isso restringiu a possibilidade que Ferenczi tinha de desenvolver um conceito do objeto, já que ele carecia de um conceito de separação. Abraham, porém — que via nos processos instintuais, como a incorporação oral ou a retenção anal, protótipos das relações com os objetos —, foi uma influência direta para Klein. Segundo argumentava ele, no início da vida instintual, retemos, expelimos ou devoramos, da mesma forma que nas relações objetais da vida posterior. Segundo Klein, Abraham "chegou perto da concepção dos objetos internos. Seu trabalho sobre as fantasias e impulsos orais vai além do de F. A. representa o elo entre meu próprio trabalho e o de F.". Consulte Klein, "Draft Statement". Consulte também Grosskurth, *Melanie Klein*, p. 109. Mesmo assim, para Abraham, as relações objetais são uma função do ego, algo que este faz. Para Klein, as relações objetais constituem o ego. Embora não reste dúvida de que Freud tinha um conceito de objetos internos, permanecia a questão de quando e como estes

emergiam. Segundo Klein, os primeiros processos psíquicos, como a introjeção, incluíam um objeto psíquico. Consulte Joan Riviere, introdução a *Os progressos da psicanálise/Developments in Psychoanalysis*, org. de Melanie Klein et al., trad. de Álvaro Cabral (Rio de Janeiro: Ed. Guanabara, 1986 — 3ª ed./Londres: Hogarth Press, 1952), p. 13.

21. Klein, "Draft Statement".
22. Melanie Klein, "A Contribution to the Psychogenesis of Manic-Depressive States"/Contribuição para a psicogênese dos estados maníaco-depressivos, em Klein, *Contributions*.
23. Assim, Klein escreveu: "Só quando o objeto é amado como um todo é que sua perda pode ser sentida como um todo." Klein, *Contributions*, p. 284.
24. O ensaio inédito de Klein sobre *Cidadão Kane* encontra-se entre os Documentos de Melanie Klein, Seção C, Wellcome Library, Londres.
25. D. W. Winnicott, "The Manic Defense"/A defesa maníaca, em *Da pediatria à psicanálise: obras escolhidas/Through Pediatrics to Psychoanalysis: Collected Papers*, trad. de Davy Bogomoletz (Rio de Janeiro: Imago, 2000/Nova York: Brunner/Mazel, 1992), p. 131. Meltzer é citado em Adrian Stokes, *The Critical Writings*/Ensaios críticos (Londres: Thames and Hudson, 1978), vol. 3, pp. 221, 222 e 226. Richard Willheim, org., *The Image in Form: Selected Writings of Adrian Stokes/ A imagem na forma: coletânea de artigos de Adrian Stokes* (Harmondsworth, G.B.: Penguin, 1972), p. 68.
26. Joan Riviere, "Negative Therapeutic Reaction", pp. 304-320.
27. Adam Phillips, *D. W. Winnicott* (Cambridge, Mass.: Harvard University Press, 1989, pp. 39 e 45. Riviere foi a segunda analista de Winnicott.
28. Grosskurth, *Melanie Klein*, p. 133.
29. Consulte a nota 18 acima para uma explicação do conteúdo desse debate.
30. De forma geral, baseei-me nos relatos presentes em Young-Bruehl, *Anna Freud*, pp.140-185; Grosskurth, *Melanie Klein*, p. 162 e seguintes e 209; Jones, vol. 3, p. 197, Peter Gay, *Sigmund Freud: uma vida para o nosso tempo/Sigmund Freud: A Life for Our Time*, trad. de Denise Bottmann (São Paulo: Companhia das Letras, 1989, 1ª ed./Nova York: Norton, 1988), pp. 426-427 /pp. 467-469; e Riccardo Steiner, "Some Thoughts About Tradition and Change Arising from an Examination of the British Psychoanalytic Society's Controversial Discussions (1943-1944)"/Algumas observações sobre tradição e mudança a partir de um exame das controvérsias da British Psychoanalytic Society (1943-1944), *International Journal of Psychoanalysis* 15 (1985): 27-71. Ferenczi a Freud, 30 de junho de 1927, *Freud-Ferenczi*, vol. 3, p. 313, fornece uma tradução alternativa para "dominante". Freud a Jones, 23 de setembro de 1927, *Freud-Jones*, p. 623: "Você acusa-me de não a haver analisado com a profundidade suficiente [...]. Essa crítica é tão perigosa quanto inadmissível. Quem, afinal, foi suficientemente analisado? Posso lhe assegurar que Anna foi analisada por mais tempo e de modo mais completo do que, por exemplo, o senhor mesmo." Consulte, porém, a resposta de Jones. Quanto a "tolerância", consulte Freud a Jones, 9 de outubro de 1927, ibid., p. 633.
31. Freud a Eitingon, 23 de novembro de 1926, citado em Young-Bruehl, *Anna Freud*, p. 163.
32. Young-Bruehl, *Anna Freud*, p. 258. Em carta a mim enviada, Paul Roazen questiona a afirmação de Young-Bruehl.
33. Joan Riviere e outros replicaram que a fantasia da vida infantil baseava-se no "conhecimento [...] inerente aos impulsos corporais" e tentaram desenvolver uma teoria da fantasia inconsciente. Consulte Grosskurth, *Melanie Klein*, p. 221. "Problems in Ego Psychology"/Problemas da psicologia do ego, de Wälder, nunca foi publicado. Os demais ensaios encontram-se em Pearl King e Riccardo Steiner, orgs., *As controvérsias Freud-Klein, 1941-1945/The Freud-Klein Controversies, 1941-1945*, trad. de Ana Mazur Spira (Rio de Janeiro: Imago, 1998/Londres: Tavistock, 1991).

34. Citado em Grosskurth, *Melanie Klein*, p. 293.
35. Ibid., p. 299.
36. Ibid., p. 208; Winnicott a Donald Meltzer, 25 de outubro de 1966, em *The Spontaneous Gesture: Selected Letters of D. W. Winnicott*/O gesto espontâneo: cartas selecionadas de D. W. Winnicott, org. de F. Robert Rodman (Cambridge, Mass.: Harvard University Press, 1987), p. 160.
37. Grosskurth, *Melanie Klein*, p. 237.
38. Quentin Bell, *Virginia Woolf: A Biography*/Virginia Woolf: uma biografia (Nova York: Harcourt Brace Jovanovich, 1972), vol. 2, p. 209, citando o trecho do diário de Virginia Woolf de 29 de janeiro de 1940. Leonard Woolf, *Downhill All the Way: An Autobiography of the Years 1919-1939*/Só ladeira abaixo: autobiografia dos anos 1919-1939 (Nova York: Harcourt, Brace, 1967), p. 168, descreve Freud como um "vulcão semi-extinto".
39. Em 1936, em seu octogésimo aniversário, Freud escreveu a Marie Bonaparte: "Sei que a atitude do mundo em relação a mim e a meu trabalho realmente não é nem um pouco mais simpática que há vinte anos. Também já não desejo que ela mude; um 'final feliz' como no cinema". Citado em Jones, vol. 3, p. 202. "Fama?", perguntou ele a Woolf. "Fui mais famigerado que famoso". Woolf, *Downhill*, p. 169.
40. *ES*, vol. 23, p. 300.
41. Max Schur, *Freud, vida e agonia*/Freud, Living and Dying, trad. de Marco Aurélio de Moura Matos (Rio de Janeiro: Imago, 1981/Nova York: International Universities Press, 1972), p. 529.
42. Young-Bruehl, *Anna Freud*, p. 239.
43. Linda Donn, *Freud e Jung: anos de amizade, anos de perda*/Freud and Jung: Years of Friendship, Years of Loss, trad. de Therezinha Santos (Rio de Janeiro: Civilização Brasileira, 1991/Nova York: Scribners, 1988), p. 20; Isidoro Berenstein, "Analysis Terminable and Interminable, Fifty Years On"/Análise terminável e interminável: cinqüenta anos, *International Journal of Psychoanalysis* 68, nº 21 (1987): 24.
44. De acordo com Sylvia Payne, a situação às vésperas da Segunda Guerra Mundial era de "receio econômico, [...] com a diferença da visão científica". BPS.
45. Young-Bruehl, *Anna Freud*, p. 265; Grosskurth, *Melanie Klein*, pp. 283 e 287.
46. Young-Bruehl, *Anna Freud*, p. 268.
47. Anna Freud certa vez comparou sua defesa da análise clássica à defesa corajosa — porém malsucedida — de Thermopylae pelos espartanos, pedindo ao sobrinho Ernest Freud que citasse o epitáfio de Simônides aos norte-americanos: "Go tell the Spartans, all ye who pass by, /That here, obedient to their laws, we lie"*. Michael John Burlingham, *The Last Tiffany: A Biography of Dorothy Tiffany Burlingham*/A última Tiffany: biografia de Dorothy Tiffany Burlingham (Nova York: Atheneum, 1989), p. 312.
48. Grosskurth, *Melanie Klein*, pp. 279 e seguintes, 301 e 352; Young-Bruehl, *Anna Freud*, pp. 259-275.
49. Klein a Marjorie Brierley, PP/KLE/E7, BPS. "Não acho certo continuar falando em análise freudiana", insistiu Klein em outra ocasião.
50. Young-Bruehl, *Anna Freud*, p. 286.
51. Payne a Klein, 16 de março de 1942, CKB/F01/06, BPS. Por outro lado, os analistas achavam que a sociedade era dominada pelas mulheres. Em 1941, em carta a Klein, Jones diz que Glover era "o único analista [homem] que pode falar diante de uma platéia não analítica sem parecer [...] ridículo". Jones a Klein, 6 de abril de 1941, CKB/F01/01, BPS.

---

* Numa tradução literal: Dizei aos espartanos, todos vós que passais, /Que aqui, obedientes a suas leis, permanecemos. (N. da T.)

52. McKibbin, *Classes*, pp. 168-173.
53. Riviere a Klein, 3 de junho de 1940, PP/KLE/C95, BPS.
54. Melanie Klein, "What Does Death Represent to the Individual?"/O que a morte representa para o indivíduo?, Documentos de Melanie Klein, Seção C, Wellcome Library.
55. A posição oficial da sociedade britânica unia a oposição à criminalização da homossexualidade a uma visão de que a homossexualidade tendia a promover relações imaturas.
56. Peter Homans, *The Ability to Mourn: Disillusionment and the Social Origins of Psychoanalysis*/A capacidade de luto: desilusão e origens sociais da psicanálise (Chicago: University of Chicago Press, 1989), pp. 114, 226 e seguintes; Ian Suttie, *The Origins of Love and Hate*/As origens do amor e do ódio (Londres: Paul, 1945).
57. Stansky e Abrahams, *London's Burning*, p. 101.
58. Harold Perkin, *The Rise of Professional Society*/A ascensão da classe profissional liberal (Nova York: Routledge, 1988), p. 411.
59. Stansky e Abrahams, *London's Burning*, passim.
60. Peter Hennessy, *Never Again: Britain, 1945-1951*/Nunca mais: Grã-Bretanha, 1945-1951 (Nova York: Pantheon, 1993), p. 37.
61. Stansky e Abrahams, *London's Burning*, p. 65. Hussey foi também o mecenas que patrocinou o Crucifixo do pintor Graham Sutherland.
62. Perkin, *Professional Society*, pp. 334-343.
63. Hennessy, *Never Again*, p. 123. Conforme observou o teórico social refugiado Franz Neumann, Churchill transformou um perigo desconhecido em conhecido e, assim, "cumpriu as funções de liderança [...] preenchidas na vida do indivíduo pela organização do ego". Consulte Neumann, *The Democratic and Authoritarian State*/O estado democrático e autoritário (Nova York: Free Press of Glencoe, 1957), pp. 406-407.
64. Segundo Rudolph Klein: "Na época de sua criação, foi um exemplo singular de fornecimento coletivo de atendimento de saúde em uma sociedade de mercado". Hennessy, *Never Again*, p. 132.
65. Philip Ziegler, *London at War*/Londres em guerra (Nova York: Knopf, 1995), p. 170.
66. Phillips, *D. W. Winnicott*, p. 62.
67. Burlingham, *Last Tiffany*. Sucessos paralelos deram-se nos Estados Unidos, onde René Spitz propôs o termo "hospitalismo" para descrever a depressão dos bebês internados.
68. W. R. Bion, *Experiência com grupos*/*Experience in Groups, and Other Papers* (Rio de Janeiro: Imago, 2003 — 2ª ed./Nova York: Basic Books, 1961), p. 134. Bion refere-se à teoria freudiana da histeria.
69. Ibid., pp. 141-142.
70. Edward Glover, "The Birth of Social Psychiatry"/O nascimento da psiquiatria social, 24 de agosto de 1940, citado em Nikolas S. Rose, *Governing the Soul*/Governando a alma (Londres: Routledge, 1990), p. 22.
71. Ben Shepherd, "A Bunch of Loony-bin Doctors"/Um bando de médicos (de) pirados, *Times Literary Supplement*, 7 de junho de 1996.
72. Siegmund Heinz Foulkes, "Discussion of the Soviet View on the Basis of Group and Psychoanalysis"/Discussão da visão soviética com base na psicanálise e na análise de grupo, PP/SHF/F.3/15, BPS. O nome de Foulkes — figura importante no início do Instituto Psicanalítico de Frankfurt — originalmente era Fuchs.
73. Jacques Lacan, "La psychiatrie anglaise et la guerre"/A psiquiatria inglesa e a guerra (1947), em *Travaux et interventions*/Trabalhos e intervenções, citado em John Forrester, *Seduções da psicaná-*

lise — Freud, Lacan e Derrida/The Seductions of Psychoanalysis, trad. de Marcos S. Nobre (Campinas: Papirus, 1990/Cambridge, G.B.: Cambridge University Press, 1990), pp. 186-187.
74. Citado em Grosskurth, *Melanie Klein,* p. 307.
75. Edith Kurzweil, *The Freudians: A Comparative Perspective*/Os freudianos: uma perspectiva comparatista (New Haven, Conn.: Yale University Press, 1989), p. 285.
76. John Bowlby, *Maternal Care and Mental Health: A Report Prepared on Behalf of the World Health Organization as a Contribution to the United Nations Programme for the Welfare of Homeless Children*/Cuidado materno e saúde mental: relatório preparado pela Organização Mundial de Saúde como contribuição ao Programa para o Bem-estar das Crianças sem Lar das Nações Unidas (Nova York: Schocken Books, 1966).
77. Melanie Klein, *Inveja e gratidão e outros trabalhos — 1946-1963/Envy and Gratitude* (Rio de Janeiro: Imago, 1991/Londres: Tavistock, 1957), p. 180. O casal, inteiramente dedicado aos cuidados do filho pequeno, "foi transformado num refúgio de preocupação e carinho maternos assexual e bom o bastante". Lisa Appignanesi e John Forrester, *Freud's Women*/As mulheres de Freud (Nova York: Basic Books, 1992), p. 4.
78. Jacques Lacan, *O seminário, livro 1: os escritos técnicos de Freud/The Seminar of Jacques Lacan,* org. de Jacques-Alain Miller e trad. de Betty Milan (Rio de Janeiro: Jorge Zahar, 1986/Nova York: Norton, 1988).
79. Denise Riley discute os programas de Winnicott pela BBC em *War in the Nursery: Theories of the Child and the Mother*/Guerra no berçário: teorias da criança e da mãe (Londres: Virago Press, 1983), p. 88.
80. William Graebner, "The Unstable World of Benjamin Spock: Social Engineering in a Democratic Culture"/O instável mundo de Benjamin Spock: engenharia social em uma cultura democrática, *Journal of American History* 67, nº 3 (dezembro de 1980): 612-629.
81. É bem provável que ele pergunte onde está o "pipi" dela. Spock chamou a atenção das mães quanto aos filhos em idade pré-edipiana. *New York Times,* 5 de março de 1992; Benjamin Spock, *Meu filho, meu tesouro: como criar seus filhos com bom senso e carinho/The Common Sense Book of Baby and Child Care,* trad. de Valerie Rumjanek (Rio de Janeiro, Record: 2002 — 23ª ed./Nova York: Duell, Sloan and Pearce, 1946), pp. 299, 301 e 303. Quanto ao papel de Spock como analista, consulte Lynn Z. Bloom, *Doctor Spock: Biography of a Conservative Radical*/Doutor Spock: biografia de um radical conservador (Indianapolis: Bobbs-Merrill, 1972), p. 84; Michael Shulman, "The Humanization of the American Child: Benjamin Spock as a Popularizer of Psychoanalytic Thought"/A humanização da criança norte-americana: o papel de Benjamin Spock na popularização do pensamento psicanalítico, *Journal of the History of the Behavioral Sciences* 9 (1973): 258-265; William G. Bach, "The Influence of Psychoanalytic Thought on Benjamin Spock's *Baby and Child Care*/A influência do pensamento psicanalítico sobre "Meu filho, meu tesouro", de Benjamin Spock, *Journal of the History of the Behavioral Sciences* 10 (1974): 91-94.
82. D. W. Winnicott, "The Meaning of the Word 'Democracy'"/O sentido da palavra "democracia", em *Home is Where We Start From*/Em casa é que se começa, org. de Clare Winnicott, Ray Shepherd e Madeleine Davis (Nova York: Norton, 1986).
83. D. W. Winnicott, *O brincar e a realidade/Playing and Reality,* trad. de José Octávio de Aguiar Abreu e Vanede Nobre (Rio de Janeiro: Imago, 2002/Londres: Tavistock Publications, 1971).
84. Michael Balint, "The Unobtrusive Analyst"/O analista discreto, em *A escola britânica de psicanálise: a tradição independente/The British School of Analysis: The Independent Tradition,* org. de Gregorio Kohon (Porto Alegre: Artmed, 1994/New Haven, Conn.: Yale University Press, 1988), p. 276.

85. "A incapacidade de compreender a distinção entre o apego e a retenção levou a uma prática", disse ele referindo-se a todas as formas de psicanálise, "baseada principalmente no estudo de relações ambivalentes com objetos parciais que incorpora, de um lado, uma raiva insaciável muito grande e, de outro, profundos sentimentos de culpa e contrição abjeta diante do outro". Michael Balint, *Thrills and Regressions*/Emoções e regressões (Nova York: International Universities Press, 1959), pp. 32-39, 55, 79, 84, 98 e 103-105.
86. Donald W. Winnicott, *The Maturational Processes and the Facilitating Environment: Studies in the Theory of Emotional Development*/Os processos de amadurecimento e o ambiente facilitador: estudos sobre a teoria do desenvolvimento emocional (Nova York: International Universities Press, 1965), p. 9.
87. Citado em Judith Hughes, *Reformulando o território psicanalítico: o trabalho de Melanie Klein, W. R. D. Fairbairn e D. W. Winnicott/Reshaping the Psychoanalytic Domain: The Work of Melanie Klein, W. R. D. Fairbairn, and D. W. Winnicott*, trad. de Marcelo Del Grande da Silva (Rio de Janeiro: Revinter, 1998/Berkeley: University of California Press, 1989), p. 177.
88. Christopher Bollas, "The Transformational Object"/O objeto transformacional, em Kohon, *British School*, p. 97.
89. Jones a Klein, 6 de abril de 1941, CKB/F01/01, BPS.
90. Anna Freud a J. C. Hill, 21 de outubro de 1974, citada em Young-Bruehl, *Anna Freud*, pp. 332 e 457. Aqueles que estão familiarizados com a tradição analítica não considerarão absurda uma afirmação como a de André Green: "Tanto se perdeu na busca fervorosa do primeiro ano [...] de vida. Tenho uma paciente para quem a compreensão da fase anal equivale à compreensão da própria vida". André Green, *The Work of the Negative*/O trabalho do negativo, trad. de Andrew Weller (Londres e Nova York: Free Association Books, 1999), p. 31.

Capítulo Onze

1. Erich Eller, "Observations on Psychoanalysis and Modern Literature"/Observações sobre a psicanálise e a literatura moderna, em *Literature and Psychoanalysis*/Literatura e psicanálise, org. de Edith Kurzweil e William Phillips (Nova York: Columbia University Press, 1983), pp. 72-73; Lionel Abel, *The Intellectual Follies: A Memoir of the Literary Venture in New York and Paris*/Loucuras intelectuais: memórias da aventura literária em Nova York e Paris (Nova York: Norton, 1984), p. 222, diz: "O estilo de vida norte-americano na década de 50 foi, em geral, psicanalítico".
2. Lewis A. Coser, *Refugee Scholars in America: Their Impact and Their Experiences*/Acadêmicos e intelectuais refugiados nos Estados Unidos: seu impacto e suas experiências (New Haven, Conn.: Yale University Press, 1984), p. 20; Hans Gerth e C. Wright Mills, *From Max Weber: Essays in Sociology*/Max Weber: ensaios de sociologia (Nova York: Oxford University Press, 1946), p. 345.
3. Fred Matthews, "The Utopia of Human Relations: The Conflict-Free Family in American Social Thought, 1930-1960"/A utopia das relações humanas: a família sem conflitos no pensamento social norte-americano, 1930-1960, *Journal of the History of the Behavioral Sciences* 24 (outubro de 1988): 348; Harold Lasswell, *Propaganda Technique in World War I*/A técnica da propaganda na Primeira Guerra Mundial (Cambridge, Mass.: MIT Press, 1971), pp. 4-5.
4. H. Stuart Hughes, *The Sea Change: The Migration of Social Thought, 1930-1965*/A grande transformação: a migração do pensamento social, 1930-1965 (Nova York: Harper & Row, 1975), pp. 201-203; Marie Jahoda, "The Migration of Psychoanalysis: Its Impact on American Psychology"/A migração da psicanálise: seu impacto sobre a psicologia norte-americana, em *The Intellectual Migration: Europe and America, 1930-1960*/A migração intelectual: Europa e América,

1930-1960, org. de Donald Fleming e Bernard Bailyn (Cambridge, Mass.: Harvard University Press, 1985 pp. 201-217; Ruth S. Eissler e K. R. Eissler, "Heinz Hartmann: A Biographical Sketch"/Heinz Hartmann: um esboço biográfico, em *Psychoanalysis — A General Psychology: Essays in Honor of Heinz Hartmann*/Psicanálise — uma psicologia geral: ensaios em homenagem a Heinz Hartmann, org. de Rudolph M. Loewenstein et. al (Nova York: International Universities Press, 1966), pp. 3-15.

5. Citados em Daniel Yankelovich e William Barrett, *Ego and Instinct*/Ego e instinto (Nova York: Random House, 1970), p. 97. Heinz Hartmann, *Ego Psychology and the Problem of Adaptation*/A psicologia do ego e o problema da adaptação (Nova York: International Universities Press, 1958), pp. 8, 24-26, 56-59, 65, 69 e 94. Segundo Roy Schafer, importante representante da psicologia do ego da geração seguinte, Hartmann teria escrito certa vez que "a psicanálise estava em um novo terreno teórico". Consulte Roy Schafer, *A New Language for Psychoanalysis*/Uma nova linguagem para a psicanálise (New Haven, Conn.: Yale University Press, 1976), pp. 64-65. George Klein afirmou que o arcabouço da psicologia psicanalítica do ego deve-se tanto a Freud quanto a Hartmann. Hartmann esperava que sua obra permitisse desbravar "o território virgem que se estende entre a psicologia e a psicanálise", além de situar a psicanálise em relação a outras disciplinas acadêmicas.

6. Talcott Parsons, "Propaganda and Social Control"/Propaganda e controle social (1942), em *Essays in Sociological Theory, Pure and Applied*/Ensaios de teoria sociológica pura e aplicada, 2ª ed. (Glencoe, Ill.: Free Press, 1954), pp. 89-103. Da mesma forma, em seu famoso "longo telegrama", que marcou o início da política de contenção do pós-guerra, George Kennan lançou um apelo para que os Estados Unidos adotassem a atitude do médico que pacientemente estuda um "indivíduo insensato e indisciplinado", isto é, a União Soviética. Parsons aparentemente também fez análise com Grete Bibring.

7. Esse número abrange tanto os dispensados do recrutamento quanto os que foram rejeitados por problemas psiquiátricos. Medical Department, United States Army, *Neuropsychiatry in World War II*/A neuropsiquiatria na Segunda Guerra Mundial, vol. 1, org. de Robert S. Anderson, *Zone of the Interior* (Washington, D.C.: Office of the Surgeon General, Dept. of the Army, 1966). Consulte os artigos de Albert Glass e Norman Brill e o apêndice de Bernard D. Karpinos e Albert Glass; introdução de Adolf Meyer e artigos de Edward Strecker e Harry Stack Sullivan em "Mental Hygiene in the Emergency"/A higiene mental na emergência, *Mental Hygiene* 25, nº 1 (janeiro de 1941).

8. John G. Howells, org., *World History of Psychiatry*/História mundial da psiquiatria (Nova York: Brunner/Mazel, 1975), p. 464; William Claire Menninger, *Psychiatry in a Troubled World: Yesterday's War and Today's Challenge*/A psiquiatria em um mundo conturbado: a guerra de ontem e o desafio de hoje (Nova York: Macmillan, 1948), p. 452.

9. Paul Starr, *The Social Transformation of American Medicine*/A transformação social da medicina norte-americana (Nova York: Basic Books, 1982), p. 344. Esses números foram calculados por baixo. Richard A. Gabriel, em *No More Heroes: Madness and Psychiatry in War*/Chega de heróis: a loucura e a psiquiatria na guerra (Nova York: Hill and Wang, 1987), p. 117, afirma que 1,6 milhões de homens (18,5%) foram rejeitados.

10. Ellen Herman, *The Romance of American Psychology: Political Culture in the Age of Experts, 1940-1970*/O romance da psicologia norte-americana: cultura política na era dos *experts*, 1940-1970 (Berkeley: University of California Press, 1995), p. 266.

11. James W. Callicut e Pedro J. Lecca, *Social Work and Mental Health*/Assistência social e saúde mental (Nova York: Free Press, 1983); Smith College School of Social Work, *Ego-Oriented Casework*/O trabalho de assistência social voltado para o ego (Family Service Association of America,

1962). Muitas vezes, o pensamento de Otto Rank foi a principal influência na assistência social.
12. Gerald Grob, *From Asylum to Community: Mental Health Policy in Modern America*/Do hospício à comunidade: a política de saúde mental dos Estados Unidos na modernidade (Princeton, N.J.: Princeton University Press, 1991), p. 3.
13. Starr, *Social Transformation*, p. 344; Nathan G. Hale, *The Rise and Crisis of Psychoanalysis in America*/O surgimento e a crise da psicanálise nos Estados Unidos (Nova York: Oxford University Press, 1995), p. 246; Herman, *Romance*, pp. 242-243; Morris Janowitz, *The Last Half-Century: Societal Changes and Politics in America*/O último meio século: políticas e mudanças sociais nos Estados Unidos (Chicago: University of Chicago Press, 1978), p. 429. Apesar disso, a associação profissional que mais cresceu no país nesse período foi a American Psychological Association — devido aos psicólogos clínicos —, no embalo da expansão dos serviços psicológicos oferecidos pela Veterans Administration.
14. E. Fuller Torrey, *Freudian Fraud: The Malignant Effect of Freud's Theory on American Thought and Culture*/A fraude freudiana: o efeito nocivo da teoria de Freud sobre o pensamento e a cultura norte-americanos (Nova York: HarperCollins, 1992), p. 165; Hale, *Rise and Crisis*, pp. 211-212; Thomas Stephen Szasz, *Law, Liberty, and Psychiatry: An Inquiry into the Social Uses of Mental Health*/Direito, liberdade e psiquiatria: uma investigação dos usos sociais da saúde mental (Nova York: Macmillan, 1963).
15. Torrey, *Freudian Fraud*, p. 165; Szasz, *Law, Liberty, and Psychiatry*.
16. Samuel Klausner, *Psychiatry and Religion*/Psiquiatria e religião (Nova York: Free Press of Glencoe, 1964).
17. Janowitz, *Last Half-Century*, pp. 417-429.
18. Ibid.
19. Nikolas Rose, *Governing the Soul: The Shaping of the Private Self*/Governando a alma: a formação do eu privado (Londres: Routledge, 1990), pp. 257-258.
20. Entre os filmes de inspiração psiquiátrica da época incluem-se *Sangue de pantera* (1942), de Jacques Tourneur, *A ladra* (1949), de Otto Preminger, *As três máscaras de Eva* (1957), de Nunnally Johnson, *O beco das ilusões perdidas* (1947), de Edmund Goulding, *Muro de trevas* (1947), de Curtis Bernhardt, *Acusada* (1949), de William Dieterle, *Silêncio nas trevas* (1945), de Robert Siodmak, *Fogueira de paixões/Possuída* (1947), de Curtis Bernhardt, e *A mulher que não sabia amar* (1944), de Mitchell Leisen. Este último era um musical escrito por Moss Hart e dedicado a seu analista.
21. Michel Foucault, *Vigiar e punir: nascimento da prisão/Discipline and Punish*, trad. de Raquel Ramalhete (Petrópolis: Vozes, 2000 — 22ª ed./Nova York: Vintage, 1979), p. 203.
22. Quanto à questão dos homossexuais no exército durante a Segunda Guerra Mundial: John Costello, *Virtue Under Fire*/A virtude sob fogo cerrado (Boston: Little, Brown, 1985), e Alan Berube, *Coming Out Under Fire*/Revelando-se sob fogo cerrado (Nova York: Free Press, 1990), pp. 150 e 131. De 1947 a 1955, 21 estados e o distrito de Columbia colocaram em vigor leis homofóbicas. Os termos "seviciador de menores", "violador do decoro", "psicopata sexual", "degenerado sexual" e "desviado" tornaram-se intercambiáveis. Berube, *Coming Out*, pp. 158 e 259.
23. Bruno Bettelheim, "Individual and Mass Behavior in Extreme Situations"/Comportamento individual e coletivo em situações extremas, *Journal of Abnormal and Social Psychology* 38 (1943): 417-512.
24. Em *The Survivor: An Anatomy of Life in the Death Camps*/O sobrevivente: uma anatomia da vida nos campos de morte (Nova York: Oxford University Press, 1976), Terence Des Pres apresenta as críticas mais importantes ao relato que Bettelheim fez dos campos. Na famosa resenha de *Seven*

Beauties/Sete belezas, de Lina Wertmuller, Bettelheim também fornece uma versão diferente. Finalmente, *The Creation of Dr. B.: A Biography of Bruno Bettelheim*/A criação do Dr. B.: uma biografia de Bruno Bettelheim (Nova York: Simon and Schuster, 1997), de Richard Pollak, apresenta fortes argumentos contra a integridade de Bettelheim em geral.

25. Bettelheim, que considerava Reich o pensador analítico mais importante, por vezes usou o exemplo do campo para criticar Freud por não haver conseguido apreciar suficientemente a influência do ambiente sobre a personalidade. "A terapia psicanalítica [...] não passa, basicamente, de uma situação social fortemente condicionadora, [...] um ambiente muito especial de conseqüências ímpares." Bruno Bettelheim, *O coração informado: a autonomia na era da massificação/ The Informed Heart: Autonomy in a Mass Age*, trad. de Celina Cardim Cavalcanti (Rio de Janeiro: Paz e Terra, 1985/Glencoe, Ill.: Free Press, 1960), pp. 11, 22 e 36 — nota. Para Bettelheim, se tivesse saído de Viena, Freud teria mais consciência disso. Karen Horney também atribuía sua maior percepção do papel da cultura à emigração.

26. Friedan escreveu: "A mulher que se 'adapta' ao papel de dona de casa, que cresce querendo ser 'só uma dona de casa', corre tanto risco quanto os milhões que encontraram a morte nos campos de concentração — e os milhões de tantas outras que se recusaram a acreditar que os campos de concentração existiam. [...] O lar [não é] na verdade um campo de concentração confortável?" Nele, as mulheres "tornaram-se dependentes, passivas, infantilizadas". Citada em Wilfred M. McClay, *The Masterless: Self and Society in Modern America*/Sem patrão: o eu e a sociedade na América moderna (Chapel Hill: University of North Carolina Press, 1994), p. 232.

27. Paul A. Carter, *Another Part of the Fifties*/Outra parte dos anos 50 (Nova York: Columbia University Press, 1983), p. 160.

28. Citado em Herman, *Romance*, p. 179.

29. A obsessão de Holden Caulfield, protagonista de *O apanhador no campo de centeio*, de J. D. Salinger (1951), com os "hipócritas" e a "detecção de lorotas" foi uma expressão desse novo espírito.

30. Citado em William Grabner, *The Age of Doubt: American Thought and Culture in the 1940s*/A era da dúvida: pensamento e cultura nos Estados Unidos na década de 1940 (Boston, Twayne, 1991), p. 20.

31. A emergência do consumo de massa deve ser vista em relação ao New Deal. Em 1935, uma imigrante recente, a Sra. Olga Ferk, escreveu ao Presidente Roosevelt, alegando haver sido maltratada por um funcionário público ao tentar receber seu auxílio-desemprego e dever apenas US$19 na prestação de sua hipoteca ao serviço habitacional do governo (HOLC), e não três meses, como estava sendo acusada. Além disso, o CCC* estava sempre atrasando o envio do cheque de seu filho. "Quanto tempo essa terrível situação vai continuar?", perguntou ela. "Estou passando dificuldades; minhas forças estão chegando ao fim. Os ricos ficam mais ricos e os pobres que se danem, é essa a política? [...] Quero ver resultados." O pressuposto de que partia a Sra. Ferk — de que o governo norte-americano devia a sua família auxílio-desemprego, hipoteca de uma casa, emprego e amplo apoio aos representantes de sua classe social — não tinha precedentes na história dos Estados Unidos. A base desse pressuposto estava na força das comunidades étnicas do país, nas campanhas dos sindicatos de industriários que determinaram a vida da classe operária norte-americana na década de 30 e na coalizão que reuniu negros, representantes étnicos,

---

* O CCC — Civilian Conservation Corps, uma espécie de frente de trabalho aberta por uma lei emergencial de preservação — foi instituído por Roosevelt em 1933 para reflorestar as áreas verdes dizimadas do país. Numa época em que os Estados Unidos sofriam os efeitos da Grande Depressão, o CCC rapidamente reuniu um contingente de mais de quinhentos mil jovens sem experiência prévia de trabalho em cerca de 2.650 campos. As famílias desses trabalhadores recebiam cheques mensais de US$25. (N. da T.)

brancos do sul do país, mulheres e intelectuais liberais. Lizabeth Cohen, *Making a New Deal: Industrial Workers in Chicago, 1919-1939*/Fazendo um novo acordo: trabalhadores industriais em Chicago, 1919-1939 (Nova York: Cambridge University Press, 1990), p. 252.

32. Citado em Christopher Lasch, *Refúgio num mundo sem coração. A família: santuário ou instituição sitiada?/Haven in a Heartless World: The Family Besieged*, trad. de Ítalo Tronca e Lúcia Szmrecsanyi (São Paulo: Paz e Terra, 1991/Nova York: Basic Books, 1977), p. 108. Outra discussão da maturidade encontra-se em Robert Lindner, *Must You Conform?/*Você precisa conformar-se? (Nova York: Rinehart, 1956), pp. 183 e seguintes. O interesse pela adolescência registrado na década de 50 também foi permeado por uma linguagem "madura". *Teen-Age Tyranny*/Tirania adolescente, de Fred Hechinger, afirmava que "a civilização norte-americana [...] corre o risco de tornar-se uma sociedade adolescente, com padrões de pensamento, cultura e metas permanentemente adolescentes". Citado em Luisa Passerini, "Youth as a Metaphor for Social Change: Fascist Italy and America in the 1950s"/A juventude como metáfora de mudança social: Estados Unidos e Itália fascistas na década de 50, em *História dos jovens/A History of Young People in the West*, 2 vols., org. de Giovanni Levi e Jean-Claude Schmitt, trad. de Paulo Neves et al. (São Paulo: Companhia das Letras, 1996/Cambridge, Mass.: Harvard University Press, 1995), p. 322.

33. Philip Rieff, *The Feeling Intellect: Selected Writings*/O intelecto sensível: escritos selecionados (Chicago: University of Chicago Press, 1990), p. 8. Rieff elogiou Freud por revelar-nos que "o maior de todos os segredos é não se prender com demasiada paixão a nenhum sentido ou objeto", uma extraordinária caracterização do fundador da psicanálise. Consulte Philip Rieff, *O triunfo da terapêutica/The Triumph of the Therapeutic: Uses of Faith After Freud*, trad. de Raul Fiker e Ricardo Pinheiro Lopes (São Paulo: Brasiliense, 1990/Nova York: Harper & Row, 1966), p. 59.

34. Na verdade, o número de mulheres que trabalhavam fora continuou a aumentar. Contudo, a cultura ressaltava a domesticidade.

35. William Claire Menninger, "Public Relations"/Relações públicas, capítulo 7 de *Zone of the Interior*, vol. 1 de *Neuropsychiatry in World War II*. O debate vazou para a imprensa, promovendo a censura de todas as declarações referentes à psiquiatria. Outro psiquiatra, Edward Strecker, descreveu como as "mamães" influíam sobre o ânimo dos filhos soldados ao escrever-lhes cartas lacrimosas e pedir-lhes que voltassem para casa. Muitas vezes registraram-se despedidas de recrutas negros aos prantos em estações ferroviárias por não suportarem afastar-se das mães, prova da patologia da família negra. Consulte Edward A. Strecker, *Their Mothers' Sons: The Psychiatrist Examines an American Problem*/Tal mãe, tal filho: o psiquiatra examina um problema norte-americano (Filadélfia: Lippincott, 1946), pp. 28-29.

36. Rebecca Plant, "Combat Exhaustion, Masculinity, and Democracy: Psychiatrists and Their Subjects During World War II"/Esgotamento do combate, masculinidade e democracia: os psiquiatras e seus temas durante a Segunda Guerra Mundial, artigo inédito; Ladislas Farago, *Patton: Ordeal and Triumph*/Patton: provação e triunfo (Nova York: Ivan Oblensky, 1964), pp. 318-342.

37. Grabner, *Age of Doubt*, p. 15. Provavelmente o mais rico dentre os filmes voltados para a aceitação masculina da vulnerabilidade é *Os melhores anos de nossas vidas* (1946).

38. Coser, *Refugee Scholars*, pp. 42-54. Consulte Ives Hendrick, "Professional Standards of the American Psychoanalytic Association"/Padrões profissionais da Associação Psicanalítica Norte-americana, *Journal of the American Psychoanalytic Association* 3 (outubro de 1955): 561-599, e *The Birth of an Institute*/O nascimento de um instituto (Freeport, Me.: Bond Wheelwright Co., 1961); Bertram Lewin e Helen Ross, *Psychoanalytic Education in the United States*/A formação psicanalítica nos Estados Unidos (Nova York: Norton, 1960).

39. Entre elas estavam as fundações Commonwealth, Josiah Macy, Jr., e Rosenwald. Clarence Oberndorf, *A History of Psychoanalysis in America*/Uma história da psicanálise nos Estados Uni-

dos (Nova York: Grunne and Stratton, 1953), p. 190; Jones, vol. 3, p. 291; Sandor Lorand, "Reflections on the Development of Psychoanalysis in New York from 1925"/Reflexões sobre o desenvolvimento da psicanálise em Nova York a partir de 1925, *International Journal of Psychoanalysis 50* (1969): 590.

40. Em 1933, a American Psychiatric Association criou uma seção especial para a psicanálise. Consulte Matthew Gitelson, "On the Identity Crisis in American Psychoanalysis"/Sobre a crise de identidade da psicanálise norte-americana, *Journal of the American Psychoanalytic Association 12* (1964): 468-469 e 473.

41. As conferências psiquiátricas sobre casos eram "de orientação psicanalítica"; num grupo de dez médicos residentes, escreve Matthew Gitelson, "eu sabia de três que estavam sendo formalmente analisados, enquanto os demais estávamos, naturalmente, 'analisando-nos' uns aos outros". Em uma prova de psiquiatria, pediu-se que ele "explicasse, com base na psicanálise, o desaparecimento de uma gagueira 'congênita'". Gitelson, "Identity Crisis", p. 468; Coser, *Refugee Scholars*; Edward Timms e Naomi Segal (orgs.), *Freud in Exile: Psychoanalysis and Its Vicissitudes*/Freud no exílio: a psicanálise e suas vicissitudes (New Haven, Conn.: Yale University Press, 1988), p. 30; Susan Quinn, *A Mind of Her Own: The Life of Karen Horney*/Uma pensadora independente: a vida de Karen Horney (Nova York: Summit Books, 1987), p. 296. O Relatório do Instituto de Boston, publicado em *Psychoanalytic Quarterly 8* (1939): 406-407, chamava a atenção para o risco de "diluição". O anúncio de três cargos de docência no Instituto Psicanalítico de Boston em 1938 gerou 75 solicitações de informações. O número de candidatos no Instituto de Nova York subiu de 70 em 1937 para 110 quatro anos depois, o que deu origem a pedidos de elevação dos padrões. Com tudo isso foi que começaram a surgir os livros-texto, exames e credenciamento em psicanálise.

42. Edith Kurzweil, *The Freudians: A Comparative Perspective*/Os freudianos: uma perspectiva comparatista (New Haven, Conn.: Yale University Press, 1989), pp. 39-44.

43. Coser, *Refugee Scholars*, p. 48; Jahoda, "Migration"; Geoffrey Cocks, *Psychotherapy in the Third Reich: The Göring Institute*/A psicoterapia no Terceiro Reich: o Instituto Göring (Nova York: Oxford University Press, 1985); Lewin e Ross, *Psychoanalytic Education*, p. 15. Nem todos os emigrados continuaram exercendo a psicanálise. Fritz Perls, tratado por Reich, fundou o Instituto Psicanalítico da África do Sul em 1935. Inventor da "terapia da *Gestalt*", Perls juntou-se a Fromm e Sullivan no William Alanson White Institute, em Nova York, em 1946. Consulte Martin Shepherd, *Fritz* (Nova York: Dutton, 1975). Vários dos principais institutos — inclusive o de Topeka, fundado em 1938, o de São Francisco (1942) e o de Los Angeles (1946) — foram decorrência direta da emigração.

44. Robert Wälder escreveu a Richard Sterba: "Como é que eu posso ensinar aqui se não se pode fazer nem sequer uma citação clássica?" Consulte Frederic Wyatt, "The Severance of Psychoanalysis from Its Cultural Matrix"/A separação da psicanálise de sua matriz cultural, em Timms e Segal, *Freud in Exile*, pp. 148-155.

45. Wyatt, "Severance", pp. 148 e 151. Martin Grotjahn, um dos poucos emigrados que manifestaram entusiasmo incondicional diante da orientação pragmática da medicina norte-americana, expressou sua alegria em aplicar "a reconstrução psicodinâmica do sonho americano da terapia voltada para o paciente", em vez da orientação "de pesquisa" dos analistas europeus. Consulte Grotjahn, "On the Americanization of Martin Grotjahn"/Sobre a americanização de Martin Grotjahn, em *The Home of the Learned Man: A Symposium on the Immigrant Scholar in America*/O lar dos eruditos: simpósio sobre os acadêmicos imigrantes nos Estados Unidos, org. de John Kosa (New Haven, Conn.: College and University Press, 1968), pp. 51-54.

46. Young-Bruehl, *Anna Freud*, p. 243.

47. Karl Menninger a Franz Alexander, 13 de abril de 1938, em *The Selected Correspondence of Karl Menninger, 1919-1945*/Correspondência selecionada de Karl Menninger, 1919-1945, org. de Howard J. Faulkner e Virginia D. Pruitt (New Haven, Conn.: Yale University Press, 1988), p. 265. De acordo com um estudo feito em 1971, 62,1% dos analistas norte-americanos indicaram o "judaísmo" como afinidade cultural. Outros 18,6% indicaram "nenhuma". As demais respostas foram "protestantismo" (16,7%) e "catolicismo" (2,6%). Na psiquiatria, 50,5% eram judeus e na psicologia, 49,8%. Os mesmos estudos apontaram uma visão política liberal ou fortemente liberal entre os analistas. Consulte William E. Henry, John H. Sims e S. Lee Spray, *The Fifth Profession*/A quinta profissão (São Francisco: Jossey Bass, 1971), pp. 11 e 74. William Menninger, irmão mais novo de Karl, assumiu a presidência da American Psychoanalytic Association em 1946. "Assimilacionista ávido", ele se sentia atraído não pelo "analista *per se*", mas pelo "psiquiatra de orientação analítica" e ainda mais pelo "clínico geral". Ele tentou expandir a APA incluindo médicos não analisados, mas estes só obtiveram *status* de membros sem direito a voto. Ives Hendrick reagiu argumentando que a análise já estava ameaçada de estagnação por causa do rápido aumento no número de afiliados. Consulte Hale, *Rise and Crisis*, p. 213.
48. Samuel Klausner, *Psychiatry and Religion*/Psiquiatria e religião (Nova York: Free Press of Glencoe, 1964), p. 226.
49. *Freud-Ferenczi*, vol. 1, p. 130. Consulte também a p. 311 — nota 3.
50. Edith Kurzweil, *Freudians and Feminists*/Freudianos e feministas (Boulder, Colo.: Westview Press, 1995), pp. 39-40; Oberndorf, *History*, p. 207; Robert Coles, "Karen Horney's Flight from Orthodoxy"/A fuga de Karen Horney da ortodoxia, em *Women and Analysis*/As mulheres e a análise, org. de Jean Strouse (Nova York: Grossman, 1974), pp. 171-186.
51. Citado em Karen Brecht et al., *Here Life Goes On in a Most Peculiar Way*/Aqui a vida segue da maneira mais curiosa (Hamburgo: Kellner Verlag, s.d.), p. 73.
52. Oberndorf, *History*, 1953, p. 247; Hendrick, "Professional Standards", pp. 562 e 589; Kurt Eissler, *Medical Orthodoxy and the Future of Psychoanalysis*/A ortodoxia médica e o futuro da psicanálise (Nova York: International Universities Press, 1965), pp. 91-93.
53. Freud não havia mudado de idéia com relação à "acumulação de novos fatos"? Franz Alexander, *Fundamentals of Psychoanalysis*/Fundamentos da psicanálise (Nova York: Norton, 1948), pp. 5-6.
54. Franz Alexander e Sheldon Selesnick, orgs., "Freud-Bleuler Correspondence"/A correspondência entre Freud e Bleuler, *Archives of General Psychiatry*, vol. 12 (Chicago: American Medical Asssociation, 1965): 1-9.
55. Coser, *Refugee Scholars*, passim.
56. Consulte Hale, *Rise and Crisis*, pp. 211-212; James Gilbert, *Another Chance: Postwar America, 1945-1968*/Outra chance: os Estados Unidos do pós-guerra, 1945-1968 (Filadélfia: Temple University Press, 1981), p. 28.
57. O número de membros da American Psychoanalytic Association quase quintuplicou entre 1940 e 1960. De três institutos em 1933, a análise atingiu 29 sociedades e vinte institutos em 1960. Em 1978, um de cada sete psiquiatras — 4.500 do total — afirmava exercer a análise. Consulte Coser, *Refugee Scholars*; Lewin e Ross, *Psychoanalytic Education*, pp. 10, 53 e 245; Kurzweil, *Freudians*, pp. 54 e 208. R. P. Knight fornece o seguinte quadro:

Ano	Número de membros da APA
1932	92
1938	157
1940	192

1942 230
1944-45 247
1946 273

Extraído de Knight, "The Present Status of Organized Psychoanalysis in the United States"/Situação atual da psicanálise organizada nos Estados Unidos, *Journal of the American Psychoanalytic Association 1*, nº 1-4 (1953): 207, tabela 1. Em 1958, havia 888 estudantes, 100 diplomados e 222 analistas supervisores. Ao chegar a década de 1960, o total de membros da American Psychoanalytic Association era de 1.302. Em 1945, havia 69 analistas dedicados ao treinamento nos Estados Unidos. Torrey, *Freudian Fraud*, p. 93.

58. Paul A. Robinson, *The Freudian Left: Wilhelm Reich, Geza Roheim, Herbert Marcuse*/A esquerda freudiana: Wilhelm Reich, Geza Roheim, Herbert Marcuse (Nova York: Harper & Row, 1969), p. 56. Kurt Eissler, refletindo acerca do destino da psicanálise na década de 1950, não pôde deixar de lembrar-se "das histórias do século passado, nas quais o filho que sempre dá errado é enviado a este país, onde — segundo rezava a lenda — se torna milionário". Eissler, *Medical Orthodoxy*, pp. 92-93.

59. Alfred Kazin, "The Freudian Revolution Analyzed"/Análise da revolução freudiana, *New York Times Magazine*, 6 de maio de 1956, p. 22.

60. Deu-se também, em especial nesse período, que os compromissos com a ciência, a medicina e a profissionalização se revestiram de um caráter ético. Conforme argumentou David Hollinger, o desejo de Hitler de criar uma "ciência nazista" colocou em evidência muitos dos vínculos entre a ciência e a liberdade individual, vínculos esses que remontam pelo menos ao século XVII. A explosão da psicanálise no pós-guerra, quando o anti-semitismo entrou em descrédito, foi parte da ampla entrada dos judeus na universidade, na medicina e no direito, que Hollinger denominou "descristianização". Aqui também o carisma e a racionalização se mesclaram. David A. Hollinger, *Science, Jews, and Secular Culture: Studies in Mid-Twentieth-Century American Intellectual History*/A ciência, os judeus e a cultura secular: estudos sobre a história intelectual dos Estados Unidos da metade do século XX (Princeton, N.J.: Princeton University Press, 1996), p. 81.

61. Alan A. Stone, "Where Will Psychoanalysis survive?"/Onde sobreviverá a psicanálise?, *Harvard Magazine*, janeiro-fevereiro de 1997, p. 35.

62. Outra conseqüência trágica foi a confusão das distinções entre os problemas psicológicos e orgânicos, por exemplo, no tratamento do autismo e da esquizofrenia.

63. Frederick Crews, "The Unknown Freud"/O Freud desconhecido, *New York Review of Books*, 18 de novembro de 1993, p. 60. Para efeito de comparação, antes da absorção da psicanálise pelo estado de bem-estar, Helene Deutsch referiu-se a ela como "método-fantasma" e mesmo uma "fraude"; Ferenczi admitiu com relutância que "originalmente Freud de fato acreditava na análise"; e o próprio Freud chamou regularmente a atenção para as dificuldades e as limitações da análise, argumentando que seu maior mérito estava na pesquisa, e não no tratamento. Michael Balint et. al, orgs., *The Clinical Diary of Sándor Ferenczi*/O diário clínico de Sándor Ferenczi (Cambridge, Mass.: Harvard University Press, 1995), 1º de maio de 1932; Lisa Appignanesi e John Forrester, *Freud's Women*/As mulheres de Freud (Nova York: Basic Books, 1993), p. 324. Quanto a Freud, o exemplo mais famoso está em "Análise terminável e interminável"/Analysis, Terminable and Interminable (1937).

64. Mortimer Ostow em *The Hartmann Era*/A Era Hartmann, org. de Martin S. Bergmann (Nova York: Other Press, 2000), pp. 232-233.

65. Em 1967, a International Psychoanalytic Association concordou em atender à solicitação de analistas portugueses no sentido de aprovar candidatos que, apesar de desprovidos das qua-

lificações necessárias, mantinham boas relações com o ditador do país. Lúcia Villela, "Cale-se, the Chalice of Silence: The Return of the Oppressed in Brazil"/Cale-se, o cálice do silêncio: o retorno do oprimido no Brasil, artigo inédito; Gerard Haddad, "Judaism and the Life and Work of Jacques Lacan: A Preliminary Study"/O judaísmo e a vida e obra de Jacques Lacan: um estudo preliminar, *Yale French Studies*, nº 85 (1994): 214-215; Helena Besserman Vianna, *Politique de la psychanalyse face à la dictature et à la torture: n'en parlez à personne*/A política da psicanálise diante da ditadura e da tortura: não falem a respeito com ninguém (Paris: L'Harmattan, 1997) e a discussão que Robert Wallerstein faz desse livro em *Journal of the American Psychoanalytic Association* 47 (1999): 965-973.

66. Arthur Miller, *Timebends: A Life*/Curvas do tempo: uma vida (Nova York: Grove Press, 1987), pp. 320-321.

67. Um psicanalista de Beverly Hills aliviou as dores de consciência de oito testemunhas da HUAC, todas elas colaboradoras. O ângulo moral era simples: "Ora, os nomes de todos eles já foram revelados mesmo". David Caute, *The Great Fear: The Anti-Communist Purge Under Truman and Eisenhower*/O grande pavor: o expurgo anticomunista sob os governos de Truman e Eisenhower (Nova York: Simon and Schuster, 1977), pp. 505-506. Quanto à relação dos analistas com a guerra fria, consulte "Come Over, Red Rover" em Robert Lindner, *A hora de cinqüenta minutos. Uma coletânea de contos psicanalíticos verídicos/The Fifty-Minute Hour: A Collection of True Psychoanalytic Tales* (Rio de Janeiro: Imago, 1972/Nova York: Holt, Rinehart and Winston, 1954).

68. Ao mesmo tempo, quando Hayden disse que podia admitir ter pertencido ao partido, mas que não poderia dar nomes, seu analista retrucou: "Claro que pode. Por que não o faz?" Sterling Hayden, *Wanderer*/Vira-mundo (Nova York: Knopf, 1964), pp. 371, 377 e 387. Victor S. Navasky, *Naming Names*/Citando nomes (Nova York: Penguin, 1981), pp. 133-143, identifica o analista de Hayden como Phil Cohen.

69. Steve Heims, *The Cybernetic Group*/O grupo cibernético (Cambridge, Mass.: MIT Press, 1991), p. 170.

70. Horney é citada em Edith Kurzweil, "Psychoanalytic Science: From Oedipus to Culture"/A ciência psicanalítica: do Édipo à cultura, *Psychoanalytic Review* 79 (outono de 1992); Harry Stack Sullivan, "Remobilization for Enduring Peace and Social Progress"/Remobilização por uma paz e progresso social duradouros, *Psychiatry* 10 (1947): 239; Lasch, *Refúgio num mundo sem coração*/Haven in a Heartless World, p. 97; Stansfield Sargent e Marian W. Smith, orgs., *Culture and Personality*/Cultura e personalidade (Nova York: Wenner-Gren Foundation for Anthropological Research, 1949), pp. 203-204. "Nossa cultura está doente, mentalmente perturbada e necessitada de tratamento", afirmou Lawrence Frank, "Society as a Patient"/A sociedade como paciente, *American Journal of Sociology* 42 (novembro de 1936): 335.

71. J. Victor Koschmann, *Revolution and Subjectivity in Postwar Japan*/Revolução e subjetividade no Japão do pós-guerra (Chicago: University of Chicago Press, 1996), p. 174; Kurzweil, *Freudians*, pp. 136, 211 e 232; Helmut Thomä, "Some Remarks on Psychoanalysis in Germany, Past and Present"/Algumas observações sobre a psicanálise na Alemanha, antiga e atual, *International Journal of Psychoanalysis* 50 (1969): 683-692; Edith Kurzweil, "The Freudians Meet in Germany"/Os freudianos se encontram na Alemanha, *Partisan Review* 52, nº 4 (1985). Quanto ao papel de Balint, consulte Wyatt, "Severance", p. 151. As autoridades das forças de ocupação também incentivaram a análise na Áustria, mas houve pouco interesse, assim como houve pouca honestidade, no que se refere ao papel da Áustria na guerra. Só na década de 1970, quando Freud se tornou um ícone do turismo e seu perfil foi impresso na cédula de cinqüenta xelins, é que isso mudou.

72. Michael Balint, "On the Psychoanalytic Training System"/Sobre o sistema de treinamento psicanalítico, *International Journal of Psychoanalysis* 29 (1948): 167.

73. Stone, "Where Will Psychoanalysis survive?", p. 35; Kris a Anna Freud, 13 de março de 1950, citado em Elisabeth Young-Bruehl, *Anna Freud: uma biografia/Anna Freud: A Biography*, trad. de Henrique de Araújo Mesquita (Rio de Janeiro: Imago, 1992/Nova York: Summit Books, 1988), pp. 345-358.
74. A análise de treinamento visava a "uma identificação firmemente estabelecida com uma figura idealizada" (muito embora produzisse muitas vezes, através de formação de reação, "rebeldia contra essa identificação", como observou Heinz Kohut). Consulte Kohut, "Creativeness, Charisma, Group Psychology"/Criatividade, carisma, psicologia de grupo, em *The Search for the Self: Selected Writings of Heinz Kohut*/A busca do *self*: escritos seletos de Heinz Kohut, org. de Paul Ornstein (Nova York: International Universities Press, 1978), pp. 793 e seguintes.
75. Citado em Young-Bruehl, *Anna Freud*, p. 271.
76. S. Lustman, "The Scientific Leadership of Anna Freud"/A liderança científica de Anna Freud, *Journal of the American Psychoanalytic Association* 15 (1967): 822.
77. Mesmo o revisionista *Young Man Luther*, de Erik Erikson (1950), foi um trabalho de memória. Freud e Lutero tinham ambos "uma disposição voraz para fazer o trabalho sujo de suas respectivas épocas". Erik Erikson, *Young Man Luther: A Study in Psychoanalysis and History*/O jovem Lutero: um estudo sobre a psicanálise e a história (Nova York: Norton, 1958), pp. 9-10.
78. Heinz Hartmann, Ernst Kris e Rudolph Loewenstein, "Comments on the Formation of Psychic Structure"/Observações sobre a formação da estrutura psíquica, *The Psychoanalytic Study of the Child* 2 (1946): 16.
79. Young-Bruehl, *Anna Freud*, p. 313. Jones também usou a biografia para acertar antigas contas, por exemplo, com Rank e Ferenczi.
80. Jones, vol. 1, p. 56.
81. Peter Homans, *The Ability to Mourn: Disillusionment and the Social Origins of Psychoanalysis*/A capacidade de luto: desilusão e origens sociais da psicanálise (Chicago: University of Chicago Press, 1989), pp. 17 e 68.
82. Malcolm Pines, "The Question of Revising the Standard Edition"/A questão da revisão da *Standard Edition*, em Timms e Segal, *Freud in Exile*, pp. 177 e 194. Jones: "Se em minha vida eu puder fazer uma edição completa de suas obras e deixar o *Journal* organizado, terei a certeza de que valeu a pena viver e espero poder fazer ainda mais pela psicanálise". Jones a Freud, 10 de abril de 1922, *Freud-Jones*, p. 473.
83. Perry Meisel e Walter Kendrick, orgs., *Bloomsbury/Freud: The Letters of James and Alix Strachey, 1924-1925*/Bloomsbury/Freud: as cartas de James e Alix Strachey, 1924-1925 (Nova York: Basic Books, 1985), p. 317.
84. Riccardo Steiner, "'Die Weltmachtstellung des Britischen Reichs': Notes on the Term 'Standard' in the First Translations of Freud/"O poderio mundial do império britânico": notas sobre o termo "*standard*" nas primeiras traduções de Freud, em Timms e Segal, *Freud in Exile*, pp. 188-190.
85. Citado em Meisel e Kendrick, *Bloomsbury/Freud*, pp. x-xi. Winnicott comentou que "o que Strachey fez foi inserir os escritos de Freud na literatura, onde a honestidade intelectual reina soberana". D. W. Winnicott, *Explorações psicanalíticas/Psycho-analytic Explorations*, org. de Clare Winnicott, Ray Shepherd e Madeleine Davis, trad. de José Octávio de Aguiar Abreu (Porto Alegre: Artmed, 2004 — 2ª ed./Cambridge, Mass.: Harvard University Press, 1989), p. 509.
86. Assim, temos, por exemplo: "Eine große Halle — viele Gaste, die wir empfangen. — Unter ihnen Irma, die ich sofort beiseite nehme, um gleichsam ihren Brief zu beantworten, ihr Vorwurfe zu machen, daß sie die 'Losung' noch nicht akzeptiert. Ich sage ihr [...]", *Gesammelte Werke*, pp. ii-iii, III, que se pode traduzir melhor para o inglês como: "A large hall — we are receiving

many guests — Irma is among them. Right away I take her aside in order to answer her letter and to scold her because she doesn't accept my 'solution'. I say to her [...]" ("Um grande *hall* — estamos recebendo muitos convidados, entre os quais, Irma. Imediatamente a levo até um canto, para responder sua carta e censurá-la por ainda insistir em não aceitar a 'solução'. Eu lhe digo [...]"), mas que se tornou, na tradução publicada: "A large hall — numerous guests, whom we are receiving. Among them was Irma. I at once took her on one side, as though to answer her letter and to reproach her for not having accepted my 'solution' yet. I said to her [...]", *SE*, vol. 4, p. 107 ("Um grande *hall* — muitos convidados, que estamos recebendo. Entre eles, estava Irma. Eu imediatamente a levei até um canto, como se para responder sua carta e censurá-la por ainda não ter aceito minha 'solução'. Eu lhe disse [...]", tradução literal do texto da *Standard Edition*, vol. 4, p. 107). Darius Ornston, "Freud's Conception Is Different from Strachey's"/A concepção de Freud é diferente da de Strachey, *Journal of the American Psychoanalytic Association* 33, suplemento (1985): 382 e 403-404; Timms e Segal, *Freud in Exile*, pp. 204, 208, 212-213 e 216. Os direitos autorais da *Standard Edition* expiraram em setembro de 1989, o que implica que seu conteúdo pode ser retraduzido para o inglês. Em abril de 1989, o Instituto de Psicanálise de Londres promoveu uma conferência de três dias para debater a questão da desejabilidade da retradução das obras de Freud. As mais úteis versões acadêmicas disponíveis em alemão são as *Studienausgaben* (edições eruditas) publicadas por S. Fischer, que, porém, são incompletas. Uma edição completa está sendo preparada na Suécia.

87. Josef Hayim Yerushalmi, *O Moisés de Freud. Judaísmo terminável e interminável/ Freud's Moses: Judaism Terminable and interminable*, trad. de Júlio Castanon Guimarães (Rio de Janeiro: Imago, 1992/New Haven, Conn.: Yale University Press, 1992), p. 39. A tradução inglesa da carta de 4 de setembro de 1883 está em *LSF*, p. 54.
88. Maria Torok, "Unpublished by Freud to Fliess: Restoring an Oscillation"/Correspondência inédita de Freud a Fliess: restabelecendo uma oscilação, *Critical Inquiry 12*, nº 2 (inverno de 1986).
89. Robert S. Wallerstein, "Reflections"/Reflexões, em *The Identity of the Psychoanalyst*/A identidade do psicanalista, org. de Edward D. Joseph e Daniel Widlocher (Nova York: International Universities Press, 1983), pp. 265-276; Nancy Chodorow, "Beyond Drive Theory: Object Relations and the Limits of Radical Individualism"/Além da teoria das pulsões: as relações objetais e os limites do individualismo radical, Theory and Society 14, nº 3 (maio de 1985): 271.
90. Na década de 30, 30% dos analistas do mundo eram mulheres, mas esse percentual diminuiu drasticamente após a guerra. Lewin e Ross, *Freud in Exile*, pp. 53 e 245; Kurzweil, *Freudians*, pp. 45 e 208; Appignanesi e Forrester, *Freud's Women*, p. 6.
91. Em 1942, *Generation of Vipers*/Geração de jararacas, de Philip Wylie, vendeu 180 mil exemplares e suscitou sessenta mil cartas ao autor, todas argumentando que o "mamismo" havia emasculado a virilidade norte-americana. Consulte Truman Kiefer, *Philip Wylie* (Boston: Twayne, 1977).
92. Consulte Edward Glover, "An Examination of the Klein System of Child Psychology"/Um exame do sistema kleiniano de psicologia infantil, *Psychoanalytic Study of the Child 1* (1945). Essa também era a "hipótese favorita" de Jones. Jones, 29 de janeiro de 1944, citado em Phyllis Grosskurth, *O mundo e a obra de Melanie Klein/Melanie Klein: Her World and Her Work*, trad. de Paula Rosas (Rio de Janeiro: Imago, 1992/Nova York: Knopf, 1986), p. 343.
93. Young-Bruehl, *Anna Freud*, pp. 428-429; Betty Friedan, *The Feminine Mystique*/A mística feminina (Nova York: Norton, 1963), p. 111; Erik Erikson, "Womanhood and the Inner Space"/A feminilidade e o espaço interior, *Daedalus*, primavera de 1964. Quanto à história do orgasmo clitoridiano/vaginal, consulte Daniel Brown, "Female Orgasm and Sexual Inadequacy"/O orgas-

mo feminino e a inadequação sexual, em *Human Sexual Response*/A reação sexual humana, org. de Edward e Ruth Brecher (Boston: Little, Brown, 1966), pp. 125-175.
94. Kurzweil, *Feminists*, pp. 40 e 51-52.
95. Ferdinand Lundberg e Marynia F. Farnham, *Modern Woman, The Lost Sex*/A mulher moderna, o sexo perdido (Nova York: Universal Library, 1947), p. 142. A reação de Dorothy Parker é digna de menção: "Há algo de curiosamente lisonjeiro em ser descrita pelo adjetivo 'perdida'. [...] Vejo-me enfiando o dedão do pé na areia e dizendo, com um sorrisinho bobo e afetado: 'Ah, Dra. Farnham e Sr. Lundberg, falem a verdade — vocês dizem isso a todos os sexos!'" Citada em Mari Jo Buhle, *Feminism and Its Discontents: A Century of Struggle with Psychoanalysis*/O mal-estar no feminismo: um século de luta com a psicanálise (Cambridge, Mass.: Harvard University Press, 1998), p. 128.
96. Eles "tentaram realizar uma difícil tarefa num campo em que há poucas referências válidas e poucas informações psicológicas científicas". Frances S. Arkin, *Psychoanalytic Quarterly* 6 (1947): 573.
97. Roy Schafer, "Problems in Freud's Psychology of Women"/Problemas da psicologia freudiana das mulheres, *Journal of the American Psychoanalytic Association* 22 (julho de 1974): 459-485.
98. Winifred Breines, *Young, White, and Miserable: Growing Up Female in the Fifties*/Jovem, branca e infeliz: crescendo mulher nos anos 50 (Boston: Beacon Press, 1992).
99. Diana Trilling, *The Beginning of the Journey: The Marriage of Diana and Lionel Trilling*/O início da jornada: o casamento de Diana e Lionel Trilling (Nova York: Harcourt, Brace, 1993), p. 240.
100. Calvin Trillin, *Remembering Denny*/Relembrando Denny (Nova York: Farrar, Straus and Giroux, 1993).
101. Dan Wakefield, *New York in the Fifties*/Nova York nos anos 50 (Boston: Houghton Mifflin, 1992), p. 152.
102. Elisabeth Roudinesco e Michel Plon, *Dicionário de psicanálise/Dictionnaire de la psychanalyse*, trad. de Vera Ribeiro e Lucy Magalhães, supervisão da edição brasileira Marco Antônio Coutinho Jorge (Rio de Janeiro: Jorge Zahar, 1998/Paris: Fayard, 1997), pp. 454-455.
103. Stephen Farber e Marc Green, *Hollywood on the Couch: A Candid Look at the Overheated Love Affair Between Psychiatrists and Moviemakers*/Hollywood no divã: um olhar franco sobre o tórrido caso de amor entre psiquiatras e cineastas (Nova York: Morrow, 1993), pp. 58-61.
104. James Merrill, *A Different Person: A Memoir*/Outra pessoa: memórias (Nova York: Knopf, 1993), p. 229. A família de Detre morreu em Auschwitz. Posteriormente, ele emigrou para os Estados Unidos.
105. Patricia Bosworth, *Montgomery Clift* (Nova York: Harcourt, Brace, 1978), pp. 203-206, 215-216 e 230-233. Quanto à odisséia de um psicanalista gay a partir dos anos 50, consulte Richard A. Isay, *Tornar-se gay: o caminho da auto-aceitação/Becoming Gay*, trad. de Dinah Klebe (São Paulo: Edições GLS, 1998/Nova York: Pantheon, 1996).
106. Robert Lindner, "Homosexuality and the Contemporary Scene"/A homossexualidade e a cena contemporânea, em *The Problem of Homosexuality in Modern Society*/O problema da homossexualidade na sociedade moderna, org. de Hendrick M. Ruitenbeek (Nova York: Dutton, 1963), p. 58.
107. Sándor Rádo, "A Critical Examination of the Concept of Bisexuality"/Um exame crítico do conceito de bissexualidade, *Psychosomatic Medicine* 2, nº 4 (outubro de 1940); Ronald Bayer, *Homosexuality and American Psychiatry: The Politics of Diagnosis*/A homossexualidade e a psiquiatria norte-americana: a política do diagnóstico (Nova York: Basic Books, 1981), pp. 28 e 30; C. W. Socarides, "The Psychoanalytic Theory of Homosexuality, with Special Reference to Therapy"/A teoria psicanalítica da homossexualidade, com referência especial à terapia, em *Sexual Deviations*/Desvios sexuais, org. de I. Rosen (Nova York: Oxford University Press, 1979), p. 246.

108. Young-Bruehl, *Anna Freud*, pp. 428-429. Quanto ao ponto de vista de Jones de que Freud se havia "'conciliado demais' com a bissexualidade", consulte Jones a James Strachey, 11 de janeiro de 1954, CSD/F01/09, BPS.
109. Kenneth Lewes, *The Psychoanalytic Theory of Male Homosexuality*/A teoria psicanalítica do homossexualismo masculino (Nova York: Simon and Schuster, 1988), pp. 74 e 93.
110. Edmund Bergler, "Homosexuality and the Kinsey Report"/A homossexualidade e o relatório Kinsey, em *The Homosexuals as Seen by Themselves and Thirty Authorities*/Os homossexuais vistos por eles mesmos e trinta autoridades, org. de Aron Krich (Nova York: Citadel Press, 1954). Ruitenbeek, *Problem of Homosexuality*, apresenta muitas declarações analíticas, mas declara, na página xii: "A omissão de artigos de Edmund Bergler é intencional". Lewes, *Male Homosexuality*, p. 153; Bayer, *Homosexuality and American Psychiatry*, pp. 36 e 78; Lionel Trilling, *The Liberal Imagination: Essays on Literature and Society*/A imaginação liberal: ensaios sobre literatura e sociedade (Garden City, N.Y.: Doubleday, 1957), pp. 216-217; Socarides, "Theory of Homosexuality", p. 78. Entre os pesquisadores da homossexualidade incluem-se também Cleland Ford, Frank Beach e Evelyn Hooker.
111. Bayer, *Homosexuality and American Psychiatry*, p. 36.
112. Berube, *Coming Out*, pp. 158 e 259. Sintomaticamente, o diagnóstico psiquiátrico adotou como base a nomenclatura padronizada utilizada nas forças armadas.
113. Lewes, *Male Homosexuality*, p. 137.
114. Quanto a "momento criativo", consulte Kurzweil, *Freudians*, p. 209; quanto a "meu pai", consulte Jeffrey Masson, *Final Analysis: The Making and Unmaking of a Psychoanalyst*/Análise final: construção e destruição de um psicanalista (Reading, Mass.: Addison-Wesley, 1990), p. 167.
115. Entre os centros de pensamento e ação anti-racionalizante dos anos 50 incluem-se a revista *Politics*, o Black Mountain College, a Brandeis University e a cena *jazzística* e poética da cidade de São Francisco.
116. Richard King, *The Party of Eros*/A festa de Eros (Chapel Hill: University of North Carolina Press, 1972); James Gilbert, *Writers and Partisans*/Escritores e partidários (Nova York: Wiley, 1968). O termo "intelectuais nova-iorquinos" geralmente é usado em referência àqueles que publicavam na *Partisan Review*. Muito importante também foi Dwight Macdonald, editor da revista *Politics*, para quem o problema da modernidade era a alienação, não a economia, idéia reforçada pela tradução para o inglês dos *Manuscritos econômico-filosóficos*, de Marx, por Erich Fromm em 1951. Dwight Macdonald, "The Root Is Man: Part II"/A raiz é o homem, *Politics*, julho de 1946.
117. Hannah Arendt escreveu em *A condição humana* (1956), p. 71: "A vida que transcorre inteiramente em público, na presença de terceiros, torna-se, por assim dizer, vazia. Apesar de manter sua visibilidade, ela perde a característica de saltar aos olhos de um terreno mais escuro, que deve permanecer oculto sob pena de perder sua profundidade num sentido muito real, não subjetivo".
118. Citado em Hugh Wilford, *The New York Intellectuals: From Vanguard to Institution*/Os intelectuais nova-iorquinos: da vanguarda à institucionalização (Manchester, G.B., e Nova York: Manchester University Press, 1995), p. 66.
119. Tanto Ellison quanto Baldwin publicavam freqüentemente na *Partisan Review*.
120. Milton Klonsky, "Greenwich Village: Decline and Fall"/Greenwich Village: declínio e queda, *Commentary*, novembro de 1948, citado em King, *Party of Eros*, p. 44.
121. Miller, *Timebends*, pp. 320-321.
122. Paul Goodman, "The Political Meaning of Some Recent Revisions of Freud"/O significado político de algumas revisões recentes de Freud, *Politics* 2 (julho de 1945). Apesar de criticar a "teoria gonádica da revolução" de Goodman, C. Wright Mills recorreu a outras correntes da psicanálise

em sua própria crítica da racionalização. Consulte C. Wright Mills e P. J. Salter, "The Barricades and the Bedroom"/As barricadas e o quarto de dormir, *Politics*, outubro de 1945.
123. Lionel Trilling, *Beyond Culture: Essays on Literature and Learning*/Além da cultura: ensaios sobre literatura e aprendizagem (Nova York: Viking Press, 1965), pp. 104 e 108.
124. Lionel Trilling, "Art and Neurosis"/Arte e neurose, em *Liberal Imagination*, p. 156.
125. Lionel Trilling, "Freud and Literature"/Freud e a literatura, em *Liberal Imagination*, pp. 32-33. Trilling também elogiou o relatório Kinsey pelo "muito que fez no sentido de estabelecer a *comunidade* da sexualidade". Mas o relatório estabelecera essa comunidade, segundo Trilling, por meio de bases *quantitativas* e, por conseguinte, alienadas. "Embora todas as culturas criem medos sexuais, a nossa era ímpar pelo fato de isolar estritamente o indivíduo nos medos inventados pela sociedade. O relatório agora nos garante, através da ciência estatística, que a solidão é imaginária". Não apenas ciência, mas a ciência mais simples e materialística: uma "uma ciência de estatísticas, e não de idéias. O caminho para o relatório foi preparado por Freud, mas Freud, em todos os seus anos de atividade, jamais teve o trânsito e a autoridade que esse relatório ganhou em questão de semanas". Trilling, "The Kinsey Report"/O relatório Kinsey, em *Liberal Imagination*, pp. 216-228.
126. Philip Rieff, *Freud: The Mind of the Moralist*/Freud: a mente do moralista, 3ª ed. (Chicago: University of Chicago Press, 1979), em especial pp. 329-357.
127. Norman Podhoretz, *Breaking Ranks: A Political Memoir*/Rompendo classes: memórias políticas (Nova York: Harper & Row, 1979), pp. 40 e 47-49.

Capítulo Doze

1. Thomas Frank, *The Conquest of Cool: Business Culture, Counterculture, and the Rise of Hip Consumerism*/A conquista do *maneiro*: cultura empresarial, contracultura e a ascensão do consumismo *descolado* (Chicago: University of Chicago Press, 1997), p. 23.
2. Nancy Fraser, "From Redistribution to Recognition? Dilemmas of Justice in a 'Post-Socialist' Age"/Da redistribuição ao reconhecimento? Dilemas da justiça numa era "pós-socialista", *New Left Review 212* (julho-agosto de 1995): 68-93.
3. Quanto à idéia de que os anos 70 constituem uma era *fin-de-siècle*, consulte Natasha Zaretsky, "The End of the American Century? National Decline and Family Decline in the 1970s"/O fim do século norte-americano? Declínio nacional e declínio familiar na década de 1970 (tese de Ph.D., Brown University, 2003).
4. David Riesman, Nathan Glazer e Reuel Denney, *A multidão solitária/The Lonely Crowd: A Study of the Changing American Character* (São Paulo: Perspectiva, 1995 — 2ª ed./New Haven, Conn.: Yale University Press, 1961), p. 139.
5. Aimé Césaire, *Discours sur le colonialisme*/Discurso sobre o colonialismo (Paris: Présence Africaine, 1955).
6. Dominique Octave Mannoni, *Prospero and Caliban*/Próspero e Calibã, 2ª ed. (Nova York: Praeger, 1964), pp. 8, 46-47 e 63.
7. Segundo Erikson, a identidade era um problema especial nos Estados Unidos devido à heterogeneidade de sua composição cultural. Ele escreveu acerca da dificuldade de sustentar os ideais do ego numa terra "caracterizada por identificações expansivas e pelo grande medo de perder identidades conseguidas a duras penas". Erik Erikson, "The Problem of Ego Identity"/O problema da identidade do ego, *Journal of the American Psychoanalytic Association 4* (janeiro de 1956): 56-21; William Graebner, "The Unstable World of Benjamin Spock: Social Engineering in a

Democratic Culture"/O instável mundo de Benjamin Spock: engenharia social em uma cultura democrática, *Journal of American History* 67, nº 3 (dezembro de 1980): 617.

8. Heinz Hartmann, Ernst Kris e Rudolph Loewenstein, "Comments on the Formation of Psychic Structure"/Observações sobre a formação da estrutura psíquica, *Psychoanalytic Study of the Child* 2 (1946): 16.

9. Edith Jacobson, *The Self and the Object World*/O eu e o mundo dos objetos (Nova York: International Universities Press, 1964).

10. Joseph Sandler e B. Rosenblatt, "The Concept of the Representational World"/O conceito do mundo representacional, *Psychoanalytic Study of the Child* 17 (1962): 128-145.

11. A depressão, por exemplo, já não era vista como uma questão de "frustração oral", mas de rebaixamento da auto-estima.

12. George S. Klein, *Psychoanalytic Theory: An Exploration of Essentials*/Análise dos fundamentos da teoria psicanalítica (Nova York: International Universities Press, 1976); Merton M. Gill e Philip S. Holzman, orgs., *Psychology vs. Metapsychology: Psychoanalytic Essays in Memory of George S. Klein*/Psicologia x metapsicologia: ensaios psicanalíticos em memória de George S. Klein (Nova York: International Universities Press, 1976).

13. Henry Loewenfeld e Yela Loewenfeld, "Our Permissive Society and the Superego"/Nossa sociedade permissiva e o superego, *Psychoanalytic Quarterly* 39 (1970): 590-607.

14. Lawrence S. Kubie, "Pitfalls of Community Psychiatry"/Problemas da psiquiatria comunitária, *Archives of General Psychiatry* 18 (1968): 257-266.

15. Leo Rangell, "Psychoanalysis — A Current Look"/Psicanálise — situação atual, *Journal of the American Psychoanalytic Association* 15 (1967): 425. Em geral, os discursos de posse da APA da década de 60 foram modelos de negação.

16. Coleção de História Oral, Columbia University.

17. G. K. Hofling e R. Meyers, "Recent Discoveries in Psychoanalysis"/Descobertas recentes na psicanálise, *Archives of General Psychiatry* 26 (1972): 518-523. Esse estudo é discutido por Edith Kurzweil em *The Freudians: A Comparative Perspective*/Os freudianos: uma perspectiva comparatista (New Haven, Conn.: Yale University Press, 1989), p. 209.

18. K. R. Eissler, *Medical Orthodoxy and the Future of Psychoanalysis*/A ortodoxia médica e o futuro da psicanálise (Nova York: International Universities Press, 1965), pp. 94-95 e 232.

19. Stephen Farber e Marc Green, *Hollywood on the Couch: A Candid Look at the Overheated Love Affair Between Psychiatrists and Moviemakers*/Hollywood no divã: um olhar franco sobre o tórrido caso de amor entre psiquiatras e cineastas (Nova York: Morrow, 1993), pp. 14-17, 63 e 157.

20. Erica Jong, *Medo de voar/Fear of Flying*, trad. de Myriam Campello (Rio de Janeiro: Record, 1991/Nova York: Holt, Rinehart and Winston, 1973), pp. 4-5.

21. Marshall Brickman, "The Analytic Napkin"/O lenço analítico, em *The Best of Modern Humor*/O melhor do humor moderno, org. de Mordecai Richler (Nova York: Knopf, 1983), pp. 448-452. Mel Brooks agradeceu a seu analista por conseguir fazê-lo se livrar do hábito de vomitar entre carros estacionados. Farber e Green, *Hollywood on the Couch*, p. 147.

22. "Concluir uma análise de treinamento com a nota altruísta da admiração compartilhada em relação a Freud", observou Kohut, "não apenas é [...] um gesto socialmente aceitável de grande respeitabilidade, mas pode ser também uma experiência comovente para o candidato, que lhe alivia a dor da partida". Heinz Kohut, "Thoughts on Narcissism and Narcissistic Rage"/Reflexões sobre o narcisismo e a raiva narcísica, em *The Search for the Self: Selected Writings of Heinz Kohut*/ A busca do *self*: escritos seletos de Heinz Kohut (Nova York: International Universities Press, 1978), vol. 2, p. 803. As citações que figuram no texto foram extraídas do vol. 1, pp. 162-163, 479 e 481. Consulte também Heinz Kohut, *The Analysis of the Self*/A análise do *self* (Nova York:

International Universities Press, 1971), pp. 64 e 46. Para a visão de outro argumento — o de que o narcisismo havia sido denegrido na tradição psicanalítica —, consulte Bela Grunberger, *Narcissism: Psychoanalytic Essays*/Narcisismo: ensaios psicanalíticos (Nova York: International Universities Press, 1979).

23. Kernberg comparou o narcisismo afetivo e expansivo da criança ao narcisismo frio e hostil do adulto: enquanto a criança busca amor e beleza, o adulto necessita ser o único detentor desses bens. Otto Kernberg, *Borderline Conditions and Pathological Narcissism*/Transtornos borderline e narcisismo patológico (Nova York: J. Aronson, 1975). Jacobson, *The Self and the Object World*, pp. 20, 35-36, 46, 94; Robin Blanck e Gertrude Blanck, *Beyond Ego Psychology: Developmental Object Relations Theory*/Além da psicologia do ego: teoria desenvolvimentista das relações objetais (Nova York: Columbia University Press, 1986), pp. 10 e 12; René Spitz, *A Genetic Field Theory of Ego Formation: Its Implications for Pathology*/Uma teoria genética da formação do ego: implicações para a patologia (Nova York: International Universities Press, 1959), pp. 96-97.

24. "O casal imaturo, por sua vez, perde sua oposição ao grupo — na verdade, ele retorna ao grupo". Otto Kernberg, "The Couple and the Group"/O casal e o grupo, em Kernberg, *Psicopatologia das relações amorosas/Love Relations: Normality and Pathology*, trad. de Maria Adriana Veríssimo Veronese (Porto Alegre: Artmed, 1995/New Haven, Conn.: Yale University Press, 1995), pp. 176-188.

25. Consulte também o conceito de restauração em Mary Wright, *The Last Stand of Chinese Conservatism: The Tung-chih Restoration, 1862-1874*/O último baluarte do conservadorismo chinês: a restauração de Tung-chih, 1862-1874 (Stanford, Calif.: Stanford University Press, 1957).

26. Meredith Tax, *Woman and Her Mind: The Story of Daily Life*/A mulher e sua mente: a história da vida cotidiana (Cambridge, Mass.: Bread and Roses, 1970).

27. Consulte, por exemplo, Angelo Quattrochi e Tom Nairn, *The Beginning of the End: France, May, 1968*/O começo do fim: França, maio de 1968 (Londres: Panther Books, 1968), pp. 163-164.

28. *ES*, vol. 21, pp. 64-72.

29. Herbert Marcuse, *Eros e civilização; uma interpretação filosófica do pensamento de Freud/Eros and Civilization: A Philosophical Inquiry into Freud*, trad. de Álvaro Cabral (São Paulo: Círculo do Livro, 1982/Boston: Beacon Press, 1974). Contrariando Kant, Marcuse exaltou o filósofo Friedrich Schiller, que tentou mostrar que a razão se reconciliava com a sensualidade na arte e na brincadeira.

30. Norman O. Brown, *Life Against Death: The Psychoanalytical Meaning of History*/Vida contra morte: o significado psicanalítico da história, 2ª ed. (Middletown, Conn.: Wesleyan University Press, 1985), pp. 118, 123, 128-129, 132 e 142. Consulte também Herbert Marcuse, "Love Mystified: A Critique of Norman O. Brown"/A mistificação do amor: uma crítica a Norman O. Brown, *Commentary* 43, nº 2 (fevereiro de 1967), 71-75.

31. Citado em Mikkel Borch-Jacobsen, *Lacan: The Absolute Master*/Lacan, o mestre absoluto, trad. Douglas Brick (Stanford, Calif.: Stanford University Press, 1991), pp. 40-41.

32. Elisabeth Roudinesco, *História da psicanálise na França: a batalha dos cem anos/Histoire de la psychanalyse en France: la bataille de cent ans*, trad. de Vera Ribeiro (Rio de Janeiro: Jorge Zahar, 1988/Paris: Ramsay, 1982; Seuil, 1986), vol. 1, pp. 181-221 e 395-411.

33. Bruce Fink, *O sujeito lacaniano. Entre a linguagem e o gozo/The Lacanian Subject: Between Language and Jouissance*, trad. de Maria de Lourdes Câmara (Rio de Janeiro: Jorge Zahar, 1998/Princeton, N.J.: Princeton University Press, 1995), p. 84.

34. Jacques Lacan, *O seminário, livro 1: os escritos técnicos de Freud/The Seminar of Jacques Lacan*, org. de Jacques-Alain Miller e trad. de Betty Milan (Rio de Janeiro: Jorge Zahar, 1986/Nova York: Norton, 1988), vol. 2, p. 37.

35. O "Rome Discourse"/Discurso de Roma encontra-se em Jacques Lacan, *Écrits: A Selection*/Escritos seletos (Nova York: Norton, 1977).
36. Kristin Ross, *Fast Cars, Clean Bodies: Decolonization and the Reordering of French Culture*/Carros velozes, corpos enxutos: a descolonização e a reorganização da cultura francesa (Cambridge, Mass.: MIT Press, 1995).
37. Daniel Lagache, analista francês, observou: "Ele personificava a má consciência do analista. Mas [...], num analista, a boa consciência não é menos perigosa". Roudinesco, *História*, vol. 2, pp. 225, 231 e 346. Para um relato complementar em primeira mão, consulte Didier Anzieu, *A Skin for Thought: Interviews With Gilbert Tarrab on Psychology and Psychoanalysis*, trad. de D. Biggs (Londres: Karnac, 1990), pp. 27-28.
38. Entre os colegas mais próximos de Lacan nos anos 50 estavam Wladimir Granoff, Serge Leclaire, Didier Anzieu, Jean-Bertrand Pontalis, Jean Laplanche e Moustapha Safouan, tradutor de *A interpretação dos sonhos* e *The Phenomenology of the Mind*/A fenomenologia da mente para o árabe.
39. Entre os novos alunos de Lacan estavam François Roustang, Michel de Certeau, Catherine Backès-Clément, Cornélius Castoriadis, Félix Guattari e Luce Irigaray. Roudinesco, *História*, vol. 2, p. 321; John Forrester, *Seduções da psicanálise — Freud, Lacan e Derrida*/The Seductions of Psychoanalysis, trad. de Marcos S. Nobre (Campinas: Papirus, 1990/Cambridge, G.B.: Cambridge University Press, 1990). No momento da abertura, o número de membros da École Freudienne de Paris era de 134.
40. Além disso, Lacan influenciou os esforços — então contínuos — de repensar o marxismo e, em especial, a reafirmação da teoria marxista da ideologia, na qual Althusser rejeitou a formulação "Os homens representam para si mesmos suas reais condições de existência de forma imaginária" — que preservava a distinção ortodoxa marxista entre base e superestrutura — em favor da alternativa lacaniana: "A ideologia representa a relação imaginária dos indivíduos com suas reais condições de existência". Em outras palavras, a ideologia não era uma representação ilusória da realidade, mas sim uma relação prática, embora inconsciente, com esta.
41. Citado em Lawrence D. Kritzman, *Michel Foucault: Politics, Philosophy, Culture*/Michel Foucault: política, filosofia, cultura, em *Le Magazine Litéraire* nº 121 (fevereiro de 1977).
42. Roudinesco, *História*, vol. 2, p. 640.
43. Quando Didier Anzieu perguntou-lhe por que não dava mais crédito a seus antecedentes surrealistas, Lacan respondeu que, embora não repudiasse os surrealistas, "é mais sob a égide de Monsieur de Tocqueville que eu situaria minha [contribuição]". Ibid., vol. 2, p. 268.
44. No romance *My Life as a Man* (1974), de Philip Roth, Peter Tarnapol, um escritor judeu de 29 anos, descobre por acaso que seu analista o havia disfarçado num estudo de caso como um bem-sucedido poeta ítalo-americano na faixa dos quarenta anos. Tarnapol queixou-se: entre um homem de quarenta e um de vinte, entre um judeu americano e um ítalo-americano e entre um poeta e um romancista há "distinções fundamentais". Roth, *My Life as a Man*/Minha vida como homem (Londres: Jonathan Cape, 1974), pp. 239-240.
45. Quanto ao papel pouco compreendido de Goffman, consulte Howard Brick, *Age of Contradiction: American Thought and Culture in the 1960s*/A era da contradição: pensamento e cultura norte-americanos nos anos 60 (Nova York: Twayne, 1998).
46. R. D. Laing, *Sanity, Madness and the Family*/Sanidade, loucura e a família (Nova York: Basic Books, 1964, 1971), p. 12.
47. *Madness and Civilization*/Loucura e civilização foi publicado em inglês em 1963 na mesma série que incluía *Razão e violência: uma década da filosofia de Sartre (1950-1960)*/Reason and Violence, de R. D. Laing e David Cooper, e *O mito da doença mental: fundamentos de uma teoria da conduta*

pessoal/The Myth of Mental Illness, de Thomas Szasz. David Cooper, inventor do termo "antipsiquiatria", foi quem escreveu a introdução.
48. Lynn Z. Bloom, *Doctor Spock: Biography of a Conservative Radical*/Doutor Spock: biografia de um radical conservador (Indianapolis: Bobbs-Merrill, 1972), pp. 72 e 83-84.
49. Betty Friedan, *The Feminine Mystique*/A mística feminina (Nova York: Norton, 1963), p. 112.
50. Kate Millett, *Sexual Politics*/Política sexual (Garden City, N.Y.: Doubleday, 1970); a visão de Freud, prossegue Millett na página 189, era de que "a descoberta do próprio sexo pela mulher é, em si e por si, uma catástrofe de proporções tão vastas que a atormenta pelo resto da vida".
51. Gayle Rubin, "The Traffic in Women"/O tráfico de mulheres, em *Towards an Anthropology of Women*/Por uma antropologia das mulheres, Rayna R. Reiter, org. (Nova York: Monthly Review Press, 1975), p. 185. Para uma visão diferente porém convincente das relações entre a análise e o feminismo, consulte Mari Jo Buhle, *Feminism and Its Discontents: A Century of Struggle with Psychoanalysis*/O mal-estar no feminismo: um século de luta com a psicanálise (Cambridge, Mass.: Harvard University Press, 1998).
52. Shulamith Firestone, *The Dialectic of Sex: The Case for Feminist Revolution* (Nova York: Monthly Review Press, 1970), pp. 49 e 51. Da mesma forma, o que Freud havia denominado neurose era agora explicado em termos de restrições sociais. Para Charles Bernheimer, "as mulheres vitorianas criaram estratégias defensivas que lhes permitiram reconhecer ou responsabilizar-se pelos fortes impulsos de rancor e agressividade que não encontravam válvula de escape na cultura. Assim criaram-se reações de conversão". Consulte Charles Bernheimer e Claire Kahane, *In Dora's Case: Freud — Hysteria — Feminism*/No caso Dora: Freud — Histeria — Feminismo (Nova York: Columbia University Press, 1985), pp. 5-6; Maria Ramas, "Freud's Dora, Dora's Hysteria"/A Dora de Freud, a histeria de Dora, *Feminist Studies* 6 (1980): 472-510.
53. Hélène Cixous e Cathérine Clement, *The Newly Born Woman*/A mulher recém-nascida, trad. de Betsy Wing (Minneapolis: University of Minnesota Press, 1986), pp. 153-154.
54. Jong, *Medo de voar*, pp. 20-22. Tampouco era a preferência pelo papel ativo restrita às mulheres. Até Kugelmass, o literato alter-ego de meia-idade de Woody Allen, apreendeu esse novo elemento externalizador ao queixar-se a seu analista: "Preciso encontrar uma nova mulher. [...] Preciso ter um caso. Posso não parecer, mas sou um homem que precisa de paixão". Quando o analista respondeu: "A pior coisa que você pode fazer é partir para um *acting out*. Você simplesmente expressa seus sentimentos aqui e juntos nós vamos analisá-los. [...] Afinal, sou analista, não um mágico", Kugelmass replicou: "Talvez eu precise mesmo de um mágico" e (como Dora) foi embora. Woody Allen, "The Kugelmass Episode"/O episódio Kugelmass, em Richler, *Modern Humor*, pp. 409-410.
55. Juliet Mitchell, *Psychoanalysis and Feminism: Freud, Reich, Laing, and Women*/Psicanálise e feminismo: Freud, Reich, Laing e as mulheres (Nova York: Vintage, 1974), p. xv.
56. Wardell Baxter Pomeroy, *Dr. Kinsey and the Institute for Sex Research*/O Dr. Kinsey e o Instituto de Pesquisa do Sexo (Nova York: Harper & Row, 1972), p. 68. Questionando "se os termos 'normal' e 'anormal' têm lugar no vocabulário científico", Kinsey estava em dúvida se os analistas poderiam ser considerados parte da comunidade científica. Consulte Alfred E. Kinsey, Wardell B. Pomeroy e Clyde Martin, *Sexual Behavior in the Human Male*/Conduta sexual do homem (Filadélfia: W. B. Saunders, 1948), pp. 199-200, 637 e 639, citados em Jonathan Ned Katz, "The Invention of Heterosexuality"/A invenção da heterossexualidade, *Socialist Review* 90, nº 1 (1990): 21.
57. Ronald Bayer, *Homosexuality and American Psychiatry: The Politics of Diagnosis*/A homossexualidade e a psiquiatria norte-americana: a política do diagnóstico (Nova York: Basic Books, 1981), p. 105.
58. Ibid., pp. 55, 95 e 103-104.

59. Os escritos de Dennis Altman exemplificam essa mudança. Altman começou como um seguidor de Marcuse que descrevia as "perversões" como rebeliões incipientes. Mas, no início dos anos 70, ele propôs uma mudança no uso do termo "homossexual", transformando-o de adjetivo — implicando uma pessoa neutra que tinha uma determinada sexualidade — em substantivo —, o que implicava que a homossexualidade era constitutiva da identidade. No fim dos anos 60, os historiadores da homossexualidade começaram a traçar uma distinção conexa entre a conduta homossexual, que sempre havia existido, e a identidade homossexual, que emergira na segunda metade do século XIX. Consulte John D'Emilio, *Sexual Politics, Sexual Communities: The Making of a Homosexual Minority in the United States, 1940-1970*/Política sexual, comunidades sexuais: a criação de uma minoria homossexual nos Estados Unidos, 1940-1970 (Chicago: University of Chicago Press, 1983). Para Foucault, antes do século XIX, a sodomia era "uma categoria de atos proibidos" cujo perpetrador era "seu sujeito jurídico". Mas, durante o século XIX, o "homossexual tornou-se um personagem, um passado, um histórico de caso e uma infância, além de ser um tipo de vida, uma forma de vida". Michel Foucault, *História da sexualidade/The History of Sexuality*, trad. de Maria Thereza da Costa Albuquerque, rev. técnica de José Augusto Guilhon Albuquerque/trad. de Robert Hurley (Rio de Janeiro: Graal, 2003 — 15ª ed./Nova York: Vintage, 1980), vol. 1, pp. 42-43. Consulte também John D'Emilio, "Capitalism and Gay Identity"/Capitalismo e identidade *gay*, em *Powers of Desire: The Politics of Sexuality*/Os poderes do desejo: a política da sexualidade, org. de Ann Snitow, Christine Stansell e Sharon Thompson (Nova York: Monthly Review Press, 1983), pp. 100-113. Além disso, era a identidade, e não a sexualidade, o que estava no centro da comunidade homossexual. As lésbicas, escreveu uma teórica, são "mulheres que amam mulheres, que preferem dedicar-se a mulheres e com elas criar um ambiente em que possam viver e trabalhar de forma criativa e independente. [...] As lésbicas não podem ser definidas simplesmente como mulheres que praticam juntas certos ritos físicos". Shane Phelan, *Identity Politics: Lesbian Feminism and the Limits of Community*/A política da identidade: o feminismo lésbico e os limites da comunidade (Filadélfia: Temple University Press, 1989), pp. 73-74.
60. Theodor Reik, *From Thirty Years with Freud*/De trinta anos com Freud (Londres: Hogarth Press, 1942), p. 28.

Epílogo

1. Para Freud, como para tantos de seus contemporâneos, a teoria das características adquiridas de Lamarck forneceu o elo entre a biologia e a história.
2. Daniel N. Stern, *O mundo interpessoal do bebê/The Interpersonal World of the Infant* (Porto Alegre: Artmed, 1992/Nova York: Basic Books, 1985); J. Lichtenberg, *Psychoanalysis and Infant Research*/A psicanálise e a pesquisa do bebê (Hillsdale, N.J.: Analytic Press, 1983).
3. Como observou um analista, a psiquiatria "estava mais uma vez em busca de uma base científica". Citado em Matthew Gitelson, "On the Identity Crisis in American Psychoanalysis"/Sobre a crise de identidade da psicanálise norte-americana, *Journal of the American Psychoanalytic Association 12* (1964): 462-463. Quanto à defesa da psiquiatria do século XIX, consulte ibid. Quanto ao *DSM*, consulte Tanya Luhrman, *Of Two Minds: An Anthropologist Looks at American Psychiatry*/Opiniões divergentes: a psiquiatria norte-americana vista por um antropólogo (Nova York: Vintage, 2000).
4. Steven E. Hyman e Eric J. Nestler, *The Molecular Foundations of Psychiatry*/As bases moleculares da psiquiatria (Washington, D.C.: American Psychiatric Press, 1993).
5. Luhrman, *Of Two Minds*, pp. 173 e 176.

6. A partir da controversa premissa popperiana de que a marca de uma teoria científica é a sua falsificabilidade, Grünbaum concluiu que as drogas e as técnicas comportamentais eram científicas porque tinham conseqüências previsíveis, testáveis, ao passo que as intervenções analíticas, não. (Para ser mais preciso, Grünbaum argumentou que as intervenções analíticas eram falsificáveis e que, quando testadas, provavam que a análise era falsa.) Porém, ao definir a ciência em termos de experimentos falsificáveis, Grünbaum deixou de lado a idéia de que ela requer um objeto conceitual, um corpo de conceitos inter-relacionados, que foi o que a psicanálise atingiu ao postular uma realidade psíquica não consciente que podia ser descrita através de coordenadas desenvolvimentais, estruturais, quantitativas e evolucionárias.

7. Edith Kurzweil, *The Freudians: A Comparative Perspective*/Os freudianos: uma perspectiva comparatista (New Haven, Conn.: Yale University Press, 1989), p. 252.

8. Luhrman, *Of Two Minds*, p. 181.

9. Harold Bloom, "Freud, the Greatest Modern Writer"/Freud, o maior escritor moderno, *New York Times*, 23 de março de 1986.

10. Leo Bersani, *The Freudian Body: Psychoanalysis and Art*/O corpo freudiano: psicanálise e arte (Nova York: Columbia University Press, 1986), p. 12.

11. As opiniões de Kristeva logo mudaram.

12. Jacques Derrida, "Cogito and the History of Madness"/Cogito e a história da loucura em *A escritura e a diferença/Writing and Difference*, trad. de Maria Beatriz da Silva (São Paulo: Perspectiva, 2002 — 3ª ed./Chicago: University of Chicago Press, 1978). Em conversa pessoal em Nova York em 2001, Derrida me confirmou que também pensava em si mesmo como uma figura da história da psicanálise e não apenas da história da filosofia. Além disso, asseverou não estar pensando apenas nos escritos sobre a psicanálise, mas em todo o seu pensamento. Derrida escreveu importantes críticas à linguagem reificada da psicanálise. Contudo, segundo me disse, ao escrever, sentia que "o inconsciente est[ava] presente".

13. *New York Times*, 22 de outubro de 1979, p. A20.

14. Robert Wallerstein, "One Psychoanalysis or Many"/Uma psicanálise ou muitas, *International Journal of the Psychoanalytic Association* 69 (1988): nota 17.

15. Mary Douglas, *The Active Voice*/A voz ativa (Londres: Routledge & Kegan Paul, 1982), p. 14.

16. No entanto, Philip Roth reagiu à caracterização de Freud como "uma espécie de charlatão ou [...] algo pior" exclamando: "Esse grande poeta trágico, nosso Sófocles!" *The New Yorker*, 8 de maio de 2000.

17. Não era apenas a identidade judaica da psicanálise que precisava de normalização, mas também sua relação com o cristianismo. Em 2003, Julia Kristeva proferiu uma palestra na New School sobre a psicanálise e as mulheres. Ao ser criticada por um dos presentes por usar conceitos cristãos como o da "encarnação", ela respondeu afirmando ter orgulho de ser filha de um judeu e uma cristã e que era seu desejo afirmar ambas as tradições em seu trabalho como psicanalista.

18. Rafael Moses, "Address of Welcome, Jerusalem Congress"/Discurso de abertura, Congresso de Jerusalém, *International Journal of Psychoanalysis* 59, nº 3 (1978): 3.

19. Paul Schwaber, "Title of Honor: The Psychoanalytic Congress in Jerusalem"/Título honorífico: o Congresso Psicanalítico de Jerusalém, *Midstream*, março de 1978.

20. Robert Wallerstein, "Psychoanalysis in Nazi Germany: Historical and Psychoanalytic Lessons"/A psicanálise na Alemanha nazista: lições históricas e psicanalíticas, *Psychoanalytic Quarterly II* (1986): 351-370. Na edição de dezembro de 1983 de *Psyche*, um artigo de Helmut Dahmer conta essa história. Edith Kurzweil, "The Freudians Meet in Germany"/Os freudianos se encontram na Alemanha", *Partisan Review* 52, nº 4 (1985); Susan Quinn, *A Mind of Her Own: The Life of Karen Horney*/Uma pensadora independente: a vida de Karen Horney (Nova York: Summit

Books, 1987), p. 241; Elisabeth Roudinesco, *História da psicanálise na França: a batalha dos cem anos/Histoire de la psychanalyse en France: la bataille de cent ans*, 2 vols., trad. de Vera Ribeiro (Rio de Janeiro: Jorge Zahar, 1988/Paris: Fayard, 1994), vol. 2, p. 615. Nos Estados Unidos, Freud continuou sendo um herói para muitos judeus. Quando Robert Lowell acusou o aluno Philip Levine de roubar *insights* freudianos de Auden, Levine respondeu: "Sou judeu. Roubo Freud diretamente de Freud. Ele era um dos nossos". *New York Times Book Review*, 26 de fevereiro de 1993.

21. Masud Khan, *The Long Wait and Other Psychoanalytic Narratives*/A longa espera e outras narrativas psicanalíticas (Nova York: Summit Books, 1988). Só tive acesso a uma visão mais completa de Masud Khan após terminar de escrever este livro. Ao que tudo indica, ele era psicótico. O fato de haver continuado a exercer a profissão é mais um dos grandes crimes da história da análise. Isso se deve, acima de tudo, a Winnicott, embora este tenha contado com a cumplicidade de toda a sociedade britânica. Para um relato convincente, consulte Wynne Godley, "Saving Masud Khan"/Salvando Masud Khan, *London Review of Books*, fevereiro de 2001.

22. W. R. Bion, "Attacks on Linking"/Ataques à vinculação, *International Journal of Psychoanalysis* 40 (1959).

23. Entrevistas com Werner Bohleber, Helmut Dahmer e Lutz Rosenkutter, 1997. A teoria crítica também contribuiu para a redescoberta da psicanálise alemã. Graças em grande parte à iniciativa de Adorno e Horkheimer, os cem anos de Freud foram comemorados em 1956 em Frankfurt com um congresso internacional, "Freud in der Gegenwart", Freud no presente. Jürgen Habermas descreveu esse congresso como "a primeira oportunidade que os jovens acadêmicos alemães tiveram de saber [...] que Sigmund Freud fora o fundador de uma tradição científica e intelectual viva". Habermas, "Psychic Thermidor and the Rebirth of Rebellious Subjectivity"/Thermidor psíquico e o renascimento da subjetividade rebelde, em *Habermas and Modernity*/Habermas e a modernidade, org. de Richard J. Berenstein (Nova York: Polity Press, 1985), p. 68.

24. Nancy Caro Hollander, *Love in a Time of Hate: Liberation Psychology in Latin America*/Amor em tempos de ódios: a psicologia da libertação na América Latina (New Brunswick, N.J.: Rutgers University Press, 1997), pp. 12-15.

25. Mariano Ben Plotkin, "Freud, Politics, and the *Porteños*: The Reception of Psychoanalysis in Buenos Aires, 1910-1943"/Freud, a política e os portenhos: a recepção da psicanálise em Buenos Aires, 1910-1943, *Hispanic American Historical Review* 77, nº 1: 45; Isaac Tylim, "Psychoanalysis in Argentina: A Couch with a View"/A psicanálise na Argentina: um divã com vista", *Psychoanalytic Dialogues* 6, nº 5 (1996): 713-727.

26. Aleksandr Mikihalevich, "Russia: The Revenge of Subjectivity"/Rússia: a vingança da subjetividade, *UNESCO Courier*, março de 1993, p. 36; Arnold Rothstein, *The Moscow Lectures on Psychoanalysis*/As conferências de Moscou sobre psicanálise (Nova York: International Universities Press, 1991); e Martin A. Miller, *Freud and the Bolsheviks: Psychoanalysis in Russia and the Soviet Union*/Freud e os bolcheviques: a psicanálise na Rússia e na União Soviética (New Haven, Conn.: Yale University Press, 1998), oferecem uma explicação detalhada.